中国能源统计年鉴

CHINA ENERGY STATISTICAL YEARBOOK

2014

国家统计局能源统计司 编

Compiled by
Department of Energy Statistics,
National Bureau of Statistics, People's Republic of China

中国统计出版社
China Statistics Press

图书在版编目（CIP）数据

中国能源统计年鉴. 2014：汉英对照 / 国家统计局能源统计司编. -- 北京 ：中国统计出版社, 2015.8
ISBN 978-7-5037-7499-7

Ⅰ. ①中… Ⅱ. ①国… Ⅲ. ①能源经济－经济统计－中国－2014－年鉴－汉、英 Ⅳ. ①F426.2-54

中国版本图书馆 CIP 数据核字(2015)第 166537 号

中国能源统计年鉴 2014

作　　者 / 国家统计局能源统计司　编
责任编辑 / 徐　涛
装帧设计 / 李雪燕
出版发行 / 中国统计出版社
通信地址 / 北京市丰台区西三环南路甲 6 号　邮政编码/100073
电　　话 / 邮购（010）63376909　书店（010）68783171
网　　址 / http://www.zgtjcbs.com
印　　刷 / 河北天普润印刷厂
经　　销 / 新华书店
开　　本 / 880 × 1230mm　1/16
字　　数 / 1200 千字
印　　张 / 37.5
版　　别 / 2015 年 8 月第 1 版
版　　次 / 2015 年 8 月第 1 次印刷
定　　价 / 298.00 元

《中国能源统计年鉴 2014》

编委会和编辑人员

China Energy Statistical Yearbook 2014

EDITORIAL BOARD AND STAFF

编 辑 说 明

一、《中国能源统计年鉴》是一部全面反映中国能源建设、生产、消费、供需平衡的权威性资料书，从 1986 年开始，由国家统计局工业交通统计司主编。2008 年版起，由国家统计局能源统计司主编，中国统计出版社出版，向国内外公开发行。

二、为满足广大读者对中国能源统计数据的需求，提高数据应用的时效性，从 2004 年起，《中国能源统计年鉴》由每两年出版一册改为每年出版一册，封面的年份由数据年份改为出版年份。根据第三次经济普查结果，《中国能源统计年鉴-2014》对 2000 年以来有关数据进行了修订。

三、《中国能源统计年鉴》全书共分为 8 个部分：1.综合；2.能源建设；3.能源生产；4.能源消费；5.全国能源平衡表；6.地区能源平衡表；7.香港、澳门特别行政区能源数据；附录为台湾省能源数据、有关国家和地区能源数据、主要统计指标解释以及各种能源折标准煤参考系数。

四、本书大部分资料来源于国家统计局年度统计报表及《中国统计年鉴》。全国统计数字均未包括香港、澳门特别行政区和台湾省。能源平衡表核算范围不包括非商品能源。

五、本书中，中国能源数据截止到 2013 年，世界和各国及地区能源数据截止到 2012 年。

六、符号使用说明：年鉴各表中“空格”表示该项统计指标数据不足本表最小位数、数据不详或无该项数据；“#”表示其中的主要项。

七、从 2012 年起，行业分类均采用 2011 年版最新行业分类标准。

PREFACE

China Energy Statistical Yearbook is an annual statistical publication, which covers very comprehensive data in energy construction, production, consumption, equilibrium of supply and demand in an all-round way, established in 1986, edited by Department of Industry and Transport Statistics, National Bureau of Statistics. 2008 annual is edited by Department of Energy Statistics, National Bureau of Statistics, published by China Statistics Press, to the domestic and international public publication.

In order to satisfy the masses of readers' demands for China energy statistics, improve the efficiency and timeliness of the data use, from each of 2004, *China Energy Statistical Yearbook* is published one volume every year instead of one volume every 2 years, the year of front cover also switched over to publishing year. In *Chinese Energy Statistical Yearbook 2014*, some data is revised from 2000 according to The Third National Economic Census.

China Energy Statistical Yearbook consists of eight chapters: 1. General Survey; 2. Construction of Energy Industry; 3. Energy Production; 4. Energy Consumption; 5. Energy Balance Table of China; 6. Energy Balance Table by Region; 7. Energy data for the Hong Kong and Macao Special Administrative Region. Additional information provided in the appendices include major energy data for Taiwan province, energy data for related countries or areas and explanatory notes of main statistical indicators and conversion factors from physical units to coal equivalent.

Annual statistical reports from the National Bureau of Statistics and the *China Statistical Yearbook* are the main data sources of this document. However, the national data in this book does not include that of the Hong Kong and Macao Special Administrative Region, the Taiwan province. Also, the data in the energy balance tables does not cover non-commercial energy.

The China energy data were by the year of 2013, energy data for the world and other countries or area were by the year of 2012.

Notations used in the yearbook：blank space indicates that the figure is not large enough to be measured with the smallest unit in the table, or data are unknown or are not available;" # "indicates a major breakdown of the total.

Since 2012，Classification for national standard of industry classification is implementing new version of 2011 except legal entities.

目　　录

CONTENTS

一、综合

Chapter 1 General Survey

1-1 能源生产、消费与国内生产总值增长速度 …… 3
Growth Rate of Energy Production And Consumption Compared With Growth Rate of Gdp
1-2 国民经济和能源经济主要指标 …… 4
Main Indicators of National Economy And Energy Economy
1-3 平均每万元国内生产总值能源消费量 …… 6
Energy Intensity by Gdp
1-4 能源加工转换效率 …… 7
Efficiency of Energy Transformation
1-5 人均能源生产量和消费量 …… 8
Energy Production And Consumption Per Capita
1-6 人均生活用能量 …… 9
Residential Energy Consumption Per Capita
1-7 年末交通运输设备拥有量 …… 10
Number of Transportation Equipment (Year-End)
1-8 主要能源品种进、出口量 …… 11
Imports And Exports of Major Energy Products
1-9 主要高耗能产品的进、出口量 …… 12
Imports And Exports of Energy Intensive Products
1-10 分地区废气中主要污染物排放情况（2013 年）…… 13
Main Pollutant Emission in Waste Gas by Region (2013)
1-11 分地区废水中主要污染物排放情况（2013 年）…… 14
Main Pollutant Emission in Waste Water by Region (2013)

二、能源建设

Chapter 2 Construction of Energy Industry

2-1 国有经济能源工业分行业固定资产投资 …… 19
Investment in Fixed Assets of State-Owned Units in Energy Industry
2-2 国有经济能源工业分行业固定资产投资构成 …… 19
Proportions of Investment in Fixed Assets of State-Owned Units in Energy Industry
2-3 分地区国有经济能源工业固定资产投资 …… 20
Investment in Fixed Assets of State-Owned Units in Energy Industry by Region
2-4 分地区国有经济煤炭采选业固定资产投资 …… 21
Investment in Fixed Assets of State-Owned Units in Coal Mining And Processing by Region

2-5 分地区国有经济石油和天然气开采业固定资产投资 ······ 22
Investment in Fixed Assets of State-Owned Units in Petroleum And
Natural Gasextraction by Region ······
2-6 分地区国有经济电力、蒸汽、热水生产和供应业固定资产投资 ······ 23
Investment in Fixed Assets of State-Owned Units in Electricity， Steam，
Hot Water Production And Supply by Region
2-7 分地区国有经济石油加工及炼焦业固定资产投资 ······ 24
Investment in Fixed Assets of State-Owned Units in Petroleum Processing
And Coking by Region
2-8 分地区国有经济煤气生产和供应业固定资产投资 ······ 25
Investment in Fixed Assets of State-Owned Units in Gas Production And
Supply by Region
2-9 能源工业分行业投资 ······ 26
Investment in Energy Industry
2-10 能源工业分行业投资构成 ······ 26
Investment in Energy Industry by Proportions
2-11 分地区能源工业投资 ······ 27
Investment in Energy Industry by Region
2-12 分地区煤炭采选业投资 ······ 28
Investment in Coal Mining And Processing by Region
2-13 分地区石油和天然气开采业投资 ······ 29
Investment in Petroleum And Natural Gas Extraction by Region
2-14 分地区电力、蒸汽、热水生产和供应业投资 ······ 30
Investment in Electricity, Steam, Hot Water Production And Supply by Region
2-15 分地区石油加工及炼焦业投资 ······ 31
Investment in Petroleum Processing And Coking by Region
2-16 分地区煤气生产和供应业投资 ······ 32
Investment in Gas Production And Supply by Region

三、能源生产
Chapter 3 Energy Production

3-1 一次能源生产量和构成 ······ 35
Primary Energy Production And Composition
3-2 分地区焦炭生产量 ······ 37
Coke Production by Region
3-3 分地区原油生产量 ······ 38
Crude Oil Production by Region
3-4 分地区汽油生产量 ······ 39
Gasoline Production by Region
3-5 分地区煤油生产量 ······ 40
Kerosene Production by Region
3-6 分地区柴油生产量 ······ 41
Diesel Oil Production by Region

3-7 分地区燃料油生产量 …… 42
Fuel Oil Production by Region
3-8 分地区天然气生产量 …… 43
Natural Gas Production by Region
3-9 分地区发电量 …… 44
Power Generation by Region
3-10 分地区水力发电量 …… 45
Hydro Power Generation by Region
3-11 分地区火力发电量 …… 46
Thermal Power Generation by Region
3-12 分地区城市天然气供应情况 …… 47
Basic Statistics On Supply of Natural Gas in Cities by Region
3-13 分地区城市人工煤气供应情况 …… 48
Basic Statistics On Supply of Coal Gas in Cities by Region
3-14 分地区城市液化石油气供应情况 …… 49
Basic Statistics On Supply of Lpg in Cities by Region
3-15 分地区城市集中供热情况 …… 51
Basic Statistics On Heating Supply in Cities by Region

四、能源消费
Chapter 4 Energy Consumption

4-1 能源消费总量和构成 …… 54
Total Energy Consumption And Composition
4-2 工业分行业终端能源消费量(实物量)-2000 …… 56
Final Energy Consumption by Industrial Sector-2000 (Physical Quantity)
4-3 工业分行业终端能源消费量(实物量)-2001 …… 60
Final Energy Consumption by Industrial Sector-2001 (Physical Quantity)
4-4 工业分行业终端能源消费量(实物量)-2002 …… 64
Final Energy Consumption by Industrial Sector-2002 (Physical Quantity)
4-5 工业分行业终端能源消费量(实物量)-2003 …… 68
Final Energy Consumption by Industrial Sector-2003 (Physical Quantity)
4-6 工业分行业终端能源消费量(实物量)-2004 …… 72
Final Energy Consumption by Industrial Sector-2004 (Physical Quantity)
4-7 工业分行业终端能源消费量(实物量)-2005 …… 76
Final Energy Consumption by Industrial Sector-2005 (Physical Quantity)
4-8 工业分行业终端能源消费量(实物量)-2006 …… 80
Final Energy Consumption by Industrial Sector-2006 (Physical Quantity)
4-9 工业分行业终端能源消费量(实物量)-2007 …… 84
Final Energy Consumption by Industrial Sector-2007 (Physical Quantity)
4-10 工业分行业终端能源消费量(实物量)-2008 …… 88
Final Energy Consumption by Industrial Sector-2008 (Physical Quantity)
4-11 工业分行业终端能源消费量(实物量)-2009 …… 92
Final Energy Consumption by Industrial Sector-2009 (Physical Quantity)

4-12 工业分行业终端能源消费量(实物量)-2010 ······ 96
Final Energy Consumption by Industrial Sector-2010 (Physical Quantity)
4-13 工业分行业终端能源消费量(实物量)-2011 ······ 102
Final Energy Consumption by Industrial Sector-2011 (Physical Quantity)
4-14 工业分行业终端能源消费量(实物量)-2012 ······ 108
Final Energy Consumption by Industrial Sector (Physical Quantity)-2012
4-15 工业分行业终端能源消费量(实物量)-2013 ······ 114
Final Energy Consumption by Industrial Sector (Physical Quantity)-2013
4-16 工业分行业终端能源消费量(标准量)-2000 ······ 120
Final Energy Consumption by Industrial Sector-2000 (Standard Quantity)
4-17 工业分行业终端能源消费量(标准量)-2001 ······ 124
Final Energy Consumption by Industrial Sector-2001 (Standard Quantity)
4-18 工业分行业终端能源消费量(标准量)-2002 ······ 128
Final Energy Consumption by Industrial Sector-2002 (Standard Quantity)
4-19 工业分行业终端能源消费量(标准量)-2003 ······ 132
Final Energy Consumption by Industrial Sector-2003 (Standard Quantity)
4-20 工业分行业终端能源消费量(标准量)-2004 ······ 136
Final Energy Consumption by Industrial Sector-2004 (Standard Quantity)
4-21 工业分行业终端能源消费量(标准量)-2005 ······ 140
Final Energy Consumption by Industrial Sector-2005 (Standard Quantity)
4-22 工业分行业终端能源消费量(标准量)-2006 ······ 144
Final Energy Consumption by Industrial Sector-2006 (Standard Quantity)
4-23 工业分行业终端能源消费量(标准量)-2007 ······ 148
Final Energy Consumption by Industrial Sector-2007 (Standard Quantity)
4-24 工业分行业终端能源消费量(标准量)-2008 ······ 152
Final Energy Consumption by Industrial Sector-2008 (Standard Quantity)
4-25 工业分行业终端能源消费量(标准量)-2009 ······ 156
Final Energy Consumption by Industrial Sector-2009 (Standard Quantity)
4-26 工业分行业终端能源消费量(标准量)-2010 ······ 160
Final Energy Consumption by Industrial Sector-2010 (Standard Quantity)
4-27 工业分行业终端能源消费量(标准量)-2011 ······ 166
Final Energy Consumption by Industrial Sector-2011 (Standard Quantity)
4-28 工业分行业终端能源消费量(标准量)-2012 ······ 172
Final Energy Consumption by Industrial Sector (Standard Quantity)-2012
4-29 工业分行业终端能源消费量(标准量)-2013 ······ 178
Final Energy Consumption by Industrial Sector (Standard Quantity)-2013
4-30 分行业能源消费总量 ······ 184
Consumption of Total Energy And Its Main Varieties by Sector
4-31 分行业煤炭消费总量 ······ 186
Consumption of Coal And Its Main Varieties by Sector
4-32 分行业焦炭消费总量 ······ 188
Consumption of Coke And Its Main Varieties by Sector
4-33 分行业原油消费总量 ······ 190
Consumption of Crude Oil And Its Main Varieties by Sector

4-34 分行业汽油消费总量……192
Consumption of Gasoline And Its Main Varieties by Sector
4-35 分行业煤油消费总量……194
Consumption of Kerosene And Its Main Varieties by Sector
4-36 分行业柴油消费总量……196
Consumption of Diesel Oil And Its Main Varieties by Sector
4-37 分行业燃料油消费总量……198
Consumption of Fuel Oil And Its Main Varieties by Sector
4-38 分行业天然气消费总量……200
Consumption of Natural Gas And Its Main Varieties by Sector
4-39 分行业电力消费总量……202
Consumption of Electricity And Its Main Varieties by Sector
4-40 分地区分品种能源消费量-2013……204
Energy Consumption by Region-2013

五、全国能源平衡表
Chapter 5 Energy Balance Table of China

5-1 中国能源平衡表(实物量) -2000……208
Energy Banlance of China -2000(Physical Quantity)
5-2 中国能源平衡表(实物量) -2001……212
Energy Banlance of China -2001(Physical Quantity)
5-3 中国能源平衡表(实物量) -2002……216
Energy Banlance of China -2002(Physical Quantity)
5-4 中国能源平衡表(实物量) -2003……220
Energy Banlance of China -2003(Physical Quantity)
5-5 中国能源平衡表(实物量) -2004……224
Energy Banlance of China -2004(Physical Quantity)
5-6 中国能源平衡表(实物量) -2005……228
Energy Banlance of China -2005(Physical Quantity)
5-7 中国能源平衡表(实物量) -2006……232
Energy Banlance of China -2006(Physical Quantity)
5-8 中国能源平衡表(实物量) -2007……236
Energy Banlance of China -2007(Physical Quantity)
5-9 中国能源平衡表(实物量) -2008……240
Energy Banlance of China -2008(Physical Quantity)
5-10 中国能源平衡表(实物量) -2009……244
Energy Banlance of China -2009(Physical Quantity)
5-11 中国能源平衡表(实物量) -2010……248
Energy Banlance of China -2010(Physical Quantity)
5-12 中国能源平衡表(实物量) -2011……254
Energy Banlance of China (Physical Quantity) -2011
5-13 中国能源平衡表(实物量) -2012……260
Energy Banlance of China (Physical Quantity) -2012

5-14 中国能源平衡表(实物量) -2013 …… 266
Energy Banlance of China (Physical Quantity) -2013
5-15 中国能源平衡表(标准量) -2000 …… 272
Energy Balance of China -2000 (Standard Quantity)
5-16 中国能源平衡表(标准量) -2001 …… 276
Energy Balance of China -2001 (Standard Quantity)
5-17 中国能源平衡表(标准量) -2002 …… 280
Energy Balance of China -2002 (Standard Quantity)
5-18 中国能源平衡表(标准量) -2003 …… 284
Energy Balance of China -2003 (Standard Quantity)
5-19 中国能源平衡表(标准量) -2004 …… 288
Energy Balance of China -2004 (Standard Quantity)
5-20 中国能源平衡表(标准量) -2005 …… 292
Energy Balance of China -2005 (Standard Quantity)
5-21 中国能源平衡表(标准量) -2006 …… 296
Energy Balance of China -2006 (Standard Quantity)
5-22 中国能源平衡表(标准量) -2007 …… 300
Energy Balance of China -2007 (Standard Quantity)
5-23 中国能源平衡表(标准量) -2008 …… 304
Energy Balance of China -2008 (Standard Quantity)
5-24 中国能源平衡表(标准量) -2009 …… 308
Energy Balance of China -2009 (Standard Quantity)
5-25 中国能源平衡表(标准量) -2010 …… 312
Energy Balance of China -2010 (Standard Quantity)
5-26 中国能源平衡表(标准量) -2011 …… 318
Energy Balance of China (Standard Quantity) -2011
5-27 中国能源平衡表(标准量) -2012 …… 324
Energy Balance of China (Standard Quantity) -2012
5-28 中国能源平衡表(标准量) -2013 …… 330
Energy Balance of China (Standard Quantity) -2013
5-29 综合能源平衡表 …… 336
Overall Energy Balance Sheet
5-30 煤炭平衡表 …… 338
Coal Balance Sheet
5-31 焦炭平衡表 …… 340
Coke Balance Sheet
5-32 石油平衡表 …… 342
Petroleum Balance Sheet
5-33 原油平衡表 …… 344
Crude Oil Balanc Sheet
5-34 燃料油平衡表 …… 346
Fuel Oil Balance Sheet
5-35 汽油平衡表 …… 348
Gasoline Balance Sheet

5-36 煤油平衡表 …… 348
Kerosene Balance Sheet
5-37 柴油平衡表 …… 350
Diesel Oil Balance Sheet
5-38 液化石油气平衡表 …… 350
Lpg Balance Sheet
5-39 天然气平衡表 …… 352
Natural Gas Balance Sheet
5-40 电力平衡表 …… 352
Electricity Balance Sheet

六、地区能源平衡表

Chapter 6 Energy Balance Table by Region

6-1 北京能源平衡表(实物量)-2013 …… 356
Energy Balance of Beijing (Physical Quantity) -2013
6-2 天津能源平衡表(实物量)-2013 …… 362
Energy Balance of Tianjin (Physical Quantity) -2013
6-3 河北能源平衡表(实物量)-2013 …… 368
Energy Balance of Hebei (Physical Quantity) -2013
6-4 山西能源平衡表(实物量)-2013 …… 374
Energy Balance of Shanxi (Physical Quantity) -2013
6-5 内蒙古能源平衡表(实物量)-2013 …… 380
Energy Balance of Inner Mongolia (Physical Quantity) -2013
6-6 辽宁能源平衡表(实物量)-2013 …… 386
Energy Balance of Liaoning (Physical Quantity) -2013
6-7 吉林能源平衡表(实物量)-2013 …… 392
Energy Balance of Jilin (Physical Quantity) -2013
6-8 黑龙江能源平衡表(实物量)-2013 …… 398
Energy Balance of Heilongjiang (Physical Quantity) -2013
6-9 上海能源平衡表(实物量)-2013 …… 404
Energy Balance of Shanghai (Physical Quantity) -2013
6-10 江苏能源平衡表(实物量)-2013 …… 410
Energy Balance of Jiangsu (Physical Quantity) -2013
6-11 浙江能源平衡表(实物量)-2013 …… 416
Energy Balance of Zhejiang (Physical Quantity) -2013
6-12 安徽能源平衡表(实物量)-2013 …… 422
Energy Balance of Anhui (Physical Quantity) -2013
6-13 福建能源平衡表(实物量)-2013 …… 428
Energy Balance of Fujian (Physical Quantity) -2013
6-14 江西能源平衡表(实物量)-2013 …… 434
Energy Balance of Jiangxi (Physical Quantity) -2013
6-15 山东能源平衡表(实物量)-2013 …… 440
Energy Balance of Shandong (Physical Quantity) -2013

6-16 河南能源平衡表(实物量)-2013 ······ 446
Energy Balance of Henan (Physical Quantity) -2013
6-17 湖北能源平衡表(实物量)-2013 ······ 452
Energy Balance of Hubei (Physical Quantity) -2013
6-18 湖南能源平衡表(实物量)-2013 ······ 458
Energy Balance of Hunan (Physical Quantity) -2013
6-19 广东能源平衡表(实物量)-2013 ······ 464
Energy Balance of Guangdong (Physical Quantity) -2013
6-20 广西能源平衡表(实物量)-2013 ······ 470
Energy Balance of Guangxi (Physical Quantity) -2013
6-21 海南能源平衡表(实物量)-2013 ······ 476
Energy Balance of Hainan (Physical Quantity) -2013
6-22 重庆能源平衡表(实物量)-2013 ······ 482
Energy Balance of Chongqing (Physical Quantity) -2013
6-23 四川能源平衡表(实物量)-2013 ······ 488
Energy Balance of Sichuan (Physical Quantity) -2013
6-24 贵州能源平衡表(实物量)-2013 ······ 494
Energy Balance of Guizhou (Physical Quantity) -2013
6-25 云南能源平衡表(实物量)-2013 ······ 500
Energy Balance of Yunnan (Physical Quantity) -2013
6-26 陕西能源平衡表(实物量)-2013 ······ 506
Energy Balance of Shaanxi (Physical Quantity) -2013
6-27 甘肃能源平衡表(实物量)-2013 ······ 512
Energy Balance of Gansu (Physical Quantity) -2013
6-28 青海能源平衡表(实物量)-2013 ······ 518
Energy Balance of Qinghai (Physical Quantity) -2013
6-29 宁夏能源平衡表(实物量)-2013 ······ 524
Energy Balance of Ningxia (Physical Quantity) -2013
6-30 新疆能源平衡表(实物量)-2013 ······ 530
Energy Balance of Xinjiang (Physical Quantity) -2013

七、香港、澳门特别行政区能源数据
Chapter 7 Energy Data For Hong Kong And Macao Special Administrative Region

7-1 香港主要能源及相关指标 ······ 539
Major Energy And Related Indicators of Hong Kong
7-2 香港电力和煤气消费量 ······ 540
Consumption of Electricity And Gas of Hong Kong
7-3 香港油产品进口留用量 ······ 540
Hong Kong Retained Imports of Oil Products
7-4 香港煤产品进口留用量 ······ 541
Hong Kong Retained Imports of Coal Products
7-5 香港电力生产、消费和进出口 ······ 541
Hong Kong Electricity Production, Consumption,Imports And Exports

7-6 澳门主要能源及相关指标 …… 542
Major Energy Related Indicators of Macao
7-7 澳门能源平衡表 …… 542
Macao Energy Balance Table

附录 1 台湾省能源数据
Appendix Ⅰ Energy Data For Taiwan Province

附录 1-1 台湾省主要能源及相关指标 …… 545
Major Energy Related Indicators of Taiwan Province
附录 1-2 台湾省分行业电力消费量 …… 546
Taiwan Province Electricity Consumption by Sector
附录 1-3 台湾省能源供给总量及构成 …… 546
Taiwan Province Energy Supply And Composition
附录 1-4 台湾省能源消费总量及分部门消费构成 …… 547
Taiwan Province Energy Consumption And Composition by Sector
附录 1-5 台湾省电力生产量和消费量 …… 547
Taiwan Province Electricity Production And Consumption

附录 2 有关国家和地区能源数据
Appendix Ⅱ Energy Data For Related Countries Or Areas

附录 2-1 年中人口数 …… 551
Mid-Year Population
附录 2-2 国内生产总值汇率算法(2005 年价格) …… 552
Gross Domestic Products Using Exchange Rates(Us$2005)
附录 2-3 能源生产总量 …… 553
Total Energy Production
附录 2-4 能源生产量/一次能源供应量(能源自给率) …… 554
Energy Production/Tpes (Self Sufficiency)
附录 2-5 能源供应量/Gdp(2005 年价格) …… 555
Tpes/Gdp(2005)
附录 2-6 人均能源供应量 …… 556
Tpes/Population
附录 2-7 煤生产量 …… 557
Coal Production
附录 2-8 原油和天然气凝析液(Ngl)生产量 …… 558
Crude Oil And Ngl Production
附录 2-9 天然气生产量 …… 559
Production of Natural Gas
附录 2-10 总发电量(2012 年) …… 560
Total Electricity Generation(2012)
附录 2-11 终端能源消费量 …… 561
Total Final Consumption of Energy

附录 2-12 煤的一次供应量 ······ 562
Primary Supply of Coal
附录 2-13 石油的一次供应量 ······ 563
Primary Supply of Oil
附录 2-14 天然气供应量 ······ 564
Primary Supply of Gas
附录 2-15 国内生产总值电耗(2005 年价) ······ 565
Electricity Consumption/Gdp (2005)
附录 2-16 人均电力消费量 ······ 565
Electricity Consumption/Population
附录 2-17 煤净进口量 ······ 566
Net Import of Coal
附录 2-18 石油净进口量 ······ 567
Net Import of Oil
附录 2-19 天然气净进口量 ······ 568
Net Import of Gas
附录 2-20 主要高耗能产品单位能耗中外比较 ······ 569
Energy Consumption For Main Energy Intensive Products by Comparing China With Selected Countries

附录 3 主要统计指标解释 ······ 575
Appendix Ⅲ Explanatory Notes of Main Statistical Indicators

附录 4 各种能源折标准煤参考系数 ······ 581
Appendix Ⅳ Conversion Factors from Physical Units to Coal Equivalent

一、综　　合

Chapter 1　General Survey

1-1 能源生产、消费与国内生产总值增长速度
GROWTH RATE OF ENERGY PRODUCTION AND CONSUMPTION COMPARED WITH GROWTH RATE OF GDP

年 份 Year	国内生产总值增长速度 (%) Growth Rate of GDP (%)	能源生产增长速度 (%) Growth Rate of Energy Production	电力生产增长速度 (%) Growth Rate of Electricity Production	能源消费增长速度 (%) Growth Rate of Energy Consumption	电力消费增长速度 (%) Growth Rate of Electricity Consumption	能源生产弹性系数 Elasticity of Energy Production	电力生产弹性系数 Elasticity of Electricity Production	能源消费弹性系数 Elasticity of Energy Consumption	电力消费弹性系数 Elasticity of Electricity Consumption
1980	7.9	-1.3	6.6	2.9	6.6		0.84	0.37	0.84
1981	5.1	-0.8	2.9	-1.4	3.0		0.57		0.59
1982	9.0	5.6	6.0	4.4	5.9	0.62	0.67	0.49	0.66
1983	10.8	6.7	7.2	6.4	7.3	0.62	0.67	0.59	0.68
1984	15.2	9.2	7.3	7.4	7.4	0.61	0.48	0.49	0.49
1985	13.5	9.9	8.9	8.1	9.0	0.73	0.66	0.60	0.67
1986	8.9	3.0	9.5	5.4	9.5	0.34	1.07	0.61	1.07
1987	11.7	3.6	10.6	7.2	10.6	0.31	0.91	0.62	0.91
1988	11.3	5.0	9.6	7.4	9.7	0.44	0.85	0.65	0.86
1989	4.2	6.1	7.3	4.2	7.3	1.45	1.74	1.00	1.74
1990	3.9	2.2	6.2	1.8	6.2	0.56	1.59	0.46	1.59
1991	9.3	0.9	9.1	5.1	9.2	0.10	0.98	0.55	0.99
1992	14.3	2.3	11.3	5.2	11.5	0.16	0.79	0.36	0.80
1993	13.9	3.6	15.3	6.3	11.0	0.26	1.10	0.45	0.79
1994	13.1	6.9	10.7	5.8	9.9	0.53	0.82	0.44	0.76
1995	11.0	8.7	8.6	6.9	8.2	0.79	0.78	0.63	0.75
1996	9.9	3.1	7.2	3.1	7.4	0.31	0.73	0.31	0.75
1997	9.2	0.3	5.1	0.5	4.8	0.03	0.55	0.06	0.52
1998	7.8	-2.7	2.7	0.2	2.8		0.35	0.03	0.36
1999	7.6	1.6	6.3	3.2	6.1	0.21	0.83	0.42	0.80
2000	8.4	5.0	9.4	4.5	9.5	0.60	1.12	0.54	1.13
2001	8.3	6.4	9.2	5.8	9.3	0.77	1.11	0.70	1.12
2002	9.1	6.0	11.7	9.0	11.8	0.66	1.29	0.99	1.30
2003	10.0	14.1	15.5	16.2	15.6	1.41	1.55	1.62	1.56
2004	10.1	15.6	15.3	16.8	15.4	1.54	1.51	1.67	1.52
2005	11.3	11.1	13.5	13.5	13.5	0.98	1.19	1.19	1.19
2006	12.7	6.9	14.6	9.6	14.6	0.54	1.15	0.76	1.15
2007	14.2	7.9	14.5	8.7	14.4	0.56	1.02	0.61	1.01
2008	9.6	5.0	5.6	2.9	5.6	0.52	0.58	0.31	0.58
2009	9.2	3.1	7.1	4.8	7.2	0.34	0.77	0.53	0.78
2010	10.6	9.1	13.3	7.3	13.2	0.86	1.25	0.69	1.25
2011	9.5	9.0	12.0	7.3	12.1	0.95	1.26	0.77	1.27
2012	7.7	3.2	5.8	3.9	5.9	0.41	0.75	0.51	0.77
2013	7.7	2.2	8.9	3.7	8.9	0.29	1.16	0.48	1.16

注：国内生产总值增长速度按可比价格计算，能源生产增长速度和能源消费增长速度采用等价值总量计算。

a) GDP growth rate is calculated at comparable prices, the growth rates of energy production and consumption are calculated by coal equivalent.

1-2 国民经济和能源经济主要指标

指　　标	Item	2000	2001	2002
1.年底人口总数(万人)	1.Year-end Population (10^4 persons)	126743	127627	128453
城镇	Urban	45906	48064	50212
乡村	Rural	80837	79563	78241
2.国内生产总值(亿元)	2.Gross Domestic Products (10^8 yuan)	99776	110270	121002
第一产业	Primary Industry	14716	15501	16189
第二产业	Secondary Industry	45326	49262	53624
工业	Industry	39932	43470	47311
建筑业	Construction	5522	5932	6465
第三产业	Tertiary Industry	39734	45507	51189
3.全社会固定资产投资总额(亿元)	3.Investment in Fixed Assets (10^8 yuan)	32918	37214	43500
能源工业(国有)	Energy Industry (State-owned)	2840	2622	2626
煤炭采选业	Coal Mining and Processing	199	199	233
石油和天然气开采业	Petroleum and Natural Gas Extraction	365	375	158
电力、蒸汽、热水生产和供应业	Electricity, Steam Production and Supply	2130	1861	2082
石油加工及炼焦业	Petroleum Processing and Coking	95	127	93
煤气生产和供应业	Gas Production and Supply	60	58	60
4.进出口总额(亿元)	4.Total Value of Exports and Imports (10^8 yuan)	39273	42184	51378
出口总额	Exports	20634	22024	26948
进口总额	Imports	18639	20159	24430
5.一次能源生产总量(发电煤耗计算法)* (万吨标准煤)	5.Primary Energy Production (coal equivalent calculation)* (10^4 tce)	138570	147425	156277
一次能源生产总量(电热当量计算法)** (万吨标准煤)	Primary Energy Production (calorific value calculation)** (10^4 tce)	132384	139928	148450
6.能源消费总量(发电煤耗计算法)* (万吨标准煤)	6.Total Energy Consumption (coal equivalent calculation)* (10^4 tce)	146964	155547	169577
能源消费总量(电热当量计算法)** (万吨标准煤)	Total Energy Consumption (calorific value calculation)** (10^4 tce)	140993	148264	161935

注：* 发电煤耗计算法是指电力按当年平均火力发电煤耗换算成标准煤(下表同)。

** 电热当量计算法是指电力按自身的热功当量换算成标准煤。采用的折标系数为1万千瓦时=1.229吨标准煤(下表同)。

* Electricity is converted to TCE by average quantity of fuel used for power generation. (the same as in the following tables)

** Electricity is converted to TCE by 104kwh=1.229TCE. (The same as in the following tables)

Main Indicators of National Economy and Energy Economy

2003	2004	2005	2006	2007	2008	2009	2010	2011	2012	2013
129227	129988	130756	131448	132129	132802	133450	134091	134735	135404	136072
52376	54283	56212	58288	60633	62403	64512	66978	69079	71182	7311
76851	75705	74544	73160	71496	70399	68938	67113	65656	64222	62963
136565	160714	185896	217657	268019	316752	345629	408903	484124	534123	588019
16968	20902	21804	23313	27783	32747	34154	39355	46153	50893	55322
62121	73530	87127	103164	125145	148098	157850	188805	223390	240200	256810
54806	65044	77034	91079	110254	129929	135849	162376	191571	204540	217264
7491	8694	10367	12409	15296	18743	22601	27178	32840	36805	40807
57476	66283	76965	91180	115091	135907	153625	180743	214580	243030	275887
55567	70477	88774	109998	137324	172828	224599	278122	311485	374695	446294
2876	3643	4766	5687	6715	7940	10003	11219	11468	12402	14011
310	420	624	759	836	1014	1241	1477	1635	1784	1657
236	301	279	387	586	740	1271	1798	2009	1963	2480
2158	2640	3451	4042	4611	5336	6686	7054	6806	7670	8458
90	188	299	369	549	698	561	556	653	540	723
82	95	113	129	133	153	244	336	365	446	693
70484	95539	116922	140974	166864	179921	150648	201722	236402	244160	258169
36288	49103	62648	77597	93564	100395	82030	107023	123241	129359	137131
34196	46436	54274	63377	73300	79527	68618	94699	113161	114801	121038
178299	206108	229037	244763	264173	277419	286092	312125	340178	351041	358784
170305	196418	218355	233269	251772	262992	271067	294807	323045	330203	336452
197083	230281	261369	286467	311442	320611	336126	360648	387043	402138	416913
189269	220738	250835	275134	299271	306455	321336	343601	370163	381515	394794

1-3 平均每万元国内生产总值能源消费量
Energy Intensity by GDP

年 份 Year	万元国内生产总值能源消费量 (吨标准煤/万元) Total Energy Consumption (tce/10^4 yuan)	万元国内生产总值煤炭消费量 (吨/万元) Coal (ton/10^4 yuan)	万元国内生产总值焦炭消费量 (吨/万元) Coke (ton/10^4 yuan)	万元国内生产总值石油消费量 (吨/万元) Petroleum (ton/10^4 yuan)	万元国内生产总值原油消费量 (吨/万元) Crude Oil (ton/10^4 yuan)	万元国内生产总值燃料油消费量 (吨/万元) Fuel Oil (ton/10^4 yuan)	万元国内生产总值电力消费量 (万千瓦小时/万元) Electricity (10^4 kW·h/10^4 yuan)
	国内生产总值按1980年可比价格计算 GDP is calculated at 1980 constant prices						
1980	13.20	13.36	0.94	1.92	2.02	0.67	0.66
1981	12.37	12.60	0.82	1.94	1.82	0.59	0.64
1982	11.84	12.23	0.76	1.57	1.66	0.54	0.63
1983	11.36	11.82	0.71	1.44	1.56	0.49	0.61
1984	10.59	11.20	0.66	1.29	1.38	0.43	0.56
1985	10.10	10.74	0.62	1.21	1.25	0.37	0.54
1986	9.78	10.40	0.63	1.18	1.24	0.36	0.55
1987	9.39	10.06	0.62	1.12	1.16	0.34	0.54
1988	9.06	9.68	0.59	1.08	1.09	0.32	0.53
1989	9.07	9.68	0.60	1.08	1.09	0.32	0.55
1990	8.90	9.51	0.62	1.04	1.06	0.30	0.56
	国内生产总值按1990年可比价格计算 GDP is calculated at 1990 constant prices						
1990	5.32	5.69	0.37	0.62	0.63	0.18	0.34
1991	5.12	5.45	0.35	0.61	0.61	0.17	0.34
1992	4.72	4.93	0.34	0.58	0.57	0.15	0.33
1993	4.40	4.59	0.33	0.56	0.52	0.14	0.32
1994	4.12	4.31	0.31	0.50	0.47	0.12	0.31
1995	3.97	4.16	0.32	0.49	0.45	0.11	0.30
1996	3.69	3.83	0.32	0.48	0.43	0.10	0.29
1997	3.40	3.44	0.27	0.48	0.43	0.09	0.28
1998	3.16	3.13	0.27	0.46	0.40	0.09	0.27
1999	3.03	3.00	0.23	0.45	0.41	0.08	0.26
2000	2.89	2.80	0.22	0.45	0.42	0.08	0.27
	国内生产总值按2000年可比价格计算 GDP is calculated at 2000 constant prices						
2000	1.47	1.36	0.11	0.23	0.20	0.04	0.14
2001	1.44	1.32	0.11	0.21	0.18	0.03	0.14
2002	1.44	1.30	0.11	0.21	0.17	0.03	0.14
2003	1.52	1.42	0.12	0.21	0.18	0.03	0.15
2004	1.61	1.49	0.13	0.22	0.17	0.03	0.15
2005	1.64	1.53	0.16	0.20	0.17	0.02	0.16
	国内生产总值按2005年可比价格计算 GDP is calculated at 2005 constant prices						
2005	1.41	1.31	0.14	0.18	0.14	0.02	0.13
2006	1.37	1.29	0.14	0.17	0.13	0.02	0.14
2007	1.30	1.21	0.13	0.15	0.13	0.02	0.14
2008	1.22	1.15	0.12	0.14	0.12	0.01	0.13
2009	1.17	1.13	0.13	0.13	0.12	0.01	0.13
2010	1.14	1.10	0.12	0.14	0.12	0.01	0.13
	国内生产总值按2010年可比价格计算 GDP is calculated at 2010 constant prices						
2010	0.88	0.85	0.09	0.11	0.10	0.01	0.10
2011	0.86	0.87	0.09	0.10	0.09	0.01	0.10
2012	0.83	0.85	0.09	0.10	0.09	0.01	0.10
2013	0.80	0.82	0.09	0.10	0.09	0.01	0.10

1-4 能源加工转换效率

Efficiency of Energy Transformation

单位：% (%)

年 份 Year	总效率 Total Efficiency	发电及电站供热 Power Generation and Heating by Power Station	炼 焦 Coking	炼 油 Petroleum Refinery
1980	69.54	36.02	88.68	99.00
1981	69.28	36.68	90.89	99.06
1982	69.20	36.78	90.51	99.13
1983	69.93	36.94	91.18	99.16
1984	69.16	36.95	90.08	99.17
1985	68.29	36.85	90.79	99.10
1986	68.32	36.69	90.63	99.04
1987	67.48	36.75	90.46	98.81
1988	66.54	36.34	90.77	98.76
1989	66.51	36.74	90.30	98.57
1990	66.48	37.34	91.28	90.19
1991	65.90	37.60	89.90	98.10
1992	66.00	37.80	92.70	96.80
1993	67.32	39.90	98.05	98.49
1994	65.20	39.35	89.62	97.48
1995	71.05	37.31	91.99	97.67
1996	70.19	36.63	94.07	97.46
1997	69.76	35.89	94.01	97.37
1998	69.28	37.09	94.97	96.41
1999	69.25	37.04	96.13	97.51
2000	69.38	37.78	96.20	97.32
2001	69.70	38.15	96.47	97.60
2002	68.99	38.67	96.63	96.73
2003	69.38	38.46	96.13	96.38
2004	70.60	38.64	97.10	96.48
2005	71.11	38.97	97.14	96.94
2006	70.87	39.08	97.02	96.90
2007	71.23	39.80	97.54	97.17
2008	71.46	40.47	98.46	96.22
2009	72.41	41.23	98.00	96.74
2010	72.52	41.99	96.38	97.00
2011	72.19	42.13	96.30	97.41
2012	72.68	42.81	95.65	97.11
2013	72.96	43.12	95.60	97.65

1-5 人均能源生产量和消费量

Energy Production and Consumption Per Capita

年份 Year	人均能源生产量 Per-Capita Energy Production 能源总量（千克标准煤）Total Energy (kgce)	原煤（千克）Raw Coal (kg)	原油（千克）Crude Oil (kg)	电力（千瓦小时）Electricity (kW•h)	人均能源消费量 Per-Capita Energy Consumption 能源总量（千克标准煤）Total Energy (kgtce)	煤炭（千克）Coal (kg)	石油（千克）Oil (kg)	电力（千瓦小时）Electricity (kW•h)
1980	650	632	108	306	614	622	89	306
1981	636	625	102	311	598	610	94	311
1982	662	661	101	325	615	636	81	325
1983	696	698	104	343	645	671	82	344
1984	751	761	111	364	684	723	83	364
1985	814	830	119	391	730	776	87	392
1986	826	838	123	421	758	806	91	422
1987	842	856	124	459	799	856	95	460
1988	870	889	124	495	844	902	101	496
1989	909	942	123	523	867	925	104	524
1990	915	951	122	547	869	930	101	549
1991	911	945	123	589	902	960	108	591
1992	921	958	122	647	937	979	115	651
1993	942	976	123	711	984	1026	125	715
1994	996	1040	123	779	1030	1078	125	777
1995	1071	1129	125	836	1089	1143	133	832
1996	1093	1147	129	887	1110	1150	145	884
1997	1085	1128	131	923	1105	1120	157	917
1998	1045	1073	130	939	1097	1087	160	934
1999	1053	1089	128	989	1122	1112	168	982
2000	1097	1096	129	1074	1156	1075	178	1067
2001	1159	1157	129	1164	1223	1125	180	1158
2002	1221	1211	130	1292	1324	1200	194	1286
2003	1384	1424	132	1483	1530	1426	214	1477
2004	1590	1638	136	1700	1777	1637	241	1695
2005	1757	1814	139	1918	2005	1867	250	1913
2006	1867	1960	141	2186	2185	2064	266	2181
2007	2005	2094	141	2490	2363	2204	278	2482
2008	2094	2192	144	2617	2420	2269	282	2608
2009	2149	2340	142	2790	2525	2441	290	2782
2010	2399	2563	152	3145	2696	2609	330	3135
2011	2531	2801	151	3506	2880	2894	339	3497
2012	2599	2921	154	3693	2977	3018	354	3684
2013	2643	2928	155	4002	3071	3127	368	3993

注：本表按年平均人口数计算，下表同。

a) This table is calculated by annual average population, the same applies to table following.

1-6 人均生活用能量

Residential Energy Consumption Per Capita

年 份 Year	全国人均生活用能量(千克标准煤) Annual Average (kgce)	煤炭(千克) Coal (kg)	电力(千瓦小时) Electricity (kW•h)	液化石油气(千克) LPG (kg)	天然气(立方米) Natural Gas (cu.m)	煤气(立方米) Gas (cu.m)	城镇人均生活用能量(千克标准煤) Urban (kgce)	农村人均生活用能量(千克标准煤) Rural (kgce)
1980	112	118	11	0.4	0.2	1.4	332	60
1981	101	122	12	0.5	0.2	1.4	290	55
1982	102	124	12	0.5	0.2	1.5	281	56
1983	107	128	13	0.6	0.1	1.5	283	59
1984	113	135	15	0.6	0.4	1.6	288	63
1985	127	149	21	0.9	0.4	1.3	307	72
1986	127	148	23	1.1	0.6	1.3	306	71
1987	132	152	26	1.1	0.7	1.6	300	76
1988	141	159	31	1.2	1.4	1.6	307	84
1989	139	152	35	1.4	1.5	2.4	297	84
1990	139	147	42	1.4	1.6	2.5	298	83
1991	139	143	47	1.8	1.6	3.2	292	83
1992	134	127	55	2.1	1.8	4.4	267	85
1993	133	123	63	2.5	1.5	4.6	258	86
1994	129	109	73	3.2	1.7	6.3	238	86
1995	131	112	83	4.4	1.6	4.7	242	86
1996	121	83	88	5.9	1.7	6.4	238	71
1997	119	77	99	6.2	1.7	8.9	226	71
1998	119	73	104	6.9	1.9	9.7	218	71
1999	122	70	109	6.8	2.1	9.3	213	75
2000	132	67	115	6.8	2.6	10.0	213	88
2001	136	66	127	6.7	3.3	9.4	210	93
2002	146	66	138	7.6	3.6	9.8	215	103
2003	166	70	160	8.6	4.0	10.1	238	119
2004	191	75	184	10.4	5.2	10.7	264	140
2005	211	77	221	10.2	6.1	11.1	288	155
2006	230	77	256	11.5	7.8	12.7	248	169
2007	250	74	308	12.4	10.9	14.1	327	186
2008	254	69	332	11.0	12.8	13.9	324	194
2009	264	69	366	11.2	13.3	12.5	328	206
2010	273	68	383	10.5	17.0	12.5	320	227
2011	294	69	418	12.0	19.7	10.9	331	257
2012	313	69	460	12.1	21.3	10.2	344	280
2013	335	68	515	13.6	23.8	7.9	357	311

1-7 年末交通运输设备拥有量

Number of Transportation Equipment (Year-End)

指 标 Item	2000	2003	2004	2005	2006	2007	2008	2009	2010	2011	2012	2013
铁路机车合计(辆) Total Railway Locomotives(unit)	15253	16320	17022	17473	17799	18306	18437	18922	19431	20721	20797	20835
蒸汽机车 Steam Locomotives	911	343	263	193	133	124	118	107	72	15	15	15
内燃机车 Diesel Locomotives	10826	11355	11872	12114	12148	12111	12021	11805	10990	11081	10602	9961
电力机车 Electric Locomotives	3516	4622	4887	5166	5518	6071	6298	7010	8369	9625	10180	10859
铁路客车(辆) Railway Passenger Coaches(unit)	35989	38972	39766	40328	40945	42471	43215	47436	50391	52838	55764	56841
铁路货车(辆) Railway Freight Cars(unit)	439943	503868	520101	541824	558483	571078	584961	594388	622284	644677	664333	715492
民用汽车合计(万辆) Total Civil Motor Vehicles(10^4unit)	1609	2383	2694	3160	3697	4358	5100	6281	7802	9356	10933	12670
载客汽车 Passenger Vehicles	854	1479	1739	2132	2620	3196	3839	4845	6124	7478	8943	10562
载货汽车 Trucks	716	854	893	956	986	1054	1126	1369	1598	1788	1895	2010.6
其它机动车(万辆) Others(10^4 unit)	4168	7109	7786	8595	8798	9434	9757	10489	11306	11549	11322	10547
公路部门营运车辆(万辆) Motor Vehicles Owned by Highway Department(10^4 unit)	703	925	1067	733	803	849	931	1087	1133	1264	1340	1504.7
私人汽车(万辆) Private Vehicles(10^4 unit)	625	1219	1482	1848	2333	2876	3501	4575	5939	7327	8839	10502
民航飞机合计(架) Total Civil Aircraft(unit)	982	1160	1245	1386	1614	1813	1961	2181	2405	3191	3589	4004
民用运输船舶合计(艘) Total Civil Transport Vessels(unit)	229676	204270	210700	207294	194360	191771	184190	176932	178407	179242	178591	172554
机动船 Motor Vessels	185018	163813	166854	165900	157805	157544	152247	149367	155624	157950	158309	155340
驳船 Barges	44658	40457	43846	41394	36555	34227	31943	27565	22783	21292	20282	17214
#私人运输船舶 #Private Transport Vessels	142117	114297	115503	95838	70292	70017	64552					

1-8 主要能源品种进、出口量

Imports and Exports of Major Energy Products

指 标 Item	2000	2002	2003	2004	2005	2006	2007	2008	2009	2010	2011	2012	2013
进口量 Import													
煤(万吨) Coal(10^4tons)	212	1081	1110	1861	2617	3811	5102	4034	12584	16310	18210	28841	32702
焦炭(万吨) Coal(10^4tons)				1	1				16	11	12	8	3
原油(万吨) Crude Oil(10^4tons)	7027	6941	9102	12272	12682	14517	16317	17889	20365	23768	25378	27103	28174
汽油(万吨) Gasoline(10^4tons)						6	23	199	4		3		0
煤油(万吨) Kerosene(10^4tons)	255	215	210	282	328	561	524	648	612	487	618	621	669
柴油(万吨) Diesel Oil(10^4tons)	26	48	85	275	53	71	162	624	184	180	233	91	27
燃料油(万吨) Fuel Oil(10^4tons)	1480	1660	2395	3059	2609	2799	2417	2186	2407	2299	2684	2683	2347
液化石油气(万吨) LPG(10^4tons)	482	626	637	641	617	536	405	259	408	327	350	359	452
其它石油制品(万吨) Other Petroleum Products(10^4tons)	161	384	432	384	443	443	689	666	1153	1731	1648	1548	1924
天然气(亿立方米) Natural Gas(10^8cu.m)						10	40	46	76	165	312	421	525
电力(亿千瓦小时) Electricity(10^8kW•h)	15	23	30	34	50	54	43	38	60	56	66	69	75
出口量 Export													
煤(万吨) Coal(10^4tons)	5505	8384	9403	8666	7172	6327	5317	4543	2240	1910	1466	928	751
焦炭、半焦炭 (万吨) Coke and Semi-coke(10^4tons)	1520	1357	1472	1501	1276	1447	1530	1221	54	335	330	102	467
原油(万吨) Crude Oil(10^4tons)	1031	766	813	549	807	634	389	424	507	303	252	243	162
汽油(万吨) Gasoline(10^4tons)	455	612	754	541	560	351	464	203	492	517	406	292	469
煤油(万吨) Kerosene(10^4tons)	199	170	202	205	269	371	448	536	594	605	656	745	917
柴油(万吨) Diesel Oil(10^4tons)	55	124	224	64	148	78	66	63	451	464	202	185	278
燃料油(万吨) Fuel Oil(10^4tons)	33	64	76	182	230	258	380	732	862	990	1227	1162	1135
液化石油气(万吨) LPG(10^4tons)	2	6	2	3	3	15	34	68	85	93	119	128	35
其它石油制品(万吨) Other Petroleum Products(10^4tons)	280	246	262	361	473	473	416	419	305	386	459	328	315
天然气(亿立方米) Natural Gas(10^8cu.m)				24	30	29	26	32	32	40	32	29	27
电力(亿千瓦小时) Electricity(10^8kW•h)	99	97	103	95	112	123	146	166	174	191	193	177	187

1-9 主要高耗能产品的进、出口量

Imports and Exports of Energy Intensive Products

指 标 Item	2000	2004	2005	2006	2007	2008	2009	2010	2011	2012	2013
进口量 Import											
钢材 (万吨) Steel Products(10^4tons)	1596	2930	2582	1851	1687	1543	1763	1643	1558	1366	1408
钢铁丝(吨) Iron and Steel Wire(ton)	336300										
未锻造的铜及铜合金(万吨) Copper and Copper Alloys(10^4tons)	81	138	142	97	173	170	347	338	329	398	389
未锻造的铝及铝合金(万吨) Aluminum and Aluminum Alloys(10^4tons)	91	103	64	51	28	26	174	36	33	64	48.1
锌及锌合金(吨) Zinc and Zinc Alloys(ton)	129974										
烧碱(吨) Caustic Soda(ton)	46458										
纯碱(万吨) Soda Ash(10^4tons)	13	20	7	14	4						
肥料(万吨) Chemical Fertilizers, Manufactured(10^4ton)	1189	1240	1397	1129	1169	622	411	718	795	843	793
纸浆(万吨) Paper Pulp(10^4ton)	335	732	759	796	847	952	1368	1137	1445	1646	1685
纺织用合成纤维(万吨) Synthetic Fiber Suitable for Spinning(10^4tons)	100	99	84	62	51	32	35	37	35	33	38
出口量 Export											
水泥(万吨) Cement(10^4tons)	605	704	2216	3613	3301	2604	1561	1616	1061	1200	1454
平板玻璃(万平方米) Plate Glass(10^4sq.m)	5592	14464	19925	26433	30917	27762	16643	17398	18726	17632	19546
钢材 (万吨) Steel Products(10^4tons)	621	1423	2052	4301	6265	5923	2460	4256	4888	5573	6234
钢铁丝(吨) Iron and Steel Wire(ton)	190122										
铜材(吨) Copper Products (ton)	144484	390023	463560	559122	499678	517522	455136	508580	500347	492980	489000
铝材(万吨) Aluminum Products(10^4tons)	13	43	71	124	185	190	139	218	300	283	307
未锻造的锌及锌合金(吨) Zinc and Zinc Alloys(ton)	593336	263149	146845	341465	276714	71320	29287	43395	48369	7937	5395
纸及纸板(未切成形)(万吨) Paper and Paperboard in Rolls(10^4tons)	65	101	167	305	422	361	362	380	450	471	565

1-10 分地区废气中主要污染物排放情况（2013年）
Main Pollutant Emission in Waste Gas by Region (2013)

地 区	Region	废气中主要污染物排放量 Main Pollutant Emission in Waste Gas 二氧化硫 (万吨) Sulphur Dioxide (10^4 tons)	氮氧化物 (万吨) Nitrogen Oxides (10^4 tons)	烟(粉)尘 (万吨) Smoke and Dust (10^4 tons)
全 国	**National Total**	**2043.92**	**2227.36**	**1278.14**
北 京	Beijing	8.70	16.63	5.93
天 津	Tianjin	21.68	31.17	8.75
河 北	Hebei	128.47	165.25	131.33
山 西	Shanxi	125.54	115.78	102.67
内蒙古	Inner Mongolia	135.87	137.76	82.21
辽 宁	Liaoning	102.70	95.54	67.06
吉 林	Jilin	38.15	56.05	32.02
黑龙江	Heilongjiang	48.91	75.16	72.25
上 海	Shanghai	21.58	38.04	8.09
江 苏	Jiangsu	94.17	133.80	50.00
浙 江	Zhejiang	59.34	75.30	31.97
安 徽	Anhui	50.13	86.37	41.86
福 建	Fujian	36.10	43.83	25.94
江 西	Jiangxi	55.77	57.04	35.63
山 东	Shandong	164.50	165.13	69.67
河 南	Henan	125.40	156.56	64.13
湖 北	Hubei	59.94	61.24	35.95
湖 南	Hunan	64.13	58.82	35.87
广 东	Guangdong	76.19	120.42	35.40
广 西	Guangxi	47.20	50.43	28.95
海 南	Hainan	3.24	10.02	1.80
重 庆	Chongqing	54.77	36.20	19.12
四 川	Sichuan	81.67	62.43	29.60
贵 州	Guizhou	98.64	55.73	30.13
云 南	Yunnan	66.31	52.37	38.69
西 藏	Tibet	0.42	4.43	0.68
陕 西	Shaanxi	80.62	75.89	53.77
甘 肃	Gansu	56.20	44.29	22.66
青 海	Qinghai	15.67	13.23	17.38
宁 夏	Ningxia	38.97	43.74	23.06
新 疆	Xinjiang	82.94	88.69	75.59

1-11 分地区废水中主要污染物排放情况（2013年）

地区	Region	废水排放总量（万吨） Total Waste Water Discharged (10^4 tons)	废水中主要污染物排放量 Main Pullutant Emission in Waste Water			
			化学需氧量（万吨） COD (10^4 tons)	氨氮（万吨） Ammonia Nitrogen (10^4 tons)	总氮（万吨） Total Nitrogen (10^4 tons)	总磷（万吨） Total Phosphorus (10^4 tons)
全国	**National Total**	**6954433**	**2352.7**	**245.7**	**448.1**	**48.7**
北京	Beijing	144580	17.8	2.0	3.1	0.4
天津	Tianjin	84210	22.2	2.5	3.6	0.4
河北	Hebei	310921	131.0	10.7	36.1	3.9
山西	Shanxi	138030	46.1	5.5	8.3	0.8
内蒙古	Inner Mongolia	106920	86.3	5.1	15.5	1.3
辽宁	Liaoning	234508	125.3	10.3	20.3	2.7
吉林	Jilin	117703	76.1	5.5	12.9	1.6
黑龙江	Heilongjiang	153090	144.7	8.8	26.5	2.5
上海	Shanghai	222963	23.6	4.6	1.6	0.2
江苏	Jiangsu	594359	114.9	14.7	17.4	1.8
浙江	Zhejiang	419120	75.5	10.7	9.4	1.1
安徽	Anhui	266234	90.3	10.3	18.6	2.0
福建	Fujian	259098	63.9	9.1	9.6	1.2
江西	Jiangxi	207138	73.4	8.9	10.7	1.3
山东	Shandong	494570	184.6	16.2	56.5	6.2
河南	Henan	412582	135.4	14.4	41.6	4.7
湖北	Hubei	294054	105.8	12.5	19.4	2.3
湖南	Hunan	307227	124.9	15.8	22.1	2.4
广东	Guangdong	862471	173.4	21.6	19.4	2.5
广西	Guangxi	225303	75.9	8.1	11.7	1.4
海南	Hainan	36156	19.4	2.3	3.1	0.4
重庆	Chongqing	142535	39.2	5.2	5.4	0.6
四川	Sichuan	307648	123.2	13.7	28.7	3.2
贵州	Guizhou	93085	32.8	3.8	4.4	0.4
云南	Yunnan	156583	54.7	5.8	7.7	0.7
西藏	Tibet	5005	2.6	0.3	0.6	0.0
陕西	Shaanxi	132169	51.9	6.0	9.6	0.8
甘肃	Gansu	64969	37.9	3.9	4.7	0.4
青海	Qinghai	21953	10.3	1.0	0.7	0.1
宁夏	Ningxia	38528	22.2	1.7	2.7	0.2
新疆	Xinjiang	100720	67.2	4.7	16.2	1.2

Main Pollutant Emission in Waste Water by Region (2013)

废水中主要污染物排放量 Main Pullutant Emission in Waste Water						
石油类 (吨) Petroleum (ton)	挥发酚 (吨) Volatile Phenol (ton)	铅 (千克) Plumbum (kg)	汞 (千克) Mercury (kg)	镉 (千克) Cadmium (kg)	总铬 (千克) Total Chromium (kg)	砷 (千克) Arsenic (kg)
18385.3	**127.7**	**76112**	**917**	**18436**	**163118**	**112230**
50.4	0.0	201	1	17	438	15
118.2	0.2	101	6	3	356	13
897.5	2.7	347	4	29	5401	89
985.0	62.1	192	11	785	243	198
947.8	24.2	3747	94	537	153	6072
958.6	0.8	247	13	43	682	247
341.3	0.6	162	6	29	134	591
290.4	0.7	39	2	4	115	28
622.4	0.3	174	12	13	2444	68
1319.5	4.1	1129	16	28	8870	238
747.4	0.7	555	7	220	18685	293
758.6	0.6	1550	8	132	715	4827
515.3	0.2	3117	14	317	11425	1430
737.3	1.6	5717	79	1984	17564	9364
531.0	3.9	914	18	1054	7849	2401
1231.9	14.1	4055	19	965	30091	1207
1009.4	1.9	2624	32	541	9924	6110
585.0	2.0	24319	235	6747	11367	42572
648.9	1.3	2565	30	367	22181	1049
265.2	1.3	6302	108	1076	1780	8291
8.7		6		2	123	2
337.2	1.0	95	1	5	428	37
641.4	0.4	1137	13	84	1835	2084
437.4	0.0	266	20	27	64	487
373.6	0.3	6248	11	1210	118	8162
0.6	0.0	3		1	1	8943
662.7	0.3	1449	27	566	1665	708
295.2	0.3	8068	95	1289	6145	4286
342.4	0.1	631	9	300	13	1480
153.4	0.7	19	5	2	242	53
1571.9	1.6	135	22	60	2067	885

二、能源建设

Chapter 2　Construction of Energy Industry

2-1 国有经济能源工业分行业固定资产投资

Investment In Fixed Assets of State-Owned Units in Energy Industry

单位：亿元 (100 million yuan)

项 目 Item	1995	2000	2005	2006	2007	2008	2009	2010	2011	2012	2013
能源工业 Energy Industry	2025	2840	4766	5687	6715	7940	10003	11219	11468	12402	14011
煤炭采选业 Coal Mining and Processing	282	199	624	759	836	1014	1241	1477	1635	1784	1657
石油和天然气开采业 Petroleum and Natural Gas Extraction	500	356	279	387	586	740	1271	1798	2009	1963	2480
电力、蒸汽、热水生产和供应业 Electricity, Steam, Hot Water Producing and Supply	1043	2130	3451	4042	4611	5336	6686	7054	6806	7670	8458
石油加工及炼焦业 Petroleum Processing and Coking	162	95	299	369	549	698	561	556	653	540	723
煤气生产和供应业 Coal Gas and Coal Products	39	60	113	129	133	153	244	336	365	446	693

注：自2011年起，除房地产开发投资和农户投资，固定资产投资统计起点由50万元提高到500万元；城镇固定资产投资数据发布口径改为固定资产投资(不含农户)，该口径等于原来城镇固定资产投资加上农村企事业组织的项目投资,以下表同。

a) Since 2011, the cut-off point has changed from 500 000 yuan to 5 million yuan, published coverage of investment in fixed assets in urban area changed into investment in fixed assets (excluding rural households) which included investment in urban area and investment in rural enterprises (units). The same applies to the tables following.

2-2 国有经济能源工业分行业固定资产投资构成

Proportions of Investment in Fixed Assets of State-Owned Units in Energy Industry

单位：% (%)

项 目 Item	1995	2000	2005	2006	2007	2008	2009	2010	2011	2012	2013
能源工业 Energy Industry	100.00	100.00	100.00	100.00	100.00	100.00	100.00	100.00	100.00	100.00	100.00
煤炭采选业 Coal Mining and Processing	13.94	7.00	13.08	13.35	12.45	12.77	12.40	13.16	14.26	14.38	11.83
石油和天然气开采业 Petroleum and Natural Gas Extraction	24.67	12.52	5.85	6.80	8.72	9.31	12.71	16.02	17.52	15.83	17.70
电力、蒸汽、热水生产和供应业 Electricity, Steam, Hot Water Producing and Supply	51.48	75.02	72.42	71.09	68.67	67.20	66.84	62.87	59.35	61.84	60.37
石油加工及炼焦业 Petroleum Processing and Coking	7.98	3.34	6.28	6.49	8.18	8.79	5.61	4.95	5.70	4.35	5.16
煤气生产和供应业 Coal Gas and Coal Products	1.93	2.11	2.37	2.27	1.97	1.92	2.44	2.99	3.18	3.60	4.94

2-3 分地区国有经济能源工业固定资产投资
Investment in Fixed Assets of State-Owned Units in Energy Industry by Region

单位: 亿元 (100 million yuan)

地 区	Region	1995	2000	2005	2006	2007	2008	2009	2010	2011	2012	2013
北 京	Beijing	48	54	100	91	133	124	125	94	88	89	121
天 津	Tianjin	121	31	47	104	175	273	297	235	241	194	174
河 北	Hebei	109	167	190	268	257	276	209	370	426	400	464
山 西	Shanxi	70	107	263	332	441	538	599	797	868	995	1012
内 蒙	Inner Mongolia	74	33	382	445	600	695	822	906	824	648	887
辽 宁	Liaoning	133	180	127	167	241	248	307	407	366	424	385
吉 林	Jilin	44	66	47	80	104	217	256	321	253	229	266
黑龙江	Heilongjiang	163	72	114	149	180	283	313	586	566	620	549
上 海	Shanghai	76	76	108	122	138	158	272	140	101	115	116
江 苏	Jiangsu	49	202	311	285	175	248	324	294	275	417	404
浙 江	Zhejiang	56	91	291	272	339	258	318	326	420	433	459
安 徽	Anhui	77	54	170	238	380	388	326	321	289	422	382
福 建	Fujian	38	71	115	169	272	311	235	268	280	362	468
江 西	Jiangxi	19	51	81	97	93	83	136	150	129	134	149
山 东	Shandong	181	330	216	232	216	263	277	407	531	323	458
河 南	Henan	100	181	210	215	267	405	422	298	275	285	280
湖 北	Hubei	138	222	188	234	244	280	334	334	298	287	301
湖 南	Hunan	58	89	117	131	176	220	188	195	226	215	227
广 东	Guangdong	85	90	376	401	342	349	558	691	544	691	795
广 西	Guangxi	21	71	67	103	105	95	210	256	284	257	234
海 南	Hainan	2	13	71	47	20	30	37	27	32	32	27
重 庆	Chongqing		43	74	140	136	126	150	151	174	266	330
四 川	Sichuan	111	95	183	273	328	317	386	513	669	751	744
贵 州	Guizhou	27	67	180	187	202	242	241	263	283	230	268
云 南	Yunnan	23	49	141	207	215	267	382	348	358	453	535
西 藏	Tibet	9	10	15	13	18	30	39	44	49	77	144
陕 西	Shaanxi	40	94	238	276	425	471	580	667	717	766	1026
甘 肃	Gansu	34	53	97	97	147	195	312	416	384	373	532
青 海	Qinghai	22	11	21	42	32	34	75	57	111	180	235
宁 夏	Ningxia	12	16	61	76	105	141	182	199	243	188	213
新 疆	Xinjiang	107	50	74	89	106	173	239	277	308	616	860

2-4 分地区国有经济煤炭采选业固定资产投资
Investment in Fixed Assets of State-Owned Units in Coal Mining and Processing by Region

单位：亿元 (100 million yuan)

地 区	Region	1995	2000	2005	2006	2007	2008	2009	2010	2011	2012	2013
北 京	Beijing	0.62	0.21	0.01	0.21	0.66	0.71	1.00	1.15	0.33		1.39
天 津	Tianjin	60.30										
河 北	Hebei	62.86	19.54	30.68	42.42	28.63	18.44	29.08	33.88	52.50	40.96	28.79
山 西	Shanxi	46.59	34.25	180.97	198.03	193.31	259.36	321.92	505.01	573.41	622.18	528.11
内 蒙	Inner Mongolia	35.26	2.49	31.74	70.73	103.60	135.68	188.78	166.89	210.74	205.51	257.35
辽 宁	Liaoning	6.09	7.95	15.34	7.94	14.16	17.53	11.27	13.89	18.17	36.17	6.11
吉 林	Jilin	2.86	0.84	5.07	14.43	8.49	16.04	15.88	13.21	12.33	8.36	4.34
黑龙江	Heilongjiang	14.12	7.46	22.48	33.68	34.66	39.46	54.82	46.95	54.78	51.77	51.35
上 海	Shanghai											
江 苏	Jiangsu	6.16	5.48	12.31	7.85	1.00	12.52	13.69	11.55	4.59	4.11	
浙 江	Zhejiang	0.12										
安 徽	Anhui	34.64	13.16	91.42	131.17	166.54	160.06	167.18	164.91	104.34	163.33	89.05
福 建	Fujian	1.48	1.27	1.73	1.60	0.81	2.65	3.11	3.32	2.38	2.44	3.50
江 西	Jiangxi	1.72	0.89	4.40	4.18	6.47	4.43	8.21	1.00	2.07	0.18	0.41
山 东	Shandong	24.62	39.50	55.61	41.61	36.43	31.21	37.13	21.52	26.97	26.43	22.08
河 南	Henan	22.83	18.47	23.80	22.97	33.85	50.40	47.32	44.87	49.95	59.07	38.25
湖 北	Hubei	0.56	0.43				0.64	0.95	0.65	0.45		0.82
湖 南	Hunan	3.38	1.04	4.16	2.59	5.21	4.76	6.71	8.84	10.20	16.55	13.90
广 东	Guangdong	0.99	0.17									
广 西	Guangxi	0.93	0.52	1.58	1.83	1.56	2.36	5.79	6.57	10.29	3.94	2.02
海 南	Hainan	0.01										
重 庆	Chongqing		1.08	5.06	15.69	10.09	9.46	9.71	14.37	13.13	20.26	27.38
四 川	Sichuan	6.61	2.21	6.90	7.65	6.58	7.05	8.90	15.68	25.46	15.09	11.45
贵 州	Guizhou	6.65	4.46	21.56	30.11	32.17	49.92	35.97	42.58	56.44	61.58	45.06
云 南	Yunnan	3.59	1.90	6.30	8.69	10.57	17.95	22.96	23.35	14.33	21.53	20.94
西 藏	Tibet	0.09									0.20	
陕 西	Shaanxi	8.38	3.20	12.93	20.28	24.69	36.53	75.84	146.32	200.54	216.75	211.62
甘 肃	Gansu	4.07	4.97	10.21	8.96	11.56	10.32	46.11	60.63	78.32	66.38	86.13
青 海	Qinghai	0.24	0.01	0.42	0.48	1.43	1.28	1.20	2.29	4.61	5.01	17.93
宁 夏	Ningxia	5.21	2.79	32.88	32.42	58.67	69.76	77.88	77.76	75.67	76.61	104.25
新 疆	Xinjiang	3.34	2.15	6.92	15.90	15.28	18.70	49.31	49.75	33.10	59.24	84.92

2-5 分地区国有经济石油和天然气开采业固定资产投资
Investment in Fixed Assets of State-Owned Units in Petroleum and Natural Gas Extraction by Region

单位：亿元 (100 million yuan)

地区	Region	1995	2000	2005	2006	2007	2008	2009	2010	2011	2012	2013
北京	Beijing			0.03	0.03		18.16			0.14		1.11
天津	Tianjin	30.77	4.11	9.03	30.60	28.26	29.22	28.18	62.30	66.51	1.40	8.22
河北	Hebei	3.06	3.35	2.09	0.96	1.78	1.51	0.97	4.98	3.95	0.90	0.10
山西	Shanxi							4.84	5.98	6.08	26.60	59.88
内蒙	Inner Mongolia		0.70	18.05	28.28	105.87	175.69	157.29	184.41	92.55	38.78	129.01
辽宁	Liaoning	54.91	67.50	21.58	34.63	49.47	19.72	11.27	16.18	24.74	4.80	12.07
吉林	Jilin	17.39	20.85	0.14	6.22	20.14	33.47	80.54	66.51	54.99	59.27	66.46
黑龙江	Heilongjiang	103.85	0.40	7.52	5.00	19.36	61.43	98.39	327.04	337.64	296.37	322.88
上海	Shanghai	0.07	2.17			12.72	28.41	8.21	0.33	0.57		
江苏	Jiangsu	6.28	10.74	11.62	14.97	11.25	19.20	25.24	25.71	13.67	28.20	30.59
浙江	Zhejiang											
安徽	Anhui						0.25		1.50			
福建	Fujian											
江西	Jiangxi						0.22					
山东	Shandong	79.97	132.95		0.82	3.47	3.55	8.04	172.27	279.13	2.05	3.88
河南	Henan	26.10	43.95	55.37	55.33	67.44	71.43	73.31	71.26	55.49	59.15	50.28
湖北	Hubei	3.77	13.20	12.19	16.94	28.12	27.46	28.08	1.64	2.02	0.17	1.62
湖南	Hunan							0.04	0.10	0.77		0.30
广东	Guangdong	6.28	0.72	0.47	0.56	0.60	0.44	0.28	0.08	1.90	0.84	80.46
广西	Guangxi	0.04			0.14	1.17	0.78	1.52	1.02	4.24		1.90
海南	Hainan		5.00									
重庆	Chongqing		0.09	0.28	0.24	3.14	7.13	8.31	6.20	4.88	11.84	24.29
四川	Sichuan	24.11	6.87	13.65	15.19	19.50	19.37	11.66	7.45		3.16	1.90
贵州	Guizhou			0.52	0.54			0.42		0.56		
云南	Yunnan		0.03				0.29	0.67	0.73	0.17		
西藏	Tibet				0.03							
陕西	Shaanxi	2.76	23.98	94.69	126.50	172.30	161.49	177.36	233.38	273.57	275.01	396.21
甘肃	Gansu	4.29	6.57	5.76	8.05	14.23	22.35	15.23	10.82	17.65	74.09	73.19
青海	Qinghai	6.00	1.76	4.54	1.07	0.92	0.59		0.15	0.05	38.67	60.15
宁夏	Ningxia							0.15	0.05			5.11
新疆	Xinjiang	85.85	10.61	21.23	40.43	26.13	37.35	16.03	11.18	18.05	215.80	290.67

2-6 分地区国有经济电力、蒸汽、热水生产和供应业固定资产投资

Investment in Fixed Assets of State-Owned Units in Electricity, Steam, Hot Water Production and Supply by Region

单位: 亿元 (100 million yuan)

地 区	Region	1995	2000	2005	2006	2007	2008	2009	2010	2011	2012	2013
北 京	Beijing	37	36	76	65	126	101	113	82	74	78	96
天 津	Tianjin	23	21	28	60	106	125	155	130	154	167	121
河 北	Hebei	38	134	142	209	193	226	147	307	357	343	368
山 西	Shanxi	21	67	77	123	223	232	245	240	259	310	322
内 蒙	Inner Mongolia	33	29	308	292	340	338	434	536	450	369	457
辽 宁	Liaoning	42	86	77	108	160	187	260	320	215	240	258
吉 林	Jilin	20	43	41	58	73	160	157	238	177	155	190
黑龙江	Heilongjiang	26	59	76	88	110	151	125	181	143	224	152
上 海	Shanghai	57	62	103	114	100	122	248	124	95	105	105
江 苏	Jiangsu	29	172	284	257	161	202	269	196	246	351	341
浙 江	Zhejiang	54	90	261	259	333	253	313	319	403	403	411
安 徽	Anhui	27	39	66	90	194	209	135	141	128	219	268
福 建	Fujian	33	67	95	118	123	154	154	174	227	257	322
江 西	Jiangxi	14	47	66	86	79	68	116	136	119	120	115
山 东	Shandong	61	149	140	171	127	166	168	181	198	274	422
河 南	Henan	46	113	123	116	147	273	268	157	150	147	168
湖 北	Hubei	126	204	169	208	198	237	279	252	168	178	229
湖 南	Hunan	51	75	101	127	168	209	177	180	205	187	199
广 东	Guangdong	64	82	330	329	244	234	515	645	487	626	628
广 西	Guangxi	20	69	65	100	98	89	199	210	219	222	215
海 南	Hainan	2	6	8	8	15	30	35	23	32	31	22
重 庆	Chongqing		41	67	121	116	103	121	125	150	219	208
四 川	Sichuan	77	83	158	240	295	275	349	475	545	717	709
贵 州	Guizhou	20	62	157	156	168	192	202	218	218	163	210
云 南	Yunnan	19	47	130	197	198	242	344	309	332	423	446
西 藏	Tibet	9	10	15	13	18	30	38	44	48	75	101
陕 西	Shaanxi	25	63	110	107	197	217	264	208	164	189	256
甘 肃	Gansu	18	39	44	42	92	136	188	278	236	208	315
青 海	Qinghai	16	9	16	40	29	32	74	52	104	136	156
宁 夏	Ningxia	6	13	27	43	46	71	104	120	165	110	99
新 疆	Xinjiang	12	34	37	29	60	108	157	178	234	318	441

2-7 分地区国有经济石油加工及炼焦业固定资产投资
Investment in Fixed Assets of State-Owned Units in Petroleum Processing and Coking by Region

单位: 亿元 (100 million yuan)

地 区	Region	1995	2000	2005	2006	2007	2008	2009	2010	2011	2012	2013
北 京	Beijing	6.95	5.59	12.37	15.08	6.79	4.45	8.57	5.81	6.61	8.35	11.28
天 津	Tianjin	5.17	1.48	6.94	11.00	35.37	112.59	103.55	29.71	5.10	7.84	7.32
河 北	Hebei	4.66	7.14	11.03	6.20	21.35	22.48	16.62	8.24	6.30	2.78	34.25
山 西	Shanxi	1.06	2.90	5.08	8.99	21.61	40.12	16.80	20.21	6.71	3.18	73.49
内 蒙	Inner Mongolia	5.59	0.26	23.24	51.85	48.22	40.44	32.72	13.35	61.26	29.11	30.85
辽 宁	Liaoning	28.90	16.59	8.81	13.64	13.33	17.44	17.31	22.71	43.61	32.42	18.95
吉 林	Jilin	3.15	0.55	0.25		0.08		0.22	0.09	0.95		0.95
黑龙江	Heilongjiang	16.74	4.26	7.09	19.44	14.31	27.39	26.24	27.15	21.41	41.18	14.40
上 海	Shanghai	10.05	5.33	0.97	2.67	19.94	5.53	7.25	10.96	4.19	5.02	3.05
江 苏	Jiangsu	6.80	12.24	1.55	3.16	0.80	1.27	1.26	16.89	1.61	27.59	22.02
浙 江	Zhejiang	1.36	0.24	0.44	0.37	1.01	0.13	0.10			0.11	6.09
安 徽	Anhui	14.39	1.42	9.79	14.32	15.52	11.24	11.78	2.28	46.55	33.64	14.28
福 建	Fujian	3.56		11.07	26.35	121.10	143.20	63.89	74.55	42.05	98.64	123.26
江 西	Jiangxi	1.87	1.76	9.13	4.27	5.74	8.60	6.04	0.71			7.33
山 东	Shandong	13.21	5.68	16.68	14.14	45.55	48.47	57.40	20.41	17.05	9.93	4.51
河 南	Henan	1.48	1.42	0.19	7.54	14.48	8.23	4.45	1.84	0.83	1.54	1.61
湖 北	Hubei	6.80	3.33	3.24	7.86	11.78	7.45	9.50	68.02	117.23	95.94	55.90
湖 南	Hunan	2.02	11.62	10.15	0.71		0.44	0.31	0.90	1.26	0.44	1.90
广 东	Guangdong	11.70	6.48	36.52	65.65	92.63	107.04	33.05	28.53	46.20	48.38	64.05
广 西	Guangxi	0.09	0.10	0.22	1.21	2.14	1.85	2.54	36.83	44.36	15.63	1.63
海 南	Hainan			62.53	38.30	2.81		0.26	0.80			4.13
重 庆	Chongqing		0.15	0.09	0.14	0.22	0.24	0.25	0.03		0.60	9.39
四 川	Sichuan	0.53	0.03	0.33	0.03	3.07	10.22	9.16	5.47	62.93	2.52	1.23
贵 州	Guizhou		0.07	0.13		1.36		1.06	1.31	2.38	4.42	2.70
云 南	Yunnan	0.05	0.06	0.66			3.03	10.20	9.22	8.56	2.41	57.19
西 藏	Tibet							0.03			0.20	
陕 西	Shaanxi	3.31	1.70	16.92	18.18	25.71	50.18	50.71	58.24	53.86	51.45	93.82
甘 肃	Gansu	6.64	2.26	36.31	36.51	21.91	20.90	57.58	59.08	40.85	7.28	38.52
青 海	Qinghai							0.14	0.38	1.00	0.10	
宁 夏	Ningxia	0.25	0.05	0.49						0.10	0.25	2.86
新 疆	Xinjiang	5.32	2.07	7.11	1.69	2.53	4.72	12.20	31.86	10.28	8.97	15.64

2-8 分地区国有经济煤气生产和供应业固定资产投资
Investment in Fixed Assets of State-Owned Units in Gas Production and Supply by Region

单位：亿元 (100 million yuan)

地区	Region	1995	2000	2005	2006	2007	2008	2009	2010	2011	2012	2013
北京	Beijing	4.04	12.50	11.03	10.57			2.08	4.73	7.24	1.90	11.16
天津	Tianjin	1.10	3.90	2.63	2.50	5.72	6.58	10.93	13.88	15.29	17.81	37.80
河北	Hebei	0.53	2.53	4.20	9.55	12.04	7.12	15.26	16.78	6.18	12.30	32.37
山西	Shanxi	1.07	2.80	0.79	2.09	3.55	6.38	11.02	26.24	22.43	32.38	28.30
内蒙	Inner Mongolia	0.14	0.74	1.44	2.64	2.46	5.87	8.79	4.49	9.25	6.18	12.40
辽宁	Liaoning	1.55	1.83	4.15	2.18	3.87	6.16	6.90	34.57	64.71	111.10	89.51
吉林	Jilin	0.91	0.76	0.50	1.49	2.59	7.22	1.92	3.47	7.03	5.77	4.07
黑龙江	Heilongjiang	2.61	1.22	0.71	2.43	2.01	4.18	8.42	4.41	9.51	7.17	7.52
上海	Shanghai	8.43	6.88	4.18	5.43	4.65	2.05	8.31	5.39	1.07	4.72	8.07
江苏	Jiangsu	0.86	1.41	1.32	1.94	1.07	12.73	14.92	43.47	9.85	5.60	10.55
浙江	Zhejiang	1.38	1.16	29.35	12.21	4.72	5.10	5.15	6.48	16.96	28.96	41.79
安徽	Anhui	0.88	0.61	3.27	3.00	3.55	6.90	12.15	11.82	9.90	6.76	10.42
福建	Fujian	0.26	2.03	7.36	22.57	26.95	11.08	13.78	15.77	9.04	4.07	18.69
江西	Jiangxi	0.78	0.64	1.14	1.89	1.91	1.85	6.08	12.08	7.95	14.60	26.84
山东	Shandong	2.37	3.38	4.40	4.50	4.05	14.45	6.80	11.54	9.90	10.93	5.42
河南	Henan	3.24	3.64	7.62	12.62	4.59	2.19	29.82	22.42	19.33	19.14	21.54
湖北	Hubei	1.29	0.44	3.10	1.43	5.53	7.86	15.93	11.37	10.37	12.20	14.00
湖南	Hunan	1.05	0.83	1.07	1.13	2.41	5.35	4.75	5.61	9.23	11.06	12.77
广东	Guangdong	1.83	1.45	8.99	5.50	4.70	6.96	9.57	17.14	9.56	15.84	21.72
广西	Guangxi	0.11	1.44	0.27	0.72	1.44	0.97	2.00	1.34	6.06	15.36	14.17
海南	Hainan	0.01	1.58	0.14	0.20	1.80		1.45	2.66		0.63	0.66
重庆	Chongqing		0.72	1.40	2.48	6.48	6.38	11.42	4.52	6.27	13.56	60.44
四川	Sichuan	2.27	3.00	4.51	10.10	4.19	5.54	7.80	9.91	36.34	13.38	20.36
贵州	Guizhou	0.20	0.49	0.36	0.20	0.40	0.32	0.78	1.17	5.61	0.54	10.20
云南	Yunnan	0.41	0.19	3.16	1.00	6.05	3.12	3.92	5.86	3.50	6.30	10.54
西藏	Tibet					0.10	0.24	0.79	0.40	0.72	1.99	43.26
陕西	Shaanxi	0.78	2.37	3.21	3.68	6.02	5.50	11.71	20.72	25.17	33.93	68.29
甘肃	Gansu	0.52	0.36	0.80	1.71	6.79	5.43	5.96	8.10	11.74	16.51	18.87
青海	Qinghai			0.09	0.10	0.11			2.12	1.46	0.24	1.22
宁夏	Ningxia	0.09	0.47	0.21	0.47	0.32	0.57	0.70	0.98	1.55	1.09	1.92
新疆	Xinjiang	0.29	0.68	1.50	2.60	2.47	4.57	4.83	6.10	11.65	13.89	27.92

2-9 能源工业分行业投资
Investment in Energy Industry

单位：亿元　　(100 million yuan)

项　目　Item	1995	2000	2005	2006	2007	2008	2009	2010	2011	2012	2013
能源工业 Energy Industry	2369	3991	10206	11826	13699	16346	19478	21627	23046	25500	29009
煤炭采选业 Coal Mining and Processing	286	211	1163	1459	1805	2399	3057	3785	4907	5370	5213
石油和天然气开采业 Petroleum and Natural Gas Extraction	504	789	1464	1822	2225	2675	2791	2928	3022	3077	3821
电力、蒸汽、热水生产和供应业 Electricity Steam, Hot Water Producing and and Supply	1337	2744	6503	7274	7907	9024	11139	11915	11603	12948	14726
石油加工及炼焦业 Petroleum Processing and Coking	194	173	801	939	1415	1828	1840	2035	2268	2500	3039
煤气生产和供应业 Gas Production and Supply	49	74	275	331	347	420	651	964	1244	1605	2210

2-10 能源工业分行业投资构成
Investment in Energy Industry by Proportions

单位：%　　(%)

项　目　Item	1995	2000	2005	2006	2007	2008	2009	2010	2011	2012	2013
能源工业 Energy Industry	100.00	100.00	100.00	100.00	100.00	100.00	100.00	100.00	100.00	100.00	100.00
煤炭采选业 Coal Mining and Processing	12.05	5.30	11.40	12.34	13.17	14.68	15.69	17.50	21.29	21.06	17.97
石油和天然气开采业 Petroleum and Natural Gas Extraction	21.27	19.78	14.34	15.41	16.25	16.37	14.33	13.54	13.11	12.06	13.17
电力、蒸汽、热水生产和供应业 Electricity Steam, Hot Water Producing and and Supply	56.43	68.76	63.72	61.51	57.72	55.21	57.19	55.09	50.35	50.78	50.76
石油加工及炼焦业 Petroleum Processing and Coking	8.20	4.32	7.85	7.94	10.33	11.18	9.45	9.41	9.84	9.81	10.48
煤气生产和供应业 Gas Production and Supply	2.05	1.85	2.69	2.80	2.53	2.57	3.34	4.46	5.40	6.29	7.62

2-11　分地区能源工业投资

Investment in Energy Industry by Region

单位：亿元　　　　(100 million yuan)

地　区	Region	1995	2000	2005	2006	2007	2008	2009	2010	2011	2012	2013
北　京	Beijing	58	58	117	104	172	138	158	134	141	192	230
天　津	Tianjin	59	100	178	270	375	586	756	546	431	447	591
河　北	Hebei	80	200	417	513	602	704	635	882	963	1051	1202
山　西	Shanxi	73	157	603	682	863	1023	1206	1521	1919	2113	2098
内　蒙	Inner Mongolia	74	40	790	941	1197	1550	1880	2093	1903	1827	2331
辽　宁	Liaoning	154	190	321	417	599	675	886	1191	960	1059	1094
吉　林	Jilin	44	80	160	260	352	584	572	774	616	739	663
黑龙江	Heilongjiang	163	225	335	431	555	738	847	1014	983	1113	991
上　海	Shanghai	81	115	139	137	219	198	326	199	145	160	143
江　苏	Jiangsu	90	223	560	443	316	406	487	479	598	840	908
浙　江	Zhejiang	70	215	478	443	458	366	434	430	529	623	756
安　徽	Anhui	78	81	294	370	516	528	453	527	481	624	606
福　建	Fujian	64	125	247	299	379	535	567	637	630	728	877
江　西	Jiangxi	25	60	133	155	155	179	300	281	331	298	350
山　东	Shandong	196	393	764	765	674	758	920	972	1133	1275	1559
河　南	Henan	133	188	498	574	656	833	940	773	827	785	868
湖　北	Hubei	146	239	287	365	364	403	495	512	518	491	511
湖　南	Hunan	59	96	249	271	329	421	406	496	601	607	677
广　东	Guangdong	174	182	674	685	594	710	919	966	891	999	1147
广　西	Guangxi	27	87	187	284	305	289	351	368	421	473	560
海　南	Hainan	24	15	83	58	27	36	56	61	101	124	127
重　庆	Chongqing		50	164	244	224	225	276	316	343	483	575
四　川	Sichuan	123	137	431	573	655	677	824	1050	1315	1427	1429
贵　州	Guizhou	27	72	269	293	319	380	397	467	704	513	586
云　南	Yunnan	35	57	371	491	574	674	792	832	891	1086	1184
西　藏	Tibet	9	10	15	13	18	30	39	53	64	90	167
陕　西	Shaanxi	42	106	301	384	577	705	924	1043	1235	1343	1786
甘　肃	Gansu	34	65	142	173	243	328	530	667	638	851	1094
青　海	Qinghai	22	30	86	118	112	125	157	141	232	295	397
宁　夏	Ningxia	12	19	104	119	159	195	297	351	414	422	439
新　疆	Xinjiang	107	180	375	490	649	704	795	988	1233	1491	2101

2-12 分地区煤炭采选业投资
Investment in Coal Mining and Processing by Region

单位: 亿元 (100 million yuan)

地 区	Region	1995	2000	2005	2006	2007	2008	2009	2010	2011	2012	2013
北 京	Beijing	0.62	0.21	0.43	0.43	0.66	0.71	1.92	2.62	2.70		2.39
天 津	Tianjin		0.08		0.21					3.74		
河 北	Hebei	17.10	19.96	43.36	57.21	52.20	55.63	71.91	114.13	135.02	164.20	143.54
山 西	Shanxi	47.33	36.53	258.75	305.61	363.92	464.08	599.72	929.51	1240.24	1352.22	1157.95
内 蒙	Inner Mongolia	35.28	2.82	109.54	227.59	328.42	452.96	520.40	528.36	588.66	674.38	852.20
辽 宁	Liaoning	6.09	7.96	25.05	22.01	23.83	32.80	31.92	69.90	62.36	72.29	50.10
吉 林	Jilin	3.00	0.89	9.02	34.61	28.93	52.29	57.52	59.86	88.11	97.65	56.31
黑龙江	Heilongjiang	14.29	11.46	40.71	47.50	55.46	95.43	139.38	201.12	171.66	207.86	193.18
上 海	Shanghai											
江 苏	Jiangsu	6.16	5.52	13.36	11.11	3.67	15.92	17.34	17.45	13.91	17.91	5.61
浙 江	Zhejiang	0.12		0.34	0.18			0.07			0.19	0.18
安 徽	Anhui	34.70	14.19	106.81	153.52	185.09	186.06	198.22	194.03	142.04	206.04	145.90
福 建	Fujian	1.48	1.35	4.54	5.28	5.65	12.94	24.32	18.90	43.66	62.19	90.23
江 西	Jiangxi	1.86	0.99	9.37	10.66	15.23	24.06	41.42	37.79	78.56	64.76	49.55
山 东	Shandong	25.26	40.35	148.63	88.29	70.70	77.38	99.65	97.25	93.62	79.40	59.89
河 南	Henan	23.18	18.71	102.88	136.92	203.25	275.85	315.70	231.93	296.11	247.61	187.27
湖 北	Hubei	0.58	0.78	3.93	3.70	3.84	8.20	14.77	19.32	45.60	45.92	51.23
湖 南	Hunan	3.38	1.22	18.42	22.86	40.87	63.57	101.55	146.27	182.15	222.98	241.73
广 东	Guangdong	0.99	0.17	0.02					0.46	0.49		
广 西	Guangxi	1.04	0.52	5.18	4.41	4.51	4.77	9.74	11.39	21.49	25.20	14.62
海 南	Hainan	0.01										
重 庆	Chongqing		1.11	23.70	33.68	34.78	49.40	62.12	69.86	89.83	92.03	99.27
四 川	Sichuan	6.64	2.84	28.74	46.93	58.20	64.40	94.48	139.38	252.46	261.05	186.70
贵 州	Guizhou	6.65	5.31	32.69	44.50	51.35	95.87	121.20	171.81	359.97	229.09	248.89
云 南	Yunnan	3.68	2.07	37.07	25.01	36.23	51.31	60.53	74.90	106.37	175.84	227.31
西 藏	Tibet	0.09									0.20	0.71
陕 西	Shaanxi	8.73	3.75	36.66	48.17	68.32	107.10	205.46	315.98	507.11	593.20	582.38
甘 肃	Gansu	4.07	4.98	13.01	15.41	22.90	30.62	54.51	77.04	111.89	138.49	168.30
青 海	Qinghai	0.24	0.01	2.56	4.93	6.51	11.83	7.61	9.41	14.39	23.80	34.30
宁 夏	Ningxia	5.37	2.82	33.03	38.69	69.32	79.73	102.00	110.69	119.79	143.83	159.29
新 疆	Xinjiang	3.36	2.35	16.02	31.60	41.05	49.18	103.46	135.33	135.33	171.89	203.54

2-13 分地区石油和天然气开采业投资
Investment in Petroleum and Natural Gas Extraction by Region

单位：亿元 (100 million yuan)

地 区	Region	1995	2000	2005	2006	2007	2008	2009	2010	2011	2012	2013
北 京	Beijing			0.03	0.03	4.62	18.16	13.16	0.12	0.14		1.11
天 津	Tianjin	30.77	60.14	123.41	182.19	179.06	268.25	393.16	306.39	219.77	172.02	286.57
河 北	Hebei	3.06	3.35	24.89	37.97	74.19	69.60	9.77	33.51	36.79	26.81	39.65
山 西	Shanxi					0.44	1.90	16.49	21.62	65.68	88.31	111.63
内 蒙	Inner Mongolia		0.70	22.15	35.94	110.18	225.70	187.33	196.58	96.48	53.64	141.31
辽 宁	Liaoning	54.91	67.50	94.90	124.21	144.93	102.75	89.03	145.80	110.40	90.71	131.46
吉 林	Jilin	17.40	22.20	66.39	111.18	153.82	175.52	206.23	242.42	160.13	228.44	177.90
黑龙江	Heilongjiang	103.85	139.44	166.44	212.50	287.45	341.90	332.68	339.90	350.32	312.55	338.93
上 海	Shanghai	0.07	2.17	1.68	2.14	14.80	29.03	8.21	0.33	0.57		
江 苏	Jiangsu	6.28	10.74	12.57	14.97	11.85	19.20	25.34	27.35	15.01	28.20	32.14
浙 江	Zhejiang											
安 徽	Anhui			0.02	0.01	0.20	0.67	0.20	1.63	1.04	0.66	2.04
福 建	Fujian		0.10			0.11						
江 西	Jiangxi						2.42					
山 东	Shandong	79.97	132.95	117.68	139.88	120.81	185.66	206.65	219.15	289.60	283.62	289.08
河 南	Henan	26.10	43.95	55.37	55.33	68.40	72.75	75.88	71.46	59.03	59.54	50.28
湖 北	Hubei	3.77	13.20	12.85	17.87	29.94	30.76	30.53	3.64	4.45	0.56	3.20
湖 南	Hunan				0.04			0.59	0.44	2.11		0.30
广 东	Guangdong	6.28	4.41	10.24	26.51	39.43	44.47	54.03	12.35	30.87	28.15	89.18
广 西	Guangxi	0.04		0.16	0.14	1.38	0.85	1.89	1.75	4.94	0.35	1.90
海 南	Hainan	3.62	5.00		0.75	0.73	0.27	4.40	0.27	11.43	3.01	3.30
重 庆	Chongqing		0.34	0.68	0.65	3.44	7.61	10.27	8.95	23.46	12.19	33.00
四 川	Sichuan	24.23	11.63	15.90	17.53	22.84	26.22	17.55	10.48		6.19	13.46
贵 州	Guizhou		0.10	0.52	0.54		0.04	0.42		1.08		
云 南	Yunnan		0.03	0.02			0.37	0.72	0.78	0.17		
西 藏	Tibet			0.02	0.03							
陕 西	Shaanxi	3.16	23.98	95.71	133.92	190.73	177.58	213.62	256.04	301.25	299.49	502.79
甘 肃	Gansu	4.29	6.57	6.11	8.86	15.19	22.40	17.56	11.72	20.98	75.24	115.70
青 海	Qinghai	6.00	16.92	30.73	31.74	29.38	37.68	33.36	39.44	34.51	39.92	62.34
宁 夏	Ningxia				1.47	1.64	4.00	4.10	1.58	0.95	0.86	8.03
新 疆	Xinjiang	85.85	129.38	262.06	308.45	360.56	366.39	323.37	387.93	431.36	440.50	525.30

2-14 分地区电力、蒸汽、热水生产和供应业投资
Investment in Electricity, Steam, Hot Water Production and Supply by Region

单位：亿元 (100 million yuan)

地 区	Region	1995	2000	2005	2006	2007	2008	2009	2010	2011	2012	2013
北 京	Beijing	46	38	93	77	149	106	124	110	114	160	177
天 津	Tianjin	22	34	40	70	145	180	233	173	175	226	226
河 北	Hebei	54	166	283	343	379	437	406	543	598	558	593
山 西	Shanxi	22	105	246	294	385	421	451	418	463	501	551
内 蒙	Inner Mongolia	33	35	603	557	634	687	934	1152	865	786	940
辽 宁	Liaoning	50	89	116	173	288	376	550	637	498	502	523
吉 林	Jilin	20	55	77	104	155	326	283	424	309	345	348
黑龙江	Heilongjiang	26	67	103	142	175	232	295	351	278	427	341
上 海	Shanghai	58	89	120	116	163	133	267	148	105	111	116
江 苏	Jiangsu	69	187	510	383	257	317	383	308	433	619	714
浙 江	Zhejiang	60	204	436	410	435	344	406	391	473	541	642
安 徽	Anhui	27	65	166	188	299	287	202	276	240	325	377
福 建	Fujian	58	121	222	243	220	354	409	426	456	499	566
江 西	Jiangxi	21	56	106	131	117	118	195	191	182	164	164
山 东	Shandong	74	190	373	413	245	272	388	431	487	536	744
河 南	Henan	79	120	303	326	329	424	430	340	314	310	443
湖 北	Hubei	130	218	244	307	297	331	398	384	310	291	322
湖 南	Hunan	53	81	206	238	268	324	261	294	340	322	363
广 东	Guangdong	151	167	547	520	422	513	783	846	735	778	824
广 西	Guangxi	25	85	175	266	269	200	284	280	311	327	347
海 南	Hainan	14	7	17	19	21	35	44	54	80	80	75
重 庆	Chongqing		47	130	202	174	153	184	193	202	282	289
四 川	Sichuan	89	118	370	482	549	547	657	815	885	1046	1104
贵 州	Guizhou	20	65	232	243	252	258	247	269	292	226	285
云 南	Yunnan	31	55	321	451	509	596	696	708	747	863	844
西 藏	Tibet	9	10	15	13	18	30	39	52	63	87	123
陕 西	Shaanxi	26	73	138	173	265	291	327	301	234	268	370
甘 肃	Gansu	18	50	85	110	173	246	391	501	437	579	693
青 海	Qinghai	16	13	52	73	71	74	114	84	173	225	287
宁 夏	Ningxia	6	15	69	76	72	80	170	207	224	209	211
新 疆	Xinjiang	12	42	55	63	100	170	251	333	476	649	1021

2-15 分地区石油加工及炼焦业投资

Investment in Petroleum Processing and Coking by Region

单位：亿元 (100 million yuan)

地 区	Region	1995	2000	2005	2006	2007	2008	2009	2010	2011	2012	2013
北 京	Beijing	6.95	6.67	12.37	15.08	6.85	4.45	8.57	5.85	6.72	8.66	11.39
天 津	Tianjin	5.17	1.52	8.31	14.35	45.47	129.94	117.98	50.96	14.54	26.46	34.18
河 北	Hebei	5.09	7.65	55.33	45.01	74.12	123.72	121.44	155.33	137.03	215.20	308.99
山 西	Shanxi	2.12	11.89	94.03	74.49	92.32	101.48	102.55	96.42	98.43	101.78	197.13
内 蒙	Inner Mongolia	5.64	0.49	51.09	114.45	115.68	165.30	156.93	90.16	158.87	126.10	204.59
辽 宁	Liaoning	41.89	23.70	78.31	91.95	132.27	149.81	192.93	266.88	189.63	230.81	216.05
吉 林	Jilin	3.15	1.09	3.25	6.37	5.20	12.25	9.00	18.34	21.56	30.60	20.57
黑龙江	Heilongjiang	16.93	6.27	24.55	25.81	31.61	59.88	66.85	100.68	126.71	105.79	63.82
上 海	Shanghai	10.05	17.06	5.54	6.41	29.85	16.65	25.87	24.80	26.59	36.86	3.33
江 苏	Jiangsu	7.12	17.46	11.11	18.22	22.50	27.68	26.78	60.64	72.35	116.97	103.26
浙 江	Zhejiang	8.24	9.86	8.88	10.53	13.92	10.99	17.34	21.19	22.41	24.41	47.39
安 徽	Anhui	15.05	1.46	13.74	20.27	20.39	34.33	27.77	25.30	68.47	59.72	30.82
福 建	Fujian	3.59	1.05	11.82	26.71	124.04	152.84	111.85	168.43	111.31	146.29	173.24
江 西	Jiangxi	1.87	1.76	11.93	6.42	9.35	20.36	34.55	15.17	29.29	26.05	62.41
山 东	Shandong	14.04	26.00	104.50	93.86	213.16	185.24	182.99	178.97	201.64	287.25	361.98
河 南	Henan	1.53	1.76	18.84	25.28	37.56	44.65	59.17	74.80	96.29	77.10	69.07
湖 北	Hubei	9.86	4.97	9.70	21.68	21.40	16.32	19.62	83.37	129.38	116.05	85.00
湖 南	Hunan	2.02	12.47	15.01	3.85	9.21	16.00	20.80	34.63	33.06	18.98	23.09
广 东	Guangdong	11.85	6.96	71.62	96.31	108.51	131.84	63.63	55.38	75.50	116.72	143.79
广 西	Guangxi	0.09	0.14	2.59	9.72	25.41	77.28	48.01	63.15	67.69	55.95	85.15
海 南	Hainan	5.60	0.38	62.65	38.33	3.29	0.35	4.19	2.08	1.13	29.30	33.68
重 庆	Chongqing		0.15	3.09	1.19	1.64	2.32	3.34	8.75	7.43	65.53	70.37
四 川	Sichuan	0.67	0.14	7.15	7.96	10.50	21.10	28.94	37.81	101.76	43.39	42.60
贵 州	Guizhou		0.48	3.18	3.13	13.06	20.28	19.30	21.76	38.09	39.35	30.17
云 南	Yunnan	0.05	0.22	9.62	12.51	22.39	21.99	29.56	37.36	29.11	29.54	73.33
西 藏	Tibet							0.03			0.20	
陕 西	Shaanxi	3.48	2.09	26.33	22.31	42.81	119.21	153.90	136.15	158.84	129.90	211.11
甘 肃	Gansu	6.65	2.78	36.65	37.14	23.50	22.59	60.02	66.86	48.57	31.04	79.38
青 海	Qinghai				7.20	4.16	0.44	1.79	5.58	6.97	1.35	3.23
宁 夏	Ningxia	0.25	0.84	2.37	2.21	15.46	27.66	17.23	21.64	60.99	56.96	38.53
新 疆	Xinjiang	5.43	5.25	37.73	80.53	139.74	110.56	106.89	106.63	128.10	146.13	211.46

2-16 分地区煤气生产和供应业投资
Investment in Gas Production and Supply by Region

单位：亿元 (100 million yuan)

地 区	Region	1995	2000	2005	2006	2007	2008	2009	2010	2011	2012	2013
北 京	Beijing	4.04	12.50	11.12	10.89	10.64	7.88	9.72	15.10	16.98	23.86	38.14
天 津	Tianjin	1.10	3.90	6.21	2.70	5.92	7.23	11.74	15.70	18.06	22.84	44.34
河 北	Hebei	0.59	3.15	10.83	29.83	22.81	18.10	25.98	36.97	56.26	87.30	117.05
山 西	Shanxi	1.07	3.45	3.66	8.41	21.01	34.75	36.58	55.63	51.87	69.34	80.29
内 蒙	Inner Mongolia	0.14	0.78	4.17	5.92	8.15	19.12	81.38	126.19	194.54	186.29	192.44
辽 宁	Liaoning	1.55	2.25	6.64	5.76	10.51	14.00	21.83	71.63	99.51	163.59	173.67
吉 林	Jilin	0.91	1.07	4.69	3.90	9.95	18.03	15.98	29.56	37.29	37.06	59.47
黑龙江	Heilongjiang	2.61	1.36	1.13	2.96	5.89	9.25	13.96	21.18	55.52	59.69	54.25
上 海	Shanghai	12.98	6.88	11.60	11.84	10.78	19.57	25.57	24.95	12.37	11.89	22.74
江 苏	Jiangsu	1.88	2.19	12.46	15.07	21.27	26.15	34.46	65.18	64.24	57.61	52.32
浙 江	Zhejiang	1.77	1.59	33.32	22.34	9.01	10.71	10.23	17.07	33.32	57.34	66.23
安 徽	Anhui	0.94	0.82	8.18	8.54	11.56	20.55	25.25	30.26	29.07	32.45	50.24
福 建	Fujian	0.26	2.12	8.59	24.43	28.94	14.41	21.94	23.87	18.70	20.65	47.75
江 西	Jiangxi	0.79	0.69	5.53	7.43	13.51	14.48	28.62	37.47	40.81	43.28	73.84
山 东	Shandong	2.37	3.99	20.68	29.58	23.49	37.57	42.39	46.49	61.00	88.69	104.14
河 南	Henan	3.24	3.92	17.36	29.97	17.87	15.70	59.45	55.34	61.49	90.20	118.70
湖 北	Hubei	1.30	2.35	16.36	14.96	12.47	16.96	31.61	22.19	29.40	36.88	50.11
湖 南	Hunan	1.17	1.11	9.39	6.55	10.79	17.66	22.23	20.84	44.48	43.41	48.52
广 东	Guangdong	4.11	3.67	45.24	41.70	24.45	21.39	18.45	51.72	49.60	75.96	90.67
广 西	Guangxi	0.11	1.77	4.08	4.20	4.57	5.59	7.32	10.89	15.30	64.66	111.12
海 南	Hainan	0.76	2.08	2.70	0.54	2.25	0.15	3.67	4.26	8.62	11.19	15.21
重 庆	Chongqing		1.53	5.90	6.18	9.92	12.89	16.70	36.00	20.70	31.16	83.48
四 川	Sichuan	2.44	3.92	9.05	18.55	13.90	18.62	25.53	47.25	75.05	71.02	82.77
贵 州	Guizhou	0.20	0.98	1.20	1.16	2.70	5.49	8.62	4.81	13.14	18.45	21.34
云 南	Yunnan	0.41	0.20	3.33	1.87	6.62	4.19	5.45	10.44	9.16	17.65	38.96
西 藏	Tibet			0.01		0.11	0.34	0.84	0.64	0.77	2.04	43.46
陕 西	Shaanxi	0.78	2.83	3.90	6.27	10.47	9.92	24.14	33.87	33.93	52.37	120.08
甘 肃	Gansu	0.61	0.36	1.46	2.22	8.15	6.64	7.01	10.57	19.60	27.67	37.13
青 海	Qinghai		0.01	0.86	0.34	0.54	0.86	0.43	3.26	3.35	5.45	10.38
宁 夏	Ningxia	0.09	1.01	0.39	0.62	0.98	3.70	3.32	9.84	7.98	10.50	21.91
新 疆	Xinjiang	0.29	1.21	4.61	6.78	7.41	8.12	10.26	25.04	62.32	84.20	139.49

三、能源生产

Chapter 3　Energy Production

3-1 一次能源生产量和构成
Primary Energy Production and Composition

年 份 Year	电热当量计算法 calorific value calculation 一次能源生产量(万吨标准煤) Primary Energy Production (10^4 tce)	占能源生产总量的比重 (%) As percentage of primary energy production (%) 原 煤 Raw Coal	原 油 Crude Oil	天然气 Natural Gas	一次电力及其他能源 Primary Electricty and Other Energy	#水电 Hydro Power	#核电 Nuclear Power
1980	62046	71.4	24.4	3.0	1.2	1.2	-
1981	61364	72.4	23.6	2.7	1.3	1.3	-
1982	64686	73.5	22.6	2.5	1.4	1.4	-
1983	68877	74.1	22.0	2.4	1.5	1.5	-
1984	75493	74.7	21.7	2.2	1.4	1.4	-
1985	83005	75.1	21.5	2.1	1.3	1.3	-
1986	85523	74.7	21.8	2.1	1.4	1.4	-
1987	88524	74.9	21.6	2.1	1.4	1.4	-
1988	92809	75.5	21.1	2.0	1.4	1.4	-
1989	98418	76.5	20.0	2.0	1.5	1.5	-
1990	100487	76.8	19.7	2.0	1.5	1.5	-
1991	101490	76.5	19.9	2.1	1.5	1.5	-
1992	103771	76.9	19.6	2.0	1.5	1.5	-
1993	107059	76.8	19.4	2.2	1.8	1.8	0.0
1994	114009	77.7	18.3	2.3	2.2	2.1	0.1
1995	123519	78.7	17.4	1.9	2.0	1.9	0.1
1996	127404	78.3	17.6	2.1	2.0	1.8	0.1
1997	127431	77.8	18.0	2.2	2.0	1.9	0.1
1998	123713	76.9	18.6	2.3	2.2	2.1	0.1
1999	126264	77.2	18.1	2.7	2.1	1.9	0.2
2000	132384	76.3	17.6	2.7	3.4	2.1	0.2
2001	139928	76.5	16.7	2.9	3.9	2.4	0.2
2002	148450	77.0	16.1	2.9	4.0	2.4	0.2
2003	170305	79.3	14.2	2.7	3.8	2.0	0.3
2004	196418	80.5	12.8	2.8	3.9	2.2	0.3
2005	218355	81.2	11.9	3.0	3.9	2.2	0.3
2006	233269	81.4	11.3	3.3	4.0	2.3	0.3
2007	251772	81.6	10.6	3.7	4.1	2.4	0.3
2008	262992	81.0	10.3	4.1	4.6	2.7	0.3
2009	271067	81.0	10.0	4.2	4.8	2.8	0.3
2010	294807	80.7	9.8	4.3	5.2	3.0	0.3
2011	323045	81.9	9.0	4.3	4.8	2.7	0.3
2012	330203	81.0	9.0	4.4	5.6	3.2	0.4
2013	336452	80.4	8.9	4.7	6.0	3.4	0.4

3-1 续表

Continued

年 份 Year	一次能源生产量（万吨标准煤） Primary Energy Production (10^4 tce)	原 煤 Raw Coal	原 油 Crude Oil	天然气 Natural Gas	一次电力及其他能源 Primary Electricty and Other Energy	#水电 Hydro Power	#核电 Nuclear Power
	发电煤耗计算法 coal equivalent calculation						
		占能源生产总量的比重（%） As percentage of primary energy production (%)					
1980	63735	69.4	23.8	3.0	3.8	3.8	-
1981	63227	70.2	22.9	2.7	4.2	4.2	-
1982	66778	71.3	21.8	2.4	4.5	4.5	-
1983	71270	71.6	21.3	2.3	4.8	4.8	-
1984	77855	72.4	21.0	2.1	4.5	4.5	-
1985	85546	72.8	20.9	2.0	4.3	4.3	-
1986	88124	72.4	21.2	2.1	4.3	4.3	-
1987	91266	72.6	21.0	2.0	4.4	4.4	-
1988	95801	73.1	20.4	2.0	4.5	4.5	-
1989	101639	74.1	19.3	2.0	4.6	4.6	-
1990	103922	74.2	19.0	2.0	4.8	4.8	-
1991	104844	74.1	19.2	2.0	4.7	4.7	-
1992	107256	74.3	18.9	2.0	4.8	4.8	-
1993	111059	74.0	18.7	2.0	5.3	5.2	0.1
1994	118729	74.6	17.6	1.9	5.9	5.4	0.5
1995	129034	75.3	16.6	1.9	6.2	5.8	0.4
1996	133032	75.0	16.9	2.0	6.1	5.7	0.4
1997	133460	74.3	17.2	2.1	6.5	6.0	0.4
1998	129834	73.3	17.7	2.2	6.8	6.4	0.4
1999	131935	73.9	17.3	2.5	6.3	5.9	0.4
2000	138570	72.9	16.8	2.6	7.7	6.1	0.5
2001	147425	72.6	15.9	2.7	8.8	7.1	0.4
2002	156277	73.1	15.3	2.8	8.8	6.8	0.6
2003	178299	75.7	13.6	2.6	8.1	5.8	0.9
2004	206108	76.7	12.2	2.7	8.4	6.2	0.9
2005	229037	77.4	11.3	2.9	8.4	6.2	0.8
2006	244763	77.5	10.8	3.2	8.5	6.3	0.8
2007	264173	77.8	10.1	3.5	8.6	6.3	0.8
2008	277419	76.8	9.8	3.9	9.5	7.1	0.8
2009	286092	76.8	9.4	4.0	9.8	7.1	0.8
2010	312125	76.2	9.3	4.1	10.4	7.4	0.8
2011	340178	77.8	8.5	4.1	9.6	6.5	0.8
2012	351041	76.2	8.5	4.1	11.2	7.8	0.9
2013	358784	75.4	8.4	4.4	11.8	8.0	1.0

3-2 分地区焦炭生产量

Coke Production by Region

单位：万吨 (10 000 tons)

地 区	Region	1995	2000	2005	2006	2007	2008	2009	2010	2011	2012	2013
北 京	Beijing	401	402	344	254	177	170	166	161			
天 津	Tianjin	175	171	361	376	339	267	308	238	234	229	260
河 北	Hebei	938	792	2613	3312	3821	3879	4800	5046	6290	6701	6382
山 西	Shanxi	5298	4967	7981	9202	9897	8296	7682	8505	9010	8608	9022
内 蒙	Inner Mongolia	395	394	1034	1060	1440	1413	1838	2034	2482	2569	3180
辽 宁	Liaoning	820	789	1238	1503	1625	1736	1877	1876	2027	2021	2147
吉 林	Jilin	136	154	270	286	365	318	424	411	485	524	489
黑龙江	Heilongjiang	190	129	474	563	683	784	968	957	1011	957	821
上 海	Shanghai	651	776	762	736	750	706	661	631	641	633	540
江 苏	Jiangsu	191	237	576	954	1073	1086	1213	1394	1855	2052	2253
浙 江	Zhejiang	57	60	55	52	53	166	230	282	292	295	296
安 徽	Anhui	293	330	488	509	684	765	773	875	869	899	904
福 建	Fujian	39	45	91	91	91	100	118	143	151	190	167
江 西	Jiangxi	167	187	401	493	557	526	626	799	876	810	831
山 东	Shandong	465	362	1709	2154	2737	2942	3128	3429	3973	4225	4396
河 南	Henan	489	355	1381	1558	1938	1984	2163	2572	2417	2361	2766
湖 北	Hubei	398	411	678	688	696	918	838	947	994	922	943
湖 南	Hunan	215	207	446	474	523	451	559	582	677	640	652
广 东	Guangdong	54	54	125	125	94	136	191	195	194	178	178
广 西	Guangxi	64	61	223	250	256	310	360	392	411	420	540
海 南	Hainan											
重 庆	Chongqing		136	223	271	284	282	294	359	397	332	349
四 川	Sichuan	708	382	828	946	1049	1100	1167	1159	1281	1312	1400
贵 州	Guizhou	426	134	716	901	825	752	781	713	685	839	891
云 南	Yunnan	370	221	1214	1234	1184	1376	1457	1607	1603	1573	1747
西 藏	Tibet											
陕 西	Shaanxi	341	175	591	1111	1519	451	1325	1571	2172	2894	3475
甘 肃	Gansu	95	126	222	275	249	241	245	244	263	338	458
青 海	Qinghai	1	2	2	34	84	144	141	130	168	240	252
宁 夏	Ningxia	43	30	117	83	128	119	278	424	438	577	705
新 疆	Xinjiang	92	95	249	273	431	611	899	1188	1377	1441	2137

3-3 分地区原油生产量
Crude Oil Production by Region

单位：万吨 (10 000 tons)

地 区	Region	1995	2000	2005	2006	2007	2008	2009	2010	2011	2012	2013
北 京	Beijing											
天 津	Tianjin	620.8	764.0	1793.0	1943.1	1924.3	1993.9	2297.0	3332.7	3187.8	3098.3	3044.5
河 北	Hebei	517.0	518.3	562.5	610.8	660.0	643.1	599.1	599.0	586.1	584.0	591.0
山 西	Shanxi											
内 蒙	Inner Mongolia											
辽 宁	Liaoning	1552.7	1401.1	1261.0	1226.5	1207.2	1199.3	1000.0	950.0	1000.0	1000.0	1001.0
吉 林	Jilin	342.7	348.5	550.6	680.4	623.9	698.5	639.9	702.3	739.4	810.4	703.7
黑龙江	Heilongjiang	5601.5	5306.7	4516.0	4340.5	4169.8	4020.5	4000.7	4004.9	4006.0	4001.5	4001.0
上 海	Shanghai		52.7	25.3	21.5	20.7	14.6	9.1	8.3	8.1	5.3	7.9
江 苏	Jiangsu	101.4	155.0	164.7	188.5	195.7	184.0	184.0	186.0	189.0	194.5	201.5
浙 江	Zhejiang											
安 徽	Anhui											
福 建	Fujian											
江 西	Jiangxi											
山 东	Shandong	3006.3	2675.7	2694.5	2755.1	2793.1	2829.6	2828.2	2786.0	2713.5	2774.7	2726.4
河 南	Henan	602.0	562.2	507.2	492.1	485.1	476.3	474.5	497.9	485.5	476.6	476.5
湖 北	Hubei	85.0	75.1	78.1	79.7	85.5	83.9	80.9	86.5	79.0	78.9	80.1
湖 南	Hunan											
广 东	Guangdong	651.0	1393.2	1470.0	1337.8	1261.1	1387.7	1345.1	1287.1	1152.8	1209.3	1291.8
广 西	Guangxi	3.6	3.3	3.4	3.4	2.9	2.9	2.9	2.7	2.3	2.3	43.8
海 南	Hainan	0.1		10.1	11.1	10.7	12.1	18.4	20.0	19.7	19.0	26.5
重 庆	Chongqing											
四 川	Sichuan	17.2	17.3	13.9	18.0	18.1	22.8	21.7	15.1	16.2	17.5	22.4
贵 州	Guizhou											
云 南	Yunnan	10.2		0.1								
西 藏	Tibet											
陕 西	Shaanxi	166.9	746.4	1778.2	1988.9	2265.9	2463.6	2695.9	3017.3	3225.4	3527.6	3688.0
甘 肃	Gansu	267.8	55.3	78.9	81.7	82.9	74.9	49.2	58.2	62.6	69.9	72.8
青 海	Qinghai	121.7	200.0	221.5	223.0	220.7	220.4	186.4	186.1	195.0	205.0	214.5
宁 夏	Ningxia	39.0	139.0					3.1	3.1	3.6	2.3	6.1
新 疆	Xinjiang	1297.8	1848.2	2406.4	2474.7	2604.3	2715.1	2512.9	2558.2	2615.6	2670.7	2792.5

3-4 分地区汽油生产量

Gasoline Production by Region

单位：万吨 (10 000 tons)

地区	Region	1995	2000	2005	2006	2007	2008	2009	2010	2011	2012	2013
北京	Beijing	101.95	146.20	170.90	172.93	181.72	215.53	272.55	257.10	251.20	261.90	243.31
天津	Tianjin	94.02	122.02	145.42	129.83	150.10	117.17	136.41	164.60	178.20	183.60	211.31
河北	Hebei	135.11	159.04	223.60	212.85	230.15	272.49	275.24	270.00	292.80	293.60	304.68
山西	Shanxi								3.20	2.80		10.03
内蒙	Inner Mongolia	23.43		44.99	60.57	45.93	41.97	49.65	42.10	34.30	15.30	147.50
辽宁	Liaoning	398.22	683.88	965.60	1032.33	1005.40	1017.33	1043.57	1057.74	1017.43	1088.10	1059.99
吉林	Jilin	147.88	159.45	164.72	159.74	153.95	166.80	151.67	163.00	193.50	195.30	201.73
黑龙江	Heilongjiang	261.72	347.46	384.85	387.44	402.71	390.84	430.53	462.90	481.70	463.50	480.71
上海	Shanghai	111.00	263.69	263.45	248.16	211.10	244.88	260.04	259.70	274.40	305.00	499.24
江苏	Jiangsu	108.07	171.53	233.25	200.58	223.65	232.18	318.24	286.50	298.50	344.40	451.95
浙江	Zhejiang	124.15	178.98	288.69	254.94	259.64	288.75	321.32	305.10	315.20	284.53	285.10
安徽	Anhui	74.11	79.38	86.00	86.91	89.38	87.87	97.49	97.00	96.30	83.00	126.88
福建	Fujian	81.49	102.22	95.19	102.63	98.55	83.36	122.38	149.60	137.10	170.30	149.38
江西	Jiangxi	64.56	82.51	86.10	86.85	81.33	86.56	96.57	108.60	100.70	130.60	178.22
山东	Shandong	214.88	280.15	474.54	500.33	558.22	799.70	962.20	1195.46	1286.30	1525.36	1670.96
河南	Henan	138.68	136.86	127.65	140.86	157.83	159.43	189.40	208.00	191.40	239.20	222.47
湖北	Hubei	126.32	154.97	178.87	178.09	175.74	173.21	216.49	239.80	242.90	241.00	281.34
湖南	Hunan	90.38	120.19	122.83	124.20	129.86	137.83	133.15	125.50	191.00	240.70	241.34
广东	Guangdong	286.47	331.50	367.23	401.37	417.43	459.84	538.74	635.70	635.50	674.10	759.68
广西	Guangxi	15.09	15.64	19.38	24.84	29.58	31.48	37.91	77.30	229.70	300.60	337.39
海南	Hainan				65.68	238.66	244.05	264.31	263.20	295.20	302.70	233.78
重庆	Chongqing						0.83					
四川	Sichuan	5.92	8.42	23.20	32.47	45.53	51.61	69.40	57.80	76.20	65.20	74.07
贵州	Guizhou											
云南	Yunnan						0.02					
西藏	Tibet											
陕西	Shaanxi	49.68	180.13	387.83	410.32	465.86	465.09	526.21	572.50	610.80	737.70	745.21
甘肃	Gansu	166.84	150.92	229.30	239.14	276.04	289.31	314.44	287.90	398.60	375.00	390.18
青海	Qinghai	29.48	20.78	29.40	31.52	32.60	30.89	23.62	40.80	46.30	42.10	44.89
宁夏	Ningxia	23.57	26.91	58.17	58.15	51.72	65.56	69.38	76.80	46.50	174.00	205.35
新疆	Xinjiang	178.53	211.86	238.06	252.03	276.76	280.18	274.57	268.15	233.53	239.28	277.35

3-5 分地区煤油生产量

Kerosene Production by Region

单位：万吨 (10 000 tons)

地 区	Region	1995	2000	2005	2006	2007	2008	2009	2010	2011	2012	2013
北 京	Beijing	0.26		12.36	11.60	36.39	85.23	111.61	116.10	126.40	132.90	99.38
天 津	Tianjin	8.85	32.57	25.83	27.42	35.12	21.80	32.74	81.20	115.00	94.50	130.76
河 北	Hebei	4.83	12.69	11.94	13.15	11.14	12.21	7.05	4.30		0.30	13.72
山 西	Shanxi											
内 蒙	Inner Mongolia	0.02										2.17
辽 宁	Liaoning	84.34	231.53	220.00	218.74	206.19	230.06	231.90	224.20	222.00	293.30	355.90
吉 林	Jilin	1.96	1.28				0.05					
黑龙江	Heilongjiang	22.27	23.27	19.28	20.57	23.54	24.96	28.46	31.50	34.70	42.30	63.97
上 海	Shanghai	35.84	48.38	144.25	112.27	121.19	136.98	149.71	149.30	150.10	165.10	222.69
江 苏	Jiangsu	50.64	67.21	99.41	99.45	141.03	108.93	156.87	165.60	201.30	231.60	244.84
浙 江	Zhejiang	32.31	107.28	130.97	127.29	153.78	129.41	146.08	154.60	162.90	156.20	208.97
安 徽	Anhui											
福 建	Fujian	3.49	8.64	5.81	6.31	5.55	6.41	32.28	94.70	106.80	103.20	79.34
江 西	Jiangxi	2.14	4.44	4.67	1.57	1.29	0.07				3.20	21.93
山 东	Shandong	24.89	44.96	34.65	31.71	35.07	37.88	68.03	86.70	92.20	114.90	163.50
河 南	Henan	21.10	17.04	20.07	21.18	32.45	31.19	49.33	56.90	47.70	72.10	78.28
湖 北	Hubei	13.64	16.38	8.85	7.84	12.62	15.72	23.52	46.20	51.20	50.90	63.78
湖 南	Hunan	7.49	8.57	10.99	7.97	8.44	4.05	3.84	4.80	12.50	28.30	35.22
广 东	Guangdong	72.28	147.68	156.29	164.21	204.81	188.59	298.61	344.00	366.10	399.10	438.34
广 西	Guangxi	0.55	0.05	0.01				2.90	3.30	18.40	35.10	23.80
海 南	Hainan				3.43	32.78	31.06	35.43	44.60	68.10	78.00	90.57
重 庆	Chongqing			0.02								
四 川	Sichuan	2.76	4.23	1.44	1.88	1.43	1.11	0.83	1.10	0.90	1.20	1.86
贵 州	Guizhou											
云 南	Yunnan											
西 藏	Tibet											
陕 西	Shaanxi	1.65	8.46		8.92	11.32	15.73	18.69	27.70	25.70	30.80	29.84
甘 肃	Gansu	38.64	55.88	49.61	48.57	48.53	49.58	50.69	32.30	31.70	39.40	75.29
青 海	Qinghai											
宁 夏	Ningxia											7.04
新 疆	Xinjiang	15.80	31.75	32.14	34.79	30.60	38.65	30.86	45.60	46.10	59.00	62.66

3-6 分地区柴油生产量

Diesel Oil Production by Region

单位：万吨　　　　(10 000 tons)

地 区	Region	1995	2000	2005	2006	2007	2008	2009	2010	2011	2012	2013
北 京	Beijing	79.20	183.92	199.41	204.78	270.89	373.28	364.24	350.40	355.70	319.10	247.15
天 津	Tianjin	119.44	246.82	364.54	386.99	383.48	340.19	338.69	602.70	646.00	607.10	659.53
河 北	Hebei	165.81	271.19	403.42	412.08	425.82	513.58	482.34	486.90	538.30	547.00	438.50
山 西	Shanxi	0.16							0.20			
内 蒙	Inner Mongolia	20.46		41.01	53.96	53.73	42.80	51.13	79.30	93.60	76.40	207.87
辽 宁	Liaoning	677.68	1202.07	1899.60	1911.19	2048.93	2048.35	2101.38	2379.82	2284.75	2357.95	2391.33
吉 林	Jilin	99.83	178.81	367.43	344.02	320.73	321.68	320.88	322.20	412.90	383.40	387.95
黑龙江	Heilongjiang	379.68	532.61	627.52	577.03	583.59	547.30	589.15	615.50	609.12	573.00	584.50
上 海	Shanghai	129.13	401.30	717.86	639.32	603.47	747.98	682.63	773.60	798.90	822.10	859.25
江 苏	Jiangsu	207.31	408.69	725.87	702.33	696.30	738.33	751.10	808.30	746.80	678.70	759.08
浙 江	Zhejiang	201.52	387.40	728.09	749.50	758.73	862.33	825.89	832.60	870.90	801.80	769.07
安 徽	Anhui	98.87	151.85	177.36	193.75	188.20	177.95	184.93	196.00	208.20	180.00	225.14
福 建	Fujian	85.15	161.49	150.34	155.89	135.51	112.86	273.50	388.00	253.20	327.70	283.36
江 西	Jiangxi	83.17	127.09	132.53	179.04	166.86	182.86	187.47	190.80	193.90	229.00	204.78
山 东	Shandong	328.63	540.04	939.01	1040.80	1107.53	1645.17	1938.55	2263.86	2463.50	2666.36	2885.08
河 南	Henan	121.69	213.42	219.02	265.47	243.96	253.61	287.01	297.57	274.32	310.60	250.19
湖 北	Hubei	153.05	247.01	329.83	352.35	378.28	341.08	360.08	379.60	389.32	354.80	464.28
湖 南	Hunan	104.36	215.53	229.25	219.06	228.74	231.16	215.03	215.00	291.60	342.50	322.40
广 东	Guangdong	377.36	654.02	875.28	994.26	1033.53	1187.35	1287.36	1531.00	1551.70	1539.90	1580.73
广 西	Guangxi	14.98	24.92	36.33	42.37	47.46	38.90	44.85	145.50	474.80	650.90	595.46
海 南	Hainan				94.70	359.06	344.87	341.38	346.00	319.20	294.00	229.70
重 庆	Chongqing							0.30	0.60		0.40	0.44
四 川	Sichuan	5.78	11.14	48.52	61.22	80.56	83.43	102.68	83.30	86.60	86.00	59.11
贵 州	Guizhou											
云 南	Yunnan						0.02					
西 藏	Tibet											
陕 西	Shaanxi	52.93	223.19	513.38	605.17	707.69	769.50	801.61	854.40	853.30	921.50	883.97
甘 肃	Gansu	188.59	276.23	535.67	585.65	597.39	594.76	641.83	619.90	736.00	685.00	660.54
青 海	Qinghai	20.99	22.63	44.31	47.51	49.58	46.59	37.27	56.70	73.00	67.50	65.49
宁 夏	Ningxia	24.92	33.44	76.57	77.64	69.15	85.60	79.94	92.30	53.30	182.00	197.66
新 疆	Xinjiang	231.88	364.79	697.27	759.46	819.96	826.75	835.78	976.10	1097.40	1059.10	1063.15

3-7 分地区燃料油生产量
Fuel Oil Production by Region

单位：万吨 (10 000 tons)

地 区	Region	1995	2000	2005	2006	2007	2008	2009	2010	2011	2012	2013
北 京	Beijing	220.31	78.95	75.29	70.02	50.57	42.33	29.58	35.08	21.40	18.40	22.76
天 津	Tianjin	142.38	40.60	29.38	25.92	32.76	54.56	18.31	62.68	21.90	23.30	19.34
河 北	Hebei	44.26	30.17	25.37	28.56	64.85	166.51	34.57	116.94	17.40	25.00	109.49
山 西	Shanxi						0.18					
内 蒙	Inner Mongolia	18.85		13.56	2.97	26.40	64.57	48.10	30.78	11.20	7.20	9.26
辽 宁	Liaoning	610.43	413.40	466.15	497.38	526.10	580.50	504.84	602.36	572.80	454.20	377.60
吉 林	Jilin	85.11	95.59	34.76	43.43	33.92	41.52	38.20	36.83	40.00	31.90	27.19
黑龙江	Heilongjiang	181.28	120.56	44.69	44.12	48.44	51.28	47.37	55.38	40.40	46.50	42.73
上 海	Shanghai	290.40	139.03	119.67	112.99	109.65	51.50	15.15	29.57	29.30	17.30	40.79
江 苏	Jiangsu	162.04	136.29	159.43	181.38	290.59	283.71	154.89	187.61	232.40	284.00	281.16
浙 江	Zhejiang	78.33	123.40	109.76	192.42	208.57	174.37	113.32	134.66	157.80	115.50	104.12
安 徽	Anhui	48.48	10.68	8.30	8.07	13.41	13.64	16.57	12.44	7.90	6.00	4.60
福 建	Fujian	10.44	10.01	8.86	20.73	22.75	18.85	31.02	2.60	3.70	4.30	21.75
江 西	Jiangxi	43.27	54.27	39.53	20.00	15.76	18.55	22.07	20.89	7.80	4.30	5.38
山 东	Shandong	334.33	274.66	602.62	434.14	347.49	597.56	428.96	365.19	327.90	398.40	871.47
河 南	Henan	19.56	30.42	40.02	43.38	48.32	29.46	15.43	17.20	14.70	14.50	43.65
湖 北	Hubei	95.49	40.24	28.38	23.67	22.58	13.52	15.97	21.93	21.30	16.20	12.06
湖 南	Hunan	55.29	33.95	31.55	27.91	28.61	24.66	16.90	22.66	24.00	25.10	55.67
广 东	Guangdong	214.73	186.13	248.08	305.83	266.85	380.68	166.29	156.38	130.80	192.20	333.01
广 西	Guangxi	3.60	4.37	9.16	9.48	37.82	32.81	20.30	30.82	60.80	72.70	63.92
海 南	Hainan		9.45	4.36	9.09	23.04	26.31	23.83	27.04	36.70	33.70	17.02
重 庆	Chongqing			0.06			0.18				5.20	
四 川	Sichuan	3.58	4.10				4.56	8.95	14.39	26.20	27.30	27.90
贵 州	Guizhou											0.05
云 南	Yunnan	0.58				0.11	1.34	0.24				
西 藏	Tibet											
陕 西	Shaanxi	55.64	41.54	83.69	90.22	39.34	58.85	42.90	85.30	30.90	61.80	21.64
甘 肃	Gansu	101.21	91.65	39.57	21.51	26.42	21.19	8.78	20.57	15.50	19.80	22.67
青 海	Qinghai	19.72	6.39	2.11	2.33	4.19	3.43	2.69	3.34	4.20	4.10	4.25
宁 夏	Ningxia	10.24	10.54	3.23	3.05	2.85	2.97	2.74	3.10	1.70	9.90	7.71
新 疆	Xinjiang	111.22	67.26	33.61	49.42	54.65	34.76	28.74	19.33	10.10	10.30	47.14

3-8 分地区天然气生产量
Natural Gas Production by Region

单位：亿立方米 (100 million cu.m)

地 区	Region	1995	2000	2005	2006	2007	2008	2009	2010	2011	2012	2013
北 京	Beijing											7.50
天 津	Tianjin	7.57	9.10	8.79	10.50	13.34	14.01	14.30	17.20	18.40	18.70	18.73
河 北	Hebei	3.49	5.14	6.92	6.55	7.14	8.74	10.87	12.70	12.20	13.40	15.58
山 西	Shanxi	0.47	1.14	3.24	6.02		5.21					25.11
内 蒙	Inner Mongolia		4.55									10.04
辽 宁	Liaoning	21.12	14.70	11.72	11.94	8.72	8.71	8.10	8.00	7.20	7.20	8.32
吉 林	Jilin	1.83	2.05	5.40	2.41	5.22	8.74	11.62	13.70	15.00	22.20	23.91
黑龙江	Heilongjiang	25.91	23.04	24.43	24.65	25.50	27.10	30.04	30.00	31.00	33.70	34.99
上 海	Shanghai		2.60	6.04	5.64	5.07	4.29	4.03	3.30	3.00	2.90	2.35
江 苏	Jiangsu	0.19	0.24	0.64	0.61	0.58	0.58	0.57	0.60	0.50	0.60	0.51
浙 江	Zhejiang		0.04	0.03			0.31					
安 徽	Anhui											
福 建	Fujian											
江 西	Jiangxi											
山 东	Shandong	12.85	6.88	9.25	8.55	7.84	8.85	9.05	5.33	5.20	6.00	5.11
河 南	Henan	11.38	14.95	17.62	18.68	15.76	11.22	29.58	6.72	5.00	5.00	4.93
湖 北	Hubei	0.76	0.91	1.12	1.16	1.17	1.40	1.67	2.00	2.28	1.70	3.09
湖 南	Hunan						3.19					
广 东	Guangdong	1.03	34.60	44.75	48.95	52.48	60.78	58.43	78.40	83.30	83.50	75.26
广 西	Guangxi						8.54					0.10
海 南	Hainan			1.66	2.05	2.03	2.32	1.86	1.80	2.00	1.80	2.25
重 庆	Chongqing		1.94	3.27	6.47	5.00	9.54	0.60	1.20	0.46	0.40	1.70
四 川	Sichuan	76.64	88.60	142.30	159.95	187.46	194.23	193.56	237.65	265.53	242.26	244.81
贵 州	Guizhou		0.70	0.53				0.12	0.12			0.41
云 南	Yunnan	1.81	0.05	0.22	0.17	0.14	0.06	0.02	0.06	0.07	0.05	0.02
西 藏	Tibet											
陕 西	Shaanxi	0.22	21.10	75.46	80.47	110.10	144.20	189.52	223.50	272.20	311.30	371.65
甘 肃	Gansu	1.13	0.20	0.84	1.53	0.63	1.43	0.29	0.20	0.20	0.20	0.17
青 海	Qinghai	0.64	3.91	22.26	25.03	34.02	43.65	43.07	56.10	65.00	64.28	68.06
宁 夏	Ningxia	0.62	0.15							3.02	3.33	
新 疆	Xinjiang	11.81	35.38	106.71	164.20	210.20	235.89	245.39	249.90	235.33	253.01	283.98

3-9 分地区发电量

Power Generation by Region

单位: 亿千瓦小时 (100 million kW•h)

地 区	Region	1995	2000	2005	2006	2007	2008	2009	2010	2011	2012	2013
北 京	Beijing	132	145	213	215	228	243	243	269	263	291	336
天 津	Tianjin	134	211	369	359	393	382	416	589	621	590	624
河 北	Hebei	607	844	1339	1461	1646	1528	1742	1993	2327	2411	2507
山 西	Shanxi	506	620	1312	1526	1761	1794	1874	2151	2344	2546	2641
内 蒙	Inner Mongolia	279	439	1057	1413	1932	2184	2242	2489	2973	3172	3567
辽 宁	Liaoning	540	646	904	1015	1115	1138	1163	1295	1370	1441	1554
吉 林	Jilin	285	314	433	443	495	578	542	605	710	692	779
黑龙江	Heilongjiang	388	427	596	647	685	733	723	777	835	849	839
上 海	Shanghai	403	553	734	721	739	774	778	876	949	886	959
江 苏	Jiangsu	700	910	2120	2536	2675	2815	2928	3359	3763	4001	4321
浙 江	Zhejiang	401	625	1456	1766	1915	1905	2246	2568	2777	2808	2942
安 徽	Anhui	310	355	648	734	873	1125	1320	1444	1635	1771	1970
福 建	Fujian	262	404	778	904	1038	1127	1171	1356	1580	1623	1777
江 西	Jiangxi	176	203	373	440	502	576	533	664	730	728	875
山 东	Shandong	739	1005	1911	2315	2698	2648	2860	3043	3169	3212	3549
河 南	Henan	548	695	1415	1601	1918	1978	2055	2192	2585	2643	2864
湖 北	Hubei	453	559	1290	1307	1588	1828	1818	2043	2086	2238	2237
湖 南	Hunan	333	354	644	755	860	927	1028	1226	1347	1398	1356
广 东	Guangdong	821	1293	2279	2466	2732	2716	2758	3237	3802	3764	3875
广 西	Guangxi	217	289	446	523	683	869	944	1032	1039	1186	1266
海 南	Hainan	32	39	82	97	115	121	128	153	173	199	231
重 庆	Chongqing		168	254	291	375	457	474	504	582	598	630
四 川	Sichuan	576	500	1019	1227	1263	1383	1579	1795	1981	2151	2631
贵 州	Guizhou	232	405	798	986	1166	1211	1380	1386	1379	1618	1678
云 南	Yunnan	228	298	624	754	905	1079	1171	1365	1555	1759	2181
西 藏	Tibet	5	7	13	15	15	18	18	21	27	26	29
陕 西	Shaanxi	237	272	549	585	707	853	909	1112	1222	1342	1512
甘 肃	Gansu	238	254	506	530	619	698	697	792	1028	1103	1202
青 海	Qinghai	60	134	216	282	308	310	378	468	463	584	611
宁 夏	Ningxia	108	137	313	388	453	471	480	587	939	1010	1105
新 疆	Xinjiang	120	182	310	357	414	489	549	679	875	1237	1668

3-10 分地区水力发电量
Hydro Power Generation by Region

单位：亿千瓦小时 (100 million kW•h)

地 区	Region	1995	2000	2005	2006	2007	2008	2009	2010	2011	2012	2013
北 京	Beijing	3.18	8.64	4.71	4.94	4.93	0.36	0.37	4.40	4.48	4.38	4.72
天 津	Tianjin	0.21	0.14			0.14	0.14					0.20
河 北	Hebei	12.63	4.70	5.61	14.42	5.68	10.95	5.71	5.55	7.25	4.70	10.93
山 西	Shanxi	7.11	13.04	20.32	23.87	47.32	23.36	21.66	36.63	34.63	43.79	38.87
内 蒙	Inner Mongolia	1.43	5.59	11.55	12.80	11.86	11.18	14.82	16.29	12.21	17.66	19.74
辽 宁	Liaoning	41.71	14.89	56.73	47.03	43.81	38.58	28.81	43.98	31.69	38.24	61.11
吉 林	Jilin	83.16	47.84	78.30	54.60	61.83	58.91	56.28	105.50	62.90	65.78	118.48
黑龙江	Heilongjiang	6.69	13.19	14.70	14.74	10.41	17.56	17.09	22.53	17.02	16.34	30.52
上 海	Shanghai											
江 苏	Jiangsu	0.35	0.13	2.66	3.05	2.95	6.65	2.23	2.98	2.02	11.22	11.09
浙 江	Zhejiang	78.25	65.23	135.11	139.76	118.15	143.49	152.67	230.85	161.72	187.01	173.28
安 徽	Anhui	11.39	4.58	12.52	15.72	19.67	28.14	16.39	18.85	17.90	19.60	34.15
福 建	Fujian	154.91	195.22	291.00	346.82	311.59	399.61	275.92	453.69	285.20	476.20	402.68
江 西	Jiangxi	55.13	53.50	67.88	95.40	85.06	167.26	85.07	117.85	79.82	111.66	128.93
山 东	Shandong	0.40	0.03	1.30	0.17	0.77	2.80	1.74	2.14	2.03	1.23	3.45
河 南	Henan	15.64	15.52	67.91	88.26	88.53	98.77	93.15	91.67	103.42	136.72	114.71
湖 北	Hubei	258.82	281.40	813.65	756.06	937.70	1272.47	1205.92	1263.83	1163.89	1415.34	1202.96
湖 南	Hunan	157.97	191.15	241.28	290.69	312.56	407.00	409.43	502.53	459.03	602.70	507.14
广 东	Guangdong	131.10	106.11	207.74	267.99	241.03	388.31	269.34	348.86	331.03	367.31	388.81
广 西	Guangxi	138.30	168.87	195.82	243.69	323.52	522.97	516.77	475.26	415.49	541.56	488.95
海 南	Hainan	11.32	11.54	10.64	11.59	13.09	12.72	14.95	13.34	12.55	15.36	23.93
重 庆	Chongqing		38.22	67.32	56.43	83.75	171.61	165.74	169.25	184.27	244.75	177.32
四 川	Sichuan	259.79	315.11	653.35	784.65	814.13	980.86	1065.41	1213.42	1364.02	1562.46	2002.01
贵 州	Guizhou	114.90	183.44	213.35	225.96	340.62	394.04	400.88	416.58	355.00	582.05	477.80
云 南	Yunnan	162.05	196.53	349.19	355.72	430.95	647.28	622.80	814.12	1007.43	1238.23	1656.34
西 藏	Tibet	3.04	5.54	12.10	13.79	13.99	14.53	15.27	15.85	20.62	18.98	19.75
陕 西	Shaanxi	25.43	34.80	50.54	39.88	55.45	64.23	74.59	87.24	99.63	88.91	110.87
甘 肃	Gansu	96.18	102.54	165.57	170.45	189.08	188.72	250.21	262.32	252.00	294.67	332.98
青 海	Qinghai	42.57	107.69	160.58	209.58	207.76	207.10	276.32	371.11	370.87	455.50	435.49
宁 夏	Ningxia	9.30	8.18	16.41	16.38	17.47	16.08	17.36	18.02	16.75	19.06	18.76
新 疆	Xinjiang	22.82	30.83	42.33	53.42	58.84	73.93	79.55	97.08	114.58	139.66	206.95

3-11 分地区火力发电量
Thermal Power Generation by Region

单位：亿千瓦小时 (100 million kW•h)

地 区	Region	1995	2000	2005	2006	2007	2008	2009	2010	2011	2012	2013
北 京	Beijing	128.18	136.62	209.80	207.05	223.15	242.99	241.04	261.80	255.50	283.20	327.88
天 津	Tianjin	131.58	211.35	365.69	359.24	393.13	377.93	389.67	559.60	619.52	587.32	619.05
河 北	Hebei	593.72	839.53	1332.17	1438.88	1633.04	1407.60	1707.18	1926.28	2214.67	2246.36	2334.06
山 西	Shanxi	498.85	607.27	1291.65	1502.50	1713.18	1764.93	1848.76	2104.00	2301.73	2456.14	2551.32
内 蒙	Inner Mongolia	277.11	432.09	1042.28	1395.93	1876.83	2071.98	2073.49	2226.55	2639.00	2845.29	3167.64
辽 宁	Liaoning	496.63	628.00	845.00	962.82	1065.26	1085.26	1117.15	1204.04	1260.40	1304.35	1333.65
吉 林	Jilin	201.45	265.48	354.16	385.76	422.74	398.63	458.61	463.29	591.97	577.62	606.13
黑龙江	Heilongjiang	381.30	413.54	581.13	629.64	670.32	696.62	685.91	720.35	771.57	765.88	732.66
上 海	Shanghai	401.93	553.09	728.74	720.33	736.25	765.25	767.77	864.79	946.00	882.45	951.51
江 苏	Jiangsu	698.42	909.57	2114.03	2512.58	2577.39	2631.34	2762.15	3166.32	3562.63	3779.05	4099.24
浙 江	Zhejiang	300.67	539.18	1094.64	1403.49	1570.01	1519.53	1840.32	2075.47	2323.10	2258.60	2412.80
安 徽	Anhui	297.94	350.87	636.37	718.67	853.76	1096.32	1300.24	1420.18	1609.86	1744.11	1928.35
福 建	Fujian	106.60	208.45	486.88	555.80	723.63	715.97	882.30	890.43	1272.58	1118.97	1263.03
江 西	Jiangxi	121.35	149.85	305.61	344.49	416.95	407.54	447.42	545.36	648.70	615.04	745.34
山 东	Shandong	738.83	1005.14	1909.59	2309.22	2691.43	2598.25	2828.88	3003.60	3128.18	3141.53	3464.17
河 南	Henan	532.01	677.76	1346.77	1512.35	1829.73	1754.92	1952.61	2092.09	2467.24	2489.42	2741.34
湖 北	Hubei	193.71	277.73	476.15	548.41	644.40	525.63	606.07	752.72	913.63	813.88	1021.59
湖 南	Hunan	174.86	163.27	403.13	464.08	547.59	520.06	618.51	723.75	880.78	779.17	841.89
广 东	Guangdong	583.62	1038.61	1764.53	1884.29	2187.24	1968.54	2157.62	2487.86	3017.97	2880.99	2973.41
广 西	Guangxi	78.99	120.21	250.23	279.67	355.89	301.26	409.51	543.73	623.02	639.83	774.21
海 南	Hainan	20.21	27.51	72.46	85.08	101.61	107.90	112.49	137.39	157.24	180.96	200.62
重 庆	Chongqing		129.68	185.81	234.87	290.69	284.88	307.59	333.76	393.50	338.80	450.92
四 川	Sichuan	316.18	185.13	365.42	441.93	448.60	400.85	513.09	570.21	609.42	587.90	628.10
贵 州	Guizhou	116.64	221.27	584.30	760.39	825.71	816.97	979.15	969.05	1024.00	1026.77	1185.44
云 南	Yunnan	66.37	101.32	274.89	397.91	473.55	388.44	548.05	546.25	536.03	493.42	479.30
西 藏	Tibet	0.25	0.05	0.08	0.09	0.01	0.14	1.31	3.82	4.60	4.60	6.76
陕 西	Shaanxi	211.34	237.48	495.85	544.82	651.28	786.58	834.37	1024.89	1122.04	1252.07	1391.71
甘 肃	Gansu	141.56	150.98	339.70	357.38	424.37	479.27	432.45	502.29	709.90	717.50	734.64
青 海	Qinghai	17.85	26.10	55.63	72.04	99.90	103.23	101.62	97.15	91.80	114.70	134.43
宁 夏	Ningxia	98.48	128.43	295.19	367.31	432.45	449.28	454.60	551.36	909.42	954.70	1011.60
新 疆	Xinjiang	97.27	149.29	265.48	299.01	349.20	404.25	447.82	550.90	731.02	1047.52	1357.29

3-12 分地区城市天然气供应情况

Basic Statistics on Supply of Natural Gas in Cities by Region

地 区 Region	供气总量(万立方米) Total Gas Supply (10^4 cu.m)							用气人口(万人) Population with Access(10^4 persons)						
	2000	2005	2009	2010	2011	2012	2013	2000	2005	2009	2010	2011	2012	2013
全 国 National Total	**821476**	**2104951**	**4050996**	**4875808**	**6787997**	**7950377**	**8882417**	**2581**	**7104**	**14544**	**17021**	**19028**	**21208**	**23783**
北 京 Beijing	95740	317397	682839	719740	729608	924763	989484	295	880	1143	1292	1334	1367	1399
天 津 Tianjin	23474	68966	149736	169453	169739	256241	281885	304	412	570	574	598	637	651
河 北 Hebei	4647	25374	89065	106740	193461	214451	244012	31	142	674	839	919	982	1059
山 西 Shanxi	5611	10802	103239	141440	176342	213502	233051	36	50	358	431	509	584	769
内蒙古 Inner Mongolia		9444	46136	69531	127724	113040	104732		50	179	258	287	347	459
辽 宁 Liaoning	24923	36817	60035	66173	76601	85701	97745	410	567	751	797	852	957	1021
吉 林 Jilin	13162	17333	33774	43462	51758	69697	85834	77	167	216	290	359	387	424
黑龙江 Heilongjiang	4185	19555	46770	72497	85070	88191	111136	56	104	512	568	601	638	673
上 海 Shanghai	25974	174962	334399	450032	543314	631126	690885	67	522	851	1093	1231	1321	1447
江 苏 Jiangsu		87634	343544	472309	591493	691763	765869		380	1030	1300	1558	1744	1907
浙 江 Zhejiang		10428	86536	118884	148674	191322	230091		119	459	553	644	704	840
安 徽 Anhui	600	11564	89259	112190	138832	171251	199095	5	208	529	636	786	912	976
福 建 Fujian			10295	51101	66297	95325	112446			211	274	287	295	347
江 西 Jiangxi		1051	6187	11263	27004	41910	56127		38	114	157	259	322	430
山 东 Shandong	84065	116691	242908	326931	438016	518344	610755	62	381	1231	1444	1628	1866	2086
河 南 Henan	55018	53337	126721	158928	194720	241272	288625	186	399	707	831	931	1095	1307
湖 北 Hubei	1	17422	117703	152833	204472	240807	285324		264	610	700	819	945	1106
湖 南 Hunan		5632	95816	111757	139137	161274	199746		62	331	422	444	562	640
广 东 Guangdong	339	71597	117125	170266	1183316	1174509	1231702	4	79	850	922	1028	1155	1380
广 西 Guangxi		84	7050	10320	13606	16904	22234		1	89	106	133	187	242
海 南 Hainan		6360	12760	14264	16374	17664	25280		21	64	77	91	105	111
重 庆 Chongqing	68049	164614	205164	254021	268790	324965	324336	329	509	730	861	862	934	955
四 川 Sichuan	388394	598531	511115	525686	564557	568317	590236	556	967	1079	1164	1284	1383	1492
贵 州 Guizhou	450	6199	2336	3546	5484	9853	16078	2	2	10	12	24	55	129
云 南 Yunnan	1533	14500	73	119	212	1207	2286	2	5	33	37	27	33	38
西 藏 Tibet		808					13		15					5
陕 西 Shaanxi	17770	76285	144275	164654	182495	221162	238667	126	359	480	547	594	644	713
甘 肃 Gansu	78	4100	59505	72917	88100	112098	134044	2	118	181	197	221	252	276
青 海 Qinghai	2022	63606	152572	61557	65738	111917	118969	4	33	83	89	100	108	123
宁 夏 Ningxia	56	68193	69561	108485	122647	179132	210854	1	34	85	108	128	141	178
新 疆 Xinjiang	5385	45665	104498	134711	174413	262670	380880	27	220	382	445	490	548	602

3-13 分地区城市人工煤气供应情况

Basic Statistics on Supply of Coal Gas in Cities by Region

地 区 Region	供气总量(万立方米) Total Gas Supply (10^4 cu.m)							用气人口(万人) Population with Access(10^4 persons)						
	2000	2005	2009	2010	2011	2012	2013	2000	2005	2009	2010	2011	2012	2013
全 国 National Total	**1523615**	**2558343**	**3615507**	**2799380**	**847256**	**769686**	**627989**	**3944**	**4369**	**2971**	**2802**	**2676**	**2442**	**1943**
北 京 Beijing	47310	20211						83	22					
天 津 Tianjin	9882	28803						73	97					
河 北 Hebei	45918	78435	68793	89834	84634	89595	71058	279	401	192	180	185	188	181
山 西 Shanxi	241869	82291	82276	87203	93515	87787	56556	295	395	282	238	244	237	102
内蒙古 Inner Mongolia	7485	6887	3915	3069	2806	2786	3500	78	93	63	52	49	46	40
辽 宁 Liaoning	81957	63614	54441	55177	56625	59736	59264	422	532	524	542	574	557	574
吉 林 Jilin	15508	13755	17616	16727	17445	17086	16575	150	169	167	165	168	189	179
黑龙江 Heilongjiang	30347	40199	26349	7587	8040	8185	8443	211	289	85	74	81	81	89
上 海 Shanghai	213147	199744	162721	142167	118541	90438	59346	450	662	351	358	275	198	112
江 苏 Jiangsu	362606	1290834	1728890	1931995	10310	4889	3940	325	234	135	90	46	28	9
浙 江 Zhejiang	27796	27686	1468	484	493	463	500	48	83	30	5	4	4	4
安 徽 Anhui	22996	8723	1372					169	67	14				
福 建 Fujian	12727	1810	2537	2673	2892	3080	2927	21	11	14	15	16	19	20
江 西 Jiangxi	39463	31707	37898	58208	49641	48497	36049	125	131	146	150	95	80	32
山 东 Shandong	43041	47743	29377	35730	34513	21316	9210	335	357	156	159	140	88	28
河 南 Henan	81775	117592	111136	109500	116309	85359	60052	136	142	180	165	154	121	43
湖 北 Hubei	14588	9184	12382	12042	9950	5100		180	22	49	41	35	12	
湖 南 Hunan	60375	44064	89819	3044	2334	2707	2765	81	75	39	33	21	31	32
广 东 Guangdong	12097	29310	15493	7037	5307	2509		150	163	25	18			
广 西 Guangxi	2817	4483	4449	4517	4503	4423	4533	15	25	42	43	45	46	47
海 南 Hainan														
重 庆 Chongqing	100							1						
四 川 Sichuan	111677	128252	162826	159719	159719	159925	165003	30	33	40	41	43	49	50
贵 州 Guizhou	8727	19209	26886	26963	30515	34167	23788	73	125	161	167	208	176	127
云 南 Yunnan	15407	20287	33113	33818	35309	37653	40535	100	177	235	233	267	265	248
西 藏 Tibet														
陕 西 Shaanxi	4447	4365						33	27					
甘 肃 Gansu	6691	3802	9427	9438	1617	1658	1722	70	24	22	20	15	19	18
青 海 Qinghai	24							3						
宁 夏 Ningxia	2838	3013	1024	697	240	137	132	10	9	13	6	5	4	3
新 疆 Xinjiang		232340	931300	1752	1999	2190	2090		5	6	9	6	7	5

3-14 分地区城市液化石油气供应情况

Basic Statistics on Supply of LPG in Cities by Region

地 区	Region	供气总量(吨) Total Gas Supply (ton)							
		2000	2005	2008	2009	2010	2011	2012	2013
全 国	**National Total**	**10537147**	**12220141**	**13291072**	**13400303**	**12680054**	**11658326**	**11148032**	**11097298**
北 京	Beijing	176460	374358	324549	367323	323104	442535	418156	472980
天 津	Tianjin	44203	61503	87404	58963	53368	58608	49105	49490
河 北	Hebei	189612	327294	254206	284101	205007	224873	205388	183591
山 西	Shanxi	34152	42004	53822	55884	63331	74789	90534	74399
内蒙古	Inner Mongolia	59425	138348	72279	84206	74251	113190	98496	69174
辽 宁	Liaoning	379194	402659	396282	398309	395058	504938	516426	495244
吉 林	Jilin	169062	184659	208064	219848	214818	236297	220874	181420
黑龙江	Heilongjiang	601427	228630	198672	195710	219784	211074	206057	218023
上 海	Shanghai	490561	452613	489201	400176	398427	394278	392514	397314
江 苏	Jiangsu	705010	1129147	931734	865663	766586	766635	735757	700765
浙 江	Zhejiang	630895	1060572	937042	909487	877956	807562	776396	821658
安 徽	Anhui	458621	613614	680514	594994	615770	567246	537160	619620
福 建	Fujian	737609	378053	385945	341795	333758	324768	288978	277846
江 西	Jiangxi	164698	174521	185460	179792	188847	194329	204258	223399
山 东	Shandong	276543	572194	758261	872762	760332	541533	511489	484287
河 南	Henan	162199	225864	250556	237895	241602	238178	234450	227208
湖 北	Hubei	296179	311171	356448	343513	421507	426496	386152	361641
湖 南	Hunan	199873	294718	279320	235885	252906	265876	201279	195167
广 东	Guangdong	3108612	4101990	4478851	4704485	5055955	4049701	3872441	3889033
广 西	Guangxi	204904	315998	306091	296843	303804	297416	326110	309475
海 南	Hainan	77856	66866	67883	61724	63959	76650	55344	91151
重 庆	Chongqing	38769	95577	69252	70066	92807	92861	93315	87922
四 川	Sichuan	66154	164266	184229	176579	191071	206628	180447	183581
贵 州	Guizhou	28973	53779	58121	60227	63772	65375	66101	71027
云 南	Yunnan	82954	70436	130602	155859	166108	162402	174936	196004
西 藏	Tibet	16680	1500	813348	826148	5521	24650	25918	20394
陕 西	Shaanxi	79038	121943	113582	111081	43381	34059	31516	32732
甘 肃	Gansu	783739	71904	97642	185733	185523	151715	151392	73971
青 海	Qinghai	11496	14339	8743	7628	7142	6633	6834	5366
宁 夏	Ningxia	18231	22697	15868	15625	14984	14037	17086	18444
新 疆	Xinjiang	244018	147314	97102	81999	79617	82993	73123	64973

3-14 续表

Continued

地 区	Region	用气人口(万人) Population with Access(10^4 persons)							
		2000	2005	2008	2009	2010	2011	2012	2013
全 国	**National Total**	**11107**	**18013**	**17632**	**16924**	**16503**	**16094**	**15683**	**15102**
北 京	Beijing	253	341	371	349	394	407	417	427
天 津	Tianjin	89	123	51	38	42	17	12	13
河 北	Hebei	476	705	667	630	503	459	422	342
山 西	Shanxi	102	170	188	197	201	205	167	146
内蒙古	Inner Mongolia	192	295	337	356	354	355	347	279
辽 宁	Liaoning	569	713	694	694	652	669	665	639
吉 林	Jilin	350	493	489	491	461	460	443	428
黑龙江	Heilongjiang	546	612	538	538	507	430	427	403
上 海	Shanghai	421	711	701	719	852	839	862	856
江 苏	Jiangsu	883	1765	1328	1248	1115	1043	1007	957
浙 江	Zhejiang	555	1135	1327	1236	1244	1166	1161	1150
安 徽	Anhui	379	541	555	525	491	393	353	351
福 建	Fujian	341	604	833	712	699	716	745	725
江 西	Jiangxi	220	412	453	454	453	454	456	451
山 东	Shandong	887	1836	1404	1253	1104	1017	922	819
河 南	Henan	430	574	570	547	564	560	575	552
湖 北	Hubei	908	1142	945	877	862	818	768	644
湖 南	Hunan	461	648	688	647	612	718	687	643
广 东	Guangdong	1485	3223	3394	3309	3275	3295	3287	3413
广 西	Guangxi	374	551	598	596	634	649	632	593
海 南	Hainan	117	113	109	113	111	119	115	122
重 庆	Chongqing	35	72	103	110	114	108	110	100
四 川	Sichuan	81	152	133	134	131	126	133	131
贵 州	Guizhou	90	189	191	194	199	188	200	210
云 南	Yunnan	138	141	235	245	290	295	276	291
西 藏	Tibet	14	3	34	38	36	41	17	19
陕 西	Shaanxi	206	243	259	217	165	143	132	95
甘 肃	Gansu	102	142	166	187	185	179	169	162
青 海	Qinghai	30	37	20	19	19	18	19	16
宁 夏	Ningxia	70	90	80	93	83	77	65	54
新 疆	Xinjiang	306	240	167	161	151	131	95	74

3-15 分地区城市集中供热情况

Basic Statistics on Heating Supply in Cities by Region

地 区	Region	蒸汽供应能力(吨/小时) Capacity of Steam Supply (ton/hour)							热水供应能力(兆瓦) Capacity of Hot Water Supply(10^6 W)						
		2000	2005	2009	2010	2011	2012	2013	2000	2005	2009	2010	2011	2012	2013
全 国	**National Total**	**74148**	**106723**	**93193**	**105084**	**85274**	**86452**	**84362**	**97417**	**197976**	**286106**	**315717**	**338752**	**365278**	**403542**
北 京	Beijing	3408	2297	200	450	450	450	300	4755	30115	32674	35684	36805	38298	38585
天 津	Tianjin	9106	3294	3579	3167	3025	3463	3717	5608	10563	16158	18055	19325	21063	21572
河 北	Hebei	6427	9290	10979	11570	10357	9244	6975	8388	13917	22247	23177	24535	26129	27441
山 西	Shanxi	3316	3133	2215	2674	2802	2639	1291	5347	8578	12999	17405	18210	20706	23068
内蒙古	Inner Mongolia	1200	844	214	662	1182	1135	767	5687	10887	21364	25850	28560	29489	33729
辽 宁	Liaoning	11569	12583	12013	13186	11544	13038	12787	19154	36051	51183	55770	59855	62826	68631
吉 林	Jilin	3425	4749	2882	5208	3494	1537	1536	10564	18925	26147	29145	30988	36536	40576
黑龙江	Heilongjiang	4513	5937	4199	4411	4951	4789	4874	13750	23952	30420	32052	41000	38743	42296
上 海	Shanghai														
江 苏	Jiangsu	2554	19744	4330	6280				8	200	55	6055			
浙 江	Zhejiang	1516	4569	4795	5438	4923	5442	8039		233		75	75	75	85
安 徽	Anhui	1915	2006	3487	3530	3753	3846	4305	214	135	176	182	182	182	182
福 建	Fujian								43	286					
江 西	Jiangxi														
山 东	Shandong	12498	22770	27609	31086	25634	24678	25211	9206	16744	22661	27587	28922	33450	39722
河 南	Henan	3261	4698	5632	5590	5530	5856	6008	1334	2118	3905	4767	6763	6204	8568
湖 北	Hubei	775	1404	1404	1564	1816	1816	1874		78	78	278	278	278	278
湖 南	Hunan	493	105												
广 东	Guangdong														
广 西	Guangxi														
海 南	Hainan														
重 庆	Chongqing														
四 川	Sichuan		160	60	60										
贵 州	Guizhou														239
云 南	Yunnan														
西 藏	Tibet														
陕 西	Shaanxi	1923	2240	3305	3731	3681	5795	4118	551	1806	12543	4215	5309	6682	8902
甘 肃	Gansu	3949	4813	4511	4525		384	224	3611	5791	9225	10208	11137	12758	14069
青 海	Qinghai								89	173	369	370	230	258	348
宁 夏	Ningxia	662	646	425	576	672	381	396	2963	5115	5595	5945	6113	7927	8252
新 疆	Xinjiang	1638	1441	1354	1376	1460	1959	1940	6145	12309	18307	18897	20465	23675	26997

四、能源消费

Chapter 4   Energy Consumption

4-1 能源消费总量和构成

Total Energy Consumption and Composition

年 份 Year	电热当量计算法 calorific value calculation						
	能源消费总量(万吨标准煤) Total Energy Consumption (10^4 tce)	占能源消费总量的比重(%) As percentage of primary energy consumption (%)					
		煤 炭 Coal	石 油 Petroleum	天然气 Natural Gas	一次电力及其他能源 Primary Electricty and Other Energy	#水电 Hydro Power	#核电 Nuclear Power
1980	58587	74.2	21.4	3.2	1.2	1.2	-
1981	57577	75.1	20.6	2.9	1.4	1.4	-
1982	59966	76.3	19.6	2.6	1.5	1.5	-
1983	63635	77.0	18.8	2.5	1.7	1.7	-
1984	68495	77.8	18.1	2.5	1.6	1.6	-
1985	74112	78.5	17.7	2.3	1.5	1.5	-
1986	77776	78.2	17.9	2.4	1.5	1.5	-
1987	83850	78.7	17.6	2.2	1.5	1.5	-
1988	89963	78.8	17.6	2.1	1.5	1.5	-
1989	93666	79.3	17.1	2.0	1.6	1.6	-
1990	95384	79.0	17.2	2.1	1.7	1.7	-
1991	100413	78.7	17.7	2.1	1.5	1.5	-
1992	105602	78.3	18.1	2.0	1.6	1.6	-
1993	111490	79.0	17.1	2.1	1.8	1.8	-
1994	118071	79.5	16.2	2.2	2.1	2.0	0.1
1995	123471	77.0	18.6	1.9	2.5	2.4	0.1
1996	129665	76.7	19.5	1.9	1.9	1.8	0.1
1997	130082	74.9	21.3	1.8	2.0	1.9	0.1
1998	130260	74.2	21.8	1.9	2.1	2.0	0.1
1999	135132	73.6	22.3	2.1	1.9	1.8	0.1
2000	140993	71.5	22.9	2.3	3.3	1.9	0.1
2001	148264	71.5	22.2	2.5	3.8	2.3	0.1
2002	161935	71.8	22.0	2.4	3.8	2.2	0.2
2003	189269	73.2	20.9	2.4	3.5	1.8	0.3
2004	220738	73.2	20.8	2.4	3.6	2.0	0.3
2005	250835	75.4	18.6	2.5	3.5	1.9	0.3
2006	275134	75.5	18.2	2.8	3.5	1.9	0.2
2007	299271	75.6	17.6	3.1	3.7	2.0	0.3
2008	306455	75.0	17.4	3.5	4.1	2.3	0.3
2009	321336	74.9	17.2	3.7	4.2	2.4	0.3
2010	343601	72.7	18.3	4.2	4.8	2.6	0.3
2011	370163	73.4	17.6	4.8	4.2	2.3	0.3
2012	381515	72.2	17.9	5.1	4.8	2.8	0.3
2013	394794	71.3	18.0	5.6	5.1	2.9	0.3

4-1 续表

Continued

年 份 Year	发电煤耗计算法 coal equivalent calculation						
	能源消费总量 (万吨标准煤) Total Energy Consumption (10^4 tce)	占能源消费总量的比重 (%) As percentage of primary energy consumption (%)					
		煤 炭 Coal	石 油 Petroleum	天然气 Natural Gas	一次电力及其他能源 Primary Electricty and Other Energy	#水电 Hydro Power	#核电 Nuclear Power
1980	60275	72.2	20.7	3.1	4.0	4.0	-
1981	59447	72.7	20.0	2.8	4.5	4.5	-
1982	62067	73.7	18.9	2.5	4.9	4.9	-
1983	66040	74.2	18.1	2.4	5.3	5.3	-
1984	70904	75.3	17.4	2.4	4.9	4.9	-
1985	76682	75.8	17.1	2.2	4.9	4.9	-
1986	80850	75.8	17.2	2.3	4.7	4.7	-
1987	86632	76.2	17.0	2.1	4.7	4.7	-
1988	92997	76.1	17.1	2.1	4.7	4.7	-
1989	96934	76.1	17.1	2.1	4.7	4.7	-
1990	98703	76.2	16.6	2.1	5.1	5.1	-
1991	103783	76.1	17.1	2.0	4.8	4.8	-
1992	109170	75.7	17.5	1.9	4.9	4.9	-
1993	115993	74.7	18.2	1.9	5.2	5.1	0.1
1994	122737	75.0	17.4	1.9	5.7	5.2	0.5
1995	131176	74.6	17.5	1.8	6.1	5.7	0.4
1996	135192	73.5	18.7	1.8	6.0	5.6	0.4
1997	135909	71.4	20.4	1.8	6.4	5.9	0.4
1998	136184	70.9	20.8	1.8	6.5	6.1	0.4
1999	140569	70.6	21.5	2.0	5.9	5.5	0.4
2000	146964	68.5	22.0	2.2	7.3	5.7	0.4
2001	155547	68.0	21.2	2.4	8.4	6.7	0.4
2002	169577	68.5	21.0	2.3	8.2	6.3	0.5
2003	197083	70.2	20.1	2.3	7.4	5.3	0.8
2004	230281	70.2	19.9	2.3	7.6	5.5	0.8
2005	261369	72.4	17.8	2.4	7.4	5.4	0.7
2006	286467	72.4	17.5	2.7	7.4	5.4	0.7
2007	311442	72.5	17.0	3.0	7.5	5.4	0.7
2008	320611	71.5	16.7	3.4	8.4	6.1	0.7
2009	336126	71.6	16.4	3.5	8.5	6.0	0.7
2010	360648	69.2	17.4	4.0	9.4	6.4	0.7
2011	387043	70.2	16.8	4.6	8.4	5.7	0.7
2012	402138	68.5	17.0	4.8	9.7	6.8	0.8
2013	416913	67.4	17.1	5.3	10.2	6.9	0.8

4-2 工业分行业终端能源消费量(实物量)-2000

行　业	Item	煤合计 (万吨) Coal Total (10^4 tons)
工业	**Industry**	**36628.04**
(一)采掘业	**Mining and Quarrying**	**3169.63**
煤炭开采和洗选业	Mining and Washing of Coal	2381.54
石油和天然气开采业	Extraction of Petroleum and Natural Gas	195.69
黑色金属矿采选业	Mining and Processing of Ferrous Metal Ores	77.10
有色金属矿采选业	Mining and Processing of Non-Ferrous Metal Ores	89.64
非金属矿采选业	Mining and Processing of Nonmetal Ores	316.95
其他采矿业	Mining of Other Ores	108.71
(二)制造业	**Manufacturing**	**30466.47**
农副食品加工业	Processing of Food from Agricultural Products	1046.43
食品制造业	Manufacture of Foods	705.22
饮料制造业	Manufacture of Beverages	679.78
烟草制品业	Manufacture of Tobacco	149.12
纺织业	Manufacture of Textile	1380.83
纺织服装、鞋、帽制造业	Manufacture of Textile Wearing Apparel,Footware, and Caps	133.94
皮革、毛皮、羽毛(绒)及其制品业	Manufacture of Leather, Fur, Feather and Related Products	80.95
木材加工及木、竹、藤、棕、草制品业	Processing of Timber,Manufacture of Wood,Bamboo,Rattan,Palm, and Straw Products	248.36
家具制造业	Manufacture of Furniture	49.07
造纸及纸制品业	Manufacture of Paper and Paper Products	1389.72
印刷业和记录媒介的复制	Printing,Reproduction of Recording Media	57.15
文教体育用品制造业	Manufacture of Articles For Culture, Education and Sport Activity	20.25
石油加工、炼焦及核燃料加工业	Processing of Petroleum, Coking, Processing of Nuclear Fuel	909.83
化学原料及化学制品制造业	Manufacture of Raw Chemical Materials and Chemical Products	5214.84
医药制造业	Manufacture of Medicines	548.19
化学纤维制造业	Manufacture of Chemical Fibers	369.89
橡胶制品业	Manufacture of Rubber	312.89
塑料制品业	Manufacture of Plastics	157.63
非金属矿物制品业	Manufacture of Non-metallic Mineral Products	9673.95
黑色金属冶炼及压延加工业	Smelting and Pressing of Ferrous Metals	4154.51
有色金属冶炼及压延加工业	Smelting and Pressing of Non-ferrous Metals	908.12
金属制品业	Manufacture of Metal Products	267.68
通用设备制造业	Manufacture of General Purpose Machinery	388.42
专用设备制造业	Manufacture of Special Purpose Machinery	340.40
交通运输设备制造业	Manufacture of Transport Equipment	577.61
电气机械及器材制造业	Manufacture of Electrical Machinery and Equipment	210.96
通信设备、计算机及其他电子设备制造业	Manufacture of Communication Equipment,Computers and Other Electronic Equipment	78.27
仪器仪表及文化、办公用机械制造业	Manufacture of Measuring Instruments and Machinery for Cultural Activity and Office Work	37.13
工艺品及其他制造业	Manufacture of Artwork and Other Manufacturing	375.32
废弃资源和废旧材料回收加工业	Recycling and Disposal of Waste	
(三)电力、煤气及水生产和供应业	**Electric Power, Gas and Water Production and Supply**	**2991.94**
电力、热力的生产和供应业	Production and Distribution of Electric Power and Heat Power	2683.90
燃气生产和供应业	Production and Distribution of Gas	273.02
水的生产和供应业	Production and Distribution of Water	35.03

Final Energy Consumption by Industrial Sector (Physical Quantity) -2000

原煤 (万吨) Raw Coal (10^4 tons)	洗精煤 (万吨) Cleaned Coal (10^4 tons)	其他洗煤 (万吨) Other Washed Coal (10^4 tons)	焦炭 (万吨) Coke (10^4 tons)	焦炉煤气 (亿立方米) Coke Oven Gas (10^8 cu.m)	其他煤气 (亿立方米) Other Gas (10^8 cu.m)	其他焦化产品 (万吨) Other Coking Products (10^4 tons)	油品合计 (万吨) Petroleum Products Total (10^4 tons)	原油 (万吨) Crude Oil (10^4 tons)
32568.56	**1150.58**	**2836.23**	**10411.68**	**181.71**	**965.09**	**216.20**	**8859.99**	**612.34**
2767.57	**178.13**	**223.53**	**160.58**	**0.71**	**0.73**	**6.13**	**1103.99**	**410.86**
2003.32	176.06	202.15	53.06	0.71	0.73	4.69	106.45	2.32
191.58	0.10	4.01	5.76				887.02	408.54
60.94	0.30	15.55	52.38				19.39	
88.90	0.06	0.60	22.12				20.98	
314.15	1.60	1.20	26.95			1.44	39.99	
108.69	0.01	0.01	0.31				30.15	
27085.49	**929.43**	**2379.28**	**10251.10**	**175.00**	**963.26**	**208.23**	**7509.43**	**199.87**
949.13	4.00	93.29	16.15		0.01		84.13	0.42
638.15	63.03	4.01	14.67	0.24	0.06		43.34	0.48
676.57	2.00	1.20	3.14			0.10	30.98	0.52
149.06	0.06		1.26		0.01		41.59	
1370.05	2.50	8.22	4.19	0.23	0.15		156.66	0.05
133.49	0.37	0.02	1.68		0.01		37.85	0.16
80.88	0.05	0.02	1.76				25.28	
248.11	0.20	0.05	1.47			0.24	13.47	
49.05		0.02	1.05				7.58	
1332.47	10.57	46.65	1.57				63.84	0.48
56.55	0.40	0.20	0.29	0.03	0.01		24.79	
20.19	0.06		1.68		0.01		17.48	0.10
720.21	158.53	31.10	44.00	10.90	2.79	19.55	3020.95	102.47
4934.78	94.54	158.99	1097.58	9.08	2.46	48.16	1510.35	65.55
531.57	1.00	15.55	0.68	0.19		5.09	24.67	
367.50	0.08	2.31	27.49	0.01			409.04	7.32
311.49	0.70	0.70	2.62	0.02			33.92	0.05
155.53	0.60	1.50	6.29				73.63	0.40
7925.11	97.53	1616.14	312.35	3.13	6.72	15.31	775.23	9.25
3476.63	356.67	311.00	8016.99	149.44	928.20	106.95	415.63	10.25
793.37	52.53	62.20	208.23	0.19	14.72	12.10	140.89	0.80
259.97	6.50	1.20	126.05	0.11	0.27	0.10	84.57	0.03
344.35	40.02	4.01	208.23	0.33	1.16	0.31	69.79	0.11
299.85	31.52	9.03	73.93	0.09	4.69	0.09	66.18	0.27
572.59	3.00	2.01	32.28	0.13	1.03	0.23	97.83	0.06
207.24	1.70	2.01	10.92	0.38	0.42		64.30	0.50
77.17	1.00	0.10	0.31	0.50	0.07		63.13	
37.04	0.07	0.02	4.19		0.03		14.86	
367.38	0.20	7.73	30.07		0.44		97.50	0.60
2715.50	**43.02**	**233.42**		**6.00**	**1.10**	**1.84**	**246.57**	**1.61**
2429.64	21.01	233.25				0.14	216.33	1.61
251.84	21.01	0.17		6.00	1.10	1.70	24.48	
34.03	1.00						5.76	

4-2 续表

行　业	Item	汽油 (万吨) Gasoline (10^4 tons)
工业	**Industry**	**680.78**
(一)采掘业	**Mining and Quarrying**	**120.78**
煤炭开采和洗选业	Mining and Washing of Coal	36.32
石油和天然气开采业	Extraction of Petroleum and Natural Gas	45.38
黑色金属矿采选业	Mining and Processing of Ferrous Metal Ores	6.81
有色金属矿采选业	Mining and Processing of Non-Ferrous Metal Ores	5.87
非金属矿采选业	Mining and Processing of Nonmetal Ores	9.07
其他采矿业	Mining of Other Ores	17.34
(二)制造业	**Manufacturing**	**528.49**
农副食品加工业	Processing of Food from Agricultural Products	34.04
食品制造业	Manufacture of Foods	13.62
饮料制造业	Manufacture of Beverages	11.35
烟草制品业	Manufacture of Tobacco	34.04
纺织业	Manufacture of Textile	39.63
纺织服装、鞋、帽制造业	Manufacture of Textile Wearing Apparel,Footware, and Caps	7.94
皮革、毛皮、羽毛(绒)及其制品业	Manufacture of Leather, Fur, Feather and Related Products	5.68
木材加工及木、竹、藤、棕、草制品业	Processing of Timber,Manufacture of Wood,Bamboo,Rattan,Palm, and Straw Products	3.68
家具制造业	Manufacture of Furniture	3.97
造纸及纸制品业	Manufacture of Paper and Paper Products	13.62
印刷业和记录媒介的复制	Printing,Reproduction of Recording Media	6.81
文教体育用品制造业	Manufacture of Articles For Culture, Education and Sport Activity	2.55
石油加工、炼焦及核燃料加工业	Processing of Petroleum, Coking, Processing of Nuclear Fuel	16.43
化学原料及化学制品制造业	Manufacture of Raw Chemical Materials and Chemical Products	51.05
医药制造业	Manufacture of Medicines	10.22
化学纤维制造业	Manufacture of Chemical Fibers	4.31
橡胶制品业	Manufacture of Rubber	9.69
塑料制品业	Manufacture of Plastics	13.73
非金属矿物制品业	Manufacture of Non-metallic Mineral Products	51.73
黑色金属冶炼及压延加工业	Smelting and Pressing of Ferrous Metals	34.04
有色金属冶炼及压延加工业	Smelting and Pressing of Non-ferrous Metals	12.49
金属制品业	Manufacture of Metal Products	20.42
通用设备制造业	Manufacture of General Purpose Machinery	23.82
专用设备制造业	Manufacture of Special Purpose Machinery	34.12
交通运输设备制造业	Manufacture of Transport Equipment	22.70
电气机械及器材制造业	Manufacture of Electrical Machinery and Equipment	18.15
通信设备、计算机及其他电子设备制造业	Manufacture of Communication Equipment,Computers and Other Electronic Equipment	9.07
仪器仪表及文化、办公用机械制造业	Manufacture of Measuring Instruments and Machinery for Cultural Activity and Office Work	3.40
工艺品及其他制造业	Manufacture of Artwork and Other Manufacturing	16.20
废弃资源和废旧材料回收加工业	Recycling and Disposal of Waste	
(三)电力、煤气及水生产和供应业	**Electric Power, Gas and Water Production and Supply**	**31.50**
电力、热力的生产和供应业	Production and Distribution of Electric Power and Heat Power	27.23
燃气生产和供应业	Production and Distribution of Gas	1.95
水的生产和供应业	Production and Distribution of Water	2.32

Continued

煤油 (万吨) Kerosene (10^4 tons)	柴油 (万吨) Diesel Oil (10^4 tons)	燃料油 (万吨) Fuel Oil (10^4 tons)	液化石油气 (万吨) LPG (10^4 tons)	炼厂干气 (万吨) Refinery Gas (10^4 tons)	其他石油制品 (万吨) Other Petroleum Products (10^4 tons)	天然气 (亿立方米) Natural Gas (10^8 cu.m)	热力 (万百万千焦) Heat (10^{10} kJ)	电力 (亿千瓦小时) Electricity (10^8 kW•h)	其他能源 (万吨标煤) Other Energy (10^4 tce)
83.95	**1468.80**	**1843.72**	**424.07**	**561.51**	**3184.82**	**167.69**	**116587.55**	**9067.91**	**340.96**
7.44	**284.34**	**157.53**	**28.25**	**61.77**	**33.01**	**50.45**	**7085.30**	**993.71**	**6.73**
5.37	54.46	5.61	0.08		2.30	0.10	1065.86	417.16	1.12
0.42	161.57	150.50	28.13	61.77	30.71	50.31	4663.50	321.64	4.99
0.04	12.54						2.60	63.46	0.62
1.26	13.62	0.22	0.02				12.00	80.79	
0.34	29.38	1.20				0.04	1165.88	84.83	0.00
0.01	12.77		0.03				175.45	25.84	
76.05	**1101.04**	**1574.41**	**381.70**	**499.55**	**3148.31**	**115.35**	**103243.02**	**6731.44**	**330.56**
0.25	31.53	7.46	2.63	0.10	7.70	0.15	1831.96	161.24	50.49
0.08	17.71	9.04	2.26		0.15	0.07	1831.66	98.83	
0.08	10.73	8.00	0.09		0.20	0.03	1065.86	58.98	0.03
0.08	4.29	3.00	0.03		0.15	0.08	220.32	32.85	
3.78	37.62	60.75	6.93	0.20	7.70	1.09	6382.80	370.42	0.61
0.42	14.69	12.44	1.39		0.80		200.03	49.07	2.26
0.17	14.69	3.50	0.25		1.00		100.02	27.12	
0.08	6.97	2.70	0.02		0.02		865.83	32.24	0.27
0.04	2.58	0.67	0.31		0.02		140.37	12.48	
3.61	24.02	17.44	0.77	0.30	3.60	0.29	4663.50	237.41	2.53
5.71	7.70	2.30	0.46		1.80	0.08	144.51	31.21	
1.26	12.20	1.04	0.29		0.04		30.01	20.81	
18.06	73.44	295.00	163.89	381.83	1969.83	10.06	25649.26	245.60	78.80
8.73	120.36	331.87	97.54	43.71	791.53	88.73	22151.63	1153.74	32.19
0.15	7.18	5.50	0.32		1.30	0.59	3497.63	88.36	3.69
0.42	10.40	55.31	6.93	67.38	256.97	0.05	5829.38	194.79	0.11
0.07	8.25	12.44	0.02		3.40		805.82	98.74	
0.42	41.91	10.44	3.62		3.10	0.10	159.30	120.82	
2.43	308.45	313.43	63.61	5.62	20.71	2.46	1165.88	763.74	7.63
5.37	73.44	290.97	0.76		0.80	1.68	12824.63	1121.08	140.08
0.59	44.06	55.31	0.93		26.71	0.49	6329.47	697.58	11.20
1.68	39.77	11.44	10.13		1.10	0.59	238.14	196.30	
3.27	30.11	7.05	0.93		4.50	0.20	865.83	160.77	0.03
1.34	13.62	11.44	2.69		2.70	1.29	1165.88	94.49	0.55
6.30	51.24	12.44	1.39		3.70	1.48	2331.75	203.42	0.01
0.25	25.09	12.44	6.78	0.09	1.00	0.79	665.79	90.68	0.00
0.18	37.62	11.44	4.24	0.18	0.40	3.35	269.76	125.88	0.09
0.15	10.40	0.15	0.11		0.65	0.02	150.03	25.37	
11.08	20.98	9.40	2.37	0.14	36.73	1.69	1665.97	217.42	
0.46	**83.42**	**111.78**	**14.11**	**0.19**	**3.50**	**1.90**	**6259.23**	**1342.76**	**3.67**
0.42	73.44	110.62	1.39	0.12	1.50	0.20	5829.36	1157.40	3.67
0.01	7.18	1.15	12.72	0.07	1.40	1.68	400.07	34.41	
0.03	2.80	0.01			0.60	0.02	29.81	150.94	

4-3 工业分行业终端能源消费量(实物量)-2001

行 业	Item	煤合计 (万吨) Coal Total (10^4 tons)
工业	**Industry**	**38757.42**
(一)采掘业	**Mining and Quarrying**	**3304.56**
煤炭开采和洗选业	Mining and Washing of Coal	2544.28
石油和天然气开采业	Extraction of Petroleum and Natural Gas	173.17
黑色金属矿采选业	Mining and Processing of Ferrous Metal Ores	75.99
有色金属矿采选业	Mining and Processing of Non-Ferrous Metal Ores	91.11
非金属矿采选业	Mining and Processing of Nonmetal Ores	318.95
其他采矿业	Mining of Other Ores	101.06
(二)制造业	**Manufacturing**	**32409.81**
农副食品加工业	Processing of Food from Agricultural Products	1139.87
食品制造业	Manufacture of Foods	710.79
饮料制造业	Manufacture of Beverages	658.92
烟草制品业	Manufacture of Tobacco	162.95
纺织业	Manufacture of Textile	1479.99
纺织服装、鞋、帽制造业	Manufacture of Textile Wearing Apparel,Footware, and Caps	134.26
皮革、毛皮、羽毛(绒)及其制品业	Manufacture of Leather, Fur, Feather and Related Products	82.89
木材加工及木、竹、藤、棕、草制品业	Processing of Timber,Manufacture of Wood,Bamboo,Rattan,Palm, and Straw Products	258.60
家具制造业	Manufacture of Furniture	53.61
造纸及纸制品业	Manufacture of Paper and Paper Products	1482.85
印刷业和记录媒介的复制	Printing,Reproduction of Recording Media	60.34
文教体育用品制造业	Manufacture of Articles For Culture, Education and Sport Activity	22.10
石油加工、炼焦及核燃料加工业	Processing of Petroleum, Coking, Processing of Nuclear Fuel	910.40
化学原料及化学制品制造业	Manufacture of Raw Chemical Materials and Chemical Products	5486.86
医药制造业	Manufacture of Medicines	552.37
化学纤维制造业	Manufacture of Chemical Fibers	336.63
橡胶制品业	Manufacture of Rubber	330.26
塑料制品业	Manufacture of Plastics	155.38
非金属矿物制品业	Manufacture of Non-metallic Mineral Products	11121.11
黑色金属冶炼及压延加工业	Smelting and Pressing of Ferrous Metals	4255.14
有色金属冶炼及压延加工业	Smelting and Pressing of Non-ferrous Metals	836.09
金属制品业	Manufacture of Metal Products	262.50
通用设备制造业	Manufacture of General Purpose Machinery	399.58
专用设备制造业	Manufacture of Special Purpose Machinery	324.93
交通运输设备制造业	Manufacture of Transport Equipment	578.18
电气机械及器材制造业	Manufacture of Electrical Machinery and Equipment	180.52
通信设备、计算机及其他电子设备制造业	Manufacture of Communication Equipment,Computers and Other Electronic Equipment	70.35
仪器仪表及文化、办公用机械制造业	Manufacture of Measuring Instruments and Machinery for Cultural Activity and Office Work	32.60
工艺品及其他制造业	Manufacture of Artwork and Other Manufacturing	329.76
废弃资源和废旧材料回收加工业	Recycling and Disposal of Waste	
(三)电力、煤气及水生产和供应业	**Electric Power, Gas and Water Production and Supply**	**3043.05**
电力、热力的生产和供应业	Production and Distribution of Electric Power and Heat Power	2724.17
燃气生产和供应业	Production and Distribution of Gas	287.32
水的生产和供应业	Production and Distribution of Water	31.56

Final Energy Consumption by Industrial Sector (Physical Quantity) -2001

原煤 (万吨) Raw Coal (10^4 tons)	洗精煤 (万吨) Cleaned Coal (10^4 tons)	其他洗煤 (万吨) Other Washed Coal (10^4 tons)	焦炭 (万吨) Coke (10^4 tons)	焦炉煤气 (亿立方米) Coke Oven Gas (10^8 cu.m)	其他煤气 (亿立方米) Other Gas (10^8 cu.m)	其他焦化产品 (万吨) Other Coking Products (10^4 tons)	油品合计 (万吨) Petroleum Products Total (10^4 tons)	原油 (万吨) Crude Oil (10^4 tons)
34323.50	**1180.07**	**3156.85**	**11488.75**	**196.11**	**1206.36**	**230.82**	**8898.39**	**630.82**
2902.18	**189.32**	**212.61**	**164.25**	**0.77**	**3.54**	**7.09**	**1132.02**	**424.98**
2163.45	187.41	193.41	52.27	0.77		5.44	102.43	2.33
170.06		3.11	5.84				914.69	422.65
60.40	0.35	14.88	55.88				19.49	
90.55	0.06	0.41	21.44				20.44	
316.65	1.50	0.81	28.49		3.54	1.65	45.54	
101.06			0.33				29.45	
28614.94	**948.36**	**2749.96**	**11324.50**	**189.78**	**1200.80**	**221.59**	**7523.80**	**204.21**
1045.60	5.00	89.26	17.53				89.32	0.40
646.45	61.20	3.11	16.98	0.23	0.00		44.70	0.45
655.54	2.50	0.88	3.18		0.00	0.09	32.75	0.50
162.88	0.07		1.33		0.15		41.16	
1468.96	2.70	8.28	4.60	0.25	0.11		163.03	0.06
133.88	0.30	0.02	1.79				42.01	0.17
82.82	0.06	0.01	1.81				24.03	
258.36	0.21	0.03	1.51			0.31	15.30	
53.59		0.02	1.19				8.13	
1425.93	10.20	46.71	1.71				64.71	0.51
59.89	0.45		0.32	0.02	0.00		25.51	
22.05	0.05		1.82				18.15	0.11
728.11	152.01	30.28	45.25	11.80	3.21	22.86	3017.78	104.19
5171.80	101.81	173.71	1151.65	9.80	2.41	48.41	1456.08	70.39
536.56	0.86	14.88	0.71	0.21	0.01	5.44	26.86	
334.22		2.41	26.88				398.96	6.31
329.02	0.50	0.75	2.87	0.01			33.75	0.06
153.22	0.54	1.62	7.24		0.00		73.44	0.35
8977.37	99.44	2003.82	345.33	3.92	12.77	15.28	808.71	8.62
3572.40	386.62	279.95	8916.33	161.76	1152.00	116.60	404.76	9.85
734.48	36.00	65.58	232.19	0.18	17.52	11.84	147.58	0.77
251.25	10.20	1.04	143.64	0.12	0.35	0.11	96.67	0.03
354.50	40.80	4.25	225.43	0.35	1.38	0.30	70.70	0.12
284.48	30.60	9.84	77.08	0.10	9.06	0.10	61.71	0.26
572.94	3.05	2.17	42.61	0.12	1.22	0.25	101.42	0.07
176.84	1.80	1.86	13.20	0.40	0.44		68.52	0.45
69.18	1.10	0.07	0.38	0.50	0.16		73.09	
32.53	0.06	0.01	5.59				16.01	
320.10	0.23	9.40	34.33				98.97	0.54
2806.38	**42.39**	**194.28**		**5.56**	**2.01**	**2.14**	**242.58**	**1.63**
2510.68	19.36	194.13			0.00	0.16	210.50	1.63
265.17	22.00	0.14		5.56	2.01	1.98	25.99	
30.53	1.03				0.00		6.09	

4-3 续表

行　业	Item	汽油 (万吨) Gasoline (10^4 tons)
工业	**Industry**	**704.42**
(一)采掘业	**Mining and Quarrying**	**116.66**
煤炭开采和洗选业	Mining and Washing of Coal	35.29
石油和天然气开采业	Extraction of Petroleum and Natural Gas	43.62
黑色金属矿采选业	Mining and Processing of Ferrous Metal Ores	5.90
有色金属矿采选业	Mining and Processing of Non-Ferrous Metal Ores	5.59
非金属矿采选业	Mining and Processing of Nonmetal Ores	9.36
其他采矿业	Mining of Other Ores	16.91
(二)制造业	**Manufacturing**	**556.04**
农副食品加工业	Processing of Food from Agricultural Products	36.36
食品制造业	Manufacture of Foods	14.60
饮料制造业	Manufacture of Beverages	10.67
烟草制品业	Manufacture of Tobacco	34.23
纺织业	Manufacture of Textile	42.27
纺织服装、鞋、帽制造业	Manufacture of Textile Wearing Apparel,Footware, and Caps	9.32
皮革、毛皮、羽毛(绒)及其制品业	Manufacture of Leather, Fur, Feather and Related Products	5.64
木材加工及木、竹、藤、棕、草制品业	Processing of Timber,Manufacture of Wood,Bamboo,Rattan,Palm, and Straw Products	4.56
家具制造业	Manufacture of Furniture	4.07
造纸及纸制品业	Manufacture of Paper and Paper Products	13.92
印刷业和记录媒介的复制	Printing,Reproduction of Recording Media	7.04
文教体育用品制造业	Manufacture of Articles For Culture, Education and Sport Activity	3.11
石油加工、炼焦及核燃料加工业	Processing of Petroleum, Coking, Processing of Nuclear Fuel	17.51
化学原料及化学制品制造业	Manufacture of Raw Chemical Materials and Chemical Products	57.06
医药制造业	Manufacture of Medicines	11.81
化学纤维制造业	Manufacture of Chemical Fibers	4.05
橡胶制品业	Manufacture of Rubber	9.17
塑料制品业	Manufacture of Plastics	12.95
非金属矿物制品业	Manufacture of Non-metallic Mineral Products	54.07
黑色金属冶炼及压延加工业	Smelting and Pressing of Ferrous Metals	35.22
有色金属冶炼及压延加工业	Smelting and Pressing of Non-ferrous Metals	12.78
金属制品业	Manufacture of Metal Products	24.55
通用设备制造业	Manufacture of General Purpose Machinery	24.76
专用设备制造业	Manufacture of Special Purpose Machinery	32.94
交通运输设备制造业	Manufacture of Transport Equipment	21.33
电气机械及器材制造业	Manufacture of Electrical Machinery and Equipment	19.99
通信设备、计算机及其他电子设备制造业	Manufacture of Communication Equipment,Computers and Other Electronic Equipment	10.67
仪器仪表及文化、办公用机械制造业	Manufacture of Measuring Instruments and Machinery for Cultural Activity and Office Work	3.76
工艺品及其他制造业	Manufacture of Artwork and Other Manufacturing	17.63
废弃资源和废旧材料回收加工业	Recycling and Disposal of Waste	
(三)电力、煤气及水生产和供应业	**Electric Power, Gas and Water Production and Supply**	**31.72**
电力、热力的生产和供应业	Production and Distribution of Electric Power and Heat Power	27.04
燃气生产和供应业	Production and Distribution of Gas	1.83
水的生产和供应业	Production and Distribution of Water	2.85

Continued

煤油 (万吨) Kerosene (10⁴ tons)	柴油 (万吨) Diesel Oil (10⁴ tons)	燃料油 (万吨) Fuel Oil (10⁴ tons)	液化石油气 (万吨) LPG (10⁴ tons)	炼厂干气 (万吨) Refinery Gas (10⁴ tons)	其他石油制品 (万吨) Other Petroleum Products (10⁴ tons)	天然气 (亿立方米) Natural Gas (10⁸ cu.m)	热力 (万百万千焦) Heat (10¹⁰ kJ)	电力 (亿千瓦小时) Electricity (10⁸ kW•h)	其他能源 (万吨标煤) Other Energy (10⁴ tce)
86.00	**1559.42**	**1788.40**	**440.51**	**559.00**	**3129.82**	**183.94**	**123385.60**	**9911.19**	**500.46**
7.59	**307.80**	**155.67**	**27.42**	**60.49**	**31.41**	**58.46**	**7600.37**	**1096.96**	**9.88**
5.50	56.72		0.09		2.50		1233.86	467.35	1.64
0.43	177.12	154.17	27.29	60.49	28.91	58.43	4935.42	355.54	7.32
0.03	13.56						2.70	67.75	0.92
1.29	13.36	0.20					11.00	89.48	
0.34	34.54	1.30				0.03	1233.86	93.16	0.00
	12.51		0.03				183.53	23.67	
77.92	**1169.18**	**1524.33**	**398.58**	**498.32**	**3095.21**	**123.32**	**109165.88**	**7334.47**	**485.20**
0.26	33.56	7.50	2.90		8.35	0.16	1867.61	177.35	74.11
0.09	18.31	8.45	2.65		0.14	0.08	2067.65	98.17	
0.09	12.24	9.00	0.11		0.15	0.02	1133.84	62.70	0.04
0.09	3.96	2.70	0.03		0.15	0.09	240.64	33.90	
3.87	39.53	62.90	7.29	0.20	6.90	1.05	7203.11	402.52	0.90
0.43	16.19	13.88	1.52		0.50		220.04	56.44	3.32
0.17	13.96	3.10	0.23		0.94		110.02	31.29	
0.09	7.59	3.00	0.03		0.02		907.15	38.60	0.39
0.05	3.02	0.60	0.38		0.01		150.02	14.60	
3.70	23.37	19.00	0.91	0.30	3.00	0.26	4735.67	262.20	3.71
5.85	7.94	2.15	0.53		2.00	0.09	152.52	36.51	
1.29	12.24	1.07	0.27		0.05		35.01	26.08	
18.47	77.97	286.14	174.11	384.00	1955.39	11.49	26344.67	277.83	115.66
8.94	129.46	300.91	95.26	44.72	749.34	93.97	23742.85	1235.96	47.24
0.14	7.82	5.35	0.35		1.40	0.66	3801.41	103.50	5.42
0.43	10.27	50.65	5.78	63.08	258.39		5969.25	204.69	0.15
0.08	7.82	13.10	0.02		3.50		1033.17	111.26	
0.43	42.31	10.80	3.40		3.20	0.09	170.03	132.63	
2.49	327.48	320.00	68.25	5.59	22.21	2.76	1433.89	827.27	11.20
5.50	81.32	271.14	0.73		1.00	1.64	13372.39	1214.30	205.60
0.60	46.46	59.00	1.06		26.91	0.52	6772.76	747.87	16.44
1.72	45.66	11.80	11.71		1.20	0.74	270.04	233.20	
3.35	28.91	8.00	0.76		4.80	0.17	933.81	175.48	0.04
1.38	12.24	9.00	2.90		3.00	1.57	1200.85	98.17	0.80
6.45	56.80	11.65	1.52		3.60	1.87	2567.73	238.07	0.02
0.26	25.13	12.82	8.81	0.08	0.99	0.69	660.77	102.34	0.00
0.17	43.55	13.50	4.41	0.19	0.60	3.92	298.05	135.72	0.14
0.17	11.28	0.12	0.12		0.55	0.03	187.03	27.12	
11.36	22.78	7.00	2.58	0.16	36.92	1.47	1583.92	228.68	
0.49	**82.44**	**108.40**	**14.51**	**0.19**	**3.20**	**2.16**	**6619.35**	**1479.76**	**5.39**
0.44	71.27	107.30	1.29	0.13	1.40	0.25	6169.28	1288.28	5.39
0.01	8.49	1.08	13.22	0.06	1.30	1.89	415.07	38.66	
0.04	2.68	0.02			0.50	0.03	35.01	152.82	

4-4 工业分行业终端能源消费量(实物量)-2002

行业	Item	煤合计（万吨） Coal Total (10^4 tons)
工业	**Industry**	**40014.23**
(一)采掘业	**Mining and Quarrying**	**3360.28**
煤炭开采和洗选业	Mining and Washing of Coal	2589.40
石油和天然气开采业	Extraction of Petroleum and Natural Gas	165.31
黑色金属矿采选业	Mining and Processing of Ferrous Metal Ores	103.69
有色金属矿采选业	Mining and Processing of Non-Ferrous Metal Ores	93.35
非金属矿采选业	Mining and Processing of Nonmetal Ores	316.95
其他采矿业	Mining of Other Ores	91.58
(二)制造业	**Manufacturing**	**33578.30**
农副食品加工业	Processing of Food from Agricultural Products	1170.99
食品制造业	Manufacture of Foods	698.60
饮料制造业	Manufacture of Beverages	675.45
烟草制品业	Manufacture of Tobacco	169.04
纺织业	Manufacture of Textile	1534.33
纺织服装、鞋、帽制造业	Manufacture of Textile Wearing Apparel,Footware, and Caps	139.34
皮革、毛皮、羽毛(绒)及其制品业	Manufacture of Leather, Fur, Feather and Related Products	85.98
木材加工及木、竹、藤、棕、草制品业	Processing of Timber,Manufacture of Wood,Bamboo,Rattan,Palm, and Straw Products	267.63
家具制造业	Manufacture of Furniture	52.56
造纸及纸制品业	Manufacture of Paper and Paper Products	1594.63
印刷业和记录媒介的复制	Printing,Reproduction of Recording Media	62.26
文教体育用品制造业	Manufacture of Articles For Culture, Education and Sport Activity	20.99
石油加工、炼焦及核燃料加工业	Processing of Petroleum, Coking, Processing of Nuclear Fuel	869.39
化学原料及化学制品制造业	Manufacture of Raw Chemical Materials and Chemical Products	6278.72
医药制造业	Manufacture of Medicines	573.38
化学纤维制造业	Manufacture of Chemical Fibers	349.43
橡胶制品业	Manufacture of Rubber	338.92
塑料制品业	Manufacture of Plastics	138.56
非金属矿物制品业	Manufacture of Non-metallic Mineral Products	11237.01
黑色金属冶炼及压延加工业	Smelting and Pressing of Ferrous Metals	4047.02
有色金属冶炼及压延加工业	Smelting and Pressing of Non-ferrous Metals	1019.17
金属制品业	Manufacture of Metal Products	272.39
通用设备制造业	Manufacture of General Purpose Machinery	410.89
专用设备制造业	Manufacture of Special Purpose Machinery	302.86
交通运输设备制造业	Manufacture of Transport Equipment	667.53
电气机械及器材制造业	Manufacture of Electrical Machinery and Equipment	186.51
通信设备、计算机及其他电子设备制造业	Manufacture of Communication Equipment,Computers and Other Electronic Equipment	72.69
仪器仪表及文化、办公用机械制造业	Manufacture of Measuring Instruments and Machinery for Cultural Activity and Office Work	33.79
工艺品及其他制造业	Manufacture of Artwork and Other Manufacturing	308.23
废弃资源和废旧材料回收加工业	Recycling and Disposal of Waste	
(三)电力、煤气及水生产和供应业	**Electric Power, Gas and Water Production and Supply**	**3075.65**
电力、热力的生产和供应业	Production and Distribution of Electric Power and Heat Power	2818.77
燃气生产和供应业	Production and Distribution of Gas	227.30
水的生产和供应业	Production and Distribution of Water	29.58

Final Energy Consumption by Industrial Sector (Physical Quantity) -2002

原煤 (万吨) Raw Coal (10^4 tons)	洗精煤 (万吨) Cleaned Coal (10^4 tons)	其他洗煤 (万吨) Other Washed Coal (10^4 tons)	焦炭 (万吨) Coke (10^4 tons)	焦炉煤气 (亿立方米) Coke Oven Gas (10^8 cu.m)	其他煤气 (亿立方米) Other Gas (10^8 cu.m)	其他焦化产品 (万吨) Other Coking Products (10^4 tons)	油品合计 (万吨) Petroleum Products Total (10^4 tons)	原油 (万吨) Crude Oil (10^4 tons)
35705.88	**925.00**	**3277.00**	**12384.70**	**204.79**	**1341.30**	**250.00**	**9584.28**	**663.00**
3038.23	**120.33**	**201.32**	**167.21**	**0.64**	**3.68**	**6.50**	**1198.07**	**449.36**
2286.26	118.16	184.98	48.08	0.64		5.00	105.57	1.19
162.75		2.56	5.04				967.75	448.17
90.30	0.40	12.65	52.53				24.07	
92.83	0.03	0.43	28.33				22.30	
314.50	1.74	0.71	32.86		3.68	1.50	48.36	
91.58			0.37				30.01	
29827.20	**771.32**	**2873.83**	**12217.49**	**197.73**	**1335.37**	**240.94**	**8135.01**	**212.34**
1076.68	5.05	89.24	14.33				92.74	0.30
656.39	38.00	4.17	14.10	0.26	0.00		49.40	0.43
671.96	2.47	1.02	3.32		0.00		31.68	0.59
169.00	0.04		1.27		0.15		41.46	
1524.19	2.38	7.73	4.57	0.31	0.12		164.05	0.05
138.91	0.33	0.02	2.19				44.25	0.12
85.92	0.06		1.54				23.61	
267.45	0.15	0.03	1.56			0.21	13.13	
52.55		0.01	1.15				9.33	
1535.33	10.25	49.05	1.74				78.95	0.50
61.76	0.50		0.26	0.03	0.01		26.82	
20.98	0.01		1.71				19.99	0.09
725.31	112.08	32.00	46.24	13.50	3.49	21.09	3273.92	111.19
5962.31	77.53	200.08	1270.54	12.26	2.58	45.41	1702.86	65.39
556.73	1.23	15.37	0.73	0.17	0.01	5.00	26.51	
346.78		2.65	25.75				448.64	7.46
337.83	0.54	0.55	2.39	0.01			34.12	0.06
136.57	0.67	1.32	5.17		0.00		69.86	0.50
8991.27	110.04	2098.50	404.44	3.36	15.77	22.11	822.09	9.68
3467.79	288.43	273.54	9621.29	165.94	1276.74	136.16	370.00	13.57
899.15	37.10	70.56	236.77	0.19	21.39	9.96	158.89	1.01
260.69	10.36	1.32	153.69	0.15	0.39	0.10	101.33	0.04
367.82	39.18	3.84	244.16	0.51	1.61	0.53	79.20	0.09
263.27	30.54	9.04	69.85	0.11	11.06	0.06	61.50	0.25
663.01	2.10	2.41	43.69	0.12	1.25	0.31	93.66	0.05
183.33	1.14	2.03	10.54	0.33	0.59		75.45	0.50
71.78	0.83	0.08	0.49	0.48	0.21		95.37	
33.74	0.04	0.01	5.72				17.18	
298.69	0.27	9.25	28.29				109.03	0.44
2840.45	**33.35**	**201.85**		**6.42**	**2.25**	**2.56**	**251.20**	**1.30**
2604.26	12.80	201.71			0.00	0.19	211.96	1.30
206.61	20.55	0.14		6.42	2.25	2.37	33.20	
29.58					0.00		6.03	

4-4 续表

行 业	Item	汽油 (万吨) Gasoline (10⁴ tons)
工业	**Industry**	**716.90**
(一)采掘业	**Mining and Quarrying**	**118.29**
煤炭开采和洗选业	Mining and Washing of Coal	34.20
石油和天然气开采业	Extraction of Petroleum and Natural Gas	44.43
黑色金属矿采选业	Mining and Processing of Ferrous Metal Ores	7.02
有色金属矿采选业	Mining and Processing of Non-Ferrous Metal Ores	5.53
非金属矿采选业	Mining and Processing of Nonmetal Ores	9.74
其他采矿业	Mining of Other Ores	17.36
(二)制造业	**Manufacturing**	**567.22**
农副食品加工业	Processing of Food from Agricultural Products	34.84
食品制造业	Manufacture of Foods	14.98
饮料制造业	Manufacture of Beverages	9.61
烟草制品业	Manufacture of Tobacco	34.70
纺织业	Manufacture of Textile	40.27
纺织服装、鞋、帽制造业	Manufacture of Textile Wearing Apparel,Footware, and Caps	9.16
皮革、毛皮、羽毛(绒)及其制品业	Manufacture of Leather, Fur, Feather and Related Products	5.47
木材加工及木、竹、藤、棕、草制品业	Processing of Timber,Manufacture of Wood,Bamboo,Rattan,Palm, and Straw Products	3.41
家具制造业	Manufacture of Furniture	4.40
造纸及纸制品业	Manufacture of Paper and Paper Products	17.78
印刷业和记录媒介的复制	Printing,Reproduction of Recording Media	7.40
文教体育用品制造业	Manufacture of Articles For Culture, Education and Sport Activity	3.25
石油加工、炼焦及核燃料加工业	Processing of Petroleum, Coking, Processing of Nuclear Fuel	18.03
化学原料及化学制品制造业	Manufacture of Raw Chemical Materials and Chemical Products	62.53
医药制造业	Manufacture of Medicines	12.10
化学纤维制造业	Manufacture of Chemical Fibers	4.14
橡胶制品业	Manufacture of Rubber	9.42
塑料制品业	Manufacture of Plastics	13.27
非金属矿物制品业	Manufacture of Non-metallic Mineral Products	63.29
黑色金属冶炼及压延加工业	Smelting and Pressing of Ferrous Metals	35.48
有色金属冶炼及压延加工业	Smelting and Pressing of Non-ferrous Metals	12.52
金属制品业	Manufacture of Metal Products	22.48
通用设备制造业	Manufacture of General Purpose Machinery	25.16
专用设备制造业	Manufacture of Special Purpose Machinery	31.23
交通运输设备制造业	Manufacture of Transport Equipment	22.49
电气机械及器材制造业	Manufacture of Electrical Machinery and Equipment	20.67
通信设备、计算机及其他电子设备制造业	Manufacture of Communication Equipment,Computers and Other Electronic Equipment	11.02
仪器仪表及文化、办公用机械制造业	Manufacture of Measuring Instruments and Machinery for Cultural Activity and Office Work	3.44
工艺品及其他制造业	Manufacture of Artwork and Other Manufacturing	14.69
废弃资源和废旧材料回收加工业	Recycling and Disposal of Waste	
(三)电力、煤气及水生产和供应业	**Electric Power, Gas and Water Production and Supply**	**31.38**
电力、热力的生产和供应业	Production and Distribution of Electric Power and Heat Power	26.94
燃气生产和供应业	Production and Distribution of Gas	1.67
水的生产和供应业	Production and Distribution of Water	2.77

Continued

煤油 (万吨) Kerosene (10^4 tons)	柴油 (万吨) Diesel Oil (10^4 tons)	燃料油 (万吨) Fuel Oil (10^4 tons)	液化石油气 (万吨) LPG (10^4 tons)	炼厂干气 (万吨) Refinery Gas (10^4 tons)	其他石油制品 (万吨) Other Petroleum Products (10^4 tons)	天然气 (亿立方米) Natural Gas (10^8 cu.m)	热力 (万百万千焦) Heat (10^{10} kJ)	电力 (亿千瓦小时) Electricity (10^8 kW•h)	其他能源 (万吨标煤) Other Energy (10^4 tce)
107.35	**1650.34**	**1682.63**	**518.77**	**570.00**	**3675.29**	**192.94**	**130302.41**	**11233.50**	**566.65**
10.02	**339.33**	**146.90**	**32.19**	**63.54**	**38.44**	**59.32**	**6824.05**	**1177.66**	**11.18**
7.36	60.00		0.08		2.73		660.88	520.84	1.85
0.49	197.59	145.74	32.08	63.54	35.71	59.31	4713.58	364.94	8.29
0.04	17.01						3.26	78.89	1.04
1.61	15.04	0.11					11.62	91.89	
0.52	37.07	1.04				0.01	1303.00	99.77	0.00
	12.62		0.03				131.70	21.33	
96.67	**1225.49**	**1425.55**	**468.86**	**506.24**	**3632.63**	**131.50**	**116343.15**	**8365.29**	**549.36**
0.36	35.93	7.57	2.93		10.82	0.15	1972.30	203.81	83.91
0.09	21.41	9.21	3.14		0.14	0.10	2290.03	118.71	
0.10	12.95	8.11	0.18		0.13	0.02	1072.05	70.85	0.05
0.12	4.99	1.49	0.03		0.13	0.12	153.73	32.61	
5.33	40.38	64.45	7.31	0.21	6.05	0.79	8427.63	474.16	1.02
0.63	16.83	14.84	1.87		0.81		221.59	61.57	3.76
0.18	13.76	2.88	0.31		1.01		90.82	37.28	
0.12	6.68	2.87	0.02		0.03		958.00	39.25	0.44
0.06	3.61	0.75	0.49		0.03		204.64	11.70	
3.60	31.43	20.05	1.63	0.33	3.63	0.26	6317.11	297.55	4.20
7.32	8.09	1.67	0.57		1.76	0.10	155.28	35.29	
1.47	13.59	1.15	0.39		0.04		27.00	33.47	
20.89	82.51	248.67	205.02	391.43	2196.17	11.25	24542.43	345.22	130.96
12.60	134.66	289.09	114.67	47.15	976.77	99.44	28019.27	1415.41	53.49
0.12	7.47	4.68	0.42		1.71	0.96	3871.41	102.25	6.14
0.45	10.74	52.31	7.01	60.83	305.70		5898.27	215.58	0.18
0.06	7.83	12.54			4.20		763.88	113.68	
0.60	40.08	9.27	2.60		3.52	0.10	159.55	149.87	
2.11	325.83	307.99	80.36	6.00	26.82	3.41	1586.22	918.48	12.68
7.94	88.01	223.14	1.14		0.73	2.24	13251.74	1381.53	232.79
0.77	46.71	67.13	1.38		29.36	0.64	7961.61	860.18	18.62
2.67	47.83	12.91	12.21		3.21	0.80	300.26	294.56	
4.34	34.90	8.51	0.98		5.23	0.21	852.99	210.42	0.04
1.45	12.26	9.80	2.99		3.52	2.16	1327.45	107.40	0.91
8.16	46.10	10.85	1.95		4.05	1.74	2802.04	269.94	0.02
0.39	27.56	12.33	12.42	0.09	1.48	0.99	747.32	135.72	0.00
0.31	64.69	14.45	3.89	0.20	0.81	4.71	319.73	156.78	0.15
0.41	12.56	0.14	0.11		0.51	0.03	152.34	33.45	
14.00	26.10	6.70	2.83		44.26	1.28	1896.41	238.59	
0.66	**85.51**	**110.18**	**17.72**	**0.22**	**4.21**	**2.12**	**7135.22**	**1690.55**	**6.10**
0.61	70.87	109.23	0.52	0.15	2.34	0.21	6715.15	1505.92	6.10
	12.06	0.93	17.20	0.07	1.27	1.88	380.06	38.58	
0.05	2.59	0.02			0.60	0.02	40.01	146.06	0.00

4-5 工业分行业终端能源消费量(实物量)-2003

行业	Item	煤合计 (万吨) Coal Total (10^4 tons)
工业	**Industry**	**47624.21**
(一)采掘业	**Mining and Quarrying**	**4165.02**
煤炭开采和洗选业	Mining and Washing of Coal	3278.64
石油和天然气开采业	Extraction of Petroleum and Natural Gas	174.34
黑色金属矿采选业	Mining and Processing of Ferrous Metal Ores	124.23
有色金属矿采选业	Mining and Processing of Non-Ferrous Metal Ores	92.61
非金属矿采选业	Mining and Processing of Nonmetal Ores	399.06
其他采矿业	Mining of Other Ores	96.13
(二)制造业	**Manufacturing**	**40029.40**
农副食品加工业	Processing of Food from Agricultural Products	1119.12
食品制造业	Manufacture of Foods	639.65
饮料制造业	Manufacture of Beverages	680.12
烟草制品业	Manufacture of Tobacco	173.35
纺织业	Manufacture of Textile	1680.52
纺织服装、鞋、帽制造业	Manufacture of Textile Wearing Apparel,Footware, and Caps	154.32
皮革、毛皮、羽毛(绒)及其制品业	Manufacture of Leather, Fur, Feather and Related Products	85.81
木材加工及木、竹、藤、棕、草制品业	Processing of Timber,Manufacture of Wood,Bamboo,Rattan,Palm, and Straw Products	319.81
家具制造业	Manufacture of Furniture	60.43
造纸及纸制品业	Manufacture of Paper and Paper Products	1541.20
印刷业和记录媒介的复制	Printing,Reproduction of Recording Media	77.15
文教体育用品制造业	Manufacture of Articles For Culture, Education and Sport Activity	22.49
石油加工、炼焦及核燃料加工业	Processing of Petroleum, Coking, Processing of Nuclear Fuel	1128.98
化学原料及化学制品制造业	Manufacture of Raw Chemical Materials and Chemical Products	7307.52
医药制造业	Manufacture of Medicines	584.43
化学纤维制造业	Manufacture of Chemical Fibers	362.10
橡胶制品业	Manufacture of Rubber	348.57
塑料制品业	Manufacture of Plastics	173.78
非金属矿物制品业	Manufacture of Non-metallic Mineral Products	14603.20
黑色金属冶炼及压延加工业	Smelting and Pressing of Ferrous Metals	5641.09
有色金属冶炼及压延加工业	Smelting and Pressing of Non-ferrous Metals	1199.91
金属制品业	Manufacture of Metal Products	244.68
通用设备制造业	Manufacture of General Purpose Machinery	376.14
专用设备制造业	Manufacture of Special Purpose Machinery	418.82
交通运输设备制造业	Manufacture of Transport Equipment	515.45
电气机械及器材制造业	Manufacture of Electrical Machinery and Equipment	162.74
通信设备、计算机及其他电子设备制造业	Manufacture of Communication Equipment,Computers and Other Electronic Equipment	78.75
仪器仪表及文化、办公用机械制造业	Manufacture of Measuring Instruments and Machinery for Cultural Activity and Office Work	39.70
工艺品及其他制造业	Manufacture of Artwork and Other Manufacturing	285.58
废弃资源和废旧材料回收加工业	Recycling and Disposal of Waste	3.97
(三)电力、煤气及水生产和供应业	**Electric Power, Gas and Water Production and Supply**	**3429.79**
电力、热力的生产和供应业	Production and Distribution of Electric Power and Heat Power	3170.75
燃气生产和供应业	Production and Distribution of Gas	229.59
水的生产和供应业	Production and Distribution of Water	29.46

Final Energy Consumption by Industrial Sector (Physical Quantity) -2003

原煤 (万吨) Raw Coal (10^4 tons)	洗精煤 (万吨) Cleaned Coal (10^4 tons)	其他洗煤 (万吨) Other Washed Coal (10^4 tons)	焦炭 (万吨) Coke (10^4 tons)	焦炉煤气 (亿立方米) Coke Oven Gas (10^8 cu.m)	其他煤气 (亿立方米) Other Gas (10^8 cu.m)	其他焦化产品 (万吨) Other Coking Products (10^4 tons)	油品合计 (万吨) Petroleum Products Total (10^4 tons)	原油 (万吨) Crude Oil (10^4 tons)
42396.00	**1627.25**	**3404.86**	**15472.00**	**234.02**	**1350.45**	**304.00**	**10268.71**	**793.00**
3631.55	**249.44**	**284.03**	**166.79**	**1.06**	**7.91**	**8.50**	**1223.64**	**553.17**
2763.11	247.00	268.53	45.70	1.06	0.04	6.00	95.49	1.34
171.79		2.55	7.47		0.00		996.42	551.83
111.48	0.50	12.25	60.29		3.63		26.41	
92.57	0.04		30.14		4.14		23.11	
396.46	1.90	0.70	23.01		0.09	2.50	55.63	
96.13			0.18				26.58	
35508.51	**1344.81**	**2979.98**	**15305.21**	**224.93**	**1335.81**	**293.01**	**8764.69**	**238.46**
1013.03	7.33	98.77	15.46		0.00		75.54	0.34
579.55	55.00	5.10	12.75	0.25	0.09		43.43	0.40
675.79	3.72	0.61	3.90		0.01		25.11	0.61
173.29	0.05		0.85		0.09		34.41	
1662.63	3.00	14.89	3.24	0.96	0.02		132.98	0.03
153.95	0.35	0.02	1.45		0.25		42.36	0.40
85.77	0.04		2.72		0.00		26.01	
319.67	0.14		2.50		0.01		13.66	
60.43			0.91		0.01		9.62	
1478.52	11.56	51.12	2.12		0.00		84.60	0.63
76.55	0.60				0.02		21.99	
22.48	0.01		1.49		0.00		20.29	0.10
831.85	251.20	45.93	59.71	17.72	5.01	22.33	3805.87	134.33
6914.11	123.65	210.61	1226.12	12.49	3.77	58.00	2087.85	73.45
563.38	2.01	19.05	1.06		0.08	6.00	25.97	
359.04		3.06	31.87		0.00		134.86	6.74
346.56	0.60	1.41	2.12		0.04		34.75	0.10
170.60	0.78	2.40	1.52		0.01		69.43	0.55
12637.73	205.00	1705.01	322.72	2.70	15.66	25.00	856.55	9.93
4312.72	550.93	732.90	12790.03	190.26	1294.94	172.73	405.83	8.39
1067.79	40.04	55.12	247.26		4.86	8.12	181.78	1.00
234.66	9.00	1.02	134.93		0.49		94.19	
330.62	40.00	5.51	271.41	0.56	2.42	0.82	88.06	
372.68	34.00	12.14	56.66		6.84		59.73	0.27
509.63	2.76	3.06	55.75		0.38		97.55	0.27
158.70	2.00	2.04	16.80		0.48		84.62	0.53
78.05	0.70				0.08		87.83	
39.67	0.03		7.95		0.00		25.95	
275.08	0.30	10.21	31.87		0.10		93.87	0.40
3.97					0.14			
3255.94	**33.00**	**140.86**		**8.03**	**6.74**	**2.49**	**280.37**	**1.37**
3014.89	15.00	140.86			4.93		237.78	1.37
211.59	18.00			8.03	1.81	2.49	36.38	
29.46							6.21	

4-5 续表

行　业	Item	汽油 (万吨) Gasoline (10^4 tons)
工业	**Industry**	**632.40**
(一)采掘业	**Mining and Quarrying**	**106.12**
煤炭开采和洗选业	Mining and Washing of Coal	33.04
石油和天然气开采业	Extraction of Petroleum and Natural Gas	39.07
黑色金属矿采选业	Mining and Processing of Ferrous Metal Ores	5.98
有色金属矿采选业	Mining and Processing of Non-Ferrous Metal Ores	4.99
非金属矿采选业	Mining and Processing of Nonmetal Ores	8.39
其他采矿业	Mining of Other Ores	14.65
(二)制造业	**Manufacturing**	**496.29**
农副食品加工业	Processing of Food from Agricultural Products	21.74
食品制造业	Manufacture of Foods	8.35
饮料制造业	Manufacture of Beverages	8.19
烟草制品业	Manufacture of Tobacco	27.97
纺织业	Manufacture of Textile	26.24
纺织服装、鞋、帽制造业	Manufacture of Textile Wearing Apparel,Footware, and Caps	9.31
皮革、毛皮、羽毛(绒)及其制品业	Manufacture of Leather, Fur, Feather and Related Products	4.05
木材加工及木、竹、藤、棕、草制品业	Processing of Timber,Manufacture of Wood,Bamboo,Rattan,Palm, and Straw Products	3.07
家具制造业	Manufacture of Furniture	4.56
造纸及纸制品业	Manufacture of Paper and Paper Products	19.10
印刷业和记录媒介的复制	Printing,Reproduction of Recording Media	6.27
文教体育用品制造业	Manufacture of Articles For Culture, Education and Sport Activity	2.79
石油加工、炼焦及核燃料加工业	Processing of Petroleum, Coking, Processing of Nuclear Fuel	22.60
化学原料及化学制品制造业	Manufacture of Raw Chemical Materials and Chemical Products	45.18
医药制造业	Manufacture of Medicines	13.56
化学纤维制造业	Manufacture of Chemical Fibers	3.02
橡胶制品业	Manufacture of Rubber	8.94
塑料制品业	Manufacture of Plastics	9.96
非金属矿物制品业	Manufacture of Non-metallic Mineral Products	59.14
黑色金属冶炼及压延加工业	Smelting and Pressing of Ferrous Metals	36.85
有色金属冶炼及压延加工业	Smelting and Pressing of Non-ferrous Metals	11.94
金属制品业	Manufacture of Metal Products	21.99
通用设备制造业	Manufacture of General Purpose Machinery	28.65
专用设备制造业	Manufacture of Special Purpose Machinery	24.24
交通运输设备制造业	Manufacture of Transport Equipment	21.51
电气机械及器材制造业	Manufacture of Electrical Machinery and Equipment	23.14
通信设备、计算机及其他电子设备制造业	Manufacture of Communication Equipment,Computers and Other Electronic Equipment	11.76
仪器仪表及文化、办公用机械制造业	Manufacture of Measuring Instruments and Machinery for Cultural Activity and Office Work	6.39
工艺品及其他制造业	Manufacture of Artwork and Other Manufacturing	5.76
废弃资源和废旧材料回收加工业	Recycling and Disposal of Waste	
(三)电力、煤气及水生产和供应业	**Electric Power, Gas and Water Production and Supply**	**29.98**
电力、热力的生产和供应业	Production and Distribution of Electric Power and Heat Power	25.41
燃气生产和供应业	Production and Distribution of Gas	1.10
水的生产和供应业	Production and Distribution of Water	3.47

Continued

煤油 (万吨) Kerosene (10^4 tons)	柴油 (万吨) Diesel Oil (10^4 tons)	燃料油 (万吨) Fuel Oil (10^4 tons)	液化石油气 (万吨) LPG (10^4 tons)	炼厂干气 (万吨) Refinery Gas (10^4 tons)	其他石油制品 (万吨) Other Petroleum Products (10^4 tons)	天然气 (亿立方米) Natural Gas (10^8 cu.m)	热力 (万百万千焦) Heat (10^{10} kJ)	电力 (亿千瓦小时) Electricity (10^8 kW•h)	其他能源 (万吨标煤) Other Energy (10^4 tce)
87.77	**1644.23**	**1898.31**	**540.00**	**586.00**	**4087.00**	**222.60**	**135915.00**	**12909.00**	**598.86**
8.10	**316.29**	**125.91**	**31.50**	**60.00**	**22.55**	**61.42**	**7010.95**	**1276.57**	**19.17**
6.37	52.73				2.01		600.13	533.99	9.94
0.28	168.32	124.89	31.50	60.00	20.54	61.42	5003.51	356.80	5.17
	20.43							111.33	1.09
1.32	16.79						10.00	129.71	1.49
0.13	46.10	1.02					1159.26	114.91	1.48
	11.93						238.05	29.82	
79.14	**1238.52**	**1637.87**	**488.40**	**524.99**	**4061.02**	**157.06**	**120005.49**	**9720.35**	**543.84**
0.40	34.00	7.00	1.98		10.07		1659.79	174.20	69.19
0.10	22.03	9.56	3.00				2061.48	95.03	1.18
0.14	9.49	6.58	0.09				1285.47	66.39	3.64
	5.42	1.00	0.01				157.91	32.04	
3.71	36.99	51.97	9.00	0.00	5.04	0.90	8539.45	556.44	11.02
0.50	19.34	11.77	1.04				365.45	67.27	4.36
0.18	17.93	3.65	0.19				87.00	43.37	0.18
0.21	7.38	3.00					721.08	54.44	12.30
0.00	4.22	0.54	0.30				150.03	15.36	0.35
1.90	36.91	21.05	1.99		3.02		6419.10	318.28	16.05
6.00	6.33	1.61	0.27		1.51		213.19	79.67	0.06
1.63	14.30	1.00	0.48				12.60	29.62	0.23
16.79	91.95	322.95	224.13	408.14	2584.97	15.53	20751.58	342.78	91.19
9.68	134.75	334.00	112.50	50.00	1328.29	119.13	33212.96	1665.17	77.02
0.08	5.27	4.87	0.38		1.80	0.96	4608.02	126.65	1.11
0.42	9.70	49.34	4.89	59.74	1.01		6800.38	211.97	15.18
0.08	8.88	13.72			3.02		802.18	130.42	0.09
0.67	41.85	11.17	3.21		2.01		160.62	174.65	2.95
1.52	302.68	373.63	82.50	7.00	20.15	3.74	1347.42	1052.95	95.77
3.00	99.62	255.10	1.36		1.51	3.16	13589.88	1683.21	82.23
1.14	54.81	71.54	2.35		39.00	0.80	8787.25	1094.55	24.82
2.40	46.65	9.64	11.50		2.01	0.97	197.65	363.45	0.29
5.72	36.91	12.00	0.75		4.03		750.35	253.30	5.73
1.64	18.54	10.00	2.52		2.52	2.36	1354.30	122.56	0.78
7.18	50.62	12.17	2.79		3.02	1.84	2784.67	288.54	10.89
0.49	30.66	14.36	13.50	0.10	1.84	1.23	863.56	172.61	16.59
0.30	51.98	19.00	4.74		0.04	5.46	421.69	221.64	0.44
0.42	18.12	0.10	0.12		0.81		100.02	36.61	0.10
12.85	21.19	5.56	2.78		45.33	0.97	1800.40	236.96	0.10
								10.21	0.00
0.53	**89.42**	**134.53**	**20.10**	**1.01**	**3.43**	**4.12**	**8898.56**	**1912.09**	**35.85**
0.53	74.04	133.43	0.60	0.17	2.22	0.27	8451.46	1734.76	35.37
	12.65	1.07	19.50	0.84	1.21	3.85	403.79	29.81	
	2.73	0.02					43.31	147.51	0.47

4-6 工业分行业终端能源消费量(实物量)-2004

行　业	Item	煤合计 (万吨) Coal Total (10^4 tons)
工业	**Industry**	**59868.37**
(一)采掘业	**Mining and Quarrying**	**3590.43**
煤炭开采和洗选业	Mining and Washing of Coal	2581.73
石油和天然气开采业	Extraction of Petroleum and Natural Gas	143.55
黑色金属矿采选业	Mining and Processing of Ferrous Metal Ores	240.93
有色金属矿采选业	Mining and Processing of Non-Ferrous Metal Ores	191.17
非金属矿采选业	Mining and Processing of Nonmetal Ores	423.83
其他采矿业	Mining of Other Ores	9.23
(二)制造业	**Manufacturing**	**54554.80**
农副食品加工业	Processing of Food from Agricultural Products	1882.85
食品制造业	Manufacture of Foods	922.49
饮料制造业	Manufacture of Beverages	1130.15
烟草制品业	Manufacture of Tobacco	125.37
纺织业	Manufacture of Textile	2351.69
纺织服装、鞋、帽制造业	Manufacture of Textile Wearing Apparel,Footware, and Caps	243.53
皮革、毛皮、羽毛(绒)及其制品业	Manufacture of Leather, Fur, Feather and Related Products	127.59
木材加工及木、竹、藤、棕、草制品业	Processing of Timber,Manufacture of Wood,Bamboo,Rattan,Palm, and Straw Products	488.89
家具制造业	Manufacture of Furniture	30.30
造纸及纸制品业	Manufacture of Paper and Paper Products	2094.59
印刷业和记录媒介的复制	Printing,Reproduction of Recording Media	48.48
文教体育用品制造业	Manufacture of Articles For Culture, Education and Sport Activity	27.61
石油加工、炼焦及核燃料加工业	Processing of Petroleum, Coking, Processing of Nuclear Fuel	1519.67
化学原料及化学制品制造业	Manufacture of Raw Chemical Materials and Chemical Products	11319.39
医药制造业	Manufacture of Medicines	743.18
化学纤维制造业	Manufacture of Chemical Fibers	565.83
橡胶制品业	Manufacture of Rubber	456.26
塑料制品业	Manufacture of Plastics	298.64
非金属矿物制品业	Manufacture of Non-metallic Mineral Products	20884.18
黑色金属冶炼及压延加工业	Smelting and Pressing of Ferrous Metals	5509.82
有色金属冶炼及压延加工业	Smelting and Pressing of Non-ferrous Metals	1472.99
金属制品业	Manufacture of Metal Products	313.73
通用设备制造业	Manufacture of General Purpose Machinery	589.62
专用设备制造业	Manufacture of Special Purpose Machinery	360.70
交通运输设备制造业	Manufacture of Transport Equipment	494.27
电气机械及器材制造业	Manufacture of Electrical Machinery and Equipment	290.24
通信设备、计算机及其他电子设备制造业	Manufacture of Communication Equipment,Computers and Other Electronic Equipment	95.68
仪器仪表及文化、办公用机械制造业	Manufacture of Measuring Instruments and Machinery for Cultural Activity and Office Work	34.20
工艺品及其他制造业	Manufacture of Artwork and Other Manufacturing	124.07
废弃资源和废旧材料回收加工业	Recycling and Disposal of Waste	8.79
(三)电力、煤气及水生产和供应业	**Electric Power, Gas and Water Production and Supply**	**1723.14**
电力、热力的生产和供应业	Production and Distribution of Electric Power and Heat Power	1640.18
燃气生产和供应业	Production and Distribution of Gas	56.03
水的生产和供应业	Production and Distribution of Water	26.93

Final Energy Consumption by Industrial Sector (Physical Quantity) -2004

原煤 (万吨) Raw Coal (10^4 tons)	洗精煤 (万吨) Cleaned Coal (10^4 tons)	其他洗煤 (万吨) Other Washed Coal (10^4 tons)	焦炭 (万吨) Coke (10^4 tons)	焦炉煤气 (亿立方米) Coke Oven Gas (10^8 cu.m)	其他煤气 (亿立方米) Other Gas (10^8 cu.m)	其他焦化产品 (万吨) Other Coking Products (10^4 tons)	油品合计 (万吨) Petroleum Products Total (10^4 tons)	原油 (万吨) Crude Oil (10^4 tons)
52571.24	**2619.64**	**4535.78**	**17616.83**	**267.32**	**1603.92**	**394.47**	**11505.60**	**844.94**
3163.90	**144.50**	**282.03**	**112.88**	**1.19**	**9.39**	**2.07**	**1042.98**	**498.96**
2243.41	63.04	275.27	25.55	0.79	0.05	2.07	95.72	
142.44	1.10		0.22		0.00		814.92	498.96
190.71	49.95	0.27	64.67	0.40	4.31		42.74	
170.12	18.95	2.10	12.69	0.01	4.92		21.90	0.00
407.98	11.46	4.39	9.75		0.11		66.40	
9.23							1.30	
47758.66	**2468.45**	**4187.04**	**17496.17**	**257.22**	**1586.53**	**387.12**	**10221.66**	**345.11**
1803.11	18.57	61.17	6.08	0.01	0.00		92.85	0.14
908.39	9.04	5.07	4.07	0.00	0.11		49.20	0.20
1118.37	6.37	5.42	1.45	0.00	0.01		33.29	0.43
119.91	2.92	2.54	0.00	0.02	0.11		8.74	
2331.48	8.04	12.17	2.27	0.55	0.03		143.08	0.20
240.21	1.14	2.17	1.01	0.03	0.29		43.91	0.47
126.43	0.19	0.97	0.30	0.02	0.00		34.07	0.07
483.91	2.91	2.07	1.49		0.01		17.34	0.10
29.82	0.11	0.36	1.22		0.01		9.82	0.04
1990.42	21.29	82.88	7.15	0.13	0.00		70.87	0.38
48.32	0.03	0.13	0.11	0.00	0.02		17.16	
27.24	0.15	0.21	3.36		0.00		21.99	0.07
1334.01	102.32	83.34	55.95	20.28	5.95	50.90	4854.03	181.72
10629.40	482.07	164.63	1176.27	6.81	4.47	125.41	2493.77	138.60
725.54	13.20	4.44	0.86	0.12	0.10		24.69	
563.09	2.30	0.44	36.69		0.00		46.80	8.48
442.77	6.35	7.14	2.91	0.00	0.04		41.97	0.72
295.42	1.40	1.82	1.98	0.01	0.01		85.48	0.10
16830.71	452.90	3558.35	213.81	3.63	18.60	38.79	914.54	11.62
4293.47	1083.11	108.75	15218.35	218.37	1537.99	152.79	328.65	0.11
1239.81	161.40	48.09	268.42	4.77	5.78	19.24	216.95	0.44
295.71	13.26	4.76	76.64	0.23	0.58		99.58	0.10
573.92	7.21	5.61	268.58	0.63	2.87		121.99	0.25
310.34	48.66	1.70	60.42	0.47	8.13		72.13	0.08
477.16	8.16	8.94	61.95	0.54	0.45		134.04	0.10
276.03	12.73	1.48	15.60	0.51	0.57		99.57	0.16
93.62	1.70	0.37	0.81	0.06	0.09		90.88	0.45
31.96	0.28	1.96	2.20	0.01	0.00		16.24	0.06
111.68	0.66	7.69	3.97	0.00	0.12		34.47	0.02
6.42	0.00	2.37	2.25		0.16		3.55	
1648.67	**6.69**	**66.71**	**7.78**	**8.91**	**8.00**	**5.28**	**240.96**	**0.86**
1567.98	4.62	66.52	6.04	1.08	5.86	2.31	132.27	0.34
53.87	2.01	0.16	1.68	7.83	2.14	2.97	102.73	0.52
26.83	0.07	0.03	0.07				5.96	0.00

4-6 续表

行　业	Item	汽油 (万吨) Gasoline (10^4 tons)
工业	**Industry**	**506.95**
(一)采掘业	**Mining and Quarrying**	**70.71**
煤炭开采和洗选业	Mining and Washing of Coal	17.69
石油和天然气开采业	Extraction of Petroleum and Natural Gas	36.56
黑色金属矿采选业	Mining and Processing of Ferrous Metal Ores	6.77
有色金属矿采选业	Mining and Processing of Non-Ferrous Metal Ores	3.07
非金属矿采选业	Mining and Processing of Nonmetal Ores	6.58
其他采矿业	Mining of Other Ores	0.03
(二)制造业	**Manufacturing**	**403.78**
农副食品加工业	Processing of Food from Agricultural Products	16.07
食品制造业	Manufacture of Foods	7.80
饮料制造业	Manufacture of Beverages	8.05
烟草制品业	Manufacture of Tobacco	0.93
纺织业	Manufacture of Textile	21.26
纺织服装、鞋、帽制造业	Manufacture of Textile Wearing Apparel,Footware, and Caps	7.95
皮革、毛皮、羽毛(绒)及其制品业	Manufacture of Leather, Fur, Feather and Related Products	4.05
木材加工及木、竹、藤、棕、草制品业	Processing of Timber,Manufacture of Wood,Bamboo,Rattan,Palm, and Straw Products	3.43
家具制造业	Manufacture of Furniture	2.28
造纸及纸制品业	Manufacture of Paper and Paper Products	8.88
印刷业和记录媒介的复制	Printing,Reproduction of Recording Media	5.89
文教体育用品制造业	Manufacture of Articles For Culture, Education and Sport Activity	3.33
石油加工、炼焦及核燃料加工业	Processing of Petroleum, Coking, Processing of Nuclear Fuel	25.08
化学原料及化学制品制造业	Manufacture of Raw Chemical Materials and Chemical Products	45.72
医药制造业	Manufacture of Medicines	7.67
化学纤维制造业	Manufacture of Chemical Fibers	0.74
橡胶制品业	Manufacture of Rubber	9.66
塑料制品业	Manufacture of Plastics	14.80
非金属矿物制品业	Manufacture of Non-metallic Mineral Products	34.41
黑色金属冶炼及压延加工业	Smelting and Pressing of Ferrous Metals	22.13
有色金属冶炼及压延加工业	Smelting and Pressing of Non-ferrous Metals	7.06
金属制品业	Manufacture of Metal Products	19.92
通用设备制造业	Manufacture of General Purpose Machinery	30.37
专用设备制造业	Manufacture of Special Purpose Machinery	23.66
交通运输设备制造业	Manufacture of Transport Equipment	28.46
电气机械及器材制造业	Manufacture of Electrical Machinery and Equipment	20.69
通信设备、计算机及其他电子设备制造业	Manufacture of Communication Equipment,Computers and Other Electronic Equipment	10.41
仪器仪表及文化、办公用机械制造业	Manufacture of Measuring Instruments and Machinery for Cultural Activity and Office Work	5.35
工艺品及其他制造业	Manufacture of Artwork and Other Manufacturing	7.33
废弃资源和废旧材料回收加工业	Recycling and Disposal of Waste	0.41
(三)电力、煤气及水生产和供应业	**Electric Power, Gas and Water Production and Supply**	**32.46**
电力、热力的生产和供应业	Production and Distribution of Electric Power and Heat Power	26.99
燃气生产和供应业	Production and Distribution of Gas	1.63
水的生产和供应业	Production and Distribution of Water	3.84

Continued

煤油 (万吨) Kerosene (10^4 tons)	柴油 (万吨) Diesel Oil (10^4 tons)	燃料油 (万吨) Fuel Oil (10^4 tons)	液化石油气 (万吨) LPG (10^4 tons)	炼厂干气 (万吨) Refinery Gas (10^4 tons)	其他石油制品 (万吨) Other Petroleum Products (10^4 tons)	天然气 (亿立方米) Natural Gas (10^8 cu.m)	热力 (万百万千焦) Heat (10^10 kJ)	电力 (亿千瓦小时) Electricity (10^8 kW•h)	其他能源 (万吨标煤) Other Energy (10^4 tce)
60.89	**1749.90**	**1967.37**	**483.71**	**668.65**	**5223.19**	**237.60**	**141539.66**	**15003.69**	**680.33**
6.80	**360.83**	**42.32**	**2.29**	**37.19**	**23.89**	**49.69**	**6742.60**	**1387.08**	**21.78**
4.37	65.46	6.15	0.21	0.00	1.84	1.07	473.46	582.75	11.29
0.17	184.60	33.83	1.88	37.19	21.72	48.52	5342.95	363.06	5.88
0.71	34.24	0.95	0.01		0.07	0.04	1.03	141.64	1.24
0.84	17.48	0.33	0.13		0.05	0.02	0.04	146.18	1.69
0.70	57.80	1.05	0.06		0.20	0.03	925.11	133.11	1.69
0.01	1.25	0.01	0.00					20.34	
53.83	**1303.36**	**1890.68**	**400.49**	**630.09**	**5194.31**	**182.76**	**124415.52**	**11432.55**	**617.82**
0.33	44.70	11.82	3.54	12.00	4.23	0.19	1808.07	204.35	78.60
0.33	21.42	14.56	3.91		0.98	1.40	2914.57	101.20	1.34
0.54	14.03	10.03	0.22			0.53	1386.13	67.48	4.14
0.03	6.68	1.07	0.02			0.27	238.38	31.61	
2.05	56.25	57.85	2.64	0.13	2.71	0.47	10990.82	727.56	12.52
0.70	27.71	5.26	0.62		1.21	0.09	564.57	73.40	4.95
0.37	18.18	10.83	0.30		0.27	0.02	107.54	45.96	0.20
1.36	9.67	2.30	0.29		0.20	0.08	748.21	62.27	13.98
0.24	5.99	0.21	1.06			0.03	39.80	20.83	0.40
0.91	26.28	26.12	8.01		0.29	0.35	8027.05	363.45	18.24
0.74	7.87	1.45	0.90		0.31	0.19	111.61	79.27	0.06
0.35	14.21	2.42	1.43		0.18		20.98	38.76	0.26
2.06	93.62	447.33	160.23	555.73	3388.26	14.32	22315.62	417.58	103.60
8.70	140.04	364.05	82.97	58.16	1655.54	122.52	39029.32	1870.39	87.50
0.52	10.22	5.65	0.43		0.20	0.66	3673.74	132.42	1.26
0.50	8.25	25.21	1.15	1.56	0.92	0.20	5003.08	227.91	17.25
0.27	10.70	17.27	1.78		1.57	0.36	808.92	151.12	0.10
0.74	44.35	16.02	2.02		7.46	0.38	278.48	232.80	3.35
3.06	242.53	498.40	68.35	1.94	54.23	18.40	634.58	1223.11	108.79
1.92	87.66	204.46	6.91		5.46	7.19	11836.71	2087.28	93.41
2.32	63.85	83.92	4.41		54.95	2.65	7249.61	1272.35	28.20
2.61	54.89	11.47	9.81		0.78	0.75	184.95	437.75	0.33
7.03	64.25	13.27	3.71		3.11	1.24	709.05	282.99	6.51
1.69	36.55	7.01	1.92		1.22	1.85	1489.38	154.06	0.89
10.16	73.73	10.52	8.69		2.38	3.31	1902.07	361.77	12.37
1.60	49.18	11.03	14.13	0.56	2.21	0.85	735.21	225.47	18.85
0.82	45.50	25.44	8.21		0.05	4.40	586.32	280.39	0.50
1.13	8.43	0.18	0.18		0.91	0.06	98.62	35.76	0.12
0.70	15.26	4.01	2.66		4.49	0.03	915.55	218.13	0.12
0.04	1.36	1.53	0.01		0.20		6.59	5.17	0.00
0.26	**85.71**	**34.36**	**80.93**	**1.37**	**4.99**	**5.15**	**10381.54**	**2184.06**	**40.72**
0.21	65.73	33.93	0.08	0.20	4.79	0.41	10029.73	1972.20	40.19
0.01	17.92	0.43	80.85	1.17	0.20	4.70	303.80	34.72	
0.04	2.06	0.01	0.01			0.04	48.01	177.14	0.54

4-7 工业分行业终端能源消费量(实物量)-2005

行 业	Item	煤合计 (万吨) Coal Total (10^4 tons)
工业	**Industry**	**67776.26**
(一)采掘业	**Mining and Quarrying**	**4066.99**
煤炭开采和洗选业	Mining and Washing of Coal	2919.53
石油和天然气开采业	Extraction of Petroleum and Natural Gas	163.61
黑色金属矿采选业	Mining and Processing of Ferrous Metal Ores	275.37
有色金属矿采选业	Mining and Processing of Non-Ferrous Metal Ores	216.71
非金属矿采选业	Mining and Processing of Nonmetal Ores	481.25
其他采矿业	Mining of Other Ores	10.51
(二)制造业	**Manufacturing**	**61734.88**
农副食品加工业	Processing of Food from Agricultural Products	2141.62
食品制造业	Manufacture of Foods	1054.73
饮料制造业	Manufacture of Beverages	1288.48
烟草制品业	Manufacture of Tobacco	142.02
纺织业	Manufacture of Textile	2680.30
纺织服装、鞋、帽制造业	Manufacture of Textile Wearing Apparel,Footware, and Caps	276.72
皮革、毛皮、羽毛(绒)及其制品业	Manufacture of Leather, Fur, Feather and Related Products	145.37
木材加工及木、竹、藤、棕、草制品业	Processing of Timber,Manufacture of Wood,Bamboo,Rattan,Palm, and Straw Products	558.09
家具制造业	Manufacture of Furniture	34.48
造纸及纸制品业	Manufacture of Paper and Paper Products	2353.43
印刷业和记录媒介的复制	Printing,Reproduction of Recording Media	55.74
文教体育用品制造业	Manufacture of Articles For Culture, Education and Sport Activity	31.43
石油加工、炼焦及核燃料加工业	Processing of Petroleum, Coking, Processing of Nuclear Fuel	1686.40
化学原料及化学制品制造业	Manufacture of Raw Chemical Materials and Chemical Products	12902.90
医药制造业	Manufacture of Medicines	847.86
化学纤维制造业	Manufacture of Chemical Fibers	644.70
橡胶制品业	Manufacture of Rubber	516.74
塑料制品业	Manufacture of Plastics	341.93
非金属矿物制品业	Manufacture of Non-metallic Mineral Products	23506.72
黑色金属冶炼及压延加工业	Smelting and Pressing of Ferrous Metals	6245.42
有色金属冶炼及压延加工业	Smelting and Pressing of Non-ferrous Metals	1657.27
金属制品业	Manufacture of Metal Products	358.42
通用设备制造业	Manufacture of General Purpose Machinery	674.02
专用设备制造业	Manufacture of Special Purpose Machinery	410.18
交通运输设备制造业	Manufacture of Transport Equipment	559.53
电气机械及器材制造业	Manufacture of Electrical Machinery and Equipment	331.16
通信设备、计算机及其他电子设备制造业	Manufacture of Communication Equipment,Computers and Other Electronic Equipment	108.84
仪器仪表及文化、办公用机械制造业	Manufacture of Measuring Instruments and Machinery for Cultural Activity and Office Work	38.29
工艺品及其他制造业	Manufacture of Artwork and Other Manufacturing	132.70
废弃资源和废旧材料回收加工业	Recycling and Disposal of Waste	9.40
(三)电力、煤气及水生产和供应业	**Electric Power, Gas and Water Production and Supply**	**1974.39**
电力、热力的生产和供应业	Production and Distribution of Electric Power and Heat Power	1878.95
燃气生产和供应业	Production and Distribution of Gas	63.81
水的生产和供应业	Production and Distribution of Water	31.64

Final Energy Consumption by Industrial Sector (Physical Quantity) -2005

原煤 (万吨) Raw Coal (10^4 tons)	洗精煤 (万吨) Cleaned Coal (10^4 tons)	其他洗煤 (万吨) Other Washed Coal (10^4 tons)	焦炭 (万吨) Coke (10^4 tons)	焦炉煤气 (亿立方米) Coke Oven Gas (10^8 cu.m)	其他煤气 (亿立方米) Other Gas (10^8 cu.m)	其他焦化产品 (万吨) Other Coking Products (10^4 tons)	油品合计 (万吨) Petroleum Products Total (10^4 tons)	原油 (万吨) Crude Oil (10^4 tons)
59916.74	**2864.00**	**4817.59**	**24633.01**	**403.75**	**2061.23**	**389.76**	**11107.53**	**850.36**
3605.98	**157.98**	**300.87**	**149.96**	**1.67**	**12.07**	**2.94**	**997.79**	**488.65**
2556.87	68.92	292.39	36.79	1.12	0.06	2.94	86.30	
162.35	1.21		0.29		0.00		786.83	488.65
217.36	54.60	3.00	83.71	0.54	5.54		39.82	
193.89	20.71	2.10	16.32		6.33		17.89	0.00
464.99	12.53	3.38	12.86		0.14		65.94	
10.51							1.01	
54431.73	**2698.70**	**4430.14**	**24475.15**	**393.84**	**2038.88**	**383.65**	**9792.34**	**361.28**
2055.05	20.30	64.87	8.52	0.02	0.00		97.29	0.07
1035.31	9.88	4.90	5.36	0.01	0.14		55.82	0.10
1274.64	6.96	5.80	1.03	0.00	0.02		40.63	0.50
136.66	3.19	2.12	0.01	0.01	0.14		7.88	
2657.24	8.79	8.51	2.99	0.34	0.04		106.43	0.20
273.77	1.25	1.41	1.33	0.02	0.38		53.75	0.24
144.09	0.21	0.58	0.31	0.01	0.00		31.08	0.04
551.53	3.18	2.00	1.81		0.01		19.95	0.12
33.99	0.13	0.26	1.03		0.01		13.70	0.03
2268.53	23.27	57.93	4.35	0.18	0.01		69.94	0.51
55.07	0.04	0.18	0.15	0.00	0.02		17.05	
31.05	0.17	0.13	3.57		0.00		19.14	0.09
1520.40	111.86	54.09	65.71	47.43	7.65	42.00	4695.89	152.67
12114.59	527.03	172.74	1713.30	8.91	5.75	146.96	2305.67	179.38
826.92	14.43	2.75	1.13	0.07	0.13		22.76	
641.76	2.52	0.40	51.22		0.00		55.88	10.62
504.64	6.94	3.99	1.77	0.00	0.05		39.77	0.82
336.70	1.53	2.02	2.62	0.01	0.01		80.86	0.08
19182.37	495.14	3797.83	208.27	3.84	23.90	39.73	935.34	14.17
4893.37	1184.14	157.55	21310.19	323.55	1976.50	128.04	257.46	0.13
1413.04	176.45	62.95	367.53	6.81	7.42	26.92	227.62	0.31
337.03	14.50	5.49	78.33	0.31	0.75		101.26	0.06
654.12	7.89	5.99	455.52	0.85	3.69		104.69	0.15
353.70	53.20	2.00	68.89	0.72	10.44		51.93	0.11
543.84	8.92	4.47	93.91	0.33	0.57		136.66	0.15
314.59	13.92	1.18	16.75	0.31	0.74		99.55	0.26
106.70	1.85	0.22	0.69	0.08	0.12		95.70	0.40
36.43	0.30	1.18	2.75	0.01	0.01		19.96	0.05
127.29	0.72	4.61	3.79	0.01	0.16		26.75	0.01
7.31	0.00	2.00	2.33		0.21		1.94	
1879.03	**7.32**	**86.59**	**7.89**	**8.25**	**10.28**	**3.17**	**317.40**	**0.43**
1787.06	5.05	86.35	6.13	0.66	7.52	1.38	211.56	0.17
61.39	2.19	0.22	1.70	7.58	2.76	1.78	100.45	0.26
30.58	0.08	0.02	0.07				5.39	0.00

4-7 续表

行 业	Item	汽油 (万吨) Gasoline (10^4 tons)
工业	**Industry**	**440.91**
(一)采掘业	**Mining and Quarrying**	**51.84**
煤炭开采和洗选业	Mining and Washing of Coal	14.56
石油和天然气开采业	Extraction of Petroleum and Natural Gas	25.71
黑色金属矿采选业	Mining and Processing of Ferrous Metal Ores	4.60
有色金属矿采选业	Mining and Processing of Non-Ferrous Metal Ores	3.30
非金属矿采选业	Mining and Processing of Nonmetal Ores	3.65
其他采矿业	Mining of Other Ores	0.02
(二)制造业	**Manufacturing**	**364.19**
农副食品加工业	Processing of Food from Agricultural Products	13.24
食品制造业	Manufacture of Foods	7.36
饮料制造业	Manufacture of Beverages	6.93
烟草制品业	Manufacture of Tobacco	0.75
纺织业	Manufacture of Textile	16.74
纺织服装、鞋、帽制造业	Manufacture of Textile Wearing Apparel,Footware, and Caps	9.28
皮革、毛皮、羽毛(绒)及其制品业	Manufacture of Leather, Fur, Feather and Related Products	4.30
木材加工及木、竹、藤、棕、草制品业	Processing of Timber,Manufacture of Wood,Bamboo,Rattan,Palm, and Straw Products	4.72
家具制造业	Manufacture of Furniture	2.74
造纸及纸制品业	Manufacture of Paper and Paper Products	8.05
印刷业和记录媒介的复制	Printing,Reproduction of Recording Media	6.64
文教体育用品制造业	Manufacture of Articles For Culture, Education and Sport Activity	3.70
石油加工、炼焦及核燃料加工业	Processing of Petroleum, Coking, Processing of Nuclear Fuel	20.85
化学原料及化学制品制造业	Manufacture of Raw Chemical Materials and Chemical Products	42.14
医药制造业	Manufacture of Medicines	7.34
化学纤维制造业	Manufacture of Chemical Fibers	1.10
橡胶制品业	Manufacture of Rubber	9.09
塑料制品业	Manufacture of Plastics	11.97
非金属矿物制品业	Manufacture of Non-metallic Mineral Products	24.03
黑色金属冶炼及压延加工业	Smelting and Pressing of Ferrous Metals	21.17
有色金属冶炼及压延加工业	Smelting and Pressing of Non-ferrous Metals	6.14
金属制品业	Manufacture of Metal Products	17.14
通用设备制造业	Manufacture of General Purpose Machinery	26.21
专用设备制造业	Manufacture of Special Purpose Machinery	15.84
交通运输设备制造业	Manufacture of Transport Equipment	34.92
电气机械及器材制造业	Manufacture of Electrical Machinery and Equipment	20.62
通信设备、计算机及其他电子设备制造业	Manufacture of Communication Equipment,Computers and Other Electronic Equipment	10.55
仪器仪表及文化、办公用机械制造业	Manufacture of Measuring Instruments and Machinery for Cultural Activity and Office Work	3.45
工艺品及其他制造业	Manufacture of Artwork and Other Manufacturing	6.87
废弃资源和废旧材料回收加工业	Recycling and Disposal of Waste	0.31
(三)电力、煤气及水生产和供应业	**Electric Power, Gas and Water Production and Supply**	**24.87**
电力、热力的生产和供应业	Production and Distribution of Electric Power and Heat Power	19.56
燃气生产和供应业	Production and Distribution of Gas	2.36
水的生产和供应业	Production and Distribution of Water	2.95

Continued

煤油 (万吨) Kerosene (10^4 tons)	柴油 (万吨) Diesel Oil (10^4 tons)	燃料油 (万吨) Fuel Oil (10^4 tons)	液化石油气 (万吨) LPG (10^4 tons)	炼厂干气 (万吨) Refinery Gas (10^4 tons)	其他石油制品 (万吨) Other Petroleum Products (10^4 tons)	天然气 (亿立方米) Natural Gas (10^8 cu.m)	热力 (万百万千焦) Heat (10^{10} kJ)	电力 (亿千瓦小时) Electricity (10^8 kW•h)	其他能源 (万吨标煤) Other Energy (10^4 tce)
57.50	**1624.53**	**1732.59**	**531.10**	**791.35**	**5079.19**	**266.76**	**166290.92**	**16815.22**	**829.31**
6.40	**356.49**	**31.60**	**3.22**	**39.06**	**20.52**	**50.42**	**6746.49**	**1480.34**	**26.55**
3.26	61.90	5.25	0.25	0.00013	1.07	1.57	294.53	589.53	13.76
0.17	185.86	25.34	2.82	39.06	19.22	48.79	5182.53	385.35	7.16
1.42	33.29	0.48			0.03	0.02	0.76	205.63	1.51
0.74	13.45	0.25	0.10		0.05	0.02	0.06	157.66	2.06
0.80	61.00	0.29	0.05		0.15	0.02	1268.61	114.14	2.05
0.01	0.99							28.04	
50.74	**1203.13**	**1568.06**	**441.65**	**750.71**	**5052.58**	**211.68**	**148807.04**	**13126.01**	**753.12**
0.40	54.64	12.38	3.02	11.44	2.11	0.27	2478.48	253.35	95.81
0.33	20.87	23.19	3.48		0.49	1.28	4004.02	114.81	1.63
0.54	14.24	18.12	0.30			0.50	1528.11	76.55	5.05
0.03	5.61	1.46	0.03			0.26	269.37	35.86	
2.05	39.95	42.42	2.76	0.17	2.14	0.56	14646.86	823.57	15.27
0.70	27.87	14.44	0.62		0.60	0.09	619.85	87.60	6.04
0.37	14.06	11.91	0.26		0.14	0.03	165.14	54.85	0.25
1.09	11.11	2.63	0.19		0.10	0.11	476.34	105.57	17.04
0.24	8.30	1.30	1.10			0.04	54.01	24.28	0.48
0.91	23.90	28.08	8.37		0.12	0.50	9840.60	407.73	22.23
0.74	6.83	1.79	0.93		0.12	0.19	97.18	60.71	0.08
0.35	11.36	2.57	0.97		0.09		31.47	42.54	0.32
2.06	50.50	218.43	170.42	677.02	3403.94	13.50	28439.99	313.49	126.28
6.09	137.17	285.13	99.72	58.15	1497.89	138.60	44986.38	2129.77	106.66
0.52	8.60	5.50	0.50		0.30	0.97	4024.01	153.21	1.53
0.50	7.41	32.97	0.98	1.27	1.03	0.29	5012.24	233.20	21.02
0.27	9.78	17.70	1.10		1.01	0.35	831.88	209.30	0.13
0.74	36.92	18.11	1.91		11.13	0.55	353.59	322.42	4.08
3.06	252.89	525.63	73.46	2.09	40.01	23.81	625.05	1419.51	132.62
1.92	91.68	123.79	11.28		7.49	9.76	15356.95	2550.47	113.87
2.32	52.72	88.00	5.74		72.39	3.87	7586.55	1473.10	34.37
2.64	52.16	16.63	12.09		0.53	0.69	203.44	507.25	0.40
5.80	56.60	8.34	5.02		2.56	1.81	758.59	344.77	7.94
1.69	26.28	4.56	2.43		1.00	2.70	1530.15	182.90	1.08
11.08	68.20	11.66	8.13		2.53	4.83	2616.58	300.72	15.08
1.60	46.03	14.75	13.70	0.58	2.01	1.23	754.47	245.80	22.97
0.82	46.44	27.38	10.03		0.08	4.77	850.64	327.89	0.61
1.13	8.33	6.32	0.23		0.45	0.08	112.08	42.52	0.14
0.70	11.52	2.57	2.83		2.23	0.04	549.32	275.62	0.14
0.04	1.15	0.30	0.04		0.10		3.69	6.66	0.00
0.36	**64.91**	**132.93**	**86.23**	**1.58**	**6.09**	**4.66**	**10737.40**	**2208.87**	**49.64**
0.32	52.85	132.42	0.06	0.19	5.99	0.41	10456.07	1991.81	48.99
0.02	9.67	0.50	86.16	1.39	0.10	4.20	217.51	29.86	
0.03	2.39	0.01	0.01			0.06	63.82	187.20	0.66

4-8 工业分行业终端能源消费量(实物量)-2006

行　业	Item	煤合计 (万吨) Coal Total (10^4 tons)
工业	**Industry**	**73142.05**
(一)采掘业	**Mining and Quarrying**	**4721.52**
煤炭开采和洗选业	Mining and Washing of Coal	3320.81
石油和天然气开采业	Extraction of Petroleum and Natural Gas	168.48
黑色金属矿采选业	Mining and Processing of Ferrous Metal Ores	291.25
有色金属矿采选业	Mining and Processing of Non-Ferrous Metal Ores	230.62
非金属矿采选业	Mining and Processing of Nonmetal Ores	709.98
其他采矿业	Mining of Other Ores	0.37
(二)制造业	**Manufacturing**	**66624.50**
农副食品加工业	Processing of Food from Agricultural Products	2273.72
食品制造业	Manufacture of Foods	1178.50
饮料制造业	Manufacture of Beverages	1335.50
烟草制品业	Manufacture of Tobacco	124.29
纺织业	Manufacture of Textile	2669.34
纺织服装、鞋、帽制造业	Manufacture of Textile Wearing Apparel,Footware, and Caps	328.57
皮革、毛皮、羽毛(绒)及其制品业	Manufacture of Leather, Fur, Feather and Related Products	234.82
木材加工及木、竹、藤、棕、草制品业	Processing of Timber,Manufacture of Wood,Bamboo,Rattan,Palm, and Straw Products	566.50
家具制造业	Manufacture of Furniture	67.87
造纸及纸制品业	Manufacture of Paper and Paper Products	2424.52
印刷业和记录媒介的复制	Printing,Reproduction of Recording Media	77.24
文教体育用品制造业	Manufacture of Articles For Culture, Education and Sport Activity	51.45
石油加工、炼焦及核燃料加工业	Processing of Petroleum, Coking, Processing of Nuclear Fuel	2560.25
化学原料及化学制品制造业	Manufacture of Raw Chemical Materials and Chemical Products	13494.72
医药制造业	Manufacture of Medicines	979.36
化学纤维制造业	Manufacture of Chemical Fibers	569.18
橡胶制品业	Manufacture of Rubber	528.69
塑料制品业	Manufacture of Plastics	486.90
非金属矿物制品业	Manufacture of Non-metallic Mineral Products	23631.36
黑色金属冶炼及压延加工业	Smelting and Pressing of Ferrous Metals	7449.50
有色金属冶炼及压延加工业	Smelting and Pressing of Non-ferrous Metals	2216.85
金属制品业	Manufacture of Metal Products	535.83
通用设备制造业	Manufacture of General Purpose Machinery	902.15
专用设备制造业	Manufacture of Special Purpose Machinery	504.67
交通运输设备制造业	Manufacture of Transport Equipment	682.65
电气机械及器材制造业	Manufacture of Electrical Machinery and Equipment	414.72
通信设备、计算机及其他电子设备制造业	Manufacture of Communication Equipment,Computers and Other Electronic Equipment	134.50
仪器仪表及文化、办公用机械制造业	Manufacture of Measuring Instruments and Machinery for Cultural Activity and Office Work	41.30
工艺品及其他制造业	Manufacture of Artwork and Other Manufacturing	146.04
废弃资源和废旧材料回收加工业	Recycling and Disposal of Waste	13.52
(三)电力、煤气及水生产和供应业	**Electric Power, Gas and Water Production and Supply**	**1796.04**
电力、热力的生产和供应业	Production and Distribution of Electric Power and Heat Power	1717.71
燃气生产和供应业	Production and Distribution of Gas	47.56
水的生产和供应业	Production and Distribution of Water	30.77

Final Energy Consumption by Industrial Sector (Physical Quantity) -2006

原煤 (万吨) Raw Coal (10^4 tons)	洗精煤 (万吨) Cleaned Coal (10^4 tons)	其他洗煤 (万吨) Other Washed Coal (10^4 tons)	焦炭 (万吨) Coke (10^4 tons)	焦炉煤气 (亿立方米) Coke Oven Gas (10^8 cu.m)	其他煤气 (亿立方米) Other Gas (10^8 cu.m)	其他焦化产品 (万吨) Other Coking Products (10^4 tons)	油品合计 (万吨) Petroleum Products Total (10^4 tons)	原油 (万吨) Crude Oil (10^4 tons)
64354.97	**3124.04**	**5125.93**	**27830.64**	**389.07**	**2536.36**	**488.53**	**11977.42**	**977.10**
4041.36	**166.75**	**508.12**	**239.81**	**1.52**	**10.28**	**3.23**	**1115.31**	**565.40**
2947.93	72.09	299.22	87.42	1.03	0.56	3.23	83.80	
168.33			0.11				904.23	565.40
225.57	60.63	2.90	112.23	0.49	3.21		40.79	
207.36	21.19	2.00	27.97		6.52		18.67	
491.80	12.84	204.00	12.07				66.79	
0.37							1.03	
58673.72	**2943.57**	**4529.22**	**27573.65**	**379.95**	**2516.27**	**481.53**	**10645.40**	**410.29**
2183.14	22.16	64.00	20.13	0.02	0.13		109.79	0.06
1160.59	10.61	4.90	18.12	0.01	0.05		54.20	0.09
1320.67	7.87	5.70	1.60	0.00	0.02		52.29	0.49
118.27	3.82	2.20	0.99	0.01	0.11		8.06	
2641.39	9.29	8.50	7.26	0.31	0.05		113.79	0.19
324.54	2.25	1.40	1.23	0.02	0.03		56.30	0.23
231.37	0.58	0.58	4.79	0.01	0.00		35.46	0.04
558.51	5.88	2.00	15.87				21.26	0.11
67.07	0.09	0.26	4.10		0.01		18.06	0.03
2336.51	23.58	57.90	10.64	0.17	0.00		71.64	0.50
76.21	0.33	0.18	1.65	0.00	0.02		23.99	
51.17	0.03	0.13	3.89		0.00		26.18	0.08
1674.63	129.22	754.09	103.53	45.00	30.68	54.49	4807.24	173.63
12599.28	577.65	172.74	2335.09	8.24	8.74	187.74	2673.40	205.86
959.21	16.19	2.75	6.34	0.07	0.09		29.81	
559.14	5.27	0.40	45.84		0.09		75.61	11.89
514.48	7.84	4.00	5.75	0.00	0.02		44.19	0.81
470.47	9.24	2.02	22.16	0.01	0.31		100.31	0.08
20025.74	514.58	2997.34	331.20	3.55	25.59	54.36	988.44	14.57
5669.09	1298.18	358.00	23530.37	313.80	2405.70	148.04	229.64	0.13
1950.38	191.55	63.00	363.84	6.30	21.40	36.90	266.96	0.31
511.83	15.86	5.49	66.59	0.29	0.14		136.61	0.06
837.01	9.81	5.99	479.64	0.79	7.43		114.68	0.15
443.70	57.09	2.00	62.96	0.67	13.59		61.14	0.11
671.08	4.70	4.47	101.09	0.31	1.09		149.94	0.15
397.34	14.56	1.18	22.28	0.29	0.49		151.95	0.26
129.29	4.45	0.22	1.36	0.07	0.15		156.51	0.40
39.74	0.01	1.18	3.08	0.01	0.01		25.51	0.05
140.45	0.85	4.61	1.50	0.01	0.03		40.13	0.01
11.41	0.03	2.00	0.78		0.29		2.31	
1639.89	**13.72**	**88.59**	**17.18**	**7.60**	**9.81**	**3.76**	**216.71**	**1.41**
1563.96	11.91	88.35	15.17	0.60	5.80	1.80	107.77	1.16
45.31	1.80	0.22	1.84	7.00	4.01	1.96	101.44	0.25
30.61	0.00	0.02	0.17		0.00		7.51	

4-8 续表

行 业	Item	汽油 (万吨) Gasoline (10^4 tons)
工业	**Industry**	**498.40**
(一)采掘业	**Mining and Quarrying**	**59.39**
煤炭开采和洗选业	Mining and Washing of Coal	17.00
石油和天然气开采业	Extraction of Petroleum and Natural Gas	29.46
黑色金属矿采选业	Mining and Processing of Ferrous Metal Ores	5.11
有色金属矿采选业	Mining and Processing of Non-Ferrous Metal Ores	3.73
非金属矿采选业	Mining and Processing of Nonmetal Ores	4.06
其他采矿业	Mining of Other Ores	0.02
(二)制造业	**Manufacturing**	**411.39**
农副食品加工业	Processing of Food from Agricultural Products	14.96
食品制造业	Manufacture of Foods	8.32
饮料制造业	Manufacture of Beverages	7.71
烟草制品业	Manufacture of Tobacco	0.83
纺织业	Manufacture of Textile	18.99
纺织服装、鞋、帽制造业	Manufacture of Textile Wearing Apparel,Footware, and Caps	10.32
皮革、毛皮、羽毛(绒)及其制品业	Manufacture of Leather, Fur, Feather and Related Products	4.78
木材加工及木、竹、藤、棕、草制品业	Processing of Timber,Manufacture of Wood,Bamboo,Rattan,Palm, and Straw Products	5.26
家具制造业	Manufacture of Furniture	3.04
造纸及纸制品业	Manufacture of Paper and Paper Products	9.11
印刷业和记录媒介的复制	Printing,Reproduction of Recording Media	7.39
文教体育用品制造业	Manufacture of Articles For Culture, Education and Sport Activity	4.12
石油加工、炼焦及核燃料加工业	Processing of Petroleum, Coking, Processing of Nuclear Fuel	23.20
化学原料及化学制品制造业	Manufacture of Raw Chemical Materials and Chemical Products	48.28
医药制造业	Manufacture of Medicines	8.16
化学纤维制造业	Manufacture of Chemical Fibers	1.34
橡胶制品业	Manufacture of Rubber	10.27
塑料制品业	Manufacture of Plastics	13.53
非金属矿物制品业	Manufacture of Non-metallic Mineral Products	26.72
黑色金属冶炼及压延加工业	Smelting and Pressing of Ferrous Metals	25.23
有色金属冶炼及压延加工业	Smelting and Pressing of Non-ferrous Metals	6.90
金属制品业	Manufacture of Metal Products	19.38
通用设备制造业	Manufacture of General Purpose Machinery	29.63
专用设备制造业	Manufacture of Special Purpose Machinery	17.73
交通运输设备制造业	Manufacture of Transport Equipment	39.61
电气机械及器材制造业	Manufacture of Electrical Machinery and Equipment	23.25
通信设备、计算机及其他电子设备制造业	Manufacture of Communication Equipment,Computers and Other Electronic Equipment	11.90
仪器仪表及文化、办公用机械制造业	Manufacture of Measuring Instruments and Machinery for Cultural Activity and Office Work	3.83
工艺品及其他制造业	Manufacture of Artwork and Other Manufacturing	7.26
废弃资源和废旧材料回收加工业	Recycling and Disposal of Waste	0.35
(三)电力、煤气及水生产和供应业	**Electric Power, Gas and Water Production and Supply**	**27.61**
电力、热力的生产和供应业	Production and Distribution of Electric Power and Heat Power	21.71
燃气生产和供应业	Production and Distribution of Gas	2.66
水的生产和供应业	Production and Distribution of Water	3.25

Continued

煤油 (万吨) Kerosene (10⁴ tons)	柴油 (万吨) Diesel Oil (10⁴ tons)	燃料油 (万吨) Fuel Oil (10⁴ tons)	液化石油气 (万吨) LPG (10⁴ tons)	炼厂干气 (万吨) Refinery Gas (10⁴ tons)	其他石油制品 (万吨) Other Petroleum Products (10⁴ tons)	天然气 (亿立方米) Natural Gas (10⁸ cu.m)	热力 (万百万千焦) Heat (10¹⁰ kJ)	电力 (亿千瓦小时) Electricity (10⁸ kW•h)	其他能源 (万吨标煤) Other Energy (10⁴ tce)
48.19	**1648.86**	**1935.40**	**535.89**	**818.29**	**5515.28**	**315.80**	**176779.27**	**19408.91**	**960.51**
5.72	**359.52**	**54.65**	**4.38**	**42.97**	**23.29**	**56.36**	**5582.84**	**1479.27**	**17.62**
2.93	62.42	0.19	0.28	0.00013	0.97	1.72	368.17	580.45	7.33
0.16	187.43	52.77	3.94	42.97	22.10	54.58	3627.83	316.32	3.30
1.27	33.57	0.79			0.04	0.02	0.99	248.85	0.44
0.66	13.57	0.58	0.10		0.04	0.02	0.08	173.77	5.40
0.70	61.52	0.32	0.05		0.14	0.02	1585.78	122.76	1.15
0.01	1.00							37.14	
42.18	**1221.44**	**1854.97**	**445.67**	**773.54**	**5485.90**	**254.04**	**159468.65**	**15387.40**	**885.39**
0.35	54.52	25.20	3.01	10	1.68	0.27	2974.22	296.02	111.17
0.29	20.60	20.34	4.18		0.39	1.28	4804.90	134.15	4.59
0.48	14.51	28.80	0.30			0.58	2258.56	89.45	4.50
0.03	5.66	1.52	0.03			0.26	327.99	34.41	0.84
1.84	40.71	46.70	3.04	0.20	2.12	0.56	16732.87	1032.21	19.78
0.61	28.70	15.42	0.60		0.42	0.09	743.83	108.80	1.05
0.32	14.18	15.65	0.30		0.18	0.03	254.48	64.39	0.51
0.97	11.60	2.93	0.27		0.12	0.13	619.25	127.34	60.22
0.21	8.37	5.26	1.15			0.04	68.18	28.49	3.81
0.81	24.10	30.34	6.69		0.09	0.59	11316.85	447.76	29.16
0.66	6.89	7.90	1.00		0.16	0.23	119.30	66.54	0.25
0.31	11.46	9.15	0.97		0.09		40.92	43.44	3.08
1.85	50.39	227.51	152.51	693.51	3484.65	15.98	26037.19	357.36	153.37
4.58	140.81	286.01	104.69	65.71	1817.46	173.49	47490.10	2439.33	116.01
0.46	8.67	11.54	0.70		0.27	1.14	4627.67	159.60	1.86
0.44	7.67	50.59	1.10	1.44	1.13	0.35	5764.16	244.80	21.26
0.23	9.86	20.90	1.00		1.12	0.34	998.26	237.25	0.17
0.66	37.23	38.11	1.81		8.90	0.65	406.63	355.15	1.92
2.75	258.71	547.25	85.64	2.07	50.72	23.78	702.72	1675.48	146.92
1.71	92.45	88.05	13.08		8.99	11.22	16220.91	3039.00	131.28
2.07	53.17	103.52	6.88		94.11	4.56	8724.66	1829.51	33.03
2.35	52.61	49.34	12.24		0.64	0.81	258.40	605.77	0.81
5.18	57.08	13.77	6.02		2.85	2.35	818.73	389.30	9.64
1.49	26.51	11.57	2.43		1.31	2.97	1648.32	207.23	1.92
7.76	68.78	20.41	9.94		3.29	5.55	2969.87	345.42	1.77
1.40	46.90	61.84	15.06	0.62	2.61	1.42	775.26	282.33	22.40
0.80	47.82	87.72	7.77		0.10	5.24	1020.78	401.97	0.41
0.99	8.40	11.58	0.30		0.36	0.10	161.55	51.81	0.08
0.59	11.87	15.43	2.91		2.06	0.05	576.79	281.77	2.00
0.03	1.20	0.61	0.05		0.08		5.29	11.30	1.57
0.29	**67.91**	**25.79**	**85.84**	**1.78**	**6.09**	**5.40**	**11727.78**	**2542.24**	**57.51**
0.24	55.10	23.26	0.10	0.21	5.99	0.39	11445.64	2306.58	57.49
0.02	10.27	0.84	85.74	1.57	0.10	4.95	228.02	31.40	
0.03	2.54	1.69				0.06	54.12	204.26	0.01

4-9 工业分行业终端能源消费量(实物量)-2007

行 业	Item	煤合计 (万吨) Coal Total (10^4 tons)
工业	**Industry**	**80614.42**
(一)采掘业	**Mining and Quarrying**	**5320.34**
煤炭开采和洗选业	Mining and Washing of Coal	3812.15
石油和天然气开采业	Extraction of Petroleum and Natural Gas	169.83
黑色金属矿采选业	Mining and Processing of Ferrous Metal Ores	327.45
有色金属矿采选业	Mining and Processing of Non-Ferrous Metal Ores	233.56
非金属矿采选业	Mining and Processing of Nonmetal Ores	775.45
其他采矿业	Mining of Other Ores	1.90
(二)制造业	**Manufacturing**	**73415.40**
农副食品加工业	Processing of Food from Agricultural Products	2727.27
食品制造业	Manufacture of Foods	1195.59
饮料制造业	Manufacture of Beverages	1436.16
烟草制品业	Manufacture of Tobacco	107.02
纺织业	Manufacture of Textile	2765.87
纺织服装、鞋、帽制造业	Manufacture of Textile Wearing Apparel,Footware, and Caps	347.47
皮革、毛皮、羽毛(绒)及其制品业	Manufacture of Leather, Fur, Feather and Related Products	232.82
木材加工及木、竹、藤、棕、草制品业	Processing of Timber,Manufacture of Wood,Bamboo,Rattan,Palm, and Straw Products	594.39
家具制造业	Manufacture of Furniture	77.42
造纸及纸制品业	Manufacture of Paper and Paper Products	2528.01
印刷业和记录媒介的复制	Printing,Reproduction of Recording Media	85.93
文教体育用品制造业	Manufacture of Articles For Culture, Education and Sport Activity	47.89
石油加工、炼焦及核燃料加工业	Processing of Petroleum, Coking, Processing of Nuclear Fuel	3191.17
化学原料及化学制品制造业	Manufacture of Raw Chemical Materials and Chemical Products	14864.25
医药制造业	Manufacture of Medicines	1080.75
化学纤维制造业	Manufacture of Chemical Fibers	532.03
橡胶制品业	Manufacture of Rubber	565.43
塑料制品业	Manufacture of Plastics	488.23
非金属矿物制品业	Manufacture of Non-metallic Mineral Products	26257.30
黑色金属冶炼及压延加工业	Smelting and Pressing of Ferrous Metals	8388.49
有色金属冶炼及压延加工业	Smelting and Pressing of Non-ferrous Metals	2366.11
金属制品业	Manufacture of Metal Products	606.59
通用设备制造业	Manufacture of General Purpose Machinery	953.11
专用设备制造业	Manufacture of Special Purpose Machinery	529.00
交通运输设备制造业	Manufacture of Transport Equipment	661.63
电气机械及器材制造业	Manufacture of Electrical Machinery and Equipment	413.88
通信设备、计算机及其他电子设备制造业	Manufacture of Communication Equipment,Computers and Other Electronic Equipment	150.79
仪器仪表及文化、办公用机械制造业	Manufacture of Measuring Instruments and Machinery for Cultural Activity and Office Work	48.52
工艺品及其他制造业	Manufacture of Artwork and Other Manufacturing	149.80
废弃资源和废旧材料回收加工业	Recycling and Disposal of Waste	22.48
(三)电力、煤气及水生产和供应业	**Electric Power, Gas and Water Production and Supply**	**1878.67**
电力、热力的生产和供应业	Production and Distribution of Electric Power and Heat Power	1806.12
燃气生产和供应业	Production and Distribution of Gas	47.08
水的生产和供应业	Production and Distribution of Water	25.46

Final Energy Consumption by Industrial Sector (Physical Quantity) -2007

原煤 (万吨) Raw Coal (10^4 tons)	洗精煤 (万吨) Cleaned Coal (10^4 tons)	其他洗煤 (万吨) Other Washed Coal (10^4 tons)	焦炭 (万吨) Coke (10^4 tons)	焦炉煤气 (亿立方米) Coke Oven Gas (10^8 cu.m)	其他煤气 (亿立方米) Other Gas (10^8 cu.m)	其他焦化产品 (万吨) Other Coking Products (10^4 tons)	油品合计 (万吨) Petroleum Products Total (10^4 tons)	原油 (万吨) Crude Oil (10^4 tons)
70348.07	**3538.04**	**5922.97**	**30664.21**	**434.18**	**3490.53**	**600.89**	**12424.26**	**984.12**
4582.26	**179.65**	**539.14**	**241.12**	**1.77**	**8.79**	**4.20**	**1151.67**	**569.47**
3408.39	78.65	309.97	97.69	1.15	3.23	4.20	89.67	
169.52							925.94	569.47
260.51	62.00	2.99	119.02	0.62	5.57		42.34	
206.93	24.16	1.99	15.31				20.32	
535.02	14.84	224.18	9.10				72.33	
1.90							1.08	
63996.14	**3345.81**	**5291.36**	**30410.71**	**424.95**	**3471.68**	**592.18**	**11068.05**	**413.22**
2628.33	24.25	69.73	15.65	0.02	0.02		103.13	0.06
1174.72	12.73	4.04	18.87	0.01	0.19		51.81	0.09
1420.56	7.88	5.90	4.22	0.00	0.01		54.55	0.49
99.32	5.41	2.29		0.01	0.12		8.22	
2725.12	8.40	9.22	5.05	0.35	0.06		114.35	0.19
340.47	3.52	1.52	1.04	0.02	0.04		56.58	0.25
228.25	0.39	0.60	5.78	0.01	0.00		35.06	0.04
575.05	2.89	3.36	16.05		0.00	0.00	22.43	0.14
76.24	0.24	0.44	4.14		0.01		16.74	0.03
2440.22	24.03	56.78	6.53	0.19	0.00		68.03	0.52
84.62	0.15	0.33	0.41	0.00	0.01		22.49	0.00
47.02	0.10	0.22	5.19		0.00		25.29	0.08
2090.58	149.55	948.26	120.20	51.00	54.10	72.12	5126.32	174.85
13817.43	633.32	178.95	2501.19	9.48	19.75	244.22	2765.83	207.33
1060.52	12.49	3.05	7.14	0.07	0.11		30.92	0.10
523.56	0.45	0.02	37.52		0.23		101.12	11.97
544.51	8.22	10.18	8.32	0.00	0.01		43.94	0.78
472.71	9.03	1.41	5.79	0.01	0.02		92.47	0.05
22099.36	608.64	3383.21	326.64	3.96	38.23	70.72	996.36	14.66
6115.70	1499.04	511.18	25956.55	349.55	3299.87	177.76	221.09	0.10
2075.71	213.21	64.75	488.73	7.57	30.51	27.36	293.16	0.31
579.95	16.30	6.34	75.18	0.29	1.64		137.07	0.06
918.72	17.31	9.41	573.79	0.76	8.91		121.53	0.19
464.83	60.79	1.63	58.32	0.80	15.88		65.01	0.13
644.57	6.97	5.49	139.25	0.40	1.01		152.47	0.11
394.95	15.03	1.72	19.15	0.35	0.47		149.15	0.24
144.10	4.54	1.43	2.25	0.09	0.12		131.68	0.40
46.90	0.01	1.12	2.84	0.01	0.01		22.91	0.04
143.65	0.92	4.77	1.91	0.01	0.02		36.30	0.01
18.47		4.00	3.05		0.33		2.01	
1769.66	**12.58**	**92.47**	**12.38**	**7.46**	**10.05**	**4.51**	**204.54**	**1.42**
1700.04	10.51	92.23	10.24	0.56	1.93	2.16	110.67	1.17
45.12	1.55	0.22	2.06	6.90	8.13	2.35	87.19	0.25
24.50	0.51	0.02	0.08		0.00		6.69	0.00

4-9 续表

行　业	Item	汽油 (万吨) Gasoline (10^4 tons)
工业	**Industry**	**524.37**
(一)采掘业	**Mining and Quarrying**	**62.88**
煤炭开采和洗选业	Mining and Washing of Coal	18.29
石油和天然气开采业	Extraction of Petroleum and Natural Gas	30.99
黑色金属矿采选业	Mining and Processing of Ferrous Metal Ores	5.38
有色金属矿采选业	Mining and Processing of Non-Ferrous Metal Ores	3.93
非金属矿采选业	Mining and Processing of Nonmetal Ores	4.27
其他采矿业	Mining of Other Ores	0.02
(二)制造业	**Manufacturing**	**436.66**
农副食品加工业	Processing of Food from Agricultural Products	15.74
食品制造业	Manufacture of Foods	8.75
饮料制造业	Manufacture of Beverages	7.39
烟草制品业	Manufacture of Tobacco	0.87
纺织业	Manufacture of Textile	19.98
纺织服装、鞋、帽制造业	Manufacture of Textile Wearing Apparel,Footware, and Caps	10.86
皮革、毛皮、羽毛(绒)及其制品业	Manufacture of Leather, Fur, Feather and Related Products	5.03
木材加工及木、竹、藤、棕、草制品业	Processing of Timber,Manufacture of Wood,Bamboo,Rattan,Palm, and Straw Products	5.53
家具制造业	Manufacture of Furniture	3.20
造纸及纸制品业	Manufacture of Paper and Paper Products	9.58
印刷业和记录媒介的复制	Printing,Reproduction of Recording Media	7.11
文教体育用品制造业	Manufacture of Articles For Culture, Education and Sport Activity	3.70
石油加工、炼焦及核燃料加工业	Processing of Petroleum, Coking, Processing of Nuclear Fuel	24.40
化学原料及化学制品制造业	Manufacture of Raw Chemical Materials and Chemical Products	45.00
医药制造业	Manufacture of Medicines	10.26
化学纤维制造业	Manufacture of Chemical Fibers	1.88
橡胶制品业	Manufacture of Rubber	10.91
塑料制品业	Manufacture of Plastics	14.23
非金属矿物制品业	Manufacture of Non-metallic Mineral Products	31.56
黑色金属冶炼及压延加工业	Smelting and Pressing of Ferrous Metals	26.55
有色金属冶炼及压延加工业	Smelting and Pressing of Non-ferrous Metals	7.25
金属制品业	Manufacture of Metal Products	23.75
通用设备制造业	Manufacture of General Purpose Machinery	33.88
专用设备制造业	Manufacture of Special Purpose Machinery	20.76
交通运输设备制造业	Manufacture of Transport Equipment	41.27
电气机械及器材制造业	Manufacture of Electrical Machinery and Equipment	23.20
通信设备、计算机及其他电子设备制造业	Manufacture of Communication Equipment,Computers and Other Electronic Equipment	13.39
仪器仪表及文化、办公用机械制造业	Manufacture of Measuring Instruments and Machinery for Cultural Activity and Office Work	4.66
工艺品及其他制造业	Manufacture of Artwork and Other Manufacturing	5.62
废弃资源和废旧材料回收加工业	Recycling and Disposal of Waste	0.34
(三)电力、煤气及水生产和供应业	**Electric Power, Gas and Water Production and Supply**	**24.83**
电力、热力的生产和供应业	Production and Distribution of Electric Power and Heat Power	18.96
燃气生产和供应业	Production and Distribution of Gas	2.62
水的生产和供应业	Production and Distribution of Water	3.25

Continued

煤油 (万吨) Kerosene (10⁴ tons)	柴油 (万吨) Diesel Oil (10⁴ tons)	燃料油 (万吨) Fuel Oil (10⁴ tons)	液化石油气 (万吨) LPG (10⁴ tons)	炼厂干气 (万吨) Refinery Gas (10⁴ tons)	其他石油制品 (万吨) Other Petroleum Products (10⁴ tons)	天然气 (亿立方米) Natural Gas (10⁸ cu.m)	热力 (万百万千焦) Heat (10¹⁰ kJ)	电力 (亿千瓦小时) Electricity (10⁸ kW•h)	其他能源 (万吨标煤) Other Energy (10⁴ tce)
45.24	**1741.37**	**1782.17**	**450.50**	**865.30**	**6031.19**	**370.28**	**185028.20**	**22229.10**	**1070.16**
5.30	**379.58**	**67.59**	**4.06**	**33.25**	**29.54**	**66.09**	**4739.98**	**1589.79**	**12.09**
2.71	65.92	0.73	0.24		1.78	2.01	377.12	600.28	4.54
0.15	197.84	65.28	3.32	33.25	25.64	63.99	2705.83	310.70	0.69
1.16	35.45	0.25			0.10	0.03	1.08	304.56	1.56
0.62	14.33	1.13	0.08		0.23	0.02	0.08	203.62	2.57
0.66	64.97	0.20	0.42		1.80	0.04	1655.87	135.13	2.74
	1.06							35.49	
39.64	**1289.88**	**1688.73**	**374.80**	**830.17**	**5994.95**	**297.89**	**173064.81**	**17832.78**	**1030.79**
0.33	57.61	16.87	2.53	8.95	1.03	0.33	3016.94	334.95	250.32
0.27	21.76	17.12	3.71		0.11	1.39	4873.91	151.79	13.99
0.45	15.32	30.53	0.30		0.07	0.68	2617.67	101.20	8.69
0.03	5.98	1.33	0.02		0.00	0.30	377.03	36.57	0.38
1.72	43.02	44.56	2.56	0.21	2.11	0.69	19967.10	1124.38	30.78
0.57	30.29	13.92	0.51		0.18	0.09	761.91	124.50	5.14
0.30	14.97	14.24	0.13		0.34	0.04	253.07	73.68	1.76
0.91	13.08	2.46	0.23		0.08	0.15	621.98	148.80	121.57
0.20	8.84	3.44	1.02		0.01	0.05	112.78	29.63	4.27
0.76	25.45	25.97	5.62		0.13	0.69	11591.93	435.69	92.39
0.62	7.28	6.48	0.89		0.12	0.27	193.13	74.18	0.13
0.29	12.10	8.04	0.82		0.26		44.76	46.01	4.47
1.73	52.95	218.40	126.27	747.21	3780.51	18.74	28671.40	409.63	4.62
4.20	148.71	237.12	63.12	69.48	1990.87	202.24	52047.90	2779.33	172.75
0.43	9.15	9.70	0.59		0.69	1.34	4533.81	170.71	10.82
0.41	8.89	58.45	0.93	1.52	17.06	0.41	5846.95	276.92	28.01
0.22	10.41	18.96	0.84		1.83	0.41	1012.60	263.09	2.06
0.52	39.38	32.19	1.52		4.58	0.76	323.51	381.05	3.56
2.58	272.23	530.67	86.16	2.19	56.30	28.91	959.54	1855.92	110.72
1.61	97.58	70.15	15.15		9.96	13.15	18252.22	3661.70	117.68
1.94	56.15	107.82	6.75	0.00	112.93	5.35	8849.96	2398.44	27.74
2.21	55.56	41.63	13.16	0.00	0.69	0.95	379.06	677.09	3.34
4.82	60.25	14.18	5.06		3.15	3.00	742.69	447.78	2.62
1.38	28.00	10.08	3.10		1.57	3.48	1614.73	229.16	0.69
7.57	72.28	18.95	8.35	0.00	3.95	6.50	2722.49	417.69	2.05
1.31	49.50	54.98	15.92	0.59	3.39	1.66	1101.62	341.54	3.27
0.75	50.36	60.83	5.80	0.00	0.14	6.16	862.87	479.75	4.22
0.93	8.87	7.65	0.36	0.00	0.40	0.12	114.08	61.16	0.23
0.55	12.61	11.80	3.32		2.39	0.05	591.82	289.36	2.45
0.03	1.28	0.21	0.06	0.00	0.09		5.35	11.07	0.06
0.31	**71.91**	**25.85**	**71.64**	**1.88**	**6.70**	**6.30**	**7223.41**	**2806.53**	**27.28**
0.25	58.29	25.16	0.03	0.22	6.59	0.42	6965.87	2541.23	27.23
0.03	10.89	0.01	71.61	1.66	0.11	5.80	220.47	44.87	
0.03	2.73	0.67	0.00			0.08	37.07	220.43	0.05

4-10 工业分行业终端能源消费量(实物量)-2008

行　业	Item	煤合计 (万吨) Coal Total (10^4 tons)
工业	**Industry**	**85153.56**
(一)采掘业	**Mining and Quarrying**	**5425.38**
煤炭开采和洗选业	Mining and Washing of Coal	3903.05
石油和天然气开采业	Extraction of Petroleum and Natural Gas	123.28
黑色金属矿采选业	Mining and Processing of Ferrous Metal Ores	433.04
有色金属矿采选业	Mining and Processing of Non-Ferrous Metal Ores	196.99
非金属矿采选业	Mining and Processing of Nonmetal Ores	767.63
其他采矿业	Mining of Other Ores	1.39
(二)制造业	**Manufacturing**	**77511.93**
农副食品加工业	Processing of Food from Agricultural Products	2972.58
食品制造业	Manufacture of Foods	1280.22
饮料制造业	Manufacture of Beverages	1520.94
烟草制品业	Manufacture of Tobacco	85.99
纺织业	Manufacture of Textile	2631.99
纺织服装、鞋、帽制造业	Manufacture of Textile Wearing Apparel,Footware, and Caps	355.09
皮革、毛皮、羽毛(绒)及其制品业	Manufacture of Leather, Fur, Feather and Related Products	219.78
木材加工及木、竹、藤、棕、草制品业	Processing of Timber,Manufacture of Wood,Bamboo,Rattan,Palm, and Straw Products	633.92
家具制造业	Manufacture of Furniture	85.00
造纸及纸制品业	Manufacture of Paper and Paper Products	2757.15
印刷业和记录媒介的复制	Printing,Reproduction of Recording Media	80.00
文教体育用品制造业	Manufacture of Articles For Culture, Education and Sport Activity	44.21
石油加工、炼焦及核燃料加工业	Processing of Petroleum, Coking, Processing of Nuclear Fuel	3253.52
化学原料及化学制品制造业	Manufacture of Raw Chemical Materials and Chemical Products	15474.75
医药制造业	Manufacture of Medicines	1127.08
化学纤维制造业	Manufacture of Chemical Fibers	536.81
橡胶制品业	Manufacture of Rubber	586.40
塑料制品业	Manufacture of Plastics	554.63
非金属矿物制品业	Manufacture of Non-metallic Mineral Products	27292.43
黑色金属冶炼及压延加工业	Smelting and Pressing of Ferrous Metals	9950.66
有色金属冶炼及压延加工业	Smelting and Pressing of Non-ferrous Metals	2490.82
金属制品业	Manufacture of Metal Products	596.01
通用设备制造业	Manufacture of General Purpose Machinery	1055.45
专用设备制造业	Manufacture of Special Purpose Machinery	507.84
交通运输设备制造业	Manufacture of Transport Equipment	603.39
电气机械及器材制造业	Manufacture of Electrical Machinery and Equipment	427.69
通信设备、计算机及其他电子设备制造业	Manufacture of Communication Equipment,Computers and Other Electronic Equipment	147.16
仪器仪表及文化、办公用机械制造业	Manufacture of Measuring Instruments and Machinery for Cultural Activity and Office Work	42.66
工艺品及其他制造业	Manufacture of Artwork and Other Manufacturing	160.86
废弃资源和废旧材料回收加工业	Recycling and Disposal of Waste	36.88
(三)电力、煤气及水生产和供应业	**Electric Power, Gas and Water Production and Supply**	**2216.25**
电力、热力的生产和供应业	Production and Distribution of Electric Power and Heat Power	2175.97
燃气生产和供应业	Production and Distribution of Gas	17.33
水的生产和供应业	Production and Distribution of Water	22.95

Final Energy Consumption by Industrial Sector (Physical Quantity) -2008

原煤 (万吨) Raw Coal (10^4 tons)	洗精煤 (万吨) Cleaned Coal (10^4 tons)	其他洗煤 (万吨) Other Washed Coal (10^4 tons)	焦炭 (万吨) Coke (10^4 tons)	焦炉煤气 (亿立方米) Coke Oven Gas (10^8 cu.m)	其他煤气 (亿立方米) Other Gas (10^8 cu.m)	其他焦化产品 (万吨) Other Coking Products (10^4 tons)	油品合计 (万吨) Petroleum Products Total (10^4 tons)	原油 (万吨) Crude Oil (10^4 tons)
73462.50	**4167.02**	**6367.51**	**31789.08**	**478.66**	**3563.48**	**695.95**	**12630.80**	**787.75**
4575.06	**191.15**	**614.63**	**210.11**	**2.15**	**18.13**	**4.32**	**1167.02**	**497.74**
3412.21	90.20	373.43	87.61	0.61	7.32	4.32	126.38	
123.28			0.01				862.71	497.74
353.32	62.80	3.90	102.92	1.54	10.55		62.34	
168.64	23.81	2.50	12.17		0.26		25.14	
516.22	14.34	234.80	7.40				89.99	
1.39							0.46	
66798.64	**3968.82**	**5634.89**	**31568.92**	**468.58**	**3539.88**	**687.94**	**11226.46**	**288.27**
2849.72	25.81	86.80	23.18	0.02	0.04		88.77	0.17
1256.75	12.38	5.34	25.09	0.02	0.20		55.13	0.00
1503.32	7.49	7.11	2.74	0.00	0.06		37.21	0.03
78.41	4.98	2.60	0.83	0.07	0.14		6.63	
2584.46	9.73	11.05	7.45	0.37	0.07		111.77	0.03
342.97	3.46	1.84	4.13	0.01	0.02		54.74	0.22
212.60	0.90	0.69	2.15		0.00		32.69	0.24
618.61	3.76	3.65	18.07		0.00	0.00	24.34	0.24
82.14	0.32	2.06	3.37		0.01		19.86	0.01
2650.80	26.30	71.25	7.30	0.11	0.00	1.10	72.66	0.60
78.74	0.24	0.38	0.32	0.00	0.01		29.56	0.00
43.80	0.06	0.25	5.30		0.01		27.03	
2040.93	200.74	1002.84	135.40	53.45	73.83	82.86	5242.70	85.86
14245.85	791.29	220.97	2504.71	14.22	17.66	285.99	2658.60	171.30
1105.14	12.48	4.53	7.62	0.10	0.09		34.65	0.10
526.21	0.73		10.31		0.27	3.57	71.15	14.51
562.86	8.38	11.62	11.33	0.00	0.00		40.77	0.85
536.87	9.99	1.96	7.69	0.01	0.01		89.13	0.07
22728.78	801.57	3549.02	351.35	8.32	36.50	72.27	1066.53	12.78
7207.02	1715.32	507.48	26937.61	378.54	3325.08	227.11	271.94	0.15
2179.97	209.96	80.00	490.47	10.44	52.48	13.31	320.80	0.38
569.06	15.52	5.26	90.83	0.09	1.04		135.46	0.11
1011.91	18.59	13.75	623.50	0.85	10.94		134.93	0.10
443.02	59.62	3.57	68.85	1.00	16.92	1.73	79.62	0.05
569.20	6.89	23.47	187.96	0.51	0.51		201.57	0.04
405.04	14.98	5.60	25.78	0.15	0.52		137.98	0.12
139.61	4.82	0.80	2.51	0.13	0.03		127.21	0.26
42.21	0.00	0.15	3.77		0.00		18.56	0.01
151.64	2.47	5.85	2.18	0.02	2.94		29.22	0.02
31.00	0.04	5.00	7.13	0.14	0.49		5.28	
2088.80	**7.05**	**118.00**	**10.04**	**7.93**	**5.47**	**3.68**	**237.32**	**1.73**
2049.38	7.05	118.00	7.13	0.34	3.60	1.51	154.09	1.43
16.65			2.84	7.59	1.87	2.17	75.47	0.31
22.77			0.07		0.00		7.76	0.00

4-10 续表

行业	Item	汽油 (万吨) Gasoline (10^4 tons)
工业	**Industry**	**585.98**
(一)采掘业	**Mining and Quarrying**	**65.70**
煤炭开采和洗选业	Mining and Washing of Coal	22.33
石油和天然气开采业	Extraction of Petroleum and Natural Gas	27.84
黑色金属矿采选业	Mining and Processing of Ferrous Metal Ores	5.96
有色金属矿采选业	Mining and Processing of Non-Ferrous Metal Ores	4.39
非金属矿采选业	Mining and Processing of Nonmetal Ores	5.14
其他采矿业	Mining of Other Ores	0.04
(二)制造业	**Manufacturing**	**492.78**
农副食品加工业	Processing of Food from Agricultural Products	17.58
食品制造业	Manufacture of Foods	9.87
饮料制造业	Manufacture of Beverages	9.14
烟草制品业	Manufacture of Tobacco	0.88
纺织业	Manufacture of Textile	22.48
纺织服装、鞋、帽制造业	Manufacture of Textile Wearing Apparel,Footware, and Caps	12.58
皮革、毛皮、羽毛(绒)及其制品业	Manufacture of Leather, Fur, Feather and Related Products	6.05
木材加工及木、竹、藤、棕、草制品业	Processing of Timber,Manufacture of Wood,Bamboo,Rattan,Palm, and Straw Products	7.89
家具制造业	Manufacture of Furniture	4.03
造纸及纸制品业	Manufacture of Paper and Paper Products	11.96
印刷业和记录媒介的复制	Printing,Reproduction of Recording Media	8.18
文教体育用品制造业	Manufacture of Articles For Culture, Education and Sport Activity	4.23
石油加工、炼焦及核燃料加工业	Processing of Petroleum, Coking, Processing of Nuclear Fuel	20.05
化学原料及化学制品制造业	Manufacture of Raw Chemical Materials and Chemical Products	51.75
医药制造业	Manufacture of Medicines	11.33
化学纤维制造业	Manufacture of Chemical Fibers	2.04
橡胶制品业	Manufacture of Rubber	13.73
塑料制品业	Manufacture of Plastics	17.14
非金属矿物制品业	Manufacture of Non-metallic Mineral Products	38.03
黑色金属冶炼及压延加工业	Smelting and Pressing of Ferrous Metals	24.72
有色金属冶炼及压延加工业	Smelting and Pressing of Non-ferrous Metals	7.00
金属制品业	Manufacture of Metal Products	29.38
通用设备制造业	Manufacture of General Purpose Machinery	40.51
专用设备制造业	Manufacture of Special Purpose Machinery	21.60
交通运输设备制造业	Manufacture of Transport Equipment	46.46
电气机械及器材制造业	Manufacture of Electrical Machinery and Equipment	26.68
通信设备、计算机及其他电子设备制造业	Manufacture of Communication Equipment,Computers and Other Electronic Equipment	16.13
仪器仪表及文化、办公用机械制造业	Manufacture of Measuring Instruments and Machinery for Cultural Activity and Office Work	5.15
工艺品及其他制造业	Manufacture of Artwork and Other Manufacturing	5.84
废弃资源和废旧材料回收加工业	Recycling and Disposal of Waste	0.38
(三)电力、煤气及水生产和供应业	**Electric Power, Gas and Water Production and Supply**	**27.50**
电力、热力的生产和供应业	Production and Distribution of Electric Power and Heat Power	21.89
燃气生产和供应业	Production and Distribution of Gas	2.10
水的生产和供应业	Production and Distribution of Water	3.51

Continued

煤油 (万吨) Kerosene (10^4 tons)	柴油 (万吨) Diesel Oil (10^4 tons)	燃料油 (万吨) Fuel Oil (10^4 tons)	液化石油气 (万吨) LPG (10^4 tons)	炼厂干气 (万吨) Refinery Gas (10^4 tons)	其他石油制品 (万吨) Other Petroleum Products (10^4 tons)	天然气 (亿立方米) Natural Gas (10^8 cu.m)	热力 (万百万千焦) Heat (10^{10} kJ)	电力 (亿千瓦小时) Electricity (10^8 kW•h)	其他能源 (万吨标煤) Other Energy (10^4 tce)
49.08	**2111.89**	**1560.11**	**493.18**	**884.96**	**6157.84**	**416.75**	**179371.51**	**23250.75**	**1093.69**
5.38	**480.84**	**46.29**	**2.01**	**36.55**	**32.51**	**92.10**	**4395.12**	**1701.27**	**9.32**
2.87	90.33	6.44	0.25		4.16	2.79	363.99	639.93	4.59
0.13	232.32	38.60	1.41	36.55	28.11	88.99	2448.41	318.43	0.14
1.03	54.66	0.65			0.05	0.20	1.07	320.08	0.68
0.77	19.64	0.20	0.03		0.12	0.04	0.08	222.46	2.36
0.58	83.47	0.41	0.32		0.07	0.05	1581.57	146.00	1.56
	0.42					0.01		54.37	
43.46	**1527.06**	**1484.27**	**421.93**	**846.79**	**6121.90**	**320.70**	**169119.15**	**18588.88**	**1054.44**
0.42	45.51	10.86	4.01	8.75	1.47	2.81	3136.57	362.28	287.32
0.26	25.17	15.43	4.20		0.20	3.40	4990.27	166.44	18.21
0.49	15.57	11.35	0.59		0.03	2.06	2826.59	110.97	11.17
	4.68	1.06	0.01		0.00	1.01	307.65	38.62	0.10
1.38	45.87	35.66	3.39	0.32	2.63	3.44	20627.56	1126.38	42.70
0.49	32.97	6.98	1.37		0.13	0.33	735.38	130.07	3.05
0.24	14.69	11.12	0.14		0.21	0.92	246.81	76.99	1.69
0.46	13.44	1.99	0.27		0.05	0.35	612.84	175.40	142.57
0.18	13.81	0.29	1.53		0.02	0.39	94.35	34.90	3.70
0.91	33.00	22.40	3.60		0.19	3.24	11437.31	471.79	89.13
0.53	17.19	1.80	1.68		0.18	0.46	239.02	77.26	0.07
0.17	18.37	2.67	1.38		0.21	0.12	43.65	47.72	4.26
2.08	25.61	235.51	140.26	767.97	3965.36	16.51	25741.48	423.80	5.26
3.87	172.84	256.66	64.34	66.25	1871.59	162.09	52757.29	2761.34	171.03
0.43	15.03	5.99	1.18		0.60	3.21	4655.48	182.90	19.87
0.29	11.57	31.81	0.53	0.79	9.61	1.44	4996.77	264.28	0.59
0.15	8.09	15.85	0.42		1.68	1.06	1028.25	271.06	1.36
1.04	48.00	16.13	2.33		4.42	1.09	357.78	435.88	4.42
2.32	314.65	515.13	86.81	2.34	94.46	54.62	1060.64	1959.68	94.91
2.25	114.40	97.69	24.24		8.50	16.66	16488.08	3693.10	97.56
2.18	70.16	97.73	8.63	0.00	134.72	6.90	8630.86	2511.23	38.93
2.65	69.89	15.44	17.16	0.00	0.83	5.62	400.17	728.52	3.17
6.32	66.25	9.33	6.48		5.94	7.01	769.10	490.99	2.86
0.98	41.04	6.25	4.60		5.10	5.08	1718.92	251.28	0.99
9.05	118.79	13.43	10.25	0.00	3.55	10.90	2498.20	471.93	2.83
1.58	69.28	12.04	20.06	0.35	7.87	3.24	1218.33	402.25	3.10
0.86	70.83	30.31	8.33	0.00	0.48	6.26	910.91	530.93	0.88
1.39	11.49	0.20	0.26	0.00	0.06	0.25	140.45	66.35	0.14
0.44	15.13	2.53	3.76		1.49	0.21	442.53	313.06	2.48
0.05	3.74	0.65	0.13	0.00	0.33	0.06	5.92	11.47	0.06
0.25	**104.00**	**29.55**	**69.23**	**1.62**	**3.43**	**3.96**	**5857.24**	**2960.60**	**29.93**
0.23	97.92	28.98	0.04	0.22	3.38	0.13	5541.63	2667.00	29.79
0.01	2.40	0.01	69.19	1.40	0.05	3.73	278.97	55.08	0.02
0.01	3.68	0.56	0.00			0.10	36.64	238.52	0.11

4-11 工业分行业终端能源消费量(实物量)-2009

行 业	Item	煤合计 (万吨) Coal Total (10^4 tons)
工业	**Industry**	**92367.50**
(一)采掘业	**Mining and Quarrying**	**7839.32**
煤炭开采和洗选业	Mining and Washing of Coal	6322.75
石油和天然气开采业	Extraction of Petroleum and Natural Gas	123.12
黑色金属矿采选业	Mining and Processing of Ferrous Metal Ores	393.87
有色金属矿采选业	Mining and Processing of Non-Ferrous Metal Ores	192.25
非金属矿采选业	Mining and Processing of Nonmetal Ores	805.07
其他采矿业	Mining of Other Ores	2.26
(二)制造业	**Manufacturing**	**82237.24**
农副食品加工业	Processing of Food from Agricultural Products	2972.91
食品制造业	Manufacture of Foods	1385.02
饮料制造业	Manufacture of Beverages	1528.95
烟草制品业	Manufacture of Tobacco	79.43
纺织业	Manufacture of Textile	2679.29
纺织服装、鞋、帽制造业	Manufacture of Textile Wearing Apparel,Footware, and Caps	337.54
皮革、毛皮、羽毛(绒)及其制品业	Manufacture of Leather, Fur, Feather and Related Products	219.64
木材加工及木、竹、藤、棕、草制品业	Processing of Timber,Manufacture of Wood,Bamboo,Rattan,Palm, and Straw Products	682.28
家具制造业	Manufacture of Furniture	77.76
造纸及纸制品业	Manufacture of Paper and Paper Products	3077.88
印刷业和记录媒介的复制	Printing,Reproduction of Recording Media	75.49
文教体育用品制造业	Manufacture of Articles For Culture, Education and Sport Activity	44.99
石油加工、炼焦及核燃料加工业	Processing of Petroleum, Coking, Processing of Nuclear Fuel	4051.05
化学原料及化学制品制造业	Manufacture of Raw Chemical Materials and Chemical Products	15998.72
医药制造业	Manufacture of Medicines	1024.35
化学纤维制造业	Manufacture of Chemical Fibers	546.64
橡胶制品业	Manufacture of Rubber	577.20
塑料制品业	Manufacture of Plastics	519.99
非金属矿物制品业	Manufacture of Non-metallic Mineral Products	29048.39
黑色金属冶炼及压延加工业	Smelting and Pressing of Ferrous Metals	11336.35
有色金属冶炼及压延加工业	Smelting and Pressing of Non-ferrous Metals	2482.11
金属制品业	Manufacture of Metal Products	581.16
通用设备制造业	Manufacture of General Purpose Machinery	1032.53
专用设备制造业	Manufacture of Special Purpose Machinery	511.11
交通运输设备制造业	Manufacture of Transport Equipment	601.40
电气机械及器材制造业	Manufacture of Electrical Machinery and Equipment	398.84
通信设备、计算机及其他电子设备制造业	Manufacture of Communication Equipment,Computers and Other Electronic Equipment	145.14
仪器仪表及文化、办公用机械制造业	Manufacture of Measuring Instruments and Machinery for Cultural Activity and Office Work	39.59
工艺品及其他制造业	Manufacture of Artwork and Other Manufacturing	138.89
废弃资源和废旧材料回收加工业	Recycling and Disposal of Waste	42.61
(三)电力、煤气及水生产和供应业	**Electric Power, Gas and Water Production and Supply**	**2290.94**
电力、热力的生产和供应业	Production and Distribution of Electric Power and Heat Power	2255.01
燃气生产和供应业	Production and Distribution of Gas	18.16
水的生产和供应业	Production and Distribution of Water	17.77

Final Energy Consumption by Industrial Sector (Physical Quantity) -2009

原煤 (万吨) Raw Coal (10^4 tons)	洗精煤 (万吨) Cleaned Coal (10^4 tons)	其他洗煤 (万吨) Other Washed Coal (10^4 tons)	焦炭 (万吨) Coke (10^4 tons)	焦炉煤气 (亿立方米) Coke Oven Gas (10^8 cu.m)	其他煤气 (亿立方米) Other Gas (10^8 cu.m)	其他焦化产品 (万吨) Other Coking Products (10^4 tons)	油品合计 (万吨) Petroleum Products Total (10^4 tons)	原油 (万吨) Crude Oil (10^4 tons)
78987.60	**4535.82**	**7485.66**	**36083.01**	**467.24**	**4307.21**	**807.82**	**13378.74**	**826.16**
7016.91	**208.52**	**586.04**	**155.32**	**1.84**	**23.01**	**2.87**	**1120.52**	**486.91**
5858.16	104.13	351.02	48.38	1.07	5.67	2.87	144.98	
123.12			0.00				794.88	486.91
316.04	65.08	3.63	83.82	0.77	17.34		59.26	
164.85	24.16	1.25	14.89				27.58	
552.49	15.15	230.14	8.22				93.45	
2.26							0.38	
69775.01	**4320.13**	**6816.84**	**35917.10**	**457.39**	**4278.00**	**790.81**	**12084.34**	**338.54**
2854.95	24.58	81.59	16.71	0.03	0.00		108.74	0.10
1362.22	12.41	3.54	21.62	0.02	0.02		57.45	
1513.60	5.20	6.05	2.26	0.00	0.06		38.71	0.20
71.71	4.60	3.12		0.03	0.12		6.37	
2618.58	10.09	16.59	4.10	1.27	0.01		95.84	0.20
326.82	1.77	1.69	1.40	0.01	0.02		59.23	0.33
213.87	0.77	0.70	2.83		0.00		31.36	0.03
666.41	6.97	3.73	16.27		0.00		24.50	0.28
76.08	0.24	1.08	3.00		0.01		21.86	
2987.92	23.29	57.00	4.35	0.12	0.00	1.26	64.82	0.36
74.60	0.14	0.16	0.56	0.01	0.01		25.81	0.00
43.69	0.03	0.21	5.06		0.00		24.54	0.04
2080.59	256.98	1710.10	112.20	45.92	38.66	106.14	6178.91	142.73
14703.18	800.44	207.71	2483.77	14.93	16.27	299.78	2837.70	173.47
1001.48	10.43	7.74	5.85	0.31	0.05		37.11	0.03
532.77	1.33		3.19		0.29	2.73	51.16	10.01
552.12	8.13	13.27	13.73	0.28			32.96	0.40
498.34	10.92	3.69	4.85		0.00		85.07	0.02
23878.10	884.15	4110.07	368.16	10.82	37.79	98.43	941.01	8.89
8236.51	1927.14	475.71	31143.91	371.58	4098.53	273.41	214.06	0.04
2197.09	205.68	64.00	618.57	8.85	50.93	6.18	298.61	0.61
556.01	14.82	6.85	98.22	0.17	0.21		132.57	0.18
992.81	18.39	9.41	663.64	1.17	17.74	2.48	142.37	0.06
446.33	60.45	2.54	77.14	1.21	15.54	0.40	86.12	0.05
569.65	9.66	15.91	194.33	0.32	0.82		176.00	0.10
375.23	17.12	4.37	23.21	0.11	0.22		139.66	0.12
137.96	3.87	1.09	8.08	0.06	0.02		116.32	0.25
39.18		0.14	8.32		0.01		18.89	0.01
132.77	0.53	3.51	1.81		0.02		31.04	0.02
34.42		5.27	9.98	0.18	0.64		5.55	
2195.68	**7.17**	**82.78**	**10.59**	**8.01**	**6.20**	**14.14**	**173.87**	**0.71**
2160.12	7.06	82.60	8.13	0.04	3.13	12.50	127.04	0.50
17.89	0.11	0.16	2.27	7.97	3.07	1.64	37.07	0.21
17.67		0.02	0.19				9.76	0.00

4-11 续表

行　业	Item	汽油 (万吨) Gasoline (10^4 tons)
工业	**Industry**	**670.98**
(一)采掘业	**Mining and Quarrying**	**65.44**
煤炭开采和洗选业	Mining and Washing of Coal	21.19
石油和天然气开采业	Extraction of Petroleum and Natural Gas	25.04
黑色金属矿采选业	Mining and Processing of Ferrous Metal Ores	6.46
有色金属矿采选业	Mining and Processing of Non-Ferrous Metal Ores	7.64
非金属矿采选业	Mining and Processing of Nonmetal Ores	5.08
其他采矿业	Mining of Other Ores	0.03
(二)制造业	**Manufacturing**	**571.16**
农副食品加工业	Processing of Food from Agricultural Products	32.98
食品制造业	Manufacture of Foods	14.16
饮料制造业	Manufacture of Beverages	10.39
烟草制品业	Manufacture of Tobacco	0.75
纺织业	Manufacture of Textile	26.25
纺织服装、鞋、帽制造业	Manufacture of Textile Wearing Apparel,Footware, and Caps	17.18
皮革、毛皮、羽毛(绒)及其制品业	Manufacture of Leather, Fur, Feather and Related Products	9.22
木材加工及木、竹、藤、棕、草制品业	Processing of Timber,Manufacture of Wood,Bamboo,Rattan,Palm, and Straw Products	7.94
家具制造业	Manufacture of Furniture	7.84
造纸及纸制品业	Manufacture of Paper and Paper Products	12.83
印刷业和记录媒介的复制	Printing,Reproduction of Recording Media	8.77
文教体育用品制造业	Manufacture of Articles For Culture, Education and Sport Activity	4.43
石油加工、炼焦及核燃料加工业	Processing of Petroleum, Coking, Processing of Nuclear Fuel	39.81
化学原料及化学制品制造业	Manufacture of Raw Chemical Materials and Chemical Products	49.80
医药制造业	Manufacture of Medicines	12.07
化学纤维制造业	Manufacture of Chemical Fibers	1.61
橡胶制品业	Manufacture of Rubber	11.06
塑料制品业	Manufacture of Plastics	18.24
非金属矿物制品业	Manufacture of Non-metallic Mineral Products	36.95
黑色金属冶炼及压延加工业	Smelting and Pressing of Ferrous Metals	15.52
有色金属冶炼及压延加工业	Smelting and Pressing of Non-ferrous Metals	10.14
金属制品业	Manufacture of Metal Products	31.13
通用设备制造业	Manufacture of General Purpose Machinery	50.48
专用设备制造业	Manufacture of Special Purpose Machinery	28.30
交通运输设备制造业	Manufacture of Transport Equipment	42.74
电气机械及器材制造业	Manufacture of Electrical Machinery and Equipment	35.60
通信设备、计算机及其他电子设备制造业	Manufacture of Communication Equipment,Computers and Other Electronic Equipment	19.25
仪器仪表及文化、办公用机械制造业	Manufacture of Measuring Instruments and Machinery for Cultural Activity and Office Work	6.85
工艺品及其他制造业	Manufacture of Artwork and Other Manufacturing	8.18
废弃资源和废旧材料回收加工业	Recycling and Disposal of Waste	0.69
(三)电力、煤气及水生产和供应业	**Electric Power, Gas and Water Production and Supply**	**34.38**
电力、热力的生产和供应业	Production and Distribution of Electric Power and Heat Power	26.46
燃气生产和供应业	Production and Distribution of Gas	2.88
水的生产和供应业	Production and Distribution of Water	5.04

Continued

煤油 (万吨) Kerosene (10^4 tons)	柴油 (万吨) Diesel Oil (10^4 tons)	燃料油 (万吨) Fuel Oil (10^4 tons)	液化石油气 (万吨) LPG (10^4 tons)	炼厂干气 (万吨) Refinery Gas (10^4 tons)	其他石油制品 (万吨) Other Petroleum Products (10^4 tons)	天然气 (亿立方米) Natural Gas (10^8 cu.m)	热力 (万百万千焦) Heat (10^{10} kJ)	电力 (亿千瓦小时) Electricity (10^8 kW•h)	其他能源 (万吨标煤) Other Energy (10^4 tce)
32.04	**1986.99**	**1227.48**	**477.41**	**1022.69**	**7134.99**	**402.71**	**183874.13**	**24596.27**	**1165.04**
4.64	**455.00**	**32.47**	**0.29**	**33.60**	**42.18**	**91.18**	**4128.99**	**1761.77**	**11.91**
2.90	108.40	4.83	0.05		7.61	1.86	374.91	691.13	4.96
0.05	187.83	27.02	0.20	33.60	34.23	89.07	1933.74	333.34	0.12
0.45	51.92	0.32			0.10	0.03	0.20	289.73	0.76
0.87	18.85	0.04	0.02		0.16	0.04	1.33	215.72	2.47
0.37	87.64	0.26	0.02		0.08	0.18	1818.81	155.26	3.60
	0.35					0.01		76.59	
27.28	**1443.67**	**1179.51**	**447.63**	**987.24**	**7089.31**	**308.71**	**173909.46**	**19685.98**	**1118.07**
0.22	51.83	12.68	2.73	7.24	0.96	0.65	3503.40	389.32	290.46
0.11	26.22	13.76	3.05		0.15	2.31	4851.24	166.54	21.55
0.29	15.73	11.06	0.94		0.10	1.43	3159.97	117.03	14.35
	4.71	0.90	0.01		0.00	0.50	349.06	41.70	
0.43	40.86	23.96	3.37	0.25	0.52	1.35	18957.39	1147.50	43.02
0.28	33.62	6.63	1.12		0.06	0.24	625.08	132.54	3.33
0.29	13.05	8.43	0.25		0.09	0.07	222.13	78.45	1.70
0.20	15.23	0.50	0.29		0.06	0.34	520.91	191.53	147.24
0.13	12.62	0.26	1.00		0.01	0.44	118.03	35.59	4.70
0.41	28.54	18.75	2.58		1.35	1.06	12750.56	482.73	95.12
0.23	13.74	1.44	1.56		0.07	0.52	228.60	83.01	0.27
0.12	15.90	2.14	1.65		0.26	0.11	34.92	48.09	4.53
1.24	68.59	201.96	140.08	906.38	4678.12	20.57	26650.20	475.07	5.73
3.69	160.48	195.33	75.89	69.86	2109.18	170.84	52480.44	2907.12	178.73
0.07	17.15	5.39	1.82	0.12	0.46	2.35	4707.71	188.99	21.04
0.11	4.56	18.42	0.30	0.71	15.44	0.29	5496.44	269.93	0.66
0.08	7.72	11.90	0.46		1.34	0.69	1079.67	280.28	1.46
0.23	46.65	14.51	2.05		3.37	1.36	465.12	460.29	4.50
1.23	272.24	411.12	95.30	2.46	112.82	44.62	1072.30	2126.16	109.63
1.39	101.72	58.61	28.58		8.20	18.76	20536.69	4020.52	105.86
1.65	59.53	77.31	12.41	0.00	136.96	6.69	7767.77	2576.15	39.38
1.64	68.24	14.67	15.20	0.01	1.50	2.47	480.20	744.40	3.71
3.88	63.25	11.50	9.38	0.01	3.81	6.06	786.79	502.04	4.46
0.53	42.81	5.62	4.51		4.30	4.56	1780.65	256.94	1.70
7.16	95.60	12.75	14.43	0.02	3.20	12.12	2464.29	565.40	3.00
0.50	68.55	9.63	19.88	0.18	5.20	3.03	1461.99	423.49	8.11
0.22	64.74	27.34	4.40	0.00	0.12	4.88	865.36	558.96	1.02
0.69	10.56	0.18	0.26	0.00	0.34	0.36	123.63	68.54	0.39
0.23	15.15	2.28	4.01		1.17	0.06	363.60	335.49	1.48
0.03	4.08	0.48	0.12	0.00	0.15		5.33	12.15	0.94
0.12	**88.33**	**15.50**	**29.49**	**1.84**	**3.50**	**2.81**	**5835.68**	**3148.52**	**35.05**
0.12	81.92	14.49	0.03	0.20	3.32	0.47	5514.06	2821.76	34.99
	2.21	0.51	29.44	1.64	0.18	2.22	283.94	70.23	0.01
	4.20	0.50	0.02			0.12	37.68	256.53	0.06

4-12 工业分行业终端能源消费量(实物量)-2010

行业	Item	煤合计 (万吨) Coal Total (10^4 tons)
工业	**Industry**	**95545.92**
(一)采掘业	**Mining and Quarrying**	**95545.92**
煤炭开采和洗选业	Mining and Washing of Coal	6515.82
石油和天然气开采业	Extraction of Petroleum and Natural Gas	183.38
黑色金属矿采选业	Mining and Processing of Ferrous Metal Ores	449.86
有色金属矿采选业	Mining and Processing of Non-Ferrous Metal Ores	211.56
非金属矿采选业	Mining and Processing of Nonmetal Ores	801.58
其他采矿业	Mining of Other Ores	2.56
(二)制造业	**Manufacturing**	**84540.86**
农副食品加工业	Processing of Food from Agricultural Products	3016.91
食品制造业	Manufacture of Foods	1396.33
饮料制造业	Manufacture of Beverages	1507.24
烟草制品业	Manufacture of Tobacco	81.09
纺织业	Manufacture of Textile	2671.72
纺织服装、鞋、帽制造业	Manufacture of Textile Wearing Apparel,Footware, and Caps	339.35
皮革、毛皮、羽毛(绒)及其制品业	Manufacture of Leather, Fur, Feather and Related Products	196.43
木材加工及木、竹、藤、棕、草制品业	Processing of Timber,Manufacture of Wood,Bamboo,Rattan,Palm, and Straw Products	676.54
家具制造业	Manufacture of Furniture	78.99
造纸及纸制品业	Manufacture of Paper and Paper Products	3088.50
印刷业和记录媒介的复制	Printing,Reproduction of Recording Media	76.35
文教体育用品制造业	Manufacture of Articles For Culture, Education and Sport Activity	44.70
石油加工、炼焦及核燃料加工业	Processing of Petroleum, Coking, Processing of Nuclear Fuel	4069.82
化学原料及化学制品制造业	Manufacture of Raw Chemical Materials and Chemical Products	16337.69
医药制造业	Manufacture of Medicines	1114.63
化学纤维制造业	Manufacture of Chemical Fibers	576.89
橡胶制品业	Manufacture of Rubber	604.64
塑料制品业	Manufacture of Plastics	522.78
非金属矿物制品业	Manufacture of Non-metallic Mineral Products	30180.13
黑色金属冶炼及压延加工业	Smelting and Pressing of Ferrous Metals	11968.66
有色金属冶炼及压延加工业	Smelting and Pressing of Non-ferrous Metals	2360.27
金属制品业	Manufacture of Metal Products	547.57
通用设备制造业	Manufacture of General Purpose Machinery	1057.93
专用设备制造业	Manufacture of Special Purpose Machinery	568.39
交通运输设备制造业	Manufacture of Transport Equipment	671.99
电气机械及器材制造业	Manufacture of Electrical Machinery and Equipment	412.36
通信设备、计算机及其他电子设备制造业	Manufacture of Communication Equipment,Computers and Other Electronic Equipment	144.01
仪器仪表及文化、办公用机械制造业	Manufacture of Measuring Instruments and Machinery for Cultural Activity and Office Work	40.89
工艺品及其他制造业	Manufacture of Artwork and Other Manufacturing	120.74
废弃资源和废旧材料回收加工业	Recycling and Disposal of Waste	67.35
(三)电力、煤气及水生产和供应业	**Electric Power, Gas and Water Production and Supply**	**2840.30**
电力、热力的生产和供应业	Production and Distribution of Electric Power and Heat Power	2795.95
燃气生产和供应业	Production and Distribution of Gas	16.73
水的生产和供应业	Production and Distribution of Water	27.62

Final Energy Consumption by Industrial Sector (Physical Quantity) -2010

原煤 (万吨) Raw Coal (10^4 tons)	洗精煤 (万吨) Cleaned Coal (10^4 tons)	其他洗煤 (万吨) Other Washed Coal (10^4 tons)	焦炭 (万吨) Coke (10^4 tons)	焦炉煤气 (亿立方米) Coke Oven Gas (10^8 cu.m)	高炉煤气 (亿立方米) Blast Furnace Gas (10^8 cu.m)	转炉煤气 (亿立方米) Converter Gas (10^8 cu.m)	其他煤气 (亿立方米) Other Gas (10^8 cu.m)	其他焦化产品 (万吨) Other Coking Products (10^4 tons)
81449.26	**4690.35**	**8009.70**	**38470.45**	**494.55**	**4084.77**	**179.02**	**55.00**	**917.88**
81449.26	**4690.35**	**8009.70**	**38470.45**	**494.55**	**4084.77**	**179.02**	**55.00**	**917.88**
6083.00	96.24	333.47	43.11	1.66	4.78	0.02	0.70	9.83
183.08			0.16					
371.32	64.21	3.52	352.56	8.70	54.32	3.36	0.29	0.50
183.12	22.46	1.50	15.75					0.65
540.74	14.14	240.00	9.48	0.19				0.17
2.56								
71353.26	**4486.44**	**7344.24**	**38043.99**	**479.92**	**4025.67**	**174.97**	**51.78**	**893.47**
2911.77	24.19	65.27	14.73	0.08				0.01
1366.40	12.93	9.82	3.01	0.24				
1490.58	4.38	6.95	0.68	0.46	0.25			0.00
74.24	4.83	1.87		0.04				
2599.67	11.32	23.77	5.10	1.79				
331.84	1.59	1.64	3.76	0.02				
189.75	0.52	0.83	1.49					
661.33	2.75	2.69	1.78					
77.08	0.34	1.03	4.51					0.05
2996.40	23.76	55.29	2.19	0.09				0.31
74.64	0.90	0.21	0.27	0.01				
44.11	0.05	0.12	3.82					
2112.52	246.26	1704.27	93.45	85.99	34.19	0.04		87.95
14927.90	868.65	197.33	2475.30	19.93	6.56	0.71	10.40	293.02
1089.86	9.21	10.82	3.15	0.30				
561.86	1.04		2.39					1.75
579.61	8.58	12.27	11.36	0.46				0.23
496.44	12.17	4.63	4.04					0.07
24292.65	979.19	4739.03	385.72	16.78	28.14	1.76	15.97	85.85
9007.38	1924.22	379.42	33371.99	336.33	3949.25	171.66	2.76	411.23
2055.73	216.09	70.40	557.63	11.69	0.75	0.07	22.65	9.61
522.84	14.96	6.52	75.56	0.98	0.07	0.12		
1018.66	20.05	8.79	657.06	0.58	5.59	0.59		0.61
495.78	68.45	1.95	125.61	3.22	0.05			0.33
643.73	5.20	18.37	168.87	0.68	0.17	0.01		0.12
387.08	19.66	3.58	26.63	0.10	0.01			0.27
135.17	4.61	0.82	11.50	0.07				0.06
40.70		0.11	5.73	0.01				
116.42	0.53	2.10	2.13	0.02		0.01		1.99
51.15	0.01	14.33	24.52	0.05	0.64			0.01
2732.18	**6.86**	**86.98**	**5.40**	**4.08**		**0.67**	**2.23**	**13.26**
2688.45	6.82	86.73	4.01	0.01			2.23	13.26
16.48	0.01	0.24	1.14	4.07		0.67		
27.25	0.03	0.01	0.25					

4-12 续表 1

行　业	Item	油品合计 (万吨) Petroleum Products Total (10^4 tons)
工业	**Industry**	**15857.76**
(一)采掘业	**Mining and Quarrying**	**15857.76**
煤炭开采和洗选业	Mining and Washing of Coal	176.49
石油和天然气开采业	Extraction of Petroleum and Natural Gas	787.90
黑色金属矿采选业	Mining and Processing of Ferrous Metal Ores	71.14
有色金属矿采选业	Mining and Processing of Non-Ferrous Metal Ores	29.19
非金属矿采选业	Mining and Processing of Nonmetal Ores	96.34
其他采矿业	Mining of Other Ores	1.48
(二)制造业	**Manufacturing**	**14569.23**
农副食品加工业	Processing of Food from Agricultural Products	117.27
食品制造业	Manufacture of Foods	64.37
饮料制造业	Manufacture of Beverages	34.94
烟草制品业	Manufacture of Tobacco	6.29
纺织业	Manufacture of Textile	98.94
纺织服装、鞋、帽制造业	Manufacture of Textile Wearing Apparel,Footware, and Caps	58.70
皮革、毛皮、羽毛(绒)及其制品业	Manufacture of Leather, Fur, Feather and Related Products	28.77
木材加工及木、竹、藤、棕、草制品业	Processing of Timber,Manufacture of Wood,Bamboo,Rattan,Palm, and Straw Products	28.60
家具制造业	Manufacture of Furniture	24.54
造纸及纸制品业	Manufacture of Paper and Paper Products	60.67
印刷业和记录媒介的复制	Printing,Reproduction of Recording Media	25.44
文教体育用品制造业	Manufacture of Articles For Culture, Education and Sport Activity	24.07
石油加工、炼焦及核燃料加工业	Processing of Petroleum, Coking, Processing of Nuclear Fuel	5254.08
化学原料及化学制品制造业	Manufacture of Raw Chemical Materials and Chemical Products	5006.26
医药制造业	Manufacture of Medicines	38.19
化学纤维制造业	Manufacture of Chemical Fibers	42.27
橡胶制品业	Manufacture of Rubber	31.98
塑料制品业	Manufacture of Plastics	99.97
非金属矿物制品业	Manufacture of Non-metallic Mineral Products	2009.52
黑色金属冶炼及压延加工业	Smelting and Pressing of Ferrous Metals	179.83
有色金属冶炼及压延加工业	Smelting and Pressing of Non-ferrous Metals	438.07
金属制品业	Manufacture of Metal Products	129.15
通用设备制造业	Manufacture of General Purpose Machinery	154.23
专用设备制造业	Manufacture of Special Purpose Machinery	92.53
交通运输设备制造业	Manufacture of Transport Equipment	205.78
电气机械及器材制造业	Manufacture of Electrical Machinery and Equipment	142.07
通信设备、计算机及其他电子设备制造业	Manufacture of Communication Equipment,Computers and Other Electronic Equipment	110.92
仪器仪表及文化、办公用机械制造业	Manufacture of Measuring Instruments and Machinery for Cultural Activity and Office Work	23.43
工艺品及其他制造业	Manufacture of Artwork and Other Manufacturing	31.14
废弃资源和废旧材料回收加工业	Recycling and Disposal of Waste	7.21
(三)电力、煤气及水生产和供应业	**Electric Power, Gas and Water Production and Supply**	**125.99**
电力、热力的生产和供应业	Production and Distribution of Electric Power and Heat Power	84.13
燃气生产和供应业	Production and Distribution of Gas	32.66
水的生产和供应业	Production and Distribution of Water	9.20

Continued 1

原油 (万吨) Crude Oil (10⁴ tons)	汽油 (万吨) Gasoline (10⁴ tons)	煤油 (万吨) Kerosene (10⁴ tons)	柴油 (万吨) Diesel Oil (10⁴ tons)	燃料油 (万吨) Fuel Oil (10⁴ tons)	石脑油 (万吨) Naphtha (10⁴ tons)	润滑油 (万吨) Lubricants (10⁴ tons)	石蜡 (万吨) Paraffin Waxes (10⁴ tons)	溶剂油 (万吨) White Spirit (10⁴ tons)
806.12	**689.37**	**37.54**	**2046.16**	**1022.48**	**3191.02**	**225.00**	**103.00**	**70.00**
806.12	**689.37**	**37.54**	**2046.16**	**1022.48**	**3191.02**	**225.00**	**103.00**	**70.00**
	20.11	2.53	140.92	2.32		0.12		
482.32	24.16		185.78	32.42		0.02		
	7.70	0.35	62.31	0.07		0.43	0.03	
	7.59	0.67	20.74	0.01		0.01		
	6.40	0.24	89.39	0.18		0.01		
	0.32	0.62	0.54					
323.54	**590.92**	**33.09**	**1495.60**	**976.20**	**3191.02**	**224.35**	**102.97**	**70.00**
0.11	38.93	0.51	56.74	9.79		0.02		0.31
0.01	15.74	0.20	30.47	13.76			0.60	
	9.55	0.13	15.91	8.26				
	0.72		4.50	1.06				
0.02	26.96	0.50	44.25	22.45		0.02		
0.03	17.83	0.25	34.34	5.31				
0.05	8.40	0.24	13.70	5.87				
0.22	9.29	0.17	18.06	0.25			0.06	
0.01	8.23	0.08	14.53	0.58				
0.12	11.32	0.22	28.00	18.03		0.03		
0.01	8.33	0.10	13.57	2.05				0.05
0.06	4.08	0.11	16.39	1.73			0.16	
99.08	36.18	2.98	23.59	171.69	727.47	219.10	0.19	30.33
219.33	48.20	5.02	162.08	134.45	2463.47	0.54	101.63	38.55
0.02	12.16	0.34	17.15	6.65		0.02		
	1.55	0.01	7.92	15.21		0.16		0.03
0.02	10.81	0.09	10.26	9.16		0.07	0.01	0.04
0.10	23.21	0.28	56.61	13.65		0.06	0.11	0.41
2.45	37.47	1.16	289.95	353.57		0.19	0.10	0.03
0.33	13.40	0.47	99.01	23.45		0.13		
0.71	10.35	1.78	63.65	96.84		0.05		0.03
0.12	32.95	1.40	66.29	12.47		0.06		
0.09	54.03	4.47	74.65	7.75		0.65		0.01
0.06	29.51	0.64	47.63	3.75	0.08	0.24		
0.17	49.21	10.18	110.44	12.50		2.43	0.01	0.04
0.15	36.48	0.66	71.92	7.81		0.56	0.01	0.16
0.27	20.31	0.36	71.22	13.67		0.01		0.01
	7.26	0.61	14.22	0.40		0.01		
	7.73	0.10	14.35	2.38			0.09	
	0.73	0.03	4.20	1.67				
0.26	**32.17**	**0.04**	**50.88**	**11.28**		**0.06**		
0.26	24.59	0.03	43.72	10.87		0.04		
	3.20	0.01	2.55	0.23		0.02		
0.00	4.38		4.61	0.18				

4-12 续表 2

行　业	Item	石油沥青 (万吨) Bitumen Asphalt (10^4 tons)
工业	**Industry**	**44.87**
(一)采掘业	**Mining and Quarrying**	**44.87**
煤炭开采和洗选业	Mining and Washing of Coal	
石油和天然气开采业	Extraction of Petroleum and Natural Gas	
黑色金属矿采选业	Mining and Processing of Ferrous Metal Ores	
有色金属矿采选业	Mining and Processing of Non-Ferrous Metal Ores	0.09
非金属矿采选业	Mining and Processing of Nonmetal Ores	
其他采矿业	Mining of Other Ores	
(二)制造业	**Manufacturing**	**44.78**
农副食品加工业	Processing of Food from Agricultural Products	
食品制造业	Manufacture of Foods	
饮料制造业	Manufacture of Beverages	
烟草制品业	Manufacture of Tobacco	
纺织业	Manufacture of Textile	
纺织服装、鞋、帽制造业	Manufacture of Textile Wearing Apparel,Footware, and Caps	
皮革、毛皮、羽毛(绒)及其制品业	Manufacture of Leather, Fur, Feather and Related Products	
木材加工及木、竹、藤、棕、草制品业	Processing of Timber,Manufacture of Wood,Bamboo,Rattan,Palm, and Straw Products	
家具制造业	Manufacture of Furniture	
造纸及纸制品业	Manufacture of Paper and Paper Products	
印刷业和记录媒介的复制	Printing,Reproduction of Recording Media	
文教体育用品制造业	Manufacture of Articles For Culture, Education and Sport Activity	
石油加工、炼焦及核燃料加工业	Processing of Petroleum, Coking, Processing of Nuclear Fuel	17.11
化学原料及化学制品制造业	Manufacture of Raw Chemical Materials and Chemical Products	0.38
医药制造业	Manufacture of Medicines	
化学纤维制造业	Manufacture of Chemical Fibers	
橡胶制品业	Manufacture of Rubber	0.01
塑料制品业	Manufacture of Plastics	
非金属矿物制品业	Manufacture of Non-metallic Mineral Products	24.56
黑色金属冶炼及压延加工业	Smelting and Pressing of Ferrous Metals	
有色金属冶炼及压延加工业	Smelting and Pressing of Non-ferrous Metals	2.60
金属制品业	Manufacture of Metal Products	
通用设备制造业	Manufacture of General Purpose Machinery	
专用设备制造业	Manufacture of Special Purpose Machinery	
交通运输设备制造业	Manufacture of Transport Equipment	
电气机械及器材制造业	Manufacture of Electrical Machinery and Equipment	
通信设备、计算机及其他电子设备制造业	Manufacture of Communication Equipment,Computers and Other Electronic Equipment	
仪器仪表及文化、办公用机械制造业	Manufacture of Measuring Instruments and Machinery for Cultural Activity and Office Work	
工艺品及其他制造业	Manufacture of Artwork and Other Manufacturing	
废弃资源和废旧材料回收加工业	Recycling and Disposal of Waste	0.12
(三)电力、煤气及水生产和供应业	**Electric Power, Gas and Water Production and Supply**	
电力、热力的生产和供应业	Production and Distribution of Electric Power and Heat Power	
燃气生产和供应业	Production and Distribution of Gas	
水的生产和供应业	Production and Distribution of Water	

Continued 2

石油焦 (万吨) Petroleum Coke (10^4 tons)	液化石油气 (万吨) LPG (10^4 tons)	炼厂干气 (万吨) Refinery Gas (10^4 tons)	其他石油制品 (万吨) Other Petroleum Products (10^4 tons)	天然气 (亿立方米) Natural Gas (10^8 cu.m)	液化天然气 (万吨) LNG (10^4 tons)	热力 (万百万千焦) Heat (10^{10} kJ)	电力 (亿千瓦小时) Electricity (10^8 kW•h)	其他能源 (万吨标煤) Other Energy (10^4 tce)
1600.00	**529.08**	**1102.44**	**4390.68**	**372.07**	**661.00**	**217589.00**	**28303.53**	**1359.21**
1600.00	**529.08**	**1102.44**	**4390.68**	**372.07**	**661.00**	**217589.00**	**28303.53**	**1359.21**
	0.13		10.36	2.33	0.07	434.52	751.67	4.11
	2.10	35.63	25.47	96.43		2626.96	347.90	0.10
	0.14		0.11	0.03		217.70	361.33	0.85
	0.02		0.06	0.09	0.01	1.03	258.71	3.48
	0.04		0.08	0.23	0.02	2048.89	155.26	3.91
				0.01			65.52	
1600.00	**500.17**	**1066.67**	**4349.92**	**270.25**	**647.46**	**204474.25**	**22870.00**	**1298.93**
	3.25	6.73	0.88	0.71	1.26	4239.11	424.36	337.68
	3.40		0.19	2.45	2.28	4705.71	184.69	22.08
	1.06		0.03	1.68	0.12	3772.11	132.34	16.07
	0.01		0.00	0.58	0.03	301.34	45.88	0.01
	4.09	0.14	0.51	1.57	0.63	21152.44	1276.74	48.35
	0.86		0.08	0.29	0.21	614.95	151.58	3.51
	0.39		0.12	0.02	0.12	288.76	89.72	1.91
	0.46		0.09	0.30		531.85	212.21	177.46
	1.10		0.01	0.34	0.12	121.83	44.49	5.38
	2.78		0.17	1.27	1.62	14840.62	535.44	106.17
	1.23		0.10	0.72	0.36	282.82	95.45	0.39
	1.38		0.16	0.24	1.41	39.11	48.09	5.80
266.57	134.33	994.81	2530.65	8.83	198.92	29626.26	565.34	6.31
83.34	106.19	63.42	1579.66	146.13	290.18	65125.55	3144.93	212.45
	1.63		0.22	2.82	0.27	5319.71	222.58	23.28
	1.07		16.32	0.44		5771.26	298.86	0.71
	0.45		1.06	0.89	0.72	1255.01	329.89	1.82
	2.46	0.01	3.07	1.49	0.84	372.09	533.10	5.83
1097.54	110.57	1.22	90.71	33.55	86.53	1333.81	2448.48	121.42
1.59	34.39	0.08	6.98	20.52	5.85	24750.86	4611.61	125.61
150.96	11.60	0.00	99.50	7.69	9.96	9709.71	3129.09	44.04
	14.88	0.02	0.96	2.97	4.80	576.24	960.72	3.88
	8.49		4.09	8.46	3.09	944.15	621.03	5.10
	6.26	0.01	4.35	6.72	1.41	2172.27	317.83	4.48
	16.95	0.04	3.81	9.28	25.99	3080.36	790.29	3.22
	19.64	0.18	4.50	3.64	7.17	1754.39	508.19	8.93
	5.00	0.00	0.07	6.08	1.41	1038.43	670.76	1.41
	0.42	0.00	0.51	0.52	0.12	221.54	85.83	1.04
	5.37		1.12	0.07	1.95	525.55	376.40	1.93
	0.46	0.00			0.09	6.39	14.10	2.66
	26.48	**0.14**	**4.68**	**2.70**	**13.44**	**7785.65**	**3493.14**	**47.84**
	0.04	0.14	4.44	0.51	1.20	7385.51	3119.27	47.63
	26.41		0.24	2.00	12.24	354.93	82.87	
	0.03			0.19		45.22	291.00	0.21

4-13 工业分行业终端能源消费量(实物量)-2011

行 业	Item	煤合计 (万吨) Coal Total (10^4 tons)
工业	**Industry**	**100602.15**
(一)采掘业	**Mining and Quarrying**	**100602.15**
煤炭开采和洗选业	Mining and Washing of Coal	6727.57
石油和天然气开采业	Extraction of Petroleum and Natural Gas	173.70
黑色金属矿采选业	Mining and Processing of Ferrous Metal Ores	405.98
有色金属矿采选业	Mining and Processing of Non-Ferrous Metal Ores	222.60
非金属矿采选业	Mining and Processing of Nonmetal Ores	757.46
其他采矿业	Mining of Other Ores	
(二)制造业	**Manufacturing**	**89568.27**
农副食品加工业	Processing of Food from Agricultural Products	2993.19
食品制造业	Manufacture of Foods	1384.06
饮料制造业	Manufacture of Beverages	1524.54
烟草制品业	Manufacture of Tobacco	110.65
纺织业	Manufacture of Textile	2565.36
纺织服装、鞋、帽制造业	Manufacture of Textile Wearing Apparel,Footware, and Caps	298.96
皮革、毛皮、羽毛(绒)及其制品业	Manufacture of Leather, Fur, Feather and Related Products	177.40
木材加工及木、竹、藤、棕、草制品业	Processing of Timber,Manufacture of Wood,Bamboo,Rattan,Palm, and Straw Products	659.79
家具制造业	Manufacture of Furniture	71.62
造纸及纸制品业	Manufacture of Paper and Paper Products	3060.65
印刷业和记录媒介的复制	Printing,Reproduction of Recording Media	62.97
文教体育用品制造业	Manufacture of Articles For Culture, Education and Sport Activity	36.66
石油加工、炼焦及核燃料加工业	Processing of Petroleum, Coking, Processing of Nuclear Fuel	4052.42
化学原料及化学制品制造业	Manufacture of Raw Chemical Materials and Chemical Products	17977.16
医药制造业	Manufacture of Medicines	1181.90
化学纤维制造业	Manufacture of Chemical Fibers	626.35
橡胶制品业	Manufacture of Rubber	535.26
塑料制品业	Manufacture of Plastics	497.71
非金属矿物制品业	Manufacture of Non-metallic Mineral Products	32568.89
黑色金属冶炼及压延加工业	Smelting and Pressing of Ferrous Metals	13477.44
有色金属冶炼及压延加工业	Smelting and Pressing of Non-ferrous Metals	2390.22
金属制品业	Manufacture of Metal Products	491.43
通用设备制造业	Manufacture of General Purpose Machinery	968.76
专用设备制造业	Manufacture of Special Purpose Machinery	528.06
交通运输设备制造业	Manufacture of Transport Equipment	612.79
电气机械及器材制造业	Manufacture of Electrical Machinery and Equipment	392.04
通信设备、计算机及其他电子设备制造业	Manufacture of Communication Equipment,Computers and Other Electronic Equipment	119.37
仪器仪表及文化、办公用机械制造业	Manufacture of Measuring Instruments and Machinery for Cultural Activity and Office Work	34.88
工艺品及其他制造业	Manufacture of Artwork and Other Manufacturing	107.38
废弃资源和废旧材料回收加工业	Recycling and Disposal of Waste	60.35
(三)电力、煤气及水生产和供应业	**Electric Power, Gas and Water Production and Supply**	**2746.58**
电力、热力的生产和供应业	Production and Distribution of Electric Power and Heat Power	2710.95
燃气生产和供应业	Production and Distribution of Gas	12.53
水的生产和供应业	Production and Distribution of Water	23.09

Final Energy Consumption by Industrial Sector (Physical Quantity) -2011

原煤 (万吨) Raw Coal (10^4 tons)	洗精煤 (万吨) Cleaned Coal (10^4 tons)	其他洗煤 (万吨) Other Washed Coal (10^4 tons)	焦炭 (万吨) Coke (10^4 tons)	焦炉煤气 (亿立方米) Coke Oven Gas (10^8 cu.m)	高炉煤气 (亿立方米) Blast Furnace Gas (10^8 cu.m)	转炉煤气 (亿立方米) Converter Gas (10^8 cu.m)	其他煤气 (亿立方米) Other Gas (10^8 cu.m)	其他焦化产品 (万吨) Other Coking Products (10^4 tons)
86026.73	**5083.90**	**8259.64**	**41843.08**	**582.86**	**4841.06**	**236.00**	**50.00**	**951.28**
86026.73	**5083.90**	**8259.64**	**41843.08**	**582.86**	**4841.06**	**236.00**	**50.00**	**951.28**
6219.97	75.69	419.51	51.16	8.59	12.37	0.01	1.07	4.09
173.65								
324.93	66.80	3.87	185.35	4.79	19.12	1.23	0.37	0.64
192.36	22.26	1.95	13.92					1.42
484.88	13.62	258.68	7.61	0.27				
75989.88	**4896.34**	**7492.47**	**41576.31**	**564.26**	**4803.57**	**234.76**	**46.52**	**935.88**
2886.29	24.49	75.06	13.72	0.05				0.00
1355.37	12.48	9.78	2.54	0.15				
1505.58	4.05	8.34	0.80	0.09	0.24			0.56
104.17	4.88	1.12		0.06				
2519.02	6.49	16.65	3.92	1.44				
294.90	0.75	1.39	5.20	0.01		0.01		0.04
172.88	0.29	0.63	0.91					
655.48	1.99	1.96	0.61					0.00
70.08	0.33	0.84	4.52					
2971.50	24.51	50.87	1.92	0.01				0.68
60.10	1.91	0.29	0.30	0.01				0.16
36.44	0.06	0.08	3.59					
2105.57	243.53	1697.28	83.93	126.99	36.07	0.68		113.49
16557.26	896.68	167.73	2931.62	33.11	9.89	2.23	7.47	408.11
1162.82	9.46	7.00	2.59	0.20				
606.50	0.73	0.17	1.62	0.05				
509.28	9.93	12.68	6.80	0.45				0.31
474.23	9.15	4.31	3.88					0.20
26562.12	919.94	4958.26	903.50	28.45	38.68	0.96	16.55	61.62
10189.04	2362.36	363.28	35386.54	357.06	4710.57	230.41	2.10	331.27
2073.90	233.94	63.36	652.18	9.19	0.73	0.01	20.40	11.22
470.29	14.15	3.76	65.12	1.56	0.03			0.17
938.85	17.80	7.02	1182.11	0.51	6.47	0.46		0.38
455.92	69.45	1.33	78.19	2.88	0.31			0.58
582.70	3.09	23.77	175.99	0.39	0.04			0.58
368.57	19.50	2.32	24.83	0.06	0.00			0.38
113.24	4.02	0.42	7.58	0.06	0.00			0.21
34.77		0.10	4.39					0.16
103.93	0.30	1.47	2.54	1.34				5.76
49.08	0.08	11.19	24.88	0.14	0.53			
2641.06	**9.19**	**83.16**	**8.73**	**4.95**	**6.00**		**2.04**	**9.26**
2605.81	9.16	83.14	7.63	0.01	6.00		2.04	9.26
12.47	0.03	0.02	0.80	4.94				
22.78			0.30					

4-13 续表 1

行　业	Item	油品合计 (万吨) Petroleum Products Total (10^4 tons)
工业	**Industry**	**15579.94**
(一)采掘业	**Mining and Quarrying**	**15579.94**
煤炭开采和洗选业	Mining and Washing of Coal	243.33
石油和天然气开采业	Extraction of Petroleum and Natural Gas	671.55
黑色金属矿采选业	Mining and Processing of Ferrous Metal Ores	121.87
有色金属矿采选业	Mining and Processing of Non-Ferrous Metal Ores	46.14
非金属矿采选业	Mining and Processing of Nonmetal Ores	66.94
其他采矿业	Mining of Other Ores	0.24
(二)制造业	**Manufacturing**	**14322.30**
农副食品加工业	Processing of Food from Agricultural Products	93.37
食品制造业	Manufacture of Foods	48.03
饮料制造业	Manufacture of Beverages	30.65
烟草制品业	Manufacture of Tobacco	6.08
纺织业	Manufacture of Textile	76.94
纺织服装、鞋、帽制造业	Manufacture of Textile Wearing Apparel,Footware, and Caps	48.55
皮革、毛皮、羽毛(绒)及其制品业	Manufacture of Leather, Fur, Feather and Related Products	20.08
木材加工及木、竹、藤、棕、草制品业	Processing of Timber,Manufacture of Wood,Bamboo,Rattan,Palm, and Straw Products	23.73
家具制造业	Manufacture of Furniture	16.45
造纸及纸制品业	Manufacture of Paper and Paper Products	44.87
印刷业和记录媒介的复制	Printing,Reproduction of Recording Media	16.18
文教体育用品制造业	Manufacture of Articles For Culture, Education and Sport Activity	12.43
石油加工、炼焦及核燃料加工业	Processing of Petroleum, Coking, Processing of Nuclear Fuel	5499.02
化学原料及化学制品制造业	Manufacture of Raw Chemical Materials and Chemical Products	4918.88
医药制造业	Manufacture of Medicines	31.12
化学纤维制造业	Manufacture of Chemical Fibers	19.89
橡胶制品业	Manufacture of Rubber	22.85
塑料制品业	Manufacture of Plastics	62.09
非金属矿物制品业	Manufacture of Non-metallic Mineral Products	2070.60
黑色金属冶炼及压延加工业	Smelting and Pressing of Ferrous Metals	173.31
有色金属冶炼及压延加工业	Smelting and Pressing of Non-ferrous Metals	394.47
金属制品业	Manufacture of Metal Products	93.50
通用设备制造业	Manufacture of General Purpose Machinery	130.39
专用设备制造业	Manufacture of Special Purpose Machinery	76.23
交通运输设备制造业	Manufacture of Transport Equipment	199.57
电气机械及器材制造业	Manufacture of Electrical Machinery and Equipment	94.09
通信设备、计算机及其他电子设备制造业	Manufacture of Communication Equipment,Computers and Other Electronic Equipment	53.17
仪器仪表及文化、办公用机械制造业	Manufacture of Measuring Instruments and Machinery for Cultural Activity and Office Work	14.12
工艺品及其他制造业	Manufacture of Artwork and Other Manufacturing	25.23
废弃资源和废旧材料回收加工业	Recycling and Disposal of Waste	6.40
(三)电力、煤气及水生产和供应业	**Electric Power, Gas and Water Production and Supply**	**107.58**
电力、热力的生产和供应业	Production and Distribution of Electric Power and Heat Power	94.95
燃气生产和供应业	Production and Distribution of Gas	7.04
水的生产和供应业	Production and Distribution of Water	5.58

Continued 1

原油 (万吨) Crude Oil (10⁴ tons)	汽油 (万吨) Gasoline (10⁴ tons)	煤油 (万吨) Kerosene (10⁴ tons)	柴油 (万吨) Diesel Oil (10⁴ tons)	燃料油 (万吨) Fuel Oil (10⁴ tons)	石脑油 (万吨) Naphtha (10⁴ tons)	润滑油 (万吨) Lubricants (10⁴ tons)	石蜡 (万吨) Paraffin Waxes (10⁴ tons)	溶剂油 (万吨) White Spirit (10⁴ tons)
522.74	**604.63**	**34.21**	**1782.68**	**827.55**	**3325.91**	**269.00**	**91.00**	**165.00**
522.74	**604.63**	**34.21**	**1782.68**	**827.55**	**3325.91**	**269.00**	**91.00**	**165.00**
	22.52	2.30	212.21	1.08		0.79		
367.51	22.46		192.13	26.69		0.03		
0.06	8.13	0.16	113.24	0.08		0.05		
	9.22	0.64	36.01	0.02		0.01		
	6.06	0.12	60.54	0.16		0.02		
	0.02		0.22					
155.13	**504.51**	**30.96**	**1116.96**	**795.31**	**3325.91**	**268.04**	**91.00**	**165.00**
0.14	32.70	0.29	49.47	6.4		0.01		0.98
	11.83	0.09	26.00	6.38			0.53	0.02
	8.77	0.04	15.26	5.75		0.01		
	0.85		4.13	1.02				
	21.20	0.31	34.18	14.67		0.02		
0.05	13.59	0.52	26.02	7.41				0.02
0.09	6.85	0.23	8.53	3.85				0.02
0.13	7.99	0.05	14.43	0.17			0.62	
	5.70	0.02	9.20	0.64				
0.04	8.81	0.13	21.94	12.17		0.08		0.14
0.03	6.02	0.10	7.41	1.51				0.01
0.03	3.14	0.04	6.59	1.39			0.10	0.02
68.85	41.29	2.46	25.04	128.55	616.42	255.60	0.27	51.63
82.32	45.15	2.94	79.29	126.59	2709.36	4.50	88.96	111.09
	10.39	0.25	13.82	4.89			0.05	0.07
	1.33	0.02	7.91	9.01		0.03		0.03
0.04	8.24	0.05	7.10	6.11		0.15		0.29
0.08	15.60	0.17	30.96	10.91		0.10	0.19	0.28
2.03	33.72	3.48	248.73	312.08	0.02	0.15	0.14	0.12
0.18	11.13	0.31	83.52	8.91		0.74		
0.62	9.05	1.80	60.17	78.70		0.20		0.04
0.14	22.94	1.07	44.98	12.42		0.11	0.01	0.01
0.05	48.15	3.75	63.44	4.61		1.25	0.01	0.04
0.02	25.24	0.56	38.07	2.55	0.11	0.94		
0.16	48.09	11.44	99.55	17.95		3.48	0.02	0.03
0.10	29.24	0.34	40.28	4.11		0.59	0.06	0.14
0.02	15.28	0.16	29.97	3.29		0.02		0.02
0.01	5.59	0.16	6.65	0.43		0.01		
	6.02	0.18	10.07	1.75		0.04	0.04	
	0.61		4.25	1.09		0.01		
0.04	**31.71**	**0.03**	**51.37**	**4.21**		**0.06**		
0.04	25.20	0.02	47.27	3.96		0.04		
	2.98	0.01	2.11	0.22		0.02		
0.00	3.53		1.99	0.03				

4-13 续表 2

行业	Item	石油沥青 (万吨) Bitumen Asphalt (10^4 tons)
工业	**Industry**	**38.94**
(一)采掘业	**Mining and Quarrying**	**38.94**
煤炭开采和洗选业	Mining and Washing of Coal	
石油和天然气开采业	Extraction of Petroleum and Natural Gas	
黑色金属矿采选业	Mining and Processing of Ferrous Metal Ores	
有色金属矿采选业	Mining and Processing of Non-Ferrous Metal Ores	0.15
非金属矿采选业	Mining and Processing of Nonmetal Ores	
其他采矿业	Mining of Other Ores	
(二)制造业	**Manufacturing**	**36.29**
农副食品加工业	Processing of Food from Agricultural Products	
食品制造业	Manufacture of Foods	
饮料制造业	Manufacture of Beverages	
烟草制品业	Manufacture of Tobacco	
纺织业	Manufacture of Textile	
纺织服装、鞋、帽制造业	Manufacture of Textile Wearing Apparel,Footware, and Caps	
皮革、毛皮、羽毛(绒)及其制品业	Manufacture of Leather, Fur, Feather and Related Products	
木材加工及木、竹、藤、棕、草制品业	Processing of Timber,Manufacture of Wood,Bamboo,Rattan,Palm, and Straw Products	
家具制造业	Manufacture of Furniture	
造纸及纸制品业	Manufacture of Paper and Paper Products	
印刷业和记录媒介的复制	Printing,Reproduction of Recording Media	
文教体育用品制造业	Manufacture of Articles For Culture, Education and Sport Activity	
石油加工、炼焦及核燃料加工业	Processing of Petroleum, Coking, Processing of Nuclear Fuel	1.14
化学原料及化学制品制造业	Manufacture of Raw Chemical Materials and Chemical Products	0.61
医药制造业	Manufacture of Medicines	
化学纤维制造业	Manufacture of Chemical Fibers	
橡胶制品业	Manufacture of Rubber	0.02
塑料制品业	Manufacture of Plastics	0.01
非金属矿物制品业	Manufacture of Non-metallic Mineral Products	27.54
黑色金属冶炼及压延加工业	Smelting and Pressing of Ferrous Metals	
有色金属冶炼及压延加工业	Smelting and Pressing of Non-ferrous Metals	6.97
金属制品业	Manufacture of Metal Products	
通用设备制造业	Manufacture of General Purpose Machinery	
专用设备制造业	Manufacture of Special Purpose Machinery	
交通运输设备制造业	Manufacture of Transport Equipment	
电气机械及器材制造业	Manufacture of Electrical Machinery and Equipment	
通信设备、计算机及其他电子设备制造业	Manufacture of Communication Equipment,Computers and Other Electronic Equipment	
仪器仪表及文化、办公用机械制造业	Manufacture of Measuring Instruments and Machinery for Cultural Activity and Office Work	
工艺品及其他制造业	Manufacture of Artwork and Other Manufacturing	
废弃资源和废旧材料回收加工业	Recycling and Disposal of Waste	
(三)电力、煤气及水生产和供应业	**Electric Power, Gas and Water Production and Supply**	**2.50**
电力、热力的生产和供应业	Production and Distribution of Electric Power and Heat Power	2.50
燃气生产和供应业	Production and Distribution of Gas	
水的生产和供应业	Production and Distribution of Water	

Continued 2

石油焦 (万吨) Petroleum Coke (10^4 tons)	液化石油气 (万吨) LPG (10^4 tons)	炼厂干气 (万吨) Refinery Gas (10^4 tons)	其他石油制品 (万吨) Other Petroleum Products (10^4 tons)	天然气 (亿立方米) Natural Gas (10^8 cu.m)	液化天然气 (万吨) LNG (10^4 tons)	热力 (万百万千焦) Heat (10^{10} kJ)	电力 (亿千瓦小时) Electricity (10^8 kW•h)	其他能源 (万吨标煤) Other Energy (10^4 tce)
1847.80	**536.07**	**1255.85**	**4278.56**	**476.08**	**906.00**	**233393.14**	**31990.85**	**1404.63**
1847.80	**536.07**	**1255.85**	**4278.56**	**476.08**	**906.00**	**233393.14**	**31990.85**	**1404.63**
	0.04		4.39	2.66		782.14	818.57	11.25
	2.27	36.15	24.31	96.28		2916.32	374.81	0.09
	0.10		0.05	0.05		113.71	436.58	0.34
	0.01		0.08	0.10		1.72	311.97	5.62
	0.02		0.02	0.04	0.01	2868.44	214.27	5.31
							89.03	
1832.94	**532.16**	**1219.62**	**4248.47**	**373.60**	**891.71**	**220036.73**	**25526.84**	**1340.36**
	3.09		0.29	0.85	2.00	4595.19	471.04	340.59
	3.03		0.15	3.67	3.60	4951.82	198.18	23.73
	0.80		0.02	2.35	0.38	4155.34	145.57	16.67
	0.08		0.00	0.68	0.80	338.18	51.84	0.19
	3.59		2.97	1.76	1.48	20543.96	1378.82	46.82
	0.70		0.24	0.35	0.88	516.56	163.70	4.89
	0.44	0.02	0.05	0.07	0.16	298.15	88.37	2.30
	0.27		0.07	0.41	0.24	430.80	236.15	181.65
	0.89			0.51	0.32	84.70	45.83	4.91
	1.45		0.11	1.84	3.16	15906.18	580.38	100.60
	1.04		0.06	0.77	0.48	168.05	102.50	0.15
	1.11		0.01	0.16	0.64	32.07	61.79	5.15
236.04	172.47	1110.30	2788.96	24.56	265.84	30760.47	607.06	7.13
100.58	114.33	108.48	1344.68	197.99	390.35	73823.07	3528.32	230.95
	1.39		0.26	3.53	0.80	5759.65	240.88	31.81
	1.39		0.17	0.49	0.08	6850.49	322.36	0.65
	0.38		0.47	1.18	1.28	1490.19	358.92	2.79
	1.62	0.01	2.16	1.73	1.40	316.28	532.40	4.73
1298.69	96.04	0.57	47.29	49.61	102.56	1223.61	2917.93	92.65
5.90	54.19	0.01	8.42	26.80	11.76	26923.79	5248.27	164.27
191.73	9.53	0.05	35.61	9.99	28.56	11263.27	3501.80	43.70
	11.18	0.01	0.63	3.52	9.72	553.19	959.48	3.90
	5.88		3.21	10.05	6.64	708.11	714.18	7.17
	4.96		3.78	6.93	2.28	1523.58	361.84	3.78
	14.89	0.04	3.92	12.87	40.48	3542.42	861.41	4.77
	15.77	0.09	3.37	4.12	9.44	1578.95	584.42	6.64
	4.28	0.03	0.10	6.11	2.40	1049.23	737.83	2.98
	0.59	0.00	0.68	0.48	0.22	168.60	83.70	1.02
	6.39		0.74	0.11	3.76	473.48	424.25	1.88
	0.39	0.00	0.05	0.10		7.35	17.62	1.90
14.86	**1.47**	**0.08**	**1.24**	**3.35**	**14.28**	**6674.08**	**4218.78**	**41.66**
14.86	0.03	0.08	0.95	0.12	1.00	6181.72	3811.42	41.22
	1.41		0.29	3.05	13.28	425.91	90.21	0.02
	0.03			0.18		66.45	317.15	0.41

4-14 工业分行业终端能源消费量(实物量)-2012

行业	Item	煤合计(万吨) Coal Total (10^4 tons)
工业	**Industry**	**98421.35**
(一)采掘业	**Mining and Quarrying**	**8476.33**
煤炭开采和洗选业	Mining and Washing of Coal	6941.43
石油和天然气开采业	Extraction of Petroleum and Natural Gas	151.19
黑色金属矿采选业	Mining and Processing of Ferrous Metal Ores	423.99
有色金属矿采选业	Mining and Processing of Non-Ferrous Metal Ores	216.93
非金属矿采选业	Mining and Processing of Nonmetal Ores	707.99
开采辅助活动	Support Activities for Mining	32.89
其他采矿业	Mining of Other Ores	1.91
(二)制造业	**Manufacturing**	**87334.57**
农副食品加工业	Processing of Food from Agricultural Products	2884.26
食品制造业	Manufacture of Foods	1412.10
酒、饮料和精制茶制造业	Manufacture of Liquor, Beverages and Refined Tea	1420.17
烟草制品业	Manufacture of Tobacco	65.40
纺织业	Manufacture of Textile	2203.51
纺织服装、服饰业	Manufacture of Textile, Wearing Apparel and Accessories	311.78
皮革、毛皮、羽毛及其制品和制鞋业	Manufacture of Leather, Fur, Feather and Related Products and Footwear	200.42
木材加工和木、竹、藤、棕、草制品业	Processing of Timber,Manufacture of Wood,Bamboo,Rattan,Palm, and Straw Products	633.72
家具制造业	Manufacture of Furniture	67.90
造纸和纸制品业	Manufacture of Paper and Paper Products	2661.66
印刷和记录媒介复制业	Printing and Reproduction of Recording Media	63.94
文教、工美、体育和娱乐用品制造业	Manufacture of Articles for Culture, Education, Arts and Crafts, Sport and Entertainment Activities	98.42
石油加工、炼焦和核燃料加工业	Processing of Petroleum, Coking and Processing of Nuclear Fuel	4216.95
化学原料和化学制品制造业	Manufacture of Raw Chemical Materials and Chemical Products	18001.74
医药制造业	Manufacture of Medicines	1200.27
化学纤维制造业	Manufacture of Chemical Fibers	664.64
橡胶和塑料制品业	Manufacture of Rubber and Plastics Products	945.52
非金属矿物制品业	Manufacture of Non-metallic Mineral Products	31547.52
黑色金属冶炼和压延加工业	Smelting and Pressing of Ferrous Metals	13678.72
有色金属冶炼和压延加工业	Smelting and Pressing of Non-ferrous Metals	2249.35
金属制品业	Manufacture of Metal Products	664.89
通用设备制造业	Manufacture of General Purpose Machinery	441.28
专用设备制造业	Manufacture of Special Purpose Machinery	412.72
汽车制造业	Manufacture of Automobiles	348.43
铁路、船舶、航空航天和其他运输设备制造	Manufacture of Railway, Ship, Aerospace and Other Transport Equipments	287.95
电气机械和器材制造业	Manufacture of Electrical Machinery and Apparatus	359.61
计算机、通信和其他电子设备制造业	Manufacture of Computers, Communication and Other Electronic Equipment	103.66
仪器仪表制造业	Manufacture of Measuring Instruments and Machinery	36.01
其他制造业	Other Manufacture	72.34
废弃资源综合利用业	Utilization of Waste Resources	68.34
金属制品、机械和设备修理业	Repair Service of Metal Products, Machinery and Equipment	11.35
(三)电力、煤气及水生产和供应业	**Electric Power, Gas and Water Production and Supply**	**2610.45**
电力、热力生产和供应业	Production and Supply of Electric Power and Heat Power	2556.25
燃气生产和供应业	Production and Supply of Gas	22.89
水的生产和供应业	Production and Supply of Water	31.31

Final Energy Consumption by Industrial Sector (Physical Quantity) -2012

原煤 (万吨) Raw Coal (10^4 tons)	洗精煤 (万吨) Cleaned Coal (10^4 tons)	其他洗煤 (万吨) Other Washed Coal (10^4 tons)	焦炭 (万吨) Coke (10^4 tons)	焦炉煤气 (亿立方米) Coke Oven Gas (10^8 cu.m)	高炉煤气 (亿立方米) Blast Furnace Gas (10^8 cu.m)	转炉煤气 (亿立方米) Converter Gas (10^8 cu.m)	其他煤气 (亿立方米) Other Gas (10^8 cu.m)	其他焦化产品 (万吨) Other Coking Products (10^4 tons)
82915.43	**4990.09**	**9257.64**	**44628.12**	**552.88**	**4667.57**	**255.24**	**33.00**	**876.72**
7414.39	**216.92**	**815.11**	**250.86**	**6.67**	**34.31**	**1.19**	**1.36**	**7.12**
6262.02	123.13	545.36	65.41	2.77	11.61		1.08	5.33
150.71								
344.62	62.19	5.03	125.54	3.70	22.70	1.19	0.28	0.53
189.76	19.27	2.44	13.81					1.14
432.48	12.33	262.28	46.10	0.20				
32.89								0.12
1.91								
73012.49	**4764.71**	**8335.23**	**44376.59**	**540.04**	**4633.26**	**254.05**	**28.50**	**865.48**
2766.06	24.17	87.56	11.52	0.04	0.01			0.05
1383.18	11.89	8.07	1.90	0.20	0.02			
1397.08	6.49	9.60	0.97	0.11	0.05			0.12
60.13	3.64	0.56		0.03				
2169.03	3.77	14.18	3.08	2.00				
308.00	0.52	1.36	2.69	0.01		0.02		0.07
194.79	1.71	0.76	0.80					
630.07	1.30	1.75	0.37					0.01
66.66	0.07	0.88	3.79					
2604.32	18.74	22.89	0.51	0.01				0.33
60.28	0.57	2.04	0.33	0.01				0.55
92.49	3.03	2.27	4.67					0.24
2175.54	203.48	1831.27	73.65	110.17	68.63			97.81
16570.19	880.91	190.95	3104.78	34.24	7.74	1.51	4.19	430.70
1182.02	10.69	5.40	1.62	0.16	0.01			0.33
621.07	0.40	0.13	0.54		0.08			
891.24	22.94	19.25	4.12	0.39				0.52
25003.65	896.36	5534.48	986.74	30.06	35.06	2.19	8.45	84.51
10275.92	2347.63	461.89	38331.52	345.53	4513.03	250.19	1.29	232.62
1955.78	214.42	69.70	593.35	9.43	0.61	0.04	14.57	12.68
641.57	15.04	4.04	104.25	4.06	5.06	0.06		0.33
428.73	7.89	2.53	838.92	0.26	1.35			0.55
345.99	63.49	1.93	45.41	2.45	0.38	0.04		0.62
339.21	2.45	5.13	185.01	0.26				0.22
245.78	1.67	39.85	12.33	0.10				0.44
336.51	18.42	3.13	17.90	0.06				0.77
98.70	2.86	0.72	8.64	0.03				0.32
35.35	0.06	0.57	4.17	0.13				0.23
70.20	0.02	0.59	0.50		1.10			1.46
51.61	0.08	11.74	20.04	0.30	0.13			
11.34		0.01	12.47					
2488.55	**8.46**	**107.30**	**0.67**	**6.17**			**3.14**	**4.12**
2434.99	8.39	106.98	0.49	1.68			1.27	4.12
22.57		0.32	0.14	4.49			1.87	
30.99	0.07		0.04					

4-14 续表 1

行　　业	Item	油品合计 (万吨) Petroleum Products Total (10^4 tons)
工业	**Industry**	**15160.37**
(一)采掘业	**Mining and Quarrying**	**1230.60**
煤炭开采和洗选业	Mining and Washing of Coal	236.03
石油和天然气开采业	Extraction of Petroleum and Natural Gas	604.65
黑色金属矿采选业	Mining and Processing of Ferrous Metal Ores	119.52
有色金属矿采选业	Mining and Processing of Non-Ferrous Metal Ores	44.23
非金属矿采选业	Mining and Processing of Nonmetal Ores	71.33
开采辅助活动	Support Activities for Mining	154.74
其他采矿业	Mining of Other Ores	0.10
(二)制造业	**Manufacturing**	**13829.62**
农副食品加工业	Processing of Food from Agricultural Products	91.31
食品制造业	Manufacture of Foods	41.45
酒、饮料和精制茶制造业	Manufacture of Liquor, Beverages and Refined Tea	26.66
烟草制品业	Manufacture of Tobacco	5.26
纺织业	Manufacture of Textile	51.34
纺织服装、服饰业	Manufacture of Textile, Wearing Apparel and Accessories	41.69
皮革、毛皮、羽毛及其制品和制鞋业	Manufacture of Leather, Fur, Feather and Related Products and Footwear	21.07
木材加工和木、竹、藤、棕、草制品业	Processing of Timber,Manufacture of Wood,Bamboo,Rattan,Palm, and Straw Products	23.13
家具制造业	Manufacture of Furniture	14.16
造纸和纸制品业	Manufacture of Paper and Paper Products	38.05
印刷和记录媒介复制业	Printing and Reproduction of Recording Media	14.25
文教、工美、体育和娱乐用品制造业	Manufacture of Articles for Culture, Education, Arts and Crafts, Sport and Entertainment Activities	21.78
石油加工、炼焦和核燃料加工业	Processing of Petroleum, Coking and Processing of Nuclear Fuel	5432.37
化学原料和化学制品制造业	Manufacture of Raw Chemical Materials and Chemical Products	4761.55
医药制造业	Manufacture of Medicines	30.21
化学纤维制造业	Manufacture of Chemical Fibers	13.01
橡胶和塑料制品业	Manufacture of Rubber and Plastics Products	71.13
非金属矿物制品业	Manufacture of Non-metallic Mineral Products	2020.16
黑色金属冶炼和压延加工业	Smelting and Pressing of Ferrous Metals	159.49
有色金属冶炼和压延加工业	Smelting and Pressing of Non-ferrous Metals	378.85
金属制品业	Manufacture of Metal Products	80.46
通用设备制造业	Manufacture of General Purpose Machinery	95.32
专用设备制造业	Manufacture of Special Purpose Machinery	69.38
汽车制造业	Manufacture of Automobiles	96.70
铁路、船舶、航空航天和其他运输设备制造	Manufacture of Railway, Ship, Aerospace and Other Transport Equipments	70.57
电气机械和器材制造业	Manufacture of Electrical Machinery and Apparatus	80.64
计算机、通信和其他电子设备制造业	Manufacture of Computers, Communication and Other Electronic Equipment	42.13
仪器仪表制造业	Manufacture of Measuring Instruments and Machinery	12.20
其他制造业	Other Manufacture	11.45
废弃资源综合利用业	Utilization of Waste Resources	5.76
金属制品、机械和设备修理业	Repair Service of Metal Products, Machinery and Equipment	8.08
(三)电力、煤气及水生产和供应业	**Electric Power, Gas and Water Production and Supply**	**100.15**
电力、热力生产和供应业	Production and Supply of Electric Power and Heat Power	88.88
燃气生产和供应业	Production and Supply of Gas	6.05
水的生产和供应业	Production and Supply of Water	5.22

Continued 1

原油 (万吨) Crude Oil (10^4 tons)	汽油 (万吨) Gasoline (10^4 tons)	煤油 (万吨) Kerosene (10^4 tons)	柴油 (万吨) Diesel Oil (10^4 tons)	燃料油 (万吨) Fuel Oil (10^4 tons)	石脑油 (万吨) Naphtha (10^4 tons)	润滑油 (万吨) Lubricants (10^4 tons)	石蜡 (万吨) Paraffin Waxes (10^4 tons)	溶剂油 (万吨) White Spirit (10^4 tons)
555.49	**580.96**	**32.04**	**1682.32**	**631.24**	**3568.90**	**241.00**	**101.00**	**158.00**
464.01	**58.01**	**2.64**	**631.11**	**14.12**		**1.20**	**0.03**	
	16.33	2.16	214.98	0.89		0.91		
463.10	14.23		63.23	12.77		0.01		
0.01	6.32	0.03	112.80	0.04		0.26	0.03	
	8.04	0.41	35.30	0.05		0.01		
	5.32	0.04	65.77	0.16		0.01		
0.90	7.69		139.01	0.21				
	0.08		0.02					
91.36	**489.12**	**29.37**	**1007.14**	**614.49**	**3568.90**	**239.73**	**100.97**	**158.00**
0.07	31.08	0.12	50.78	4.67		0.01		1.35
	10.48	0.03	22.62	5.59			0.51	0.06
0.01	8.58	0.01	13.90	3.18		0.01		
	0.86		3.36	0.97				
	16.89	0.12	19.92	8.78		0.05	0.02	0.01
0.05	17.03	0.41	20.85	2.81		0.01		
0.10	7.94	0.21	8.69	3.35		0.02	0.06	0.24
0.17	7.47	0.08	14.32	0.17		0.01	0.80	
	5.28	0.05	7.68	0.32				
0.10	9.05	0.09	20.16	7.10		0.07	0.02	0.29
0.01	6.18	0.08	6.18	0.7		0.01		0.01
0.01	7.71	0.23	9.38	1.46		0.01	0.51	0.04
52.77	40.80	0.21	20.25	127.43	642.64	221.13	0.35	51.59
29.76	42.72	3.56	69.74	95.18	2923.36	4.45	97.90	102.78
0.02	11.38	0.27	13.63	3.33			0.05	0.19
	1.10		2.40	5.99	2.85	0.04		
0.04	24.71	0.14	29.28	10.93		0.22	0.23	0.34
7.78	33.16	4.69	260.67	231.15	0.05	4.58	0.35	0.13
0.01	13.89	0.22	89.40	7.82		0.87	0.04	
0.23	7.71	2.35	55.53	63.59		0.20		0.09
0.01	22.88	1.33	38.83	7.34		0.27		0.08
0.03	39.23	2.71	44.09	1.51		1.74	0.02	0.03
0.04	24.88	0.35	34.53	1.06		1.80		0.52
0.07	37.63	0.96	44.95	1.58		3.13	0.02	0.04
0.01	9.24	8.34	37.66	9.26		0.34		0.04
0.07	27.96	0.46	32.27	4.05		0.56	0.08	0.04
	13.92	0.31	19.68	3.15		0.03	0.01	0.12
	4.97	0.20	5.09	0.36		0.03		0.01
	1.84	0.02	3.77	0.29		0.11		
	0.64	0.01	3.58	1.11		0.01		
	1.91	1.81	3.95	0.26		0.02		
0.12	**33.83**	**0.03**	**44.07**	**2.63**		**0.07**		
0.12	27.69	0.03	40.04	2.44		0.06		
	2.64		2.33	0.19		0.01		
0.00	3.50		1.70					

4-14 续表 2

行　业	Item	石油沥青（万吨）Bitumen Asphalt (10^4 tons)
工业	**Industry**	**45.10**
（一）采掘业	**Mining and Quarrying**	**0.38**
煤炭开采和洗选业	Mining and Washing of Coal	
石油和天然气开采业	Extraction of Petroleum and Natural Gas	
黑色金属矿采选业	Mining and Processing of Ferrous Metal Ores	
有色金属矿采选业	Mining and Processing of Non-Ferrous Metal Ores	0.38
非金属矿采选业	Mining and Processing of Nonmetal Ores	
开采辅助活动	Support Activities for Mining	
其他采矿业	Mining of Other Ores	
（二）制造业	**Manufacturing**	**42.01**
农副食品加工业	Processing of Food from Agricultural Products	
食品制造业	Manufacture of Foods	
酒、饮料和精制茶制造业	Manufacture of Liquor, Beverages and Refined Tea	
烟草制品业	Manufacture of Tobacco	
纺织业	Manufacture of Textile	
纺织服装、服饰业	Manufacture of Textile, Wearing Apparel and Accessories	
皮革、毛皮、羽毛及其制品和制鞋业	Manufacture of Leather, Fur, Feather and Related Products and Footwear	
木材加工和木、竹、藤、棕、草制品业	Processing of Timber,Manufacture of Wood,Bamboo,Rattan,Palm, and Straw Products	
家具制造业	Manufacture of Furniture	
造纸和纸制品业	Manufacture of Paper and Paper Products	
印刷和记录媒介复制业	Printing and Reproduction of Recording Media	
文教、工美、体育和娱乐用品制造业	Manufacture of Articles for Culture, Education, Arts and Crafts, Sport and Entertainment Activities	
石油加工、炼焦和核燃料加工业	Processing of Petroleum, Coking and Processing of Nuclear Fuel	1.84
化学原料和化学制品制造业	Manufacture of Raw Chemical Materials and Chemical Products	0.45
医药制造业	Manufacture of Medicines	
化学纤维制造业	Manufacture of Chemical Fibers	
橡胶和塑料制品业	Manufacture of Rubber and Plastics Products	0.03
非金属矿物制品业	Manufacture of Non-metallic Mineral Products	29.65
黑色金属冶炼和压延加工业	Smelting and Pressing of Ferrous Metals	0.01
有色金属冶炼和压延加工业	Smelting and Pressing of Non-ferrous Metals	9.72
金属制品业	Manufacture of Metal Products	
通用设备制造业	Manufacture of General Purpose Machinery	0.04
专用设备制造业	Manufacture of Special Purpose Machinery	
汽车制造业	Manufacture of Automobiles	
铁路、船舶、航空航天和其他运输设备制造	Manufacture of Railway, Ship, Aerospace and Other Transport Equipments	
电气机械和器材制造业	Manufacture of Electrical Machinery and Apparatus	
计算机、通信和其他电子设备制造业	Manufacture of Computers, Communication and Other Electronic Equipment	
仪器仪表制造业	Manufacture of Measuring Instruments and Machinery	
其他制造业	Other Manufacture	0.27
废弃资源综合利用业	Utilization of Waste Resources	
金属制品、机械和设备修理业	Repair Service of Metal Products, Machinery and Equipment	
（三）电力、煤气及水生产和供应业	**Electric Power, Gas and Water Production and Supply**	**2.71**
电力、热力生产和供应业	Production and Supply of Electric Power and Heat Power	2.71
燃气生产和供应业	Production and Supply of Gas	
水的生产和供应业	Production and Supply of Water	

Continued 2

石油焦 (万吨) Petroleum Coke (10^4 tons)	液化石油气 (万吨) LPG (10^4 tons)	炼厂干气 (万吨) Refinery Gas (10^4 tons)	其他石油制品 (万吨) Other Petroleum Products (10^4 tons)	天然气 (亿立方米) Natural Gas (10^8 cu.m)	液化天然气 (万吨) LNG (10^4 tons)	热力 (万百万千焦) Heat (10^{10} kJ)	电力 (亿千瓦小时) Electricity (10^8 kW•h)	其他能源 (万吨标煤) Other Energy (10^4 tce)
1935.50	**463.24**	**1284.89**	**3880.69**	**535.41**	**1202.00**	**248391.33**	**33336.05**	**1508.46**
0.02	**2.16**	**33.32**	**23.60**	**113.27**	**0.27**	**7770.40**	**2391.90**	**22.20**
	0.05		0.71	7.84	0.22	798.95	879.14	11.50
	0.20	33.32	17.79	103.15		2235.65	396.81	0.27
			0.03	0.03		83.03	438.42	0.29
0.02	0.01		0.01				327.82	6.23
	0.01		0.02	0.05	0.05	2825.42	224.23	3.91
	1.89		5.04	2.20		1827.35	28.56	
							96.92	
1919.96	**460.66**	**1251.55**	**3856.36**	**419.13**	**1185.17**	**233475.60**	**26822.46**	**1475.21**
	2.88		0.35	0.98	4.59	4795.09	526.15	398.23
	2.10		0.06	4.88	8.50	4922.11	220.97	25.67
0.20	0.76		0.01	3.30	0.98	4333.94	155.76	19.15
	0.07			0.77	7.02	380.52	51.22	0.20
	3.39		2.16	1.93	1.61	23237.30	1448.70	53.55
	0.51		0.02	0.49	2.79	671.52	198.42	5.93
	0.32		0.14	0.08	0.63	321.43	151.03	4.43
	0.09		0.02	0.34	0.09	357.56	264.08	213.76
	0.83			0.62	0.45	75.77	45.83	5.88
	1.03		0.14	1.29	15.56	16065.24	579.00	109.82
	1.05		0.03	0.88	0.72	208.14	107.12	0.41
	2.20		0.23	0.72	6.75	57.73	64.11	4.53
252.51	150.32	1146.55	2723.98	29.11	435.32	31586.63	594.92	9.30
98.29	124.90	104.03	1064.43	217.27	390.42	80186.84	3936.15	257.47
	1.12		0.22	4.23	5.13	6349.44	257.25	35.41
	0.32		0.31	0.69	10.80	6665.53	329.53	1.33
	3.87		1.34	3.35	3.44	1981.70	1024.57	9.34
1333.74	86.41	0.89	26.91	57.27	82.96	1073.90	2951.26	89.26
15.85	23.21		8.17	31.35	11.59	28333.34	5220.52	168.09
219.00	6.54	0.04	13.85	14.49	83.78	11387.17	3819.08	24.14
	8.51		1.21	5.29	14.71	774.46	1037.58	5.64
	3.49		2.43	6.10	8.40	538.16	699.90	5.17
	3.99		2.21	5.88	4.84	1022.52	388.42	4.40
	5.63		2.69	11.47	17.55	4267.81	586.63	2.88
	4.94	0.03	0.71	5.00	41.48	593.32	232.15	2.71
0.10	12.80		2.25	4.21	12.77	1500.00	613.64	8.08
	4.33		0.58	6.11	5.56	1148.91	765.87	4.82
	0.51	0.00	1.03	0.50	0.27	296.05	81.14	1.52
0.27	4.20		0.68	0.07	4.39	313.94	437.98	1.21
	0.31	0.00	0.10	0.20		5.15	20.27	2.76
	0.03		0.10	0.28	2.07	24.38	13.23	0.12
15.52	**0.42**	**0.02**	**0.73**	**3.01**	**16.56**	**7145.33**	**4121.68**	**11.05**
15.52	0.03	0.02	0.22	0.65	1.00	6704.58	3670.45	10.51
	0.37		0.51	2.21	15.38	370.54	108.90	0.03
	0.02			0.15	0.18	70.21	342.33	0.51

4-15 工业分行业终端能源消费量(实物量)-2013

行　业	Item	煤合计 (万吨) Coal Total (10^4 tons)
工业	**Industry**	**98222.46**
(一)采掘业	**Mining and Quarrying**	**8967.12**
煤炭开采和洗选业	Mining and Washing of Coal	7393.46
石油和天然气开采业	Extraction of Petroleum and Natural Gas	140.33
黑色金属矿采选业	Mining and Processing of Ferrous Metal Ores	440.47
有色金属矿采选业	Mining and Processing of Non-Ferrous Metal Ores	200.84
非金属矿采选业	Mining and Processing of Nonmetal Ores	760.91
开采辅助活动	Support Activities for Mining	28.23
其他采矿业	Mining of Other Ores	2.88
(二)制造业	**Manufacturing**	**87176.54**
农副食品加工业	Processing of Food from Agricultural Products	2792.31
食品制造业	Manufacture of Foods	1390.35
酒、饮料和精制茶制造业	Manufacture of Liquor, Beverages and Refined Tea	1454.54
烟草制品业	Manufacture of Tobacco	61.48
纺织业	Manufacture of Textile	2136.43
纺织服装、服饰业	Manufacture of Textile, Wearing Apparel and Accessories	279.88
皮革、毛皮、羽毛及其制品和制鞋业	Manufacture of Leather, Fur, Feather and Related Products and Footwear	183.57
木材加工和木、竹、藤、棕、草制品业	Processing of Timber,Manufacture of Wood,Bamboo,Rattan,Palm, and Straw Products	594.44
家具制造业	Manufacture of Furniture	65.21
造纸和纸制品业	Manufacture of Paper and Paper Products	2403.13
印刷和记录媒介复制业	Printing and Reproduction of Recording Media	69.38
文教、工美、体育和娱乐用品制造业	Manufacture of Articles for Culture, Education, Arts and Crafts, Sport and Entertainment Activities	105.09
石油加工、炼焦和核燃料加工业	Processing of Petroleum, Coking and Processing of Nuclear Fuel	4156.09
化学原料和化学制品制造业	Manufacture of Raw Chemical Materials and Chemical Products	18637.52
医药制造业	Manufacture of Medicines	1197.68
化学纤维制造业	Manufacture of Chemical Fibers	684.86
橡胶和塑料制品业	Manufacture of Rubber and Plastics Products	909.47
非金属矿物制品业	Manufacture of Non-metallic Mineral Products	30822.08
黑色金属冶炼和压延加工业	Smelting and Pressing of Ferrous Metals	14265.36
有色金属冶炼和压延加工业	Smelting and Pressing of Non-ferrous Metals	2347.30
金属制品业	Manufacture of Metal Products	619.42
通用设备制造业	Manufacture of General Purpose Machinery	406.03
专用设备制造业	Manufacture of Special Purpose Machinery	360.83
汽车制造业	Manufacture of Automobiles	325.40
铁路、船舶、航空航天和其他运输设备制造	Manufacture of Railway, Ship, Aerospace and Other Transport Equipments	267.95
电气机械和器材制造业	Manufacture of Electrical Machinery and Apparatus	354.91
计算机、通信和其他电子设备制造业	Manufacture of Computers, Communication and Other Electronic Equipment	95.90
仪器仪表制造业	Manufacture of Measuring Instruments and Machinery	33.24
其他制造业	Other Manufacture	80.58
废弃资源综合利用业	Utilization of Waste Resources	62.83
金属制品、机械和设备修理业	Repair Service of Metal Products, Machinery and Equipment	13.28
(三)电力、煤气及水生产和供应业	**Electric Power, Gas and Water Production and Supply**	**2078.80**
电力、热力生产和供应业	Production and Supply of Electric Power and Heat Power	2038.66
燃气生产和供应业	Production and Supply of Gas	18.19
水的生产和供应业	Production and Supply of Water	21.95

Final Energy Consumption by Industrial Sector (Physical Quantity) -2013

原煤 (万吨) Raw Coal (10^4 tons)	洗精煤 (万吨) Cleaned Coal (10^4 tons)	其他洗煤 (万吨) Other Washed Coal (10^4 tons)	焦炭 (万吨) Coke (10^4 tons)	焦炉煤气 (亿立方米) Coke Oven Gas (10^8 cu.m)	高炉煤气 (亿立方米) Blast Furnace Gas (10^8 cu.m)	转炉煤气 (亿立方米) Converter Gas (10^8 cu.m)	其他煤气 (亿立方米) Other Gas (10^8 cu.m)	其他焦化产品 (万吨) Other Coking Products (10^4 tons)
83442.72	**5005.41**	**8466.44**	**45659.56**	**589.65**	**5495.47**	**313.87**	**58.00**	**1095.40**
7797.29	**231.77**	**908.59**	**281.78**	**16.08**	**42.80**	**1.13**	**6.07**	**34.87**
6612.10	124.82	643.52	80.45	11.73	8.55		5.92	32.21
140.19								
350.01	69.84	8.55	180.04	4.06	34.08	1.13	0.15	0.59
175.48	19.60	3.66	10.22		0.17			1.92
488.40	17.51	252.86	11.05	0.29				0.07
28.23			0.02					0.08
2.88								
73686.64	**4763.09**	**7452.05**	**45370.28**	**568.04**	**5452.67**	**312.74**	**48.98**	**1057.47**
2688.01	24.96	74.05	9.94	0.05	0.02			
1354.33	10.50	17.48	2.27	0.21				
1432.34	6.61	10.56	0.90	0.08	0.08			
54.90	4.31	1.29						
2103.68	3.89	10.48	2.81	2.61				
275.47	0.55	1.32	1.58			0.02		0.04
178.70	1.31	0.69	0.81					
590.78	0.89	2.04	0.39	0.01				0.04
64.32	0.04	0.56	2.39					
2333.14	16.65	36.62	0.61	0.01				0.22
67.80		0.67	0.27	0.01				0.47
99.82	2.25	2.15	4.08					0.25
2050.24	244.72	1859.27	67.53	109.04	85.52			99.36
17242.22	827.69	175.86	3200.02	42.65	11.64	2.50	4.08	568.17
1179.03	10.19	6.47	0.99	0.11				0.44
633.64	1.70	0.09	0.25					
854.47	23.74	15.51	3.32	0.45				0.58
25218.27	916.83	4592.35	1047.55	37.42	51.46	5.05	8.38	91.11
10857.58	2316.19	461.19	39294.19	357.75	5295.94	304.30	1.79	276.43
1996.85	224.26	117.41	574.34	10.88	0.83	0.03	34.73	11.65
588.69	23.47	4.71	141.36	2.68	3.97	0.50		5.26
394.14	7.55	2.49	694.73	0.24	0.05			0.87
294.22	64.23	1.36	53.50	2.51	1.27	0.28		0.90
316.52	2.07	5.30	198.93	0.22				0.21
225.48	1.64	40.13	8.00	0.12				0.25
327.84	22.61	2.85	17.43	0.14				0.77
92.73	1.19	0.71	10.74	0.02				0.07
32.63	0.05	0.53	5.25	0.16				0.35
73.61	2.94	1.39	0.33					
52.27	0.06	6.21	25.65	0.67	1.89			
12.92		0.31	0.12			0.06		0.03
1958.79	**10.55**	**105.80**	**7.50**	**5.53**			**2.95**	**3.06**
1919.42	10.45	105.29	6.60	0.54				3.06
17.68		0.51	0.85	4.99			2.95	
21.69	0.10		0.05					

4-15 续表 1

行　业	Item	油品合计 (万吨) Petroleum Products Total (10^4 tons)
工业	**Industry**	**15235.44**
(一)采掘业	**Mining and Quarrying**	**1218.12**
煤炭开采和洗选业	Mining and Washing of Coal	230.80
石油和天然气开采业	Extraction of Petroleum and Natural Gas	628.40
黑色金属矿采选业	Mining and Processing of Ferrous Metal Ores	115.73
有色金属矿采选业	Mining and Processing of Non-Ferrous Metal Ores	44.71
非金属矿采选业	Mining and Processing of Nonmetal Ores	77.38
开采辅助活动	Support Activities for Mining	120.73
其他采矿业	Mining of Other Ores	0.37
(二)制造业	**Manufacturing**	**13919.24**
农副食品加工业	Processing of Food from Agricultural Products	93.30
食品制造业	Manufacture of Foods	40.22
酒、饮料和精制茶制造业	Manufacture of Liquor, Beverages and Refined Tea	22.73
烟草制品业	Manufacture of Tobacco	4.72
纺织业	Manufacture of Textile	44.23
纺织服装、服饰业	Manufacture of Textile, Wearing Apparel and Accessories	33.30
皮革、毛皮、羽毛及其制品和制鞋业	Manufacture of Leather, Fur, Feather and Related Products and Footwear	17.92
木材加工和木、竹、藤、棕、草制品业	Processing of Timber,Manufacture of Wood,Bamboo,Rattan,Palm, and Straw Products	23.08
家具制造业	Manufacture of Furniture	13.84
造纸和纸制品业	Manufacture of Paper and Paper Products	36.83
印刷和记录媒介复制业	Printing and Reproduction of Recording Media	14.73
文教、工美、体育和娱乐用品制造业	Manufacture of Articles for Culture, Education, Arts and Crafts, Sport and Entertainment Activities	20.08
石油加工、炼焦和核燃料加工业	Processing of Petroleum, Coking and Processing of Nuclear Fuel	5272.70
化学原料和化学制品制造业	Manufacture of Raw Chemical Materials and Chemical Products	4882.49
医药制造业	Manufacture of Medicines	27.10
化学纤维制造业	Manufacture of Chemical Fibers	11.45
橡胶和塑料制品业	Manufacture of Rubber and Plastics Products	66.58
非金属矿物制品业	Manufacture of Non-metallic Mineral Products	2230.08
黑色金属冶炼和压延加工业	Smelting and Pressing of Ferrous Metals	167.80
有色金属冶炼和压延加工业	Smelting and Pressing of Non-ferrous Metals	337.60
金属制品业	Manufacture of Metal Products	78.41
通用设备制造业	Manufacture of General Purpose Machinery	88.29
专用设备制造业	Manufacture of Special Purpose Machinery	92.99
汽车制造业	Manufacture of Automobiles	86.84
铁路、船舶、航空航天和其他运输设备制造	Manufacture of Railway, Ship, Aerospace and Other Transport Equipments	59.47
电气机械和器材制造业	Manufacture of Electrical Machinery and Apparatus	75.47
计算机、通信和其他电子设备制造业	Manufacture of Computers, Communication and Other Electronic Equipment	38.22
仪器仪表制造业	Manufacture of Measuring Instruments and Machinery	12.67
其他制造业	Other Manufacture	12.92
废弃资源综合利用业	Utilization of Waste Resources	6.55
金属制品、机械和设备修理业	Repair Service of Metal Products, Machinery and Equipment	6.62
(三)电力、煤气及水生产和供应业	**Electric Power, Gas and Water Production and Supply**	**98.08**
电力、热力生产和供应业	Production and Supply of Electric Power and Heat Power	86.62
燃气生产和供应业	Production and Supply of Gas	6.08
水的生产和供应业	Production and Supply of Water	5.38

Continued 1

原油 (万吨) Crude Oil (10⁴ tons)	汽油 (万吨) Gasoline (10⁴ tons)	煤油 (万吨) Kerosene (10⁴ tons)	柴油 (万吨) Diesel Oil (10⁴ tons)	燃料油 (万吨) Fuel Oil (10⁴ tons)	石脑油 (万吨) Naphtha (10⁴ tons)	润滑油 (万吨) Lubricants (10⁴ tons)	石蜡 (万吨) Paraffin Waxes (10⁴ tons)	溶剂油 (万吨) White Spirit (10⁴ tons)
629.38	**523.23**	**27.39**	**1631.99**	**568.91**	**3748.65**	**132.00**	**97.00**	**126.00**
483.14	**52.04**	**2.94**	**596.77**	**13.65**		**1.23**	**0.04**	
	14.41	2.43	211.45	0.69		1.00		
482.34	13.92		60.88	10.67				
	5.54	0.04	109.85	0.03		0.22	0.02	
	7.15	0.40	35.03	1.78				
	5.43	0.07	71.66	0.17		0.01	0.02	
0.80	5.51		107.61	0.31				
	0.08		0.29					
146.09	**437.53**	**24.41**	**992.96**	**552.35**	**3748.65**	**130.70**	**96.96**	**126.00**
0.24	32.98	0.18	51.13	4.1		0.02		1.62
	12.59	0.04	20.65	5.09			0.37	0.07
	7.53	0.01	12.10	2.04		0.01		
	0.74		3.18	0.74				
0.01	15.45	0.16	17.33	7.41		0.08	0.01	0.21
0.02	13.94	0.06	17.51	1.34		0.01		
0.05	7.55	0.11	7.25	2.05		0.09	0.04	0.41
0.16	7.66	0.12	13.84	0.17		0.02	1.04	
0.01	5.27	0.05	7.61	0.25				
0.09	8.29	0.13	19.42	7.62		0.07		0.12
	6.29	0.13	6.45	0.79	0.03	0.01	0.03	0.02
0.01	7.77	0.06	9.29	0.71	0.01	0.01	0.52	0.03
55.93	4.30	0.17	19.96	118.18	641.86	117.09	0.97	51.35
87.66	39.47	3.22	67.06	82.78	3103.64	0.51	92.91	70.82
	11.46	0.30	11.39	2.06			0.02	0.24
	1.03		1.73	5.02	3.10	0.05		0.01
0.02	24.06	0.10	28.08	10.24		0.27	0.34	0.28
1.08	33.15	1.27	282.30	213.88		0.42	0.57	0.35
0.02	13.96	0.22	80.48	7.80		0.80	0.02	
0.24	7.83	1.35	50.19	53.27		0.38		0.11
0.02	22.86	1.12	36.92	8.39		0.32	0.01	0.09
0.07	34.73	2.52	42.27	1.33		1.93	0.02	0.02
0.15	26.77	0.63	56.96	0.98		1.69	0.01	0.05
0.16	32.08	0.92	38.98	1.26	0.01	5.83	0.02	0.06
0.06	8.97	8.74	28.92	7.38		0.38		0.05
0.07	27.97	0.41	28.76	4.25		0.49	0.06	0.05
	13.83	0.35	16.70	1.89		0.06		0.04
0.01	5.48	0.16	4.91	0.51		0.02		
	1.78	0.06	3.35	0.13		0.09		
	0.63	0.01	5.14	0.26		0.04		
0.01	1.11	1.81	3.10	0.43		0.01		
0.15	**33.66**	**0.04**	**42.26**	**2.91**		**0.07**		
0.15	27.17	0.04	38.53	2.69		0.06		
	2.92		1.97	0.21		0.01		
0.00	3.57		1.76	0.01				

4-15 续表 2

行　业	Item	石油沥青 (万吨) Bitumen Asphalt (10^4 tons)
工业	**Industry**	**59.67**
(一)采掘业	**Mining and Quarrying**	**0.32**
煤炭开采和洗选业	Mining and Washing of Coal	
石油和天然气开采业	Extraction of Petroleum and Natural Gas	
黑色金属矿采选业	Mining and Processing of Ferrous Metal Ores	
有色金属矿采选业	Mining and Processing of Non-Ferrous Metal Ores	0.32
非金属矿采选业	Mining and Processing of Nonmetal Ores	
开采辅助活动	Support Activities for Mining	
其他采矿业	Mining of Other Ores	
(二)制造业	**Manufacturing**	**57.17**
农副食品加工业	Processing of Food from Agricultural Products	
食品制造业	Manufacture of Foods	
酒、饮料和精制茶制造业	Manufacture of Liquor, Beverages and Refined Tea	
烟草制品业	Manufacture of Tobacco	
纺织业	Manufacture of Textile	
纺织服装、服饰业	Manufacture of Textile, Wearing Apparel and Accessories	
皮革、毛皮、羽毛及其制品和制鞋业	Manufacture of Leather, Fur, Feather and Related Products and Footwear	
木材加工和木、竹、藤、棕、草制品业	Processing of Timber,Manufacture of Wood,Bamboo,Rattan,Palm, and Straw Products	
家具制造业	Manufacture of Furniture	
造纸和纸制品业	Manufacture of Paper and Paper Products	
印刷和记录媒介复制业	Printing and Reproduction of Recording Media	
文教、工美、体育和娱乐用品制造业	Manufacture of Articles for Culture, Education, Arts and Crafts, Sport and Entertainment Activities	
石油加工、炼焦和核燃料加工业	Processing of Petroleum, Coking and Processing of Nuclear Fuel	0.45
化学原料和化学制品制造业	Manufacture of Raw Chemical Materials and Chemical Products	0.76
医药制造业	Manufacture of Medicines	
化学纤维制造业	Manufacture of Chemical Fibers	
橡胶和塑料制品业	Manufacture of Rubber and Plastics Products	0.01
非金属矿物制品业	Manufacture of Non-metallic Mineral Products	43.63
黑色金属冶炼和压延加工业	Smelting and Pressing of Ferrous Metals	
有色金属冶炼和压延加工业	Smelting and Pressing of Non-ferrous Metals	10.83
金属制品业	Manufacture of Metal Products	
通用设备制造业	Manufacture of General Purpose Machinery	0.01
专用设备制造业	Manufacture of Special Purpose Machinery	
汽车制造业	Manufacture of Automobiles	
铁路、船舶、航空航天和其他运输设备制造	Manufacture of Railway, Ship, Aerospace and Other Transport Equipments	
电气机械和器材制造业	Manufacture of Electrical Machinery and Apparatus	
计算机、通信和其他电子设备制造业	Manufacture of Computers, Communication and Other Electronic Equipment	
仪器仪表制造业	Manufacture of Measuring Instruments and Machinery	
其他制造业	Other Manufacture	1.48
废弃资源综合利用业	Utilization of Waste Resources	
金属制品、机械和设备修理业	Repair Service of Metal Products, Machinery and Equipment	
(三)电力、煤气及水生产和供应业	**Electric Power, Gas and Water Production and Supply**	**2.18**
电力、热力生产和供应业	Production and Supply of Electric Power and Heat Power	2.18
燃气生产和供应业	Production and Supply of Gas	
水的生产和供应业	Production and Supply of Water	

Continued 2

石油焦 (万吨) Petroleum Coke (10^4 tons)	液化石油气 (万吨) LPG (10^4 tons)	炼厂干气 (万吨) Refinery Gas (10^4 tons)	其他石油制品 (万吨) Other Petroleum Products (10^4 tons)	天然气 (亿立方米) Natural Gas (10^8 cu.m)	液化天然气 (万吨) LNG (10^4 tons)	热力 (万百万千焦) Heat (10^{10} kJ)	电力 (亿千瓦小时) Electricity (10^8 kW•h)	其他能源 (万吨标煤) Other Energy (10^4 tce)
2191.30	**515.64**	**1360.46**	**3623.82**	**593.25**	**1690.00**	**261608.61**	**36096.17**	**1660.67**
0.03	**2.31**	**28.01**	**37.64**	**123.45**	**3.36**	**7055.59**	**2573.16**	**22.88**
	0.01		0.81	4.25	1.20	719.06	955.77	11.13
	0.19	28.01	32.39	116.56	1.80	1885.56	414.36	0.05
			0.03	0.02		183.69	469.69	0.82
0.03				0.01			351.56	6.03
			0.02	0.04		2514.62	240.79	4.85
	2.11		4.39	2.57	0.36	1752.66	24.60	
							116.39	
2175.81	**512.79**	**1332.36**	**3585.46**	**464.64**	**1665.80**	**247587.55**	**28987.01**	**1591.94**
	2.78		0.25	1.21	7.08	4907.77	574.03	437.57
	1.37		0.04	5.58	12.48	5331.62	230.47	29.57
0.42	0.61		0.01	3.98	1.92	5389.18	167.60	21.62
	0.06			0.80	6.96	374.23	53.73	
	3.03	0.01	0.53	2.50	2.52	23174.56	1532.86	55.22
	0.42			0.58	6.24	631.23	214.23	7.33
	0.24		0.13	0.07	1.08	316.61	151.81	5.45
	0.06		0.01	0.37	0.12	393.32	268.93	215.32
	0.65			0.65	0.84	70.52	49.55	8.55
	1.00		0.09	1.33	24.60	17832.42	599.23	105.94
	0.97		0.01	1.42	1.20	239.08	110.38	2.73
	1.39		0.28	1.01	8.64	69.28	69.12	10.75
286.39	207.85	1233.04	2535.16	29.14	684.20	34597.70	677.49	14.93
121.32	131.09	98.50	982.75	240.89	423.56	84222.69	4341.38	262.20
	1.55		0.08	4.92	7.56	6984.38	283.06	42.19
	0.35		0.16	0.59	14.64	6998.80	349.66	2.79
	1.91		1.27	3.63	10.56	2199.68	1098.91	12.09
1529.63	82.43	0.44	40.93	61.97	132.80	1031.88	3148.49	106.78
34.05	25.87	0.27	4.31	35.74	14.44	29647.85	5704.23	161.92
202.79	5.58	0.05	4.98	17.53	121.60	12423.40	4113.91	34.72
	7.44		1.24	6.34	40.00	666.04	1213.22	7.56
	3.06		2.33	7.65	11.40	543.55	746.09	6.41
	3.59		2.16	6.80	12.28	931.96	409.24	6.75
	5.25	0.01	2.26	13.22	37.92	4588.20	673.68	4.01
	4.46	0.03	0.48	5.29	40.56	568.35	211.15	3.21
	10.93		2.48	4.02	25.64	1492.50	650.46	10.25
	3.75		1.60	6.24	5.20	1304.01	808.76	6.40
	0.33	0.00	1.25	0.53	0.84	276.08	83.41	2.63
1.21	4.43		0.39	0.07	6.04	344.57	416.24	1.38
	0.31	0.00	0.16	0.26	0.84	7.72	23.51	5.63
	0.03		0.12	0.28	2.04	28.36	12.20	0.04
15.46	**0.54**	**0.09**	**0.72**	**5.17**	**20.84**	**6965.47**	**4536.00**	**45.85**
15.46	0.04	0.09	0.21	0.99		6603.19	4042.79	44.71
	0.46		0.51	4.03	20.60	296.43	131.24	0.08
	0.04			0.15	0.24	65.85	361.97	1.06

4-16 工业分行业终端能源消费量(标准量)-2000

单位:万吨标准煤

行 业	Sector	终端消费合计 Final Consumption Total (发电煤耗计算法) (coal equivalent calculation)	(电热当量计算法) (calorific value calculation)
工业	**Industry**	**96871.34**	**71873.52**
(一)采掘业	**Mining and Quarrying**	**8959.53**	**6306.24**
煤炭开采和洗选业	Mining and Washing of Coal	3650.75	2565.78
石油和天然气开采业	Extraction of Petroleum and Natural Gas	3564.12	2669.45
黑色金属矿采选业	Mining and Processing of Ferrous Metal Ores	375.71	213.08
有色金属矿采选业	Mining and Processing of Non-Ferrous Metal Ores	427.29	220.12
非金属矿采选业	Mining and Processing of Nonmetal Ores	707.60	472.60
其他采矿业	Mining of Other Ores	234.06	165.20
(二)制造业	**Manufacturing**	**79848.30**	**61038.87**
农副食品加工业	Processing of Food from Agricultural Products	1669.11	1228.26
食品制造业	Manufacture of Foods	1091.96	811.03
饮料制造业	Manufacture of Beverages	843.57	676.31
烟草制品业	Manufacture of Tobacco	312.51	225.00
纺织业	Manufacture of Textile	3019.70	1974.04
纺织服装、鞋、帽制造业	Manufacture of Textile Wearing Apparel,Footware, and Caps	357.22	228.47
皮革、毛皮、羽毛(绒)及其制品业	Manufacture of Leather, Fur, Feather and Related Products	207.98	136.98
木材加工及木、竹、藤、棕、草制品业	Processing of Timber,Manufacture of Wood,Bamboo,Rattan,Palm, and Straw Products	375.99	280.29
家具制造业	Manufacture of Furniture	103.86	69.75
造纸及纸制品业	Manufacture of Paper and Paper Products	2281.23	1602.38
印刷业和记录媒介的复制	Printing,Reproduction of Recording Media	206.69	124.54
文教体育用品制造业	Manufacture of Articles For Culture, Education and Sport Activity	123.04	69.28
石油加工、炼焦及核燃料加工业	Processing of Petroleum, Coking, Processing of Nuclear Fuel	7445.35	6427.97
化学原料及化学制品制造业	Manufacture of Raw Chemical Materials and Chemical Products	13917.74	10626.46
医药制造业	Manufacture of Medicines	977.08	697.76
化学纤维制造业	Manufacture of Chemical Fibers	1900.95	1313.66
橡胶制品业	Manufacture of Rubber	704.14	438.95
塑料制品业	Manufacture of Plastics	700.99	389.02
非金属矿物制品业	Manufacture of Non-metallic Mineral Products	11495.18	9520.69
黑色金属冶炼及压延加工业	Smelting and Pressing of Ferrous Metals	20220.64	17154.15
有色金属冶炼及压延加工业	Smelting and Pressing of Non-ferrous Metals	4119.11	2236.00
金属制品业	Manufacture of Metal Products	1218.41	711.85
通用设备制造业	Manufacture of General Purpose Machinery	1265.61	840.58
专用设备制造业	Manufacture of Special Purpose Machinery	878.19	618.45
交通运输设备制造业	Manufacture of Transport Equipment	1524.30	967.81
电气机械及器材制造业	Manufacture of Electrical Machinery and Equipment	657.09	414.68
通信设备、计算机及其他电子设备制造业	Manufacture of Communication Equipment,Computers and Other Electronic Equipment	691.43	364.81
仪器仪表及文化、办公用机械制造业	Manufacture of Measuring Instruments and Machinery for Cultural Activity and Office Work	157.96	90.69
工艺品及其他制造业	Manufacture of Artwork and Other Manufacturing	1381.26	799.00
废弃资源和废旧材料回收加工业	Recycling and Disposal of Waste		
(三)电力、煤气及水生产和供应业	**Electric Power, Gas and Water Production and Supply**	**8063.51**	**4528.41**
电力、热力的生产和供应业	Production and Distribution of Electric Power and Heat Power	6989.96	3936.28
燃气生产和供应业	Production and Distribution of Gas	464.34	370.12
水的生产和供应业	Production and Distribution of Water	609.21	222.01

Final Energy Consumption by Industrial Sector (Standard Quantity) -2000

(10 000 tce)

煤合计 Coal Total	原煤 Raw Coal	洗精煤 Cleaned Coal	其他洗煤 Other Washed Coal	焦炭 Coke	焦炉煤气 Coke Oven Gas	其他煤气 Other Gas	其他焦化产品 Other Coking Products	油品合计 Petroleum Products Total
27440.93	**24857.20**	**1050.02**	**1489.59**	**10113.91**	**1107.81**	**2711.90**	**249.49**	**12558.14**
2392.49	**2112.28**	**162.56**	**117.40**	**155.99**	**4.33**	**2.05**	**7.07**	**1603.75**
1795.83	1528.99	160.67	106.17	51.54	4.33	2.05	5.41	155.17
148.42	146.22	0.09	2.11	5.60				1287.01
55.14	46.51	0.27	8.17	50.89				28.36
68.27	67.85	0.05	0.32	21.48				30.67
241.86	239.77	1.46	0.63	26.18			1.66	58.36
82.97	82.95	0.01	0.01	0.31				44.18
22814.05	**20672.37**	**848.20**	**1249.60**	**9957.92**	**1066.90**	**2706.76**	**240.30**	**10594.75**
777.06	724.40	3.65	49.00	15.68		0.03		122.41
546.70	487.05	57.52	2.11	14.25	1.46	0.17		63.63
518.84	516.38	1.83	0.63	3.05			0.12	45.05
113.82	113.77	0.05		1.22		0.03		60.99
1052.29	1045.66	2.28	4.32	4.07	1.40	0.42		227.84
102.27	101.89	0.34	0.01	1.63		0.03		55.15
61.79	61.73	0.05	0.01	1.71				36.74
189.57	189.36	0.18	0.03	1.42			0.28	19.61
37.44	37.43		0.01	1.02				11.16
1051.14	1016.98	9.65	24.50	1.53				92.46
43.63	43.16	0.37	0.11	0.28	0.18	0.03		36.09
15.46	15.41	0.05		1.63		0.03		25.57
710.69	549.68	144.67	16.33	42.74	66.45	7.84	22.56	4188.60
3952.24	3766.35	86.28	83.50	1066.19	55.36	6.91	55.58	2104.54
414.83	405.71	0.91	8.17	0.66	1.16		5.87	35.84
281.77	280.49	0.07	1.21	26.71	0.06			566.18
238.75	237.74	0.64	0.37	2.54	0.12			48.71
120.04	118.70	0.55	0.79	6.11				107.65
7007.81	6048.65	89.01	848.80	303.42	19.08	18.88	17.67	1135.14
3148.49	2653.45	325.50	163.34	7787.70	911.07	2608.24	123.42	597.67
686.14	605.52	47.94	32.67	202.27	1.16	41.36	13.96	200.20
204.99	198.42	5.93	0.63	122.44	0.67	0.76	0.12	125.66
301.47	262.82	36.52	2.11	202.27	2.01	3.26	0.36	101.45
262.36	228.85	28.77	4.74	71.81	0.55	13.18	0.10	96.90
440.81	437.02	2.74	1.05	31.36	0.79	2.89	0.27	142.42
160.78	158.17	1.55	1.05	10.60	2.32	1.18		95.19
59.87	58.90	0.91	0.05	0.31	3.05	0.20		92.84
28.35	28.27	0.06	0.01	4.07		0.08		21.63
284.64	280.39	0.18	4.06	29.21		1.24		137.42
2234.40	**2072.55**	**39.26**	**122.59**		**36.58**	**3.09**	**2.12**	**359.65**
1996.04	1854.36	19.17	122.50				0.16	312.57
211.47	192.21	19.17	0.09		36.58	3.09	1.96	38.73
26.88	25.97	0.91						8.34

4-16 续表

单位:万吨标准煤

行业	Sector	原油 Crude Oil	汽油 Gasoline
工业	**Industry**	**874.79**	**1001.70**
(一)采掘业	**Mining and Quarrying**	**586.95**	**177.72**
煤炭开采和洗选业	Mining and Washing of Coal	3.31	53.44
石油和天然气开采业	Extraction of Petroleum and Natural Gas	583.64	66.78
黑色金属矿采选业	Mining and Processing of Ferrous Metal Ores		10.02
有色金属矿采选业	Mining and Processing of Non-Ferrous Metal Ores		8.64
非金属矿采选业	Mining and Processing of Nonmetal Ores		13.34
其他采矿业	Mining of Other Ores		25.51
(二)制造业	**Manufacturing**	**285.53**	**777.63**
农副食品加工业	Processing of Food from Agricultural Products	0.60	50.09
食品制造业	Manufacture of Foods	0.69	20.04
饮料制造业	Manufacture of Beverages	0.74	16.71
烟草制品业	Manufacture of Tobacco		50.09
纺织业	Manufacture of Textile	0.07	58.31
纺织服装、鞋、帽制造业	Manufacture of Textile Wearing Apparel,Footware, and Caps	0.23	11.69
皮革、毛皮、羽毛(绒)及其制品业	Manufacture of Leather, Fur, Feather and Related Products		8.35
木材加工及木、竹、藤、棕、草制品业	Processing of Timber,Manufacture of Wood,Bamboo,Rattan,Palm, and Straw Products		5.42
家具制造业	Manufacture of Furniture		5.84
造纸及纸制品业	Manufacture of Paper and Paper Products	0.69	20.04
印刷业和记录媒介的复制	Printing,Reproduction of Recording Media		10.02
文教体育用品制造业	Manufacture of Articles For Culture, Education and Sport Activity	0.14	3.75
石油加工、炼焦及核燃料加工业	Processing of Petroleum, Coking, Processing of Nuclear Fuel	146.39	24.18
化学原料及化学制品制造业	Manufacture of Raw Chemical Materials and Chemical Products	93.64	75.11
医药制造业	Manufacture of Medicines		15.04
化学纤维制造业	Manufacture of Chemical Fibers	10.46	6.34
橡胶制品业	Manufacture of Rubber	0.07	14.26
塑料制品业	Manufacture of Plastics	0.57	20.21
非金属矿物制品业	Manufacture of Non-metallic Mineral Products	13.21	76.11
黑色金属冶炼及压延加工业	Smelting and Pressing of Ferrous Metals	14.64	50.09
有色金属冶炼及压延加工业	Smelting and Pressing of Non-ferrous Metals	1.14	18.37
金属制品业	Manufacture of Metal Products	0.04	30.05
通用设备制造业	Manufacture of General Purpose Machinery	0.16	35.05
专用设备制造业	Manufacture of Special Purpose Machinery	0.39	50.20
交通运输设备制造业	Manufacture of Transport Equipment	0.09	33.40
电气机械及器材制造业	Manufacture of Electrical Machinery and Equipment	0.71	26.71
通信设备、计算机及其他电子设备制造业	Manufacture of Communication Equipment,Computers and Other Electronic Equipment		13.34
仪器仪表及文化、办公用机械制造业	Manufacture of Measuring Instruments and Machinery for Cultural Activity and Office Work		5.00
工艺品及其他制造业	Manufacture of Artwork and Other Manufacturing	0.86	23.84
废弃资源和废旧材料回收加工业	Recycling and Disposal of Waste		
(三)电力、煤气及水生产和供应业	**Electric Power, Gas and Water Production and Supply**	**2.30**	**46.35**
电力、热力的生产和供应业	Production and Distribution of Electric Power and Heat Power	2.30	40.07
燃气生产和供应业	Production and Distribution of Gas		2.87
水的生产和供应业	Production and Distribution of Water		3.42

Continued

(10 000 tce)

煤油 Kerosene	柴油 Diesel Oil	燃料油 Fuel Oil	液化石油气 LPG	炼厂干气 Refinery Gas	其他石油制品 Other Petroleum Products	天然气 Natural Gas	热力 Heat	电力 Electricity	其他能源 Other Energy
123.52	**2140.19**	**2633.94**	**726.98**	**882.36**	**4174.66**	**2230.28**	**3975.64**	**11144.46**	**340.96**
10.95	**414.31**	**225.05**	**48.44**	**97.07**	**43.27**	**670.95**	**241.61**	**1221.28**	**6.73**
7.90	79.35	8.01	0.13		3.01	1.31	36.35	512.69	1.12
0.62	235.42	215.00	48.22	97.07	40.25	669.12	159.03	395.30	4.99
0.06	18.28						0.09	77.99	0.62
1.85	19.84	0.31	0.03				0.41	99.29	
0.50	42.81	1.71				0.52	39.76	104.26	0.00
0.01	18.61		0.05				5.98	31.76	
111.90	**1604.33**	**2249.20**	**654.36**	**784.99**	**4126.80**	**1534.11**	**3520.59**	**8272.94**	**330.56**
0.37	45.94	10.66	4.51	0.16	10.09	1.96	62.47	198.17	50.49
0.12	25.80	12.91	3.87		0.20	0.91	62.46	121.46	
0.12	15.64	11.43	0.16		0.26	0.39	36.35	72.49	0.03
0.12	6.25	4.29	0.05		0.20	1.05	7.51	40.37	
5.56	54.82	86.79	11.88	0.31	10.09	14.50	217.65	455.24	0.61
0.62	21.41	17.77	2.39		1.05		6.82	60.31	2.26
0.25	21.41	5.00	0.42		1.31		3.41	33.33	
0.12	10.16	3.86	0.03		0.03		29.52	39.62	0.27
0.06	3.75	0.96	0.53		0.03		4.79	15.34	
5.31	34.99	24.91	1.33	0.47	4.72	3.92	159.03	291.78	2.53
8.40	11.23	3.29	0.80		2.36	1.05	4.93	38.35	
1.85	17.78	1.49	0.50		0.05		1.02	25.57	
26.57	107.01	421.44	280.96	600.01	2582.05	133.80	874.64	301.84	78.80
12.85	175.38	474.11	167.22	68.69	1037.54	1180.14	755.37	1417.95	32.19
0.22	10.46	7.86	0.56		1.70	7.84	119.27	108.59	3.69
0.62	15.15	79.02	11.88	105.88	336.84	0.65	198.78	239.40	0.11
0.10	12.02	17.77	0.03		4.46		27.48	121.35	
0.62	61.07	14.91	6.21		4.06	1.31	5.43	148.48	
3.58	449.44	447.77	109.05	8.83	27.15	32.67	39.76	938.64	7.63
7.90	107.01	415.68	1.30		1.05	22.34	437.32	1377.81	140.08
0.87	64.20	79.02	1.59		35.01	6.53	215.83	857.33	11.20
2.47	57.95	16.34	17.37		1.44	7.84	8.12	241.25	
4.81	43.87	10.07	1.59		5.90	2.61	29.52	197.59	0.03
1.97	19.84	16.34	4.62		3.54	17.12	39.76	116.13	0.55
9.27	74.66	17.77	2.39		4.85	19.73	79.51	250.01	0.01
0.37	36.56	17.77	11.62	0.14	1.31	10.45	22.70	111.45	0.00
0.26	54.82	16.34	7.27	0.28	0.52	44.56	9.20	154.71	0.09
0.22	15.15	0.21	0.19		0.85	0.26	5.12	31.18	
16.30	30.57	13.43	4.06	0.22	48.15	22.47	56.81	267.20	
0.68	**121.55**	**159.69**	**24.19**	**0.30**	**4.59**	**25.22**	**213.44**	**1650.25**	**3.67**
0.62	107.01	158.03	2.39	0.19	1.97	2.61	198.78	1422.45	3.67
0.01	10.46	1.64	21.80	0.11	1.84	22.34	13.64	42.29	
0.04	4.08	0.01			0.79	0.26	1.02	185.51	

4-17 工业分行业终端能源消费量(标准量)-2001

单位:万吨标准煤

行　业	Sector	终端消费合计 Final Consumption Total (发电煤耗计算法) (coal equivalent calculation)	终端消费合计 Final Consumption Total (电热当量计算法) (calorific value calculation)
工业	**Industry**	**103252.51**	**76475.23**
(一)采掘业	**Mining and Quarrying**	**9552.22**	**6676.47**
煤炭开采和洗选业	Mining and Washing of Coal	3916.01	2719.91
石油和天然气开采业	Extraction of Petroleum and Natural Gas	3818.79	2850.83
黑色金属矿采选业	Mining and Processing of Ferrous Metal Ores	391.40	220.56
有色金属矿采选业	Mining and Processing of Non-Ferrous Metal Ores	454.84	229.10
非金属矿采选业	Mining and Processing of Nonmetal Ores	754.45	501.67
其他采矿业	Mining of Other Ores	216.74	154.40
(二)制造业	**Manufacturing**	**85159.45**	**65084.46**
农副食品加工业	Processing of Food from Agricultural Products	1812.51	1338.30
食品制造业	Manufacture of Foods	1094.32	816.81
饮料制造业	Manufacture of Beverages	834.39	659.85
烟草制品业	Manufacture of Tobacco	323.98	235.02
纺织业	Manufacture of Textile	3223.61	2104.28
纺织服装、鞋、帽制造业	Manufacture of Textile Wearing Apparel,Footware, and Caps	389.14	243.65
皮革、毛皮、羽毛(绒)及其制品业	Manufacture of Leather, Fur, Feather and Related Products	221.39	140.90
木材加工及木、竹、藤、棕、草制品业	Processing of Timber,Manufacture of Wood,Bamboo,Rattan,Palm, and Straw Products	406.77	296.30
家具制造业	Manufacture of Furniture	115.29	76.29
造纸及纸制品业	Manufacture of Paper and Paper Products	2416.36	1686.61
印刷业和记录媒介的复制	Printing,Reproduction of Recording Media	228.29	134.04
文教体育用品制造业	Manufacture of Articles For Culture, Education and Sport Activity	144.34	78.09
石油加工、炼焦及核燃料加工业	Processing of Petroleum, Coking, Processing of Nuclear Fuel	7631.04	6548.11
化学原料及化学制品制造业	Manufacture of Raw Chemical Materials and Chemical Products	14435.48	10974.93
医药制造业	Manufacture of Medicines	1044.36	728.24
化学纤维制造业	Manufacture of Chemical Fibers	1885.94	1283.26
橡胶制品业	Manufacture of Rubber	765.65	470.16
塑料制品业	Manufacture of Plastics	737.05	400.23
非金属矿物制品业	Manufacture of Non-metallic Mineral Products	12699.68	10593.33
黑色金属冶炼及压延加工业	Smelting and Pressing of Ferrous Metals	22248.95	18993.58
有色金属冶炼及压延加工业	Smelting and Pressing of Non-ferrous Metals	4273.74	2290.05
金属制品业	Manufacture of Metal Products	1380.32	788.52
通用设备制造业	Manufacture of General Purpose Machinery	1338.39	882.45
专用设备制造业	Manufacture of Special Purpose Machinery	885.93	621.01
交通运输设备制造业	Manufacture of Transport Equipment	1668.50	1031.06
电气机械及器材制造业	Manufacture of Electrical Machinery and Equipment	678.37	410.77
通信设备、计算机及其他电子设备制造业	Manufacture of Communication Equipment,Computers and Other Electronic Equipment	739.69	393.20
仪器仪表及文化、办公用机械制造业	Manufacture of Measuring Instruments and Machinery for Cultural Activity and Office Work	164.33	93.24
工艺品及其他制造业	Manufacture of Artwork and Other Manufacturing	1371.65	772.15
废弃资源和废旧材料回收加工业	Recycling and Disposal of Waste		
(三)电力、煤气及水生产和供应业	**Electric Power, Gas and Water Production and Supply**	**8540.84**	**4714.29**
电力、热力的生产和供应业	Production and Distribution of Electric Power and Heat Power	7441.31	4104.02
燃气生产和供应业	Production and Distribution of Gas	491.74	388.25
水的生产和供应业	Production and Distribution of Water	607.79	222.02

Final Energy Consumption by Industrial Sector (Standard Quantity) -2001

(10 000 tce)

煤合计 Coal Total	原煤 Raw Coal	洗精煤 Cleaned Coal	其他洗煤 Other Washed Coal	焦炭 Coke	焦炉煤气 Coke Oven Gas	其他煤气 Other Gas	其他焦化产品 Other Coking Products	油品合计 Petroleum Products Total
28464.23	**25670.42**	**1076.93**	**1657.98**	**11160.17**	**1195.75**	**3426.05**	**266.37**	**12627.50**
2455.24	**2170.53**	**172.77**	**111.66**	**159.56**	**4.69**	**10.06**	**8.18**	**1644.06**
1890.65	1618.04	171.03	101.58	50.77	4.69		6.28	149.42
128.82	127.19		1.63	5.67				1326.68
53.52	45.18	0.32	7.81	54.29				28.48
68.05	67.72	0.05	0.22	20.83				29.87
238.61	236.82	1.37	0.42	27.67		10.06	1.90	66.45
75.58	75.58			0.32				43.16
23769.39	**21401.02**	**865.47**	**1444.28**	**11000.62**	**1157.14**	**3410.27**	**255.71**	**10629.37**
833.45	782.00	4.56	46.88	17.03				129.98
540.98	483.48	55.85	1.63	16.50	1.38	0.00		65.75
493.02	490.27	2.28	0.46	3.09		0.00	0.10	47.61
121.88	121.82	0.06		1.29		0.43		60.38
1105.48	1098.63	2.46	4.35	4.47	1.50	0.31		237.30
100.45	100.13	0.27	0.01	1.74				61.27
62.00	61.94	0.05	0.01	1.76				34.93
193.43	193.22	0.19	0.02	1.47			0.36	22.28
40.09	40.08		0.01	1.16				11.98
1100.30	1066.45	9.31	24.53	1.66				93.82
45.21	44.79	0.41		0.31	0.13	0.01		37.14
16.54	16.49	0.05		1.77				26.53
699.18	544.55	138.72	15.90	43.96	71.95	9.13	26.38	4189.19
4076.12	3867.97	92.91	91.23	1118.72	59.75	6.85	55.87	2031.99
409.93	401.29	0.78	7.81	0.69	1.25	0.02	6.28	39.05
251.23	249.96		1.27	26.11				550.66
246.92	246.07	0.46	0.39	2.79	0.06			48.42
115.93	114.59	0.49	0.85	7.04		0.00		107.29
7881.87	6714.14	90.75	1052.41	335.45	23.90	36.26	17.63	1184.76
3181.47	2671.79	352.83	147.03	8661.32	986.33	3271.69	134.56	582.39
616.63	549.32	32.85	34.44	225.55	1.13	49.77	13.66	209.86
197.77	187.91	9.31	0.54	139.53	0.75	0.98	0.13	143.73
304.62	265.13	37.23	2.23	218.98	2.13	3.93	0.35	102.68
245.86	212.76	27.93	5.17	74.87	0.63	25.74	0.12	90.46
432.43	428.50	2.78	1.14	41.40	0.75	3.46	0.29	147.70
134.89	132.26	1.64	0.98	12.83	2.44	1.25		101.89
52.78	51.74	1.00	0.04	0.37	3.07	0.45		107.34
24.39	24.33	0.05	0.01	5.43				23.32
244.56	239.40	0.21	4.94	33.35				139.68
2239.60	**2098.88**	**38.69**	**102.03**		**33.91**	**5.72**	**2.47**	**354.07**
1997.35	1877.73	17.67	101.96			0.00	0.18	304.15
218.48	198.32	20.08	0.08		33.91	5.71	2.28	41.08
23.77	22.83	0.94				0.00		8.84

4-17 续表

单位:万吨标准煤

行　业	Sector	原油 Crude Oil	汽油 Gasoline
工业	**Industry**	**901.19**	**1036.48**
(一)采掘业	**Mining and Quarrying**	**607.13**	**171.65**
煤炭开采和洗选业	Mining and Washing of Coal	3.33	51.92
石油和天然气开采业	Extraction of Petroleum and Natural Gas	603.80	64.18
黑色金属矿采选业	Mining and Processing of Ferrous Metal Ores		8.68
有色金属矿采选业	Mining and Processing of Non-Ferrous Metal Ores		8.23
非金属矿采选业	Mining and Processing of Nonmetal Ores		13.77
其他采矿业	Mining of Other Ores		24.88
(二)制造业	**Manufacturing**	**291.73**	**818.16**
农副食品加工业	Processing of Food from Agricultural Products	0.57	53.50
食品制造业	Manufacture of Foods	0.64	21.49
饮料制造业	Manufacture of Beverages	0.71	15.70
烟草制品业	Manufacture of Tobacco		50.36
纺织业	Manufacture of Textile	0.09	62.20
纺织服装、鞋、帽制造业	Manufacture of Textile Wearing Apparel,Footware, and Caps	0.24	13.72
皮革、毛皮、羽毛(绒)及其制品业	Manufacture of Leather, Fur, Feather and Related Products		8.29
木材加工及木、竹、藤、棕、草制品业	Processing of Timber,Manufacture of Wood,Bamboo,Rattan,Palm, and Straw Products		6.71
家具制造业	Manufacture of Furniture		5.99
造纸及纸制品业	Manufacture of Paper and Paper Products	0.73	20.48
印刷业和记录媒介的复制	Printing,Reproduction of Recording Media		10.36
文教体育用品制造业	Manufacture of Articles For Culture, Education and Sport Activity	0.16	4.58
石油加工、炼焦及核燃料加工业	Processing of Petroleum, Coking, Processing of Nuclear Fuel	148.85	25.77
化学原料及化学制品制造业	Manufacture of Raw Chemical Materials and Chemical Products	100.56	83.95
医药制造业	Manufacture of Medicines		17.37
化学纤维制造业	Manufacture of Chemical Fibers	9.01	5.96
橡胶制品业	Manufacture of Rubber	0.09	13.50
塑料制品业	Manufacture of Plastics	0.50	19.05
非金属矿物制品业	Manufacture of Non-metallic Mineral Products	12.31	79.56
黑色金属冶炼及压延加工业	Smelting and Pressing of Ferrous Metals	14.07	51.82
有色金属冶炼及压延加工业	Smelting and Pressing of Non-ferrous Metals	1.10	18.80
金属制品业	Manufacture of Metal Products	0.04	36.13
通用设备制造业	Manufacture of General Purpose Machinery	0.17	36.43
专用设备制造业	Manufacture of Special Purpose Machinery	0.37	48.47
交通运输设备制造业	Manufacture of Transport Equipment	0.10	31.39
电气机械及器材制造业	Manufacture of Electrical Machinery and Equipment	0.64	29.41
通信设备、计算机及其他电子设备制造业	Manufacture of Communication Equipment,Computers and Other Electronic Equipment		15.70
仪器仪表及文化、办公用机械制造业	Manufacture of Measuring Instruments and Machinery for Cultural Activity and Office Work		5.54
工艺品及其他制造业	Manufacture of Artwork and Other Manufacturing	0.77	25.94
废弃资源和废旧材料回收加工业	Recycling and Disposal of Waste		
(三)电力、煤气及水生产和供应业	**Electric Power, Gas and Water Production and Supply**	**2.33**	**46.67**
电力、热力的生产和供应业	Production and Distribution of Electric Power and Heat Power	2.33	39.79
燃气生产和供应业	Production and Distribution of Gas		2.69
水的生产和供应业	Production and Distribution of Water		4.20

Continued

(10 000 tce)

煤油 Kerosene	柴油 Diesel Oil	燃料油 Fuel Oil	液化石油气 LPG	炼厂干气 Refinery Gas	其他石油制品 Other Petroleum Products	天然气 Natural Gas	热力 Heat	电力 Electricity	其他能源 Other Energy
126.54	**2272.23**	**2554.91**	**755.17**	**878.41**	**4102.57**	**2446.40**	**4207.45**	**12180.85**	**500.46**
11.17	**448.50**	**222.39**	**47.00**	**95.05**	**41.17**	**777.47**	**259.17**	**1348.16**	**9.88**
8.09	82.64		0.16		3.28		42.07	574.38	1.64
0.63	258.09	220.25	46.79	95.05	37.90	777.08	168.30	436.96	7.32
0.04	19.75						0.09	83.27	0.92
1.90	19.46	0.29					0.38	109.97	
0.50	50.33	1.86				0.39	42.07	114.50	0.00
	18.22		0.05				6.26	29.09	
114.65	**1703.61**	**2177.66**	**683.29**	**783.06**	**4057.20**	**1640.14**	**3722.56**	**9014.06**	**485.20**
0.38	48.90	10.71	4.96		10.95	2.09	63.69	217.96	74.11
0.13	26.69	12.07	4.55		0.18	1.05	70.51	120.65	
0.13	17.83	12.86	0.18		0.20	0.26	38.66	77.06	0.04
0.13	5.78	3.86	0.05		0.20	1.18	8.21	41.67	
5.69	57.60	89.86	12.50	0.31	9.04	14.00	245.63	494.70	0.90
0.63	23.59	19.83	2.60		0.66		7.50	69.37	3.32
0.25	20.34	4.43	0.39		1.23		3.75	38.46	
0.13	11.06	4.29	0.05		0.03		30.93	47.44	0.39
0.07	4.39	0.86	0.65		0.01		5.12	17.95	
5.44	34.06	27.14	1.56	0.47	3.93	3.40	161.49	322.24	3.71
8.61	11.57	3.07	0.91		2.62	1.18	5.20	44.87	
1.90	17.83	1.53	0.47		0.07		1.19	32.05	
27.18	113.61	408.78	298.47	603.42	2563.13	152.85	898.35	341.46	115.66
13.15	188.64	429.88	163.30	70.27	982.23	1249.77	809.63	1518.99	47.24
0.21	11.39	7.64	0.60		1.84	8.77	129.63	127.20	5.42
0.63	14.97	72.36	9.90	99.12	338.70		203.55	251.56	0.15
0.12	11.39	18.71	0.03		4.59		35.23	136.74	
0.63	61.65	15.43	5.82		4.19	1.18	5.80	163.00	
3.66	477.17	457.15	117.00	8.78	29.11	36.64	48.90	1016.72	11.20
8.09	118.49	387.35	1.25		1.31	21.85	456.00	1492.38	205.60
0.88	67.69	84.29	1.82		35.27	6.94	230.95	919.13	16.44
2.53	66.54	16.86	20.07		1.57	9.81	9.21	286.60	
4.93	42.13	11.43	1.30		6.29	2.22	31.84	215.66	0.04
2.03	17.83	12.86	4.96		3.93	20.94	40.95	120.65	0.80
9.49	82.76	16.64	2.60		4.72	24.86	87.56	292.59	0.02
0.38	36.61	18.31	15.10	0.13	1.30	9.16	22.53	125.78	0.00
0.25	63.46	19.29	7.56	0.30	0.79	52.08	10.16	166.81	0.14
0.25	16.43	0.17	0.21		0.72	0.39	6.38	33.33	
16.72	33.19	10.00	4.42	0.25	48.39	19.50	54.01	281.05	
0.72	**120.12**	**154.86**	**24.88**	**0.30**	**4.19**	**28.79**	**225.72**	**1818.63**	**5.39**
0.65	103.85	153.29	2.21	0.20	1.84	3.27	210.37	1583.30	5.39
0.01	12.37	1.54	22.67	0.09	1.70	25.13	14.15	47.51	
0.06	3.91	0.03			0.66	0.39	1.19	187.82	

4-18 工业分行业终端能源消费量(标准量)-2002

单位:万吨标准煤

行业	Sector	终端消费合计 Final Consumption Total (发电煤耗计算法) (coal equivalent calculation)	(电热当量计算法) (calorific value calculation)
工业	**Industry**	**112725.03**	**83453.42**
(一)采掘业	**Mining and Quarrying**	**10035.34**	**7041.98**
煤炭开采和洗选业	Mining and Washing of Coal	4199.66	2901.75
石油和天然气开采业	Extraction of Petroleum and Natural Gas	3902.68	2946.44
黑色金属矿采选业	Mining and Processing of Ferrous Metal Ores	458.99	263.48
有色金属矿采选业	Mining and Processing of Non-Ferrous Metal Ores	475.51	247.69
非金属矿采选业	Mining and Processing of Nonmetal Ores	796.14	534.56
其他采矿业	Mining of Other Ores	202.35	148.04
(二)制造业	**Manufacturing**	**93250.94**	**71240.43**
农副食品加工业	Processing of Food from Agricultural Products	1988.32	1461.57
食品制造业	Manufacture of Foods	1192.62	873.23
饮料制造业	Manufacture of Beverages	898.86	711.50
烟草制品业	Manufacture of Tobacco	326.60	244.10
纺织业	Manufacture of Textile	3615.81	2348.03
纺织服装、鞋、帽制造业	Manufacture of Textile Wearing Apparel,Footware, and Caps	419.74	264.72
皮革、毛皮、羽毛(绒)及其制品业	Manufacture of Leather, Fur, Feather and Related Products	246.63	153.26
木材加工及木、竹、藤、棕、草制品业	Processing of Timber,Manufacture of Wood,Bamboo,Rattan,Palm, and Straw Products	423.29	315.48
家具制造业	Manufacture of Furniture	109.38	78.12
造纸及纸制品业	Manufacture of Paper and Paper Products	2770.69	1963.78
印刷业和记录媒介的复制	Printing,Reproduction of Recording Media	228.38	139.22
文教体育用品制造业	Manufacture of Articles For Culture, Education and Sport Activity	172.93	89.70
石油加工、炼焦及核燃料加工业	Processing of Petroleum, Coking, Processing of Nuclear Fuel	8063.09	6937.30
化学原料及化学制品制造业	Manufacture of Raw Chemical Materials and Chemical Products	16570.67	12754.68
医药制造业	Manufacture of Medicines	1071.49	775.46
化学纤维制造业	Manufacture of Chemical Fibers	1984.27	1385.11
橡胶制品业	Manufacture of Rubber	777.10	487.00
塑料制品业	Manufacture of Plastics	781.06	407.94
非金属矿物制品业	Manufacture of Non-metallic Mineral Products	13615.80	11322.38
黑色金属冶炼及压延加工业	Smelting and Pressing of Ferrous Metals	23874.98	20305.63
有色金属冶炼及压延加工业	Smelting and Pressing of Non-ferrous Metals	4899.84	2680.64
金属制品业	Manufacture of Metal Products	1635.73	902.52
通用设备制造业	Manufacture of General Purpose Machinery	1512.89	982.09
专用设备制造业	Manufacture of Special Purpose Machinery	920.52	639.76
交通运输设备制造业	Manufacture of Transport Equipment	1865.46	1165.68
电气机械及器材制造业	Manufacture of Electrical Machinery and Equipment	825.05	480.51
通信设备、计算机及其他电子设备制造业	Manufacture of Communication Equipment,Computers and Other Electronic Equipment	860.00	467.98
仪器仪表及文化、办公用机械制造业	Manufacture of Measuring Instruments and Machinery for Cultural Activity and Office Work	188.81	104.23
工艺品及其他制造业	Manufacture of Artwork and Other Manufacturing	1410.91	798.81
废弃资源和废旧材料回收加工业	Recycling and Disposal of Waste		
(三)电力、煤气及水生产和供应业	**Electric Power, Gas and Water Production and Supply**	**9438.75**	**5171.02**
电力、热力的生产和供应业	Production and Distribution of Electric Power and Heat Power	8393.32	4587.74
燃气生产和供应业	Production and Distribution of Gas	469.62	369.83
水的生产和供应业	Production and Distribution of Water	575.80	213.44

Final Energy Consumption by Industrial Sector (Standard Quantity) -2002

(10 000 tce)

煤合计 Coal Total	原煤 Raw Coal	洗精煤 Cleaned Coal	其他洗煤 Other Washed Coal	焦炭 Coke	焦炉煤气 Coke Oven Gas	其他煤气 Other Gas	其他焦化产品 Other Coking Products	油品合计 Petroleum Products Total
31083.13	**28453.32**	**844.16**	**1721.08**	**12030.50**	**1248.65**	**3849.54**	**288.50**	**13571.07**
2636.90	**2421.10**	**109.81**	**105.73**	**162.43**	**3.90**	**10.57**	**7.50**	**1740.47**
2026.86	1821.88	107.83	97.15	46.71	3.90		5.77	154.01
131.03	129.69		1.34	4.89				1404.12
79.17	71.96	0.37	6.64	51.03				35.18
74.27	73.98	0.03	0.23	27.52				32.59
252.58	250.62	1.59	0.37	31.92		10.57	1.73	70.59
72.98	72.98			0.36				43.99
26046.29	**23768.72**	**703.91**	**1509.33**	**11868.07**	**1205.60**	**3832.50**	**278.04**	**11463.33**
909.47	857.98	4.61	46.87	13.92				134.58
559.95	523.06	34.68	2.19	13.70	1.59	0.00		72.71
538.26	535.47	2.25	0.54	3.23		0.00		46.07
134.71	134.67	0.04		1.23		0.42		60.86
1220.85	1214.59	2.17	4.06	4.44	1.89	0.34		238.86
111.05	110.70	0.30	0.01	2.12				64.55
68.53	68.47	0.05		1.50				34.33
213.28	213.13	0.14	0.02	1.52			0.24	19.10
41.88	41.88		0.01	1.12				13.76
1258.59	1223.47	9.35	25.76	1.69				114.69
49.67	49.22	0.46		0.25	0.18	0.02		39.12
16.73	16.72	0.01		1.66				29.26
697.07	577.98	102.28	16.81	44.91	82.31	10.03	24.34	4536.90
4950.64	4751.25	70.75	105.08	1234.20	74.75	7.41	52.40	2364.19
452.87	443.65	1.12	8.07	0.70	1.04	0.02	5.77	38.53
277.74	276.34		1.39	25.01				616.11
269.99	269.21	0.49	0.29	2.32	0.06			48.87
110.13	108.83	0.61	0.69	5.02		0.00		101.86
8390.11	7164.97	100.42	1102.13	392.87	20.49	45.26	25.51	1207.18
3180.78	2763.42	263.22	143.66	9346.12	1011.77	3664.25	157.13	533.19
794.93	716.52	33.86	37.06	230.00	1.16	61.40	11.49	225.83
217.90	207.74	9.45	0.69	149.30	0.91	1.11	0.12	150.31
330.91	293.11	35.76	2.02	237.18	3.11	4.63	0.61	115.06
242.42	209.79	27.87	4.75	67.85	0.67	31.75	0.07	90.05
531.53	528.34	1.92	1.26	42.44	0.73	3.58	0.36	136.50
148.21	146.10	1.04	1.06	10.24	2.01	1.69		112.86
58.00	57.20	0.76	0.04	0.48	2.93	0.60		139.62
26.93	26.89	0.04	0.01	5.56				25.04
243.13	238.02	0.25	4.86	27.48				153.32
2399.95	**2263.50**	**30.44**	**106.01**		**39.14**	**6.47**	**2.95**	**367.27**
2192.90	2075.29	11.68	105.94			0.00	0.22	305.91
183.47	164.64	18.75	0.08		39.14	6.46	2.73	52.62
23.57	23.57					0.00		8.74

4-18 续表

单位:万吨标准煤

行　业	Sector	原油 Crude Oil	汽油 Gasoline
工业	**Industry**	**947.16**	**1054.85**
(一)采掘业	**Mining and Quarrying**	**641.95**	**174.05**
煤炭开采和洗选业	Mining and Washing of Coal	1.70	50.33
石油和天然气开采业	Extraction of Petroleum and Natural Gas	640.26	65.37
黑色金属矿采选业	Mining and Processing of Ferrous Metal Ores		10.33
有色金属矿采选业	Mining and Processing of Non-Ferrous Metal Ores		8.14
非金属矿采选业	Mining and Processing of Nonmetal Ores		14.33
其他采矿业	Mining of Other Ores		25.55
(二)制造业	**Manufacturing**	**303.35**	**834.61**
农副食品加工业	Processing of Food from Agricultural Products	0.43	51.26
食品制造业	Manufacture of Foods	0.62	22.04
饮料制造业	Manufacture of Beverages	0.85	14.14
烟草制品业	Manufacture of Tobacco		51.06
纺织业	Manufacture of Textile	0.07	59.25
纺织服装、鞋、帽制造业	Manufacture of Textile Wearing Apparel,Footware, and Caps	0.17	13.48
皮革、毛皮、羽毛(绒)及其制品业	Manufacture of Leather, Fur, Feather and Related Products		8.04
木材加工及木、竹、藤、棕、草制品业	Processing of Timber,Manufacture of Wood,Bamboo,Rattan,Palm, and Straw Products		5.02
家具制造业	Manufacture of Furniture		6.47
造纸及纸制品业	Manufacture of Paper and Paper Products	0.72	26.17
印刷业和记录媒介的复制	Printing,Reproduction of Recording Media		10.88
文教体育用品制造业	Manufacture of Articles For Culture, Education and Sport Activity	0.13	4.78
石油加工、炼焦及核燃料加工业	Processing of Petroleum, Coking, Processing of Nuclear Fuel	158.84	26.53
化学原料及化学制品制造业	Manufacture of Raw Chemical Materials and Chemical Products	93.42	92.01
医药制造业	Manufacture of Medicines		17.81
化学纤维制造业	Manufacture of Chemical Fibers	10.65	6.09
橡胶制品业	Manufacture of Rubber	0.09	13.86
塑料制品业	Manufacture of Plastics	0.72	19.53
非金属矿物制品业	Manufacture of Non-metallic Mineral Products	13.83	93.13
黑色金属冶炼及压延加工业	Smelting and Pressing of Ferrous Metals	19.39	52.20
有色金属冶炼及压延加工业	Smelting and Pressing of Non-ferrous Metals	1.44	18.43
金属制品业	Manufacture of Metal Products	0.06	33.07
通用设备制造业	Manufacture of General Purpose Machinery	0.13	37.02
专用设备制造业	Manufacture of Special Purpose Machinery	0.36	45.95
交通运输设备制造业	Manufacture of Transport Equipment	0.07	33.09
电气机械及器材制造业	Manufacture of Electrical Machinery and Equipment	0.72	30.41
通信设备、计算机及其他电子设备制造业	Manufacture of Communication Equipment,Computers and Other Electronic Equipment		16.22
仪器仪表及文化、办公用机械制造业	Manufacture of Measuring Instruments and Machinery for Cultural Activity and Office Work		5.07
工艺品及其他制造业	Manufacture of Artwork and Other Manufacturing	0.63	21.62
废弃资源和废旧材料回收加工业	Recycling and Disposal of Waste		
(三)电力、煤气及水生产和供应业	**Electric Power, Gas and Water Production and Supply**	**1.86**	**46.18**
电力、热力的生产和供应业	Production and Distribution of Electric Power and Heat Power	1.86	39.64
燃气生产和供应业	Production and Distribution of Gas		2.46
水的生产和供应业	Production and Distribution of Water		4.08

Continued

(10 000 tce)

煤油 Kerosene	柴油 Diesel Oil	燃料油 Fuel Oil	液化石油气 LPG	炼厂干气 Refinery Gas	其他石油制品 Other Petroleum Products	天然气 Natural Gas	热力 Heat	电力 Electricity	其他能源 Other Energy
157.95	**2404.71**	**2403.81**	**889.33**	**895.70**	**4817.57**	**2566.10**	**4443.31**	**13805.97**	**566.65**
14.74	**494.44**	**209.86**	**55.18**	**99.85**	**50.39**	**788.99**	**232.70**	**1447.34**	**11.18**
10.83	87.43		0.14		3.58		22.54	640.12	1.85
0.72	287.91	208.21	54.99	99.85	46.81	788.86	160.73	448.51	8.29
0.05	24.79						0.11	96.95	1.04
2.37	21.92	0.16					0.40	112.93	
0.76	54.01	1.49				0.13	44.43	122.62	0.00
	18.39		0.06				4.49	26.22	
142.24	**1785.67**	**2036.54**	**803.76**	**795.51**	**4761.65**	**1748.98**	**3967.30**	**10280.94**	**549.36**
0.52	52.35	10.81	5.02		14.18	1.94	67.26	250.48	83.91
0.13	31.20	13.16	5.38		0.19	1.30	78.09	145.89	
0.14	18.87	11.59	0.31		0.17	0.26	36.56	87.07	0.05
0.18	7.27	2.12	0.06		0.17	1.56	5.24	40.08	
7.85	58.83	92.07	12.53	0.33	7.93	10.50	287.38	582.74	1.02
0.92	24.52	21.20	3.21		1.06		7.56	75.67	3.76
0.27	20.05	4.12	0.53		1.32		3.10	45.81	
0.18	9.73	4.10	0.03		0.04		32.67	48.24	0.44
0.09	5.26	1.07	0.84		0.04		6.98	14.39	
5.30	45.80	28.64	2.79	0.52	4.76	3.50	215.41	365.69	4.20
10.78	11.79	2.38	0.98		2.31	1.30	5.30	43.37	
2.17	19.81	1.65	0.67		0.05		0.92	41.13	
30.74	120.22	355.26	351.47	615.09	2878.74	149.61	836.90	424.27	130.96
18.54	196.22	412.99	196.57	74.09	1280.35	1322.59	955.46	1739.54	53.49
0.18	10.88	6.69	0.73		2.25	12.70	132.02	125.67	6.14
0.67	15.66	74.73	12.02	95.59	400.71		201.13	264.94	0.18
0.09	11.41	17.92			5.51		26.05	139.71	
0.89	58.40	13.25	4.46		4.61	1.30	5.44	184.19	
3.11	474.76	440.00	137.76	9.43	35.15	45.37	54.09	1128.81	12.68
11.68	128.24	318.77	1.95		0.95	29.82	451.88	1697.90	232.79
1.14	68.07	95.90	2.37		38.48	8.56	271.49	1057.16	18.62
3.92	69.70	18.44	20.92		4.20	10.63	10.24	362.01	
6.38	50.85	12.15	1.67		6.86	2.85	29.09	258.60	0.04
2.13	17.86	14.00	5.13		4.61	28.78	45.27	132.00	0.91
12.01	67.17	15.50	3.35		5.31	23.21	95.55	331.76	0.02
0.58	40.16	17.61	21.29	0.14	1.94	13.22	25.48	166.80	0.00
0.45	94.27	20.65	6.67	0.31	1.06	62.62	10.90	192.68	0.15
0.60	18.31	0.20	0.20		0.67	0.39	5.19	41.12	
20.60	38.04	9.57	4.85		58.02	16.98	64.67	293.23	
0.98	**124.60**	**157.41**	**30.38**	**0.35**	**5.52**	**28.13**	**243.31**	**2077.69**	**6.10**
0.90	103.26	156.05	0.89	0.24	3.07	2.85	228.99	1850.77	6.10
	17.57	1.33	29.49	0.11	1.67	25.02	12.96	47.42	
0.07	3.77	0.03			0.79	0.26	1.36	179.50	0.00

4-19 工业分行业终端能源消费量(标准量)-2003

单位:万吨标准煤

行　业	Sector	终端消费合计 Final Consumption Total (发电煤耗计算法) (coal equivalent calculation)	(电热当量计算法) (calorific value calculation)
工业	**Industry**	**131565.12**	**98386.86**
(一)采掘业	**Mining and Quarrying**	**11250.04**	**8060.34**
煤炭开采和洗选业	Mining and Washing of Coal	4880.89	3579.76
石油和天然气开采业	Extraction of Petroleum and Natural Gas	3964.52	3029.78
黑色金属矿采选业	Mining and Processing of Ferrous Metal Ores	615.86	346.37
有色金属矿采选业	Mining and Processing of Non-Ferrous Metal Ores	628.42	314.28
非金属矿采选业	Mining and Processing of Nonmetal Ores	919.86	625.23
其他采矿业	Mining of Other Ores	240.49	164.92
(二)制造业	**Manufacturing**	**109486.14**	**84252.45**
农副食品加工业	Processing of Food from Agricultural Products	1821.94	1376.70
食品制造业	Manufacture of Foods	1067.11	807.80
饮料制造业	Manufacture of Beverages	921.81	742.85
烟草制品业	Manufacture of Tobacco	322.29	242.50
纺织业	Manufacture of Textile	4081.85	2613.65
纺织服装、鞋、帽制造业	Manufacture of Textile Wearing Apparel,Footware, and Caps	461.56	293.53
皮革、毛皮、羽毛(绒)及其制品业	Manufacture of Leather, Fur, Feather and Related Products	275.56	169.33
木材加工及木、竹、藤、棕、草制品业	Processing of Timber,Manufacture of Wood,Bamboo,Rattan,Palm, and Straw Products	537.77	395.75
家具制造业	Manufacture of Furniture	129.66	90.34
造纸及纸制品业	Manufacture of Paper and Paper Products	2896.64	2035.05
印刷业和记录媒介的复制	Printing,Reproduction of Recording Media	398.25	202.38
文教体育用品制造业	Manufacture of Articles For Culture, Education and Sport Activity	159.08	87.20
石油加工、炼焦及核燃料加工业	Processing of Petroleum, Coking, Processing of Nuclear Fuel	8971.12	7846.72
化学原料及化学制品制造业	Manufacture of Raw Chemical Materials and Chemical Products	19647.54	15145.12
医药制造业	Manufacture of Medicines	1231.32	859.31
化学纤维制造业	Manufacture of Chemical Fibers	1655.42	1045.75
橡胶制品业	Manufacture of Rubber	860.38	533.27
塑料制品业	Manufacture of Plastics	896.93	471.87
非金属矿物制品业	Manufacture of Non-metallic Mineral Products	17484.47	14916.49
黑色金属冶炼及压延加工业	Smelting and Pressing of Ferrous Metals	29566.26	25298.81
有色金属冶炼及压延加工业	Smelting and Pressing of Non-ferrous Metals	5964.03	3189.71
金属制品业	Manufacture of Metal Products	1828.26	945.65
通用设备制造业	Manufacture of General Purpose Machinery	1687.56	1063.75
专用设备制造业	Manufacture of Special Purpose Machinery	1058.58	742.67
交通运输设备制造业	Manufacture of Transport Equipment	1854.40	1116.40
电气机械及器材制造业	Manufacture of Electrical Machinery and Equipment	985.47	555.37
通信设备、计算机及其他电子设备制造业	Manufacture of Communication Equipment,Computers and Other Electronic Equipment	1097.77	555.28
仪器仪表及文化、办公用机械制造业	Manufacture of Measuring Instruments and Machinery for Cultural Activity and Office Work	217.58	127.54
工艺品及其他制造业	Manufacture of Artwork and Other Manufacturing	1364.53	765.37
废弃资源和废旧材料回收加工业	Recycling and Disposal of Waste	41.01	16.29
(三)电力、煤气及水生产和供应业	**Electric Power, Gas and Water Production and Supply**	**10828.95**	**6074.07**
电力、热力的生产和供应业	Production and Distribution of Electric Power and Heat Power	9764.80	5445.51
燃气生产和供应业	Production and Distribution of Gas	489.27	411.38
水的生产和供应业	Production and Distribution of Water	574.88	217.19

Final Energy Consumption by Industrial Sector (Standard Quantity) -2003

(10 000 tce)

煤合计 Coal Total	原煤 Raw Coal	洗精煤 Cleaned Coal	其他洗煤 Other Washed Coal	焦炭 Coke	焦炉煤气 Coke Oven Gas	其他煤气 Other Gas	其他焦化产品 Other Coking Products	油品合计 Petroleum Products Total
39132.66	**35741.21**	**1485.03**	**1788.23**	**15029.50**	**1427.02**	**3883.48**	**350.82**	**14504.07**
3438.33	**3061.51**	**227.64**	**149.17**	**162.02**	**6.45**	**22.74**	**9.81**	**1776.91**
2695.84	2329.40	225.41	141.03	44.39	6.45	0.11	6.92	139.37
146.17	144.83		1.34	7.26		0.00		1445.11
100.87	93.98	0.46	6.43	58.57		10.44		38.57
78.08	78.04	0.04		29.28		11.92		33.76
336.33	334.23	1.74	0.37	22.35		0.27	2.88	81.16
81.04	81.04			0.17				38.94
32845.38	**29934.84**	**1227.27**	**1565.08**	**14867.48**	**1371.60**	**3841.38**	**338.13**	**12317.28**
912.58	854.01	6.69	51.87	15.02		0.01		109.22
541.45	488.58	50.19	2.68	12.38	1.52	0.27		63.90
573.43	569.71	3.39	0.32	3.79		0.04		36.52
146.14	146.09	0.05		0.83		0.27		50.51
1412.21	1401.65	2.74	7.82	3.15	5.85	0.07		194.29
130.12	129.79	0.32	0.01	1.41		0.71		61.79
72.34	72.31	0.04		2.64		0.00		37.90
269.62	269.49	0.13		2.43		0.03		19.87
50.95	50.95			0.89		0.02		14.14
1283.84	1246.44	10.55	26.85	2.06		0.01		123.03
65.08	64.53	0.55				0.05		32.02
18.96	18.95	0.01		1.44		0.01		29.72
954.64	701.27	229.24	24.12	58.00	108.05	14.41	25.77	5259.19
6087.93	5828.82	112.84	110.61	1191.05	76.15	10.83	66.93	2871.70
486.78	474.95	1.83	10.00	1.03		0.24	6.92	37.73
304.29	302.68		1.61	30.96		0.01		202.90
293.45	292.16	0.55	0.74	2.06		0.10		49.92
145.80	143.82	0.71	1.26	1.48		0.01		101.51
11770.00	10654.02	187.08	895.47	313.49	16.45	45.03	28.85	1257.08
4550.31	3635.77	502.78	384.92	12424.24	1160.19	3723.86	199.33	584.53
987.95	900.18	36.54	28.95	240.19		13.98	9.37	257.89
206.57	197.82	8.21	0.54	131.07		1.41		139.98
318.13	278.73	36.50	2.90	263.65	3.39	6.95	0.95	128.06
351.58	314.18	31.03	6.37	55.04		19.68		87.39
433.76	429.63	2.52	1.61	54.16		1.08		142.47
136.69	133.79	1.83	1.07	16.32		1.39		126.42
66.44	65.80	0.64				0.22		128.83
33.47	33.45	0.03		7.72		0.01		37.82
237.53	231.90	0.27	5.36	30.96		0.29		130.96
3.34	3.34					0.39		
2848.96	**2744.86**	**30.12**	**73.98**		**48.97**	**19.37**	**2.88**	**409.88**
2629.32	2541.65	13.69	73.98			14.18		342.84
194.80	178.37	16.43			48.97	5.19	2.88	57.94
24.84	24.84							9.10

4-19 续表

单位:万吨标准煤

行　业	Sector	原油 Crude Oil	汽油 Gasoline
工业	**Industry**	**1132.88**	**930.51**
(一)采掘业	**Mining and Quarrying**	**790.25**	**156.15**
煤炭开采和洗选业	Mining and Washing of Coal	1.91	48.62
石油和天然气开采业	Extraction of Petroleum and Natural Gas	788.34	57.49
黑色金属矿采选业	Mining and Processing of Ferrous Metal Ores		8.80
有色金属矿采选业	Mining and Processing of Non-Ferrous Metal Ores		7.35
非金属矿采选业	Mining and Processing of Nonmetal Ores		12.34
其他采矿业	Mining of Other Ores		21.55
(二)制造业	**Manufacturing**	**340.66**	**730.25**
农副食品加工业	Processing of Food from Agricultural Products	0.49	31.99
食品制造业	Manufacture of Foods	0.57	12.28
饮料制造业	Manufacture of Beverages	0.87	12.06
烟草制品业	Manufacture of Tobacco		41.16
纺织业	Manufacture of Textile	0.04	38.61
纺织服装、鞋、帽制造业	Manufacture of Textile Wearing Apparel,Footware, and Caps	0.58	13.69
皮革、毛皮、羽毛(绒)及其制品业	Manufacture of Leather, Fur, Feather and Related Products		5.97
木材加工及木、竹、藤、棕、草制品业	Processing of Timber,Manufacture of Wood,Bamboo,Rattan,Palm, and Straw Products		4.52
家具制造业	Manufacture of Furniture		6.71
造纸及纸制品业	Manufacture of Paper and Paper Products	0.89	28.11
印刷业和记录媒介的复制	Printing,Reproduction of Recording Media		9.22
文教体育用品制造业	Manufacture of Articles For Culture, Education and Sport Activity	0.14	4.10
石油加工、炼焦及核燃料加工业	Processing of Petroleum, Coking, Processing of Nuclear Fuel	191.90	33.26
化学原料及化学制品制造业	Manufacture of Raw Chemical Materials and Chemical Products	104.93	66.48
医药制造业	Manufacture of Medicines		19.95
化学纤维制造业	Manufacture of Chemical Fibers	9.64	4.45
橡胶制品业	Manufacture of Rubber	0.14	13.15
塑料制品业	Manufacture of Plastics	0.79	14.66
非金属矿物制品业	Manufacture of Non-metallic Mineral Products	14.18	87.02
黑色金属冶炼及压延加工业	Smelting and Pressing of Ferrous Metals	11.98	54.22
有色金属冶炼及压延加工业	Smelting and Pressing of Non-ferrous Metals	1.43	17.56
金属制品业	Manufacture of Metal Products		32.35
通用设备制造业	Manufacture of General Purpose Machinery		42.16
专用设备制造业	Manufacture of Special Purpose Machinery	0.39	35.66
交通运输设备制造业	Manufacture of Transport Equipment	0.39	31.65
电气机械及器材制造业	Manufacture of Electrical Machinery and Equipment	0.76	34.04
通信设备、计算机及其他电子设备制造业	Manufacture of Communication Equipment,Computers and Other Electronic Equipment		17.30
仪器仪表及文化、办公用机械制造业	Manufacture of Measuring Instruments and Machinery for Cultural Activity and Office Work		9.40
工艺品及其他制造业	Manufacture of Artwork and Other Manufacturing	0.57	8.48
废弃资源和废旧材料回收加工业	Recycling and Disposal of Waste		
(三)电力、煤气及水生产和供应业	**Electric Power, Gas and Water Production and Supply**	**1.96**	**44.12**
电力、热力的生产和供应业	Production and Distribution of Electric Power and Heat Power	1.96	37.39
燃气生产和供应业	Production and Distribution of Gas		1.63
水的生产和供应业	Production and Distribution of Water		5.10

Continued

(10 000 tce)

煤油 Kerosene	柴油 Diesel Oil	燃料油 Fuel Oil	液化石油气 LPG	炼厂干气 Refinery Gas	其他石油制品 Other Petroleum Products	天然气 Natural Gas	热力 Heat	电力 Electricity	其他能源 Other Energy
129.14	**2395.81**	**2711.93**	**925.72**	**920.84**	**5357.24**	**2960.58**	**4634.70**	**15865.16**	**598.86**
11.91	**460.87**	**179.88**	**54.00**	**94.28**	**29.56**	**816.94**	**239.07**	**1568.90**	**19.17**
9.37	76.83				2.64		20.46	656.27	9.94
0.41	245.25	178.42	54.00	94.28	26.92	816.94	170.62	438.51	5.17
	29.77							136.82	1.09
1.94	24.47						0.34	159.42	1.49
0.19	67.17	1.46					39.53	141.23	1.48
	17.38						8.12	36.65	
116.45	**1804.65**	**2339.86**	**837.26**	**824.96**	**5323.19**	**2088.86**	**4092.19**	**11946.30**	**543.84**
0.59	49.55	10.00	3.39		13.20		56.60	214.09	69.19
0.15	32.10	13.65	5.14				70.30	116.79	1.18
0.21	13.83	9.40	0.16				43.83	81.59	3.64
	7.90	1.43	0.03				5.38	39.37	
5.46	53.90	74.24	15.43	0.00	6.60	12.00	291.20	683.86	11.02
0.74	28.18	16.82	1.79				12.46	82.68	4.36
0.27	26.12	5.22	0.32				2.97	53.30	0.18
0.30	10.76	4.29					24.59	66.91	12.30
0.00	6.15	0.77	0.51				5.12	18.88	0.35
2.80	53.79	30.07	3.41		3.96		218.89	391.16	16.05
8.83	9.22	2.30	0.46		1.98		7.27	97.91	0.06
2.40	20.83	1.43	0.83				0.43	36.40	0.23
24.71	133.99	461.37	384.22	641.36	3388.38	206.57	707.63	421.27	91.19
14.24	196.35	477.15	192.86	78.57	1741.12	1584.46	1132.56	2046.49	77.02
0.12	7.68	6.95	0.66		2.36	12.70	157.13	155.65	1.11
0.61	14.13	70.48	8.39	93.88	1.32		231.89	260.52	15.18
0.12	12.95	19.60			3.96		27.35	160.29	0.09
0.98	60.98	15.96	5.51		2.64		5.48	214.65	2.95
2.23	441.03	533.77	141.43	11.00	26.41	49.80	45.95	1294.08	95.77
4.41	145.16	364.44	2.34		1.98	42.06	463.41	2068.66	82.23
1.68	79.86	102.20	4.03		51.12	10.64	299.65	1345.21	24.82
3.53	67.97	13.77	19.71		2.64	12.91	6.74	446.68	0.29
8.41	53.78	17.14	1.29		5.28		25.59	311.30	5.73
2.41	27.01	14.29	4.33		3.30	31.38	46.18	150.63	0.78
10.56	73.75	17.38	4.78		3.96	24.46	94.96	354.62	10.89
0.72	44.67	20.51	23.14	0.16	2.41	16.38	29.45	212.14	16.59
0.44	75.75	27.14	8.13		0.06	72.58	14.38	272.39	0.44
0.61	26.40	0.14	0.21		1.06		3.41	45.00	0.10
18.91	30.87	7.94	4.77		59.42	12.91	61.39	291.22	0.10
								12.55	0.00
0.78	**130.29**	**192.19**	**34.46**	**1.59**	**4.49**	**54.78**	**303.44**	**2349.95**	**35.85**
0.78	107.88	190.62	1.03	0.27	2.91	3.58	288.19	2132.02	35.37
	18.44	1.53	33.43	1.33	1.58	51.20	13.77	36.64	
	3.97	0.03					1.48	181.29	0.47

4-20 工业分行业终端能源消费量(标准量)-2004

单位:万吨标准煤

行业	Sector	终端消费合计 Final Consumption Total (发电煤耗计算法) (coal equivalent calculation)	终端消费合计 Final Consumption Total (电热当量计算法) (calorific value calculation)
工业	**Industry**	**154802.29**	**117062.20**
(一)采掘业	**Mining and Quarrying**	**10665.65**	**7269.92**
煤炭开采和洗选业	Mining and Washing of Coal	4452.51	3060.58
石油和天然气开采业	Extraction of Petroleum and Natural Gas	3518.95	2577.50
黑色金属矿采选业	Mining and Processing of Ferrous Metal Ores	861.64	524.99
有色金属矿采选业	Mining and Processing of Non-Ferrous Metal Ores	752.07	404.66
非金属矿采选业	Mining and Processing of Nonmetal Ores	997.31	667.36
其他采矿业	Mining of Other Ores	83.17	34.83
(二)制造业	**Manufacturing**	**133723.75**	**104722.75**
农副食品加工业	Processing of Food from Agricultural Products	2648.82	2136.57
食品制造业	Manufacture of Foods	1395.81	1112.43
饮料制造业	Manufacture of Beverages	1342.59	1161.83
烟草制品业	Manufacture of Tobacco	249.42	170.79
纺织业	Manufacture of Textile	5410.77	3519.95
纺织服装、鞋、帽制造业	Manufacture of Textile Wearing Apparel,Footware, and Caps	573.16	390.41
皮革、毛皮、羽毛(绒)及其制品业	Manufacture of Leather, Fur, Feather and Related Products	330.68	219.86
木材加工及木、竹、藤、棕、草制品业	Processing of Timber,Manufacture of Wood,Bamboo,Rattan,Palm, and Straw Products	722.79	563.80
家具制造业	Manufacture of Furniture	119.53	69.45
造纸及纸制品业	Manufacture of Paper and Paper Products	3612.41	2630.55
印刷业和记录媒介的复制	Printing,Reproduction of Recording Media	360.89	170.86
文教体育用品制造业	Manufacture of Articles For Culture, Education and Sport Activity	200.34	107.92
石油加工、炼焦及核燃料加工业	Processing of Petroleum, Coking, Processing of Nuclear Fuel	11062.64	9741.90
化学原料及化学制品制造业	Manufacture of Raw Chemical Materials and Chemical Products	24789.94	19770.56
医药制造业	Manufacture of Medicines	1343.00	974.24
化学纤维制造业	Manufacture of Chemical Fibers	1675.80	1060.53
橡胶制品业	Manufacture of Rubber	1043.46	672.41
塑料制品业	Manufacture of Plastics	1243.36	686.00
非金属矿物制品业	Manufacture of Non-metallic Mineral Products	23230.61	20314.44
黑色金属冶炼及压延加工业	Smelting and Pressing of Ferrous Metals	34230.82	29096.05
有色金属冶炼及压延加工业	Smelting and Pressing of Non-ferrous Metals	6891.66	3761.15
金属制品业	Manufacture of Metal Products	2091.58	1048.51
通用设备制造业	Manufacture of General Purpose Machinery	2034.21	1351.23
专用设备制造业	Manufacture of Special Purpose Machinery	1155.87	767.83
交通运输设备制造业	Manufacture of Transport Equipment	2138.36	1250.59
电气机械及器材制造业	Manufacture of Electrical Machinery and Equipment	1297.03	750.36
通信设备、计算机及其他电子设备制造业	Manufacture of Communication Equipment,Computers and Other Electronic Equipment	1316.21	641.21
仪器仪表及文化、办公用机械制造业	Manufacture of Measuring Instruments and Machinery for Cultural Activity and Office Work	189.24	102.81
工艺品及其他制造业	Manufacture of Artwork and Other Manufacturing	989.27	457.39
废弃资源和废旧材料回收加工业	Recycling and Disposal of Waste	33.47	21.09
(三)电力、煤气及水生产和供应业	**Electric Power, Gas and Water Production and Supply**	**10412.89**	**5069.53**
电力、热力的生产和供应业	Production and Distribution of Electric Power and Heat Power	9258.18	4423.49
燃气生产和供应业	Production and Distribution of Gas	480.68	393.69
水的生产和供应业	Production and Distribution of Water	674.04	252.35

Final Energy Consumption by Industrial Sector (Standard Quantity) -2004

(10 000 tce)

煤合计 Coal Total	原煤 Raw Coal	洗精煤 Cleaned Coal	其他洗煤 Other Washed Coal	焦炭 Coke	焦炉煤气 Coke Oven Gas	其他煤气 Other Gas	其他焦化产品 Other Coking Products	油品合计 Petroleum Products Total
50047.64	**45221.73**	**2357.68**	**2382.19**	**17112.99**	**1642.15**	**4612.55**	**455.22**	**16085.21**
2999.76	**2721.59**	**130.05**	**148.12**	**109.65**	**7.32**	**27.01**	**2.39**	**1506.55**
2131.09	1929.78	56.74	144.57	24.82	4.83	0.13	2.39	139.38
123.52	122.53	0.99		0.22		0.00		1174.13
209.14	164.05	44.95	0.14	62.82	2.44	12.40		62.35
164.50	146.34	17.05	1.10	12.33	0.04	14.16		31.99
363.57	350.95	10.32	2.30	9.47		0.31		96.81
7.94	7.94							1.89
45587.99	**41081.95**	**2221.60**	**2199.04**	**16995.78**	**1580.09**	**4562.54**	**446.74**	**14207.89**
1599.87	1551.03	16.71	32.13	5.90	0.07	0.01		136.82
792.19	781.39	8.14	2.66	3.96	0.02	0.32		72.23
970.60	962.02	5.73	2.85	1.41	0.02	0.04		48.39
107.11	103.15	2.63	1.34	0.00	0.13	0.32		12.73
2019.16	2005.54	7.24	6.39	2.20	3.37	0.08		207.44
208.80	206.63	1.03	1.14	0.98	0.21	0.84		63.92
109.44	108.75	0.17	0.51	0.29	0.09	0.00		49.43
419.96	416.26	2.62	1.09	1.45		0.03		25.31
25.95	25.65	0.10	0.19	1.18		0.02		14.61
1774.84	1712.16	19.16	43.53	6.94	0.78	0.01		104.67
41.66	41.56	0.03	0.07	0.11	0.00	0.05		25.24
23.68	23.43	0.14	0.11	3.26		0.01		32.36
1283.37	1147.51	92.09	43.77	54.35	124.57	17.12	58.73	6635.59
9690.01	9143.40	433.86	86.46	1142.63	41.86	12.87	144.72	3391.88
638.32	624.11	11.88	2.33	0.83	0.71	0.29		36.01
486.67	484.37	2.07	0.23	35.64		0.01		67.59
390.33	380.87	5.71	3.75	2.82	0.00	0.12		60.99
256.34	254.12	1.26	0.96	1.93	0.07	0.02		123.69
16779.85	14477.76	407.61	1868.85	207.70	22.32	53.48	44.76	1327.99
4740.02	3693.24	974.80	57.11	14783.11	1341.43	4422.96	176.32	474.33
1251.38	1066.48	145.26	25.26	260.74	29.31	16.61	22.20	306.47
268.80	254.37	11.93	2.50	74.45	1.44	1.68		147.49
504.87	493.69	6.49	2.95	260.90	3.84	8.25		178.37
311.64	266.95	43.80	0.89	58.69	2.91	23.37		105.57
422.50	410.46	7.34	4.70	60.18	3.31	1.28		197.43
249.67	237.44	11.46	0.78	15.15	3.16	1.65		148.44
82.25	80.53	1.53	0.19	0.79	0.39	0.26		133.94
28.77	27.50	0.25	1.03	2.13	0.06	0.01		23.65
103.15	96.07	0.59	4.04	3.86	0.03	0.35		50.22
6.77	5.52	0.00	1.25	2.19		0.46		5.10
1459.89	**1418.19**	**6.02**	**35.03**	**7.56**	**54.73**	**23.01**	**6.09**	**370.77**
1388.51	1348.77	4.15	34.93	5.87	6.64	16.84	2.66	191.44
48.23	46.34	1.81	0.08	1.63	48.10	6.17	3.43	170.58
23.16	23.08	0.06	0.02	0.06				8.74

4-20 续表

单位:万吨标准煤

行 业	Sector	原油 Crude Oil	汽油 Gasoline
工业	**Industry**	**1207.08**	**745.93**
(一)采掘业	**Mining and Quarrying**	**712.82**	**104.04**
煤炭开采和洗选业	Mining and Washing of Coal		26.02
石油和天然气开采业	Extraction of Petroleum and Natural Gas	712.82	53.80
黑色金属矿采选业	Mining and Processing of Ferrous Metal Ores		9.96
有色金属矿采选业	Mining and Processing of Non-Ferrous Metal Ores	0.00	4.52
非金属矿采选业	Mining and Processing of Nonmetal Ores		9.69
其他采矿业	Mining of Other Ores		0.05
(二)制造业	**Manufacturing**	**493.03**	**594.13**
农副食品加工业	Processing of Food from Agricultural Products	0.21	23.65
食品制造业	Manufacture of Foods	0.29	11.48
饮料制造业	Manufacture of Beverages	0.61	11.84
烟草制品业	Manufacture of Tobacco		1.37
纺织业	Manufacture of Textile	0.29	31.28
纺织服装、鞋、帽制造业	Manufacture of Textile Wearing Apparel,Footware, and Caps	0.67	11.70
皮革、毛皮、羽毛(绒)及其制品业	Manufacture of Leather, Fur, Feather and Related Products	0.10	5.96
木材加工及木、竹、藤、棕、草制品业	Processing of Timber,Manufacture of Wood,Bamboo,Rattan,Palm, and Straw Products	0.14	5.05
家具制造业	Manufacture of Furniture	0.06	3.35
造纸及纸制品业	Manufacture of Paper and Paper Products	0.54	13.07
印刷业和记录媒介的复制	Printing,Reproduction of Recording Media		8.67
文教体育用品制造业	Manufacture of Articles For Culture, Education and Sport Activity	0.10	4.90
石油加工、炼焦及核燃料加工业	Processing of Petroleum, Coking, Processing of Nuclear Fuel	259.61	36.90
化学原料及化学制品制造业	Manufacture of Raw Chemical Materials and Chemical Products	198.00	67.27
医药制造业	Manufacture of Medicines		11.29
化学纤维制造业	Manufacture of Chemical Fibers	12.11	1.09
橡胶制品业	Manufacture of Rubber	1.03	14.21
塑料制品业	Manufacture of Plastics	0.14	21.78
非金属矿物制品业	Manufacture of Non-metallic Mineral Products	16.60	50.63
黑色金属冶炼及压延加工业	Smelting and Pressing of Ferrous Metals	0.16	32.57
有色金属冶炼及压延加工业	Smelting and Pressing of Non-ferrous Metals	0.62	10.39
金属制品业	Manufacture of Metal Products	0.14	29.31
通用设备制造业	Manufacture of General Purpose Machinery	0.36	44.68
专用设备制造业	Manufacture of Special Purpose Machinery	0.11	34.81
交通运输设备制造业	Manufacture of Transport Equipment	0.15	41.88
电气机械及器材制造业	Manufacture of Electrical Machinery and Equipment	0.23	30.44
通信设备、计算机及其他电子设备制造业	Manufacture of Communication Equipment,Computers and Other Electronic Equipment	0.64	15.32
仪器仪表及文化、办公用机械制造业	Manufacture of Measuring Instruments and Machinery for Cultural Activity and Office Work	0.08	7.87
工艺品及其他制造业	Manufacture of Artwork and Other Manufacturing	0.03	10.79
废弃资源和废旧材料回收加工业	Recycling and Disposal of Waste		0.60
(三)电力、煤气及水生产和供应业	**Electric Power, Gas and Water Production and Supply**	**1.23**	**47.76**
电力、热力的生产和供应业	Production and Distribution of Electric Power and Heat Power	0.49	39.71
燃气生产和供应业	Production and Distribution of Gas	0.74	2.40
水的生产和供应业	Production and Distribution of Water	0.01	5.65

Continued

(10 000 tce)

煤油 Kerosene	柴油 Diesel Oil	燃料油 Fuel Oil	液化石油气 LPG	炼厂干气 Refinery Gas	其他石油制品 Other Petroleum Products	天然气 Natural Gas	热力 Heat	电力 Electricity	其他能源 Other Energy
89.59	**2549.78**	**2810.58**	**829.22**	**1050.72**	**6802.31**	**3160.08**	**4826.50**	**18439.54**	**680.33**
10.00	**525.76**	**60.46**	**3.92**	**58.44**	**31.11**	**660.82**	**229.92**	**1704.72**	**21.78**
6.43	95.39	8.78	0.36	0.00	2.40	14.30	16.14	716.20	11.29
0.25	268.98	48.33	3.22	58.44	28.29	645.35	182.19	446.20	5.88
1.04	49.88	1.36	0.01		0.09	0.48	0.04	174.08	1.24
1.24	25.47	0.47	0.23		0.07	0.31	0.00	179.65	1.69
1.03	84.22	1.50	0.11		0.26	0.37	31.55	163.59	1.69
0.01	1.82	0.02	0.00					25.00	
79.21	**1899.12**	**2701.03**	**686.56**	**990.12**	**6764.70**	**2430.72**	**4242.57**	**14050.61**	**617.82**
0.49	65.14	16.89	6.07	18.86	5.51	2.50	61.66	251.14	78.60
0.49	31.22	20.80	6.70		1.27	18.61	99.39	124.37	1.34
0.79	20.45	14.33	0.37			7.04	47.27	82.93	4.14
0.05	9.74	1.53	0.04			3.53	8.13	38.85	
3.02	81.96	82.64	4.52	0.20	3.52	6.21	374.79	894.18	12.52
1.03	40.37	7.51	1.06		1.57	1.25	19.25	90.21	4.95
0.54	26.48	15.47	0.52		0.35	0.25	3.67	56.49	0.20
2.00	14.08	3.29	0.49		0.26	1.03	25.51	76.52	13.98
0.35	8.73	0.30	1.82			0.34	1.36	25.60	0.40
1.34	38.29	37.32	13.73		0.38	4.67	273.72	446.68	18.24
1.09	11.47	2.07	1.55		0.41	2.50	3.81	97.42	0.06
0.51	20.70	3.45	2.45		0.24		0.72	47.63	0.26
3.03	136.41	639.05	274.68	873.27	4412.63	190.40	760.96	513.21	103.60
12.80	204.05	520.08	142.23	91.39	2156.05	1629.50	1330.90	2298.71	87.50
0.77	14.89	8.07	0.74		0.26	8.80	125.27	162.74	1.26
0.74	12.02	36.01	1.97	2.46	1.19	2.68	170.61	280.10	17.25
0.40	15.59	24.67	3.04		2.04	4.72	27.58	185.73	0.10
1.09	64.62	22.88	3.46		9.72	5.00	9.50	286.11	3.35
4.50	353.39	712.01	117.18	3.05	70.63	244.70	21.64	1503.20	108.79
2.83	127.74	292.09	11.84		7.11	95.58	403.63	2565.27	93.41
3.41	93.04	119.89	7.56		71.56	35.31	247.21	1563.71	28.20
3.84	79.98	16.38	16.82		1.02	10.01	6.31	537.99	0.33
10.34	93.62	18.96	6.36		4.05	16.51	24.18	347.79	6.51
2.49	53.26	10.02	3.28		1.58	24.64	50.79	189.33	0.89
14.94	107.43	15.03	14.89		3.10	44.05	64.86	444.61	12.37
2.35	71.66	15.76	24.23	0.88	2.88	11.26	25.07	277.11	18.85
1.21	66.30	36.35	14.07		0.07	58.49	19.99	344.60	0.50
1.66	12.29	0.26	0.31		1.18	0.75	3.36	43.94	0.12
1.04	22.24	5.73	4.56		5.84	0.37	31.22	268.08	0.12
0.07	1.98	2.18	0.02		0.26		0.22	6.35	0.00
0.38	**124.89**	**49.09**	**138.75**	**2.16**	**6.50**	**68.54**	**354.01**	**2684.21**	**40.72**
0.31	95.77	48.47	0.13	0.31	6.23	5.50	342.01	2423.83	40.19
0.01	26.12	0.61	138.60	1.84	0.26	62.53	10.36	42.67	
0.06	3.00	0.01	0.02			0.51	1.64	217.70	0.54

4-21 工业分行业终端能源消费量(标准量)-2005

单位:万吨标准煤

行 业	Sector	终端消费合计 Final Consumption Total (发电煤耗计算法) (coal equivalent calculation)	(电热当量计算法) (calorific value calculation)
工业	**Industry**	**177775.24**	**135681.62**
(一)采掘业	**Mining and Quarrying**	**11365.48**	**7775.40**
煤炭开采和洗选业	Mining and Washing of Coal	4744.07	3349.42
石油和天然气开采业	Extraction of Petroleum and Natural Gas	3566.27	2581.52
黑色金属矿采选业	Mining and Processing of Ferrous Metal Ores	1135.45	650.49
有色金属矿采选业	Mining and Processing of Non-Ferrous Metal Ores	814.01	442.20
非金属矿采选业	Mining and Processing of Nonmetal Ores	994.61	706.83
其他采矿业	Mining of Other Ores	111.07	44.95
(二)制造业	**Manufacturing**	**155614.72**	**122477.89**
农副食品加工业	Processing of Food from Agricultural Products	3095.82	2462.00
食品制造业	Manufacture of Foods	1614.80	1285.35
饮料制造业	Manufacture of Beverages	1523.44	1320.51
烟草制品业	Manufacture of Tobacco	278.34	189.82
纺织业	Manufacture of Textile	6144.63	3987.71
纺织服装、鞋、帽制造业	Manufacture of Textile Wearing Apparel,Footware, and Caps	669.06	453.37
皮革、毛皮、羽毛(绒)及其制品业	Manufacture of Leather, Fur, Feather and Related Products	375.18	243.39
木材加工及木、竹、藤、棕、草制品业	Processing of Timber,Manufacture of Wood,Bamboo,Rattan,Palm, and Straw Products	928.89	672.94
家具制造业	Manufacture of Furniture	141.45	83.39
造纸及纸制品业	Manufacture of Paper and Paper Products	4078.32	2972.53
印刷业和记录媒介的复制	Printing,Reproduction of Recording Media	298.15	153.54
文教体育用品制造业	Manufacture of Articles For Culture, Education and Sport Activity	212.93	112.14
石油加工、炼焦及核燃料加工业	Processing of Petroleum, Coking, Processing of Nuclear Fuel	11130.50	9974.42
化学原料及化学制品制造业	Manufacture of Raw Chemical Materials and Chemical Products	27852.99	22170.95
医药制造业	Manufacture of Medicines	1520.90	1100.59
化学纤维制造业	Manufacture of Chemical Fibers	1788.74	1165.31
橡胶制品业	Manufacture of Rubber	1297.32	791.53
塑料制品业	Manufacture of Plastics	1596.31	830.75
非金属矿物制品业	Manufacture of Non-metallic Mineral Products	26177.09	22820.18
黑色金属冶炼及压延加工业	Smelting and Pressing of Ferrous Metals	44385.43	38145.40
有色金属冶炼及压延加工业	Smelting and Pressing of Non-ferrous Metals	7917.88	4332.56
金属制品业	Manufacture of Metal Products	2375.39	1176.12
通用设备制造业	Manufacture of General Purpose Machinery	2492.47	1668.26
专用设备制造业	Manufacture of Special Purpose Machinery	1298.33	844.56
交通运输设备制造业	Manufacture of Transport Equipment	2059.71	1312.16
电气机械及器材制造业	Manufacture of Electrical Machinery and Equipment	1410.23	819.49
通信设备、计算机及其他电子设备制造业	Manufacture of Communication Equipment,Computers and Other Electronic Equipment	1517.97	732.22
仪器仪表及文化、办公用机械制造业	Manufacture of Measuring Instruments and Machinery for Cultural Activity and Office Work	223.32	121.40
工艺品及其他制造业	Manufacture of Artwork and Other Manufacturing	1172.02	513.97
废弃资源和废旧材料回收加工业	Recycling and Disposal of Waste	37.10	21.35
(三)电力、煤气及水生产和供应业	**Electric Power, Gas and Water Production and Supply**	**10795.05**	**5428.33**
电力、热力的生产和供应业	Production and Distribution of Electric Power and Heat Power	9628.95	4778.27
燃气生产和供应业	Production and Distribution of Gas	455.17	381.56
水的生产和供应业	Production and Distribution of Water	710.93	268.49

Final Energy Consumption by Industrial Sector (Standard Quantity) -2005

(10 000 tce)

煤合计 Coal Total	原煤 Raw Coal	洗精煤 Cleaned Coal	其他洗煤 Other Washed Coal	焦炭 Coke	焦炉煤气 Coke Oven Gas	其他煤气 Other Gas	其他焦化产品 Other Coking Products	油品合计 Petroleum Products Total
56579.50	**51363.67**	**2577.60**	**2530.20**	**23928.51**	**2480.24**	**5927.68**	**449.78**	**15602.26**
3392.74	**3091.23**	**142.18**	**158.01**	**145.67**	**10.23**	**34.71**	**3.39**	**1442.18**
2408.29	2191.88	62.03	153.56	35.73	6.90	0.17	3.39	125.76
140.29	139.17	1.09		0.28		0.00		1134.58
237.29	186.33	49.14	1.58	81.31	3.33	15.94		58.09
185.96	166.22	18.64	1.10	15.85		18.19		26.14
411.88	398.61	11.28	1.78	12.49		0.40		96.13
9.01	9.01							1.48
51523.02	**46661.64**	**2428.83**	**2326.71**	**23775.17**	**2419.35**	**5863.41**	**442.74**	**13679.57**
1814.88	1761.69	18.27	34.07	8.28	0.10	0.01		143.38
901.80	887.52	8.89	2.57	5.21	0.03	0.42		81.60
1102.65	1092.68	6.26	3.05	1.00	0.02	0.05		58.85
121.17	117.16	2.87	1.11	0.01	0.08	0.41		11.46
2293.80	2277.92	7.91	4.47	2.90	2.06	0.11		154.55
236.73	234.69	1.12	0.74	1.30	0.13	1.08		78.12
124.31	123.52	0.19	0.31	0.30	0.07	0.00		45.06
477.55	472.80	2.86	1.05	1.76		0.04		29.11
29.45	29.14	0.11	0.14	1.01		0.03		20.25
1998.31	1944.70	20.94	30.43	4.23	1.11	0.02		103.35
47.61	47.21	0.03	0.09	0.15	0.00	0.07		25.13
26.89	26.62	0.15	0.07	3.47		0.01		28.10
1432.48	1303.37	100.68	28.41	63.83	291.39	22.00	48.47	6455.35
11004.05	10385.24	474.33	90.72	1664.30	54.71	16.54	169.59	3160.20
725.59	708.88	12.99	1.44	1.10	0.43	0.37		33.20
552.64	550.15	2.27	0.21	49.75		0.01		80.45
441.65	432.60	6.24	2.10	1.72	0.00	0.15		57.69
292.09	288.63	1.37	1.06	2.54	0.07	0.02		116.34
18903.40	16444.10	445.63	1994.62	202.31	23.56	68.73	45.85	1361.16
5349.61	4194.85	1065.72	82.75	20700.72	1987.59	5684.03	147.76	373.75
1406.13	1211.33	158.80	33.06	357.02	41.84	21.35	31.07	320.16
305.70	288.92	13.05	2.88	76.09	1.91	2.16		150.38
574.65	560.74	7.10	3.15	442.49	5.24	10.61		153.68
352.92	303.21	47.88	1.05	66.92	4.45	30.04		76.26
477.98	466.20	8.03	2.35	91.22	2.03	1.65		201.17
283.72	269.69	12.52	0.62	16.27	1.93	2.11		148.25
93.30	91.47	1.67	0.12	0.67	0.48	0.34		141.38
32.35	31.23	0.27	0.62	2.67	0.08	0.02		28.96
112.24	109.12	0.65	2.42	3.68	0.04	0.45		39.41
7.37	6.27	0.00	1.05	2.26		0.59		2.81
1663.74	**1610.80**	**6.58**	**45.47**	**7.67**	**50.65**	**29.57**	**3.66**	**480.52**
1582.15	1531.96	4.54	45.35	5.95	4.06	21.64	1.60	303.93
54.72	52.63	1.97	0.12	1.65	46.59	7.93	2.06	168.69
26.88	26.21	0.07	0.01	0.06				7.90

4-21 续表

单位:万吨标准煤

行业	Sector	原油 Crude Oil	汽油 Gasoline
工业	**Industry**	**1214.82**	**648.75**
(一)采掘业	**Mining and Quarrying**	**698.09**	**76.28**
煤炭开采和洗选业	Mining and Washing of Coal		21.42
石油和天然气开采业	Extraction of Petroleum and Natural Gas	698.09	37.84
黑色金属矿采选业	Mining and Processing of Ferrous Metal Ores		6.77
有色金属矿采选业	Mining and Processing of Non-Ferrous Metal Ores	0.00	4.86
非金属矿采选业	Mining and Processing of Nonmetal Ores		5.37
其他采矿业	Mining of Other Ores		0.03
(二)制造业	**Manufacturing**	**516.12**	**535.88**
农副食品加工业	Processing of Food from Agricultural Products	0.10	19.48
食品制造业	Manufacture of Foods	0.14	10.82
饮料制造业	Manufacture of Beverages	0.71	10.19
烟草制品业	Manufacture of Tobacco		1.10
纺织业	Manufacture of Textile	0.29	24.63
纺织服装、鞋、帽制造业	Manufacture of Textile Wearing Apparel,Footware, and Caps	0.34	13.65
皮革、毛皮、羽毛(绒)及其制品业	Manufacture of Leather, Fur, Feather and Related Products	0.05	6.33
木材加工及木、竹、藤、棕、草制品业	Processing of Timber,Manufacture of Wood,Bamboo,Rattan,Palm, and Straw Products	0.17	6.95
家具制造业	Manufacture of Furniture	0.04	4.03
造纸及纸制品业	Manufacture of Paper and Paper Products	0.73	11.85
印刷业和记录媒介的复制	Printing,Reproduction of Recording Media		9.77
文教体育用品制造业	Manufacture of Articles For Culture, Education and Sport Activity	0.13	5.45
石油加工、炼焦及核燃料加工业	Processing of Petroleum, Coking, Processing of Nuclear Fuel	218.11	30.68
化学原料及化学制品制造业	Manufacture of Raw Chemical Materials and Chemical Products	256.26	62.00
医药制造业	Manufacture of Medicines		10.80
化学纤维制造业	Manufacture of Chemical Fibers	15.17	1.61
橡胶制品业	Manufacture of Rubber	1.17	13.37
塑料制品业	Manufacture of Plastics	0.11	17.61
非金属矿物制品业	Manufacture of Non-metallic Mineral Products	20.24	35.35
黑色金属冶炼及压延加工业	Smelting and Pressing of Ferrous Metals	0.19	31.15
有色金属冶炼及压延加工业	Smelting and Pressing of Non-ferrous Metals	0.44	9.04
金属制品业	Manufacture of Metal Products	0.09	25.22
通用设备制造业	Manufacture of General Purpose Machinery	0.21	38.57
专用设备制造业	Manufacture of Special Purpose Machinery	0.16	23.31
交通运输设备制造业	Manufacture of Transport Equipment	0.21	51.38
电气机械及器材制造业	Manufacture of Electrical Machinery and Equipment	0.37	30.35
通信设备、计算机及其他电子设备制造业	Manufacture of Communication Equipment,Computers and Other Electronic Equipment	0.57	15.52
仪器仪表及文化、办公用机械制造业	Manufacture of Measuring Instruments and Machinery for Cultural Activity and Office Work	0.07	5.08
工艺品及其他制造业	Manufacture of Artwork and Other Manufacturing	0.01	10.11
废弃资源和废旧材料回收加工业	Recycling and Disposal of Waste		0.46
(三)电力、煤气及水生产和供应业	**Electric Power, Gas and Water Production and Supply**	**0.62**	**36.60**
电力、热力的生产和供应业	Production and Distribution of Electric Power and Heat Power	0.25	28.78
燃气生产和供应业	Production and Distribution of Gas	0.37	3.48
水的生产和供应业	Production and Distribution of Water	0.01	4.34

Continued

(10 000 tce)

煤油 Kerosene	柴油 Diesel Oil	燃料油 Fuel Oil	液化石油气 LPG	炼厂干气 Refinery Gas	其他石油制品 Other Petroleum Products	天然气 Natural Gas	热力 Heat	电力 Electricity	其他能源 Other Energy
84.61	**2367.10**	**2475.18**	**910.46**	**1243.53**	**6657.81**	**3547.91**	**5670.52**	**20665.91**	**829.31**
9.41	**519.45**	**45.15**	**5.52**	**61.38**	**26.90**	**670.54**	**230.06**	**1819.34**	**26.55**
4.80	90.19	7.50	0.43	0.00	1.41	20.84	10.04	724.53	13.76
0.25	270.81	36.19	4.83	61.38	25.19	648.88	176.72	473.59	7.16
2.09	48.51	0.69			0.04	0.26	0.03	252.72	1.51
1.09	19.60	0.35	0.17		0.07	0.23	0.00	193.76	2.06
1.18	88.89	0.41	0.09		0.20	0.33	43.26	140.28	2.05
0.01	1.44							34.46	
74.66	**1753.08**	**2240.13**	**757.12**	**1179.67**	**6622.92**	**2815.33**	**5074.32**	**16131.87**	**753.12**
0.59	79.61	17.69	5.17	17.98	2.76	3.65	84.52	311.37	95.81
0.49	30.41	33.13	5.97		0.64	17.02	136.54	141.10	1.63
0.79	20.75	25.88	0.52			6.69	52.11	94.08	5.05
0.05	8.18	2.09	0.04			3.44	9.19	44.07	
3.02	58.21	60.60	4.74	0.27	2.81	7.40	499.46	1012.16	15.27
1.03	40.61	20.63	1.07		0.79	1.19	21.14	107.67	6.04
0.54	20.49	17.01	0.45		0.18	0.36	5.63	67.42	0.25
1.60	16.18	3.76	0.32		0.13	1.45	16.24	129.75	17.04
0.35	12.09	1.85	1.88			0.49	1.84	29.84	0.48
1.34	34.82	40.11	14.34		0.15	6.61	335.56	501.10	22.23
1.09	9.95	2.56	1.60		0.16	2.58	3.31	74.62	0.08
0.51	16.55	3.67	1.67		0.12		1.07	52.28	0.32
3.03	73.58	312.05	292.15	1063.86	4461.88	179.53	969.80	385.27	126.28
8.96	199.87	407.34	170.95	91.38	1963.43	1843.38	1534.04	2617.48	106.66
0.77	12.53	7.85	0.86		0.39	12.84	137.22	188.30	1.53
0.74	10.80	47.11	1.68	2.00	1.35	3.90	170.92	286.61	21.02
0.40	14.25	25.28	1.89		1.33	4.59	28.37	257.23	0.13
1.09	53.79	25.88	3.27		14.59	7.30	12.06	396.25	4.08
4.50	368.48	750.92	125.93	3.28	52.45	316.66	21.31	1744.57	132.62
2.83	133.58	176.84	19.34		9.82	129.87	523.67	3134.52	113.87
3.41	76.82	125.71	9.84		94.89	51.48	258.70	1810.45	34.37
3.89	76.01	23.75	20.73		0.70	9.13	6.94	623.41	0.40
8.53	82.48	11.92	8.60		3.36	24.08	25.87	423.72	7.94
2.49	38.30	6.51	4.17		1.32	35.93	52.18	224.79	1.08
16.30	99.38	16.66	13.93		3.32	64.23	89.23	369.58	15.08
2.35	67.06	21.08	23.49	0.90	2.63	16.42	25.73	302.08	22.97
1.21	67.67	39.12	17.19		0.10	63.47	29.01	402.97	0.61
1.66	12.13	9.03	0.40		0.59	1.09	3.82	52.26	0.14
1.04	16.79	3.68	4.86		2.92	0.54	18.73	338.73	0.14
0.07	1.67	0.42	0.06		0.13		0.13	8.18	0.00
0.53	**94.58**	**189.91**	**147.82**	**2.48**	**7.98**	**62.04**	**366.15**	**2714.70**	**49.64**
0.46	77.00	189.18	0.10	0.30	7.85	5.47	356.55	2447.93	48.99
0.02	14.09	0.71	147.71	2.18	0.13	55.82	7.42	36.70	
0.04	3.49	0.02	0.01			0.75	2.18	230.07	0.66

4-22 工业分行业终端能源消费量(标准量)-2006

单位:万吨标准煤

行业	Sector	终端消费合计 Final Consumption Total (发电煤耗计算法) (coal equivalent calculation)	终端消费合计 Final Consumption Total (电热当量计算法) (calorific value calculation)
工业	**Industry**	**195582.35**	**148012.26**
(一)采掘业	**Mining and Quarrying**	**11931.58**	**8422.17**
煤炭开采和洗选业	Mining and Washing of Coal	4984.88	3634.68
石油和天然气开采业	Extraction of Petroleum and Natural Gas	3470.36	2684.09
黑色金属矿采选业	Mining and Processing of Ferrous Metal Ores	1307.14	730.59
有色金属矿采选业	Mining and Processing of Non-Ferrous Metal Ores	886.41	483.82
非金属矿采选业	Mining and Processing of Nonmetal Ores	1149.31	841.55
其他采矿业	Mining of Other Ores	133.49	47.44
(二)制造业	**Manufacturing**	**172054.64**	**134056.54**
农副食品加工业	Processing of Food from Agricultural Products	3351.82	2622.19
食品制造业	Manufacture of Foods	1802.15	1420.59
饮料制造业	Manufacture of Beverages	1619.44	1378.95
烟草制品业	Manufacture of Tobacco	257.76	173.20
纺织业	Manufacture of Textile	6881.21	4243.34
纺织服装、鞋、帽制造业	Manufacture of Textile Wearing Apparel,Footware, and Caps	778.88	515.85
皮革、毛皮、羽毛(绒)及其制品业	Manufacture of Leather, Fur, Feather and Related Products	491.16	338.24
木材加工及木、竹、藤、棕、草制品业	Processing of Timber,Manufacture of Wood,Bamboo,Rattan,Palm, and Straw Products	1058.19	754.05
家具制造业	Manufacture of Furniture	195.19	128.18
造纸及纸制品业	Manufacture of Paper and Paper Products	4281.09	3077.05
印刷业和记录媒介的复制	Printing,Reproduction of Recording Media	345.48	189.57
文教体育用品制造业	Manufacture of Articles For Culture, Education and Sport Activity	243.54	142.28
石油加工、炼焦及核燃料加工业	Processing of Petroleum, Coking, Processing of Nuclear Fuel	11932.36	10720.97
化学原料及化学制品制造业	Manufacture of Raw Chemical Materials and Chemical Products	30705.42	24354.57
医药制造业	Manufacture of Medicines	1668.79	1230.86
化学纤维制造业	Manufacture of Chemical Fibers	1798.44	1146.40
橡胶制品业	Manufacture of Rubber	1400.30	835.93
塑料制品业	Manufacture of Plastics	1857.92	1029.13
非金属矿物制品业	Manufacture of Non-metallic Mineral Products	27005.90	23113.81
黑色金属冶炼及压延加工业	Smelting and Pressing of Ferrous Metals	50050.72	42771.07
有色金属冶炼及压延加工业	Smelting and Pressing of Non-ferrous Metals	9700.41	5333.32
金属制品业	Manufacture of Metal Products	2881.57	1474.30
通用设备制造业	Manufacture of General Purpose Machinery	2853.10	1939.11
专用设备制造业	Manufacture of Special Purpose Machinery	1470.56	966.17
交通运输设备制造业	Manufacture of Transport Equipment	2331.50	1487.50
电气机械及器材制造业	Manufacture of Electrical Machinery and Equipment	1671.69	1006.16
通信设备、计算机及其他电子设备制造业	Manufacture of Communication Equipment,Computers and Other Electronic Equipment	1886.51	940.19
仪器仪表及文化、办公用机械制造业	Manufacture of Measuring Instruments and Machinery for Cultural Activity and Office Work	266.66	144.26
工艺品及其他制造业	Manufacture of Artwork and Other Manufacturing	1209.46	548.15
废弃资源和废旧材料回收加工业	Recycling and Disposal of Waste	57.41	31.15
(三)电力、煤气及水生产和供应业	**Electric Power, Gas and Water Production and Supply**	**11596.13**	**5533.54**
电力、热力的生产和供应业	Production and Distribution of Electric Power and Heat Power	10375.68	4863.23
燃气生产和供应业	Production and Distribution of Gas	456.20	380.09
水的生产和供应业	Production and Distribution of Water	764.25	290.22

Final Energy Consumption by Industrial Sector (Standard Quantity) -2006

(10 000 tce)

煤合计 Coal Total	原煤 Raw Coal	洗精煤 Cleaned Coal	其他洗煤 Other Washed Coal	焦炭 Coke	焦炉煤气 Coke Oven Gas	其他煤气 Other Gas	其他焦化产品 Other Coking Products	油品合计 Petroleum Products Total
59033.30	**53203.39**	**2811.63**	**2692.14**	**26887.11**	**2390.08**	**7294.06**	**563.76**	**16801.58**
3761.21	**3341.07**	**150.07**	**266.86**	**231.68**	**9.34**	**29.56**	**3.73**	**1611.01**
2660.09	2437.11	64.88	157.15	84.46	6.33	1.60	3.73	122.31
139.25	139.16			0.11				1303.06
243.88	186.48	54.56	1.52	108.43	3.01	9.22		59.50
191.59	171.43	19.07	1.05	27.02		18.74		27.27
526.09	406.58	11.56	107.14	11.66				97.38
0.31	0.31							1.49
53824.79	**48506.60**	**2649.21**	**2378.75**	**26638.83**	**2334.05**	**7236.30**	**555.69**	**14853.79**
1861.08	1804.84	19.94	33.61	19.45	0.09	0.38		161.15
973.06	959.48	9.55	2.57	17.51	0.03	0.15		79.53
1102.67	1091.82	7.09	2.99	1.55	0.02	0.04		75.55
102.37	97.77	3.44	1.16	0.96	0.08	0.32		11.73
2202.68	2183.68	8.36	4.46	7.01	1.91	0.13		165.26
271.30	268.31	2.03	0.74	1.19	0.12	0.09		81.84
193.49	191.27	0.52	0.31	4.62	0.06	0.00		51.34
468.14	461.73	5.29	1.05	15.33				31.03
55.94	55.45	0.08	0.14	3.96		0.04		26.51
1987.23	1931.63	21.22	30.41	10.28	1.03	0.00		105.35
63.71	63.00	0.30	0.09	1.60	0.00	0.05		35.08
42.47	42.31	0.03	0.07	3.76		0.01		38.18
1898.19	1384.44	116.29	396.05	100.02	276.44	88.24	62.88	6602.24
11114.73	10416.05	519.88	90.72	2255.92	50.64	25.14	216.65	3650.69
809.75	793.00	14.58	1.44	6.12	0.40	0.27		43.37
469.86	462.25	4.74	0.21	44.29		0.27		108.70
435.92	425.33	7.06	2.10	5.56	0.00	0.06		64.02
401.46	388.94	8.32	1.06	21.41	0.06	0.89		144.44
18649.85	16555.63	463.12	1574.20	319.97	21.81	73.61	62.73	1439.50
6118.55	4686.74	1168.36	188.02	22732.63	1927.67	6918.31	170.84	334.53
1825.13	1612.42	172.39	33.09	351.50	38.73	61.53	42.58	374.16
441.90	423.14	14.28	2.88	64.33	1.77	0.41		201.01
733.91	691.97	8.82	3.15	463.38	4.85	21.36		168.34
420.39	366.82	51.38	1.05	60.82	4.11	39.08		89.47
562.83	554.80	4.23	2.35	97.67	1.88	3.15		220.64
343.21	328.49	13.11	0.62	21.52	1.79	1.41		223.55
111.33	106.88	4.01	0.12	1.31	0.45	0.42		227.70
33.71	32.86	0.01	0.62	2.98	0.08	0.02		36.94
119.38	116.12	0.76	2.42	1.45	0.04	0.09		58.59
10.56	9.43	0.03	1.05	0.76		0.83		3.36
1447.29	**1355.72**	**12.35**	**46.53**	**16.60**	**46.69**	**28.20**	**4.34**	**336.78**
1382.55	1292.96	10.72	46.40	14.66	3.69	16.68	2.08	155.82
39.34	37.46	1.62	0.12	1.78	43.00	11.53	2.26	170.03
25.41	25.31	0.00	0.01	0.16		0.00		10.93

4-22 续表

单位:万吨标准煤

行 业	Sector	原油 Crude Oil	汽油 Gasoline
工业	**Industry**	**1395.88**	**733.35**
(一)采掘业	**Mining and Quarrying**	**807.73**	**87.39**
煤炭开采和洗选业	Mining and Washing of Coal		25.02
石油和天然气开采业	Extraction of Petroleum and Natural Gas	807.73	43.35
黑色金属矿采选业	Mining and Processing of Ferrous Metal Ores		7.53
有色金属矿采选业	Mining and Processing of Non-Ferrous Metal Ores		5.49
非金属矿采选业	Mining and Processing of Nonmetal Ores		5.98
其他采矿业	Mining of Other Ores		0.03
(二)制造业	**Manufacturing**	**586.14**	**605.33**
农副食品加工业	Processing of Food from Agricultural Products	0.09	22.01
食品制造业	Manufacture of Foods	0.13	12.24
饮料制造业	Manufacture of Beverages	0.70	11.34
烟草制品业	Manufacture of Tobacco		1.22
纺织业	Manufacture of Textile	0.27	27.95
纺织服装、鞋、帽制造业	Manufacture of Textile Wearing Apparel,Footware, and Caps	0.33	15.19
皮革、毛皮、羽毛(绒)及其制品业	Manufacture of Leather, Fur, Feather and Related Products	0.05	7.04
木材加工及木、竹、藤、棕、草制品业	Processing of Timber,Manufacture of Wood,Bamboo,Rattan,Palm, and Straw Products	0.16	7.73
家具制造业	Manufacture of Furniture	0.04	4.48
造纸及纸制品业	Manufacture of Paper and Paper Products	0.71	13.40
印刷业和记录媒介的复制	Printing,Reproduction of Recording Media		10.87
文教体育用品制造业	Manufacture of Articles For Culture, Education and Sport Activity	0.11	6.06
石油加工、炼焦及核燃料加工业	Processing of Petroleum, Coking, Processing of Nuclear Fuel	248.05	34.13
化学原料及化学制品制造业	Manufacture of Raw Chemical Materials and Chemical Products	294.10	71.03
医药制造业	Manufacture of Medicines		12.01
化学纤维制造业	Manufacture of Chemical Fibers	16.99	1.98
橡胶制品业	Manufacture of Rubber	1.16	15.12
塑料制品业	Manufacture of Plastics	0.11	19.91
非金属矿物制品业	Manufacture of Non-metallic Mineral Products	20.81	39.32
黑色金属冶炼及压延加工业	Smelting and Pressing of Ferrous Metals	0.19	37.12
有色金属冶炼及压延加工业	Smelting and Pressing of Non-ferrous Metals	0.44	10.15
金属制品业	Manufacture of Metal Products	0.09	28.51
通用设备制造业	Manufacture of General Purpose Machinery	0.21	43.60
专用设备制造业	Manufacture of Special Purpose Machinery	0.16	26.09
交通运输设备制造业	Manufacture of Transport Equipment	0.21	58.29
电气机械及器材制造业	Manufacture of Electrical Machinery and Equipment	0.37	34.21
通信设备、计算机及其他电子设备制造业	Manufacture of Communication Equipment,Computers and Other Electronic Equipment	0.57	17.50
仪器仪表及文化、办公用机械制造业	Manufacture of Measuring Instruments and Machinery for Cultural Activity and Office Work	0.07	5.64
工艺品及其他制造业	Manufacture of Artwork and Other Manufacturing	0.01	10.69
废弃资源和废旧材料回收加工业	Recycling and Disposal of Waste		0.51
(三)电力、煤气及水生产和供应业	**Electric Power, Gas and Water Production and Supply**	**2.01**	**40.63**
电力、热力的生产和供应业	Production and Distribution of Electric Power and Heat Power	1.66	31.94
燃气生产和供应业	Production and Distribution of Gas	0.36	3.91
水的生产和供应业	Production and Distribution of Water		4.78

Continued

(10 000 tce)

煤油 Kerosene	柴油 Diesel Oil	燃料油 Fuel Oil	液化石油气 LPG	炼厂干气 Refinery Gas	其他石油制品 Other Petroleum Products	天然气 Natural Gas	热力 Heat	电力 Electricity	其他能源 Other Energy
70.91	**2402.56**	**2764.92**	**918.67**	**1285.87**	**7229.43**	**4200.14**	**6028.17**	**23853.55**	**960.51**
8.42	**523.85**	**78.08**	**7.50**	**67.52**	**30.53**	**749.63**	**190.37**	**1818.03**	**17.62**
4.30	90.96	0.28	0.48	0.00	1.27	22.90	12.55	713.37	7.33
0.24	273.11	75.39	6.76	67.52	28.97	725.90	123.71	388.75	3.30
1.87	48.92	1.13			0.05	0.26	0.03	305.83	0.44
0.97	19.77	0.82	0.17		0.05	0.23	0.00	213.56	5.40
1.03	89.64	0.46	0.09		0.18	0.33	54.08	150.87	1.15
0.01	1.45							45.64	
62.07	**1779.77**	**2650.00**	**764.01**	**1215.55**	**7190.92**	**3378.71**	**5437.88**	**18911.11**	**885.39**
0.52	79.44	36.00	5.17	15.71	2.21	3.64	101.42	363.81	111.17
0.42	30.02	29.05	7.16		0.51	17.00	163.85	164.87	4.59
0.70	21.15	41.15	0.52			7.68	77.02	109.93	4.50
0.05	8.25	2.16	0.04			3.43	11.18	42.29	0.84
2.70	59.32	66.72	5.21	0.31	2.78	7.39	570.59	1268.59	19.78
0.90	41.82	22.03	1.03		0.55	1.19	25.36	133.72	1.05
0.48	20.67	22.36	0.52		0.23	0.40	8.68	79.13	0.51
1.43	16.90	4.18	0.46		0.16	1.71	21.12	156.50	60.22
0.30	12.20	7.52	1.98			0.58	2.32	35.02	3.81
1.19	35.12	43.35	11.46		0.12	7.80	385.90	550.30	29.16
0.97	10.04	11.28	1.72		0.21	3.04	4.07	81.78	0.25
0.45	16.69	13.07	1.67		0.12		1.40	53.39	3.08
2.71	73.42	325.01	261.45	1089.78	4567.68	212.53	887.87	439.20	153.37
6.74	205.17	408.59	179.47	103.26	2382.33	2307.43	1619.41	2997.94	116.01
0.68	12.64	16.49	1.20		0.35	15.13	157.80	196.15	1.86
0.65	11.18	72.27	1.89	2.26	1.48	4.60	196.56	300.86	21.26
0.33	14.37	29.86	1.72		1.46	4.59	34.04	291.58	0.17
0.97	54.25	54.44	3.10		11.67	8.60	13.87	436.47	1.92
4.04	376.97	781.81	146.81	3.25	66.48	316.29	23.96	2059.16	146.92
2.52	134.71	125.79	22.42		11.78	149.18	553.13	3734.93	131.28
3.05	77.48	147.89	11.79		123.36	60.68	297.51	2248.46	33.03
3.46	76.65	70.49	20.98		0.83	10.77	8.81	744.50	0.81
7.61	83.17	19.68	10.32		3.74	31.26	27.92	478.45	9.64
2.19	38.62	16.52	4.17		1.71	39.48	56.21	254.69	1.92
11.42	100.22	29.15	17.04		4.31	73.78	101.27	424.52	1.77
2.07	68.34	88.34	25.81	0.98	3.43	18.86	26.44	346.99	22.40
1.18	69.68	125.32	13.32		0.13	69.73	34.81	494.02	0.41
1.46	12.24	16.55	0.52		0.47	1.29	5.51	63.67	0.08
0.86	17.29	22.05	4.99		2.70	0.64	19.67	346.30	2.00
0.04	1.75	0.87	0.09		0.10		0.18	13.89	1.57
0.42	**98.95**	**36.84**	**147.16**	**2.80**	**7.98**	**71.80**	**399.92**	**3124.41**	**57.51**
0.35	80.29	33.22	0.17	0.33	7.85	5.19	390.30	2834.78	57.49
0.02	14.96	1.20	146.98	2.47	0.13	65.79	7.78	38.59	
0.04	3.70	2.41				0.82	1.85	251.04	0.01

4-23 工业分行业终端能源消费量(标准量)-2007

单位:万吨标准煤

行业	Sector	终端消费合计 Final Consumption Total (发电煤耗计算法) (coal equivalent calculation)	(电热当量计算法) (calorific value calculation)
工业	**Industry**	**214472.59**	**162606.13**
(一)采掘业	**Mining and Quarrying**	**12627.46**	**9033.72**
煤炭开采和洗选业	Mining and Washing of Coal	5311.58	3973.88
石油和天然气开采业	Extraction of Petroleum and Natural Gas	3520.83	2794.24
黑色金属矿采选业	Mining and Processing of Ferrous Metal Ores	1514.01	837.89
有色金属矿采选业	Mining and Processing of Non-Ferrous Metal Ores	936.83	484.82
非金属矿采选业	Mining and Processing of Nonmetal Ores	1218.72	896.19
其他采矿业	Mining of Other Ores	125.48	46.69
(二)制造业	**Manufacturing**	**189838.12**	**147894.02**
农副食品加工业	Processing of Food from Agricultural Products	3866.43	3081.77
食品制造业	Manufacture of Foods	1831.07	1427.73
饮料制造业	Manufacture of Beverages	1712.24	1451.93
烟草制品业	Manufacture of Tobacco	245.63	159.31
纺织业	Manufacture of Textile	7231.51	4463.56
纺织服装、鞋、帽制造业	Manufacture of Textile Wearing Apparel,Footware, and Caps	830.85	544.09
皮革、毛皮、羽毛(绒)及其制品业	Manufacture of Leather, Fur, Feather and Related Products	508.75	341.74
木材加工及木、竹、藤、棕、草制品业	Processing of Timber,Manufacture of Wood,Bamboo,Rattan,Palm, and Straw Products	1183.24	844.44
家具制造业	Manufacture of Furniture	202.41	135.10
造纸及纸制品业	Manufacture of Paper and Paper Products	4255.39	3130.34
印刷业和记录媒介的复制	Printing,Reproduction of Recording Media	370.01	202.71
文教体育用品制造业	Manufacture of Articles For Culture, Education and Sport Activity	245.01	142.27
石油加工、炼焦及核燃料加工业	Processing of Petroleum, Coking, Processing of Nuclear Fuel	13198.34	11898.54
化学原料及化学制品制造业	Manufacture of Raw Chemical Materials and Chemical Products	33370.15	26491.47
医药制造业	Manufacture of Medicines	1743.06	1302.36
化学纤维制造业	Manufacture of Chemical Fibers	1869.21	1174.85
橡胶制品业	Manufacture of Rubber	1480.97	883.15
塑料制品业	Manufacture of Plastics	1869.86	1019.56
非金属矿物制品业	Manufacture of Non-metallic Mineral Products	28874.25	24741.20
黑色金属冶炼及压延加工业	Smelting and Pressing of Ferrous Metals	57386.74	49009.53
有色金属冶炼及压延加工业	Smelting and Pressing of Non-ferrous Metals	11724.38	6279.54
金属制品业	Manufacture of Metal Products	3131.19	1622.94
通用设备制造业	Manufacture of General Purpose Machinery	3140.73	2136.60
专用设备制造业	Manufacture of Special Purpose Machinery	1540.28	1009.56
交通运输设备制造业	Manufacture of Transport Equipment	2546.66	1582.34
电气机械及器材制造业	Manufacture of Electrical Machinery and Equipment	1826.79	1053.59
通信设备、计算机及其他电子设备制造业	Manufacture of Communication Equipment,Computers and Other Electronic Equipment	2096.36	1019.59
仪器仪表及文化、办公用机械制造业	Manufacture of Measuring Instruments and Machinery for Cultural Activity and Office Work	292.42	155.09
工艺品及其他制造业	Manufacture of Artwork and Other Manufacturing	1202.13	551.70
废弃资源和废旧材料回收加工业	Recycling and Disposal of Waste	62.05	37.40
(三)电力、煤气及水生产和供应业	**Electric Power, Gas and Water Production and Supply**	**12007.02**	**5678.38**
电力、热力的生产和供应业	Production and Distribution of Electric Power and Heat Power	10718.94	4982.76
燃气生产和供应业	Production and Distribution of Gas	495.01	392.39
水的生产和供应业	Production and Distribution of Water	793.07	303.23

Final Energy Consumption by Industrial Sector (Standard Quantity) -2007

(10 000 tce)

煤合计 Coal Total	原煤 Raw Coal	洗精煤 Cleaned Coal	其他洗煤 Other Washed Coal	焦炭 Coke	焦炉煤气 Coke Oven Gas	其他煤气 Other Gas	其他焦化产品 Other Coking Products	油品合计 Petroleum Products Total
62573.62	**55779.33**	**3184.23**	**3110.74**	**29787.22**	**2667.17**	**9598.95**	**693.43**	**17661.83**
4090.10	**3633.30**	**161.68**	**283.16**	**234.23**	**10.84**	**24.18**	**4.85**	**1662.90**
2945.50	2702.53	70.79	162.80	94.89	7.06	8.88	4.85	130.82
134.61	134.41							1333.70
265.14	206.56	55.80	1.57	115.62	3.78	15.31		61.77
187.16	164.07	21.74	1.05	14.87				29.64
556.19	424.22	13.35	117.74	8.84				105.39
1.50	1.50							1.57
57018.01	**50742.86**	**3011.23**	**2779.02**	**29540.97**	**2610.50**	**9547.12**	**683.38**	**15683.33**
2145.54	2084.01	21.82	36.62	15.20	0.11	0.04		151.59
947.56	931.44	11.46	2.12	18.33	0.04	0.53		76.07
1137.69	1126.37	7.09	3.10	4.10	0.02	0.02		78.78
84.82	78.75	4.87	1.20		0.06	0.34		11.96
2187.51	2160.76	7.56	4.84	4.90	2.14	0.15		166.14
275.14	269.96	3.17	0.80	1.01	0.13	0.12		82.32
183.86	180.98	0.35	0.31	5.62	0.06	0.00		50.75
468.44	455.96	2.60	1.77	15.59		0.01	0.00	32.75
61.21	60.45	0.21	0.23	4.02		0.03		24.60
1990.64	1934.86	21.62	29.82	6.34	1.15	0.00		99.96
67.92	67.10	0.14	0.17	0.40	0.00	0.03		32.92
37.83	37.28	0.09	0.12	5.04		0.01		36.86
2291.98	1657.63	134.60	498.03	116.76	313.29	148.78	83.23	7209.52
11765.30	10955.91	569.99	93.98	2429.66	58.24	54.33	281.83	3848.99
856.64	840.89	11.24	1.60	6.93	0.45	0.30		45.02
420.51	415.13	0.41	0.01	36.44		0.64		144.12
446.05	431.75	7.39	5.35	8.08	0.00	0.02		63.66
386.83	374.81	8.13	0.74	5.63	0.07	0.04		133.98
19950.31	17522.69	547.78	1776.86	317.29	24.34	105.14	81.61	1453.69
6629.57	4849.17	1349.14	268.47	25214.20	2147.29	9074.65	205.14	323.48
1879.45	1645.84	191.89	34.00	474.75	46.48	83.89	31.57	414.99
480.33	459.85	14.67	3.33	73.03	1.77	4.50		202.23
753.73	728.46	15.58	4.94	557.38	4.67	24.50		178.22
425.21	368.57	54.71	0.86	56.65	4.94	43.67		95.40
523.09	511.08	6.27	2.88	135.27	2.44	2.78		224.09
328.94	313.16	13.53	0.91	18.60	2.15	1.30		219.93
119.54	114.26	4.08	0.75	2.18	0.55	0.32		191.81
38.09	37.18	0.01	0.59	2.76	0.08	0.02		33.30
117.52	113.90	0.83	2.51	1.85	0.04	0.05		53.27
16.75	14.65		2.10	2.96		0.91		2.93
1465.51	**1403.17**	**11.32**	**48.56**	**12.02**	**45.83**	**27.65**	**5.21**	**315.61**
1407.94	1347.97	9.46	48.44	9.95	3.44	5.29	2.49	160.17
37.41	35.78	1.40	0.12	2.00	42.39	22.35	2.71	145.67
20.16	19.43	0.46	0.01	0.08		0.00		9.77

4-23 续表

单位:万吨标准煤

行　业	Sector	原油 Crude Oil	汽油 Gasoline
工业	**Industry**	**1405.91**	**771.56**
(一)采掘业	**Mining and Quarrying**	**813.55**	**92.53**
煤炭开采和洗选业	Mining and Washing of Coal		26.91
石油和天然气开采业	Extraction of Petroleum and Natural Gas	813.55	45.61
黑色金属矿采选业	Mining and Processing of Ferrous Metal Ores		7.92
有色金属矿采选业	Mining and Processing of Non-Ferrous Metal Ores		5.78
非金属矿采选业	Mining and Processing of Nonmetal Ores		6.29
其他采矿业	Mining of Other Ores		0.03
(二)制造业	**Manufacturing**	**590.33**	**642.49**
农副食品加工业	Processing of Food from Agricultural Products	0.09	23.16
食品制造业	Manufacture of Foods	0.13	12.87
饮料制造业	Manufacture of Beverages	0.71	10.87
烟草制品业	Manufacture of Tobacco		1.28
纺织业	Manufacture of Textile	0.27	29.40
纺织服装、鞋、帽制造业	Manufacture of Textile Wearing Apparel,Footware, and Caps	0.36	15.98
皮革、毛皮、羽毛(绒)及其制品业	Manufacture of Leather, Fur, Feather and Related Products	0.06	7.40
木材加工及木、竹、藤、棕、草制品业	Processing of Timber,Manufacture of Wood,Bamboo,Rattan,Palm, and Straw Products	0.20	8.14
家具制造业	Manufacture of Furniture	0.04	4.71
造纸及纸制品业	Manufacture of Paper and Paper Products	0.74	14.10
印刷业和记录媒介的复制	Printing,Reproduction of Recording Media	0.00	10.46
文教体育用品制造业	Manufacture of Articles For Culture, Education and Sport Activity	0.12	5.44
石油加工、炼焦及核燃料加工业	Processing of Petroleum, Coking, Processing of Nuclear Fuel	249.78	35.91
化学原料及化学制品制造业	Manufacture of Raw Chemical Materials and Chemical Products	296.19	66.21
医药制造业	Manufacture of Medicines	0.14	15.10
化学纤维制造业	Manufacture of Chemical Fibers	17.10	2.77
橡胶制品业	Manufacture of Rubber	1.11	16.05
塑料制品业	Manufacture of Plastics	0.07	20.94
非金属矿物制品业	Manufacture of Non-metallic Mineral Products	20.95	46.44
黑色金属冶炼及压延加工业	Smelting and Pressing of Ferrous Metals	0.14	39.06
有色金属冶炼及压延加工业	Smelting and Pressing of Non-ferrous Metals	0.45	10.67
金属制品业	Manufacture of Metal Products	0.08	34.95
通用设备制造业	Manufacture of General Purpose Machinery	0.27	49.84
专用设备制造业	Manufacture of Special Purpose Machinery	0.19	30.55
交通运输设备制造业	Manufacture of Transport Equipment	0.16	60.73
电气机械及器材制造业	Manufacture of Electrical Machinery and Equipment	0.34	34.14
通信设备、计算机及其他电子设备制造业	Manufacture of Communication Equipment,Computers and Other Electronic Equipment	0.58	19.70
仪器仪表及文化、办公用机械制造业	Manufacture of Measuring Instruments and Machinery for Cultural Activity and Office Work	0.05	6.85
工艺品及其他制造业	Manufacture of Artwork and Other Manufacturing	0.01	8.27
废弃资源和废旧材料回收加工业	Recycling and Disposal of Waste		0.50
(三)电力、煤气及水生产和供应业	**Electric Power, Gas and Water Production and Supply**	**2.03**	**36.53**
电力、热力的生产和供应业	Production and Distribution of Electric Power and Heat Power	1.67	27.90
燃气生产和供应业	Production and Distribution of Gas	0.36	3.86
水的生产和供应业	Production and Distribution of Water	0.00	4.78

Continued

(10 000 tce)

煤油 Kerosene	柴油 Diesel Oil	燃料油 Fuel Oil	液化石油气 LPG	炼厂干气 Refinery Gas	其他石油制品 Other Petroleum Products	天然气 Natural Gas	热力 Heat	电力 Electricity	其他能源 Other Energy
66.57	**2537.35**	**2546.00**	**772.29**	**1359.73**	**8202.42**	**4924.72**	**6309.46**	**27319.56**	**1070.16**
7.80	**553.08**	**96.56**	**6.96**	**52.25**	**40.18**	**879.05**	**161.63**	**1953.85**	**12.09**
3.99	96.06	1.04	0.41		2.42	26.74	12.86	737.74	4.54
0.22	288.27	93.26	5.68	52.25	34.86	851.12	92.27	381.86	0.69
1.71	51.66	0.35			0.13	0.37	0.04	374.31	1.56
0.91	20.88	1.62	0.14		0.31	0.33	0.00	250.24	2.57
0.97	94.67	0.29	0.72		2.45	0.49	56.47	166.08	2.74
	1.54							43.62	
58.32	**1879.49**	**2412.52**	**642.52**	**1304.52**	**8153.14**	**3961.94**	**5901.51**	**21916.49**	**1030.79**
0.48	83.95	24.11	4.34	14.06	1.40	4.43	102.88	411.66	250.32
0.40	31.70	24.46	6.35		0.15	18.45	166.20	186.55	13.99
0.66	22.32	43.62	0.51		0.10	8.99	89.26	124.38	8.69
0.04	8.71	1.90	0.03		0.00	3.94	12.86	44.95	0.38
2.53	62.68	63.66	4.38	0.33	2.87	9.19	680.88	1381.87	30.78
0.84	44.14	19.89	0.87		0.25	1.23	25.98	153.01	5.14
0.44	21.81	20.35	0.23		0.46	0.50	8.63	90.55	1.76
1.34	19.06	3.52	0.39		0.11	1.99	21.21	182.88	121.57
0.29	12.88	4.91	1.76		0.01	0.71	3.85	36.41	4.27
1.12	37.09	37.10	9.63		0.18	9.12	395.28	535.46	92.39
0.91	10.60	9.25	1.53		0.16	3.56	6.59	91.16	0.13
0.43	17.64	11.48	1.40		0.35		1.53	56.54	4.47
2.54	77.16	312.00	216.47	1174.17	5141.49	249.24	977.69	503.43	4.62
6.18	216.69	338.75	108.20	109.18	2707.58	2689.75	1774.83	3415.79	172.75
0.64	13.33	13.85	1.01		0.94	17.80	154.60	209.80	10.82
0.61	12.95	83.50	1.59	2.39	23.20	5.41	199.38	340.34	28.01
0.32	15.17	27.08	1.45		2.48	5.41	34.53	323.33	2.06
0.76	57.39	45.98	2.60		6.23	10.11	11.03	468.31	3.56
3.80	396.66	758.12	147.71	3.44	76.57	384.45	32.72	2280.93	110.72
2.36	142.19	100.21	25.97		13.54	174.90	622.40	4500.22	117.68
2.86	81.82	154.03	11.56	0.00	153.59	71.21	301.78	2947.68	27.74
3.25	80.96	59.48	22.57	0.01	0.94	12.68	12.93	832.15	3.34
7.10	87.79	20.25	8.68		4.28	39.84	25.33	550.32	2.62
2.03	40.80	14.39	5.31		2.14	46.29	55.06	281.64	0.69
11.13	105.32	27.07	14.32	0.00	5.37	86.45	92.84	513.34	2.05
1.93	72.13	78.55	27.29	0.93	4.61	22.08	37.57	419.76	3.27
1.11	73.39	86.90	9.95	0.00	0.19	81.92	29.42	589.62	4.22
1.37	12.93	10.93	0.63	0.00	0.54	1.57	3.89	75.17	0.23
0.81	18.38	16.86	5.69		3.25	0.71	20.18	355.63	2.45
0.04	1.87	0.30	0.10	0.01	0.12		0.18	13.61	0.06
0.45	**104.78**	**36.93**	**122.82**	**2.96**	**9.11**	**83.73**	**246.32**	**3449.23**	**27.28**
0.37	84.93	35.94	0.05	0.35	8.96	5.54	237.54	3123.17	27.23
0.04	15.87	0.02	122.76	2.61	0.15	77.19	7.52	55.15	
0.04	3.98	0.96	0.01			1.00	1.26	270.91	0.05

4-24 工业分行业终端能源消费量(标准量)-2008

单位:万吨标准煤

行业	Sector	终端消费合计 Final Consumption Total (发电煤耗计算法) (coal equivalent calculation)	(电热当量计算法) (calorific value calculation)
工业	**Industry**	**219515.99**	**167230.05**
(一)采掘业	**Mining and Quarrying**	**13260.56**	**9567.24**
煤炭开采和洗选业	Mining and Washing of Coal	5499.86	4130.19
石油和天然气开采业	Extraction of Petroleum and Natural Gas	3714.80	2998.84
黑色金属矿采选业	Mining and Processing of Ferrous Metal Ores	1648.38	966.05
有色金属矿采选业	Mining and Processing of Non-Ferrous Metal Ores	957.14	482.92
非金属矿采选业	Mining and Processing of Nonmetal Ores	1255.74	920.50
其他采矿业	Mining of Other Ores	184.64	68.74
(二)制造业	**Manufacturing**	**193773.24**	**151580.61**
农副食品加工业	Processing of Food from Agricultural Products	4182.66	3362.78
食品制造业	Manufacture of Foods	1987.40	1556.86
饮料制造业	Manufacture of Beverages	1810.75	1531.29
烟草制品业	Manufacture of Tobacco	237.62	150.64
纺织业	Manufacture of Textile	7140.35	4426.18
纺织服装、鞋、帽制造业	Manufacture of Textile Wearing Apparel,Footware, and Caps	844.81	556.37
皮革、毛皮、羽毛(绒)及其制品业	Manufacture of Leather, Fur, Feather and Related Products	507.25	339.38
木材加工及木、竹、藤、棕、草制品业	Processing of Timber,Manufacture of Wood,Bamboo,Rattan,Palm, and Straw Products	1320.09	936.89
家具制造业	Manufacture of Furniture	230.18	154.36
造纸及纸制品业	Manufacture of Paper and Paper Products	4562.55	3383.25
印刷业和记录媒介的复制	Printing,Reproduction of Recording Media	384.63	216.30
文教体育用品制造业	Manufacture of Articles For Culture, Education and Sport Activity	248.18	145.80
石油加工、炼焦及核燃料加工业	Processing of Petroleum, Coking, Processing of Nuclear Fuel	13134.35	11840.27
化学原料及化学制品制造业	Manufacture of Raw Chemical Materials and Chemical Products	32949.99	26262.95
医药制造业	Manufacture of Medicines	1857.41	1396.86
化学纤维制造业	Manufacture of Chemical Fibers	1693.41	1054.20
橡胶制品业	Manufacture of Rubber	1508.65	915.20
塑料制品业	Manufacture of Plastics	2077.28	1142.69
非金属矿物制品业	Manufacture of Non-metallic Mineral Products	30277.66	26084.12
黑色金属冶炼及压延加工业	Smelting and Pressing of Ferrous Metals	57646.63	49523.82
有色金属冶炼及压延加工业	Smelting and Pressing of Non-ferrous Metals	12081.15	6596.98
金属制品业	Manufacture of Metal Products	3309.78	1750.71
通用设备制造业	Manufacture of General Purpose Machinery	3448.35	2390.02
专用设备制造业	Manufacture of Special Purpose Machinery	1632.98	1071.23
交通运输设备制造业	Manufacture of Transport Equipment	2811.67	1767.74
电气机械及器材制造业	Manufacture of Electrical Machinery and Equipment	2028.80	1152.83
通信设备、计算机及其他电子设备制造业	Manufacture of Communication Equipment,Computers and Other Electronic Equipment	2219.95	1074.34
仪器仪表及文化、办公用机械制造业	Manufacture of Measuring Instruments and Machinery for Cultural Activity and Office Work	297.90	154.33
工艺品及其他制造业	Manufacture of Artwork and Other Manufacturing	1256.97	582.90
废弃资源和废旧材料回收加工业	Recycling and Disposal of Waste	83.87	59.34
(三)电力、煤气及水生产和供应业	**Electric Power, Gas and Water Production and Supply**	**12482.20**	**6082.20**
电力、热力的生产和供应业	Production and Distribution of Electric Power and Heat Power	11201.87	5432.53
燃气生产和供应业	Production and Distribution of Gas	445.87	324.22
水的生产和供应业	Production and Distribution of Water	834.46	325.45

Final Energy Consumption by Industrial Sector (Standard Quantity) -2008

(10 000 tce)

煤合计 Coal Total	原煤 Raw Coal	洗精煤 Cleaned Coal	其他洗煤 Other Washed Coal	焦炭 Coke	焦炉煤气 Coke Oven Gas	其他煤气 Other Gas	其他焦化产品 Other Coking Products	油品合计 Petroleum Products Total
65978.94	**58182.16**	**3750.32**	**3344.22**	**30879.91**	**2940.40**	**7625.85**	**803.12**	**17673.60**
4145.32	**3623.44**	**172.04**	**322.80**	**204.11**	**13.21**	**38.79**	**4.99**	**1685.92**
2996.29	2702.47	81.18	196.12	85.11	3.75	15.67	4.99	183.78
97.64	97.64			0.01				1242.59
346.30	279.83	56.52	2.05	99.98	9.46	22.58		90.91
157.54	133.56	21.43	1.31	11.82		0.55		36.70
546.44	408.85	12.90	123.32	7.19				131.26
1.10	1.10							0.67
60109.52	**52904.40**	**3571.94**	**2959.44**	**30666.05**	**2878.48**	**7575.35**	**793.89**	**15624.89**
2332.01	2256.98	23.23	45.59	22.51	0.14	0.09		131.11
1012.78	995.35	11.14	2.80	24.37	0.09	0.43		81.08
1202.93	1190.63	6.74	3.74	2.66	0.02	0.12		54.17
67.95	62.10	4.49	1.37	0.81	0.43	0.31		9.65
2077.69	2046.89	8.76	5.80	7.24	2.27	0.15		162.71
279.85	271.63	3.12	0.96	4.01	0.06	0.04		80.07
172.95	168.38	0.81	0.36	2.09		0.01		47.40
500.04	489.94	3.39	1.91	17.55		0.00	0.00	35.58
66.72	65.05	0.29	1.08	3.27		0.02		29.38
2165.86	2099.43	23.67	37.42	7.09	0.68	0.00	1.27	106.30
63.17	62.36	0.22	0.20	0.31	0.00	0.03		43.54
34.94	34.69	0.06	0.13	5.15		0.02		39.70
2329.24	1616.41	180.66	526.69	131.53	328.34	158.00	95.62	7174.02
12242.45	11282.69	712.16	116.05	2433.07	87.36	37.78	330.03	3612.75
891.87	875.27	11.23	2.38	7.40	0.63	0.20		50.71
423.41	416.76	0.66		10.02		0.59	4.12	101.21
461.58	445.78	7.54	6.10	11.01	0.00	0.00		58.99
438.75	425.20	8.99	1.03	7.47	0.07	0.02		129.62
20715.88	18001.15	721.42	1863.95	341.30	51.12	78.10	83.40	1548.34
7834.52	5707.95	1543.79	266.53	26167.20	2325.37	7115.67	262.08	398.83
1970.20	1726.53	188.96	42.02	476.44	64.13	112.30	15.36	447.28
471.17	450.70	13.96	2.76	88.23	0.53	2.22		201.69
832.19	801.43	16.73	7.22	605.67	5.22	23.42		197.81
407.39	350.87	53.66	1.87	66.88	6.17	36.22	2.00	116.59
471.65	450.80	6.20	12.33	182.58	3.13	1.09		296.23
338.47	320.79	13.48	2.94	25.04	0.92	1.12		205.15
116.50	110.57	4.34	0.42	2.43	0.80	0.06		186.80
33.69	33.43	0.00	0.08	3.66		0.01		27.19
125.94	120.10	2.22	3.07	2.11	0.12	6.30		43.34
27.72	24.56	0.04	2.63	6.92	0.86	1.05		7.67
1724.10	**1654.32**	**6.34**	**61.97**	**9.75**	**48.71**	**11.71**	**4.25**	**362.79**
1692.36	1623.11	6.34	61.97	6.93	2.09	7.70	1.74	223.51
13.60	13.18			2.76	46.63	4.01	2.50	127.93
18.14	18.03			0.07		0.00		11.35

4-24 续表

单位:万吨标准煤

行 业	Sector	原油 Crude Oil	汽油 Gasoline
工业	**Industry**	**1125.38**	**862.21**
(一)采掘业	**Mining and Quarrying**	**711.08**	**96.67**
煤炭开采和洗选业	Mining and Washing of Coal		32.86
石油和天然气开采业	Extraction of Petroleum and Natural Gas	711.08	40.96
黑色金属矿采选业	Mining and Processing of Ferrous Metal Ores		8.77
有色金属矿采选业	Mining and Processing of Non-Ferrous Metal Ores		6.45
非金属矿采选业	Mining and Processing of Nonmetal Ores		7.56
其他采矿业	Mining of Other Ores		0.06
(二)制造业	**Manufacturing**	**411.83**	**725.08**
农副食品加工业	Processing of Food from Agricultural Products	0.24	25.87
食品制造业	Manufacture of Foods	0.00	14.52
饮料制造业	Manufacture of Beverages	0.05	13.45
烟草制品业	Manufacture of Tobacco		1.29
纺织业	Manufacture of Textile	0.05	33.08
纺织服装、鞋、帽制造业	Manufacture of Textile Wearing Apparel,Footware, and Caps	0.32	18.51
皮革、毛皮、羽毛(绒)及其制品业	Manufacture of Leather, Fur, Feather and Related Products	0.34	8.90
木材加工及木、竹、藤、棕、草制品业	Processing of Timber,Manufacture of Wood,Bamboo,Rattan,Palm, and Straw Products	0.35	11.61
家具制造业	Manufacture of Furniture	0.02	5.92
造纸及纸制品业	Manufacture of Paper and Paper Products	0.86	17.60
印刷业和记录媒介的复制	Printing,Reproduction of Recording Media	0.00	12.04
文教体育用品制造业	Manufacture of Articles For Culture, Education and Sport Activity		6.22
石油加工、炼焦及核燃料加工业	Processing of Petroleum, Coking, Processing of Nuclear Fuel	122.66	29.50
化学原料及化学制品制造业	Manufacture of Raw Chemical Materials and Chemical Products	244.72	76.15
医药制造业	Manufacture of Medicines	0.14	16.67
化学纤维制造业	Manufacture of Chemical Fibers	20.73	3.00
橡胶制品业	Manufacture of Rubber	1.21	20.20
塑料制品业	Manufacture of Plastics	0.10	25.22
非金属矿物制品业	Manufacture of Non-metallic Mineral Products	18.26	55.95
黑色金属冶炼及压延加工业	Smelting and Pressing of Ferrous Metals	0.21	36.37
有色金属冶炼及压延加工业	Smelting and Pressing of Non-ferrous Metals	0.54	10.29
金属制品业	Manufacture of Metal Products	0.16	43.23
通用设备制造业	Manufacture of General Purpose Machinery	0.15	59.61
专用设备制造业	Manufacture of Special Purpose Machinery	0.07	31.79
交通运输设备制造业	Manufacture of Transport Equipment	0.06	68.36
电气机械及器材制造业	Manufacture of Electrical Machinery and Equipment	0.17	39.26
通信设备、计算机及其他电子设备制造业	Manufacture of Communication Equipment,Computers and Other Electronic Equipment	0.38	23.73
仪器仪表及文化、办公用机械制造业	Manufacture of Measuring Instruments and Machinery for Cultural Activity and Office Work	0.01	7.58
工艺品及其他制造业	Manufacture of Artwork and Other Manufacturing	0.03	8.60
废弃资源和废旧材料回收加工业	Recycling and Disposal of Waste		0.56
(三)电力、煤气及水生产和供应业	**Electric Power, Gas and Water Production and Supply**	**2.47**	**40.46**
电力、热力的生产和供应业	Production and Distribution of Electric Power and Heat Power	2.04	32.21
燃气生产和供应业	Production and Distribution of Gas	0.44	3.09
水的生产和供应业	Production and Distribution of Water	0.00	5.16

Continued

(10 000 tce)

煤油 Kerosene	柴油 Diesel Oil	燃料油 Fuel Oil	液化石油气 LPG	炼厂干气 Refinery Gas	其他石油制品 Other Petroleum Products	天然气 Natural Gas	热力 Heat	电力 Electricity	其他能源 Other Energy
72.22	**3077.24**	**2228.78**	**845.45**	**1390.63**	**8071.70**	**5542.83**	**6116.57**	**28575.17**	**1093.69**
7.92	**700.63**	**66.13**	**3.45**	**57.43**	**42.61**	**1224.86**	**149.87**	**2090.86**	**9.32**
4.22	131.63	9.19	0.43		5.45	37.13	12.41	786.48	4.59
0.19	338.51	55.14	2.43	57.43	36.85	1183.62	83.49	391.35	0.14
1.52	79.64	0.92			0.07	2.72	0.04	393.38	0.68
1.13	28.62	0.29	0.05		0.16	0.55	0.00	273.40	2.36
0.85	121.62	0.59	0.54		0.09	0.69	53.93	179.43	1.56
	0.61					0.15		66.82	
63.95	**2225.07**	**2120.42**	**723.31**	**1330.64**	**8024.59**	**4265.32**	**5766.96**	**22845.73**	**1054.44**
0.62	66.31	15.51	6.87	13.75	1.93	37.39	106.96	445.25	287.32
0.38	36.68	22.04	7.20		0.26	45.17	170.17	204.56	18.21
0.72	22.69	16.22	1.01		0.04	27.44	96.39	136.39	11.17
	6.82	1.51	0.02		0.00	13.44	10.49	47.46	0.10
2.03	66.84	50.94	5.81	0.50	3.45	45.70	703.40	1384.32	42.70
0.72	48.04	9.97	2.35		0.17	4.35	25.08	159.86	3.05
0.35	21.40	15.89	0.24		0.28	12.22	8.42	94.62	1.69
0.67	19.58	2.84	0.46		0.07	4.69	20.90	215.57	142.57
0.26	20.12	0.41	2.62		0.02	5.16	3.22	42.89	3.70
1.34	48.08	32.00	6.17		0.25	43.08	390.01	579.83	89.13
0.77	25.05	2.57	2.88		0.24	6.07	8.15	94.95	0.07
0.25	26.77	3.82	2.37		0.28	1.60	1.49	58.65	4.26
3.07	37.32	336.45	240.45	1206.79	5197.79	219.63	877.78	520.84	5.26
5.69	251.84	366.66	110.30	104.11	2453.28	2155.76	1799.02	3393.69	171.03
0.63	21.90	8.55	2.02		0.79	42.64	158.75	224.78	19.87
0.43	16.86	45.44	0.91	1.24	12.60	19.10	170.39	324.80	0.59
0.22	11.79	22.64	0.72		2.20	14.07	35.06	333.14	1.36
1.53	69.94	23.04	3.99		5.79	14.45	12.20	535.70	4.42
3.42	458.48	735.91	148.82	3.68	123.82	726.45	36.17	2408.45	94.91
3.31	166.69	139.56	41.55		11.14	221.51	562.24	4538.82	97.56
3.21	102.23	139.62	14.80	0.00	176.59	91.72	294.31	3086.30	38.93
3.90	101.84	22.06	29.42	0.01	1.09	74.70	13.65	895.35	3.17
9.30	96.53	13.32	11.11		7.79	93.21	26.23	603.43	2.86
1.44	59.80	8.93	7.89		6.69	67.55	58.62	308.83	0.99
13.32	173.09	19.18	17.57	0.00	4.66	145.02	85.19	580.00	2.83
2.32	100.95	17.19	34.39	0.56	10.32	43.10	41.54	494.37	3.10
1.27	103.21	43.30	14.28	0.00	0.63	83.31	31.06	652.51	0.88
2.05	16.74	0.28	0.45	0.00	0.08	3.30	4.79	81.54	0.14
0.65	22.05	3.62	6.45		1.95	2.76	15.09	384.75	2.48
0.07	5.45	0.93	0.22	0.01	0.43	0.75	0.20	14.09	0.06
0.36	**151.54**	**42.22**	**118.69**	**2.55**	**4.50**	**52.64**	**199.73**	**3638.58**	**29.93**
0.33	142.68	41.40	0.07	0.35	4.43	1.70	188.97	3277.74	29.79
0.01	3.50	0.01	118.61	2.20	0.07	49.56	9.51	67.69	0.02
0.01	5.36	0.80	0.01			1.39	1.25	293.14	0.11

4-25 工业分行业终端能源消费量(标准量)-2009

单位:万吨标准煤

行业	Sector	终端消费合计 Final Consumption Total (发电煤耗计算法) (coal equivalent calculation)	(电热当量计算法) (calorific value calculation)
工业	**Industry**	**230041.76**	**176788.76**
(一)采掘业	**Mining and Quarrying**	**14740.72**	**11061.94**
煤炭开采和洗选业	Mining and Washing of Coal	7211.00	5786.52
石油和天然气开采业	Extraction of Petroleum and Natural Gas	3607.23	2893.89
黑色金属矿采选业	Mining and Processing of Ferrous Metal Ores	1460.91	866.10
有色金属矿采选业	Mining and Processing of Non-Ferrous Metal Ores	911.33	468.44
非金属矿采选业	Mining and Processing of Nonmetal Ores	1296.53	950.51
其他采矿业	Mining of Other Ores	253.72	96.49
(二)制造业	**Manufacturing**	**202582.54**	**159559.64**
农副食品加工业	Processing of Food from Agricultural Products	4108.35	3256.55
食品制造业	Manufacture of Foods	1966.93	1552.27
饮料制造业	Manufacture of Beverages	1760.90	1473.25
烟草制品业	Manufacture of Tobacco	229.17	138.32
纺织业	Manufacture of Textile	6884.41	4244.31
纺织服装、鞋、帽制造业	Manufacture of Textile Wearing Apparel,Footware, and Caps	808.86	527.38
皮革、毛皮、羽毛(绒)及其制品业	Manufacture of Leather, Fur, Feather and Related Products	481.28	316.89
木材加工及木、竹、藤、棕、草制品业	Processing of Timber,Manufacture of Wood,Bamboo,Rattan,Palm, and Straw Products	1361.74	960.72
家具制造业	Manufacture of Furniture	225.56	150.72
造纸及纸制品业	Manufacture of Paper and Paper Products	4686.60	3504.34
印刷业和记录媒介的复制	Printing,Reproduction of Recording Media	385.29	211.45
文教体育用品制造业	Manufacture of Articles For Culture, Education and Sport Activity	239.68	140.43
石油加工、炼焦及核燃料加工业	Processing of Petroleum, Coking, Processing of Nuclear Fuel	14822.47	13447.47
化学原料及化学制品制造业	Manufacture of Raw Chemical Materials and Chemical Products	33155.92	26400.60
医药制造业	Manufacture of Medicines	1722.74	1264.15
化学纤维制造业	Manufacture of Chemical Fibers	1641.44	1004.85
橡胶制品业	Manufacture of Rubber	1471.05	879.45
塑料制品业	Manufacture of Plastics	2069.15	1117.21
非金属矿物制品业	Manufacture of Non-metallic Mineral Products	30435.77	26054.76
黑色金属冶炼及压延加工业	Smelting and Pressing of Ferrous Metals	64872.59	56310.59
有色金属冶炼及压延加工业	Smelting and Pressing of Non-ferrous Metals	12002.06	6596.81
金属制品业	Manufacture of Metal Products	3227.24	1691.82
通用设备制造业	Manufacture of General Purpose Machinery	3436.02	2393.54
专用设备制造业	Manufacture of Special Purpose Machinery	1621.72	1067.53
交通运输设备制造业	Manufacture of Transport Equipment	3035.32	1837.62
电气机械及器材制造业	Manufacture of Electrical Machinery and Equipment	2038.31	1146.97
通信设备、计算机及其他电子设备制造业	Manufacture of Communication Equipment,Computers and Other Electronic Equipment	2228.68	1068.17
仪器仪表及文化、办公用机械制造业	Manufacture of Measuring Instruments and Machinery for Cultural Activity and Office Work	301.14	158.58
工艺品及其他制造业	Manufacture of Artwork and Other Manufacturing	1270.84	576.63
废弃资源和废旧材料回收加工业	Recycling and Disposal of Waste	91.32	66.29
(三)电力、煤气及水生产和供应业	**Electric Power, Gas and Water Production and Supply**	**12718.50**	**6167.17**
电力、热力的生产和供应业	Production and Distribution of Electric Power and Heat Power	11436.80	5561.12
燃气生产和供应业	Production and Distribution of Gas	408.68	260.24
水的生产和供应业	Production and Distribution of Water	873.02	345.81

Final Energy Consumption by Industrial Sector (Standard Quantity) -2009

(10 000 tce)

煤合计 Coal Total	原煤 Raw Coal	洗精煤 Cleaned Coal	其他洗煤 Other Washed Coal	焦炭 Coke	焦炉煤气 Coke Oven Gas	其他煤气 Other Gas	其他焦化产品 Other Coking Products	油品合计 Petroleum Products Total
67244.74	**58406.20**	**4082.24**	**3931.47**	**35051.04**	**2870.28**	**9088.22**	**932.22**	**18582.30**
5700.91	**5188.55**	**187.67**	**307.79**	**150.88**	**11.30**	**48.56**	**3.31**	**1616.31**
4615.53	4331.73	93.72	184.36	46.99	6.57	11.96	3.31	210.29
91.04	91.04			0.00				1142.53
299.71	233.69	58.57	1.90	81.43	4.73	36.59		86.42
145.51	121.90	21.74	0.66	14.47				40.29
547.46	408.53	13.64	120.87	7.99				136.23
1.67	1.67							0.55
59867.11	**51594.09**	**3888.12**	**3580.20**	**34889.87**	**2809.77**	**9026.58**	**912.59**	**16705.35**
2183.18	2111.05	22.12	42.85	16.24	0.16	0.01		159.94
1024.46	1007.27	11.17	1.86	21.00	0.11	0.04		84.29
1129.56	1119.21	4.68	3.18	2.20	0.02	0.12		56.46
58.81	53.03	4.14	1.64		0.18	0.26		9.27
1974.73	1936.27	9.08	8.71	3.98	7.80	0.01		140.16
248.55	241.67	1.59	0.89	1.36	0.06	0.04		86.63
161.82	158.15	0.69	0.37	2.75		0.00		45.64
504.14	492.77	6.27	1.96	15.81		0.00		35.86
57.26	56.26	0.22	0.57	2.91		0.01		32.21
2266.14	2209.37	20.96	29.94	4.22	0.74	0.00	1.45	94.55
55.73	55.16	0.13	0.08	0.54	0.06	0.03		38.09
33.09	32.30	0.03	0.11	4.92		0.00		36.14
2669.94	1538.46	231.28	898.14	108.99	282.09	81.58	122.49	8410.44
11876.03	10872.05	720.40	109.09	2412.73	91.73	34.33	345.95	3826.49
756.83	740.53	9.39	4.07	5.68	1.90	0.11		54.50
402.76	393.95	1.20		3.10		0.61	3.15	71.54
424.78	408.26	7.32	6.97	13.34	1.72			47.75
384.53	368.49	9.83	1.94	4.71		0.01		123.82
20717.56	17656.31	795.74	2158.61	357.63	66.45	79.73	113.59	1367.07
8497.84	6090.37	1734.43	249.84	30253.20	2282.62	8647.91	315.52	316.56
1852.65	1624.61	185.11	33.61	600.88	54.37	107.46	7.13	415.07
430.18	411.13	13.34	3.60	95.41	1.06	0.44		196.89
762.85	734.12	16.55	4.94	644.66	7.19	37.43	2.86	209.72
386.86	330.03	54.41	1.33	74.93	7.41	32.80	0.46	126.24
442.02	421.22	8.69	8.36	188.77	1.97	1.73		260.02
296.45	277.46	15.41	2.30	22.55	0.68	0.47		208.06
107.42	102.02	3.48	0.57	7.85	0.37	0.05		170.10
29.21	28.97		0.07	8.08		0.02		27.64
101.76	98.18	0.48	1.84	1.75		0.03		46.13
29.99	25.45		2.77	9.69	1.11	1.34		8.10
1676.71	**1623.56**	**6.45**	**43.48**	**10.29**	**49.20**	**13.08**	**16.32**	**260.64**
1650.18	1597.27	6.35	43.38	7.90	0.25	6.60	14.43	184.58
13.41	13.23	0.10	0.08	2.21	48.96	6.48	1.89	61.77
13.12	13.07		0.01	0.18				14.29

4-25 续表

单位:万吨标准煤

行　　业	Sector	原油 Crude Oil	汽油 Gasoline
工业	**Industry**	**1180.25**	**987.28**
(一)采掘业	**Mining and Quarrying**	**695.60**	**96.29**
煤炭开采和洗选业	Mining and Washing of Coal		31.18
石油和天然气开采业	Extraction of Petroleum and Natural Gas	695.60	36.84
黑色金属矿采选业	Mining and Processing of Ferrous Metal Ores		9.51
有色金属矿采选业	Mining and Processing of Non-Ferrous Metal Ores		11.24
非金属矿采选业	Mining and Processing of Nonmetal Ores		7.47
其他采矿业	Mining of Other Ores		0.04
(二)制造业	**Manufacturing**	**483.64**	**840.40**
农副食品加工业	Processing of Food from Agricultural Products	0.14	48.53
食品制造业	Manufacture of Foods		20.84
饮料制造业	Manufacture of Beverages	0.29	15.29
烟草制品业	Manufacture of Tobacco		1.10
纺织业	Manufacture of Textile	0.29	38.62
纺织服装、鞋、帽制造业	Manufacture of Textile Wearing Apparel,Footware, and Caps	0.47	25.28
皮革、毛皮、羽毛(绒)及其制品业	Manufacture of Leather, Fur, Feather and Related Products	0.04	13.57
木材加工及木、竹、藤、棕、草制品业	Processing of Timber,Manufacture of Wood,Bamboo,Rattan,Palm, and Straw Products	0.40	11.68
家具制造业	Manufacture of Furniture		11.54
造纸及纸制品业	Manufacture of Paper and Paper Products	0.51	18.88
印刷业和记录媒介的复制	Printing,Reproduction of Recording Media	0.00	12.90
文教体育用品制造业	Manufacture of Articles For Culture, Education and Sport Activity	0.06	6.52
石油加工、炼焦及核燃料加工业	Processing of Petroleum, Coking, Processing of Nuclear Fuel	203.90	58.58
化学原料及化学制品制造业	Manufacture of Raw Chemical Materials and Chemical Products	247.83	73.28
医药制造业	Manufacture of Medicines	0.04	17.76
化学纤维制造业	Manufacture of Chemical Fibers	14.30	2.37
橡胶制品业	Manufacture of Rubber	0.57	16.27
塑料制品业	Manufacture of Plastics	0.03	26.84
非金属矿物制品业	Manufacture of Non-metallic Mineral Products	12.70	54.37
黑色金属冶炼及压延加工业	Smelting and Pressing of Ferrous Metals	0.06	22.84
有色金属冶炼及压延加工业	Smelting and Pressing of Non-ferrous Metals	0.87	14.92
金属制品业	Manufacture of Metal Products	0.26	45.80
通用设备制造业	Manufacture of General Purpose Machinery	0.09	74.28
专用设备制造业	Manufacture of Special Purpose Machinery	0.07	41.64
交通运输设备制造业	Manufacture of Transport Equipment	0.14	62.89
电气机械及器材制造业	Manufacture of Electrical Machinery and Equipment	0.17	52.38
通信设备、计算机及其他电子设备制造业	Manufacture of Communication Equipment,Computers and Other Electronic Equipment	0.36	28.32
仪器仪表及文化、办公用机械制造业	Manufacture of Measuring Instruments and Machinery for Cultural Activity and Office Work	0.01	10.08
工艺品及其他制造业	Manufacture of Artwork and Other Manufacturing	0.03	12.04
废弃资源和废旧材料回收加工业	Recycling and Disposal of Waste		1.02
(三)电力、煤气及水生产和供应业	**Electric Power, Gas and Water Production and Supply**	**1.02**	**50.59**
电力、热力的生产和供应业	Production and Distribution of Electric Power and Heat Power	0.71	38.93
燃气生产和供应业	Production and Distribution of Gas	0.30	4.24
水的生产和供应业	Production and Distribution of Water	0.00	7.42

Continued

(10 000 tce)

煤油 Kerosene	柴油 Diesel Oil	燃料油 Fuel Oil	液化石油气 LPG	炼厂干气 Refinery Gas	其他石油制品 Other Petroleum Products	天然气 Natural Gas	热力 Heat	电力 Electricity	其他能源 Other Energy
47.14	**2895.25**	**1753.58**	**818.42**	**1607.05**	**9293.33**	**5356.00**	**6270.11**	**30228.81**	**1165.04**
6.83	**662.98**	**46.38**	**0.50**	**52.80**	**54.94**	**1212.75**	**140.80**	**2165.21**	**11.91**
4.27	157.95	6.89	0.09		9.91	24.72	12.78	849.40	4.96
0.07	273.69	38.60	0.34	52.80	44.58	1184.59	65.94	409.67	0.12
0.66	75.66	0.46			0.13	0.38	0.01	356.08	0.76
1.28	27.47	0.06	0.03		0.21	0.53	0.05	265.12	2.47
0.54	127.70	0.37	0.03		0.10	2.39	62.02	190.81	3.60
	0.51					0.13		94.13	
40.14	**2103.57**	**1685.05**	**767.37**	**1551.35**	**9233.83**	**4105.90**	**5930.31**	**24194.07**	**1118.07**
0.32	75.52	18.11	4.68	11.38	1.25	8.62	119.47	478.48	290.46
0.16	38.21	19.66	5.23		0.20	30.72	165.43	204.68	21.55
0.43	22.92	15.80	1.61		0.13	18.95	107.75	143.83	14.35
	6.86	1.29	0.02		0.00	6.64	11.90	51.26	
0.63	59.54	34.23	5.78	0.39	0.68	17.89	646.45	1410.28	43.02
0.41	48.99	9.47	1.92		0.08	3.19	21.32	162.90	3.33
0.43	19.02	12.04	0.43		0.12	0.99	7.57	96.42	1.70
0.29	22.19	0.71	0.50		0.08	4.52	17.76	235.39	147.24
0.19	18.39	0.37	1.71		0.01	5.85	4.02	43.74	4.70
0.60	41.59	26.79	4.42		1.76	14.04	434.79	593.28	95.12
0.34	20.02	2.05	2.67		0.09	6.92	7.80	102.02	0.27
0.18	23.17	3.05	2.83		0.34	1.46	1.19	59.10	4.53
1.82	99.94	288.52	240.14	1424.29	6093.25	273.58	908.77	583.87	5.73
5.43	233.83	279.04	130.10	109.78	2747.21	2272.17	1789.58	3572.86	178.73
0.10	24.99	7.70	3.12	0.19	0.60	31.27	160.53	232.27	21.04
0.16	6.64	26.31	0.51	1.12	20.11	3.86	187.43	331.74	0.66
0.12	11.25	17.00	0.79		1.75	9.13	36.82	344.46	1.46
0.34	67.97	20.74	3.51		4.39	18.09	15.86	565.70	4.50
1.81	396.68	587.33	163.37	3.86	146.95	593.47	36.57	2613.05	109.63
2.05	148.22	83.73	48.99		10.68	249.56	700.30	4941.22	105.86
2.43	86.74	110.45	21.27	0.00	178.39	88.91	264.88	3166.09	39.38
2.41	99.43	20.95	26.06	0.02	1.95	32.89	16.37	914.87	3.71
5.71	92.16	16.43	16.08	0.02	4.96	80.54	26.83	617.01	4.46
0.78	62.38	8.03	7.73		5.60	60.65	60.72	315.78	1.70
10.54	139.30	18.22	24.74	0.03	4.17	161.20	84.03	694.87	3.00
0.74	99.88	13.76	34.08	0.28	6.77	40.33	49.85	520.47	8.11
0.32	94.33	39.06	7.54	0.00	0.16	64.90	29.51	686.97	1.02
1.02	15.39	0.25	0.45	0.00	0.44	4.79	4.22	84.24	0.39
0.34	22.08	3.25	6.87		1.52	0.76	12.40	412.32	1.48
0.04	5.94	0.69	0.21	0.01	0.20		0.18	14.94	0.94
0.18	**128.71**	**22.15**	**50.55**	**2.89**	**4.56**	**37.35**	**199.00**	**3869.53**	**35.05**
0.18	119.37	20.70	0.05	0.32	4.32	6.22	188.03	3467.94	34.99
	3.22	0.73	50.47	2.58	0.23	29.53	9.68	86.31	0.01
	6.12	0.71	0.03			1.60	1.28	315.28	0.06

4-26 工业分行业终端能源消费量(标准量)-2010

单位:万吨标准煤

行 业	Sector	终端消费合计 Final Consumption Total (发电煤耗计算法) (coal equivalent calculation)	终端消费合计 Final Consumption Total (电热当量计算法) (calorific value calculation)
工业	**Industry**	**238652.04**	**182649.50**
(一)采掘业	**Mining and Quarrying**	**15240.78**	**11401.44**
煤炭开采和洗选业	Mining and Washing of Coal	7004.10	5516.81
石油和天然气开采业	Extraction of Petroleum and Natural Gas	3746.98	3058.61
黑色金属矿采选业	Mining and Processing of Ferrous Metal Ores	2080.77	1365.82
有色金属矿采选业	Mining and Processing of Non-Ferrous Metal Ores	999.00	487.10
非金属矿采选业	Mining and Processing of Nonmetal Ores	1195.68	888.48
其他采矿业	Mining of Other Ores	214.26	84.61
(二)制造业	**Manufacturing**	**209928.82**	**164677.29**
农副食品加工业	Processing of Food from Agricultural Products	3693.84	2854.18
食品制造业	Manufacture of Foods	1768.07	1402.63
饮料制造业	Manufacture of Beverages	1355.86	1094.01
烟草制品业	Manufacture of Tobacco	232.20	141.43
纺织业	Manufacture of Textile	6897.58	4371.37
纺织服装、鞋、帽制造业	Manufacture of Textile Wearing Apparel,Footware, and Caps	839.47	539.56
皮革、毛皮、羽毛(绒)及其制品业	Manufacture of Leather, Fur, Feather and Related Products	474.94	297.43
木材加工及木、竹、藤、棕、草制品业	Processing of Timber,Manufacture of Wood,Bamboo,Rattan,Palm, and Straw Products	1377.48	957.59
家具制造业	Manufacture of Furniture	252.37	164.33
造纸及纸制品业	Manufacture of Paper and Paper Products	4336.01	3276.57
印刷业和记录媒介的复制	Printing,Reproduction of Recording Media	417.67	228.81
文教体育用品制造业	Manufacture of Articles For Culture, Education and Sport Activity	237.38	142.23
石油加工、炼焦及核燃料加工业	Processing of Petroleum, Coking, Processing of Nuclear Fuel	14018.72	12900.11
化学原料及化学制品制造业	Manufacture of Raw Chemical Materials and Chemical Products	35219.72	28997.03
医药制造业	Manufacture of Medicines	1783.64	1343.24
化学纤维制造业	Manufacture of Chemical Fibers	1607.88	1016.54
橡胶制品业	Manufacture of Rubber	1558.12	905.38
塑料制品业	Manufacture of Plastics	2262.13	1207.32
非金属矿物制品业	Manufacture of Non-metallic Mineral Products	32462.34	27617.68
黑色金属冶炼及压延加工业	Smelting and Pressing of Ferrous Metals	65896.69	56771.97
有色金属冶炼及压延加工业	Smelting and Pressing of Non-ferrous Metals	13385.53	7194.18
金属制品业	Manufacture of Metal Products	3803.94	1903.02
通用设备制造业	Manufacture of General Purpose Machinery	3761.45	2532.66
专用设备制造业	Manufacture of Special Purpose Machinery	1878.86	1249.98
交通运输设备制造业	Manufacture of Transport Equipment	3719.04	2155.34
电气机械及器材制造业	Manufacture of Electrical Machinery and Equipment	2287.08	1281.56
通信设备、计算机及其他电子设备制造业	Manufacture of Communication Equipment,Computers and Other Electronic Equipment	2547.39	1220.21
仪器仪表及文化、办公用机械制造业	Manufacture of Measuring Instruments and Machinery for Cultural Activity and Office Work	359.42	189.60
工艺品及其他制造业	Manufacture of Artwork and Other Manufacturing	1366.37	621.61
废弃资源和废旧材料回收加工业	Recycling and Disposal of Waste	127.63	99.73
(三)电力、煤气及水生产和供应业	**Electric Power, Gas and Water Production and Supply**	**13482.44**	**6570.76**
电力、热力的生产和供应业	Production and Distribution of Electric Power and Heat Power	12093.56	5921.65
燃气生产和供应业	Production and Distribution of Gas	418.22	254.25
水的生产和供应业	Production and Distribution of Water	970.65	394.87

Final Energy Consumption by Industrial Sector (Standard Quantity) -2010

(10 000 tce)

煤合计 Coal Total	原煤 Raw Coal	洗精煤 Cleaned Coal	其他洗煤 Other Washed Coal	焦炭 Coke	焦炉煤气 Coke Oven Gas	高炉煤气 Blast Furnace Gas	转炉煤气 Converter Gas	其他煤气 Other Gas
63653.87	**54377.84**	**4221.32**	**4206.70**	**37370.19**	**2825.86**	**5253.01**	**485.86**	**98.23**
5254.73	**4758.14**	**177.35**	**303.82**	**409.02**	**60.28**	**76.00**	**9.17**	**1.77**
4216.68	3953.04	86.62	175.14	41.88	9.49	6.15	0.05	1.25
123.62	123.44			0.16				
336.99	270.79	57.79	1.85	342.48	49.71	69.86	9.12	0.52
105.74	82.02	20.21	0.79	15.30				
469.90	327.06	12.73	126.05	9.21	1.09			
1.79	1.79							
56733.97	**48015.06**	**4037.80**	**3857.19**	**36955.93**	**2742.26**	**5177.01**	**474.87**	**92.48**
1651.38	1585.81	21.77	34.28	14.31	0.46			
857.81	836.66	11.64	5.16	2.92	1.37			
709.39	698.57	3.94	3.65	0.66	2.63	0.32		
57.64	52.22	4.35	0.98		0.23			
1850.47	1805.36	10.19	12.48	4.95	10.23			
234.98	230.08	1.43	0.86	3.65	0.11			
131.54	127.40	0.47	0.44	1.45				
453.57	443.75	2.48	1.41	1.73				
54.81	53.64	0.31	0.54	4.38				
1894.84	1836.50	21.38	29.04	2.13	0.51			
53.51	52.23	0.81	0.11	0.26	0.06			
31.21	30.84	0.05	0.06	3.71				
2607.82	1486.99	221.63	895.08	90.78	491.35	43.97	0.11	
10178.00	9083.81	781.79	103.64	2404.51	113.88	8.44	1.93	18.57
766.20	749.35	8.29	5.68	3.06	1.71			
382.22	372.79	0.94		2.32				
381.81	365.10	7.72	6.44	11.04	2.63			
362.47	343.30	10.95	2.43	3.92				
20719.15	17246.16	881.27	2488.94	374.69	95.88	36.19	4.78	28.52
9219.22	6888.83	1731.80	199.27	32417.55	1921.79	5078.74	465.89	4.93
1628.26	1385.84	194.48	36.97	541.68	66.80	0.96	0.19	40.45
379.43	360.57	13.46	3.42	73.40	5.60	0.09	0.33	
736.12	707.13	18.05	4.62	638.27	3.31	7.19	1.60	
411.89	347.92	61.61	1.02	122.02	18.40	0.06		
434.31	417.14	4.68	9.65	164.04	3.89	0.22	0.03	
288.68	267.87	17.69	1.88	25.87	0.57	0.01		
101.24	94.59	4.15	0.43	11.17	0.40			
28.48	28.38		0.06	5.57	0.06			
83.65	81.04	0.48	1.11	2.07	0.11		0.03	
43.86	35.20	0.01	7.53	23.82	0.29	0.82		
1665.17	**1604.65**	**6.17**	**45.68**	**5.24**	**23.31**		**1.82**	**3.98**
1634.31	1574.15	6.14	45.55	3.90	0.06			3.98
11.62	11.49	0.01	0.13	1.10	23.26		1.82	
19.24	19.01	0.03	0.01	0.24				

4-26 续表 1

单位:万吨标准煤

行　业	Sector	其他焦化产品 Other Coking Products
工业	**Industry**	**1059.23**
(一)采掘业	**Mining and Quarrying**	**12.86**
煤炭开采和洗选业	Mining and Washing of Coal	11.34
石油和天然气开采业	Extraction of Petroleum and Natural Gas	
黑色金属矿采选业	Mining and Processing of Ferrous Metal Ores	0.57
有色金属矿采选业	Mining and Processing of Non-Ferrous Metal Ores	0.75
非金属矿采选业	Mining and Processing of Nonmetal Ores	0.19
其他采矿业	Mining of Other Ores	
(二)制造业	**Manufacturing**	**1031.07**
农副食品加工业	Processing of Food from Agricultural Products	0.01
食品制造业	Manufacture of Foods	
饮料制造业	Manufacture of Beverages	0.00
烟草制品业	Manufacture of Tobacco	
纺织业	Manufacture of Textile	
纺织服装、鞋、帽制造业	Manufacture of Textile Wearing Apparel,Footware, and Caps	
皮革、毛皮、羽毛(绒)及其制品业	Manufacture of Leather, Fur, Feather and Related Products	
木材加工及木、竹、藤、棕、草制品业	Processing of Timber,Manufacture of Wood,Bamboo,Rattan,Palm, and Straw Products	
家具制造业	Manufacture of Furniture	0.06
造纸及纸制品业	Manufacture of Paper and Paper Products	0.36
印刷业和记录媒介的复制	Printing,Reproduction of Recording Media	
文教体育用品制造业	Manufacture of Articles For Culture, Education and Sport Activity	
石油加工、炼焦及核燃料加工业	Processing of Petroleum, Coking, Processing of Nuclear Fuel	101.49
化学原料及化学制品制造业	Manufacture of Raw Chemical Materials and Chemical Products	338.15
医药制造业	Manufacture of Medicines	
化学纤维制造业	Manufacture of Chemical Fibers	2.02
橡胶制品业	Manufacture of Rubber	0.27
塑料制品业	Manufacture of Plastics	0.08
非金属矿物制品业	Manufacture of Non-metallic Mineral Products	99.07
黑色金属冶炼及压延加工业	Smelting and Pressing of Ferrous Metals	474.56
有色金属冶炼及压延加工业	Smelting and Pressing of Non-ferrous Metals	11.09
金属制品业	Manufacture of Metal Products	
通用设备制造业	Manufacture of General Purpose Machinery	0.70
专用设备制造业	Manufacture of Special Purpose Machinery	0.38
交通运输设备制造业	Manufacture of Transport Equipment	0.14
电气机械及器材制造业	Manufacture of Electrical Machinery and Equipment	0.32
通信设备、计算机及其他电子设备制造业	Manufacture of Communication Equipment,Computers and Other Electronic Equipment	0.07
仪器仪表及文化、办公用机械制造业	Manufacture of Measuring Instruments and Machinery for Cultural Activity and Office Work	
工艺品及其他制造业	Manufacture of Artwork and Other Manufacturing	2.30
废弃资源和废旧材料回收加工业	Recycling and Disposal of Waste	0.01
(三)电力、煤气及水生产和供应业	**Electric Power, Gas and Water Production and Supply**	**15.30**
电力、热力的生产和供应业	Production and Distribution of Electric Power and Heat Power	15.30
燃气生产和供应业	Production and Distribution of Gas	
水的生产和供应业	Production and Distribution of Water	

Continued 1

(10 000 tce)

油品合计 Petroleum Products Total	原油 Crude Oil	汽油 Gasoline	煤油 Kerosene	柴油 Diesel Oil	燃料油 Fuel Oil	石脑油 Naphtha	润滑油 Lubricants	石蜡 Paraffin Waxes
22229.16	**1151.62**	**1014.34**	**55.24**	**2981.46**	**1460.71**	**4786.53**	**318.22**	**140.57**
1680.28	**689.04**	**97.52**	**6.49**	**728.08**	**50.00**		**0.83**	**0.04**
256.13		29.59	3.72	205.34	3.31		0.17	
1135.10	689.04	35.55		270.70	46.32		0.03	
103.77		11.33	0.51	90.79	0.10		0.61	0.04
42.63		11.17	0.99	30.22	0.01		0.01	
140.47		9.42	0.35	130.26	0.26		0.01	
2.17		0.47	0.91	0.79				
20358.94	**462.21**	**869.48**	**48.69**	**2179.24**	**1394.60**	**4786.53**	**317.30**	**140.53**
172.65	0.16	57.28	0.75	82.68	13.99		0.03	
94.42	0.01	23.16	0.29	44.40	19.66			0.82
51.08		14.05	0.19	23.18	11.80			
9.15		1.06		6.56	1.51			
144.92	0.03	39.67	0.74	64.48	32.07		0.03	
85.85	0.04	26.24	0.37	50.04	7.58			
41.96	0.07	12.36	0.35	19.96	8.39			
41.90	0.31	13.67	0.25	26.32	0.36			0.08
36.14	0.01	12.11	0.12	21.17	0.83			
88.74	0.17	16.66	0.32	40.80	25.76		0.04	
37.43	0.01	12.26	0.15	19.77	2.93			
35.40	0.09	6.00	0.16	23.88	2.47			0.22
7386.26	141.55	53.24	4.38	34.37	245.28	1091.21	309.87	0.26
7181.77	313.33	70.92	7.39	236.17	192.08	3695.21	0.76	138.70
56.03	0.03	17.89	0.50	24.99	9.50		0.03	
59.37		2.28	0.01	11.54	21.73		0.23	
46.47	0.03	15.91	0.13	14.95	13.09		0.10	0.01
145.85	0.14	34.15	0.41	82.49	19.50		0.08	0.15
2485.09	3.50	55.13	1.71	422.49	505.11		0.27	0.14
268.86	0.47	19.72	0.69	144.27	33.49		0.18	
564.20	1.01	15.23	2.62	92.74	138.35		0.07	
192.02	0.17	48.48	2.06	96.59	17.81		0.08	
226.98	0.13	79.50	6.58	108.77	11.07		0.92	
136.20	0.09	43.42	0.94	69.40	5.36	0.12	0.34	
304.10	0.24	72.41	14.98	160.92	17.86		3.44	0.01
211.79	0.21	53.68	0.97	104.79	11.16		0.79	0.01
162.80	0.39	29.88	0.53	103.77	19.53		0.01	
34.29		10.68	0.90	20.72	0.57		0.01	
46.65		11.37	0.15	20.91	3.40			0.12
10.58		1.07	0.04	6.12	2.39			
189.94	**0.37**	**47.33**	**0.06**	**74.14**	**16.11**		**0.08**	
122.08	0.37	36.18	0.04	63.70	15.53		0.06	
54.39		4.71	0.01	3.72	0.33		0.03	
13.47	0.00	6.44		6.72	0.26			

4-26 续表 2

单位：万吨标准煤

行业	Sector	溶剂油 White Spirit
工业	**Industry**	**102.70**
(一)采掘业	**Mining and Quarrying**	
煤炭开采和洗选业	Mining and Washing of Coal	
石油和天然气开采业	Extraction of Petroleum and Natural Gas	
黑色金属矿采选业	Mining and Processing of Ferrous Metal Ores	
有色金属矿采选业	Mining and Processing of Non-Ferrous Metal Ores	
非金属矿采选业	Mining and Processing of Nonmetal Ores	
其他采矿业	Mining of Other Ores	
(二)制造业	**Manufacturing**	**102.70**
农副食品加工业	Processing of Food from Agricultural Products	0.45
食品制造业	Manufacture of Foods	
饮料制造业	Manufacture of Beverages	
烟草制品业	Manufacture of Tobacco	
纺织业	Manufacture of Textile	
纺织服装、鞋、帽制造业	Manufacture of Textile Wearing Apparel,Footware, and Caps	
皮革、毛皮、羽毛(绒)及其制品业	Manufacture of Leather, Fur, Feather and Related Products	
木材加工及木、竹、藤、棕、草制品业	Processing of Timber,Manufacture of Wood,Bamboo,Rattan,Palm, and Straw Products	
家具制造业	Manufacture of Furniture	
造纸及纸制品业	Manufacture of Paper and Paper Products	
印刷业和记录媒介的复制	Printing,Reproduction of Recording Media	0.07
文教体育用品制造业	Manufacture of Articles For Culture, Education and Sport Activity	
石油加工、炼焦及核燃料加工业	Processing of Petroleum, Coking, Processing of Nuclear Fuel	44.50
化学原料及化学制品制造业	Manufacture of Raw Chemical Materials and Chemical Products	56.56
医药制造业	Manufacture of Medicines	
化学纤维制造业	Manufacture of Chemical Fibers	0.04
橡胶制品业	Manufacture of Rubber	0.06
塑料制品业	Manufacture of Plastics	0.60
非金属矿物制品业	Manufacture of Non-metallic Mineral Products	0.04
黑色金属冶炼及压延加工业	Smelting and Pressing of Ferrous Metals	
有色金属冶炼及压延加工业	Smelting and Pressing of Non-ferrous Metals	0.04
金属制品业	Manufacture of Metal Products	
通用设备制造业	Manufacture of General Purpose Machinery	0.01
专用设备制造业	Manufacture of Special Purpose Machinery	
交通运输设备制造业	Manufacture of Transport Equipment	0.06
电气机械及器材制造业	Manufacture of Electrical Machinery and Equipment	0.23
通信设备、计算机及其他电子设备制造业	Manufacture of Communication Equipment,Computers and Other Electronic Equipment	0.01
仪器仪表及文化、办公用机械制造业	Manufacture of Measuring Instruments and Machinery for Cultural Activity and Office Work	
工艺品及其他制造业	Manufacture of Artwork and Other Manufacturing	
废弃资源和废旧材料回收加工业	Recycling and Disposal of Waste	
(三)电力、煤气及水生产和供应业	**Electric Power, Gas and Water Production and Supply**	
电力、热力的生产和供应业	Production and Distribution of Electric Power and Heat Power	
燃气生产和供应业	Production and Distribution of Gas	
水的生产和供应业	Production and Distribution of Water	

Continued 2

(10 000 tce)

石油沥青 Bitumen Asphalt	石油焦 Petroleum Coke	液化石油气 LPG	炼厂干气 Refinery Gas	其他石油制品 Other Petroleum Products	天然气 Natural Gas	液化天然气 LNG	热力 Heat	电力 Electricity	其他能源 Other Energy
58.78	**1680.00**	**907.01**	**1732.37**	**5839.60**	**4948.53**	**1161.51**	**7419.78**	**34785.04**	**1359.21**
0.12		**4.17**	**55.99**	**47.99**	**1318.25**	**0.18**	**181.72**	**2384.74**	**12.44**
		0.22		13.78	30.99	0.12	14.82	923.80	4.11
		3.60	55.99	33.88	1282.48		89.58	427.57	0.10
		0.24		0.15	0.46		7.42	444.07	0.85
0.12		0.03		0.08	1.20	0.02	0.04	317.95	3.48
		0.07		0.11	2.99	0.04	69.87	190.81	3.91
					0.13			80.52	
58.66	**1680.00**	**857.45**	**1676.16**	**5785.39**	**3594.30**	**1137.72**	**6972.57**	**28107.23**	**1298.93**
		5.57	10.58	1.17	9.39	2.21	144.55	521.54	337.68
		5.83		0.25	32.57	4.01	160.46	226.99	22.08
		1.82		0.04	22.36	0.21	128.63	162.65	16.07
		0.02		0.00	7.70	0.05	10.28	56.38	0.01
		7.01	0.22	0.68	20.93	1.11	721.30	1569.11	48.35
		1.47		0.11	3.83	0.37	20.97	186.29	3.51
		0.67		0.16	0.25	0.21	9.85	110.26	1.91
		0.79		0.12	3.99		18.14	260.81	177.46
		1.89		0.01	4.52	0.21	4.15	54.68	5.38
		4.77		0.23	16.85	2.85	506.07	658.06	106.17
		2.11		0.13	9.58	0.63	9.64	117.31	0.39
		2.37		0.21	3.19	2.48	1.33	59.10	5.80
22.41	279.90	230.28	1563.24	3365.76	117.44	349.54	1010.26	694.80	6.31
0.50	87.51	182.04	99.66	2100.95	1943.53	509.90	2220.78	3865.12	212.45
		2.79		0.29	37.53	0.47	181.40	273.55	23.28
		1.83		21.71	5.79		196.80	367.30	0.71
0.01		0.77		1.41	11.86	1.27	42.80	405.43	1.82
		4.22	0.02	4.08	19.82	1.48	12.69	655.18	5.83
32.17	1152.42	189.56	1.92	120.64	446.17	152.05	45.48	3009.18	121.42
	1.67	58.95	0.13	9.28	272.88	10.28	844.00	5667.67	125.61
3.41	158.51	19.89	0.00	132.34	102.25	17.50	331.10	3845.65	44.04
		25.51	0.03	1.28	39.46	8.43	19.65	1180.73	3.88
		14.55		5.44	112.52	5.43	32.20	763.24	5.10
		10.73	0.02	5.79	89.38	2.48	74.07	390.62	4.48
		29.06	0.06	5.06	123.42	45.67	105.04	971.26	3.22
		33.67	0.28	5.99	48.40	12.60	59.82	624.56	8.93
		8.57	0.00	0.09	80.86	2.48	35.41	824.36	1.41
		0.72	0.00	0.68	6.92	0.21	7.55	105.49	1.04
		9.21		1.49	0.92	3.43	17.92	462.60	1.93
0.16		0.79	0.01			0.16	0.22	17.33	2.66
		45.39	**0.22**	**6.22**	**35.97**	**23.62**	**265.49**	**4293.07**	**47.84**
		0.07	0.22	5.91	6.85	2.11	251.85	3833.58	47.63
		45.27		0.32	26.60	21.51	12.10	101.85	
		0.05			2.53		1.54	357.64	0.21

4-27 工业分行业终端能源消费量(标准量)-2011

单位:万吨标准煤

行 业	Sector	终端消费合计 Final Consumption Total (发电煤耗计算法) (coal equivalent calculation)	(电热当量计算法) (calorific value calculation)
工业	**Industry**	**264697.47**	**202368.66**
(一)采掘业	**Mining and Quarrying**	**16454.21**	**12079.76**
煤炭开采和洗选业	Mining and Washing of Coal	7811.28	6216.44
石油和天然气开采业	Extraction of Petroleum and Natural Gas	3678.43	2948.17
黑色金属矿采选业	Mining and Processing of Ferrous Metal Ores	2125.22	1274.61
有色金属矿采选业	Mining and Processing of Non-Ferrous Metal Ores	1202.40	594.58
非金属矿采选业	Mining and Processing of Nonmetal Ores	1353.66	936.19
其他采矿业	Mining of Other Ores	283.23	109.77
(二)制造业	**Manufacturing**	**232751.80**	**183017.03**
农副食品加工业	Processing of Food from Agricultural Products	3688.19	2770.45
食品制造业	Manufacture of Foods	1859.69	1473.58
饮料制造业	Manufacture of Beverages	1442.82	1159.19
烟草制品业	Manufacture of Tobacco	284.94	183.94
纺织业	Manufacture of Textile	7294.94	4608.54
纺织服装、鞋、帽制造业	Manufacture of Textile Wearing Apparel,Footware, and Caps	860.32	541.37
皮革、毛皮、羽毛(绒)及其制品业	Manufacture of Leather, Fur, Feather and Related Products	460.76	288.59
木材加工及木、竹、藤、棕、草制品业	Processing of Timber,Manufacture of Wood,Bamboo,Rattan,Palm, and Straw Products	1496.01	1035.91
家具制造业	Manufacture of Furniture	245.84	156.56
造纸及纸制品业	Manufacture of Paper and Paper Products	4542.69	3411.92
印刷业和记录媒介的复制	Printing,Reproduction of Recording Media	417.02	217.32
文教体育用品制造业	Manufacture of Articles For Culture, Education and Sport Activity	256.88	136.49
石油加工、炼焦及核燃料加工业	Processing of Petroleum, Coking, Processing of Nuclear Fuel	15304.52	14121.76
化学原料及化学制品制造业	Manufacture of Raw Chemical Materials and Chemical Products	39459.39	32585.05
医药制造业	Manufacture of Medicines	1962.14	1492.83
化学纤维制造业	Manufacture of Chemical Fibers	1786.36	1158.30
橡胶制品业	Manufacture of Rubber	1643.65	944.36
塑料制品业	Manufacture of Plastics	2215.98	1178.69
非金属矿物制品业	Manufacture of Non-metallic Mineral Products	38467.29	32782.19
黑色金属冶炼及压延加工业	Smelting and Pressing of Ferrous Metals	73089.06	62863.68
有色金属冶炼及压延加工业	Smelting and Pressing of Non-ferrous Metals	14681.27	7858.60
金属制品业	Manufacture of Metal Products	3735.84	1866.45
通用设备制造业	Manufacture of General Purpose Machinery	4564.36	3172.90
专用设备制造业	Manufacture of Special Purpose Machinery	1933.99	1229.00
交通运输设备制造业	Manufacture of Transport Equipment	3959.82	2281.50
电气机械及器材制造业	Manufacture of Electrical Machinery and Equipment	2465.75	1327.11
通信设备、计算机及其他电子设备制造业	Manufacture of Communication Equipment,Computers and Other Electronic Equipment	2650.41	1212.87
仪器仪表及文化、办公用机械制造业	Manufacture of Measuring Instruments and Machinery for Cultural Activity and Office Work	331.85	168.77
工艺品及其他制造业	Manufacture of Artwork and Other Manufacturing	1509.76	683.18
废弃资源和废旧材料回收加工业	Recycling and Disposal of Waste	140.25	105.92
(三)电力、煤气及水生产和供应业	**Electric Power, Gas and Water Production and Supply**	**15491.46**	**7271.87**
电力、热力的生产和供应业	Production and Distribution of Electric Power and Heat Power	14040.43	6614.51
燃气生产和供应业	Production and Distribution of Gas	414.66	238.91
水的生产和供应业	Production and Distribution of Water	1036.37	418.45

Final Energy Consumption by Industrial Sector (Standard Quantity) -2011

(10 000 tce)

煤合计 Coal Total	原煤 Raw Coal	洗精煤 Cleaned Coal	其他洗煤 Other Washed Coal	焦炭 Coke	焦炉煤气 Coke Oven Gas	高炉煤气 Blast Furnace Gas	转炉煤气 Converter Gas	其他煤气 Other Gas
71958.45	**62296.98**	**4575.51**	**4337.96**	**40646.37**	**3330.46**	**6225.60**	**640.50**	**89.30**
5702.74	**5165.28**	**160.53**	**359.24**	**250.66**	**78.00**	**40.49**	**3.37**	**2.57**
4661.48	4365.50	68.12	220.32	49.70	49.08	15.90	0.03	1.91
138.23	138.20							
318.77	250.31	60.12	2.03	180.05	27.37	24.59	3.34	0.66
121.65	96.94	20.03	1.02	13.52				
462.61	314.32	12.26	135.86	7.39	1.54			
64717.31	**55653.25**	**4406.71**	**3935.05**	**40387.23**	**3224.18**	**6177.39**	**637.14**	**83.08**
1528.66	1462.73	22.04	39.42	13.32	0.29			
908.26	887.98	11.23	5.14	2.47	0.86			
742.86	730.85	3.65	4.38	0.78	0.51	0.31		
88.81	83.54	4.39	0.59		0.34			
2016.04	1987.37	5.84	8.74	3.81	8.23			
235.47	232.90	0.68	0.73	5.05	0.06		0.03	
136.06	133.28	0.26	0.33	0.89				
508.19	505.15	1.79	1.03	0.59				
56.44	55.48	0.30	0.44	4.39				
1957.42	1900.29	22.06	26.72	1.86	0.06			
49.97	47.69	1.72	0.15	0.29	0.06			
29.17	29.03	0.05	0.04	3.49				
2795.33	1681.07	219.18	891.41	81.53	725.62	46.38	1.85	
11540.35	10429.39	807.01	88.09	2847.77	189.19	12.72	6.05	13.34
870.92	857.14	8.51	3.68	2.51	1.14			
490.22	477.97	0.66	0.09	1.57	0.29			
388.92	371.28	8.94	6.66	6.60	2.57			
388.89	372.30	8.24	2.26	3.76				
24533.76	21023.67	827.95	2604.08	877.66	162.56	49.74	2.61	29.56
11207.38	8548.75	2126.12	190.79	34374.49	2040.24	6057.80	625.33	3.75
1716.10	1460.73	210.55	33.28	633.53	52.51	0.94	0.03	36.43
389.12	372.45	12.74	1.97	63.26	8.91	0.04		
765.65	742.85	16.02	3.69	1148.30	2.91	8.32	1.25	
426.77	362.74	62.51	0.70	75.95	16.46	0.40		
386.73	369.51	2.78	12.48	170.96	2.23	0.06		
311.12	291.35	17.55	1.22	24.12	0.34	0.00		
95.20	90.33	3.62	0.22	7.36	0.34	0.00		
27.20	27.14		0.05	4.26				
80.57	78.51	0.27	0.77	2.47	7.66			
45.73	39.79	0.07	5.88	24.17	0.80	0.68		
1538.40	**1478.46**	**8.27**	**43.68**	**8.48**	**28.28**	**7.72**		**3.64**
1513.31	1453.60	8.24	43.67	7.41	0.06	7.72		3.64
9.97	9.92	0.03	0.01	0.77	28.23			
15.12	14.93			0.29				

4-27 续表 1

单位:万吨标准煤

行　业	Sector	其他焦化产品 Other Coking Products
工业	**Industry**	**1097.78**
(一)采掘业	**Mining and Quarrying**	**7.09**
煤炭开采和洗选业	Mining and Washing of Coal	4.72
石油和天然气开采业	Extraction of Petroleum and Natural Gas	
黑色金属矿采选业	Mining and Processing of Ferrous Metal Ores	0.73
有色金属矿采选业	Mining and Processing of Non-Ferrous Metal Ores	1.64
非金属矿采选业	Mining and Processing of Nonmetal Ores	
其他采矿业	Mining of Other Ores	
(二)制造业	**Manufacturing**	**1080.00**
农副食品加工业	Processing of Food from Agricultural Products	0.01
食品制造业	Manufacture of Foods	
饮料制造业	Manufacture of Beverages	0.64
烟草制品业	Manufacture of Tobacco	
纺织业	Manufacture of Textile	
纺织服装、鞋、帽制造业	Manufacture of Textile Wearing Apparel,Footware, and Caps	0.04
皮革、毛皮、羽毛(绒)及其制品业	Manufacture of Leather, Fur, Feather and Related Products	
木材加工及木、竹、藤、棕、草制品业	Processing of Timber,Manufacture of Wood,Bamboo,Rattan,Palm, and Straw Products	0.00
家具制造业	Manufacture of Furniture	
造纸及纸制品业	Manufacture of Paper and Paper Products	0.79
印刷业和记录媒介的复制	Printing,Reproduction of Recording Media	0.18
文教体育用品制造业	Manufacture of Articles For Culture, Education and Sport Activity	
石油加工、炼焦及核燃料加工业	Processing of Petroleum, Coking, Processing of Nuclear Fuel	130.97
化学原料及化学制品制造业	Manufacture of Raw Chemical Materials and Chemical Products	470.96
医药制造业	Manufacture of Medicines	
化学纤维制造业	Manufacture of Chemical Fibers	
橡胶制品业	Manufacture of Rubber	0.36
塑料制品业	Manufacture of Plastics	0.23
非金属矿物制品业	Manufacture of Non-metallic Mineral Products	71.10
黑色金属冶炼及压延加工业	Smelting and Pressing of Ferrous Metals	382.29
有色金属冶炼及压延加工业	Smelting and Pressing of Non-ferrous Metals	12.95
金属制品业	Manufacture of Metal Products	0.19
通用设备制造业	Manufacture of General Purpose Machinery	0.44
专用设备制造业	Manufacture of Special Purpose Machinery	0.67
交通运输设备制造业	Manufacture of Transport Equipment	0.67
电气机械及器材制造业	Manufacture of Electrical Machinery and Equipment	0.44
通信设备、计算机及其他电子设备制造业	Manufacture of Communication Equipment,Computers and Other Electronic Equipment	0.24
仪器仪表及文化、办公用机械制造业	Manufacture of Measuring Instruments and Machinery for Cultural Activity and Office Work	0.19
工艺品及其他制造业	Manufacture of Artwork and Other Manufacturing	6.64
废弃资源和废旧材料回收加工业	Recycling and Disposal of Waste	
(三)电力、煤气及水生产和供应业	**Electric Power, Gas and Water Production and Supply**	**10.69**
电力、热力的生产和供应业	Production and Distribution of Electric Power and Heat Power	10.69
燃气生产和供应业	Production and Distribution of Gas	
水的生产和供应业	Production and Distribution of Water	

Continued 1

(10 000 tce)

油品合计 Petroleum Products Total	原油 Crude Oil	汽油 Gasoline	煤油 Kerosene	柴油 Diesel Oil	燃料油 Fuel Oil	石脑油 Naphtha	润滑油 Lubricants	石蜡 Paraffin Waxes
21776.27	**746.79**	**889.65**	**50.34**	**2597.54**	**1182.24**	**4988.87**	**380.45**	**124.20**
1666.55	**525.11**	**100.66**	**4.74**	**895.17**	**40.04**		**1.27**	
354.30		33.14	3.38	309.21	1.54		1.12	
969.23	525.02	33.05		279.95	38.13		0.04	
177.71	0.09	11.96	0.24	165.00	0.11		0.07	
67.35		13.57	0.94	52.47	0.03		0.01	
97.62		8.92	0.18	88.21	0.23		0.03	
0.35		0.03		0.32				
19958.83	**221.62**	**742.34**	**45.55**	**1627.52**	**1136.18**	**4988.87**	**379.09**	**124.20**
137.10	0.20	48.11	0.43	72.08	9.14		0.01	
70.68		17.41	0.13	37.88	9.11			0.72
44.83		12.90	0.06	22.24	8.21		0.01	
8.86		1.25		6.02	1.46			
112.54		31.19	0.46	49.80	20.96		0.03	
70.88	0.07	20.00	0.77	37.91	10.59			
29.36	0.13	10.08	0.34	12.43	5.50			
34.69	0.19	11.76	0.07	21.03	0.24			0.85
24.26		8.39	0.03	13.41	0.91			
65.52	0.06	12.96	0.19	31.97	17.39		0.11	
23.88	0.04	8.86	0.15	10.80	2.16			
18.39	0.04	4.62	0.06	9.60	1.99			0.14
7744.15	98.36	60.75	3.62	36.49	183.65	924.63	361.50	0.37
7100.84	117.60	66.43	4.33	115.53	180.85	4064.04	6.36	121.41
45.68		15.29	0.37	20.14	6.99			0.07
29.08		1.96	0.03	11.53	12.87		0.04	
33.27	0.06	12.12	0.07	10.35	8.73		0.21	
90.51	0.11	22.95	0.25	45.11	15.59		0.14	0.26
2494.64	2.90	49.62	5.12	362.42	445.84	0.03	0.21	0.19
262.87	0.26	16.38	0.46	121.70	12.73		1.05	
491.52	0.89	13.32	2.65	87.67	112.43		0.28	
139.02	0.20	33.75	1.57	65.54	17.74		0.16	0.01
191.65	0.07	70.85	5.52	92.44	6.59		1.77	0.01
112.13	0.03	37.14	0.82	55.47	3.64	0.17	1.33	
294.31	0.23	70.76	16.83	145.05	25.64		4.92	0.03
141.01	0.14	43.02	0.50	58.69	5.87		0.83	0.08
78.69	0.03	22.48	0.24	43.67	4.70		0.03	
20.71	0.01	8.23	0.24	9.69	0.61		0.01	
38.35		8.86	0.26	14.67	2.50		0.06	0.05
9.40		0.90		6.19	1.56		0.01	
150.89	**0.06**	**46.66**	**0.04**	**74.85**	**6.01**		**0.08**	
132.08	0.06	37.08	0.03	68.88	5.66		0.06	
10.62		4.38	0.01	3.07	0.31		0.03	
8.19	0.00	5.19		2.90	0.04			

4-27 续表 2

单位：万吨标准煤

行　业	Sector	溶剂油 White Spirit
工业	**Industry**	**242.09**
(一)采掘业	**Mining and Quarrying**	
煤炭开采和洗选业	Mining and Washing of Coal	
石油和天然气开采业	Extraction of Petroleum and Natural Gas	
黑色金属矿采选业	Mining and Processing of Ferrous Metal Ores	
有色金属矿采选业	Mining and Processing of Non-Ferrous Metal Ores	
非金属矿采选业	Mining and Processing of Nonmetal Ores	
其他采矿业	Mining of Other Ores	
(二)制造业	**Manufacturing**	**242.09**
农副食品加工业	Processing of Food from Agricultural Products	1.44
食品制造业	Manufacture of Foods	0.03
饮料制造业	Manufacture of Beverages	
烟草制品业	Manufacture of Tobacco	
纺织业	Manufacture of Textile	
纺织服装、鞋、帽制造业	Manufacture of Textile Wearing Apparel,Footware, and Caps	0.03
皮革、毛皮、羽毛(绒)及其制品业	Manufacture of Leather, Fur, Feather and Related Products	0.03
木材加工及木、竹、藤、棕、草制品业	Processing of Timber,Manufacture of Wood,Bamboo,Rattan,Palm, and Straw Products	
家具制造业	Manufacture of Furniture	
造纸及纸制品业	Manufacture of Paper and Paper Products	0.21
印刷业和记录媒介的复制	Printing,Reproduction of Recording Media	0.01
文教体育用品制造业	Manufacture of Articles For Culture, Education and Sport Activity	0.03
石油加工、炼焦及核燃料加工业	Processing of Petroleum, Coking, Processing of Nuclear Fuel	75.75
化学原料及化学制品制造业	Manufacture of Raw Chemical Materials and Chemical Products	162.99
医药制造业	Manufacture of Medicines	0.10
化学纤维制造业	Manufacture of Chemical Fibers	0.04
橡胶制品业	Manufacture of Rubber	0.43
塑料制品业	Manufacture of Plastics	0.41
非金属矿物制品业	Manufacture of Non-metallic Mineral Products	0.18
黑色金属冶炼及压延加工业	Smelting and Pressing of Ferrous Metals	
有色金属冶炼及压延加工业	Smelting and Pressing of Non-ferrous Metals	0.06
金属制品业	Manufacture of Metal Products	0.01
通用设备制造业	Manufacture of General Purpose Machinery	0.06
专用设备制造业	Manufacture of Special Purpose Machinery	
交通运输设备制造业	Manufacture of Transport Equipment	0.04
电气机械及器材制造业	Manufacture of Electrical Machinery and Equipment	0.21
通信设备、计算机及其他电子设备制造业	Manufacture of Communication Equipment,Computers and Other Electronic Equipment	0.03
仪器仪表及文化、办公用机械制造业	Manufacture of Measuring Instruments and Machinery for Cultural Activity and Office Work	
工艺品及其他制造业	Manufacture of Artwork and Other Manufacturing	
废弃资源和废旧材料回收加工业	Recycling and Disposal of Waste	
(三)电力、煤气及水生产和供应业	**Electric Power, Gas and Water Production and Supply**	
电力、热力的生产和供应业	Production and Distribution of Electric Power and Heat Power	
燃气生产和供应业	Production and Distribution of Gas	
水的生产和供应业	Production and Distribution of Water	

Continued 2

(10 000 tce)

石油沥青 Bitumen Asphalt	石油焦 Petroleum Coke	液化石油气 LPG	炼厂干气 Refinery Gas	其他石油制品 Other Petroleum Products	天然气 Natural Gas	液化天然气 LNG	热力 Heat	电力 Electricity	其他能源 Other Energy
51.01	**1940.19**	**918.98**	**1973.44**	**5690.49**	**6331.80**	**1592.02**	**7958.71**	**39316.76**	**1404.63**
0.20		**4.18**	**56.81**	**38.38**	**1318.40**	**0.02**	**227.87**	**2759.39**	**22.61**
		0.07		5.84	35.38		26.67	1006.02	11.25
		3.89	56.81	32.33	1280.54		99.45	460.64	0.09
		0.17		0.07	0.62		3.88	536.56	0.34
0.20		0.02		0.11	1.33		0.06	383.41	5.62
		0.03		0.03	0.53	0.02	97.81	263.34	5.31
								109.42	
47.54	**1924.59**	**912.28**	**1916.50**	**5650.47**	**4968.84**	**1566.91**	**7503.25**	**31372.49**	**1340.36**
		5.30		0.39	11.37	3.51	156.70	578.91	340.59
		5.19		0.20	48.85	6.33	168.86	243.56	23.73
		1.37		0.03	31.31	0.67	141.70	178.91	16.67
		0.14		0.00	9.08	1.41	11.53	63.71	0.19
		6.15		3.95	23.39	2.60	700.55	1694.57	46.82
		1.20		0.32	4.61	1.55	17.61	201.19	4.89
		0.75	0.03	0.07	0.93	0.28	10.17	108.61	2.30
		0.46		0.09	5.45	0.42	14.69	290.23	181.65
		1.53			6.78	0.56	2.89	56.32	4.91
		2.49		0.15	24.43	5.55	542.40	713.29	100.60
		1.78		0.08	10.24	0.84	5.73	125.97	0.15
		1.90		0.01	2.13	1.12	1.09	75.94	5.15
1.49	247.84	295.67	1744.73	3709.32	326.65	467.13	1048.93	746.08	7.13
0.80	105.61	196.00	170.47	1788.42	2633.27	685.92	2517.37	4336.31	230.95
		2.38		0.35	46.91	1.41	196.40	296.04	31.81
		2.38		0.23	6.57	0.14	233.60	396.18	0.65
0.03		0.65		0.63	15.66	2.25	50.82	441.11	2.79
0.01		2.78	0.02	2.87	23.01	2.46	10.79	654.32	4.73
36.08	1363.62	164.64	0.90	62.90	659.82	180.22	41.73	3586.14	92.65
	6.20	92.90	0.02	11.20	356.38	20.66	918.10	6450.12	164.27
9.13	201.32	16.34	0.08	47.36	132.92	50.19	384.08	4303.71	43.70
		19.17	0.02	0.84	46.87	17.08	18.86	1179.20	3.90
		10.08		4.27	133.67	11.67	24.15	877.73	7.17
		8.50		5.03	92.17	4.01	51.95	444.70	3.78
		25.53	0.06	5.21	171.17	71.13	120.80	1058.68	4.77
		27.03	0.14	4.48	54.76	16.59	53.84	718.25	6.64
		7.34	0.05	0.13	81.26	4.22	35.78	906.80	2.98
		1.01	0.00	0.90	6.38	0.39	5.75	102.87	1.02
		10.95		0.98	1.47	6.61	16.15	521.40	1.88
		0.67	0.01	0.07	1.33		0.25	21.66	1.90
3.28	**15.60**	**2.52**	**0.13**	**1.65**	**44.56**	**25.09**	**227.59**	**5184.88**	**41.66**
3.28	15.60	0.05	0.13	1.26	1.60	1.76	210.80	4684.24	41.22
		2.42		0.39	40.57	23.34	14.52	110.87	0.02
		0.05			2.39		2.27	389.78	0.41

4-28 工业分行业终端能源消费量(标准量)-2012

单位:万吨标准煤

行　业	Sector	终端消费合计 Final Consumption Total (发电煤耗计算法) (coal equivalent calculation)	终端消费合计 Final Consumption Total (电热当量计算法) (calorific value calculation)
工业	**Industry**	**269900.31**	**206447.48**
(一)采掘业	**Mining and Quarrying**	**17381.52**	**12828.70**
煤炭开采和洗选业	Mining and Washing of Coal	8240.27	6566.88
石油和天然气开采业	Extraction of Petroleum and Natural Gas	3650.77	2895.47
黑色金属矿采选业	Mining and Processing of Ferrous Metal Ores	2065.23	1230.73
有色金属矿采选业	Mining and Processing of Non-Ferrous Metal Ores	1231.25	607.27
非金属矿采选业	Mining and Processing of Nonmetal Ores	1456.44	1029.63
开采辅助活动	Support Activities for Mining	432.28	377.91
其他采矿业	Mining of Other Ores	305.28	120.80
(二)制造业	**Manufacturing**	**237819.13**	**186764.45**
农副食品加工业	Processing of Food from Agricultural Products	3855.61	2854.12
食品制造业	Manufacture of Foods	1790.64	1370.05
酒、饮料和精制茶制造业	Manufacture of Liquor, Beverages and Refined Tea	1496.45	1199.97
烟草制品业	Manufacture of Tobacco	257.14	159.66
纺织业	Manufacture of Textile	7245.34	4487.84
纺织服装、服饰业	Manufacture of Textile, Wearing Apparel and Accessories	973.10	595.42
皮革、毛皮、羽毛及其制品和制鞋业	Manufacture of Leather, Fur, Feather and Related Products and Footwear	678.77	391.30
木材加工和木、竹、藤、棕、草制品业	Processing of Timber,Manufacture of Wood,Bamboo,Rattan,Palm, and Straw Products	1571.62	1068.97
家具制造业	Manufacture of Furniture	239.84	152.62
造纸和纸制品业	Manufacture of Paper and Paper Products	4241.72	3139.63
印刷和记录媒介复制业	Printing and Reproduction of Recording Media	428.31	224.41
文教、工美、体育和娱乐用品制造业	Manufacture of Articles for Culture, Education, Arts and Crafts, Sport and Entertainment Activities	344.35	222.32
石油加工、炼焦和核燃料加工业	Processing of Petroleum, Coking and Processing of Nuclear Fuel	15334.08	14201.69
化学原料和化学制品制造业	Manufacture of Raw Chemical Materials and Chemical Products	41287.98	33795.78
医药制造业	Manufacture of Medicines	2079.34	1589.68
化学纤维制造业	Manufacture of Chemical Fibers	1819.69	1192.46
橡胶和塑料制品业	Manufacture of Rubber and Plastics Products	4170.38	2220.19
非金属矿物制品业	Manufacture of Non-metallic Mineral Products	38097.82	32480.30
黑色金属冶炼和压延加工业	Smelting and Pressing of Ferrous Metals	75661.96	65725.07
有色金属冶炼和压延加工业	Smelting and Pressing of Non-ferrous Metals	15539.71	8270.36
金属制品业	Manufacture of Metal Products	4158.69	2183.73
通用设备制造业	Manufacture of General Purpose Machinery	3617.42	2285.22
专用设备制造业	Manufacture of Special Purpose Machinery	1841.55	1102.22
汽车制造业	Manufacture of Automobiles	2739.25	1622.64
铁路、船舶、航空航天和其他运输设备制造	Manufacture of Railway, Ship, Aerospace and Other Transport Equipments	1146.91	705.03
电气机械和器材制造业	Manufacture of Electrical Machinery and Apparatus	2487.34	1319.32
计算机、通信和其他电子设备制造业	Manufacture of Computers, Communication and Other Electronic Equipment	2686.98	1229.20
仪器仪表制造业	Manufacture of Measuring Instruments and Machinery	324.49	170.04
其他制造业	Other Manufacture	1468.62	634.95
废弃资源综合利用业	Utilization of Waste Resources	151.29	112.71
金属制品、机械和设备修理业	Repair Service of Metal Products, Machinery and Equipment	82.73	57.55
(三)电力、煤气及水生产和供应业	**Electric Power, Gas and Water Production and Supply**	**14699.66**	**6854.33**
电力、热力生产和供应业	Production and Supply of Electric Power and Heat Power	13126.35	6139.91
燃气生产和供应业	Production and Supply of Gas	465.84	258.55
水的生产和供应业	Production and Supply of Water	1107.47	455.87

Final Energy Consumption by Industrial Sector (Standard Quantity) -2012

(10 000 tce)

煤合计 Coal Total	原煤 Raw Coal	洗精煤 Cleaned Coal	其他洗煤 Other Washed Coal	焦炭 Coke	焦炉煤气 Coke Oven Gas	高炉煤气 Blast Furnace Gas	转炉煤气 Converter Gas	其他煤气 Other Gas
70971.20	**59935.69**	**4754.64**	**5515.35**	**43351.76**	**3159.16**	**6002.50**	**692.72**	**58.94**
6007.54	**5295.55**	**206.68**	**485.61**	**243.69**	**38.11**	**44.12**	**3.23**	**2.43**
4898.94	4450.09	117.32	324.90	63.54	15.83	14.93		1.93
121.11	120.82							
337.54	267.90	59.26	3.00	121.95	21.14	29.19	3.23	0.50
118.91	95.79	18.36	1.45	13.42				
503.13	334.58	11.75	156.26	44.78	1.14			
26.37	26.37							
1.54	1.54							
63683.71	**53435.91**	**4539.89**	**4965.82**	**43107.42**	**3085.79**	**5958.37**	**689.49**	**50.90**
1479.31	1400.19	23.03	52.16	11.19	0.23	0.01		
762.64	741.06	11.33	4.81	1.85	1.14	0.03		
756.26	740.11	6.18	5.72	0.94	0.63	0.06		
53.34	48.89	3.47	0.33		0.17			
1743.77	1721.70	3.59	8.45	2.99	11.43			
247.68	245.22	0.50	0.81	2.61	0.06		0.05	
156.60	152.60	1.63	0.45	0.78				
479.76	477.12	1.24	1.04	0.36				
54.39	53.62	0.07	0.52	3.68				
1669.79	1628.76	17.86	13.64	0.50	0.06			
50.44	48.04	0.54	1.22	0.32	0.06			
78.70	74.08	2.89	1.35	4.54				
2688.59	1399.67	193.88	1091.00	71.54	629.51	88.26		
11804.64	10633.12	839.35	113.76	3015.98	195.65	9.95	4.10	7.48
910.33	895.61	10.19	3.22	1.57	0.91	0.01		
511.27	484.68	0.38	0.08	0.52		0.10		
723.22	682.55	21.86	11.47	4.00	2.23			
24134.48	19914.54	854.07	3297.24	958.52	171.76	45.09	5.94	15.09
11552.94	8680.67	2236.86	275.18	37235.24	1974.36	5803.76	679.02	2.30
1697.16	1445.60	204.30	41.52	576.38	53.88	0.78	0.11	26.02
531.01	511.69	14.33	2.41	101.27	23.20	6.51	0.16	
348.73	338.41	7.52	1.51	814.93	1.49	1.74		
339.12	276.68	60.49	1.15	44.11	14.00	0.49	0.11	
249.48	243.09	2.33	3.06	179.72	1.49			
141.85	116.12	1.59	23.74	11.98	0.57			
289.44	269.08	17.55	1.86	17.39	0.34			
83.27	79.28	2.73	0.43	8.39	0.17			
28.83	28.42	0.06	0.34	4.05	0.74			
55.06	53.76	0.02	0.35	0.49		1.41		
52.48	42.43	0.08	6.99	19.47	1.71	0.17		
9.13	9.13		0.01	12.11				
1279.95	**1204.23**	**8.06**	**63.93**	**0.65**	**35.26**			**5.61**
1239.39	1164.08	7.99	63.73	0.48	9.60			2.27
18.28	18.09		0.19	0.14	25.66			3.34
22.27	22.06	0.07		0.04				

4-28 续表 1

单位:万吨标准煤

行　业	Sector	其他焦化产品 Other Coking Products
工业	**Industry**	**1011.73**
(一)采掘业	**Mining and Quarrying**	**8.22**
煤炭开采和洗选业	Mining and Washing of Coal	6.15
石油和天然气开采业	Extraction of Petroleum and Natural Gas	
黑色金属矿采选业	Mining and Processing of Ferrous Metal Ores	0.61
有色金属矿采选业	Mining and Processing of Non-Ferrous Metal Ores	1.32
非金属矿采选业	Mining and Processing of Nonmetal Ores	
开采辅助活动	Support Activities for Mining	0.14
其他采矿业	Mining of Other Ores	
(二)制造业	**Manufacturing**	**998.76**
农副食品加工业	Processing of Food from Agricultural Products	0.06
食品制造业	Manufacture of Foods	
酒、饮料和精制茶制造业	Manufacture of Liquor, Beverages and Refined Tea	0.14
烟草制品业	Manufacture of Tobacco	
纺织业	Manufacture of Textile	
纺织服装、服饰业	Manufacture of Textile, Wearing Apparel and Accessories	0.08
皮革、毛皮、羽毛及其制品和制鞋业	Manufacture of Leather, Fur, Feather and Related Products and Footwear	
木材加工和木、竹、藤、棕、草制品业	Processing of Timber,Manufacture of Wood,Bamboo,Rattan,Palm, and Straw Products	0.01
家具制造业	Manufacture of Furniture	
造纸和纸制品业	Manufacture of Paper and Paper Products	0.38
印刷和记录媒介复制业	Printing and Reproduction of Recording Media	0.63
文教、工美、体育和娱乐用品制造业	Manufacture of Articles for Culture, Education, Arts and Crafts, Sport and Entertainment Activities	0.28
石油加工、炼焦和核燃料加工业	Processing of Petroleum, Coking and Processing of Nuclear Fuel	112.87
化学原料和化学制品制造业	Manufacture of Raw Chemical Materials and Chemical Products	497.03
医药制造业	Manufacture of Medicines	0.38
化学纤维制造业	Manufacture of Chemical Fibers	
橡胶和塑料制品业	Manufacture of Rubber and Plastics Products	0.60
非金属矿物制品业	Manufacture of Non-metallic Mineral Products	97.52
黑色金属冶炼和压延加工业	Smelting and Pressing of Ferrous Metals	268.44
有色金属冶炼和压延加工业	Smelting and Pressing of Non-ferrous Metals	14.63
金属制品业	Manufacture of Metal Products	0.38
通用设备制造业	Manufacture of General Purpose Machinery	0.63
专用设备制造业	Manufacture of Special Purpose Machinery	0.72
汽车制造业	Manufacture of Automobiles	0.25
铁路、船舶、航空航天和其他运输设备制造	Manufacture of Railway, Ship, Aerospace and Other Transport Equipments	0.51
电气机械和器材制造业	Manufacture of Electrical Machinery and Apparatus	0.89
计算机、通信和其他电子设备制造业	Manufacture of Computers, Communication and Other Electronic Equipment	0.37
仪器仪表制造业	Manufacture of Measuring Instruments and Machinery	0.27
其他制造业	Other Manufacture	1.68
废弃资源综合利用业	Utilization of Waste Resources	
金属制品、机械和设备修理业	Repair Service of Metal Products, Machinery and Equipment	
(三)电力、煤气及水生产和供应业	**Electric Power, Gas and Water Production and Supply**	**4.75**
电力、热力生产和供应业	Production and Supply of Electric Power and Heat Power	4.75
燃气生产和供应业	Production and Supply of Gas	
水的生产和供应业	Production and Supply of Water	

Continued 1

(10 000 tce)

油品合计 Petroleum Products Total	原油 Crude Oil	汽油 Gasoline	煤油 Kerosene	柴油 Diesel Oil	燃料油 Fuel Oil	石脑油 Naphtha	润滑油 Lubricants	石蜡 Paraffin Waxes
21178.23	**793.57**	**854.71**	**47.14**	**2451.28**	**901.79**	**5353.35**	**340.85**	**137.84**
1781.45	**662.88**	**85.24**	**3.88**	**919.56**	**20.17**		**1.70**	**0.04**
344.04		24.03	3.18	313.25	1.27		1.29	
869.28	661.58	20.94		92.13	18.24		0.01	
174.22	0.01	9.30	0.04	164.36	0.06		0.37	0.04
64.50		11.83	0.60	51.44	0.07		0.01	
104.01		7.83	0.06	95.83	0.23		0.01	
225.40	1.29	11.32		202.55	0.30			
0.15		0.12		0.03				
19257.15	**130.52**	**719.69**	**43.22**	**1467.50**	**877.86**	**5353.35**	**339.05**	**137.80**
134.07	0.10	45.73	0.18	73.99	6.67		0.01	
60.87		15.42	0.04	32.96	7.99			0.70
38.99	0.01	12.62	0.01	20.25	4.54		0.01	
7.67		1.27		4.90	1.39			
75.39		24.85	0.18	29.03	12.54		0.07	0.03
61.04	0.07	25.06	0.60	30.38	4.01		0.01	
30.78	0.14	11.68	0.31	12.66	4.79		0.03	0.08
33.75	0.24	10.99	0.12	20.87	0.24		0.01	1.09
20.91		7.77	0.07	11.19	0.46			
55.61	0.14	13.32	0.13	29.38	10.14		0.10	0.03
21.10	0.01	9.09	0.12	9.00	1.00		0.01	
32.30	0.01	11.34	0.34	13.67	2.09		0.01	0.70
7649.98	75.39	60.03	0.31	29.51	182.05	963.96	312.74	0.48
6921.02	42.52	62.86	5.24	101.62	135.97	4385.04	6.29	133.61
44.35	0.03	16.74	0.40	19.86	4.76			0.07
18.97		1.62		3.50	8.56	4.28	0.06	
104.48	0.06	36.36	0.21	42.66	15.61		0.31	0.31
2408.66	11.11	48.79	6.90	379.82	330.22	0.08	6.48	0.48
230.81	0.01	20.44	0.32	130.26	11.17		1.23	0.05
459.68	0.33	11.34	3.46	80.91	90.84		0.28	
119.40	0.01	33.67	1.96	56.58	10.49		0.38	
139.95	0.04	57.72	3.99	64.24	2.16		2.46	0.03
102.10	0.06	36.61	0.51	50.31	1.51		2.55	
142.38	0.10	55.37	1.41	65.50	2.26		4.43	0.03
103.98	0.01	13.60	12.27	54.87	13.23		0.48	
120.72	0.10	41.14	0.68	47.02	5.79		0.79	0.11
62.54		20.48	0.46	28.68	4.50		0.04	0.01
17.84		7.31	0.29	7.42	0.51		0.04	
17.54		2.71	0.03	5.49	0.41		0.16	
8.44		0.94	0.01	5.22	1.59		0.01	
11.81		2.81	2.66	5.76	0.37		0.03	
139.63	**0.17**	**49.78**	**0.04**	**64.21**	**3.76**		**0.10**	
123.09	0.17	40.74	0.04	58.34	3.49		0.08	
8.88		3.88		3.40	0.27		0.01	
7.66	0.00	5.15		2.48				

4-28 续表 2

单位：万吨标准煤

行　业	Sector	溶剂油 White Spirit
工业	**Industry**	**231.82**
(一)采掘业	**Mining and Quarrying**	
煤炭开采和洗选业	Mining and Washing of Coal	
石油和天然气开采业	Extraction of Petroleum and Natural Gas	
黑色金属矿采选业	Mining and Processing of Ferrous Metal Ores	
有色金属矿采选业	Mining and Processing of Non-Ferrous Metal Ores	
非金属矿采选业	Mining and Processing of Nonmetal Ores	
开采辅助活动	Support Activities for Mining	
其他采矿业	Mining of Other Ores	
(二)制造业	**Manufacturing**	**231.82**
农副食品加工业	Processing of Food from Agricultural Products	1.98
食品制造业	Manufacture of Foods	0.09
酒、饮料和精制茶制造业	Manufacture of Liquor, Beverages and Refined Tea	
烟草制品业	Manufacture of Tobacco	
纺织业	Manufacture of Textile	0.01
纺织服装、服饰业	Manufacture of Textile, Wearing Apparel and Accessories	
皮革、毛皮、羽毛及其制品和制鞋业	Manufacture of Leather, Fur, Feather and Related Products and Footwear	0.35
木材加工和木、竹、藤、棕、草制品业	Processing of Timber,Manufacture of Wood,Bamboo,Rattan,Palm, and Straw Products	
家具制造业	Manufacture of Furniture	
造纸和纸制品业	Manufacture of Paper and Paper Products	0.43
印刷和记录媒介复制业	Printing and Reproduction of Recording Media	0.01
文教、工美、体育和娱乐用品制造业	Manufacture of Articles for Culture, Education, Arts and Crafts, Sport and Entertainment Activities	0.06
石油加工、炼焦和核燃料加工业	Processing of Petroleum, Coking and Processing of Nuclear Fuel	75.69
化学原料和化学制品制造业	Manufacture of Raw Chemical Materials and Chemical Products	150.80
医药制造业	Manufacture of Medicines	0.28
化学纤维制造业	Manufacture of Chemical Fibers	
橡胶和塑料制品业	Manufacture of Rubber and Plastics Products	0.50
非金属矿物制品业	Manufacture of Non-metallic Mineral Products	0.19
黑色金属冶炼和压延加工业	Smelting and Pressing of Ferrous Metals	
有色金属冶炼和压延加工业	Smelting and Pressing of Non-ferrous Metals	0.13
金属制品业	Manufacture of Metal Products	0.12
通用设备制造业	Manufacture of General Purpose Machinery	0.04
专用设备制造业	Manufacture of Special Purpose Machinery	0.76
汽车制造业	Manufacture of Automobiles	0.06
铁路、船舶、航空航天和其他运输设备制造	Manufacture of Railway, Ship, Aerospace and Other Transport Equipments	0.06
电气机械和器材制造业	Manufacture of Electrical Machinery and Apparatus	0.06
计算机、通信和其他电子设备制造业	Manufacture of Computers, Communication and Other Electronic Equipment	0.18
仪器仪表制造业	Manufacture of Measuring Instruments and Machinery	0.01
其他制造业	Other Manufacture	
废弃资源综合利用业	Utilization of Waste Resources	
金属制品、机械和设备修理业	Repair Service of Metal Products, Machinery and Equipment	
(三)电力、煤气及水生产和供应业	**Electric Power, Gas and Water Production and Supply**	
电力、热力生产和供应业	Production and Supply of Electric Power and Heat Power	
燃气生产和供应业	Production and Supply of Gas	
水的生产和供应业	Production and Supply of Water	

Continued 2

(10 000 tce)

石油沥青 Bitumen Asphalt	石油焦 Petroleum Coke	液化石油气 LPG	炼厂干气 Refinery Gas	其他石油制品 Other Petroleum Products	天然气 Natural Gas	液化天然气 LNG	热力 Heat	电力 Electricity	其他能源 Other Energy
59.08	**2032.28**	**794.13**	**2019.07**	**5161.32**	**6960.34**	**2112.15**	**8470.14**	**40850.89**	**1508.46**
0.50	**0.02**	**3.70**	**52.36**	**31.39**	**1472.47**	**0.47**	**264.97**	**2820.53**	**22.20**
		0.09		0.94	101.92	0.39	27.24	1080.47	11.50
		0.34	52.36	23.66	1340.90		76.24	487.68	0.27
				0.04	0.40		2.83	538.82	0.29
0.50	0.02	0.02		0.01				402.89	6.23
		0.02		0.03	0.65	0.09	96.35	275.58	3.91
		3.24		6.70	28.60		62.31	35.10	
								119.11	
55.03	**2015.96**	**789.71**	**1966.68**	**5128.96**	**5448.74**	**2082.58**	**7961.52**	**32964.81**	**1475.21**
		4.94		0.47	12.80	8.07	163.51	646.64	398.23
		3.60		0.08	63.50	14.94	167.84	271.57	25.67
	0.21	1.30		0.01	42.85	1.72	147.79	191.43	19.15
		0.12			10.02	12.34	12.98	62.95	0.20
		5.81		2.87	25.03	2.83	792.39	1780.45	53.55
		0.87		0.03	6.31	4.90	22.90	243.86	5.93
		0.55		0.19	1.03	1.11	10.96	185.62	4.43
		0.15		0.03	4.42	0.16	12.19	324.55	213.76
		1.42			8.06	0.79	2.58	56.32	5.88
		1.77		0.19	16.72	27.34	547.82	711.59	109.82
		1.80		0.04	11.44	1.27	7.10	131.65	0.41
		3.77		0.31	9.36	11.86	1.97	78.79	4.53
2.41	265.14	257.69	1801.69	3622.89	378.43	764.94	1077.10	731.16	9.30
0.59	103.20	214.12	163.47	1415.69	2824.51	686.05	2734.37	4837.53	257.47
		1.92		0.29	55.02	9.01	216.52	316.16	35.41
		0.55		0.41	9.00	18.98	227.29	404.99	1.33
0.04		6.63		1.78	43.50	6.04	67.58	1259.20	9.34
38.84	1400.43	148.13	1.40	35.79	744.48	145.78	36.62	3627.10	89.26
0.01	16.64	39.79		10.87	407.56	20.37	966.17	6416.02	168.09
12.73	229.95	11.21	0.06	18.42	188.39	147.22	388.30	4693.65	24.14
		14.59		1.61	68.73	25.85	26.41	1275.18	5.64
0.05		5.98		3.23	79.30	14.76	18.35	860.17	5.17
		6.84		2.94	76.44	8.50	34.87	477.37	4.40
		9.65		3.58	149.11	30.84	145.53	720.97	2.88
		8.47	0.05	0.94	65.00	72.89	20.23	285.31	2.71
	0.11	21.94		2.99	54.71	22.44	51.15	754.16	8.08
		7.42		0.77	79.43	9.77	39.18	941.25	4.82
		0.87	0.00	1.37	6.50	0.47	10.10	99.72	1.52
0.35	0.28	7.20		0.90	0.86	7.71	10.71	538.28	1.21
		0.53	0.01	0.13	2.60		0.18	24.91	2.76
		0.05		0.13	3.64	3.64	0.83	16.26	0.12
3.55	**16.30**	**0.72**	**0.03**	**0.97**	**39.13**	**29.10**	**243.66**	**5065.54**	**11.05**
3.55	16.30	0.05	0.03	0.29	8.45	1.76	228.63	4510.98	10.51
		0.63		0.68	28.73	27.03	12.64	133.84	0.03
		0.03			1.95	0.32	2.39	420.72	0.51

4-29 工业分行业终端能源消费量(标准量)-2013

单位:万吨标准煤

行 业	Sector	终端消费合计 Final Consumption Total (发电煤耗计算法) (coal equivalent calculation)	(电热当量计算法) (calorific value calculation)
工业	**Industry**	**278513.53**	**210468.23**
(一)采掘业	**Mining and Quarrying**	**17791.85**	**12941.15**
煤炭开采和洗选业	Mining and Washing of Coal	8327.38	6525.65
石油和天然气开采业	Extraction of Petroleum and Natural Gas	3877.52	3096.40
黑色金属矿采选业	Mining and Processing of Ferrous Metal Ores	2220.49	1335.07
有色金属矿采选业	Mining and Processing of Non-Ferrous Metal Ores	1279.41	616.68
非金属矿采选业	Mining and Processing of Nonmetal Ores	1354.53	900.60
开采辅助活动	Support Activities for Mining	367.31	320.93
其他采矿业	Mining of Other Ores	365.22	145.81
(二)制造业	**Manufacturing**	**244645.66**	**190001.93**
农副食品加工业	Processing of Food from Agricultural Products	3962.29	2880.18
食品制造业	Manufacture of Foods	1833.25	1398.79
酒、饮料和精制茶制造业	Manufacture of Liquor, Beverages and Refined Tea	1597.27	1281.32
烟草制品业	Manufacture of Tobacco	255.65	154.37
纺织业	Manufacture of Textile	7298.79	4409.18
纺织服装、服饰业	Manufacture of Textile, Wearing Apparel and Accessories	967.79	563.94
皮革、毛皮、羽毛及其制品和制鞋业	Manufacture of Leather, Fur, Feather and Related Products and Footwear	652.26	366.08
木材加工和木、竹、藤、棕、草制品业	Processing of Timber,Manufacture of Wood,Bamboo,Rattan, Palm,and Straw Products	1519.86	1012.90
家具制造业	Manufacture of Furniture	245.84	152.44
造纸和纸制品业	Manufacture of Paper and Paper Products	4118.18	2988.57
印刷和记录媒介复制业	Printing and Reproduction of Recording Media	448.30	240.22
文教、工美、体育和娱乐用品制造业	Manufacture of Articles for Culture, Education, Arts and Crafts, Sport and Entertainment Activities	367.69	237.39
石油加工、炼焦和核燃料加工业	Processing of Petroleum, Coking and Processing of Nuclear Fuel	15693.08	14415.93
化学原料和化学制品制造业	Manufacture of Raw Chemical Materials and Chemical Products	43264.03	35080.05
医药制造业	Manufacture of Medicines	2153.50	1619.90
化学纤维制造业	Manufacture of Chemical Fibers	1861.58	1202.43
橡胶和塑料制品业	Manufacture of Rubber and Plastics Products	4320.91	2249.34
非金属矿物制品业	Manufacture of Non-metallic Mineral Products	36966.19	31030.94
黑色金属冶炼和压延加工业	Smelting and Pressing of Ferrous Metals	79203.31	68450.21
有色金属冶炼和压延加工业	Smelting and Pressing of Non-ferrous Metals	16325.40	8570.22
金属制品业	Manufacture of Metal Products	4701.38	2414.34
通用设备制造业	Manufacture of General Purpose Machinery	3570.88	2164.42
专用设备制造业	Manufacture of Special Purpose Machinery	1905.49	1134.02
汽车制造业	Manufacture of Automobiles	3041.19	1771.23
铁路、船舶、航空航天和其他运输设备制造业	Manufacture of Railway, Ship, Aerospace and Other Transport Equipments	1043.09	645.05
电气机械和器材制造业	Manufacture of Electrical Machinery and Apparatus	2579.65	1353.47
计算机、通信和其他电子设备制造业	Manufacture of Computers, Communication and Other Electronic Equipment	2797.67	1273.07
仪器仪表制造业	Manufacture of Measuring Instruments and Machinery	328.20	170.96
其他制造业	Other Manufacture	1386.28	601.62
废弃资源综合利用业	Utilization of Waste Resources	170.68	126.37
金属制品、机械和设备修理业	Repair Service of Metal Products, Machinery and Equipment	65.98	42.98
(三)电力、煤气及水生产和供应业	**Electric Power, Gas and Water Production and Supply**	**16076.02**	**7525.15**
电力、热力生产和供应业	Production and Supply of Electric Power and Heat Power	14356.35	6735.24
燃气生产和供应业	Production and Supply of Gas	564.34	316.93
水的生产和供应业	Production and Supply of Water	1155.34	472.98

Final Energy Consumption by Industrial Sector (Standard Quantity) -2013

(10 000 tce)

煤合计 Coal Total	原煤 Raw Coal	洗精煤 Cleaned Coal	其他洗煤 Other Washed Coal	焦炭 Coke	焦炉煤气 Coke Oven Gas	高炉煤气 Blast Furnace Gas	转炉煤气 Converter Gas	其他煤气 Other Gas
66585.48	**56839.89**	**4504.87**	**4446.57**	**44353.70**	**3369.26**	**7067.17**	**851.84**	**103.59**
5669.32	**4965.64**	**208.59**	**477.19**	**273.72**	**91.88**	**55.04**	**3.07**	**10.84**
4717.71	4259.49	112.34	337.98	78.15	67.03	11.00		10.57
103.51	103.42							
335.83	261.16	62.86	4.49	174.89	23.20	43.83	3.07	0.27
100.94	80.11	17.64	1.92	9.93		0.22		
388.27	238.41	15.76	132.80	10.73	1.66			
20.83	20.83			0.02				
2.23	2.23							
59537.38	**50562.75**	**4286.78**	**3913.82**	**44072.69**	**3245.78**	**7012.13**	**848.78**	**87.48**
1394.59	1330.03	22.46	38.89	9.66	0.29	0.03		
747.35	723.84	9.45	9.18	2.21	1.20			
780.18	765.64	5.95	5.54	0.87	0.46	0.10		
46.08	40.93	3.88	0.68					
1560.04	1539.87	3.50	5.50	2.73	14.91			
202.84	200.11	0.50	0.70	1.53			0.05	
133.40	130.11	1.18	0.36	0.79				
414.50	412.18	0.80	1.07	0.38	0.06			
47.94	47.43	0.04	0.29	2.32				
1422.81	1378.44	14.99	19.23	0.59	0.06			
50.47	49.57		0.35	0.26	0.06			
77.14	73.46	2.03	1.13	3.96				
2437.76	1239.89	220.25	976.49	65.60	623.05	109.98		
11591.69	10516.54	744.92	92.36	3108.50	243.70	14.97	6.79	7.29
872.34	858.57	9.17	3.40	0.96	0.63			
480.88	449.29	1.53	0.05	0.24				
642.17	603.09	21.37	8.15	3.23	2.57			
21918.42	18623.91	825.15	2411.90	1017.59	213.82	66.18	13.71	14.97
11366.88	8657.31	2084.57	242.22	38170.38	2044.18	6810.58	825.87	3.20
1510.37	1241.54	201.83	61.66	557.91	62.17	1.07	0.08	62.03
459.00	433.86	21.12	2.47	137.32	15.31	5.11	1.36	
296.20	286.98	6.80	1.31	674.86	1.37	0.06		
276.39	217.24	57.81	0.71	51.97	14.34	1.63	0.76	
221.80	216.24	1.86	2.78	193.24	1.26			
126.40	103.42	1.48	21.08	7.77	0.69			
264.27	241.44	20.35	1.50	16.93	0.80			
70.76	68.54	1.07	0.37	10.43	0.11			
23.17	22.82	0.05	0.28	5.10	0.91			
45.83	40.85	2.65	0.73	0.32				
45.94	40.02	0.05	3.26	24.92	3.83	2.43		
9.78	9.58		0.16	0.12			0.16	
1378.78	**1311.50**	**9.50**	**55.57**	**7.29**	**31.60**			**5.27**
1350.98	1284.15	9.41	55.30	6.41	3.09			
13.31	13.04		0.27	0.83	28.51			5.27
14.50	14.31	0.09		0.05				

4-29 续表 1

单位:万吨标准煤

行　业	Sector	其他焦化产品 Other Coking Products
工业	**Industry**	**1264.09**
(一)采掘业	**Mining and Quarrying**	**40.24**
煤炭开采和洗选业	Mining and Washing of Coal	37.17
石油和天然气开采业	Extraction of Petroleum and Natural Gas	
黑色金属矿采选业	Mining and Processing of Ferrous Metal Ores	0.68
有色金属矿采选业	Mining and Processing of Non-Ferrous Metal Ores	2.22
非金属矿采选业	Mining and Processing of Nonmetal Ores	0.08
开采辅助活动	Support Activities for Mining	0.09
其他采矿业	Mining of Other Ores	
(二)制造业	**Manufacturing**	**1220.32**
农副食品加工业	Processing of Food from Agricultural Products	
食品制造业	Manufacture of Foods	
酒、饮料和精制茶制造业	Manufacture of Liquor, Beverages and Refined Tea	
烟草制品业	Manufacture of Tobacco	
纺织业	Manufacture of Textile	
纺织服装、服饰业	Manufacture of Textile, Wearing Apparel and Accessories	0.05
皮革、毛皮、羽毛及其制品和制鞋业	Manufacture of Leather, Fur, Feather and Related Products and Footwear	
木材加工和木、竹、藤、棕、草制品业	Processing of Timber,Manufacture of Wood,Bamboo,Rattan,Palm, and Straw Products	0.05
家具制造业	Manufacture of Furniture	
造纸和纸制品业	Manufacture of Paper and Paper Products	0.25
印刷和记录媒介复制业	Printing and Reproduction of Recording Media	0.54
文教、工美、体育和娱乐用品制造业	Manufacture of Articles for Culture, Education, Arts and Crafts, Sport and Entertainment Activities	0.29
石油加工、炼焦和核燃料加工业	Processing of Petroleum, Coking and Processing of Nuclear Fuel	114.66
化学原料和化学制品制造业	Manufacture of Raw Chemical Materials and Chemical Products	655.67
医药制造业	Manufacture of Medicines	0.51
化学纤维制造业	Manufacture of Chemical Fibers	
橡胶和塑料制品业	Manufacture of Rubber and Plastics Products	0.67
非金属矿物制品业	Manufacture of Non-metallic Mineral Products	105.14
黑色金属冶炼和压延加工业	Smelting and Pressing of Ferrous Metals	319.00
有色金属冶炼和压延加工业	Smelting and Pressing of Non-ferrous Metals	13.44
金属制品业	Manufacture of Metal Products	6.07
通用设备制造业	Manufacture of General Purpose Machinery	1.00
专用设备制造业	Manufacture of Special Purpose Machinery	1.04
汽车制造业	Manufacture of Automobiles	0.24
铁路、船舶、航空航天和其他运输设备制造	Manufacture of Railway, Ship, Aerospace and Other Transport Equipments	0.29
电气机械和器材制造业	Manufacture of Electrical Machinery and Apparatus	0.89
计算机、通信和其他电子设备制造业	Manufacture of Computers, Communication and Other Electronic Equipment	0.08
仪器仪表制造业	Manufacture of Measuring Instruments and Machinery	0.40
其他制造业	Other Manufacture	
废弃资源综合利用业	Utilization of Waste Resources	
金属制品、机械和设备修理业	Repair Service of Metal Products, Machinery and Equipment	0.03
(三)电力、煤气及水生产和供应业	**Electric Power, Gas and Water Production and Supply**	**3.53**
电力、热力生产和供应业	Production and Supply of Electric Power and Heat Power	3.53
燃气生产和供应业	Production and Supply of Gas	
水的生产和供应业	Production and Supply of Water	

Continued 1

(10 000 tce)

油品合计 Petroleum Products Total	原油 Crude Oil	汽油 Gasoline	煤油 Kerosene	柴油 Diesel Oil	燃料油 Fuel Oil	石脑油 Naphtha	润滑油 Lubricants	石蜡 Paraffin Waxes
21247.45	**899.13**	**769.88**	**40.30**	**2377.97**	**812.74**	**5622.98**	**186.69**	**132.39**
1760.45	**690.21**	**76.57**	**4.33**	**869.55**	**19.50**		**1.74**	**0.05**
336.38		21.20	3.58	308.10	0.99		1.41	
900.92	689.07	20.48		88.71	15.24			
168.69		8.15	0.06	160.06	0.04		0.31	0.03
65.14		10.52	0.59	51.04	2.54			
112.82		7.99	0.10	104.42	0.24		0.01	0.03
175.95	1.14	8.11		156.80	0.44			
0.54		0.12		0.42				
19350.25	**208.70**	**643.78**	**35.92**	**1446.84**	**789.09**	**5622.98**	**184.85**	**132.33**
137.00	0.34	48.53	0.26	74.50	5.86		0.03	
58.95		18.52	0.06	30.09	7.27			0.50
33.15		11.08	0.01	17.63	2.91		0.01	
6.88		1.09		4.63	1.06			
65.17	0.01	22.73	0.24	25.25	10.59		0.11	0.01
48.79	0.03	20.51	0.09	25.51	1.91		0.01	
26.20	0.07	11.11	0.16	10.56	2.93		0.13	0.05
33.65	0.23	11.27	0.18	20.17	0.24		0.03	1.42
20.40	0.01	7.75	0.07	11.09	0.36			
53.81	0.13	12.20	0.19	28.30	10.89		0.10	
21.78		9.26	0.19	9.40	1.13	0.05	0.01	0.04
29.62	0.01	11.43	0.09	13.54	1.01	0.02	0.01	0.71
7456.43	79.90	6.33	0.25	29.08	168.83	962.79	165.60	1.32
7105.86	125.23	58.08	4.74	97.71	118.26	4655.46	0.72	126.80
39.99		16.86	0.44	16.60	2.94			0.03
16.76		1.52		2.52	7.17	4.65	0.07	
97.36	0.03	35.40	0.15	40.92	14.63		0.38	0.46
2630.67	1.54	48.78	1.87	411.34	305.55		0.59	0.78
236.72	0.03	20.54	0.32	117.27	11.14		1.13	0.03
407.17	0.34	11.52	1.99	73.13	76.10		0.54	
116.10	0.03	33.64	1.65	53.80	11.99		0.45	0.01
129.55	0.10	51.10	3.71	61.59	1.90		2.73	0.03
136.43	0.21	39.39	0.93	83.00	1.40		2.39	0.01
127.78	0.23	47.20	1.35	56.80	1.80	0.02	8.25	0.03
87.77	0.09	13.20	12.86	42.14	10.54		0.54	
112.72	0.10	41.16	0.60	41.91	6.07		0.69	0.08
56.60		20.35	0.51	24.33	2.70		0.08	
18.45	0.01	8.06	0.24	7.15	0.73		0.03	
19.22		2.62	0.09	4.88	0.19		0.13	
9.61		0.93	0.01	7.49	0.37		0.06	
9.67	0.01	1.63	2.66	4.52	0.61		0.01	
136.75	**0.22**	**49.53**	**0.06**	**61.58**	**4.16**		**0.10**	
119.90	0.21	39.98	0.06	56.14	3.84		0.08	
8.95		4.30		2.87	0.30		0.01	
7.90	0.00	5.25		2.56	0.01			

4-29 续表 2

单位：万吨标准煤

行　业	Sector	溶剂油 White Spirit
工业	**Industry**	**184.87**
(一)采掘业	**Mining and Quarrying**	
煤炭开采和洗选业	Mining and Washing of Coal	
石油和天然气开采业	Extraction of Petroleum and Natural Gas	
黑色金属矿采选业	Mining and Processing of Ferrous Metal Ores	
有色金属矿采选业	Mining and Processing of Non-Ferrous Metal Ores	
非金属矿采选业	Mining and Processing of Nonmetal Ores	
开采辅助活动	Support Activities for Mining	
其他采矿业	Mining of Other Ores	
(二)制造业	**Manufacturing**	**184.87**
农副食品加工业	Processing of Food from Agricultural Products	2.38
食品制造业	Manufacture of Foods	0.10
酒、饮料和精制茶制造业	Manufacture of Liquor, Beverages and Refined Tea	
烟草制品业	Manufacture of Tobacco	
纺织业	Manufacture of Textile	0.31
纺织服装、服饰业	Manufacture of Textile, Wearing Apparel and Accessories	
皮革、毛皮、羽毛及其制品和制鞋业	Manufacture of Leather, Fur, Feather and Related Products and Footwear	0.60
木材加工和木、竹、藤、棕、草制品业	Processing of Timber,Manufacture of Wood,Bamboo,Rattan,Palm, and Straw Products	
家具制造业	Manufacture of Furniture	
造纸和纸制品业	Manufacture of Paper and Paper Products	0.18
印刷和记录媒介复制业	Printing and Reproduction of Recording Media	0.03
文教、工美、体育和娱乐用品制造业	Manufacture of Articles for Culture, Education, Arts and Crafts, Sport and Entertainment Activities	0.04
石油加工、炼焦和核燃料加工业	Processing of Petroleum, Coking and Processing of Nuclear Fuel	75.34
化学原料和化学制品制造业	Manufacture of Raw Chemical Materials and Chemical Products	103.91
医药制造业	Manufacture of Medicines	0.35
化学纤维制造业	Manufacture of Chemical Fibers	0.01
橡胶和塑料制品业	Manufacture of Rubber and Plastics Products	0.41
非金属矿物制品业	Manufacture of Non-metallic Mineral Products	0.51
黑色金属冶炼和压延加工业	Smelting and Pressing of Ferrous Metals	
有色金属冶炼和压延加工业	Smelting and Pressing of Non-ferrous Metals	0.16
金属制品业	Manufacture of Metal Products	0.13
通用设备制造业	Manufacture of General Purpose Machinery	0.03
专用设备制造业	Manufacture of Special Purpose Machinery	0.07
汽车制造业	Manufacture of Automobiles	0.09
铁路、船舶、航空航天和其他运输设备制造	Manufacture of Railway, Ship, Aerospace and Other Transport Equipments	0.07
电气机械和器材制造业	Manufacture of Electrical Machinery and Apparatus	0.07
计算机、通信和其他电子设备制造业	Manufacture of Computers, Communication and Other Electronic Equipment	0.06
仪器仪表制造业	Manufacture of Measuring Instruments and Machinery	
其他制造业	Other Manufacture	
废弃资源综合利用业	Utilization of Waste Resources	
金属制品、机械和设备修理业	Repair Service of Metal Products, Machinery and Equipment	
(三)电力、煤气及水生产和供应业	**Electric Power, Gas and Water Production and Supply**	
电力、热力生产和供应业	Production and Supply of Electric Power and Heat Power	
燃气生产和供应业	Production and Supply of Gas	
水的生产和供应业	Production and Supply of Water	

Continued 2

(10 000 tce)

石油沥青 Bitumen Asphalt	石油焦 Petroleum Coke	液化石油气 LPG	炼厂干气 Refinery Gas	其他石油制品 Other Petroleum Products	天然气 Natural Gas	液化天然气 LNG	热力 Heat	电力 Electricity	其他能源 Other Energy
78.17	**2300.87**	**883.96**	**2137.82**	**4819.68**	**7712.28**	**2969.67**	**8920.85**	**44362.19**	**1660.67**
0.42	**0.03**	**3.96**	**44.01**	**50.06**	**1604.81**	**5.90**	**240.60**	**3162.41**	**22.88**
		0.02		1.08	55.25	2.11	24.52	1174.64	11.13
		0.33	44.01	43.08	1515.22	3.16	64.30	509.25	0.05
				0.04	0.28		6.26	577.25	0.82
0.42	0.03				0.13			432.07	6.03
				0.03	0.52		85.75	295.93	4.85
		3.62		5.84	33.41	0.63	59.77	30.23	
								143.04	
74.89	**2284.60**	**879.08**	**2093.66**	**4768.66**	**6040.26**	**2927.14**	**8442.74**	**35625.04**	**1591.94**
		4.77		0.33	15.77	12.44	167.35	705.48	437.57
		2.35		0.05	72.53	21.93	181.81	283.24	29.57
	0.44	1.05		0.01	51.80	3.37	183.77	205.98	21.62
		0.10			10.38	12.23	12.76	66.03	
		5.19	0.02	0.70	32.54	4.43	790.25	1883.88	55.22
		0.72			7.57	10.96	21.53	263.29	7.33
		0.41		0.17	0.97	1.90	10.80	186.57	5.45
		0.10		0.01	4.81	0.21	13.41	330.51	215.32
		1.11			8.45	1.48	2.40	60.89	8.55
		1.71		0.12	17.34	43.23	608.09	736.45	105.94
		1.66		0.01	18.46	2.11	8.15	135.66	2.73
		2.38		0.37	13.13	15.18	2.36	84.95	10.75
0.59	300.71	356.32	1937.60	3371.76	378.82	1202.28	1179.78	832.64	14.93
1.00	127.39	224.73	154.78	1307.06	3131.57	744.28	2871.99	5335.55	262.20
		2.66		0.11	63.95	13.28	238.17	347.88	42.19
		0.60		0.21	7.65	25.73	238.66	429.73	2.79
0.01		3.27		1.69	47.14	18.56	75.01	1350.56	12.09
57.16	1606.11	141.31	0.69	54.44	805.64	233.36	35.19	3869.49	106.78
	35.75	44.35	0.42	5.73	464.61	25.37	1010.99	7010.50	161.92
14.19	212.93	9.57	0.08	6.62	227.95	213.68	423.64	5056.00	34.72
		12.75		1.65	82.47	70.29	22.71	1491.04	7.56
0.01		5.25		3.10	99.45	20.03	18.53	916.94	6.41
		6.15		2.87	88.40	21.58	31.78	502.96	6.75
		9.00	0.02	3.01	171.86	66.63	156.46	827.95	4.01
		7.65	0.05	0.64	68.77	71.27	19.38	259.50	3.21
		18.74		3.30	52.25	45.05	50.89	799.41	10.25
		6.43		2.13	81.12	9.14	44.47	993.96	6.40
		0.57	0.00	1.66	6.89	1.48	9.41	102.51	2.63
1.94	1.27	7.59		0.52	0.95	10.61	11.75	511.56	1.38
		0.53	0.01	0.21	3.38	1.48	0.26	28.89	5.63
		0.05		0.16	3.64	3.58	0.97	14.99	0.04
2.86	**16.23**	**0.93**	**0.14**	**0.96**	**67.21**	**36.62**	**237.52**	**5574.74**	**45.85**
2.86	16.23	0.07	0.14	0.28	12.87		225.17	4968.59	44.71
		0.79		0.68	52.39	36.20	10.11	161.29	0.08
		0.07			1.95	0.42	2.25	444.86	1.06

4-30 分行业能源消费总量

单位：万吨标准煤

行　业	Sector	1995
消 费 总 量	**Total Consumption**	**131176**
农、林、牧、渔、水利业	**Agriculture, Forestry, Animal Husbandry, Fishery and Water Conservancy**	**5505**
工业	**Industry**	**96191**
采掘业	**Mining and Quarrying**	**9941**
煤炭开采和洗选业	Mining and Washing of Coal	5500
石油和天然气开采业	Extraction of Petroleum and Natural Gas	2813
黑色金属矿采选业	Mining and Processing of Ferrous Metal Ores	268
有色金属矿采选业	Mining and Processing of Non-Ferrous Metal Ores	557
非金属矿采选业	Mining and Processing of Nonmetal Ores	553
开采辅助活动	Support Activities for Mining	
其他采矿业	Mining of Other Ores	250
制造业	**Manufacturing**	**78368**
农副食品加工业	Processing of Food from Agricultural Products	1973
食品制造业	Manufacture of Foods	1208
酒、饮料和精制茶制造业	Manufacture of Liquor, Beverages and Refined Tea	1000
烟草制品业	Manufacture of Tobacco	224
纺织业	Manufacture of Textile	3531
纺织服装、服饰业	Manufacture of Textile, Wearing Apparel and Accessories	329
皮革、毛皮、羽毛及其制品和制鞋业	Manufacture of Leather, Fur, Feather and Related Products and Footwear	290
木材加工和木、竹、藤、棕、草制品业	Processing of Timber,Manufacture of Wood,Bamboo,Rattan,Palm, and Straw Products	380
家具制造业	Manufacture of Furniture	106
造纸和纸制品业	Manufacture of Paper and Paper Products	2138
印刷和记录媒介复制业	Printing and Reproduction of Recording Media	203
文教、工美、体育和娱乐用品制造业	Manufacture of Articles for Culture, Education, Arts and Crafts, Sport and Entertainment Activities	62
石油加工、炼焦和核燃料加工业	Processing of Petroleum, Coking and Processing of Nuclear Fuel	5567
化学原料和化学制品制造业	Manufacture of Raw Chemical Materials and Chemical Products	15822
医药制造业	Manufacture of Medicines	1201
化学纤维制造业	Manufacture of Chemical Fibers	1278
橡胶和塑料制品业	Manufacture of Rubber and Plastics Products	1186
非金属矿物制品业	Manufacture of Non-metallic Mineral Products	13058
黑色金属冶炼和压延加工业	Smelting and Pressing of Ferrous Metals	18533
有色金属冶炼和压延加工业	Smelting and Pressing of Non-ferrous Metals	2842
金属制品业	Manufacture of Metal Products	994
通用设备制造业	Manufacture of General Purpose Machinery	1651
专用设备制造业	Manufacture of Special Purpose Machinery	1089
汽车制造业	Manufacture of Automobiles	1376
铁路、船舶、航空航天和其他运输设备制造	Manufacture of Railway, Ship, Aerospace and Other Transport Equipments	
电气机械和器材制造业	Manufacture of Electrical Machinery and Apparatus	629
计算机、通信和其他电子设备制造业	Manufacture of Computers, Communication and Other Electronic Equipment	321
仪器仪表制造业	Manufacture of Measuring Instruments and Machinery	143
其他制造业	Other Manufacture	1234
废弃资源综合利用业	Utilization of Waste Resources	
金属制品、机械和设备修理业	Repair Service of Metal Products, Machinery and Equipment	
电力、煤气及水生产和供应业	**Electric Power, Gas and Water Production and Supply**	**7883**
电力、热力生产和供应业	Production and Supply of Electric Power and Heat Power	7053
燃气生产和供应业	Production and Supply of Gas	341
水的生产和供应业	Production and Supply of Water	489
建筑业	**Construction**	**1335**
交通运输、仓储和邮政业	**Transport, Storage and Post**	**5863**
批发、零售业和住宿、餐饮业	**Wholesale, Retail Trade and Hotel ,Restaurants**	**2018**
其他行业	**Others**	**4519**
生活消费	**Residential Consumption**	**15745**

Consumption of Total Energy and Its Main Varieties by Sector

(10 000 tce)

2000	2001	2002	2003	2004	2005	2006	2007	2008	2009	2010	2011	2012	2013
146964	**155547**	**169577**	**197083**	**230281**	**261369**	**286467**	**311442**	**320611**	**336126**	**360648**	**387043**	**402138**	**416913**
4233	**4553**	**4929**	**5683**	**6392**	**6860**	**7154**	**7068**	**6873**	**6978**	**7266**	**7675**	**7804**	**8055**
103014	**109725**	**119918**	**139350**	**163394**	**187914**	**206590**	**225835**	**232079**	**243567**	**261377**	**278048**	**284712**	**291130**
10286	**11199**	**11806**	**12551**	**11334**	**12429**	**13266**	**13260**	**13772**	**16636**	**20950**	**23417**	**24532**	**23924**
4576	5169	5168	6055	4973	5634	6132	5730	5812	8771	12436	14497	15083	14180
3966	4213	4705	4091	3666	3741	3656	3726	3906	3935	3987	3923	3897	4088
376	391	459	616	862	1135	1309	1523	1657	1468	2089	2137	2065	2224
427	455	476	628	752	814	886	937	957	911	999	1202	1231	1280
708	754	796	920	997	995	1149	1219	1256	1297	1224	1374	1469	1380
												481	407
234	217	202	240	83	111	133	125	185	254	214	283	305	365
80914	**85985**	**94155**	**111223**	**136408**	**158235**	**174920**	**193133**	**198406**	**206556**	**217329**	**229091**	**234539**	**239053**
1669	1813	1988	1822	2649	3096	3352	3866	4183	4111	3746	3681	3784	3905
1092	1094	1193	1067	1396	1615	1802	1831	1987	1967	1857	1935	1841	1890
844	834	899	922	1343	1523	1622	1714	1813	1767	1369	1454	1498	1610
313	324	327	322	249	278	258	246	238	229	234	286	257	256
3020	3224	3616	4082	5411	6145	6881	7232	7140	6884	6988	7379	7290	7366
357	389	420	462	573	669	779	831	845	813	848	867	978	971
208	221	247	276	331	375	491	509	507	481	475	461	679	652
376	407	423	538	723	929	1058	1183	1320	1362	1382	1507	1575	1522
104	115	109	130	120	141	195	202	230	226	252	249	241	247
2281	2416	2771	2897	3612	4078	4281	4255	4563	4687	4475	4596	4275	4153
207	228	228	398	361	298	345	370	385	385	420	417	428	448
123	144	173	159	200	213	244	245	248	240	237	257	344	368
7956	7980	8341	10135	12601	12481	13768	15317	16465	17580	17874	18183	18831	19255
14070	14604	16848	19959	25252	28626	31158	33846	33303	33700	36741	40743	42551	44081
977	1044	1071	1231	1343	1521	1669	1743	1857	1723	1816	1999	2105	2179
1911	1888	2060	1720	1676	1789	1798	1869	1693	1641	1644	1819	1840	1909
1405	1503	1558	1757	2287	2894	3258	3353	3586	3541	3853	3891	4195	4350
11515	12728	13659	17503	23262	26215	27069	28994	30318	30460	32512	38272	37799	36561
20563	22405	24007	29654	34729	44724	50343	57840	58277	65353	66873	64726	67376	68839
4129	4346	4959	6011	6984	7966	9753	11764	12243	12043	13628	14831	15621	16617
1218	1380	1636	1828	2092	2375	2882	3131	3310	3227	3804	3736	4164	4704
1266	1340	1515	1690	2042	2495	2861	3141	3455	3467	3774	4571	3619	3571
883	893	925	1071	1161	1299	1479	1555	1653	1643	1902	1949	1853	1914
1530	1675	1871	1864	2140	2060	2332	2547	2812	3035	3782	4014	2770	3069
												1151	1045
658	680	826	989	1297	1410	1672	1827	2029	2038	2347	2499	2511	2606
692	740	861	1099	1316	1518	1887	2096	2220	2229	2547	2650	2689	2802
158	164	189	218	189	223	267	292	298	301	359	332	326	329
1389	1403	1435	1379	1037	1237	1360	1272	1344	1330	1459	1648	1714	1597
			41	33	41	57	62	84	91	129	139	152	169
												83	66
11814	**12540**	**13958**	**15576**	**15652**	**17250**	**18404**	**19442**	**19900**	**20376**	**23099**	**25540**	**25640**	**28153**
10584	11362	12772	14416	14432	15847	17037	17964	18517	18937	21487	23861	23837	26295
618	569	608	585	546	692	602	685	549	565	627	633	689	697
611	609	578	575	674	711	764	793	834	873	985	1045	1114	1161
2207	**2283**	**2457**	**2770**	**3183**	**3486**	**3836**	**4203**	**3874**	**4712**	**5533**	**6052**	**6337**	**7017**
11447	**11834**	**12852**	**14955**	**17775**	**19136**	**20926**	**22419**	**23997**	**24460**	**27102**	**29694**	**32561**	**34819**
3251	**3500**	**3917**	**4723**	**5499**	**5917**	**6358**	**6732**	**6885**	**7303**	**7847**	**9147**	**10012**	**10598**
6118	**6352**	**6861**	**8153**	**9294**	**10484**	**11500**	**12293**	**13215**	**13933**	**15052**	**16843**	**18407**	**19763**
16695	**17301**	**18642**	**21448**	**24745**	**27573**	**30102**	**32891**	**33689**	**35173**	**36470**	**39584**	**42306**	**45531**

4-31 分行业煤炭消费总量

单位：万吨

行　业	Sector	1995
消费总量	**Total Consumption**	**137677**
农、林、牧、渔、水利业	**Agriculture, Forestry, Animal Husbandry, Fishery and Water Conservancy**	**1857**
工业	**Industry**	**117571**
采掘业	**Mining and Quarrying**	**9861**
煤炭开采和洗选业	Mining and Washing of Coal	8291
石油和天然气开采业	Extraction of Petroleum and Natural Gas	637
黑色金属矿采选业	Mining and Processing of Ferrous Metal Ores	95
有色金属矿采选业	Mining and Processing of Non-Ferrous Metal Ores	175
非金属矿采选业	Mining and Processing of Nonmetal Ores	434
开采辅助活动	Support Activities for Mining	
其他采矿业	Mining of Other Ores	229
制造业	**Manufacturing**	**63109**
农副食品加工业	Processing of Food from Agricultural Products	1754
食品制造业	Manufacture of Foods	1215
酒、饮料和精制茶制造业	Manufacture of Liquor, Beverages and Refined Tea	983
烟草制品业	Manufacture of Tobacco	191
纺织业	Manufacture of Textile	2537
纺织服装、服饰业	Manufacture of Textile, Wearing Apparel and Accessories	117
皮革、毛皮、羽毛及其制品和制鞋业	Manufacture of Leather, Fur, Feather and Related Products and Footwear	239
木材加工和木、竹、藤、棕、草制品业	Processing of Timber,Manufacture of Wood,Bamboo,Rattan,Palm, and Straw Products	363
家具制造业	Manufacture of Furniture	63
造纸和纸制品业	Manufacture of Paper and Paper Products	2132
印刷和记录媒介复制业	Printing and Reproduction of Recording Media	87
文教、工美、体育和娱乐用品制造业	Manufacture of Articles for Culture, Education, Arts and Crafts, Sport and Entertainment Activities	33
石油加工、炼焦和核燃料加工业	Processing of Petroleum, Coking and Processing of Nuclear Fuel	8025
化学原料和化学制品制造业	Manufacture of Raw Chemical Materials and Chemical Products	10804
医药制造业	Manufacture of Medicines	915
化学纤维制造业	Manufacture of Chemical Fibers	823
橡胶和塑料制品业	Manufacture of Rubber and Plastics Products	878
非金属矿物制品业	Manufacture of Non-metallic Mineral Products	13424
黑色金属冶炼和压延加工业	Smelting and Pressing of Ferrous Metals	12921
有色金属冶炼和压延加工业	Smelting and Pressing of Non-ferrous Metals	1349
金属制品业	Manufacture of Metal Products	462
通用设备制造业	Manufacture of General Purpose Machinery	821
专用设备制造业	Manufacture of Special Purpose Machinery	653
汽车制造业	Manufacture of Automobiles	860
铁路、船舶、航空航天和其他运输设备制造业	Manufacture of Railway, Ship, Aerospace and Other Transport Equipments	
电气机械和器材制造业	Manufacture of Electrical Machinery and Apparatus	344
计算机、通信和其他电子设备制造业	Manufacture of Computers, Communication and Other Electronic Equipment	142
仪器仪表制造业	Manufacture of Measuring Instruments and Machinery	71
其他制造业	Other Manufacture	906
废弃资源综合利用业	Utilization of Waste Resources	
金属制品、机械和设备修理业	Repair Service of Metal Products, Machinery and Equipment	
电力、煤气及水生产和供应业	**Electric Power, Gas and Water Production and Supply**	**44600**
电力、热力生产和供应业	Production and Supply of Electric Power and Heat Power	43800
燃气生产和供应业	Production and Supply of Gas	763
水的生产和供应业	Production and Supply of Water	38
建筑业	**Construction**	**440**
交通运输、仓储和邮政业	**Transport, Storage and Post**	**1315**
批发、零售业和住宿、餐饮业	**Wholesale, Retail Trade and Hotel ,Restaurants**	**977**
其他行业	**Others**	**1987**
生活消费	**Residential Consumption**	**13530**

Consumption of Coal and Its Main Varieties by Sector

(10 000 tons)

2000	2001	2002	2003	2004	2005	2006	2007	2008	2009	2010	2011	2012	2013
135690	**143063**	**153584**	**183760**	**212162**	**243375**	**270639**	**290410**	**300605**	**325003**	**349008**	**388961**	**411727**	**424426**
1051	**1152**	**1267**	**1473**	**1655**	**1802**	**1871**	**1957**	**2023**	**2081**	**2147**	**2207**	**2266**	**2451**
121807	**128976**	**138942**	**167521**	**194421**	**224766**	**251630**	**271307**	**281808**	**305900**	**329728**	**368916**	**391191**	**403157**
10603	**10899**	**10183**	**13452**	**10121**	**13307**	**15241**	**15453**	**15649**	**20527**	**27146**	**32914**	**43100**	**39165**
8913	9089	8193	10810	8726	11748	13465	13169	13557	18372	24893	30664	40786	36772
847	884	1042	1331	365	367	368	665	455	541	541	564	495	481
79	78	105	126	241	275	295	353	449	406	482	447	438	481
100	105	104	104	194	220	234	234	197	192	212	223	220	206
512	581	590	827	585	686	878	1031	990	1014	1016	1016	973	1037
												186	185
153	163	148	254	9	11	0	2	1	2	3		2	3
53356	**56580**	**58326**	**70453**	**89837**	**105047**	**116107**	**127737**	**132950**	**140382**	**151519**	**163946**	**165862**	**173152**
1511	1655	1634	1712	2034	2320	2481	2984	3214	3297	3365	3381	3302	3211
761	760	751	702	1172	1260	1402	1441	1544	1589	1845	1834	1866	1961
733	760	753	786	1218	1360	1403	1523	1617	1601	1587	1602	1479	1587
151	165	170	176	127	143	125	108	89	85	86	115	67	62
1564	1676	1709	1869	2761	3282	3398	3503	3228	3279	3710	3471	3053	2896
142	152	145	162	259	293	357	375	370	360	374	334	347	315
81	84	86	86	131	149	240	243	220	220	196	177	202	185
265	265	277	329	503	568	582	614	651	702	699	693	662	621
50	54	54	62	31	35	68	79	86	78	83	81	76	71
1982	2050	2164	2277	3150	3827	4138	4412	4443	4826	5242	5482	5271	5303
58	62	63	79	49	56	78	86	80	76	84	63	64	69
20	22	21	22	28	31	51	48	44	45	45	37	98	110
9718	10276	10463	13421	16470	20390	24907	28289	30113	32197	35103	39418	41838	47649
8162	8452	9528	10947	15083	17337	18345	19953	20614	21222	22379	24507	25843	25789
615	615	634	684	840	980	1136	1224	1264	1187	1274	1357	1374	1382
993	972	814	861	1143	1203	1145	1205	1086	1039	921	1010	1049	1123
485	503	486	529	810	919	1076	1137	1233	1223	1334	1237	1145	1143
9841	11295	11419	14957	21197	23834	23992	26659	27613	29377	30844	33370	32205	31633
12109	12561	12775	15984	17271	20835	23350	25076	26295	29083	30749	33886	34104	34531
1528	1563	1729	1957	2525	2931	3540	4235	4450	4353	6928	7275	7368	9378
274	278	288	262	330	377	546	617	605	589	555	498	698	646
413	425	435	408	647	721	990	977	1093	1109	1095	999	452	412
376	365	340	470	425	471	577	627	602	601	657	577	460	390
827	848	939	813	777	773	894	881	845	853	932	878	583	563
												307	285
220	209	209	194	294	333	417	631	642	617	569	783	701	708
84	76	79	88	149	153	173	203	190	192	192	168	249	161
37	33	34	40	34	38	41	49	43	40	41	35	45	41
353	404	326	485	371	406	640	538	639	501	563	618	876	850
			91	9	21	14	22	37	43	67	60	68	63
												11	13
57848	**61497**	**70434**	**83616**	**94463**	**106411**	**120282**	**128116**	**133209**	**144991**	**151064**	**172056**	**182229**	**190840**
56675	60361	69294	82433	93247	105016	118873	126709	132100	143904	149726	170949	181090	189848
1122	1087	1097	1141	1187	1363	1378	1373	1079	1068	1255	1052	1075	935
51	49	44	42	29	33	32	34	29	19	83	55	64	57
537	**505**	**514**	**527**	**572**	**604**	**652**	**639**	**625**	**659**	**731**	**797**	**767**	**811**
882	**841**	**852**	**958**	**828**	**811**	**770**	**696**	**665**	**641**	**639**	**646**	**614**	**615**
1461	**1588**	**1771**	**2091**	**2410**	**2627**	**2796**	**2964**	**3092**	**3201**	**3192**	**3572**	**3752**	**3966**
1495	**1590**	**1826**	**2185**	**2509**	**2727**	**2883**	**3087**	**3244**	**3400**	**3412**	**3612**	**3883**	**4136**
8457	**8410**	**8413**	**9005**	**9768**	**10039**	**10036**	**9761**	**9148**	**9122**	**9159**	**9212**	**9253**	**9290**

4-32 分行业焦炭消费总量

单位：万吨

行 业	Sector	1995
消 费 总 量	**Total Consumption**	**10725**
农、林、牧、渔、水利业	**Agriculture, Forestry, Animal Husbandry, Fishery and Water Conservancy**	**129**
工业	**Industry**	**10412**
采掘业	**Mining and Quarrying**	**151**
煤炭开采和洗选业	Mining and Washing of Coal	42
石油和天然气开采业	Extraction of Petroleum and Natural Gas	1
黑色金属矿采选业	Mining and Processing of Ferrous Metal Ores	57
有色金属矿采选业	Mining and Processing of Non-Ferrous Metal Ores	25
非金属矿采选业	Mining and Processing of Nonmetal Ores	26
开采辅助活动	Support Activities for Mining	
其他采矿业	Mining of Other Ores	1
制造业	**Manufacturing**	**10244**
农副食品加工业	Processing of Food from Agricultural Products	15
食品制造业	Manufacture of Foods	10
酒、饮料和精制茶制造业	Manufacture of Liquor, Beverages and Refined Tea	5
烟草制品业	Manufacture of Tobacco	2
纺织业	Manufacture of Textile	6
纺织服装、服饰业	Manufacture of Textile, Wearing Apparel and Accessories	1
皮革、毛皮、羽毛及其制品和制鞋业	Manufacture of Leather, Fur, Feather and Related Products and Footwear	1
木材加工和木、竹、藤、棕、草制品业	Processing of Timber,Manufacture of Wood,Bamboo,Rattan,Palm, and Straw Products	1
家具制造业	Manufacture of Furniture	1
造纸和纸制品业	Manufacture of Paper and Paper Products	4
印刷和记录媒介复制业	Printing and Reproduction of Recording Media	1
文教、工美、体育和娱乐用品制造业	Manufacture of Articles for Culture, Education, Arts and Crafts, Sport and Entertainment Activities	2
石油加工、炼焦和核燃料加工业	Processing of Petroleum, Coking and Processing of Nuclear Fuel	32
化学原料和化学制品制造业	Manufacture of Raw Chemical Materials and Chemical Products	1299
医药制造业	Manufacture of Medicines	3
化学纤维制造业	Manufacture of Chemical Fibers	24
橡胶和塑料制品业	Manufacture of Rubber and Plastics Products	3
非金属矿物制品业	Manufacture of Non-metallic Mineral Products	277
黑色金属冶炼和压延加工业	Smelting and Pressing of Ferrous Metals	7811
有色金属冶炼和压延加工业	Smelting and Pressing of Non-ferrous Metals	195
金属制品业	Manufacture of Metal Products	123
通用设备制造业	Manufacture of General Purpose Machinery	237
专用设备制造业	Manufacture of Special Purpose Machinery	101
汽车制造业	Manufacture of Automobiles	41
铁路、船舶、航空航天和其他运输设备制造业	Manufacture of Railway, Ship, Aerospace and Other Transport Equipments	
电气机械和器材制造业	Manufacture of Electrical Machinery and Apparatus	16
计算机、通信和其他电子设备制造业	Manufacture of Computers, Communication and Other Electronic Equipment	1
仪器仪表制造业	Manufacture of Measuring Instruments and Machinery	3
其他制造业	Other Manufacture	30
废弃资源综合利用业	Utilization of Waste Resources	
金属制品、机械和设备修理业	Repair Service of Metal Products, Machinery and Equipment	
电力、煤气及水生产和供应业	**Electric Power, Gas and Water Production and Supply**	**17**
电力、热力生产和供应业	Production and Supply of Electric Power and Heat Power	4
燃气生产和供应业	Production and Supply of Gas	13
水的生产和供应业	Production and Supply of Water	0
建筑业	**Construction**	**11**
交通运输、仓储和邮政业	**Transport, Storage and Post**	**10**
批发、零售业和住宿、餐饮业	**Wholesale, Retail Trade and Hotel ,Restaurants**	**26**
其他行业	**Others**	**6**
生活消费	**Residential Consumption**	**132**

Consumption of Coke and Its Main Varieties by Sector

(10 000 tons)

2000	2001	2002	2003	2004	2005	2006	2007	2008	2009	2010	2011	2012	2013
10841	**11931**	**12803**	**15926**	**18067**	**25106**	**28298**	**31168**	**32120**	**36350**	**38703**	**42063**	**44805**	**45852**
71	**67**	**76**	**74**	**69**	**63**	**56**	**57**	**53**	**45**	**47**	**54**	**57**	**69**
10555	**11642**	**12522**	**15650**	**17811**	**24861**	**28059**	**30932**	**31977**	**36243**	**38599**	**41952**	**44695**	**45694**
161	**164**	**167**	**167**	**115**	**150**	**240**	**248**	**212**	**156**	**421**	**258**	**251**	**282**
53	52	48	46	28	37	87	104	90	49	43	51	65	80
6	6	5	7	0	0	0		0	0	0			
52	56	53	60	65	84	112	119	103	84	353	185	126	180
22	21	28	30	13	16	28	15	12	15	16	14	14	10
27	28	33	23	10	13	12	9	7	8	9	8	46	11
													0
0	0	0	0										
10357	**11438**	**12323**	**15442**	**17619**	**24646**	**27774**	**30643**	**31728**	**36055**	**38155**	**41670**	**44436**	**45401**
16	18	14	15	6	9	20	16	23	17	15	14	12	10
15	17	14	13	4	5	18	19	25	22	3	3	2	2
3	3	3	4	1	1	2	4	3	2	1	1	1	1
1	1	1	1	0	0	1		1					
4	5	5	3	2	3	7	5	7	4	5	4	3	3
2	2	2	1	1	1	1	1	4	1	4	5	3	2
2	2	2	3	0	0	5	6	2	3	1	1	1	1
1	2	2	2	1	2	16	16	18	16	2	1	0	0
1	1	1	1	1	1	4	4	3	3	5	5	4	2
2	2	2	2	7	4	11	7	7	4	2	2	1	1
0	0	0		0	0	2	0	0	1	0	0	0	0
2	2	2	1	3	4	4	5	5	5	4	4	5	4
65	67	68	88	69	77	121	169	161	112	93	84	74	68
1105	1160	1278	1235	1187	1724	2344	2510	2509	2485	2475	2932	3105	3200
1	1	1	1	1	1	6	7	8	6	3	3	2	1
27	27	26	32	37	51	46	38	10	3	2	2	1	0
9	10	8	4	5	4	28	14	19	19	15	11	4	3
312	345	404	323	214	208	331	342	351	368	386	904	987	1048
8085	8990	9688	12876	15313	21429	23676	26102	27060	31253	33448	35449	38367	39313
218	243	247	260	273	397	392	492	498	646	592	683	617	586
126	144	154	135	77	78	67	75	91	98	76	65	104	141
208	225	244	271	269	456	480	574	624	664	657	1182	839	695
74	77	70	57	60	69	63	68	69	77	126	78	45	54
32	43	44	56	62	94	101	139	188	194	169	176	185	199
												12	8
11	13	11	17	16	17	22	19	26	23	27	25	18	17
0	0	0		1	1	1	2	3	8	12	8	9	11
4	6	6	8	2	3	3	3	4	8	6	4	4	5
30	34	28	32	4	4	2	2	2	2	2	3	1	0
				2	2	1	3	7	10	25	25	20	26
												12	0
37	**40**	**32**	**42**	**77**	**65**	**45**	**42**	**36**	**32**	**23**	**24**	**8**	**11**
				6	6	15	10	7	8	4	8	0	7
37	40	32	42	70	59	29	32	29	24	19	16	7	4
				0	0	0	0	0	0	0	0	0	0
19	**24**	**23**	**21**	**17**	**18**	**19**	**17**	**11**	**6**	**6**	**5**	**6**	**8**
11	**12**	**11**	**11**	**2**	**1**	**1**	**1**	**0**	**0**	**0**	**0**	**0**	**2**
36	**40**	**43**	**47**	**53**	**64**	**65**	**71**	**8**	**4**	**5**	**9**	**7**	**36**
12	**12**	**12**	**11**	**10**	**8**	**8**	**8**	**7**	**3**	**3**	**2**	**2**	**5**
137	**134**	**115**	**113**	**105**	**90**	**90**	**81**	**65**	**49**	**43**	**41**	**38**	**38**

4-33 分行业原油消费总量

单位：万吨

行　业	Sector	1995
消 费 总 量	**Total Consumption**	**14886.39**
农、林、牧、渔、水利业	**Agriculture, Forestry, Animal Husbandry, Fishery and Water Conservancy**	**10.11**
工业	**Industry**	**14716.30**
采掘业	**Mining and Quarrying**	**1686.21**
煤炭开采和洗选业	Mining and Washing of Coal	
石油和天然气开采业	Extraction of Petroleum and Natural Gas	1686.16
黑色金属矿采选业	Mining and Processing of Ferrous Metal Ores	
有色金属矿采选业	Mining and Processing of Non-Ferrous Metal Ores	0.05
非金属矿采选业	Mining and Processing of Nonmetal Ores	
开采辅助活动	Support Activities for Mining	
其他采矿业	Mining of Other Ores	
制造业	**Manufacturing**	**12963.62**
农副食品加工业	Processing of Food from Agricultural Products	0.53
食品制造业	Manufacture of Foods	0.72
酒、饮料和精制茶制造业	Manufacture of Liquor, Beverages and Refined Tea	0.72
烟草制品业	Manufacture of Tobacco	
纺织业	Manufacture of Textile	1.29
纺织服装、服饰业	Manufacture of Textile, Wearing Apparel and Accessories	0.04
皮革、毛皮、羽毛及其制品和制鞋业	Manufacture of Leather, Fur, Feather and Related Products and Footwear	0.04
木材加工和木、竹、藤、棕、草制品业	Processing of Timber,Manufacture of Wood,Bamboo,Rattan,Palm, and Straw Products	
家具制造业	Manufacture of Furniture	
造纸和纸制品业	Manufacture of Paper and Paper Products	0.26
印刷和记录媒介复制业	Printing and Reproduction of Recording Media	0.10
文教、工美、体育和娱乐用品制造业	Manufacture of Articles for Culture, Education, Arts and Crafts, Sport and Entertainment Activities	
石油加工、炼焦和核燃料加工业	Processing of Petroleum, Coking and Processing of Nuclear Fuel	11338.36
化学原料和化学制品制造业	Manufacture of Raw Chemical Materials and Chemical Products	1078.84
医药制造业	Manufacture of Medicines	0.12
化学纤维制造业	Manufacture of Chemical Fibers	478.22
橡胶和塑料制品业	Manufacture of Rubber and Plastics Products	1.24
非金属矿物制品业	Manufacture of Non-metallic Mineral Products	56.32
黑色金属冶炼和压延加工业	Smelting and Pressing of Ferrous Metals	3.17
有色金属冶炼和压延加工业	Smelting and Pressing of Non-ferrous Metals	0.35
金属制品业	Manufacture of Metal Products	0.17
通用设备制造业	Manufacture of General Purpose Machinery	0.28
专用设备制造业	Manufacture of Special Purpose Machinery	0.20
汽车制造业	Manufacture of Automobiles	0.57
铁路、船舶、航空航天和其他运输设备制造业	Manufacture of Railway, Ship, Aerospace and Other Transport Equipments	
电气机械和器材制造业	Manufacture of Electrical Machinery and Apparatus	0.85
计算机、通信和其他电子设备制造业	Manufacture of Computers, Communication and Other Electronic Equipment	
仪器仪表制造业	Manufacture of Measuring Instruments and Machinery	
其他制造业	Other Manufacture	1.23
废弃资源综合利用业	Utilization of Waste Resources	
金属制品、机械和设备修理业	Repair Service of Metal Products, Machinery and Equipment	
电力、煤气及水生产和供应业	**Electric Power, Gas and Water Production and Supply**	**66.47**
电力、热力生产和供应业	Production and Supply of Electric Power and Heat Power	66.47
燃气生产和供应业	Production and Supply of Gas	
水的生产和供应业	Production and Supply of Water	
建筑业	**Construction**	**2.71**
交通运输、仓储和邮政业	**Transport, Storage and Post**	**156.77**
批发、零售业和住宿、餐饮业	**Wholesale, Retail Trade and Hotel ,Restaurants**	**0.50**
其他行业	**Others**	
生活消费	**Residential Consumption**	

Consumption of Crude Oil and Its Main Varieties by Sector

(10 000 tons)

2000	2001	2002	2003	2004	2005	2006	2007	2008	2009	2010	2011	2012	2013
21232.01	**21410.74**	**22694.05**	**25180.72**	**29009.31**	**30088.94**	**32245.20**	**34031.60**	**35510.34**	**38128.59**	**42874.55**	**43965.84**	**46678.92**	**48652.15**
21052.08	**21236.21**	**22512.50**	**25027.12**	**28885.49**	**29962.07**	**32081.54**	**33867.94**	**35344.68**	**37975.17**	**42716.55**	**43860.44**	**46559.52**	**48503.42**
3196.35	**3205.98**	**3382.26**	**3479.70**	**1313.74**	**1373.95**	**1171.41**	**1203.93**	**1096.05**	**1078.98**	**1020.29**	**1000.63**	**1074.08**	**1059.21**
2.32	2.33	1.19	1.34										0.04
3194.03	3203.65	3381.07	3478.36	1313.74	1373.95	1171.41	1203.93	1096.05	1078.98	1020.29	1000.57	1050.41	1034.66
											0.06	0.01	
				0.00	0.00								
												23.66	24.51
17779.14	**17953.96**	**19060.96**	**21482.51**	**27562.48**	**28559.26**	**30898.48**	**32655.33**	**34238.39**	**36891.89**	**41692.62**	**42857.70**	**45482.98**	**47441.96**
0.42	0.40	0.30	0.34	0.14	0.07	0.06	0.06	0.17	0.10	0.11	0.14	0.07	0.24
0.48	0.45	0.43	0.40	0.20	0.10	0.09	0.09	0.00		0.01			
0.52	0.50	0.59	0.61	0.43	0.50	0.49	0.49	0.03	0.20			0.01	
0.05	0.06	0.05	0.03	0.20	0.20	0.19	0.19	0.03	0.20	0.02			0.01
0.16	0.17	0.12	0.40	0.47	0.24	0.23	0.25	0.22	0.33	0.03	0.05	0.05	0.02
				0.07	0.04	0.04	0.04	0.24	0.03	0.05	0.09	0.10	0.05
				0.10	0.12	0.11	0.14	0.24	0.28	0.22	0.13	0.17	0.16
				0.04	0.03	0.03	0.03	0.01		0.01			0.01
0.48	0.51	0.50	0.63	0.38	0.68	0.50	0.52	0.60	0.36	0.12	0.04	0.10	0.09
							0.00	0.00	0.00	0.01	0.03	0.01	
0.10	0.11	0.09	0.10	0.07	0.09	0.08	0.08		0.04	0.06	0.03	0.01	0.01
15295.82	15451.52	16518.76	18657.04	25480.02	26019.28	28726.34	30309.24	31501.83	34047.74	38624.99	39157.70	42413.38	44315.76
1809.79	1823.31	1877.44	2162.53	2057.67	2510.59	2141.34	2315.05	2705.45	2821.81	3062.50	3696.04	3060.77	3123.70
							0.10	0.10	0.03	0.02		0.02	
604.71	611.31	596.46	602.78	8.48	10.62	11.89	11.97	14.51	10.01				
0.45	0.41	0.56	1.00	0.82	0.90	0.89	0.83	0.92	0.42	0.12	0.12	0.04	0.02
53.54	53.12	49.68	45.80	11.62	14.17	14.57	14.66	12.78	8.89	2.45	2.03	7.78	1.08
10.25	9.85	13.57	8.39	0.11	0.13	0.13	0.10	0.15	0.04	0.33	0.18	0.01	0.02
0.80	0.77	1.01	1.00	0.44	0.31	0.31	0.31	0.38	0.61	0.71	0.62	0.23	0.24
0.03	0.03	0.04		0.10	0.06	0.06	0.06	0.11	0.18	0.12	0.14	0.01	0.02
0.11	0.12	0.09		0.25	0.15	0.15	0.19	0.10	0.06	0.09	0.05	0.03	0.07
0.27	0.26	0.25	0.27	0.08	0.11	0.11	0.13	0.05	0.05	0.06	0.02	0.04	0.15
0.06	0.07	0.05	0.27	0.10	0.15	0.15	0.11	0.04	0.10	0.17	0.16	0.07	0.16
												0.01	0.06
0.50	0.45	0.50	0.53	0.16	0.26	0.26	0.24	0.12	0.12	0.15	0.10	0.07	0.07
				0.45	0.40	0.40	0.40	0.26	0.25	0.27	0.02		
				0.06	0.05	0.05	0.04	0.01	0.01		0.01		0.01
0.60	0.54	0.44	0.40	0.02	0.01	0.01	0.01	0.02	0.02				
													0.01
76.59	**76.27**	**69.28**	**64.92**	**9.26**	**28.86**	**11.65**	**8.67**	**10.23**	**4.30**	**3.64**	**2.11**	**2.46**	**2.25**
76.59	76.27	69.28	64.92	8.74	28.60	11.40	8.42	9.93	4.09	3.64	2.11	2.46	2.25
				0.52	0.26	0.25	0.25	0.31	0.21				
				0.00	0.00		0.00	0.00	0.00	0.00	0.00	0.00	0.00
3.30	**3.37**	**4.20**	**4.00**										
175.05	**169.81**	**175.94**	**148.31**	**123.82**	**126.87**	**163.66**	**163.66**	**165.66**	**153.42**	**158.00**	**105.40**	**119.40**	**148.73**
0.18	**0.15**	**0.12**	**0.09**										
1.40	**1.20**	**1.29**	**1.20**										

4-34 分行业汽油消费总量

单位：万吨

行　　业	Sector	1995
消 费 总 量	**Total Consumption**	**2909.59**
农、林、牧、渔、水利业	**Agriculture, Forestry, Animal Husbandry, Fishery and Water Conservancy**	**179.66**
工业	**Industry**	**812.43**
采掘业	**Mining and Quarrying**	**135.90**
煤炭开采和洗选业	Mining and Washing of Coal	37.87
石油和天然气开采业	Extraction of Petroleum and Natural Gas	58.99
黑色金属矿采选业	Mining and Processing of Ferrous Metal Ores	4.74
有色金属矿采选业	Mining and Processing of Non-Ferrous Metal Ores	8.18
非金属矿采选业	Mining and Processing of Nonmetal Ores	8.74
开采辅助活动	Support Activities for Mining	
其他采矿业	Mining of Other Ores	17.38
制造业	**Manufacturing**	**637.21**
农副食品加工业	Processing of Food from Agricultural Products	37.56
食品制造业	Manufacture of Foods	16.33
酒、饮料和精制茶制造业	Manufacture of Liquor, Beverages and Refined Tea	14.91
烟草制品业	Manufacture of Tobacco	3.17
纺织业	Manufacture of Textile	42.72
纺织服装、服饰业	Manufacture of Textile, Wearing Apparel and Accessories	11.39
皮革、毛皮、羽毛及其制品和制鞋业	Manufacture of Leather, Fur, Feather and Related Products and Footwear	5.38
木材加工和木、竹、藤、棕、草制品业	Processing of Timber,Manufacture of Wood,Bamboo,Rattan,Palm, and Straw Products	4.68
家具制造业	Manufacture of Furniture	3.71
造纸和纸制品业	Manufacture of Paper and Paper Products	14.59
印刷和记录媒介复制业	Printing and Reproduction of Recording Media	6.17
文教、工美、体育和娱乐用品制造业	Manufacture of Articles for Culture, Education, Arts and Crafts, Sport and Entertainment Activities	2.66
石油加工、炼焦和核燃料加工业	Processing of Petroleum, Coking and Processing of Nuclear Fuel	29.23
化学原料和化学制品制造业	Manufacture of Raw Chemical Materials and Chemical Products	62.64
医药制造业	Manufacture of Medicines	8.98
化学纤维制造业	Manufacture of Chemical Fibers	4.56
橡胶和塑料制品业	Manufacture of Rubber and Plastics Products	31.88
非金属矿物制品业	Manufacture of Non-metallic Mineral Products	82.14
黑色金属冶炼和压延加工业	Smelting and Pressing of Ferrous Metals	42.55
有色金属冶炼和压延加工业	Smelting and Pressing of Non-ferrous Metals	12.71
金属制品业	Manufacture of Metal Products	18.19
通用设备制造业	Manufacture of General Purpose Machinery	58.65
专用设备制造业	Manufacture of Special Purpose Machinery	26.69
汽车制造业	Manufacture of Automobiles	37.48
铁路、船舶、航空航天和其他运输设备制造业	Manufacture of Railway, Ship, Aerospace and Other Transport Equipments	
电气机械和器材制造业	Manufacture of Electrical Machinery and Apparatus	24.07
计算机、通信和其他电子设备制造业	Manufacture of Computers, Communication and Other Electronic Equipment	9.15
仪器仪表制造业	Manufacture of Measuring Instruments and Machinery	4.69
其他制造业	Other Manufacture	20.33
废弃资源综合利用业	Utilization of Waste Resources	
金属制品、机械和设备修理业	Repair Service of Metal Products, Machinery and Equipment	
电力、煤气及水生产和供应业	**Electric Power, Gas and Water Production and Supply**	**39.32**
电力、热力生产和供应业	Production and Supply of Electric Power and Heat Power	33.85
燃气生产和供应业	Production and Supply of Gas	3.21
水的生产和供应业	Production and Supply of Water	2.26
建筑业	**Construction**	**103.62**
交通运输、仓储和邮政业	**Transport, Storage and Post**	**982.30**
批发、零售业和住宿、餐饮业	**Wholesale, Retail Trade and Hotel ,Restaurants**	**197.23**
其他行业	**Others**	**570.65**
生活消费	**Residential Consumption**	**63.70**

Consumption of Gasoline and Its Main Varieties by Sector

(10 000 tons)

2000	2001	2002	2003	2004	2005	2006	2007	2008	2009	2010	2011	2012	2013
3504.56	**3597.57**	**3804.32**	**4118.52**	**4695.72**	**4854.91**	**5242.55**	**5519.09**	**6145.52**	**6172.69**	**6956.20**	**7595.95**	**8165.90**	**9366.35**
89.16	**93.42**	**101.55**	**116.50**	**134.09**	**159.59**	**167.75**	**172.78**	**160.44**	**168.06**	**169.07**	**185.98**	**192.86**	**198.72**
681.98	**705.14**	**717.64**	**632.88**	**507.40**	**441.71**	**498.50**	**524.50**	**586.11**	**671.07**	**689.46**	**604.81**	**581.06**	**523.38**
120.78	**116.66**	**118.29**	**106.12**	**70.81**	**51.89**	**59.43**	**62.91**	**65.73**	**65.46**	**66.32**	**68.41**	**58.02**	**52.04**
36.32	35.29	34.20	33.04	17.79	14.61	17.04	18.32	22.36	21.21	20.11	22.52	16.33	14.41
45.38	43.62	44.43	39.07	36.56	25.71	29.46	30.99	27.84	25.04	24.20	22.46	14.24	13.92
6.81	5.90	7.02	5.98	6.77	4.60	5.11	5.38	5.96	6.46	7.70	8.13	6.32	5.54
5.87	5.59	5.53	4.99	3.07	3.30	3.73	3.93	4.39	7.64	7.59	9.22	8.04	7.15
9.07	9.36	9.74	8.39	6.58	3.65	4.06	4.27	5.14	5.08	6.40	6.06	5.32	5.43
												7.69	5.51
17.34	16.91	17.36	14.65	0.03	0.02	0.02	0.02	0.04	0.03	0.32	0.02	0.08	0.08
528.75	**556.15**	**567.33**	**496.37**	**403.89**	**364.19**	**411.39**	**436.66**	**492.78**	**571.16**	**590.92**	**504.66**	**489.14**	**437.57**
34.04	36.36	34.84	21.74	16.07	13.24	14.96	15.74	17.58	32.98	38.93	32.70	31.08	32.98
13.62	14.60	14.98	8.35	7.80	7.36	8.32	8.75	9.87	14.16	15.74	11.83	10.48	12.59
11.35	10.67	9.61	8.19	8.05	6.93	7.71	7.39	9.14	10.39	9.55	8.77	8.58	7.53
34.04	34.23	34.70	27.97	0.93	0.75	0.83	0.87	0.88	0.75	0.72	0.85	0.86	0.74
39.68	42.27	40.27	26.24	21.26	16.74	18.99	19.98	22.48	26.25	26.96	21.20	16.89	15.45
7.94	9.32	9.16	9.31	7.95	9.28	10.32	10.86	12.58	17.18	17.83	13.59	17.03	13.94
5.68	5.64	5.47	4.05	4.05	4.30	4.78	5.03	6.05	9.22	8.40	6.85	7.94	7.55
3.68	4.56	3.41	3.07	3.43	4.72	5.26	5.53	7.89	7.94	9.29	7.99	7.47	7.66
3.97	4.07	4.40	4.56	2.28	2.74	3.04	3.20	4.03	7.84	8.23	5.70	5.28	5.27
13.62	13.92	17.78	19.10	8.88	8.05	9.11	9.58	11.96	12.83	11.32	8.81	9.05	8.29
6.81	7.04	7.40	6.27	5.89	6.64	7.39	7.11	8.18	8.77	8.33	6.02	6.18	6.29
2.55	3.11	3.25	2.79	3.33	3.70	4.12	3.70	4.23	4.43	4.08	3.14	7.71	7.77
16.63	17.62	18.14	22.68	25.10	20.85	23.20	24.40	20.05	39.81	36.18	41.44	40.82	4.34
51.05	57.06	62.53	45.18	45.72	42.14	48.28	45.00	51.75	49.80	48.20	45.15	42.72	39.47
10.22	11.81	12.10	13.56	7.67	7.34	8.16	10.26	11.33	12.07	12.16	10.39	11.38	11.46
4.31	4.05	4.14	3.02	0.74	1.10	1.34	1.88	2.04	1.61	1.55	1.33	1.10	1.03
23.42	22.12	22.69	18.90	24.55	21.05	23.80	25.13	30.87	29.30	34.02	23.84	24.71	24.06
51.74	54.07	63.29	59.14	34.41	24.03	26.72	31.56	38.03	36.95	37.47	33.72	33.16	33.15
34.04	35.22	35.48	36.85	22.13	21.17	25.23	26.55	24.72	15.52	13.40	11.13	13.89	13.96
12.49	12.78	12.52	11.94	7.06	6.14	6.90	7.25	7.00	10.14	10.35	9.05	7.71	7.83
20.42	24.55	22.48	21.99	19.92	17.14	19.38	23.75	29.38	31.13	32.95	22.94	22.88	22.86
23.82	24.76	25.16	28.65	30.37	26.21	29.63	33.88	40.51	50.48	54.03	48.15	39.23	34.73
34.12	32.94	31.23	24.24	23.66	15.84	17.73	20.76	21.60	28.30	29.51	25.24	24.88	26.77
22.70	21.33	22.49	21.51	28.46	34.92	39.61	41.27	46.46	42.74	49.21	48.09	37.63	32.08
												9.24	8.97
18.15	19.99	20.67	23.14	20.69	20.62	23.25	23.20	26.68	35.60	36.48	29.24	27.96	27.97
9.07	10.67	11.02	11.76	10.41	10.55	11.90	13.39	16.13	19.25	20.31	15.28	13.92	13.83
3.40	3.76	3.44	6.39	5.35	3.45	3.83	4.66	5.15	6.85	7.26	5.59	4.97	5.48
16.20	17.63	14.69	5.76	7.33	6.87	7.26	5.62	5.84	8.18	7.73	6.02	1.84	1.78
				0.41	0.31	0.35	0.34	0.38	0.69	0.73	0.61	0.64	0.63
												1.91	1.11
32.44	**32.33**	**32.01**	**30.38**	**32.70**	**25.62**	**27.67**	**24.93**	**27.60**	**34.45**	**32.22**	**31.74**	**33.90**	**33.77**
28.17	27.65	27.57	25.81	27.23	20.31	21.77	19.06	21.99	26.53	24.64	25.23	27.76	27.28
1.95	1.83	1.67	1.10	1.63	2.36	2.66	2.62	2.10	2.88	3.20	2.98	2.64	2.92
2.32	2.85	2.77	3.47	3.84	2.95	3.25	3.25	3.51	5.04	4.38	3.53	3.50	3.57
115.55	**116.70**	**112.32**	**113.66**	**156.49**	**172.14**	**180.75**	**178.83**	**196.19**	**235.43**	**274.70**	**282.77**	**286.87**	**326.46**
1527.78	**1564.37**	**1658.50**	**1961.64**	**2334.46**	**2430.05**	**2592.36**	**2613.19**	**3090.43**	**2881.59**	**3274.92**	**3573.52**	**3778.03**	**4381.80**
69.84	**69.04**	**74.22**	**78.09**	**119.80**	**129.39**	**123.34**	**131.73**	**135.28**	**147.52**	**168.18**	**177.14**	**200.06**	**220.86**
792.67	**804.30**	**866.29**	**877.00**	**986.94**	**998.20**	**1064.11**	**1119.67**	**1121.93**	**1069.93**	**1166.22**	**1313.17**	**1460.51**	**1818.68**
227.58	**244.60**	**273.80**	**338.75**	**456.54**	**523.83**	**615.74**	**778.40**	**855.14**	**999.08**	**1213.65**	**1458.56**	**1666.52**	**1896.45**

4-35 分行业煤油消费总量

单位：万吨

行 业	Sector	1995
消 费 总 量	**Total Consumption**	**512.11**
农、林、牧、渔、水利业	**Agriculture, Forestry, Animal Husbandry, Fishery and Water Conservancy**	**3.57**
工业	**Industry**	**44.94**
采掘业	**Mining and Quarrying**	**2.92**
煤炭开采和洗选业	Mining and Washing of Coal	1.59
石油和天然气开采业	Extraction of Petroleum and Natural Gas	0.59
黑色金属矿采选业	Mining and Processing of Ferrous Metal Ores	0.08
有色金属矿采选业	Mining and Processing of Non-Ferrous Metal Ores	0.40
非金属矿采选业	Mining and Processing of Nonmetal Ores	0.20
开采辅助活动	Support Activities for Mining	
其他采矿业	Mining of Other Ores	0.06
制造业	**Manufacturing**	**40.41**
农副食品加工业	Processing of Food from Agricultural Products	0.26
食品制造业	Manufacture of Foods	0.33
酒、饮料和精制茶制造业	Manufacture of Liquor, Beverages and Refined Tea	0.23
烟草制品业	Manufacture of Tobacco	2.07
纺织业	Manufacture of Textile	2.91
纺织服装、服饰业	Manufacture of Textile, Wearing Apparel and Accessories	0.11
皮革、毛皮、羽毛及其制品和制鞋业	Manufacture of Leather, Fur, Feather and Related Products and Footwear	0.42
木材加工和木、竹、藤、棕、草制品业	Processing of Timber,Manufacture of Wood,Bamboo,Rattan,Palm, and Straw Products	1.17
家具制造业	Manufacture of Furniture	0.01
造纸和纸制品业	Manufacture of Paper and Paper Products	1.78
印刷和记录媒介复制业	Printing and Reproduction of Recording Media	3.41
文教、工美、体育和娱乐用品制造业	Manufacture of Articles for Culture, Education, Arts and Crafts, Sport and Entertainment Activities	0.10
石油加工、炼焦和核燃料加工业	Processing of Petroleum, Coking and Processing of Nuclear Fuel	1.02
化学原料和化学制品制造业	Manufacture of Raw Chemical Materials and Chemical Products	8.10
医药制造业	Manufacture of Medicines	0.15
化学纤维制造业	Manufacture of Chemical Fibers	0.18
橡胶和塑料制品业	Manufacture of Rubber and Plastics Products	0.55
非金属矿物制品业	Manufacture of Non-metallic Mineral Products	2.59
黑色金属冶炼和压延加工业	Smelting and Pressing of Ferrous Metals	0.41
有色金属冶炼和压延加工业	Smelting and Pressing of Non-ferrous Metals	0.57
金属制品业	Manufacture of Metal Products	3.37
通用设备制造业	Manufacture of General Purpose Machinery	3.05
专用设备制造业	Manufacture of Special Purpose Machinery	0.91
汽车制造业	Manufacture of Automobiles	4.87
铁路、船舶、航空航天和其他运输设备制造业	Manufacture of Railway, Ship, Aerospace and Other Transport Equipments	
电气机械和器材制造业	Manufacture of Electrical Machinery and Apparatus	0.50
计算机、通信和其他电子设备制造业	Manufacture of Computers, Communication and Other Electronic Equipment	0.23
仪器仪表制造业	Manufacture of Measuring Instruments and Machinery	0.12
其他制造业	Other Manufacture	0.99
废弃资源综合利用业	Utilization of Waste Resources	
金属制品、机械和设备修理业	Repair Service of Metal Products, Machinery and Equipment	
电力、煤气及水生产和供应业	**Electric Power, Gas and Water Production and Supply**	**1.61**
电力、热力生产和供应业	Production and Supply of Electric Power and Heat Power	1.30
燃气生产和供应业	Production and Supply of Gas	0.11
水的生产和供应业	Production and Supply of Water	0.20
建筑业	**Construction**	**3.51**
交通运输、仓储和邮政业	**Transport, Storage and Post**	**250.01**
批发、零售业和住宿、餐饮业	**Wholesale, Retail Trade and Hotel ,Restaurants**	**8.51**
其他行业	**Others**	**137.32**
生活消费	**Residential Consumption**	**64.25**

Consumption of Kerosene and Its Main Varieties by Sector

(10 000 tons)

2000	2001	2002	2003	2004	2005	2006	2007	2008	2009	2010	2011	2012	2013
871.61	**890.27**	**919.20**	**921.61**	**1060.86**	**1076.84**	**1124.74**	**1243.72**	**1294.01**	**1450.49**	**1765.17**	**1816.72**	**1956.60**	**2164.07**
1.50	**1.52**	**1.40**	**1.35**	**1.08**	**1.60**	**1.54**	**0.94**	**1.26**	**0.76**	**0.90**	**1.47**	**1.19**	**1.19**
83.95	**86.00**	**107.35**	**87.77**	**60.89**	**57.50**	**48.19**	**45.24**	**49.08**	**32.04**	**40.20**	**34.21**	**32.04**	**27.41**
7.44	**7.59**	**10.02**	**8.10**	**6.80**	**6.40**	**5.72**	**5.30**	**5.38**	**4.64**	**4.41**	**3.22**	**2.64**	**2.94**
5.37	5.50	7.36	6.37	4.37	3.26	2.93	2.71	2.87	2.90	2.53	2.30	2.16	2.43
0.42	0.43	0.49	0.28	0.17	0.17	0.16	0.15	0.13	0.05				
0.04	0.03	0.04		0.71	1.42	1.27	1.16	1.03	0.45	0.35	0.16	0.03	0.04
1.26	1.29	1.61	1.32	0.84	0.74	0.66	0.62	0.77	0.87	0.67	0.64	0.41	0.40
0.34	0.34	0.52	0.13	0.70	0.80	0.70	0.66	0.58	0.37	0.24	0.12	0.04	0.07
0.01				0.01	0.01	0.01				0.62			
76.05	**77.92**	**96.67**	**79.14**	**53.83**	**50.74**	**42.18**	**39.64**	**43.46**	**27.28**	**35.75**	**30.96**	**29.37**	**24.41**
0.25	0.26	0.36	0.40	0.33	0.40	0.35	0.33	0.42	0.22	0.51	0.29	0.12	0.18
0.08	0.09	0.09	0.10	0.33	0.33	0.29	0.27	0.26	0.11	0.20	0.09	0.03	0.04
0.08	0.09	0.10	0.14	0.54	0.54	0.48	0.45	0.49	0.29	0.13	0.04	0.01	0.01
0.08	0.09	0.12		0.03	0.03	0.03	0.03						
3.78	3.87	5.33	3.71	2.05	2.05	1.84	1.72	1.38	0.43	0.50	0.31	0.12	0.16
0.42	0.43	0.63	0.50	0.70	0.70	0.61	0.57	0.49	0.28	0.25	0.52	0.41	0.06
0.17	0.17	0.18	0.18	0.37	0.37	0.32	0.30	0.24	0.29	0.24	0.23	0.21	0.11
0.08	0.09	0.12	0.21	1.36	1.09	0.97	0.91	0.46	0.20	0.17	0.05	0.08	0.12
0.04	0.05	0.06	0.00	0.24	0.24	0.21	0.20	0.18	0.13	0.08	0.02	0.05	0.05
3.61	3.70	3.60	1.90	0.91	0.91	0.81	0.76	0.91	0.41	0.22	0.13	0.09	0.13
5.71	5.85	7.32	6.00	0.74	0.74	0.66	0.62	0.53	0.23	0.10	0.10	0.08	0.13
1.26	1.29	1.47	1.63	0.35	0.35	0.31	0.29	0.17	0.12	0.11	0.04	0.23	0.06
18.06	18.47	20.89	16.79	2.06	2.06	1.85	1.73	2.08	1.24	5.64	2.46	0.21	0.17
8.73	8.94	12.60	9.68	8.70	6.09	4.58	4.20	3.87	3.69	5.02	2.94	3.56	3.22
0.15	0.14	0.12	0.08	0.52	0.52	0.46	0.43	0.43	0.07	0.34	0.25	0.27	0.30
0.42	0.43	0.45	0.42	0.50	0.50	0.44	0.41	0.29	0.11	0.01	0.02		
0.49	0.51	0.66	0.75	1.01	1.01	0.88	0.74	1.19	0.31	0.37	0.22	0.14	0.10
2.43	2.49	2.11	1.52	3.06	3.06	2.75	2.58	2.32	1.23	1.16	3.48	4.69	1.27
5.37	5.50	7.94	3.00	1.92	1.92	1.71	1.61	2.25	1.39	0.47	0.31	0.22	0.22
0.59	0.60	0.77	1.14	2.32	2.32	2.07	1.94	2.18	1.65	1.78	1.80	2.35	1.35
1.68	1.72	2.67	2.40	2.61	2.64	2.35	2.21	2.65	1.64	1.40	1.07	1.33	1.12
3.27	3.35	4.34	5.72	7.03	5.80	5.18	4.82	6.32	3.88	4.47	3.75	2.71	2.52
1.34	1.38	1.45	1.64	1.69	1.69	1.49	1.38	0.98	0.53	0.64	0.56	0.35	0.63
6.30	6.45	8.16	7.18	10.16	11.08	7.76	7.57	9.05	7.16	10.18	11.44	0.96	0.92
												8.34	8.74
0.25	0.26	0.39	0.49	1.60	1.60	1.40	1.31	1.58	0.50	0.66	0.34	0.46	0.41
0.18	0.17	0.31	0.30	0.82	0.82	0.80	0.75	0.86	0.22	0.36	0.16	0.31	0.35
0.15	0.17	0.41	0.42	1.13	1.13	0.99	0.93	1.39	0.69	0.61	0.16	0.20	0.16
11.08	11.36	14.00	12.85	0.70	0.70	0.59	0.55	0.44	0.23	0.10	0.18	0.02	0.06
				0.04	0.04	0.03	0.03	0.05	0.03	0.03		0.01	0.01
												1.81	1.81
0.46	**0.49**	**0.66**	**0.53**	**0.26**	**0.36**	**0.29**	**0.31**	**0.25**	**0.12**	**0.04**	**0.03**	**0.03**	**0.06**
0.42	0.44	0.61	0.53	0.21	0.32	0.24	0.25	0.23	0.12	0.03	0.02	0.03	0.06
0.01	0.01			0.01	0.02	0.02	0.03	0.01		0.01	0.01		
0.03	0.04	0.05		0.04	0.03	0.03	0.03	0.01					
4.00	**3.50**							**9.67**	**10.39**	**8.77**	**10.79**	**7.89**	**11.42**
535.90	**560.69**	**716.75**	**741.68**	**919.71**	**952.42**	**1010.54**	**1129.98**	**1174.59**	**1314.25**	**1601.08**	**1646.35**	**1787.09**	**1998.18**
14.00	**12.47**	**13.00**	**11.24**	**3.63**	**3.67**	**3.77**	**4.90**	**20.82**	**29.15**	**34.98**	**32.18**	**28.64**	**13.39**
160.09	**151.09**	**40.00**	**43.19**	**48.19**	**36.19**	**37.97**	**43.17**	**25.90**	**43.67**	**58.73**	**68.24**	**74.17**	**84.56**
72.17	**75.00**	**40.70**	**36.38**	**27.36**	**25.46**	**22.73**	**19.48**	**12.68**	**20.23**	**20.52**	**23.48**	**25.58**	**27.92**

4-36 分行业柴油消费总量

单位：万吨

行　业	Sector	1995
消 费 总 量	**Total Consumption**	**4321.44**
农、林、牧、渔、水利业	**Agriculture, Forestry, Animal Husbandry, Fishery and Water Conservancy**	**1001.39**
工业	**Industry**	**1189.87**
采掘业	**Mining and Quarrying**	**229.63**
煤炭开采和洗选业	Mining and Washing of Coal	31.68
石油和天然气开采业	Extraction of Petroleum and Natural Gas	147.95
黑色金属矿采选业	Mining and Processing of Ferrous Metal Ores	5.41
有色金属矿采选业	Mining and Processing of Non-Ferrous Metal Ores	12.62
非金属矿采选业	Mining and Processing of Nonmetal Ores	20.96
开采辅助活动	Support Activities for Mining	
其他采矿业	Mining of Other Ores	11.01
制造业	**Manufacturing**	**722.25**
农副食品加工业	Processing of Food from Agricultural Products	33.65
食品制造业	Manufacture of Foods	18.15
酒、饮料和精制茶制造业	Manufacture of Liquor, Beverages and Refined Tea	8.04
烟草制品业	Manufacture of Tobacco	1.16
纺织业	Manufacture of Textile	36.39
纺织服装、服饰业	Manufacture of Textile, Wearing Apparel and Accessories	8.64
皮革、毛皮、羽毛及其制品和制鞋业	Manufacture of Leather, Fur, Feather and Related Products and Footwear	5.76
木材加工和木、竹、藤、棕、草制品业	Processing of Timber,Manufacture of Wood,Bamboo,Rattan,Palm, and Straw Products	6.10
家具制造业	Manufacture of Furniture	1.42
造纸和纸制品业	Manufacture of Paper and Paper Products	27.59
印刷和记录媒介复制业	Printing and Reproduction of Recording Media	2.66
文教、工美、体育和娱乐用品制造业	Manufacture of Articles for Culture, Education, Arts and Crafts, Sport and Entertainment Activities	2.73
石油加工、炼焦和核燃料加工业	Processing of Petroleum, Coking and Processing of Nuclear Fuel	48.89
化学原料和化学制品制造业	Manufacture of Raw Chemical Materials and Chemical Products	94.41
医药制造业	Manufacture of Medicines	3.86
化学纤维制造业	Manufacture of Chemical Fibers	5.45
橡胶和塑料制品业	Manufacture of Rubber and Plastics Products	25.06
非金属矿物制品业	Manufacture of Non-metallic Mineral Products	149.29
黑色金属冶炼和压延加工业	Smelting and Pressing of Ferrous Metals	73.20
有色金属冶炼和压延加工业	Smelting and Pressing of Non-ferrous Metals	21.66
金属制品业	Manufacture of Metal Products	23.40
通用设备制造业	Manufacture of General Purpose Machinery	31.18
专用设备制造业	Manufacture of Special Purpose Machinery	14.53
汽车制造业	Manufacture of Automobiles	31.60
铁路、船舶、航空航天和其他运输设备制造业	Manufacture of Railway, Ship, Aerospace and Other Transport Equipments	
电气机械和器材制造业	Manufacture of Electrical Machinery and Apparatus	17.14
计算机、通信和其他电子设备制造业	Manufacture of Computers, Communication and Other Electronic Equipment	10.73
仪器仪表制造业	Manufacture of Measuring Instruments and Machinery	3.94
其他制造业	Other Manufacture	15.62
废弃资源综合利用业	Utilization of Waste Resources	
金属制品、机械和设备修理业	Repair Service of Metal Products, Machinery and Equipment	
电力、煤气及水生产和供应业	**Electric Power, Gas and Water Production and Supply**	**237.99**
电力、热力生产和供应业	Production and Supply of Electric Power and Heat Power	234.44
燃气生产和供应业	Production and Supply of Gas	2.12
水的生产和供应业	Production and Supply of Water	1.43
建筑业	**Construction**	**118.19**
交通运输、仓储和邮政业	**Transport, Storage and Post**	**1246.56**
批发、零售业和住宿、餐饮业	**Wholesale, Retail Trade and Hotel ,Restaurants**	**103.59**
其他行业	**Others**	**645.70**
生活消费	**Residential Consumption**	**16.14**

Consumption of Diesel Oil and Its Main Varieties by Sector

(10 000 tons)

2000	2001	2002	2003	2004	2005	2006	2007	2008	2009	2010	2011	2012	2013
6806.23	**7157.97**	**7789.94**	**8575.12**	**10206.92**	**10974.94**	**11729.09**	**12492.38**	**13544.94**	**13551.43**	**14699.00**	**15635.10**	**16966.04**	**17150.65**
697.10	**742.95**	**819.02**	**939.08**	**1092.01**	**1286.35**	**1365.53**	**1218.97**	**1098.87**	**1134.15**	**1206.73**	**1271.90**	**1335.49**	**1441.53**
1696.46	**1799.81**	**1879.41**	**1721.19**	**1883.87**	**1710.04**	**1725.24**	**1813.49**	**2181.38**	**2043.58**	**2089.99**	**1824.25**	**1747.70**	**1675.88**
289.49	**311.66**	**346.83**	**317.17**	**362.78**	**358.27**	**363.09**	**381.42**	**484.61**	**455.47**	**500.35**	**614.87**	**631.77**	**597.21**
54.46	56.79	60.07	52.79	66.11	62.13	62.70	66.61	93.48	108.70	141.23	212.42	215.21	211.58
166.62	180.30	204.72	168.83	185.91	187.31	190.60	198.44	232.81	188.01	185.98	192.24	63.41	61.01
12.54	13.56	17.01	20.43	34.24	33.32	33.61	35.57	54.72	51.92	62.36	113.38	112.98	109.96
13.71	13.40	15.04	16.79	17.48	13.46	13.57	14.66	19.67	18.85	20.82	36.06	35.36	35.09
29.39	35.11	37.37	46.40	57.80	61.05	61.61	65.08	83.51	87.64	89.42	60.55	65.78	71.67
												139.01	107.61
12.77	12.51	12.62	11.93	1.25	0.99	1.00	1.06	0.42	0.35	0.54	0.22	0.02	0.29
1139.17	**1207.06**	**1263.89**	**1260.32**	**1329.24**	**1217.86**	**1245.62**	**1306.34**	**1534.07**	**1460.02**	**1499.34**	**1120.39**	**1037.70**	**1001.40**
39.71	34.12	36.24	34.11	45.02	54.79	54.61	57.85	45.63	51.88	56.78	49.52	50.83	51.17
17.88	18.63	21.74	22.33	21.92	20.89	20.61	21.77	25.19	26.23	30.47	26.00	22.62	20.65
10.75	12.28	12.98	9.51	14.04	14.27	14.52	15.32	15.58	15.73	15.91	15.26	13.90	12.10
4.29	3.96	4.99	5.42	6.68	5.61	5.66	5.98	4.68	4.73	4.50	4.13	3.36	3.18
46.31	48.77	47.49	38.11	60.12	42.93	41.73	43.68	46.30	41.11	44.63	34.66	20.20	17.67
14.69	16.19	16.83	20.14	29.69	27.87	30.83	31.47	33.06	33.62	34.34	26.02	20.85	17.51
15.55	18.57	16.26	19.58	18.93	14.70	17.78	17.22	15.69	13.05	13.70	8.53	8.69	7.25
6.97	7.59	6.68	7.38	9.67	11.11	11.60	13.08	13.44	15.23	18.06	14.43	14.32	13.84
2.58	3.02	3.61	4.22	5.99	8.30	8.80	9.03	13.81	12.62	14.53	9.20	7.68	7.61
24.18	24.64	32.56	37.75	27.98	25.22	25.83	26.17	33.38	29.00	28.43	22.37	20.71	19.90
7.70	8.51	9.58	7.17	8.15	6.91	6.94	7.29	17.19	13.74	13.57	7.41	6.18	6.45
12.20	15.53	16.87	16.75	15.89	11.59	12.24	12.59	18.49	15.90	16.39	6.59	9.38	9.29
74.18	78.53	83.13	93.30	94.12	50.65	51.04	53.51	26.36	81.95	24.53	25.44	20.87	20.32
123.40	131.64	138.32	137.45	141.71	138.00	142.34	151.37	174.69	161.24	162.69	79.89	97.63	73.11
7.18	7.82	7.47	5.27	10.22	8.65	8.68	9.15	15.03	17.15	17.15	13.82	13.63	11.39
10.41	11.15	11.49	10.40	8.45	7.44	7.85	9.03	11.63	4.59	7.95	7.92	2.41	1.74
50.55	55.75	54.10	54.13	58.02	47.12	48.50	50.62	56.52	54.39	66.87	38.06	29.28	28.08
319.33	330.41	330.27	304.53	242.93	253.14	258.92	272.30	314.66	272.25	289.95	248.73	260.67	282.38
73.95	82.03	88.88	100.44	88.15	92.05	92.87	98.04	115.01	102.32	99.88	84.14	89.92	80.93
44.09	46.69	46.96	55.01	64.12	53.04	53.95	56.65	70.67	60.10	63.98	60.76	55.94	50.63
39.86	45.66	47.83	46.65	55.23	52.24	53.24	55.91	69.89	68.24	66.29	44.98	38.83	36.92
33.28	29.03	34.90	36.91	64.39	56.61	57.33	60.25	66.25	63.25	74.65	63.44	44.09	42.27
13.62	12.24	12.26	18.99	37.65	27.06	26.64	28.08	41.04	42.81	47.63	38.07	34.53	56.96
51.30	57.03	46.30	50.83	74.09	68.40	68.88	72.43	118.87	95.68	110.55	99.63	45.01	39.05
												37.66	28.92
25.83	26.83	29.86	31.34	53.46	47.58	48.72	50.83	69.42	68.66	71.92	40.44	32.41	28.88
38.02	46.37	67.62	52.97	46.63	50.22	52.63	53.13	71.22	64.75	71.22	29.98	19.71	16.70
10.40	11.28	12.56	18.12	9.35	8.80	9.76	9.68	11.49	10.56	14.22	6.65	5.09	4.91
20.98	22.78	26.10	21.19	15.26	11.52	11.91	12.61	15.13	15.15	14.35	10.07	3.77	3.35
			0.33	1.36	1.15	1.20	1.28	3.74	4.08	4.20	4.25	3.58	5.14
												3.95	3.10
267.80	**281.09**	**268.69**	**143.70**	**191.85**	**133.91**	**116.53**	**125.72**	**162.70**	**128.09**	**90.30**	**88.99**	**78.23**	**77.27**
257.82	269.92	254.05	128.32	171.87	121.78	103.71	112.08	156.34	121.66	83.08	84.89	74.17	73.54
7.18	8.49	12.06	12.65	17.92	9.73	10.28	10.91	2.68	2.23	2.61	2.11	2.33	1.97
2.80	2.68	2.59	2.73	2.06	2.39	2.54	2.73	3.68	4.20	4.61	1.99	1.73	1.76
205.86	**223.08**	**241.99**	**276.23**	**333.13**	**386.64**	**428.66**	**433.82**	**370.79**	**415.29**	**490.20**	**518.63**	**518.01**	**556.97**
3293.81	**3421.00**	**3784.81**	**4435.20**	**5497.24**	**6169.41**	**6677.32**	**7339.37**	**7997.31**	**7991.96**	**8657.56**	**9485.20**	**10727.03**	**10920.53**
95.94	**98.07**	**110.79**	**105.53**	**108.99**	**116.03**	**129.77**	**133.94**	**152.72**	**181.74**	**196.60**	**212.31**	**229.00**	**233.51**
638.70	**673.89**	**740.00**	**820.00**	**918.00**	**900.06**	**932.96**	**1007.48**	**1151.80**	**1131.80**	**1287.19**	**1428.07**	**1444.72**	**1339.76**
178.36	**199.17**	**213.92**	**277.89**	**373.67**	**406.40**	**469.59**	**545.32**	**592.08**	**652.91**	**770.73**	**894.74**	**964.09**	**982.47**

4-37 分行业燃料油消费总量

单位：万吨

行业	Sector	1995
消费总量	**Total Consumption**	**3693.67**
农、林、牧、渔、水利业	**Agriculture, Forestry, Animal Husbandry, Fishery and Water Conservancy**	**8.37**
工业	**Industry**	**3406.16**
采掘业	**Mining and Quarrying**	**246.45**
煤炭开采和洗选业	Mining and Washing of Coal	1.16
石油和天然气开采业	Extraction of Petroleum and Natural Gas	226.71
黑色金属矿采选业	Mining and Processing of Ferrous Metal Ores	2.33
有色金属矿采选业	Mining and Processing of Non-Ferrous Metal Ores	9.46
非金属矿采选业	Mining and Processing of Nonmetal Ores	6.79
开采辅助活动	Support Activities for Mining	
其他采矿业	Mining of Other Ores	
制造业	**Manufacturing**	**2186.73**
农副食品加工业	Processing of Food from Agricultural Products	20.68
食品制造业	Manufacture of Foods	5.40
酒、饮料和精制茶制造业	Manufacture of Liquor, Beverages and Refined Tea	7.13
烟草制品业	Manufacture of Tobacco	1.34
纺织业	Manufacture of Textile	34.95
纺织服装、服饰业	Manufacture of Textile, Wearing Apparel and Accessories	2.07
皮革、毛皮、羽毛及其制品和制鞋业	Manufacture of Leather, Fur, Feather and Related Products and Footwear	1.49
木材加工和木、竹、藤、棕、草制品业	Processing of Timber,Manufacture of Wood,Bamboo,Rattan,Palm, and Straw Products	1.59
家具制造业	Manufacture of Furniture	0.83
造纸和纸制品业	Manufacture of Paper and Paper Products	16.62
印刷和记录媒介复制业	Printing and Reproduction of Recording Media	0.23
文教、工美、体育和娱乐用品制造业	Manufacture of Articles for Culture, Education, Arts and Crafts, Sport and Entertainment Activities	0.06
石油加工、炼焦和核燃料加工业	Processing of Petroleum, Coking and Processing of Nuclear Fuel	611.91
化学原料和化学制品制造业	Manufacture of Raw Chemical Materials and Chemical Products	388.63
医药制造业	Manufacture of Medicines	38.86
化学纤维制造业	Manufacture of Chemical Fibers	90.23
橡胶和塑料制品业	Manufacture of Rubber and Plastics Products	336.06
非金属矿物制品业	Manufacture of Non-metallic Mineral Products	324.83
黑色金属冶炼和压延加工业	Smelting and Pressing of Ferrous Metals	464.93
有色金属冶炼和压延加工业	Smelting and Pressing of Non-ferrous Metals	62.13
金属制品业	Manufacture of Metal Products	13.24
通用设备制造业	Manufacture of General Purpose Machinery	9.99
专用设备制造业	Manufacture of Special Purpose Machinery	22.57
汽车制造业	Manufacture of Automobiles	15.93
铁路、船舶、航空航天和其他运输设备制造业	Manufacture of Railway, Ship, Aerospace and Other Transport Equipments	
电气机械和器材制造业	Manufacture of Electrical Machinery and Apparatus	10.20
计算机、通信和其他电子设备制造业	Manufacture of Computers, Communication and Other Electronic Equipment	7.96
仪器仪表制造业	Manufacture of Measuring Instruments and Machinery	1.24
其他制造业	Other Manufacture	17.27
废弃资源综合利用业	Utilization of Waste Resources	
金属制品、机械和设备修理业	Repair Service of Metal Products, Machinery and Equipment	
电力、煤气及水生产和供应业	**Electric Power, Gas and Water Production and Supply**	**972.98**
电力、热力生产和供应业	Production and Supply of Electric Power and Heat Power	927.73
燃气生产和供应业	Production and Supply of Gas	45.25
水的生产和供应业	Production and Supply of Water	
建筑业	**Construction**	**14.24**
交通运输、仓储和邮政业	**Transport, Storage and Post**	**227.45**
批发、零售业和住宿、餐饮业	**Wholesale, Retail Trade and Hotel ,Restaurants**	**6.62**
其他行业	**Others**	**30.83**
生活消费	**Residential Consumption**	

Consumption of Fuel Oil and Its Main Varieties by Sector

(10 000 tons)

2000	2001	2002	2003	2004	2005	2006	2007	2008	2009	2010	2011	2012	2013
3872.75	3850.22	3723.87	4330.34	4844.76	4244.16	4471.15	4157.49	3236.75	2828.80	3758.02	3662.80	3683.28	3953.97
0.40	0.42	0.41	0.60	0.66	0.66	0.69	1.00	1.50	1.05	1.14	1.31	1.97	2.05
2975.05	2949.32	2820.86	3336.76	3631.69	2986.86	2903.93	2484.20	2039.07	1521.53	2377.32	2260.15	2241.69	2421.05
209.96	212.02	189.10	201.41	44.65	35.11	55.03	69.99	49.12	35.06	37.33	30.09	16.44	23.79
5.77				6.15	5.26	0.20	0.73	6.44	4.83	2.32	1.12	0.92	0.71
202.77	210.52	187.94	176.32	36.16	28.84	53.15	67.68	41.43	29.61	34.75	28.71	13.27	19.20
				0.95	0.48	0.79	0.25	0.65	0.32	0.07	0.08	0.04	0.03
0.22	0.20	0.11		0.33	0.25	0.58	1.13	0.20	0.04	0.01	0.02	0.05	1.78
1.20	1.30	1.04	14.88	1.05	0.29	0.32	0.20	0.41	0.26	0.18	0.16	0.16	0.17
												2.00	1.90
			10.21	0.01									
1928.86	1895.59	1731.56	1986.94	2099.85	1741.84	2032.67	1815.94	1604.91	1268.49	2220.15	2186.41	2202.55	2371.00
13.32	8.49	8.47	7.88	11.82	12.42	25.20	16.87	10.86	12.68	9.79	6.40	4.67	4.10
9.04	8.45	9.21	9.56	14.56	23.19	20.34	17.12	15.43	13.76	13.76	6.38	5.59	5.09
8.08	9.08	8.17	9.09	10.03	18.12	28.80	30.53	11.35	11.06	8.26	5.75	3.18	2.04
3.00	2.70	1.49	2.87	1.07	1.46	1.52	1.33	1.06	0.90	1.06	1.02	0.97	0.74
66.61	64.64	65.89	52.97	72.72	53.14	56.85	46.78	36.01	23.98	22.45	14.76	8.80	7.41
12.44	13.88	14.84	11.77	5.49	14.44	16.34	13.92	6.98	6.63	5.31	7.41	2.81	1.34
3.50	3.65	3.38	3.65	10.83	11.91	17.62	14.24	11.12	8.43	5.87	3.85	3.35	2.05
2.82	3.12	3.07	3.20	2.30	2.63	2.93	2.46	1.99	0.50	0.25	0.17	0.17	0.17
0.67	0.60	0.75	0.54	0.21	1.30	5.26	3.44	0.29	0.26	0.58	0.64	0.32	0.25
19.72	21.67	22.08	22.56	26.85	28.39	32.45	26.80	23.91	19.58	19.58	13.38	7.18	13.21
2.30	2.39	1.67	1.61	1.45	1.79	7.90	6.48	1.80	1.44	2.05	1.51	0.70	0.79
1.04	1.07	1.15	1.00	2.42	2.57	9.16	8.04	2.67	2.14	1.73	1.39	1.46	0.71
510.63	508.74	427.56	535.81	579.53	354.73	341.97	319.05	320.27	263.66	1033.02	1191.77	1308.09	1398.75
372.50	358.35	339.99	385.22	413.14	301.44	326.19	256.22	286.71	219.98	514.56	452.00	501.52	614.58
5.53	5.38	4.68	4.87	5.69	7.99	11.57	9.90	6.00	5.40	6.69	4.91	3.35	2.08
89.86	88.29	87.31	84.12	26.19	33.55	51.04	58.95	32.43	18.80	15.24	9.52	6.46	5.18
23.21	24.24	21.82	24.89	33.78	36.23	59.90	51.14	31.98	26.41	22.83	17.04	10.95	10.24
314.36	323.82	312.99	383.63	501.04	527.61	548.28	530.67	515.13	411.12	353.57	312.08	231.15	213.88
332.01	307.78	248.80	282.89	206.27	124.72	88.91	71.10	98.40	59.20	23.91	9.13	7.88	7.99
55.43	61.77	70.06	74.16	84.11	88.06	104.32	108.44	98.41	77.89	97.12	79.03	63.77	53.38
12.93	11.80	12.91	9.64	13.75	18.64	50.51	41.63	15.44	14.67	12.47	12.42	7.34	8.39
7.05	8.00	8.51	12.00	13.27	8.34	13.77	14.18	9.33	11.50	7.75	4.61	1.51	1.33
11.56	9.12	9.90	10.10	7.67	5.06	12.19	10.68	7.27	5.75	3.75	2.55	1.06	0.98
14.22	13.54	12.05	12.86	10.52	11.80	20.42	18.95	14.23	12.75	12.50	17.95	1.58	1.26
												9.26	7.38
12.67	13.06	12.33	14.36	12.57	14.75	61.85	54.98	12.04	9.63	7.81	4.11	4.05	4.25
12.97	14.79	15.65	20.05	26.85	28.37	89.68	62.38	30.44	27.34	13.67	3.29	3.19	1.97
0.15	0.12	0.14	0.10	0.18	6.32	11.58	7.65	0.20	0.18	0.40	0.43	0.36	0.51
11.24	7.05	6.70	5.56	4.01	2.57	15.43	11.80	2.53	2.28	2.38	1.75	0.29	0.13
				1.53	0.30	0.70	0.21	0.65	0.57	1.80	1.16	1.28	0.39
												0.26	0.43
836.23	841.71	900.20	1148.41	1487.19	1209.91	816.23	598.26	385.04	217.98	119.84	43.65	22.70	26.26
811.91	820.09	881.61	1127.89	1476.24	1195.01	800.31	592.62	382.83	216.65	119.43	43.40	22.51	26.04
24.31	21.60	18.57	20.49	10.94	14.89	14.23	4.97	1.65	0.83	0.23	0.22	0.19	0.21
0.01	0.02	0.02	0.02	0.01	0.01	1.69	0.67	0.56	0.50	0.18	0.03		0.01
16.71	16.18	19.10	17.80	21.36	14.18	16.34	30.74	37.70	34.18	30.76	30.60	27.05	59.46
850.00	855.00	852.10	940.29	1150.45	1201.02	1515.60	1604.95	1142.77	1251.64	1326.65	1345.16	1383.94	1428.99
11.59	12.28	12.30	22.80	24.98	27.52	21.44	24.78	6.25	8.11	8.62	9.34	8.69	19.07
19.00	17.02	19.10	12.08	15.63	13.91	13.14	11.83	9.46	12.30	13.53	16.23	19.94	23.36

4-38 分行业天然气消费总量

单位：亿立方米

行　业	Sector	1995
消 费 总 量	**Total Consumption**	**177**
农、林、牧、渔、水利业	**Agriculture, Forestry, Animal Husbandry, Fishery and Water Conservancy**	**0**
工业	**Industry**	**154**
采掘业	**Mining and Quarrying**	**52**
煤炭开采和洗选业	Mining and Washing of Coal	
石油和天然气开采业	Extraction of Petroleum and Natural Gas	51
黑色金属矿采选业	Mining and Processing of Ferrous Metal Ores	
有色金属矿采选业	Mining and Processing of Non-Ferrous Metal Ores	1
非金属矿采选业	Mining and Processing of Nonmetal Ores	1
开采辅助活动	Support Activities for Mining	
其他采矿业	Mining of Other Ores	
制造业	**Manufacturing**	**101**
农副食品加工业	Processing of Food from Agricultural Products	1
食品制造业	Manufacture of Foods	0
酒、饮料和精制茶制造业	Manufacture of Liquor, Beverages and Refined Tea	0
烟草制品业	Manufacture of Tobacco	
纺织业	Manufacture of Textile	4
纺织服装、服饰业	Manufacture of Textile, Wearing Apparel and Accessories	
皮革、毛皮、羽毛及其制品和制鞋业	Manufacture of Leather, Fur, Feather and Related Products and Footwear	
木材加工和木、竹、藤、棕、草制品业	Processing of Timber,Manufacture of Wood,Bamboo,Rattan,Palm, and Straw Products	
家具制造业	Manufacture of Furniture	
造纸和纸制品业	Manufacture of Paper and Paper Products	0
印刷和记录媒介复制业	Printing and Reproduction of Recording Media	
文教、工美、体育和娱乐用品制造业	Manufacture of Articles for Culture, Education, Arts and Crafts, Sport and Entertainment Activities	
石油加工、炼焦和核燃料加工业	Processing of Petroleum, Coking and Processing of Nuclear Fuel	15
化学原料和化学制品制造业	Manufacture of Raw Chemical Materials and Chemical Products	63
医药制造业	Manufacture of Medicines	0
化学纤维制造业	Manufacture of Chemical Fibers	4
橡胶和塑料制品业	Manufacture of Rubber and Plastics Products	
非金属矿物制品业	Manufacture of Non-metallic Mineral Products	2
黑色金属冶炼和压延加工业	Smelting and Pressing of Ferrous Metals	4
有色金属冶炼和压延加工业	Smelting and Pressing of Non-ferrous Metals	1
金属制品业	Manufacture of Metal Products	0
通用设备制造业	Manufacture of General Purpose Machinery	0
专用设备制造业	Manufacture of Special Purpose Machinery	2
汽车制造业	Manufacture of Automobiles	1
铁路、船舶、航空航天和其他运输设备制造	Manufacture of Railway, Ship, Aerospace and Other Transport Equipments	
电气机械和器材制造业	Manufacture of Electrical Machinery and Apparatus	1
计算机、通信和其他电子设备制造业	Manufacture of Computers, Communication and Other Electronic Equipment	1
仪器仪表制造业	Manufacture of Measuring Instruments and Machinery	0
其他制造业	Other Manufacture	1
废弃资源综合利用业	Utilization of Waste Resources	
金属制品、机械和设备修理业	Repair Service of Metal Products, Machinery and Equipment	
电力、煤气及水生产和供应业	**Electric Power, Gas and Water Production and Supply**	**2**
电力、热力生产和供应业	Production and Supply of Electric Power and Heat Power	1
燃气生产和供应业	Production and Supply of Gas	1
水的生产和供应业	Production and Supply of Water	
建筑业	**Construction**	**0**
交通运输、仓储和邮政业	**Transport, Storage and Post**	**2**
批发、零售业和住宿、餐饮业	**Wholesale, Retail Trade and Hotel ,Restaurants**	**1**
其他行业	**Others**	**1**
生活消费	**Residential Consumption**	**19**

注：2010年起包括液化天然气数据。

Consumption of Natural Gas and Its Main Varieties by Sector

(100 million cu.m)

2000	2001	2002	2003	2004	2005	2006	2007	2008	2009	2010	2011	2012	2013
245	**274**	**292**	**339**	**397**	**466**	**573**	**705**	**813**	**895**	**1080**	**1341**	**1497**	**1705**
										1	**1**	**1**	**1**
199	**215**	**223**	**251**	**279**	**327**	**399**	**480**	**532**	**578**	**692**	**876**	**981**	**1129**
72	**79**	**78**	**79**	**74**	**82**	**74**	**90**	**113**	**123**	**129**	**137**	**149**	**156**
0				1	4	2	5	6	5	5	6	11	9
72	78	78	79	73	78	72	85	107	117	124	130	128	138
				0	0	0	0	0	0	0	0	0	0
				0	0	0	0	0	0	0	0		0
0	0	0		0	0	0	0	0	1	1	1	1	0
												9	8
								0	0	0			
119	**127**	**135**	**161**	**187**	**220**	**265**	**310**	**337**	**321**	**373**	**510**	**598**	**716**
0	0	0		0	0	0	0	3	1	1	1	2	2
0	0	0		1	1	1	1	3	2	3	4	6	7
0	0	0		1	1	1	1	2	1	2	2	3	4
0	0	0		0	0	0	0	1	1	1	1	2	2
1	1	1	1	0	1	1	1	3	1	2	2	2	3
				0	0	0	0	0	0	0	0	1	1
				0	0	0	0	1	0	0	0	0	0
				0	0	0	0	0	0	0	0	0	0
				0	0	0	0	0	0	0	1	1	1
0	0	0		0	1	1	1	3	1	1	2	4	6
0	0	0		0	0	0	0	0	1	1	1	1	2
								0	0	0	0	2	2
13	15	15	19	18	18	21	25	26	27	44	68	99	137
89	94	99	119	123	142	177	207	168	177	192	257	275	305
1	1	1	1	1	1	1	1	3	2	3	4	5	6
0				0	0	0	0	1	0	0	1	2	3
0	0	0		1	1	1	1	2	2	3	3	4	5
2	3	3	4	18	24	24	29	55	45	45	64	69	80
2	2	2	3	7	10	11	13	17	19	21	29	33	38
0	1	1	1	3	4	5	5	7	7	9	14	26	34
1	1	1	1	1	1	1	1	6	2	4	5	7	12
0	0	0		1	2	2	3	7	6	9	11	7	9
1	2	2	2	2	3	3	3	5	5	7	7	7	8
2	2	2	2	3	5	6	7	12	12	13	19	14	18
												11	11
1	1	1	1	1	1	1	2	3	3	5	5	6	8
3	4	5	5	4	5	5	6	6	5	6	6	7	7
0	0	0		0	0	0	0	0	0	1	1	1	1
2	1	1	1	0	0	0	0	0	0	0	1	1	1
								0		0	0	0	0
												1	1
8	**9**	**9**	**11**	**17**	**25**	**60**	**80**	**82**	**134**	**189**	**229**	**235**	**257**
6	7	7	8	13	17	50	71	74	128	181	216	225	244
2	2	2	4	5	7	10	9	8	6	8	14	9	13
0	0	0	0	0	0	0	0	0	0	0	0	0	0
1	**1**	**1**	**1**	**1**	**1**	**2**	**2**	**1**	**1**	**1**	**1**	**1**	**2**
9	**11**	**16**	**19**	**26**	**38**	**44**	**47**	**72**	**91**	**107**	**138**	**155**	**176**
3	**5**	**6**	**7**	**9**	**11**	**13**	**17**	**18**	**24**	**27**	**34**	**39**	**39**
1	**1**		**9**	**14**	**9**	**13**	**16**	**21**	**24**	**26**	**27**	**33**	**36**
32	**42**	**46**	**52**	**67**	**79**	**103**	**143**	**170**	**178**	**227**	**264**	**288**	**323**

a) Include the data of LNG since 2010.

4-39 分行业电力消费总量

单位：亿千瓦小时

行业	Sector	1995
消费总量	**Total Consumption**	**10023**
农、林、牧、渔、水利业	**Agriculture, Forestry, Animal Husbandry, Fishery and Water Conservancy**	**582**
工业	**Industry**	**7660**
采掘业	**Mining and Quarrying**	**838**
煤炭开采和洗选业	Mining and Washing of Coal	392
石油和天然气开采业	Extraction of Petroleum and Natural Gas	259
黑色金属矿采选业	Mining and Processing of Ferrous Metal Ores	34
有色金属矿采选业	Mining and Processing of Non-Ferrous Metal Ores	83
非金属矿采选业	Mining and Processing of Nonmetal Ores	53
开采辅助活动	Support Activities for Mining	
其他采矿业	Mining of Other Ores	16
制造业	**Manufacturing**	**5156**
农副食品加工业	Processing of Food from Agricultural Products	181
食品制造业	Manufacture of Foods	72
酒、饮料和精制茶制造业	Manufacture of Liquor, Beverages and Refined Tea	53
烟草制品业	Manufacture of Tobacco	17
纺织业	Manufacture of Textile	335
纺织服装、服饰业	Manufacture of Textile, Wearing Apparel and Accessories	41
皮革、毛皮、羽毛及其制品和制鞋业	Manufacture of Leather, Fur, Feather and Related Products and Footwear	43
木材加工和木、竹、藤、棕、草制品业	Processing of Timber,Manufacture of Wood,Bamboo,Rattan,Palm, and Straw Products	26
家具制造业	Manufacture of Furniture	13
造纸和纸制品业	Manufacture of Paper and Paper Products	169
印刷和记录媒介复制业	Printing and Reproduction of Recording Media	31
文教、工美、体育和娱乐用品制造业	Manufacture of Articles for Culture, Education, Arts and Crafts, Sport and Entertainment Activities	7
石油加工、炼焦和核燃料加工业	Processing of Petroleum, Coking and Processing of Nuclear Fuel	156
化学原料和化学制品制造业	Manufacture of Raw Chemical Materials and Chemical Products	1028
医药制造业	Manufacture of Medicines	107
化学纤维制造业	Manufacture of Chemical Fibers	93
橡胶和塑料制品业	Manufacture of Rubber and Plastics Products	125
非金属矿物制品业	Manufacture of Non-metallic Mineral Products	600
黑色金属冶炼和压延加工业	Smelting and Pressing of Ferrous Metals	905
有色金属冶炼和压延加工业	Smelting and Pressing of Non-ferrous Metals	426
金属制品业	Manufacture of Metal Products	114
通用设备制造业	Manufacture of General Purpose Machinery	136
专用设备制造业	Manufacture of Special Purpose Machinery	98
汽车制造业	Manufacture of Automobiles	155
铁路、船舶、航空航天和其他运输设备制造业	Manufacture of Railway, Ship, Aerospace and Other Transport Equipments	
电气机械和器材制造业	Manufacture of Electrical Machinery and Apparatus	65
计算机、通信和其他电子设备制造业	Manufacture of Computers, Communication and Other Electronic Equipment	39
仪器仪表制造业	Manufacture of Measuring Instruments and Machinery	17
其他制造业	Other Manufacture	105
废弃资源综合利用业	Utilization of Waste Resources	
金属制品、机械和设备修理业	Repair Service of Metal Products, Machinery and Equipment	
电力、煤气及水生产和供应业	**Electric Power, Gas and Water Production and Supply**	**1666**
电力、热力生产和供应业	Production and Supply of Electric Power and Heat Power	1540
燃气生产和供应业	Production and Supply of Gas	11
水的生产和供应业	Production and Supply of Water	115
建筑业	**Construction**	**160**
交通运输、仓储和邮政业	**Transport, Storage and Post**	**182**
批发、零售业和住宿、餐饮业	**Wholesale, Retail Trade and Hotel ,Restaurants**	**199**
其他行业	**Others**	**234**
生活消费	**Residential Consumption**	**1006**

Consumption of Electricity and Its Main Varieties by Sector

(100 million kW • h)

2000	2001	2002	2003	2004	2005	2006	2007	2008	2009	2010	2011	2012	2013
13472	**14723**	**16465**	**19032**	**21971**	**24940**	**28588**	**32712**	**34541**	**37032**	**41934**	**47001**	**49763**	**54203**
533	**582**	**606**	**693**	**769**	**776**	**827**	**879**	**887**	**940**	**976**	**1013**	**1013**	**1027**
10005	**10945**	**12402**	**14170**	**16424**	**18522**	**21268**	**24291**	**25389**	**26854**	**30872**	**34692**	**36232**	**39237**
994	**1097**	**1178**	**1277**	**1387**	**1480**	**1479**	**1590**	**1701**	**1762**	**1940**	**2245**	**2392**	**2573**
417	467	521	534	583	590	580	600	640	691	752	819	879	956
322	356	365	357	363	385	316	311	318	333	348	375	397	414
63	68	79	111	142	206	249	305	320	290	361	437	438	470
81	89	92	130	146	158	174	204	222	216	259	312	328	352
85	93	100	115	133	114	123	135	146	155	155	214	224	241
												29	25
26	24	21	30	20	28	37	35	54	77	66	89	97	116
6731	**7334**	**8365**	**9720**	**11433**	**13126**	**15387**	**17833**	**18589**	**19686**	**22870**	**25527**	**26822**	**28987**
161	177	204	174	204	253	296	335	362	389	424	471	526	574
99	98	119	95	101	115	134	152	166	167	185	198	221	230
59	63	71	66	67	77	89	101	111	117	132	146	156	168
33	34	33	32	32	36	34	37	39	42	46	52	51	54
370	403	474	556	728	824	1032	1124	1126	1148	1277	1379	1449	1533
49	56	62	67	73	88	109	125	130	133	152	164	198	214
27	31	37	43	46	55	64	74	77	78	90	88	151	152
32	39	39	54	62	106	127	149	175	192	212	236	264	269
12	15	12	15	21	24	28	30	35	36	44	46	46	50
237	262	298	318	363	408	448	436	472	483	535	580	579	599
31	37	35	80	79	61	67	74	77	83	95	103	107	110
21	26	33	30	39	43	43	46	48	48	48	62	64	69
246	278	345	343	418	313	357	410	424	475	565	607	595	677
1154	1236	1415	1665	1870	2130	2439	2779	2761	2907	3145	3528	3936	4341
88	104	102	127	132	153	160	171	183	189	223	241	257	283
195	205	216	212	228	233	245	277	264	270	299	322	330	350
220	244	264	305	384	532	592	644	707	741	863	891	1025	1099
764	827	918	1053	1223	1420	1675	1856	1960	2126	2448	2918	2951	3148
1121	1214	1382	1683	2087	2550	3039	3662	3693	4021	4612	5248	5221	5704
698	748	860	1095	1272	1473	1830	2398	2511	2576	3129	3502	3819	4114
196	233	295	363	438	507	606	677	729	744	961	959	1038	1213
161	175	210	253	283	345	389	448	491	502	621	714	700	746
94	98	107	123	154	183	207	229	251	257	318	362	388	409
203	238	270	289	362	301	345	418	472	565	790	861	587	674
												232	211
91	102	136	173	225	246	282	342	402	423	508	584	614	650
126	136	157	222	280	328	402	480	531	559	671	738	766	809
25	27	33	37	36	43	52	61	66	69	86	84	81	83
217	229	239	237	218	276	282	289	313	335	376	424	438	416
			10	5	7	11	11	11	12	14	18	20	24
												13	12
2279	**2513**	**2859**	**3173**	**3605**	**3915**	**4401**	**4868**	**5098**	**5407**	**6061**	**6919**	**7018**	**7677**
2094	2322	2675	2995	3393	3698	4165	4603	4805	5080	5688	6512	6567	7184
34	39	39	30	35	30	31	45	55	70	83	90	109	131
151	153	146	148	177	187	204	220	239	257	291	317	342	362
160	**155**	**154**	**180**	**202**	**234**	**271**	**309**	**367**	**422**	**483**	**572**	**608**	**675**
281	**309**	**303**	**407**	**450**	**430**	**467**	**532**	**572**	**617**	**735**	**848**	**915**	**1001**
419	**460**	**500**	**613**	**705**	**752**	**847**	**930**	**1017**	**1137**	**1292**	**1503**	**1691**	**1877**
623	**663**	**729**	**911**	**1037**	**1341**	**1556**	**1709**	**1913**	**2190**	**2452**	**2753**	**3084**	**3398**
1452	**1609**	**1771**	**2058**	**2384**	**2885**	**3352**	**4063**	**4396**	**4872**	**5125**	**5620**	**6219**	**6989**

4-40 分地区分品种能源消费量-2013

地 区	Region	能源合计 (万吨标煤) Total Energy Consumption (10^4 tce)	煤炭 (万吨) Coal (10^4 tons)	焦炭 (万吨) Coke (10^4 tons)	石油 (万吨) Petroleum (10^4 tons)
北 京	Beijing	6724	2019.23	0.79	1480.90
天 津	Tianjin	7882	5278.67	955.48	1542.28
河 北	Hebei	29664	31663.27	8339.85	1488.90
山 西	Shanxi	19761	36636.51	2145.59	783.31
内蒙古	Inner Mongolia	17681	34915.72	1800.65	1020.51
辽 宁	Liaoning	21721	18132.77	3201.31	4074.39
吉 林	Jilin	8645	10413.74	719.77	1019.85
黑龙江	Heilongjiang	11853	13266.81	337.65	1847.77
上 海	Shanghai	11346	5681.19	640.30	3396.34
江 苏	Jiangsu	29205	27946.07	3190.61	2814.20
浙 江	Zhejiang	18640	14161.26	446.18	2813.92
安 徽	Anhui	11696	15665.08	1049.41	1177.46
福 建	Fujian	11190	8078.64	655.38	1809.01
江 西	Jiangxi	7583	7254.69	854.93	919.12
山 东	Shandong	35358	37683.44	3680.29	3901.17
河 南	Henan	21909	25058.14	1817.47	1951.10
湖 北	Hubei	15703	12166.72	1114.39	2268.35
湖 南	Hunan	14919	11223.84	1075.82	1520.20
广 东	Guangdong	28480	17106.78	585.02	5178.25
广 西	Guangxi	9100	7344.11	974.50	998.70
海 南	Hainan	1720	1008.78	0.04	387.49
重 庆	Chongqing	8049	5794.47	208.82	706.16
四 川	Sichuan	19212	11678.55	1760.13	2395.00
贵 州	Guizhou	9299	13650.74	423.46	658.16
云 南	Yunnan	10072	9783.09	1347.57	996.31
陕 西	Shaanxi	10610	17247.95	935.22	1176.58
甘 肃	Gansu	7287	6541.07	666.72	872.34
青 海	Qinghai	3768	2073.15	230.22	227.20
宁 夏	Ningxia	4781	8533.51	417.96	263.69
新 疆	Xinjiang	13632	14205.50	1110.05	1270.84

Energy Consumption by Region-2013

原油 (万吨) Crude Oil (10^4 tons)	汽油 (万吨) Gasoline (10^4 tons)	煤油 (万吨) Kerosene (10^4 tons)	柴油 (万吨) Diesel Oil (10^4 tons)	燃料油 (万吨) Fuel Oil (10^4 tons)	液化石油气 (万吨) LPG (10^4 tons)	天然气 (亿立方米) Natural Gas (10^8 cu.m)	电力 (亿千瓦小时) (10^8 kW•h)
870.92	423.61	477.06	193.90	8.30	45.23	98.81	908.70
1759.15	212.24	56.12	324.65	86.93	48.37	37.79	794.48
1385.89	347.55	17.59	800.57	35.18	57.46	49.86	3251.19
	215.87	20.49	516.02	0.99	22.12	45.08	1832.34
411.07	255.23	26.89	658.93	4.76	19.56	43.51	2181.91
6480.07	658.90	29.05	1021.71	360.39	201.25	78.68	2008.46
1002.13	178.94	1.71	381.60	32.82	44.43	24.05	659.52
2127.02	277.59	63.97	456.94	94.15	151.25	34.77	840.19
2611.76	532.55	437.48	555.84	603.14	131.90	72.89	1410.61
3394.78	891.46	63.79	752.28	182.70	131.61	124.47	4871.77
2853.65	706.14	92.15	946.63	328.49	344.61	56.72	3453.05
551.67	319.33	9.46	626.32	9.80	81.72	27.81	1528.07
1007.11	409.56	85.41	521.60	182.94	82.00	49.39	1772.55
520.28	236.92	1.70	526.48	31.47	48.51	13.43	947.11
6766.01	705.41	4.50	1262.92	2139.16	151.52	68.80	4083.12
963.57	556.92	46.07	777.59	33.89	160.50	79.77	3085.88
1176.72	616.05	63.77	805.41	118.84	119.75	31.97	1814.43
946.54	434.56	38.84	566.32	68.31	89.36	20.46	1500.48
4729.48	1070.60	260.31	1538.57	435.06	536.47	124.05	4830.13
1296.13	224.21	23.83	430.89	44.83	125.88	4.55	1237.75
737.65	72.13	85.74	130.25	36.77	16.87	46.02	232.02
	161.70	58.99	455.95	11.98	16.63	72.19	813.27
306.49	818.47	239.76	754.04	87.90	60.90	148.30	1984.61
	195.40	21.80	378.70	0.51	7.09	8.42	1128.02
0.03	280.01	63.73	559.81	3.24	35.75	4.27	1305.03
2230.64	220.98	32.27	521.87	21.70	22.71	70.30	1152.22
1575.63	122.89	5.10	375.35	4.29	7.06	23.23	1073.25
146.19	32.85		110.77	0.12	9.27	41.56	676.29
463.31	20.04	0.12	117.91	39.51	6.90	19.57	795.04
2560.76	209.36	22.93	545.89	13.19	49.30	127.41	1602.50

五、全国能源平衡表

Chapter 5　Energy Balance Table of China

5-1 中国能源平衡表(实物量) -2000

项　目	Item	煤合计 (万吨) Coal Total (10^4 tons)	原煤 (万吨) Raw Coal (10^4 tons)
一.可供本地区消费的能源量	**Total Primary Energy Supply**	**131894.54**	**131829.86**
1.一次能源生产量	Indigenous Production	138418.45	138418.45
水电	Hydro Power		
核电	Nuclear Power		
2.回收能	Recovery of Energy		
3.进口量	Import	217.88	217.88
4.我轮、机在外国加油量	China Airplanes&Ships Refueling in Abroad		
5.出口量(-)	Export (-)	5506.47	5506.47
6.外轮、机在我国加油量(-)	Foreign Airplanes&Ships Refueling in China		
7.库存增(-)、减(+)量	Stock Change	-1235.32	-1300.00
二.加工转换投入(-)产出(+)量	**Input(-) & Output(+) of Transformation**	**-85178.61**	**-90878.52**
1.火力发电	Thermal Power	-55811.20	-54500.10
2.供热	Heating Supply	-8794.07	-8621.17
3.洗选煤	Coal Washing	-3191.20	-20583.70
4.炼焦	Coking	-16496.40	-5870.41
5.炼油	Petroleum Refineries		
6.制气	Gas Works	-959.99	-575.01
#焦炭再投入量(-)	Coke Input (-)		
7.煤制品加工	Briquettes	74.25	-728.13
三.损失量	**Loss**		
四.终端消费量	**Total Final Consumption**	**50511.04**	**44765.09**
1.农、林、牧、渔、水利业	Farming, Forestry, Animal Husbandry, Fishery & Water Conservancy	1050.92	1033.22
2.工业	Industry	36628.04	32568.56
#用作原料.材料	Non-Energy Use	3485.73	3191.72
3.建筑业	Construction	536.82	518.94
4.交通运输、仓储及邮电通迅业	Transport, Storage, Postal & Telecommunications Services	882.24	860.48
5.批发和零售贸易业.餐饮业	Wholesale, Retail Trade and Catering Service	1460.98	1444.40
6.生活消费	Residential Consumption	8456.96	6904.86
城镇	Urban	2925.56	2067.73
乡村	Rural	5531.40	4837.13
7.其他	Other	1495.08	1434.63
五.平衡差额	**Statistical Difference**	**-3795.11**	**-3813.75**
六.消费量合计	**Total Final Consumption**	**135689.65**	**135643.61**

Energy Banlance of China (Physical Quantity) -2000

洗精煤 (万吨) Cleaned Coal (10^4 tons)	其他洗煤 (万吨) Other Washed Coal (10^4 tons)	型煤 (万吨) Briquettes (10^4 tons)	焦炭 (万吨) Coke (10^4 tons)	焦炉煤气 (亿立方米) Coke Oven Gas (10^8 cu.m)	其他煤气 (亿立方米) Other Gas (10^8 cu.m)	其他焦化产品 (万吨) Other Coking Products (10^4 tons)	油品合计 (万吨) Petroleum Products Total (10^4 tons)	原油 (万吨) Crude Oil (10^4 tons)
114.13	**-53.85**	**4.40**	**-1291.70**		**996.50**	**27.01**	**22631.37**	**21382.99**
							16300.00	16300.00
					996.50			
						45.52	9431.28	7026.53
							317.21	
			1519.70			18.51	2055.61	1030.60
							116.53	
114.13	-53.85	4.40	228.00				-1244.98	-912.94
1074.10	**3808.43**	**817.38**	**12041.15**	**221.45**	**59.87**	**190.83**	**-2352.92**	**-20404.30**
-105.70	-1205.40			-10.69	-70.02		-1178.15	-85.00
-6.25	-166.65			-9.62	-34.93		-426.97	-14.00
12150.00	5242.50							
-10589.99	-36.00		11960.54	239.04	15.28	178.00		
							-721.92	-20305.30
-373.96	-11.02		223.48	2.72	149.54	12.83	-25.88	
			-142.87					
	-15.00	817.38						
				2.18			**192.89**	**190.91**
1159.06	**3768.69**	**818.20**	**10697.89**	**223.71**	**1058.51**	**216.20**	**19950.12**	**636.80**
	17.70		70.93				788.51	
1150.58	2836.23	72.67	10411.68	181.71	965.09	216.20	8859.99	612.34
174.89	119.12		416.47	2.07		55.02	2275.31	81.44
4.37	13.51		18.98				840.57	3.30
4.00	17.42	0.34	11.24		0.21		6241.71	19.58
0.10	10.24	6.24	35.71	1.90	2.64		247.03	0.18
	816.58	735.52	137.20	36.96	89.46		1336.45	
	381.12	476.71	67.56	36.96	88.67		1089.17	
	435.46	258.81	69.64		0.79		247.28	
0.01	57.01	3.43	12.15	3.14	1.11		1635.86	1.40
29.17	**-14.11**	**3.58**	**51.56**	**-4.44**	**-2.14**	**1.64**	**135.45**	**150.98**
12234.96	**5202.76**	**818.20**	**10840.76**	**246.20**	**1163.46**	**216.20**	**22495.93**	**21232.01**

5-1 续表

项　目	Item	汽油 (万吨) Gasoline (10^4 tons)	煤油 (万吨) Kerosene (10^4 tons)
一.可供本地区消费的能源量	**Total Primary Energy Supply**	**-630.18**	**8.60**
1.一次能源生产量	Indigenous Production		
水电	Hydro Power		
核电	Nuclear Power		
2.回收能	Recovery of Energy		
3.进口量	Import	0.03	255.47
4.我轮、机在外国加油量	China Airplanes&Ships Refueling in Abroad		67.02
5.出口量(-)	Export (-)	455.20	198.88
6.外轮、机在我国加油量(-)	Foreign Airplanes&ships Refueling in China	12.50	57.46
7.库存增(-)、减(+)量	Stock Change	-162.51	-57.55
二.加工转换投入(-)产出(+)量	**Input(-) & Output(+) of Transformation**	**4133.47**	**872.29**
1.火力发电	Thermal Power	-1.00	
2.供热	Heating Supply	-0.20	
3.洗选煤	Coal Washing		
4.炼焦	Coking		
5.炼油	Petroleum Refineries	4134.67	872.29
6.制气	Gas Works		
#焦炭再投入量(-)	Coke Input (-)		
7.煤制品加工	Briquettes		
三.损失量	**Loss**		
四.终端消费量	**Total Final Consumption**	**3503.36**	**871.61**
1.农、林、牧、渔、水利业	Farming, Forestry, Animal Husbandry, Fishery & Water Conservancy	89.16	1.50
2.工业	Industry	680.78	83.95
#用作原料、材料	Non-Energy Use	17.16	8.65
3.建筑业	Construction	115.55	4.00
4.交通运输、仓储及邮电通迅业	Transport, Storage, Postal & Telecommunications Services	1527.78	535.90
5.批发和零售贸易业、餐饮业	Wholesale, Retail Trade and Catering Service	69.84	14.00
6.生活消费	Residential Consumption	227.58	72.17
城镇	Urban	185.17	6.50
乡村	Rural	42.41	65.67
7.其他	Other	792.67	160.09
五.平衡差额	**Statistical Difference**	**-0.07**	**9.28**
六.消费量合计	**Total Final Consumption**	**3504.56**	**871.61**

Continued

柴油（万吨） Diesel Oil (10^4 tons)	燃料油（万吨） Fuel Oil (10^4 tons)	液化石油气（万吨） LPG (10^4 tons)	炼厂干气（万吨） Refinery Gas (10^4 tons)	其他石油制品（万吨） Other Petroleum Products (10^4 tons)	天然气（亿立方米） Natural Gas (10^8 cu.m)	热力（万百万千焦） Heat (10^{10} kJ)	电力（亿千瓦小时） Electricity (10^8 kW•h)	其他能源（万吨标煤） Other Energy (10^4 tce)
-273.14	**1782.98**	**479.54**		**-119.42**	**240.61**		**2330.82**	**1755.00**
					272.00		2414.14	1468.00
							2224.14	
							167.37	
								287.00
25.93	1480.12	481.74		161.46			15.46	
26.00	224.19							
55.48	33.37	1.60		280.48	31.39		98.78	
22.04	24.53							
-247.55	136.57	-0.60		-0.40				
6851.96	**922.34**	**914.72**	**566.52**	**3790.08**	**-29.46**	**146136.16**	**11141.86**	**-287.64**
-227.66	-814.22	-1.90	-25.00	-23.37	-15.21		11141.86	-115.51
	-291.23		-101.94	-19.60	-14.25	146136.16		-97.49
7079.62	2053.67	916.62	693.46	3833.05				-74.64
	-25.88							
		1.98			**6.66**	**1760.58**	**936.71**	
6578.57	**2741.42**	**1385.79**	**561.51**	**3671.06**	**208.91**	**144374.18**	**12535.67**	**1465.92**
697.10	0.40	0.35				38.56	532.96	193.65
1468.80	1843.72	424.07	561.51	3184.82	167.69	116587.55	9067.91	340.96
23.06	178.84	47.41	7.86	1910.89	57.37			
205.86	16.71	8.91		486.24	0.82	135.64	159.77	1.00
3293.81	850.00	14.64			4.00	743.71	281.20	160.45
95.94	11.59	55.48			3.44	1084.12	418.68	24.00
178.36		858.34			32.32	23234.03	1451.95	688.90
128.83		768.67			32.32	23234.03	926.97	46.30
49.53		89.67					524.98	642.60
638.70	19.00	24.00			0.64	2550.57	623.20	56.96
0.25	**-36.10**	**6.49**	**5.01**	**-0.40**	**-4.42**	**1.40**	**0.30**	**1.44**
6806.23	**3872.75**	**1389.67**	**688.45**	**3714.03**	**245.03**	**146134.76**	**13472.38**	**1753.56**

5-2 中国能源平衡表(实物量) -2001

项　目	Item	煤合计 (万吨) Coal Total (10^4 tons)	原煤 (万吨) Raw Coal (10^4 tons)
一.可供本地区消费的能源量	**Total Primary Energy Supply**	**138484.67**	**138620.80**
1.一次能源生产量	Indigenous Production	147152.65	147152.65
水电	Hydro Power		
核电	Nuclear Power		
2.回收能	Recovery of Energy		
3.进口量	Import	266.02	266.02
4.我轮、机在外国加油量	China Airplanes&Ships Refueling in Abroad		
5.出口量(-)	Export (-)	9012.87	9012.87
6.外轮、机在我国加油量(-)	Foreign Airplanes&Ships Refueling in China		
7.库存增(-)、减(+)量	Stock Change	78.87	215.00
二.加工转换投入(-)产出(+)量	**Input(-) & Output(+) of Transformation**	**-90218.33**	**-96453.26**
1.火力发电	Thermal Power	-59797.86	-58470.00
2.供热	Heating Supply	-8951.49	-8774.00
3.洗选煤	Coal Washing	-2580.54	-21329.00
4.炼焦	Coking	-17936.37	-6497.00
5.炼油	Petroleum Refineries		
6.制气	Gas Works	-1002.07	-586.26
#焦炭再投入量(-)	Coke Input (-)		
7.煤制品加工	Briquettes	50.00	-797.00
三.损失量	**Loss**		
四.终端消费量	**Total Final Consumption**	**52844.55**	**46683.57**
1.农、林、牧、渔、水利业	Farming, Forestry, Animal Husbandry, Fishery & Water Conservancy	1152.43	1134.48
2.工业	Industry	38757.42	34323.50
#用作原料.材料	Non-Energy Use	3675.66	3363.70
3.建筑业	Construction	504.98	491.00
4.交通运输、仓储及邮电通迅业	Transport, Storage, Postal & Telecommunications Services	841.28	823.00
5.批发和零售贸易业.餐饮业	Wholesale, Retail Trade and Catering Service	1587.97	1570.10
6.生活消费	Residential Consumption	8410.25	6805.00
城镇	Urban	2928.36	2051.00
乡村	Rural	5481.89	4754.00
7.其他	Other	1590.22	1536.49
五.平衡差额	**Statistical Difference**	**-4578.21**	**-4516.03**
六.消费量合计	**Total Final Consumption**	**143062.88**	**143136.83**

Energy Banlance of China (Physical Quantity) -2001

洗精煤 (万吨) Cleaned Coal (10^4 tons)	其他洗煤 (万吨) Other Washed Coal (10^4 tons)	型煤 (万吨) Briquettes (10^4 tons)	焦炭 (万吨) Coke (10^4 tons)	焦炉煤气 (亿立方米) Coke Oven Gas (10^8 cu.m)	其他煤气 (亿立方米) Other Gas (10^8 cu.m)	其他焦化产品 (万吨) Other Coking Products (10^4 tons)	油品合计 (万吨) Petroleum Products Total (10^4 tons)	原油 (万吨) Crude Oil (10^4 tons)
-47.02	**-88.70**	**-0.41**	**-1667.83**		**1247.00**	**35.11**	**23205.87**	**21537.16**
							16395.87	16395.87
					1247.00			
						47.50	8769.15	6026.00
							349.00	
			1384.60			12.39	1906.96	755.00
							139.72	
-47.02	-88.70	-0.41	-283.23				-261.47	-129.71
1237.50	**4140.43**	**857.00**	**13577.12**	**235.35**	**47.00**	**203.94**	**-2359.99**	**-20568.72**
-113.36	-1214.50			-10.62	-84.02	-0.66	-1213.55	-81.60
-6.43	-171.06			-7.03	-40.12	-0.89	-438.66	-12.32
13160.46	5588.00							
-11400.44	-38.93		13491.26	250.00	11.40	191.00		
							-685.02	-20474.80
-402.73	-13.08		239.51	3.00	159.74	14.49	-22.76	
			-153.65					
	-10.00	857.00						
				2.71			**189.34**	**187.90**
1188.06	**4113.83**	**859.09**	**11777.81**	**236.55**	**1294.44**	**230.82**	**20407.10**	**654.12**
	17.95		67.46				838.61	
1180.07	3156.85	97.00	11488.75	196.11	1206.36	230.82	8898.39	630.82
179.37	132.59		459.55	2.24		58.74	2243.43	83.90
3.98	10.00		23.91				933.83	3.37
3.90	13.93	0.45	11.68		0.25		6435.34	18.58
0.10	9.87	7.90	39.73	2.00	3.00		252.41	0.15
	855.03	750.22	134.20	35.37	83.61		1374.81	
	400.03	477.33	68.25	35.37	82.80		1115.73	
	455.00	272.89	65.95		0.81		259.08	
0.01	50.20	3.52	12.08	3.07	1.22		1673.71	1.20
2.42	**-62.10**	**-2.50**	**131.48**	**-3.91**	**-0.44**	**8.23**	**249.44**	**126.42**
13111.02	**5561.40**	**859.09**	**11931.46**	**256.91**	**1418.58**	**232.37**	**22956.43**	**21410.74**

5-2 续表

项　目	Item	汽油 (万吨) Gasoline (10^4 tons)	煤油 (万吨) Kerosene (10^4 tons)
一.可供本地区消费的能源量	**Total Primary Energy Supply**	**-547.80**	**104.88**
1.一次能源生产量	Indigenous Production		
水电	Hydro Power		
核电	Nuclear Power		
2.回收能	Recovery of Energy		
3.进口量	Import	0.02	201.89
4.我轮、机在外国加油量	China Airplanes&Ships Refueling in Abroad		96.70
5.出口量(-)	Export (-)	572.46	182.22
6.外轮、机在我国加油量(-)	Foreign Airplanes&ships Refueling in China	13.50	64.20
7.库存增(-)、减(+)量	Stock Change	38.14	52.71
二.加工转换投入(-)产出(+)量	**Input(-) & Output(+) of Transformation**	**4153.94**	**789.35**
1.火力发电	Thermal Power	-0.60	
2.供热	Heating Supply	-0.12	
3.洗选煤	Coal Washing		
4.炼焦	Coking		
5.炼油	Petroleum Refineries	4154.66	789.35
6.制气	Gas Works		
#焦炭再投入量(-)	Coke Input (-)		
7.煤制品加工	Briquettes		
三.损失量	**Loss**		
四.终端消费量	**Total Final Consumption**	**3596.85**	**890.27**
1.农、林、牧、渔、水利业	Farming, Forestry, Animal Husbandry, Fishery & Water Conservancy	93.42	1.52
2.工业	Industry	704.42	86.00
#用作原料、材料	Non-Energy Use	17.75	8.86
3.建筑业	Construction	116.70	3.50
4.交通运输、仓储及邮电通迅业	Transport, Storage, Postal & Telecommunications Services	1564.37	560.69
5.批发和零售贸易业、餐饮业	Wholesale, Retail Trade and Catering Service	69.04	12.47
6.生活消费	Residential Consumption	244.60	75.00
城镇	Urban	199.92	7.02
乡村	Rural	44.68	67.98
7.其他	Other	804.30	151.09
五.平衡差额	**Statistical Difference**	**9.29**	**3.96**
六.消费量合计	**Total Final Consumption**	**3597.57**	**890.27**

Continued

柴油（万吨） Diesel Oil (10^4 tons)	燃料油（万吨） Fuel Oil (10^4 tons)	液化石油气（万吨） LPG (10^4 tons)	炼厂干气（万吨） Refinery Gas (10^4 tons)	其他石油制品（万吨） Other Petroleum Products (10^4 tons)	天然气（亿立方米） Natural Gas (10^8 cu.m)	热力（万百万千焦） Heat (10^{10} kJ)	电力（亿千瓦小时） Electricity (10^8 kW•h)	其他能源（万吨标煤） Other Energy (10^4 tce)
-213.57	**1972.47**	**475.70**		**-122.97**	**272.90**		**2889.84**	**2073.19**
					303.29		2973.77	1763.00
							2774.32	
							174.72	
								310.19
27.47	1823.60	488.86		201.31			17.98	
27.22	225.08							
25.62	44.09	2.09		325.48	30.39		101.91	
21.24	40.78							
-221.40	8.66	-11.07		1.20				
7245.21	**703.47**	**951.28**	**550.00**	**3815.48**	**-29.41**	**153203.45**	**11834.25**	**-310.64**
-240.39	-838.54	-1.05	-23.00	-28.37	-13.00		11834.25	-138.61
	-299.62		-100.00	-26.60	-16.41	153203.45		-109.20
7485.60	1864.39	952.33	673.00	3870.45				-62.83
	-22.76							
		1.44			**6.22**	**1795.58**	**1033.47**	
6917.58	**2689.30**	**1408.67**	**559.00**	**3691.31**	**238.67**	**151406.65**	**13689.99**	**1762.96**
742.95	0.42	0.30				38.09	582.39	220.77
1559.42	1788.40	440.51	559.00	3129.82	183.94	123385.60	9911.19	500.46
24.48	173.47	49.25	7.83	1877.89	62.93			
223.08	16.18	9.51		561.49	0.72	156.94	154.91	3.20
3421.00	855.00	15.70			6.20	837.06	309.32	183.09
98.07	12.28	60.40			5.00	1113.83	459.89	27.00
199.17		856.04			42.11	23369.40	1609.23	764.70
141.12		767.67			42.11	23369.40	996.16	50.57
58.05		88.37					613.07	714.13
673.89	17.02	26.21			0.70	2505.73	663.06	63.74
114.06	**-13.36**	**16.87**	**-9.00**	**1.20**	**-1.40**	**1.22**	**0.63**	**-0.41**
7157.97	**3850.22**	**1411.16**	**682.00**	**3746.28**	**274.30**	**153202.23**	**14723.46**	**2073.60**

5-3 中国能源平衡表(实物量) -2002

项目	Item	煤合计 (万吨) Coal Total (10^4 tons)	原煤 (万吨) Raw Coal (10^4 tons)
一.可供本地区消费的能源量	**Total Primary Energy Supply**	**148644.78**	**148592.11**
1.一次能源生产量	Indigenous Production	155040.03	155040.03
水电	Hydro Power		
核电	Nuclear Power		
2.回收能	Recovery of Energy		
3.进口量	Import	1125.74	1125.74
4.我轮、机在外国加油量	China Airplanes&Ships Refueling in Abroad		
5.出口量(-)	Export (-)	8389.56	8389.56
6.外轮、机在我国加油量(-)	Foreign Airplanes&Ships Refueling in China		
7.库存增(-)、减(+)量	Stock Change	868.57	815.90
二.加工转换投入(-)产出(+)量	**Input(-) & Output(+) of Transformation**	**-98928.12**	**-104836.68**
1.火力发电	Thermal Power	-68600.03	-67240.00
2.供热	Heating Supply	-8973.73	-8783.90
3.洗选煤	Coal Washing	-1817.46	-20700.35
4.炼焦	Coking	-18624.72	-6672.80
5.炼油	Petroleum Refineries		
6.制气	Gas Works	-973.20	-600.65
#焦炭再投入量(-)	Coke Input (-)		
7.煤制品加工	Briquettes	61.02	-838.98
三.损失量	**Loss**		
四.终端消费量	**Total Final Consumption**	**54656.38**	**48642.62**
1.农、林、牧、渔、水利业	Farming, Forestry, Animal Husbandry, Fishery & Water Conservancy	1267.35	1251.33
2.工业	Industry	40014.23	35705.88
#用作原料.材料	Non-Energy Use	3777.41	3499.18
3.建筑业	Construction	513.55	500.00
4.交通运输、仓储及邮电通迅业	Transport, Storage, Postal & Telecommunications Services	851.96	834.95
5.批发和零售贸易业.餐饮业	Wholesale, Retail Trade and Catering Service	1770.59	1751.51
6.生活消费	Residential Consumption	8412.64	6830.45
城镇	Urban	2789.89	1970.07
乡村	Rural	5622.75	4860.38
7.其他	Other	1826.06	1768.50
五.平衡差额	**Statistical Difference**	**-4939.72**	**-4887.19**
六.消费量合计	**Total Final Consumption**	**153584.50**	**153479.30**

Energy Banlance of China (Physical Quantity) -2002

洗精煤 (万吨) Cleaned Coal (10^4 tons)	其他洗煤 (万吨) Other Washed Coal (10^4 tons)	型煤 (万吨) Briquettes (10^4 tons)	焦炭 (万吨) Coke (10^4 tons)	焦炉煤气 (亿立方米) Coke Oven Gas (10^8 cu.m)	其他煤气 (亿立方米) Other Gas (10^8 cu.m)	其他焦化产品 (万吨) Other Coking Products (10^4 tons)	油品合计 (万吨) Petroleum Products Total (10^4 tons)	原油 (万吨) Crude Oil (10^4 tons)
75.16	**-23.16**	**0.67**	**-1422.81**		**1373.47**	**37.40**	**24925.05**	**22768.99**
							16700.00	16700.00
					1373.47			
						49.68	9873.03	6940.64
							396.31	
			1357.02			12.28	1987.68	766.46
							151.51	
75.16	-23.16	0.67	-65.79				94.90	-105.19
861.96	**4136.60**	**910.00**	**14115.99**	**243.83**	**43.97**	**213.72**	**-2556.25**	**-21821.31**
-117.30	-1242.73			-13.68	-89.37		-1275.57	-78.33
-6.90	-182.93			-4.83	-34.55		-365.19	-12.76
13251.09	5631.80							
-11906.90	-45.02		14032.81	259.59	15.00	198.72		
							-896.58	-21730.22
-358.03	-14.52		220.53	2.75	152.89	15.00	-18.91	
			-137.35					
	-10.00	910.00						
							190.24	**188.48**
932.35	**4165.71**	**915.70**	**12665.77**	**245.38**	**1434.96**	**250.00**	**22077.16**	**684.26**
	16.02		76.19				922.38	
925.00	3277.00	106.35	12384.70	204.79	1341.30	250.00	9584.28	663.00
140.60	137.63		495.39	2.33		63.63	2577.58	88.18
3.25	10.30		23.38				1046.60	4.20
4.00	12.51	0.50	11.44		0.21		7054.81	15.65
0.10	10.01	8.97	42.60	1.70	3.87		273.02	0.12
	786.17	796.02	115.12	36.22	89.58		1497.47	
	325.80	494.02	59.25	36.22	88.51		1242.20	
	460.37	302.00	55.87		1.07		255.27	
	53.70	3.86	12.34	2.67			1698.60	1.29
4.77	**-52.27**	**-5.03**	**27.41**	**-1.55**	**-17.52**	**1.12**	**101.40**	**74.94**
13321.48	**5660.91**	**915.70**	**12803.12**	**263.89**	**1558.88**	**250.00**	**24823.65**	**22694.05**

5-3 续表

项　目	Item	汽油（万吨）Gasoline (10^4 tons)	煤油（万吨）Kerosene (10^4 tons)
一.可供本地区消费的能源量	**Total Primary Energy Supply**	**-571.08**	**88.67**
1.一次能源生产量	Indigenous Production		
水电	Hydro Power		
核电	Nuclear Power		
2.回收能	Recovery of Energy		
3.进口量	Import		214.53
4.我轮、机在外国加油量	China Airplanes&Ships Refueling in Abroad		109.80
5.出口量(-)	Export (-)	612.20	169.64
6.外轮、机在我国加油量(-)	Foreign Airplanes&ships Refueling in China	18.21	71.30
7.库存增(-)、减(+)量	Stock Change	59.33	5.28
二.加工转换投入(-)产出(+)量	**Input(-) & Output(+) of Transformation**	**4375.02**	**826.11**
1.火力发电	Thermal Power	-0.62	
2.供热	Heating Supply	-0.12	
3.洗选煤	Coal Washing		
4.炼焦	Coking		
5.炼油	Petroleum Refineries	4375.76	826.11
6.制气	Gas Works		
#焦炭再投入量(-)	Coke Input (-)		
7.煤制品加工	Briquettes		
三.损失量	**Loss**		
四.终端消费量	**Total Final Consumption**	**3803.58**	**919.20**
1.农、林、牧、渔、水利业	Farming, Forestry, Animal Husbandry, Fishery & Water Conservancy	101.55	1.40
2.工业	Industry	716.90	107.35
#用作原料、材料	Non-Energy Use	18.07	11.06
3.建筑业	Construction	112.32	
4.交通运输、仓储及邮电通迅业	Transport, Storage, Postal & Telecommunications Services	1658.50	716.75
5.批发和零售贸易业、餐饮业	Wholesale, Retail Trade and Catering Service	74.22	13.00
6.生活消费	Residential Consumption	273.80	40.70
城镇	Urban	219.90	6.32
乡村	Rural	53.90	34.38
7.其他	Other	866.29	40.00
五.平衡差额	**Statistical Difference**	**0.36**	**-4.42**
六.消费量合计	**Total Final Consumption**	**3804.32**	**919.20**

Continued

柴油 (万吨) Diesel Oil (10^4 tons)	燃料油 (万吨) Fuel Oil (10^4 tons)	液化石油气 (万吨) LPG (10^4 tons)	炼厂干气 (万吨) Refinery Gas (10^4 tons)	其他石油制品 (万吨) Other Petroleum Products (10^4 tons)	天然气 (亿立方米) Natural Gas (10^8 cu.m)	热力 (万百万千焦) Heat (10^{10} kJ)	电力 (亿千瓦小时) Electricity (10^8 kW•h)	其他能源 (万吨标煤) Other Energy (10^4 tce)
16.23	**1857.30**	**626.82**		**138.12**	**294.58**		**3084.60**	**2373.50**
					326.61		3158.64	2040.00
							2879.74	
							251.27	
								333.50
47.72	1659.66	626.16		384.32			23.00	
31.00	255.51							
123.69	63.91	5.62		246.16	32.03		97.04	
21.00	41.00							
82.20	47.04	6.28		-0.04				
7567.03	**707.27**	**1033.84**	**562.43**	**4193.36**	**-28.07**	**164190.77**	**13381.36**	**-333.45**
-225.99	-912.66	-1.54	-20.30	-36.13	-11.05		13381.36	-167.16
-3.08	-206.66	-1.41	-113.16	-28.00	-17.02	164190.77		-90.60
7796.10	1845.50	1036.79	695.89	4257.49				-75.69
	-18.91							
		1.76			**6.33**	**2005.84**	**1168.66**	
7560.87	**2585.64**	**1622.09**	**570.00**	**4331.52**	**257.44**	**162179.84**	**15296.79**	**2040.23**
819.02	0.41					46.08	606.23	254.99
1650.34	1682.63	518.77	570.00	3675.29	192.94	130302.41	11233.50	566.65
25.91	163.22	58.00	7.98	2205.17	66.00			
241.99	19.10	12.76		656.23	0.68	181.67	154.14	5.50
3784.81	852.10	27.00			11.56	810.73	303.00	212.39
110.79	12.30	62.59			6.10	1466.42	500.00	32.00
213.92		969.05			46.16	26613.07	1771.42	896.10
159.49		856.49			46.16	26613.07	1098.94	57.00
54.43		112.56					672.48	839.10
740.00	19.10	31.92				2759.46	728.50	72.60
22.39	**-21.07**	**36.81**	**-7.57**	**-0.04**	**2.74**	**5.09**	**0.51**	**-0.18**
7789.94	**3723.87**	**1626.80**	**703.46**	**4395.65**	**291.84**	**164185.68**	**16465.45**	**2373.68**

5-4 中国能源平衡表(实物量) -2003

项 目	Item	煤合计 (万吨) Coal Total (10^4 tons)	原煤 (万吨) Raw Coal (10^4 tons)
一.可供本地区消费的能源量	**Total Primary Energy Supply**	**177691.82**	**177917.84**
1.一次能源生产量	Indigenous Production	183489.87	183489.87
水电	Hydro Power		
核电	Nuclear Power		
2.回收能	Recovery of Energy		
3.进口量	Import	1109.77	1109.77
4.我轮、机在外国加油量	China Airplanes&Ships Refueling in Abroad		
5.出口量(-)	Export (-)	9402.89	9402.89
6.外轮、机在我国加油量(-)	Foreign Airplanes&Ships Refueling in China		
7.库存增(-)、减(+)量	Stock Change	2495.07	2721.09
二.加工转换投入(-)产出(+)量	**Input(-) & Output(+) of Transformation**	**-119896.64**	**-126955.92**
1.火力发电	Thermal Power	-81965.84	-80302.12
2.供热	Heating Supply	-10895.45	-10649.12
3.洗选煤	Coal Washing	-2199.30	-27263.30
4.炼焦	Coking	-23639.86	-7953.00
5.炼油	Petroleum Refineries		
6.制气	Gas Works	-1054.81	-680.00
#焦炭再投入量(-)	Coke Input (-)		
7.煤制品加工	Briquettes	-141.38	-108.38
三.损失量	**Loss**		
四.终端消费量	**Total Final Consumption**	**63863.58**	**56775.71**
1.农、林、牧、渔、水利业	Farming, Forestry, Animal Husbandry, Fishery & Water Conservancy	1472.88	1456.55
2.工业	Industry	47624.21	42396.00
#用作原料.材料	Non-Energy Use	4545.15	4154.81
3.建筑业	Construction	527.15	512.40
4.交通运输、仓储及邮电通迅业	Transport, Storage, Postal & Telecommunications Services	958.33	948.48
5.批发和零售贸易业.餐饮业	Wholesale, Retail Trade and Catering Service	2091.26	2070.29
6.生活消费	Residential Consumption	9004.71	7276.86
城镇	Urban	2938.13	2085.35
乡村	Rural	6066.58	5191.51
7.其他	Other	2185.04	2115.13
五.平衡差额	**Statistical Difference**	**-6068.40**	**-5813.79**
六.消费量合计	**Total Final Consumption**	**183760.22**	**183731.63**

Energy Banlance of China (Physical Quantity) -2003

洗精煤 (万吨) Cleaned Coal (10^4 tons)	其他洗煤 (万吨) Other Washed Coal (10^4 tons)	型煤 (万吨) Briquettes (10^4 tons)	焦炭 (万吨) Coke (10^4 tons)	焦炉煤气 (亿立方米) Coke Oven Gas (10^8 cu.m)	其他煤气 (亿立方米) Other Gas (10^8 cu.m)	其他焦化产品 (万吨) Other Coking Products (10^4 tons)	油品合计 (万吨) Petroleum Products Total (10^4 tons)	原油 (万吨) Crude Oil (10^4 tons)
-98.90	**-127.10**	**-0.02**	**-1844.83**		**1383.63**	**76.91**	**27580.51**	**25187.09**
							16959.98	16959.98
					1383.63			
			0.17			95.58	12861.46	9102.01
							328.15	
			1472.11			18.67	2333.64	813.33
							207.20	
-98.90	-127.10	-0.02	-372.89				-28.24	-61.57
1707.69	**4264.59**	**1087.00**	**17597.86**	**275.62**	**52.37**	**228.41**	**-2925.95**	**-24207.72**
-113.17	-1550.55			-11.35	-100.27		-1394.40	-93.99
-8.00	-238.33			-4.73	-36.62		-426.01	-11.01
17819.00	7245.00							
-15631.14	-55.72		17540.81	288.50	16.91	212.41		
							-1084.61	-24102.72
-359.00	-15.81		234.90	3.20	172.35	16.00	-20.93	
			-177.85					
	-1120.00	1087.00						
							161.90	**160.78**
1634.24	**4349.54**	**1104.09**	**15748.62**	**277.81**	**1447.19**	**304.00**	**24495.21**	**812.22**
	16.33		73.69				1057.53	
1627.25	3404.86	196.10	15472.00	234.02	1350.45	304.00	10268.71	793.00
247.34	143.00		618.88	2.67		77.37	2861.17	105.47
3.02	11.73		20.79				1190.56	4.00
3.84	5.50	0.51	10.79		0.31		8127.74	13.93
0.13	11.12	9.72	47.46	2.00	4.44		298.53	0.09
	833.10	894.75	112.50	39.12	91.99		1765.75	
	330.63	522.15	57.22	39.12	91.00		1452.42	
	502.47	372.60	55.28		0.99		313.33	
	66.90	3.01	11.39	2.67			1786.39	1.20
-25.45	**-212.05**	**-17.11**	**4.41**	**-2.18**	**-11.19**	**1.32**	**-2.55**	**6.37**
17745.55	**7329.95**	**1104.09**	**15926.47**	**293.89**	**1584.08**	**304.00**	**27583.06**	**25180.72**

5-4 续表

项　目	Item	汽油 (万吨) Gasoline (10^4 tons)	煤油 (万吨) Kerosene (10^4 tons)
一.可供本地区消费的能源量	**Total Primary Energy Supply**	**-718.57**	**59.21**
1.一次能源生产量	Indigenous Production		
水电	Hydro Power		
核电	Nuclear Power		
2.回收能	Recovery of Energy		
3.进口量	Import		210.27
4.我轮、机在外国加油量	China Airplanes&Ships Refueling in Abroad		107.10
5.出口量(-)	Export (-)	754.24	201.69
6.外轮、机在我国加油量(-)	Foreign Airplanes&ships Refueling in China		74.20
7.库存增(-)、减(+)量	Stock Change	35.67	17.73
二.加工转换投入(-)产出(+)量	**Input(-) & Output(+) of Transformation**	**4835.38**	**855.30**
1.火力发电	Thermal Power	-0.40	
2.供热	Heating Supply	-0.08	
3.洗选煤	Coal Washing		
4.炼焦	Coking		
5.炼油	Petroleum Refineries	4835.86	855.30
6.制气	Gas Works		
#焦炭再投入量(-)	Coke Input (-)		
7.煤制品加工	Briquettes		
三.损失量	**Loss**		
四.终端消费量	**Total Final Consumption**	**4118.04**	**921.61**
1.农、林、牧、渔、水利业	Farming, Forestry, Animal Husbandry, Fishery & Water Conservancy	116.50	1.35
2.工业	Industry	632.40	87.77
#用作原料、材料	Non-Energy Use	15.94	9.04
3.建筑业	Construction	113.66	
4.交通运输、仓储及邮电通迅业	Transport, Storage, Postal & Telecommunications Services	1961.64	741.68
5.批发和零售贸易业、餐饮业	Wholesale, Retail Trade and Catering Service	78.09	11.24
6.生活消费	Residential Consumption	338.75	36.38
城镇	Urban	263.88	6.00
乡村	Rural	74.87	30.38
7.其他	Other	877.00	43.19
五.平衡差额	**Statistical Difference**	**-1.23**	**-7.10**
六.消费量合计	**Total Final Consumption**	**4118.52**	**921.61**

Continued

柴油 (万吨) Diesel Oil (10^4 tons)	燃料油 (万吨) Fuel Oil (10^4 tons)	液化石油气 (万吨) LPG (10^4 tons)	炼厂干气 (万吨) Refinery Gas (10^4 tons)	其他石油制品 (万吨) Other Petroleum Products (10^4 tons)	天然气 (亿立方米) Natural Gas (10^8 cu.m)	热力 (万百万千焦) Heat (10^{10} kJ)	电力 (亿千瓦小时) Electricity (10^8 kW•h)	其他能源 (万吨标煤) Other Energy (10^4 tce)
-65.26	**2326.29**	**624.45**		**167.30**	**331.42**		**3228.55**	**2665.50**
					350.15		3302.14	2312.50
							2836.81	
							433.42	
								353.00
84.85	2395.45	636.74		432.14			29.80	
26.79	194.26							
224.00	76.14	2.40		261.84	18.73		103.39	
20.40	112.60							
67.50	-74.68	-9.89		-3.00				
8555.82	**566.39**	**1204.98**	**575.15**	**4688.75**	**-27.24**	**177300.00**	**15803.61**	**-352.73**
-74.11	-1156.72	-1.56	-16.95	-50.67	-13.24		15803.61	-191.73
-2.85	-260.80	-5.19	-120.08	-26.00	-14.00	177300.00		-85.00
8632.78	2004.84	1211.73	712.18	4765.42				-76.00
	-20.93							
		1.12			**6.65**	**2026.06**	**1260.68**	
8498.16	**2891.88**	**1810.30**	**586.00**	**4857.00**	**305.19**	**175278.41**	**17770.92**	**2312.98**
939.08	0.60					49.58	693.15	300.38
1644.23	1898.31	540.00	586.00	4087.00	222.60	135915.00	12909.00	598.86
25.81	184.14	60.37	8.20	2452.20	76.15			
276.23	17.80	8.87		770.00	0.70	215.93	179.78	8.00
4435.20	940.29	35.00			13.75	853.31	406.94	252.53
105.53	22.80	80.78			6.85	1543.69	612.97	36.00
277.89		1112.73			51.89	33666.00	2058.04	1032.41
213.35		969.19			51.89	33666.00	1277.37	64.92
64.54		143.54					780.67	967.49
820.00	12.08	32.92			9.40	3034.90	911.04	84.80
-7.60	**0.80**	**18.01**	**-10.85**	**-0.95**	**-7.66**	**-4.47**	**0.56**	**-0.21**
8575.12	**4330.33**	**1818.17**	**723.03**	**4933.67**	**339.08**	**177304.47**	**19031.60**	**2665.71**

5-5 中国能源平衡表(实物量) -2004

项　　目	Item	煤合计 (万吨) Coal Total (10^4 tons)	原煤 (万吨) Raw Coal (10^4 tons)
一.可供本地区消费的能源量	**Total Primary Energy Supply**	**205294.17**	**205437.51**
1.一次能源生产量	Indigenous Production	212261.08	212261.08
水电	Hydro Power		
核电	Nuclear Power		
2.回收能	Recovery of Energy		
3.进口量	Import	1861.40	1861.40
4.我轮、机在外国加油量	China Airplanes&Ships Refueling in Abroad		
5.出口量(-)	Export (-)	8666.36	8666.36
6.外轮、机在我国加油量(-)	Foreign Airplanes&Ships Refueling in China		
7.库存增(-)、减(+)量	Stock Change	-161.95	-18.61
二.加工转换投入(-)产出(+)量	**Input(-) & Output(+) of Transformation**	**-134552.25**	**-143651.19**
1.火力发电	Thermal Power	-91961.56	-89868.15
2.供热	Heating Supply	-11546.56	-11333.54
3.洗选煤	Coal Washing	-3333.89	-36241.11
4.炼焦	Coking	-26149.58	-5222.00
5.炼油	Petroleum Refineries		
6.制气	Gas Works	-1316.43	-881.51
#焦炭再投入量(-)	Coke Input (-)		
7.煤制品加工	Briquettes	-244.23	-104.88
三.损失量	**Loss**		
四.终端消费量	**Total Final Consumption**	**77609.58**	**68322.77**
1.农、林、牧、渔、水利业	Farming, Forestry, Animal Husbandry, Fishery & Water Conservancy	1654.53	1637.17
2.工业	Industry	59868.37	52571.24
#用作原料.材料	Non-Energy Use	5740.67	5151.98
3.建筑业	Construction	571.53	563.89
4.交通运输、仓储及邮电通迅业	Transport, Storage, Postal & Telecommunications Services	827.99	826.89
5.批发和零售贸易业.餐饮业	Wholesale, Retail Trade and Catering Service	2409.56	2384.97
6.生活消费	Residential Consumption	9768.20	7893.52
城镇	Urban	3065.63	2183.21
乡村	Rural	6702.57	5710.31
7.其他	Other	2509.40	2445.09
五.平衡差额	**Statistical Difference**	**-6867.67**	**-6536.45**
六.消费量合计	**Total Final Consumption**	**212161.83**	**211973.96**

Energy Banlance of China (Physical Quantity) -2004

洗精煤 (万吨) Cleaned Coal (10^4 tons)	其他洗煤 (万吨) Other Washed Coal (10^4 tons)	型煤 (万吨) Briquettes (10^4 tons)	焦炭 (万吨) Coke (10^4 tons)	焦炉煤气 (亿立方米) Coke Oven Gas (10^8 cu.m)	其他煤气 (亿立方米) Other Gas (10^8 cu.m)	其他焦化产品 (万吨) Other Coking Products (10^4 tons)	油品合计 (万吨) Petroleum Products Total (10^4 tons)	原油 (万吨) Crude Oil (10^4 tons)
-147.56	**4.22**		**-2074.41**		**1697.11**	**110.29**	**32115.50**	**29012.31**
							17587.32	17587.32
					1697.11			
			0.54			139.13	16913.35	12272.00
							377.97	
			1501.20			28.84	1904.08	549.16
							336.50	
-147.56							-522.56	-297.85
2621.06	**5351.96**	**1125.92**	**20343.28**	**314.33**	**5.61**	**284.67**	**-3298.52**	**-28015.56**
-156.58	-1936.83			-25.08	-115.80		-1653.49	-18.04
-11.75	-201.27			-14.22	-79.83		-439.39	-0.25
24069.66	8837.56							
-20862.67	-64.91		20229.78	349.40	20.27	272.30		
							-1195.13	-27997.27
-417.60	-17.32		307.80	4.23	180.97	18.97	-10.51	
			-194.30			-6.60		
	-1265.27	1125.92						
							149.71	**148.81**
2622.74	**5530.75**	**1133.32**	**17872.71**	**312.52**	**1707.48**	**394.47**	**28624.65**	**844.94**
	17.36		68.69				1231.43	
2619.64	4535.78	141.71	17616.83	267.32	1603.92	394.47	11505.60	844.94
398.19	190.50		704.67	3.47		100.39	3545.71	112.38
3.10	4.54		16.79				1392.31	
	1.10		1.79		0.21		9936.88	
	11.68	12.91	53.36	1.83	6.44		348.72	
	898.89	975.78	105.16	41.17	96.91		2208.05	
	343.09	539.33	54.65	41.17	95.78		1746.41	
	555.80	436.45	50.51		1.13		461.64	
	61.40	2.91	10.09	2.20			2001.68	
-149.24	**-174.58**	**-7.40**	**396.16**	**1.81**	**-4.76**	**0.49**	**42.62**	**3.00**
24071.34	**9016.35**	**1133.32**	**18067.01**	**351.82**	**1903.11**	**401.07**	**32072.88**	**29009.31**

5-5 续表

项　目	Item	汽油 (万吨) Gasoline (10^4 tons)	煤油 (万吨) Kerosene (10^4 tons)
一.可供本地区消费的能源量	**Total Primary Energy Supply**	**-568.08**	**92.21**
1.一次能源生产量	Indigenous Production		
水电	Hydro Power		
核电	Nuclear Power		
2.回收能	Recovery of Energy		
3.进口量	Import		282.00
4.我轮、机在外国加油量	China Airplanes&Ships Refueling in Abroad		139.00
5.出口量(-)	Export (-)	540.71	205.00
6.外轮、机在我国加油量(-)	Foreign Airplanes&ships Refueling in China		126.50
7.库存增(-)、减(+)量	Stock Change	-27.37	2.71
二.加工转换投入(-)产出(+)量	**Input(-) & Output(+) of Transformation**	**5264.80**	**962.24**
1.火力发电	Thermal Power	-0.30	
2.供热	Heating Supply	-0.15	
3.洗选煤	Coal Washing		
4.炼焦	Coking		
5.炼油	Petroleum Refineries	5265.25	962.24
6.制气	Gas Works		
#焦炭再投入量(-)	Coke Input (-)		
7.煤制品加工	Briquettes		
三.损失量	**Loss**		
四.终端消费量	**Total Final Consumption**	**4695.27**	**1060.86**
1.农、林、牧、渔、水利业	Farming, Forestry, Animal Husbandry, Fishery & Water Conservancy	134.09	1.08
2.工业	Industry	506.95	60.89
#用作原料、材料	Non-Energy Use	12.79	6.28
3.建筑业	Construction	156.49	
4.交通运输、仓储及邮电通讯业	Transport, Storage, Postal & Telecommunications Services	2334.46	919.71
5.批发和零售贸易业、餐饮业	Wholesale, Retail Trade and Catering Service	119.80	3.63
6.生活消费	Residential Consumption	456.54	27.36
城镇	Urban	343.92	2.06
乡村	Rural	112.62	25.30
7.其他	Other	986.94	48.19
五.平衡差额	**Statistical Difference**	**1.45**	**-6.41**
六.消费量合计	**Total Final Consumption**	**4695.72**	**1060.86**

Continued

柴油（万吨） Diesel Oil (10^4 tons)	燃料油（万吨） Fuel Oil (10^4 tons)	液化石油气（万吨） LPG (10^4 tons)	炼厂干气（万吨） Refinery Gas (10^4 tons)	其他石油制品（万吨） Other Petroleum Products (10^4 tons)	天然气（亿立方米） Natural Gas (10^8 cu.m)	热力（万百万千焦） Heat (10^{10} kJ)	电力（亿千瓦小时） Electricity (10^8 kW•h)	其他能源（万吨标煤） Other Energy (10^4 tce)
104.83	**2817.31**	**634.09**		**22.83**	**390.20**		**4016.46**	**3015.50**
					414.60		4077.22	2633.00
							3535.44	
							504.69	
								382.50
274.92	3059.22	641.00		384.21			34.00	
28.96	210.01							
63.65	181.69	3.19		360.68	24.40		94.76	
23.00	187.00							
-112.40	-83.23	-3.72		-0.70				
9969.63	**364.96**	**1407.58**	**674.64**	**6073.19**	**-39.40**	**192586.50**	**17955.88**	**-382.64**
-124.34	-1429.19	-2.20	-30.28	-49.14	-19.03		17955.88	-266.75
-9.63	-224.62	-7.20	-127.42	-70.12	-20.37	192586.50		-66.35
10103.60	2029.28	1416.98	832.34	6192.45				-49.54
	-10.51							
		0.90			**7.76**	**2260.48**	**1420.60**	
10072.94	**3180.44**	**2005.73**	**668.65**	**6095.81**	**349.56**	**190322.38**	**20550.78**	**2633.21**
1092.01	0.66	3.58				51.52	768.87	335.83
1749.90	1967.37	483.71	668.65	5223.19	237.60	141539.66	15003.69	680.33
27.40	191.25	54.08	7.62	3133.91	81.29			
333.13	21.36	8.71		872.62	1.39	417.58	202.14	11.50
5497.24	1150.45	35.02			20.03	1221.92	449.65	288.90
108.99	24.98	91.31			9.18	2206.70	705.35	46.00
373.67		1350.48			67.22	41394.86	2384.49	1172.45
273.72		1126.71			66.92	41394.86	1463.33	76.28
99.95		223.77			0.30		921.15	1096.17
918.00	15.63	32.92			14.14	3490.14	1036.58	98.20
1.52	**1.83**	**35.04**	**5.99**	**0.21**	**-6.52**	**3.65**	**0.96**	**-0.35**
10206.91	**4844.76**	**2016.03**	**826.35**	**6215.07**	**396.72**	**192582.85**	**21971.38**	**3015.85**

5-6 中国能源平衡表(实物量) -2005

项目	Item	煤合计 (万吨) Coal Total (10^4 tons)	原煤 (万吨) Raw Coal (10^4 tons)
一.可供本地区消费的能源量	**Total Primary Energy Supply**	**235507.69**	**235526.53**
1.一次能源生产量	Indigenous Production	236514.60	236514.60
水电	Hydro Power		
核电	Nuclear Power		
2.回收能	Recovery of Energy		
3.进口量	Import	2621.63	2621.63
4.我轮、机在外国加油量	China Airplanes&Ships Refueling in Abroad		
5.出口量(-)	Export (-)	7173.11	7173.11
6.外轮、机在我国加油量(-)	Foreign Airplanes&Ships Refueling in China		
7.库存增(-)、减(+)量	Stock Change	3544.57	3563.41
二.加工转换投入(-)产出(+)量	**Input(-) & Output(+) of Transformation**	**-156989.80**	**-166567.03**
1.火力发电	Thermal Power	-103662.94	-101709.20
2.供热	Heating Supply	-13542.00	-13322.92
3.洗选煤	Coal Washing	-4782.11	-44880.84
4.炼焦	Coking	-33445.68	-5717.18
5.炼油	Petroleum Refineries		
6.制气	Gas Works	-1276.96	-784.64
#焦炭再投入量(-)	Coke Input (-)		
7.煤制品加工	Briquettes	-280.12	-152.25
三.损失量	**Loss**		
四.终端消费量	**Total Final Consumption**	**86385.64**	**76467.82**
1.农、林、牧、渔、水利业	Farming, Forestry, Animal Husbandry, Fishery & Water Conservancy	1801.73	1776.33
2.工业	Industry	67776.26	59916.74
#用作原料、材料	Non-Energy Use	6509.51	5871.84
3.建筑业	Construction	603.56	594.50
4.交通运输、仓储及邮电通迅业	Transport, Storage, Postal & Telecommunications Services	811.17	810.35
5.批发和零售贸易业、餐饮业	Wholesale, Retail Trade and Catering Service	2626.70	2604.39
6.生活消费	Residential Consumption	10038.97	8102.81
城镇	Urban	3011.25	2139.44
乡村	Rural	7027.72	5963.37
7.其他	Other	2727.25	2662.70
五.平衡差额	**Statistical Difference**	**-7867.75**	**-7508.31**
六.消费量合计	**Total Final Consumption**	**243375.44**	**243034.84**

Energy Banlance of China (Physical Quantity) -2005

洗精煤 (万吨) Cleaned Coal (10^4 tons)	其他洗煤 (万吨) Other Washed Coal (10^4 tons)	型煤 (万吨) Briquettes (10^4 tons)	焦炭 (万吨) Coke (10^4 tons)	焦炉煤气 (亿立方米) Coke Oven Gas (10^8 cu.m)	其他煤气 (亿立方米) Other Gas (10^8 cu.m)	其他焦化产品 (万吨) Other Coking Products (10^4 tons)	油品合计 (万吨) Petroleum Products Total (10^4 tons)	原油 (万吨) Crude Oil (10^4 tons)
-21.76	**1.02**	**1.90**	**-1427.26**		**2475.21**	**30.79**	**32539.13**	**30089.17**
							18135.29	18135.29
					2475.21			
			0.54			100.57	16732.31	12681.74
							430.84	
			1276.41			69.78	2488.28	806.68
							399.80	
-21.76	1.02	1.90	-151.39				128.76	78.82
2710.65	**5729.18**	**1137.40**	**26283.79**	**454.21**	**-304.78**	**359.53**	**-2895.98**	**-29084.82**
-85.75	-1867.99			-37.42	-345.24		-1306.42	-41.28
-6.70	-212.38			-16.90	-176.03		-429.05	-3.03
30864.84	9233.90							
-27585.35	-143.15		26200.65	504.00	23.56	351.80		
							-1146.12	-29040.51
-476.39	-15.93		311.05	4.53	192.93	12.54	-14.39	
			-227.91			-4.81		
	-1265.27	1137.40						
							155.42	**153.76**
2867.41	**5874.29**	**1176.12**	**24877.93**	**454.09**	**2168.05**	**389.76**	**29495.62**	**850.36**
	25.40		63.47				1451.69	
2864.00	4817.59	177.93	24633.01	403.75	2061.23	389.76	11107.53	850.36
435.33	202.34		985.32	3.81		99.19	3376.94	113.10
3.41	5.65		18.38				1502.19	
	0.82		1.07		0.23		10799.95	
	11.03	11.28	64.08	2.93	6.00		375.64	
	952.07	984.09	90.33	44.20	100.60		2284.43	
	361.65	510.15	49.92	44.20	99.37		1757.96	
	590.42	473.94	40.41		1.22		526.48	
	61.73	2.82	7.59	3.22			1974.18	
-178.52	**-144.09**	**-36.83**	**-21.41**	**0.12**	**2.38**	**0.56**	**-7.90**	**0.23**
31021.60	**9379.01**	**1176.12**	**25105.85**	**508.41**	**2689.32**	**394.57**	**32547.02**	**30088.94**

5-6 续表

项　目	Item	汽油（万吨） Gasoline (10⁴ tons)	煤油（万吨） Kerosene (10⁴ tons)
一.可供本地区消费的能源量	**Total Primary Energy Supply**	**-578.29**	**63.54**
1.一次能源生产量	Indigenous Production		
水电	Hydro Power		
核电	Nuclear Power		
2.回收能	Recovery of Energy		
3.进口量	Import	0.00	328.34
4.我轮、机在外国加油量	China Airplanes&Ships Refueling in Abroad		147.80
5.出口量(−)	Export (-)	559.66	268.66
6.外轮、机在我国加油量(−)	Foreign Airplanes&ships Refueling in China		178.90
7.库存增(−)、减(+)量	Stock Change	-18.63	34.96
二.加工转换投入(−)产出(+)量	**Input(-) & Output(+) of Transformation**	**5432.75**	**1006.48**
1.火力发电	Thermal Power	-0.80	
2.供热	Heating Supply		
3.洗选煤	Coal Washing		
4.炼焦	Coking		
5.炼油	Petroleum Refineries	5433.55	1006.48
6.制气	Gas Works		
#焦炭再投入量(−)	Coke Input (-)		
7.煤制品加工	Briquettes		
三.损失量	**Loss**		
四.终端消费量	**Total Final Consumption**	**4854.11**	**1076.84**
1.农、林、牧、渔、水利业	Farming, Forestry, Animal Husbandry, Fishery & Water Conservancy	159.59	1.60
2.工业	Industry	440.91	57.50
#用作原料、材料	Non-Energy Use	8.28	2.80
3.建筑业	Construction	172.14	
4.交通运输、仓储及邮电通迅业	Transport, Storage, Postal & Telecommunications Services	2430.05	952.42
5.批发和零售贸易业、餐饮业	Wholesale, Retail Trade and Catering Service	129.39	3.67
6.生活消费	Residential Consumption	523.83	25.46
城镇	Urban	389.59	1.86
乡村	Rural	134.23	23.60
7.其他	Other	998.20	36.19
五.平衡差额	**Statistical Difference**	**0.36**	**-6.82**
六.消费量合计	**Total Final Consumption**	**4854.91**	**1076.84**

Continued

柴油 (万吨) Diesel Oil (10^4 tons)	燃料油 (万吨) Fuel Oil (10^4 tons)	液化石油气 (万吨) LPG (10^4 tons)	炼厂干气 (万吨) Refinery Gas (10^4 tons)	其他石油制品 (万吨) Other Petroleum Products (10^4 tons)	天然气 (亿立方米) Natural Gas (10^8 cu.m)	热力 (万百万千焦) Heat (10^{10} kJ)	电力 (亿千瓦小时) Electricity (10^8 kW•h)	其他能源 (万吨标煤) Other Energy (10^4 tce)
-117.61	**2469.85**	**619.50**		**-7.04**	**463.51**		**4467.41**	**3269.00**
					493.20		4529.24	
							3970.17	2935.00
							530.88	
53.24	2608.63	617.00		443.36			50.11	334.00
7.77	275.27							
147.64	229.98	2.67		472.99	29.69		111.94	
23.30	197.60							
-7.68	13.53	5.17		22.59				
11004.68	**513.14**	**1429.42**	**792.11**	**6010.26**	**-57.39**	**228894.66**	**20473.36**	**-333.70**
-81.90	-1068.74	-0.12	-42.97	-70.61	-30.12		20473.36	-244.02
-3.61	-171.14	-3.16	-98.25	-149.86	-23.17	228894.66		-54.16
11090.19	1767.41	1432.70	933.33	6230.73				-35.52
	-14.39				-4.10			
		1.66			**10.33**	**2631.20**	**1706.47**	
10889.42	**2989.88**	**2041.56**	**791.35**	**6002.10**	**398.36**	**226259.34**	**23233.85**	**2935.74**
1286.35	0.66	3.49				53.53	776.33	356.65
1624.53	1732.59	531.10	791.35	5079.19	266.76	166290.92	16815.22	829.31
14.29	136.33	59.08	2.66	3040.40	87.68			
386.64	14.18	6.32		922.91	1.49	465.43	233.93	13.00
6169.41	1201.02	47.05			30.77	1061.95	430.34	318.37
116.03	27.52	99.03			10.79	2206.70	752.31	50.00
406.40		1328.74			79.43	52043.58	2884.81	1259.72
300.46		1066.04			79.13	52043.58	1794.43	83.53
105.94		262.70			0.30		1090.38	1176.19
900.06	13.91	25.82			9.12	4137.21	1340.91	108.69
-2.35	**-6.89**	**5.71**	**0.76**	**1.12**	**-2.57**	**4.13**	**0.45**	**-0.44**
10974.93	**4244.15**	**2046.50**	**932.57**	**6222.57**	**466.08**	**228890.54**	**24940.32**	**3269.44**

5-7 中国能源平衡表(实物量) -2006

项　目	Item	煤合计 (万吨) Coal Total (10⁴ tons)	原煤 (万吨) Raw Coal (10⁴ tons)
一.可供本地区消费的能源量	**Total Primary Energy Supply**	**261466.65**	**261456.46**
1.一次能源生产量	Indigenous Production	256973.12	256973.12
水电	Hydro Power		
核电	Nuclear Power		
2.回收能	Recovery of Energy		
3.进口量	Import	3822.17	3822.17
4.我轮、机在外国加油量	China Airplanes&Ships Refueling in Abroad		
5.出口量(-)	Export (-)	6327.51	6327.51
6.外轮、机在我国加油量(-)	Foreign Airplanes&Ships Refueling in China		
7.库存增(-)、减(+)量	Stock Change	6998.87	6988.68
二.加工转换投入(-)产出(+)量	**Input(-) & Output(+) of Transformation**	**-178488.44**	**-189014.87**
1.火力发电	Thermal Power	-118763.91	-116038.34
2.供热	Heating Supply	-14612.46	-14255.52
3.洗选煤	Coal Washing	-4979.30	-51256.06
4.炼焦	Coking	-38398.66	-6690.44
5.炼油	Petroleum Refineries		
6.制气	Gas Works	-1257.08	-665.61
#焦炭再投入量(-)	Coke Input (-)		
7.煤制品加工	Briquettes	-477.02	-108.90
三.损失量	**Loss**		
四.终端消费量	**Total Final Consumption**	**92151.01**	**81344.68**
1.农、林、牧、渔、水利业	Farming, Forestry, Animal Husbandry, Fishery & Water Conservancy	1871.38	1852.71
2.工业	Industry	73142.05	64354.97
#用作原料.材料	Non-Energy Use	7022.56	6306.79
3.建筑业	Construction	651.99	643.47
4.交通运输、仓储及邮电通迅业	Transport, Storage, Postal & Telecommunications Services	769.93	720.40
5.批发和零售贸易业.餐饮业	Wholesale, Retail Trade and Catering Service	2796.49	2729.40
6.生活消费	Residential Consumption	10036.34	8245.22
城镇	Urban	3043.03	2270.41
乡村	Rural	6993.31	5974.81
7.其他	Other	2882.82	2798.50
五.平衡差额	**Statistical Difference**	**-9172.79**	**-8903.09**
六.消费量合计	**Total Final Consumption**	**270639.44**	**270359.55**

Energy Banlance of China (Physical Quantity) -2006

洗精煤 (万吨) Cleaned Coal (10^4 tons)	其他洗煤 (万吨) Other Washed Coal (10^4 tons)	型煤 (万吨) Briquettes (10^4 tons)	焦炭 (万吨) Coke (10^4 tons)	焦炉煤气 (亿立方米) Coke Oven Gas (10^8 cu.m)	其他煤气 (亿立方米) Other Gas (10^8 cu.m)	其他焦化产品 (万吨) Other Coking Products (10^4 tons)	油品合计 (万吨) Petroleum Products Total (10^4 tons)	原油 (万吨) Crude Oil (10^4 tons)
33.45	**-22.09**	**-1.18**	**-1777.79**		**3071.86**	**20.64**	**34930.03**	**32249.19**
							18476.57	18476.57
					3071.86			
			0.03			108.23	18933.23	14517.48
							519.73	
			1446.75			87.59	2179.09	633.72
							447.10	
33.45	-22.09	-1.18	-331.07				-373.31	-111.14
2870.74	**6195.55**	**1460.15**	**29846.45**	**446.41**	**-420.25**	**468.65**	**-2636.80**	**-31069.75**
-63.74	-2661.83			-56.36	-430.85		-931.25	-22.91
-19.20	-337.74			-51.39	-205.12		-430.88	-0.84
35197.16	11079.60							
-31675.90	-32.32		29768.31	548.86	24.00	457.75		
							-1261.28	-31046.00
-567.57	-23.90		306.05	5.30	191.72	16.30	-13.39	
			-227.91			-5.40		
	-1828.27	1460.15						
							199.95	**198.35**
3162.75	**6187.56**	**1456.02**	**28069.86**	**441.06**	**2663.65**	**488.53**	**32094.08**	**977.10**
	18.67		55.73				1540.20	
3124.04	5125.93	537.11	27830.65	389.07	2536.36	488.53	11977.41	977.10
474.85	240.92		1530.69	3.78		124.33	4098.95	195.42
3.41	5.11		18.50				1648.51	
35.30	14.23		0.85		0.26		11848.91	
	55.84	11.25	65.39	2.87	6.46		392.21	
	886.48	904.64	90.45	45.80	120.57		2609.23	
	313.48	459.14	50.84	45.80	119.31		1995.72	
	573.00	445.50	39.60		1.26		613.51	
	81.30	3.02	8.30	3.32			2077.61	
-258.56	**-14.10**	**2.95**	**-1.21**	**5.35**	**-12.04**	**0.77**	**-0.80**	**3.99**
35489.16	**11071.62**	**1456.02**	**28297.77**	**548.81**	**3299.62**	**493.93**	**34930.83**	**32245.20**

5-7 续表

项　目	Item	汽油（万吨） Gasoline (10^4 tons)	煤油（万吨） Kerosene (10^4 tons)
一.可供本地区消费的能源量	**Total Primary Energy Supply**	**-351.93**	**142.40**
1.一次能源生产量	Indigenous Production		
水电	Hydro Power		
核电	Nuclear Power		
2.回收能	Recovery of Energy		
3.进口量	Import	6.09	560.89
4.我轮、机在外国加油量	China Airplanes&Ships Refueling in Abroad		170.80
5.出口量(-)	Export (-)	350.54	371.09
6.外轮、机在我国加油量(-)	Foreign Airplanes&ships Refueling in China		213.30
7.库存增(-)、减(+)量	Stock Change	-7.48	-4.90
二.加工转换投入(-)产出(+)量	**Input(-) & Output(+) of Transformation**	**5594.87**	**975.48**
1.火力发电	Thermal Power	-0.09	
2.供热	Heating Supply		
3.洗选煤	Coal Washing		
4.炼焦	Coking		
5.炼油	Petroleum Refineries	5594.96	975.48
6.制气	Gas Works		
#焦炭再投入量(-)	Coke Input (-)		
7.煤制品加工	Briquettes		
三.损失量	**Loss**		
四.终端消费量	**Total Final Consumption**	**5242.44**	**1124.74**
1.农、林、牧、渔、水利业	Farming, Forestry, Animal Husbandry, Fishery & Water Conservancy	167.75	1.54
2.工业	Industry	498.40	48.19
#用作原料、材料	Non-Energy Use	10.16	4.27
3.建筑业	Construction	180.75	
4.交通运输、仓储及邮电通迅业	Transport, Storage, Postal & Telecommunications Services	2592.35	1010.54
5.批发和零售贸易业、餐饮业	Wholesale, Retail Trade and Catering Service	123.34	3.77
6.生活消费	Residential Consumption	615.74	22.73
城镇	Urban	440.53	1.49
乡村	Rural	175.21	21.24
7.其他	Other	1064.11	37.97
五.平衡差额	**Statistical Difference**	**0.50**	**-6.86**
六.消费量合计	**Total Final Consumption**	**5242.53**	**1124.74**

Continued

柴油（万吨）Diesel Oil (10^4 tons)	燃料油（万吨）Fuel Oil (10^4 tons)	液化石油气（万吨）LPG (10^4 tons)	炼厂干气（万吨）Refinery Gas (10^4 tons)	其他石油制品（万吨）Other Petroleum Products (10^4 tons)	天然气（亿立方米）Natural Gas (10^8 cu.m)	热力（万百万千焦）Heat (10^{10} kJ)	电力（亿千瓦小时）Electricity (10^8 kW•h)	其他能源（万吨标煤）Other Energy (10^4 tce)
73.68	**2587.14**	**507.18**		**-277.63**	**566.05**		**4892.41**	**3605.50**
					585.53		4961.23	3213.50
							4357.86	
							548.43	
								392.00
70.52	2799.33	535.56		443.36	9.50		53.89	
10.15	338.78							
77.58	258.07	15.10		472.99	28.98		122.71	
25.00	208.80							
95.59	-84.10	-13.28		-248.00				
11577.02	**916.12**	**1740.02**	**819.96**	**6809.48**	**-79.40**	**246811.92**	**23696.03**	**-392.03**
-73.16	-796.04	-0.01	-34.50	-4.54	-57.56		23696.03	-320.46
-3.22	-159.10	-5.27	-129.21	-133.24	-16.23	246811.92		-64.99
11653.40	1884.65	1745.30	983.67	6947.26				-6.58
	-13.39				-5.61			
		1.60			**9.90**	**2973.26**	**1858.83**	
11652.71	**3502.63**	**2245.69**	**818.29**	**6530.48**	**484.03**	**243835.54**	**26729.14**	**3213.93**
1365.53	0.69	4.69				61.57	827.04	374.84
1648.86	1935.41	535.89	818.29	5515.28	315.80	176779.27	19408.91	960.51
18.67	152.77	110.22	22.51	3584.93	78.95			
428.67	16.34	7.55		1015.20	1.66	494.10	271.05	16.00
6677.32	1515.61	53.09			38.02	1634.34	467.37	358.49
129.77	21.44	113.88			13.16	2692.17	847.25	53.50
469.59		1501.17			102.62	56948.38	3351.58	1329.07
351.06		1202.64			102.26	56948.38	2025.59	92.89
118.53		298.52			0.36		1325.99	1236.18
932.96	13.14	29.43			12.77	5225.71	1555.94	121.52
-2.00	**0.63**	**-0.10**	**1.67**	**1.38**	**-7.28**	**3.12**	**0.47**	**-0.46**
11729.09	**4471.16**	**2252.57**	**982.00**	**6668.26**	**573.33**	**246808.80**	**28587.97**	**3605.96**

5-8 中国能源平衡表(实物量) -2007

项 目	Item	煤合计 (万吨) Coal Total (10⁴ tons)	原煤 (万吨) Raw Coal (10⁴ tons)
一.可供本地区消费的能源量	**Total Primary Energy Supply**	**282425.44**	**282914.07**
1.一次能源生产量	Indigenous Production	275989.13	275989.13
水电	Hydro Power		
核电	Nuclear Power		
2.回收能	Recovery of Energy		
3.进口量	Import	5160.17	5160.17
4.我轮、机在外国加油量	China Airplanes&Ships Refueling in Abroad		
5.出口量(-)	Export (-)	5319.25	5319.25
6.外轮、机在我国加油量(-)	Foreign Airplanes&Ships Refueling in China		
7.库存增(-)、减(+)量	Stock Change	6595.39	7084.02
二.加工转换投入(-)产出(+)量	**Input(-) & Output(+) of Transformation**	**-190692.33**	**-203160.40**
1.火力发电	Thermal Power	-127917.25	-124662.51
2.供热	Heating Supply	-15440.91	-14956.94
3.洗选煤	Coal Washing	-3804.62	-56325.85
4.炼焦	Coking	-41658.99	-6198.02
5.炼油	Petroleum Refineries		
6.制气	Gas Works	-1459.75	-865.85
#焦炭再投入量(-)	Coke Input (-)		
7.煤制品加工	Briquettes	-410.80	-151.23
三.损失量	**Loss**		
四.终端消费量	**Total Final Consumption**	**99717.82**	**87347.65**
1.农、林、牧、渔、水利业	Farming, Forestry, Animal Husbandry, Fishery & Water Conservancy	1956.88	1936.08
2.工业	Industry	80614.43	70348.07
#用作原料.材料	Non-Energy Use	6938.61	6260.98
3.建筑业	Construction	638.96	605.69
4.交通运输、仓储及邮电通迅业	Transport, Storage, Postal & Telecommunications Services	695.90	657.84
5.批发和零售贸易业.餐饮业	Wholesale, Retail Trade and Catering Service	2963.94	2868.60
6.生活消费	Residential Consumption	9760.61	7964.96
城镇	Urban	2905.50	2139.39
乡村	Rural	6855.11	5825.56
7.其他	Other	3087.09	2966.41
五.平衡差额	**Statistical Difference**	**-7984.70**	**-7593.98**
六.消费量合计	**Total Final Consumption**	**290410.14**	**290508.05**

Energy Banlance of China (Physical Quantity) -2007

洗精煤 (万吨) Cleaned Coal (10^4 tons)	其他洗煤 (万吨) Other Washed Coal (10^4 tons)	型煤 (万吨) Briquettes (10^4 tons)	焦炭 (万吨) Coke (10^4 tons)	焦炉煤气 (亿立方米) Coke Oven Gas (10^8 cu.m)	其他煤气 (亿立方米) Other Gas (10^8 cu.m)	其他焦化产品 (万吨) Other Coking Products (10^4 tons)	油品合计 (万吨) Petroleum Products Total (10^4 tons)	原油 (万吨) Crude Oil (10^4 tons)
-166.19	**-318.84**	**-3.60**	**-2215.18**		**4085.03**	**69.56**	**36648.88**	**34035.06**
							18631.82	18631.82
					4085.03			
			0.04			176.60	20536.59	16316.01
							602.76	
			1529.93			107.04	2196.43	388.37
							467.84	
-166.19	-318.84	-3.60	-685.29				-458.02	-524.40
3578.47	**7157.79**	**1731.81**	**32837.26**	**480.01**	**-444.62**	**531.59**	**-2441.90**	**-32849.13**
-25.77	-3228.97			-79.53	-480.85		-718.55	-15.92
-19.20	-464.77			-12.83	-175.16		-436.27	-0.59
39613.50	12907.72							
-35396.16	-64.81		32773.00	559.23	16.83	514.10		
							-1282.12	-32832.62
-593.90			332.28	13.14	194.56	25.79	-4.96	
			-268.02			-8.30		
	-1991.38	1731.81						
							199.95	**198.35**
3563.48	**7053.64**	**1753.04**	**30900.10**	**481.19**	**3644.26**	**600.89**	**34012.60**	**984.12**
	20.80		57.23				1399.92	
3538.04	5922.97	805.35	30664.21	434.18	3490.53	600.89	12424.25	984.12
523.63	154.00		1257.23	4.34		144.21	4566.70	171.75
3.00	30.27		17.48				1823.06	
22.44	15.62		0.55		0.25		12741.39	
	78.49	16.85	71.00	2.80	9.17		426.91	
	869.93	925.72	81.40	41.22	144.31		2981.11	
	352.88	413.22	48.86	41.22	143.01		2244.87	
	517.05	512.50	32.54		1.30		736.24	
	115.56	5.12	8.23	2.99			2215.95	
-151.20	**-214.70**	**-24.83**	**-278.02**	**-1.18**	**-3.85**	**0.26**	**-5.57**	**3.46**
39598.51	**12803.58**	**1753.04**	**31168.12**	**573.55**	**4300.27**	**609.19**	**36654.45**	**34031.60**

5-8 续表

项 目	Item	汽油 (万吨) Gasoline (10[4] tons)	煤油 (万吨) Kerosene (10[4] tons)
一.可供本地区消费的能源量	**Total Primary Energy Supply**	**-398.65**	**85.94**
1.一次能源生产量	Indigenous Production		
水电	Hydro Power		
核电	Nuclear Power		
2.回收能	Recovery of Energy		
3.进口量	Import	22.70	524.34
4.我轮、机在外国加油量	China Airplanes&Ships Refueling in Abroad		200.70
5.出口量(-)	Export (-)	464.27	448.07
6.外轮、机在我国加油量(-)	Foreign Airplanes&ships Refueling in China		189.00
7.库存增(-)、减(+)量	Stock Change	42.92	-2.03
二.加工转换投入(-)产出(+)量	**Input(-) & Output(+) of Transformation**	**5917.77**	**1153.28**
1.火力发电	Thermal Power	-0.12	
2.供热	Heating Supply	-0.01	
3.洗选煤	Coal Washing		
4.炼焦	Coking		
5.炼油	Petroleum Refineries	5917.90	1153.28
6.制气	Gas Works		
#焦炭再投入量(-)	Coke Input (-)		
7.煤制品加工	Briquettes		
三.损失量	**Loss**		
四.终端消费量	**Total Final Consumption**	**5518.96**	**1243.71**
1.农、林、牧、渔、水利业	Farming, Forestry, Animal Husbandry, Fishery & Water Conservancy	172.78	0.94
2.工业	Industry	524.37	45.24
#用作原料、材料	Non-Energy Use	11.75	5.31
3.建筑业	Construction	178.83	
4.交通运输、仓储及邮电通迅业	Transport, Storage, Postal & Telecommunications Services	2613.19	1129.98
5.批发和零售贸易业、餐饮业	Wholesale, Retail Trade and Catering Service	131.73	4.90
6.生活消费	Residential Consumption	778.40	19.48
城镇	Urban	550.63	1.64
乡村	Rural	227.77	17.84
7.其他	Other	1119.67	43.17
五.平衡差额	**Statistical Difference**	**0.16**	**-4.49**
六.消费量合计	**Total Final Consumption**	**5519.09**	**1243.71**

Continued

柴油 (万吨) Diesel Oil (10^4 tons)	燃料油 (万吨) Fuel Oil (10^4 tons)	液化石油气 (万吨) LPG (10^4 tons)	炼厂干气 (万吨) Refinery Gas (10^4 tons)	其他石油制品 (万吨) Other Petroleum Products (10^4 tons)	天然气 (亿立方米) Natural Gas (10^8 cu.m)	热力 (万百万千焦) Heat (10^{10} kJ)	电力 (亿千瓦小时) Electricity (10^8 kW•h)	其他能源 (万吨标煤) Other Energy (10^4 tce)
135.11	**2191.15**	**375.46**		**224.80**	**706.60**		**5483.05**	**4051.50**
					692.40		5586.20	3468.00
							4852.64	
							621.30	
								583.50
162.14	2417.07	405.43		688.90	40.20		42.51	
11.52	390.54							
66.05	379.72	33.80		416.15	26.00		145.66	
27.20	251.64							
54.70	14.90	3.83		-47.95				
12286.99	**1265.21**	**1939.61**	**865.50**	**6978.87**	**-104.74**	**258602.67**	**27229.33**	**-583.62**
-65.95	-565.59		-37.60	-33.37	-80.68		27229.33	-416.60
-6.17	-131.48	-5.13	-125.64	-167.25	-19.83	258602.67		-161.52
12359.11	1967.24	1944.74	1028.74	7179.49				-5.50
	-4.96				-4.23			
		1.60			**11.11**	**3168.90**	**2061.71**	
12420.25	**3455.46**	**2321.12**	**865.30**	**7203.67**	**589.38**	**255426.55**	**30650.10**	**3467.85**
1218.97	1.00	6.23				81.65	878.96	387.58
1741.37	1782.16	450.50	865.30	6031.19	370.28	185028.20	22229.10	1070.16
27.00	155.81	129.39	24.79	4040.90	92.57			
433.81	30.74	7.20		1172.48	2.09	592.92	309.00	19.50
7339.36	1604.95	53.91			40.43	1636.34	531.91	426.60
133.94	24.78	131.56			17.11	3097.88	929.82	55.00
545.32		1637.92			143.39	57688.71	4062.71	1367.44
402.08		1290.52			142.93	57688.71	2391.86	106.54
143.23		347.40			0.45		1670.85	1260.90
1007.48	11.83	33.80			16.09	7300.85	1708.60	141.57
1.85	**0.90**	**-7.65**	**0.20**		**1.37**	**7.22**	**0.57**	**0.03**
12492.37	**4157.49**	**2327.85**	**1028.54**	**7404.29**	**705.23**	**258595.45**	**32711.81**	**4051.47**

5-9 中国能源平衡表(实物量) -2008

项　目	Item	煤合计 (万吨) Coal Total (10⁴ tons)	原煤 (万吨) Raw Coal (10⁴ tons)
一.可供本地区消费的能源量	**Total Primary Energy Supply**	**294755.37**	**294303.68**
1.一次能源生产量	Indigenous Production	290340.56	290340.56
水电	Hydro Power		
核电	Nuclear Power		
2.回收能	Recovery of Energy		
3.进口量	Import	4362.56	4362.56
4.我轮、机在外国加油量	China Airplanes&Ships Refueling in Abroad		
5.出口量(-)	Export (-)	4558.06	4558.06
6.外轮、机在我国加油量(-)	Foreign Airplanes&Ships Refueling in China		
7.库存增(-)、减(+)量	Stock Change	4610.31	4158.62
二.加工转换投入(-)产出(+)量	**Input(-) & Output(+) of Transformation**	**-196654.63**	**-209447.01**
1.火力发电	Thermal Power	-132652.37	-129312.30
2.供热	Heating Supply	-15061.46	-14539.66
3.洗选煤	Coal Washing	-5907.85	-59236.88
4.炼焦	Coking	-41461.66	-5616.13
5.炼油	Petroleum Refineries		
6.制气	Gas Works	-1227.21	-587.29
#焦炭再投入量(-)	Coke Input (-)		
7.煤制品加工	Briquettes	-344.08	-154.75
三.损失量	**Loss**		
四.终端消费量	**Total Final Consumption**	**103950.33**	**90391.22**
1.农、林、牧、渔、水利业	Farming, Forestry, Animal Husbandry, Fishery & Water Conservancy	2022.97	1994.17
2.工业	Industry	85153.57	73462.50
#用作原料.材料	Non-Energy Use	7251.47	6538.16
3.建筑业	Construction	624.65	593.21
4.交通运输、仓储及邮电通迅业	Transport, Storage, Postal & Telecommunications Services	665.41	635.88
5.批发和零售贸易业.餐饮业	Wholesale, Retail Trade and Catering Service	3092.16	2989.13
6.生活消费	Residential Consumption	9147.61	7607.53
城镇	Urban	2434.68	1902.90
乡村	Rural	6712.93	5704.63
7.其他	Other	3243.96	3108.80
五.平衡差额	**Statistical Difference**	**-5849.60**	**-5534.55**
六.消费量合计	**Total Final Consumption**	**300604.96**	**299838.23**

Energy Banlance of China (Physical Quantity) -2008

洗精煤 (万吨) Cleaned Coal (10^4 tons)	其他洗煤 (万吨) Other Washed Coal (10^4 tons)	型煤 (万吨) Briquettes (10^4 tons)	焦炭 (万吨) Coke (10^4 tons)	焦炉煤气 (亿立方米) Coke Oven Gas (10^8 cu.m)	其他煤气 (亿立方米) Other Gas (10^8 cu.m)	其他焦化产品 (万吨) Other Coking Products (10^4 tons)	油品合计 (万吨) Petroleum Products Total (10^4 tons)	原油 (万吨) Crude Oil (10^4 tons)
116.62	**335.27**	**-0.20**	**-319.93**		**4240.80**	**28.89**	**37318.79**	**35498.61**
							19043.96	19043.96
					4240.80			
						121.03	22470.74	17888.52
							544.71	
			1221.33			92.14	2444.74	423.75
							500.91	
116.62	335.27	-0.20	901.40				-1794.97	-1010.12
3915.91	**7098.23**	**1778.24**	**32126.32**	**518.38**	**-518.44**	**668.95**	**-2619.67**	**-34522.24**
-31.14	-3308.93			-104.03	-500.85		-504.08	-8.87
-6.51	-515.29			-54.07	-178.15		-418.18	-0.95
40346.23	12982.80							
-35752.75	-92.78		32031.50	656.82	5.56	642.24		
							-1695.77	-34512.42
-639.92			282.44	19.66	155.00	31.39	-1.64	
			-187.62			-4.68		
	-1967.57	1778.24						
							202.35	**200.35**
4183.62	**7561.47**	**1814.02**	**31932.61**	**523.20**	**3714.94**	**695.95**	**34510.90**	**787.75**
	28.80		53.14				1265.78	
4167.02	6367.52	1156.53	31789.08	478.66	3563.48	695.95	12630.79	787.75
445.87	267.44		1494.09	4.79		160.07	4507.49	144.28
2.00	29.44		10.70				1517.48	
14.60	14.93		0.29		0.28		13459.78	
	82.81	20.22	7.54	1.11	8.94		366.42	
	909.63	630.45	64.93	41.63	142.24		2916.87	
	325.17	206.61	42.35	41.63	140.81		2157.78	
	584.46	423.84	22.58		1.43		759.09	
	128.34	6.82	6.93	1.79			2353.78	
-151.08	**-127.98**	**-35.98**	**-126.22**	**-4.82**	**7.42**	**1.89**	**-14.13**	**-11.74**
40613.94	**13446.05**	**1814.02**	**32120.23**	**681.30**	**4393.94**	**700.63**	**37332.92**	**35510.34**

5-9 续表

项　目	Item	汽油 (万吨) Gasoline (10^4 tons)	煤油 (万吨) Kerosene (10^4 tons)
一.可供本地区消费的能源量	**Total Primary Energy Supply**	**-199.54**	**131.52**
1.一次能源生产量	Indigenous Production		
水电	Hydro Power		
核电	Nuclear Power		
2.回收能	Recovery of Energy		
3.进口量	Import	198.69	647.79
4.我轮、机在外国加油量	China Airplanes&Ships Refueling in Abroad		189.00
5.出口量(-)	Export (-)	203.35	536.44
6.外轮、机在我国加油量(-)	Foreign Airplanes&ships Refueling in China		170.10
7.库存增(-)、减(+)量	Stock Change	-194.88	1.27
二.加工转换投入(-)产出(+)量	**Input(-) & Output(+) of Transformation**	**6347.05**	**1158.90**
1.火力发电	Thermal Power	-0.12	
2.供热	Heating Supply	-0.01	
3.洗选煤	Coal Washing		
4.炼焦	Coking		
5.炼油	Petroleum Refineries	6347.18	1158.90
6.制气	Gas Works		
#焦炭再投入量(-)	Coke Input (-)		
7.煤制品加工	Briquettes		
三.损失量	**Loss**		
四.终端消费量	**Total Final Consumption**	**6145.39**	**1294.00**
1.农、林、牧、渔、水利业	Farming, Forestry, Animal Husbandry, Fishery & Water Conservancy	160.44	1.26
2.工业	Industry	585.98	49.08
#用作原料、材料	Non-Energy Use	12.27	6.48
3.建筑业	Construction	196.19	9.67
4.交通运输、仓储及邮电通迅业	Transport, Storage, Postal & Telecommunications Services	3090.43	1174.59
5.批发和零售贸易业、餐饮业	Wholesale, Retail Trade and Catering Service	135.28	20.82
6.生活消费	Residential Consumption	855.14	12.68
城镇	Urban	608.63	1.72
乡村	Rural	246.51	10.96
7.其他	Other	1121.93	25.90
五.平衡差额	**Statistical Difference**	**2.11**	**-3.58**
六.消费量合计	**Total Final Consumption**	**6145.52**	**1294.00**

Continued

柴油（万吨）Diesel Oil (10^4 tons)	燃料油（万吨）Fuel Oil (10^4 tons)	液化石油气（万吨）PLG (10^4 tons)	炼厂干气（万吨）Refinery Gas (10^4 tons)	其他石油制品（万吨）Other Petroleum Products (10^4 tons)	天然气（亿立方米）Natural Gas (10^8 cu.m)	热力（万百万千焦）Heat (10^{10} kJ)	电力（亿千瓦小时）Electricity (10^8 kW•h)	其他能源（万吨标煤）Other Energy (10^4 tce)
134.00	**1505.02**	**199.48**		**49.71**	**816.59**		**6640.02**	**4198.00**
					803.00		6768.04	3678.00
							5851.87	
							683.94	
								520.00
624.45	2186.08	259.24		665.97	46.04		38.42	
8.61	347.10							
63.05	731.66	67.85		418.64	32.45		166.44	
26.05	304.76							
-409.96	8.26	8.09		-197.62				
13339.66	**1258.44**	**1908.59**	**885.68**	**7004.25**	**-109.41**	**257763.00**	**27900.78**	**-519.96**
-65.09	-347.53		-35.69	-46.78	-81.97		27900.78	-312.45
-4.40	-129.79	-6.19	-174.66	-102.18	-21.40	257763.00		-201.12
13409.15	1737.40	1914.78	1096.03	7153.21				-6.39
	-1.64				-6.04			
		2.00			**13.83**	**3168.90**	**2137.88**	
13475.46	**2757.79**	**2110.73**	**884.96**	**7054.81**	**689.69**	**254588.50**	**32403.47**	**3678.25**
1098.87	1.50	3.71				81.65	887.05	393.78
2111.89	1560.11	493.18	884.96	6157.84	416.75	179371.51	23250.75	1093.69
28.96	125.71	99.81	25.80	4064.18	104.19			
370.79	37.70	6.16		896.97	0.99	494.10	367.34	21.00
7997.31	1142.77	54.68			63.16	1816.34	571.82	529.02
152.72	6.25	51.35			17.75	3407.67	1017.44	56.00
592.08		1456.97			170.12	62765.13	4396.10	1413.46
439.33		1108.10			169.52	62765.13	2557.28	124.83
152.75		348.87			0.60		1838.82	1288.63
1151.80	9.46	44.68			20.92	6652.11	1912.97	171.30
-1.81	**5.67**	**-4.66**	**0.72**	**-0.86**	**3.66**	**5.60**	**-0.55**	**-0.21**
13544.95	**3236.75**	**2118.92**	**1095.31**	**7203.77**	**812.93**	**257757.40**	**34541.35**	**4198.21**

5-10 中国能源平衡表(实物量) -2009

项目	Item	煤合计 (万吨) Coal Total (10^4 tons)	原煤 (万吨) Raw Coal (10^4 tons)
一.可供本地区消费的能源量	**Total Primary Energy Supply**	**321539.64**	**321446.74**
1.一次能源生产量	Indigenous Production	311535.42	311535.42
水电	Hydro Power		
核电	Nuclear Power		
2.回收能	Recovery of Energy		
3.进口量	Import	13188.03	13188.03
4.我轮、机在外国加油量	China Airplanes&Ships Refueling in Abroad		
5.出口量(-)	Export (-)	2239.99	2239.99
6.外轮、机在我国加油量(-)	Foreign Airplanes&Ships Refueling in China		
7.库存增(-)、减(+)量	Stock Change	-943.83	-1036.72
二.加工转换投入(-)产出(+)量	**Input(-) & Output(+) of Transformation**	**-213532.62**	**-228704.67**
1.火力发电	Thermal Power	-143967.29	-140613.20
2.供热	Heating Supply	-15359.74	-14739.30
3.洗选煤	Coal Washing	-7265.55	-67267.85
4.炼焦	Coking	-45391.73	-5299.84
5.炼油	Petroleum Refineries		
6.制气	Gas Works	-1150.65	-555.76
#焦炭再投入量(-)	Coke Input (-)		
7.煤制品加工	Briquettes	-397.66	-228.72
三.损失量	**Loss**		
四.终端消费量	**Total Final Consumption**	**111470.30**	**96209.85**
1.农、林、牧、渔、水利业	Farming, Forestry, Animal Husbandry, Fishery & Water Conservancy	2080.58	2046.02
2.工业	Industry	92367.50	78987.60
#用作原料.材料	Non-Energy Use	7517.81	6792.93
3.建筑业	Construction	658.94	625.78
4.交通运输、仓储及邮电通迅业	Transport, Storage, Postal & Telecommunications Services	640.89	616.74
5.批发和零售贸易业.餐饮业	Wholesale, Retail Trade and Catering Service	3200.83	3081.79
6.生活消费	Residential Consumption	9121.95	7609.44
城镇	Urban	2156.40	1650.79
乡村	Rural	6965.55	5958.65
7.其他	Other	3399.62	3242.48
五.平衡差额	**Statistical Difference**	**-3463.28**	**-3467.78**
六.消费量合计	**Total Final Consumption**	**325002.92**	**324914.52**

Energy Banlance of China (Physical Quantity) -2009

洗精煤 (万吨) Cleaned Coal (10^4 tons)	其他洗煤 (万吨) Other Washed Coal (10^4 tons)	型煤 (万吨) Briquettes (10^4 tons)	焦炭 (万吨) Coke (10^4 tons)	焦炉煤气 (亿立方米) Coke Oven Gas (10^8 cu.m)	其他煤气 (亿立方米) Other Gas (10^8 cu.m)	其他焦化产品 (万吨) Other Coking Products (10^4 tons)	油品合计 (万吨) Petroleum Products Total (10^4 tons)	原油 (万吨) Crude Oil (10^4 tons)
310.42	**-216.16**	**-1.37**	**383.59**		**5052.40**	**142.56**	**38692.82**	**38130.50**
							18949.00	18949.00
					5052.40			
			15.92			187.73	25133.66	20365.29
							508.73	
			54.53			45.17	3296.75	507.25
							619.89	
310.42	-216.16	-1.37	422.20				-1981.93	-676.54
4226.50	**9112.73**	**1832.82**	**35583.76**	**510.25**	**-613.00**	**672.04**	**-2355.70**	**-37115.77**
-16.85	-3337.24			-88.42	-559.64		-393.17	-4.38
-3.22	-617.22			-69.58	-205.97		-396.16	-1.99
44845.84	15156.46							
-40004.38	-87.51		35510.10	649.44	7.00	644.76		
							-1566.05	-37109.40
-594.89			233.95	18.81	145.61	36.13	-0.32	
			-160.30			-8.85		
	-2001.76	1832.82						
							188.66	**186.66**
4546.04	**8742.16**	**1972.25**	**36189.67**	**509.52**	**4448.19**	**807.82**	**36127.01**	**826.16**
	34.56		44.59				1308.10	
4535.82	7485.66	1358.42	36083.02	467.24	4307.21	807.82	13378.74	826.16
485.33	239.54		1695.90	3.74		185.80	5104.46	163.10
1.12	32.04		5.68				2042.29	
9.10	15.05		0.14		0.31		13494.07	
	92.75	26.29	3.94	0.89	13.41		429.67	
	934.51	578.00	48.84	39.06	127.26		3167.88	
	319.66	185.95	29.64	39.06	125.75		2341.11	
	614.85	392.05	19.20		1.51		826.77	
	147.59	9.55	3.47	2.33			2306.26	
-9.12	**154.41**	**-140.80**	**-222.33**	**0.73**	**-8.79**	**6.78**	**21.43**	**1.90**
45165.38	**14785.89**	**1972.25**	**36349.97**	**667.52**	**5213.80**	**816.67**	**38671.38**	**38128.59**

5-10 续表

项目	Item	汽油 (万吨) Gasoline (10^4 tons)	煤油 (万吨) Kerosene (10^4 tons)
一.可供本地区消费的能源量	**Total Primary Energy Supply**	**-1138.84**	**-32.09**
1.一次能源生产量	Indigenous Production		
水电	Hydro Power		
核电	Nuclear Power		
2.回收能	Recovery of Energy		
3.进口量	Import	4.44	611.85
4.我轮、机在外国加油量	China Airplanes&Ships Refueling in Abroad		183.21
5.出口量(-)	Export (-)	491.90	594.16
6.外轮、机在我国加油量(-)	Foreign Airplanes&ships Refueling in China		231.89
7.库存增(-)、减(+)量	Stock Change	-651.38	-1.10
二.加工转换投入(-)产出(+)量	**Input(-) & Output(+) of Transformation**	**7320.57**	**1480.30**
1.火力发电	Thermal Power	-0.09	
2.供热	Heating Supply		
3.洗选煤	Coal Washing		
4.炼焦	Coking		
5.炼油	Petroleum Refineries	7320.66	1480.30
6.制气	Gas Works		
#焦炭再投入量(-)	Coke Input (-)		
7.煤制品加工	Briquettes		
三.损失量	**Loss**		
四.终端消费量	**Total Final Consumption**	**6172.59**	**1450.49**
1.农、林、牧、渔、水利业	Farming, Forestry, Animal Husbandry, Fishery & Water Conservancy	168.06	0.76
2.工业	Industry	670.98	32.04
#用作原料、材料	Non-Energy Use	10.62	2.48
3.建筑业	Construction	235.43	10.39
4.交通运输、仓储及邮电通迅业	Transport, Storage, Postal & Telecommunications Services	2881.59	1314.25
5.批发和零售贸易业、餐饮业	Wholesale, Retail Trade and Catering Service	147.52	29.15
6.生活消费	Residential Consumption	999.08	20.23
城镇	Urban	703.88	2.73
乡村	Rural	295.20	17.50
7.其他	Other	1069.93	43.67
五.平衡差额	**Statistical Difference**	**9.14**	**-2.28**
六.消费量合计	**Total Final Consumption**	**6172.68**	**1450.49**

Continued

柴油 (万吨) Diesel Oil (10^4 tons)	燃料油 (万吨) Fuel Oil (10^4 tons)	液化石油气 (万吨) LPG (10^4 tons)	炼厂干气 (万吨) Refinery Gas (10^4 tons)	其他石油制品 (万吨) Other Petroleum Products (10^4 tons)	天然气 (亿立方米) Natural Gas (10^8 cu.m)	热力 (万百万千焦) Heat (10^{10} kJ)	电力 (亿千瓦小时) Electricity (10^8 kW•h)	其他能源 (万吨标煤) Other Energy (10^4 tce)
-520.52	**1475.98**	**326.04**		**451.75**	**896.94**		**7204.90**	**4571.50**
					852.69		7318.70	3966.40
							6156.40	
							701.34	
								605.10
183.64	2407.20	408.03		1153.21	76.34		60.06	
8.82	316.70							
450.71	862.41	84.89		305.43	32.09		173.86	
28.00	360.00							
-234.27	-25.51	2.90		-396.03				
14021.98	**1059.31**	**1830.60**	**1023.52**	**8023.79**	**-163.01**	**266747.95**	**29827.80**	**-604.40**
-43.74	-193.02		-50.79	-101.15	-134.24		29827.80	-378.47
-12.85	-100.71	-1.09	-191.75	-87.77	-25.70	266747.95		-222.48
14078.57	1353.36	1831.69	1266.06	8212.71				-3.45
	-0.32				-3.07			
		2.00			**21.76**	**3168.90**	**2258.22**	
13494.83	**2534.75**	**2150.03**	**1022.69**	**8475.48**	**710.43**	**263573.11**	**34773.93**	**3966.42**
1134.15	1.05	4.08				82.73	939.90	405.60
1986.99	1227.48	477.41	1022.69	7134.99	402.71	183874.13	24596.27	1165.04
20.03	123.86	119.34	27.28	4637.75	100.68			
415.28	34.18	6.53		1340.49	0.97	641.74	421.90	24.20
7991.96	1251.63	54.64			81.48	1489.03	617.01	624.24
181.74	8.11	63.16			23.96	3401.91	1136.77	61.00
652.91		1495.66			177.67	67000.22	4872.16	1490.20
491.20		1143.30			177.07	67000.22	2832.00	142.30
161.71		352.36			0.60		2040.16	1347.90
1131.80	12.30	48.55			23.64	7083.35	2189.92	196.14
6.63	**0.54**	**4.61**	**0.83**	**0.06**	**1.74**	**5.93**	**0.55**	**0.68**
13551.42	**2828.80**	**2153.12**	**1265.23**	**8664.40**	**895.20**	**266742.01**	**37032.15**	**4570.82**

5-11 中国能源平衡表(实物量) -2010

项 目	Item	煤合计 (万吨) Coal Total (10^4 tons)	原煤 (万吨) Raw Coal (10^4 tons)
一.可供本地区消费的能源量	**Total Primary Energy Supply**	**355577.59**	**355766.33**
1.一次能源生产量	Indigenous Production	342844.73	342844.73
水电	Hydro Power		
核电	Nuclear Power		
风电	Wind Power		
2.回收能	Recovery of Energy		
3.进口量	Import	18306.91	18303.89
4.境内轮船和飞机在境外的加油量	Domestic Airplanes&Ships Refueling in Abroad		
5.出口量(-)	Export (-)	1910.64	1903.27
6.境外轮船和飞机在境内的加油量(-)	Oversea Airplanes&Ships Refueling in China		
7.库存增(-)、减(+)量	Stock Change	-3663.41	-3479.02
二.加工转换投入(-)产出(+)量	**Input(-) & Output(+) of Transformation**	**-234182.56**	**-250443.84**
1.火力发电	Thermal Power	-153742.48	-150507.09
2.供热	Heating Supply	-17553.08	-16765.47
3.洗选煤	Coal Washing	-11234.62	-75608.46
4.炼焦	Coking	-49950.36	-6642.10
5.炼油及煤制油	Petroleum Refineries	-213.42	-114.30
#油品再投入量(-)	Petroleum Products Input (-)		
6.制气	Gas Works	-1040.05	-603.37
#焦炭再投入量(-)	Coke Input (-)		
7.天然气液化	Natural Gas Liquefaction		
8.煤制品加工	Briquettes	-448.54	-203.05
三.损失量	**Loss**		
四.终端消费量	**Total Final Consumption**	**114825.69**	**98766.33**
1.农、林、牧、渔业	Farming, Forestry, Animal Husbandry, Fishery Conservancy	2147.15	2107.40
2.工业	Industry	95545.92	81449.26
#用作原料、材料	Non-Energy Use	7763.54	7085.13
3.建筑业	Construction	730.58	707.13
4.交通运输、仓储和邮政业	Transport, Storage and Post	639.23	612.99
5.批发、零售业和住宿、餐饮业	Wholesale, Retail Trade and Hotel, Restaurants	3192.05	3047.89
6.其他	Others	3411.59	3223.03
7.生活消费	Residential Consumption	9159.17	7618.64
城镇	Urban	1902.68	1403.17
乡村	Rural	7256.50	6215.47
五.平衡差额	**Statistical Difference**	**6569.34**	**6556.16**
六.消费量合计	**Total Final Consumption**	**349008.25**	**349210.17**

Energy Banlance of China (Physical Quantity) -2010

洗精煤 (万吨) Cleaned Coal (10^4 tons)	其他洗煤 (万吨) Other Washed Coal (10^4 tons)	型煤 (万吨) Briquettes (10^4 tons)	煤矸石 (万吨) Gangue (10^4 tons)	焦炭 (万吨) Coke (10^4 tons)	焦炉煤气 (亿立方米) Coke Oven Gas (10^8 cu.m)	高炉煤气 (亿立方米) Blast Furnace Gas (10^8 cu.m)	转炉煤气 (亿立方米) Converter Gas (10^8 cu.m)	其他煤气 (亿立方米) Other Gas (10^8 cu.m)
-338.55	**155.19**	**-5.38**		**49.26**		**5237.10**	**255.86**	
						5237.10	255.86	
		3.02		10.95				
		7.37		335.00				
-338.55	155.19	-1.03		373.31				
5052.31	**9186.46**	**2022.51**	**-0.08**	**38529.59**	**563.84**	**-1152.33**	**-78.45**	**174.50**
-4.69	-3230.70		-2226.54		-105.48	-792.00	-46.15	
-10.53	-777.08		-470.96		-72.83	-360.33	-32.30	
48849.21	15524.62		2697.42					
-43251.77	-56.49			38409.60	718.38			
-93.23	-5.89							
-436.68				248.23	23.77			174.50
				-128.24				
	-2268.00	2022.51						
4702.76	**9331.29**	**2025.31**		**38574.56**	**552.23**	**4084.77**	**179.02**	**168.61**
	39.75			46.82				
4690.35	8009.70	1396.61		38470.45	494.55	4084.77	179.02	55.00
586.29	92.11			1323.58	4.95			
1.36	22.09			5.81				
11.05	15.19			0.12				
	111.30	32.86		5.10	0.80			
	177.11	11.46		2.77	3.62			
	956.15	584.38		43.49	53.26			113.61
	322.85	176.65		23.72	53.26			113.17
	633.30	407.73		19.77				0.44
11.00	**10.36**	**-8.18**	**-0.08**	**4.29**	**11.61**		**-1.61**	**5.89**
48499.66	**15669.45**	**2025.31**	**2697.50**	**38702.80**	**730.54**	**5237.10**	**257.47**	**168.61**

5-11 续表 1

项目	Item	其他焦化产品(万吨) Other Coking Products (10^4 tons)	油品合计(万吨) Petroleum Products Total (10^4 tons)
一.可供本地区消费的能源量	**Total Primary Energy Supply**		**44178.43**
1.一次能源生产量	Indigenous Production		20301.40
水电	Hydro Power		
核电	Nuclear Power		
风电	Wind Power		
2.回收能	Recovery of Energy		
3.进口量	Import		28791.77
4.境内轮船和飞机在境外的加油量	Domestic Airplanes&Ships Refueling in Abroad		645.45
5.出口量(-)	Export (-)		3357.54
6.境外轮船和飞机在境内的加油量(-)	Oversea Airplanes&Ships Refueling in China		721.46
7.库存增(-)、减(+)量	Stock Change		-1481.19
二.加工转换投入(-)产出(+)量	**Input(-) & Output(+) of Transformation**	**912.68**	**-2663.25**
1.火力发电	Thermal Power		-385.33
2.供热	Heating Supply		-593.12
3.洗选煤	Coal Washing		
4.炼焦	Coking	923.31	
5.炼油及煤制油	Petroleum Refineries	-44.25	2184.01
#油品再投入量(-)	Petroleum Products Input (-)		-3868.81
6.制气	Gas Works	44.85	
#焦炭再投入量(-)	Coke Input (-)	-11.23	
7.天然气液化	Natural Gas Liquefaction		
8.煤制品加工	Briquettes		
三.损失量	**Loss**		**194.40**
四.终端消费量	**Total Final Consumption**	**917.88**	**41243.38**
1.农、林、牧、渔业	Farming,Forestry,Animal Husbandry, Fishery Conservancy		1382.50
2.工业	Industry	917.88	15857.76
#用作原料、材料	Non-Energy Use	295.22	6771.24
3.建筑业	Construction		2483.11
4.交通运输、仓储和邮政业	Transport, Storage and Post		14918.86
5.批发、零售业和住宿、餐饮业	Wholesale, Retail Trade and Hotel, Restaurants		481.01
6.其他	Others		2578.23
7.生活消费	Residential Consumption		3541.91
城镇	Urban		2598.49
乡村	Rural		943.41
五.平衡差额	**Statistical Difference**	**-5.20**	**77.40**
六.消费量合计	**Total Final Consumption**	**973.36**	**44101.03**

Continued 1

原油 (万吨) Crude Oil (10^4 tons)	汽油 (万吨) Gasoline (10^4 tons)	煤油 (万吨) Kerosene (10^4 tons)	柴油 (万吨) Diesel Oil (10^4 tons)	燃料油 (万吨) Fuel Oil (10^4 tons)	石脑油 (万吨) Naphtha (10^4 tons)	润滑油 (万吨) Lubricants (10^4 tons)	石蜡 (万吨) Petroleum Waxes (10^4 tons)	溶剂油 (万吨) White Spirit (10^4 tons)
42876.63	**-446.17**	**-156.77**	**-222.52**	**1278.47**	**3.70**	**22.95**	**-51.10**	**-0.17**
20301.40								
23768.18	0.01	487.00	180.00	2299.00	290.70	34.20	0.90	3.36
		239.06	10.19	396.20				
303.00	517.00	605.00	464.00	990.00	87.00	11.25	52.00	0.53
		265.50	26.24	429.72				
-889.95	70.82	-12.33	77.53	2.99	-200.00			-3.00
-41876.43	**7410.38**	**1921.73**	**14880.55**	**1132.13**	**3191.57**	**218.94**	**160.11**	**74.33**
-3.71	-0.09		-40.05	-123.89				
-3.28			-3.78	-201.34				
-41869.44	7410.47	1924.39	14924.38	2486.97	3200.65	218.94	160.11	74.33
		-2.66		-1029.61	-9.08			
192.00								
806.12	**6956.12**	**1762.51**	**14655.17**	**2403.18**	**3191.02**	**225.00**	**103.00**	**70.00**
	169.07	0.90	1206.73	1.14				
806.12	689.37	37.54	2046.16	1022.48	3191.02	225.00	103.00	70.00
155.27	12.81	5.84	24.74	69.60	3108.00	218.66	101.08	67.23
	274.70	8.77	490.20	30.76				
	3274.93	1601.08	8657.56	1326.65				
	168.18	34.98	196.60	8.62				
	1166.22	58.73	1287.19	13.53				
	1213.65	20.52	770.73					
	844.66	2.80	573.44					
	369.00	17.72	197.29					
2.08	**8.09**	**2.45**	**2.86**	**7.42**	**4.25**	**16.89**	**6.01**	**4.16**
42874.55	**6956.21**	**1765.17**	**14699.00**	**3758.02**	**3200.10**	**225.00**	**103.00**	**70.00**

5-11 续表 2

项　目	Item	石油沥青(万吨) Bitumen Asphalt (10^4 tons)	石油焦(万吨) Petroleum Coke (10^4 tons)
一.可供本地区消费的能源量	**Total Primary Energy Supply**	**392.70**	**443.66**
1.一次能源生产量	Indigenous Production		
水电	Hydro Power		
核电	Nuclear Power		
风电	Wind Power		
2.回收能	Recovery of Energy		
3.进口量	Import	407.70	773.86
4.境内轮船和飞机在境外的加油量	Domestic Airplanes&Ships Refueling in Abroad		
5.出口量(−)	Export (-)	15.00	210.20
6.境外轮船和飞机在境内的加油量(−)	Oversea Airplanes&Ships Refueling in China		
7.库存增(−)、减(+)量	Stock Change		-120.00
二.加工转换投入(−)产出(+)量	**Input(-) & Output(+) of Transformation**	**1263.90**	**1159.46**
1.火力发电	Thermal Power		-109.47
2.供热	Heating Supply		-115.58
3.洗选煤	Coal Washing		
4.炼焦	Coking		
5.炼油及煤制油	Petroleum Refineries	1263.90	1384.51
#油品再投入量(−)	Petroleum Products Input (-)		
6.制气	Gas Works		
#焦炭再投入量(−)	Coke Input (-)		
7.天然气液化	Natural Gas Liquefaction		
8.煤制品加工	Briquettes		
三.损失量	**Loss**		
四.终端消费量	**Total Final Consumption**	**1656.37**	**1600.00**
1.农、林、牧、渔业	Farming, Forestry, Animal Husbandry, Fishery Conservancy		
2.工业	Industry	44.87	1600.00
#用作原料、材料	Non-Energy Use		1382.71
3.建筑业	Construction	1611.50	
4.交通运输、仓储和邮政业	Transport, Storage and Post		
5.批发、零售业和住宿、餐饮业	Wholesale, Retail Trade and Hotel, Restaurants		
6.其他	Others		
7.生活消费	Residential Consumption		
城镇	Urban		
乡村	Rural		
五.平衡差额	**Statistical Difference**	**0.23**	**3.12**
六.消费量合计	**Total Final Consumption**	**1656.37**	**1825.05**

Continued 2

液化石油气（万吨） LPG (10^4 tons)	炼厂干气（万吨） Refinery Gas (10^4 tons)	其他石油制品（万吨） Other Petroleum Products (10^4 tons)	天然气（亿立方米） Natural Gas (10^8 cu.m)	液化天然气（万吨） LNG (10^4 tons)	热力（万百万千焦） Heat (10^{10} kJ)	电力（亿千瓦小时） Electricity (10^8 kW•h)	其他能源（万吨标煤） Other Energy (10^4 tce)
231.55		**-194.50**	**953.41**	**934.30**	**28465.63**	**8617.18**	**4968.00**
			957.91			8752.32	4410.00
						7221.72	
						738.80	
						446.22	
					28465.63		558.00
327.00		219.86	35.80	934.30		55.45	
93.00		9.56	40.30			190.59	
-2.45		-404.80					
2034.57	**1103.96**	**4661.55**	**-200.99**	**-130.52**	**273738.59**	**33319.28**	**-556.89**
	-74.01	-34.11	-161.78	-167.69	-24067.15	33319.28	-378.85
-0.88	-175.78	-92.48	-27.96	-8.78	297805.74		-174.28
2092.27	1440.71	7471.82					-3.76
-56.82	-86.96	-2683.68					
			-3.92				
			-7.33	45.95			
2.40			**17.11**	**14.14**	**3400.00**	**2568.24**	
2261.77	**1102.44**	**4450.68**	**733.57**	**787.00**	**298818.28**	**39366.25**	**4410.14**
4.66			0.50		91.01	976.49	419.80
529.08	1102.44	4390.68	372.07	661.00	217589.00	28303.53	1359.21
172.26	24.72	1428.32	78.32	58.83			
7.18		60.00	1.16		661.74	483.24	26.00
58.64			79.71	126.00	1637.94	734.53	716.64
72.63			27.24		3902.19	1292.00	70.00
52.57			26.00		7526.18	2451.83	217.80
1537.01			226.90		67410.23	5124.63	1600.69
1177.60			226.22		67410.23	2988.06	160.09
359.41			0.68			2136.57	1440.60
1.95	**1.52**	**16.37**	**1.74**	**2.64**	**-14.06**	**1.97**	**0.97**
2321.87	**1439.19**	**7260.95**	**945.33**	**977.61**	**326285.43**	**41934.49**	**4967.03**

5-12 中国能源平衡表(实物量) -2011

项　目	Item	煤合计 (万吨) Coal Total (10^4 tons)	原煤 (万吨) Raw Coal (10^4 tons)
一.可供本地区消费的能源量	**Total Primary Energy Supply**	**393058.02**	**394320.33**
1.一次能源生产量	Indigenous Production	376443.52	376443.52
水电	Hydro Power		
核电	Nuclear Power		
风电	Wind Power		
2.进口量	Import	22235.79	22223.54
3.境内轮船和飞机在境外的加油量	Domestic Airplanes&Ships Refueling in Abroad		
4.出口量(-)	Export (-)	1466.50	1451.13
5.境外轮船和飞机在境内的加油量(-)	Oversea Airplanes&Ships Refueling in China		
6.库存增(-)、减(+)量	Stock Change	-4154.79	-2895.60
二.加工转换投入(-)产出(+)量	**Input(-) & Output(+) of Transformation**	**-268313.96**	**-286236.80**
1.火力发电	Thermal Power	-175578.53	-172866.61
2.供热	Heating Supply	-19334.17	-18498.83
3.洗选煤	Coal Washing	-15623.38	-87002.22
4.炼焦	Coking	-56059.88	-6889.76
5.炼油及煤制油	Petroleum Refineries	-345.72	-169.17
#油品再投入量(-)	Petroleum Products Input (-)		
6.制气	Gas Works	-870.47	-539.89
#焦炭再投入量(-)	Coke Input (-)		
7.天然气液化	Natural Gas Liquefaction		
8.煤制品加工	Briquettes	-501.81	-270.32
9.回收能	Recovery of Energy		
三.损失量	**Loss**		
四.终端消费量	**Total Final Consumption**	**120647.15**	**104186.37**
1.农、林、牧、渔、水利业	Agriculture, Forestry, Animal Husbandry, Fishery and Water Conservancy	2206.63	2174.83
2.工业	Industry	100602.15	86026.73
#用作原料、材料	Non-Energy Use	7745.65	6985.14
3.建筑业	Construction	796.54	770.06
4.交通运输、仓储和邮政业	Transport, Storage and Post	645.85	620.90
5.批发、零售业和住宿、餐饮业	Wholesale, Retail Trade and Hotel, Restaurants	3571.71	3463.59
6.其他	Others	3612.21	3465.47
7.生活消费	Residential Consumption	9212.06	7664.79
城镇	Urban	1744.20	1262.85
乡村	Rural	7467.86	6401.93
五.平衡差额	**Statistical Difference**	**4096.91**	**3897.15**
六.消费量合计	**Total Energy Consumption**	**388961.11**	**390423.18**

Energy Banlance of China (Physical Quantity) -2011

洗精煤 (万吨) Cleaned Coal (10^4 tons)	其他洗煤 (万吨) Other Washed Coal (10^4 tons)	型煤 (万吨) Briquettes (10^4 tons)	煤矸石 (万吨) Gangue (10^4 tons)	焦炭 (万吨) Coke (10^4 tons)	焦炉煤气 (亿立方米) Coke Oven Gas (10^8 cu.m)	高炉煤气 (亿立方米) Blast Furnace Gas (10^8 cu.m)	转炉煤气 (亿立方米) Converter Gas (10^8 cu.m)	其他煤气 (亿立方米) Other Gas (10^8 cu.m)
-940.57	**-313.12**	**-8.62**		**-1347.15**				
		12.25		11.57				
		15.37		329.72				
-940.57	-313.12	-5.50		-1029.00				
6073.21	**9875.13**	**1974.51**	**21.30**	**43323.99**	**638.18**	**4841.06**	**243.66**	**166.71**
-52.62	-2659.30		-2645.67		-118.60	-930.24	-91.69	
-22.31	-813.03		-550.60		-68.66	-422.95	-44.28	
55749.30	15629.55		3217.57					
-49102.13	-67.99			43226.97	808.80			
-168.45	-8.10							
-330.58				206.03	16.64			166.71
				-109.00				
	-2206.00	1974.51						
						6194.25	379.63	
5099.42	**9491.95**	**1869.41**		**41954.28**	**626.59**	**4841.06**	**236.00**	**165.95**
	31.80			54.05				
5083.90	8259.63	1231.89		41843.08	582.86	4841.06	236.00	50.00
549.06	211.45			1314.02	5.83			
5.49	20.99			4.81				
10.03	14.92			0.09				
	83.48	24.64		9.24	0.78			8.11
	138.15	8.59		1.94	4.73			
	942.99	604.28		41.08	38.22			107.84
	297.02	184.32		22.29	38.22			107.51
	645.96	419.96		18.78				0.33
33.22	**70.06**	**96.48**	**21.30**	**22.56**	**11.59**		**7.66**	**0.76**
54775.51	**15246.37**	**1869.41**	**3196.27**	**42063.29**	**813.85**	**6194.25**	**371.97**	**165.95**

5-12 续表 1

项　目	Item	其他焦化产品(万吨) Other Coking Products (10^4 tons)	油品合计(万吨) Petroleum Products Total (10^4 tons)
一.可供本地区消费的能源量	**Total Primary Energy Supply**		**45659.22**
1.一次能源生产量	Indigenous Production		20287.55
水电	Hydro Power		
核电	Nuclear Power		
风电	Wind Power		
2.进口量	Import		30912.42
3.境内轮船和飞机在境外的加油量	Domestic Airplanes&Ships Refueling in Abroad		681.29
4.出口量(-)	Export (-)		3320.46
5.境外轮船和飞机在境内的加油量(-)	Oversea Airplanes&Ships Refueling in China		796.58
6.库存增(-)、减(+)量	Stock Change		-2105.00
二.加工转换投入(-)产出(+)量	**Input(-) & Output(+) of Transformation**	**958.47**	**-2334.48**
1.火力发电	Thermal Power		-319.76
2.供热	Heating Supply		-525.67
3.洗选煤	Coal Washing		
4.炼焦	Coking	970.37	
5.炼油及煤制油	Petroleum Refineries	-42.34	3580.93
#油品再投入量(-)	Petroleum Products Input (-)		-5069.98
6.制气	Gas Works	44.81	
#焦炭再投入量(-)	Coke Input (-)	-14.37	
7.天然气液化	Natural Gas Liquefaction		
8.煤制品加工	Briquettes		
9.回收能	Recovery of Energy		
三.损失量	**Loss**		**181.74**
四.终端消费量	**Total Final Consumption**	**951.28**	**43103.32**
1.农、林、牧、渔、水利业	Agriculture, Forestry, Animal Husbandry, Fishery and Water Conservancy		1466.26
2.工业	Industry	951.28	15579.94
#用作原料、材料	Non-Energy Use	323.01	7043.68
3.建筑业	Construction		2581.79
4.交通运输、仓储和邮政业	Transport, Storage and Post		16110.94
5.批发、零售业和住宿、餐饮业	Wholesale, Retail Trade and Hotel, Restaurants		499.98
6.其他	Others		2880.47
7.生活消费	Residential Consumption		3983.93
城镇	Urban		2867.22
乡村	Rural		1116.71
五.平衡差额	**Statistical Difference**	**7.19**	**39.69**
六.消费量合计	**Total Energy Consumption**	**1007.99**	**45619.54**

Continued 1

原油(万吨) Crude Oil (10^4 tons)	汽油(万吨) Gasoline (10^4 tons)	煤油(万吨) Kerosene (10^4 tons)	柴油(万吨) Diesel Oil (10^4 tons)	燃料油(万吨) Fuel Oil (10^4 tons)	石脑油(万吨) Naphtha (10^4 tons)	润滑油(万吨) Lubricants (10^4 tons)	石蜡(万吨) Paraffin Waxes (10^4 tons)	溶剂油(万吨) White Spirit (10^4 tons)
43961.00	**-520.08**	**-100.70**	**-63.48**	**1385.81**	**150.29**	**23.06**	**-40.07**	**-0.99**
20287.55								
25377.88	2.93	618.29	232.67	2683.53	245.02	34.27	5.40	2.56
		256.80	10.64	413.85				
251.43	406.01	656.33	201.16	1227.08	49.73	11.21	45.47	0.55
		310.46	27.63	458.49				
-1453.00	-117.00	-9.00	-78.00	-26.00	-45.00			-3.00
-43266.10	**8117.76**	**1922.43**	**15648.15**	**849.20**	**3190.91**	**247.94**	**133.30**	**173.02**
-11.30	-0.03		-39.22	-60.85				
-4.59			-2.35	-183.75				
-43250.21	8117.94	1922.43	15689.72	2281.80	3426.59	247.94	133.30	173.02
	-0.15			-1188.00	-235.68			
177.00								
522.74	**7595.77**	**1816.72**	**15593.54**	**2230.20**	**3325.91**	**269.00**	**91.00**	**165.00**
	185.98	1.47	1271.90	1.31				
522.74	604.63	34.21	1782.68	827.55	3325.91	269.00	91.00	165.00
81.08	7.66	4.40	21.93	53.06	3037.08	257.24	90.05	160.27
	282.77	10.79	518.63	30.60				
	3573.51	1646.35	9485.20	1345.15				
	177.14	32.18	212.31	9.34				
	1313.17	68.24	1428.07	16.23				
	1458.56	23.48	894.74					
	989.94	2.98	648.12					
	468.63	20.50	246.61					
-4.84	**1.91**	**5.01**	**-8.87**	**4.81**	**15.29**	**2.00**	**2.23**	**7.03**
43965.84	**7595.95**	**1816.72**	**15635.11**	**3662.80**	**3561.59**	**269.00**	**91.00**	**165.00**

5-12 续表 2

项目	Item	石油沥青(万吨) Bitumen Asphalt (10^4 tons)	石油焦(万吨) Petroleum Coke (10^4 tons)
一.可供本地区消费的能源量	**Total Primary Energy Supply**	**295.17**	**415.07**
1.一次能源生产量	Indigenous Production		
水电	Hydro Power		
核电	Nuclear Power		
风电	Wind Power		
2.进口量	Import	319.02	811.05
3.境内轮船和飞机在境外的加油量	Domestic Airplanes&Ships Refueling in Abroad		
4.出口量(-)	Export (-)	23.85	310.98
5.境外轮船和飞机在境内的加油量(-)	Oversea Airplanes&Ships Refueling in China		
6.库存增(-)、减(+)量	Stock Change		-85.00
二.加工转换投入(-)产出(+)量	**Input(-) & Output(+) of Transformation**	**1411.44**	**1433.28**
1.火力发电	Thermal Power		-121.66
2.供热	Heating Supply		-133.10
3.洗选煤	Coal Washing		
4.炼焦	Coking		
5.炼油及煤制油	Petroleum Refineries	1411.44	1688.04
#油品再投入量(-)	Petroleum Products Input (-)		
6.制气	Gas Works		
#焦炭再投入量(-)	Coke Input (-)		
7.天然气液化	Natural Gas Liquefaction		
8.煤制品加工	Briquettes		
9.回收能	Recovery of Energy		
三.损失量	**Loss**		
四.终端消费量	**Total Final Consumption**	**1705.74**	**1847.80**
1.农、林、牧、渔、水利业	Agriculture, Forestry, Animal Husbandry, Fishery and Water Conservancy		
2.工业	Industry	38.94	1847.80
#用作原料、材料	Non-Energy Use		1498.60
3.建筑业	Construction	1666.80	
4.交通运输、仓储和邮政业	Transport, Storage and Post		
5.批发、零售业和住宿、餐饮业	Wholesale, Retail Trade and Hotel, Restaurants		
6.其他	Others		
7.生活消费	Residential Consumption		
城镇	Urban		
乡村	Rural		
五.平衡差额	**Statistical Difference**	**0.87**	**0.55**
六.消费量合计	**Total Energy Consumption**	**1705.74**	**2102.56**

Continued 2

液化石油气 (万吨) LPG (10^4 tons)	炼厂干气 (万吨) Refinery Gas (10^4 tons)	其他石油制品 (万吨) Other Petroleum Products (10^4 tons)	天然气 (亿立方米) Natural Gas (10^8 cu.m)	液化天然气 (万吨) LNG (10^4 tons)	热力 (万百万千焦) Heat (10^{10} kJ)	电力 (亿千瓦小时) Electricity (10^8 kW•h)	其他能源 (万吨标煤) Other Energy (10^4 tce)
233.47		**-79.33**	**1164.55**	**1220.75**		**8665.72**	**4720.00**
			1053.37			8793.17	4720.00
						6989.45	
						863.50	
						703.31	
349.56		230.24	143.06	1220.75		65.62	
119.09		17.57	31.88			193.07	
3.00		-292.00					
2115.79	**1261.15**	**4427.25**	**-239.06**	**-139.68**	**322115.34**	**38337.02**	**0.54**
	-71.85	-14.85	-197.83	-196.75	-31738.42	38337.02	-435.67
-0.55	-136.91	-64.42	-28.37	-6.53	317759.06		-199.48
2240.77	1548.19	7949.96					-1.49
-124.43	-78.28	-3443.44					
			-3.11				
			-9.75	63.60			
					36094.70		637.18
4.74			**14.57**	**24.46**	**3536.00**	**2700.70**	
2340.50	**1255.85**	**4343.56**	**910.71**	**1053.00**	**318574.49**	**44300.18**	**4720.28**
5.61			0.56		90.69	1012.90	435.75
536.07	1255.85	4278.56	476.08	906.00	233393.14	31990.85	1404.63
179.69	20.27	1632.35	98.88	80.63			
7.18		65.00	1.28		622.57	571.82	28.50
60.72			107.62	147.00	1988.80	848.42	803.50
69.00			33.64		4304.56	1503.08	75.00
54.76			27.14		8130.80	2753.05	237.40
1607.15			264.38		70043.94	5620.06	1735.50
1226.18			263.64		70043.94	3202.00	179.50
380.97			0.74			2418.06	1556.00
4.02	**5.30**	**4.36**	**0.21**	**3.61**	**4.85**	**1.86**	**0.26**
2470.22	**1542.89**	**7866.27**	**1164.34**	**1280.74**	**353848.91**	**47000.88**	**5356.92**

5-13 中国能源平衡表(实物量) -2012

项 目	Item	煤合计 (万吨) Coal Total (10^4 tons)	原煤 (万吨) Raw Coal (10^4 tons)
一.可供本地区消费的能源量	**Total Primary Energy Supply**	**418654.41**	**419559.56**
1.一次能源生产量	Indigenous Production	394512.81	394512.81
水电	Hydro Power		
核电	Nuclear Power		
风电	Wind Power		
2.进口量	Import	28841.12	28834.30
3.境内轮船和飞机在境外的加油量	Domestic Airplanes&Ships Refueling in Abroad		
4.出口量(-)	Export (-)	927.48	913.75
5.境外轮船和飞机在境内的加油量(-)	Oversea Airplanes&Ships Refueling in China		
6.库存增(-)、减(+)量	Stock Change	-3772.04	-2873.80
二.加工转换投入(-)产出(+)量	**Input(-) & Output(+) of Transformation**	**-292769.88**	**-311789.63**
1.火力发电	Thermal Power	-183530.99	-180847.53
2.供热	Heating Supply	-23779.70	-23008.49
3.洗选煤	Coal Washing	-26753.98	-99502.22
4.炼焦	Coking	-56768.45	-7431.45
5.炼油及煤制油	Petroleum Refineries	-378.03	-195.19
#油品再投入量(-)	Petroleum Products Input (-)		
6.制气	Gas Works	-848.60	-615.56
#焦炭再投入量(-)	Coke Input (-)		
7.天然气液化	Natural Gas Liquefaction		
8.煤制品加工	Briquettes	-710.13	-189.19
9.回收能	Recovery of Energy		
三.损失量	**Loss**		
四.终端消费量	**Total Final Consumption**	**118957.02**	**101591.88**
1.农、林、牧、渔、水利业	Agriculture, Forestry, Animal Husbandry, Fishery and Water Conservancy	2266.12	2230.01
2.工业	Industry	98421.35	82915.43
#用作原料、材料	Non-Energy Use	8277.57	7633.78
3.建筑业	Construction	766.66	741.72
4.交通运输、仓储和邮政业	Transport, Storage and Post	614.26	586.70
5.批发、零售业和住宿、餐饮业	Wholesale, Retail Trade and Hotel, Restaurants	3752.00	3663.53
6.其他	Others	3883.19	3745.50
7.生活消费	Residential Consumption	9253.44	7708.98
城镇	Urban	1532.04	1086.05
乡村	Rural	7721.40	6622.93
五.平衡差额	**Statistical Difference**	**6927.51**	**6178.05**
六.消费量合计	**Total Energy Consumption**	**411726.90**	**413381.51**

Energy Banlance of China (Physical Quantity) -2012

洗精煤（万吨） Cleaned Coal (10^4 tons)	其他洗煤（万吨） Other Washed Coal (10^4 tons)	型煤（万吨） Briquettes (10^4 tons)	煤矸石（万吨） Gangue (10^4 tons)	焦炭（万吨） Coke (10^4 tons)	焦炉煤气（亿立方米） Coke Oven Gas (10^8 cu.m)	高炉煤气（亿立方米） Blast Furnace Gas (10^8 cu.m)	转炉煤气（亿立方米） Converter Gas (10^8 cu.m)	其他煤气（亿立方米） Other Gas (10^8 cu.m)
-516.12	**-379.12**	**-9.91**		**982.29**				
		6.82		7.60				
		13.73		102.00				
-516.12	-379.12	-3.00		1076.69				
5776.74	**11285.96**	**1957.06**	**7.65**	**43764.75**	**592.85**	**4667.57**	**262.77**	**139.50**
-58.34	-2625.12		-2694.22		-132.80	-961.23	-95.95	
-42.71	-728.50		-687.82		-73.18	-474.93	-52.52	
55569.45	17178.80		3389.69					
-49284.77	-52.23			43643.96	781.11			
-173.85	-8.99							
-233.04				187.49	17.72			139.50
				-66.70				
	-2478.00	1957.06						
						6103.73	411.24	
5009.62	**10441.61**	**1913.92**		**44738.53**	**592.34**	**4667.57**	**255.24**	**142.07**
	36.11			57.48				
4990.09	9257.64	1258.19		44628.12	552.88	4667.57	255.24	33.00
504.00	139.79			1562.21	5.53			
6.05	18.89			6.31				
13.48	14.08			0.09				
	56.43	32.04		6.66	0.62			7.76
	125.66	12.03		1.94	2.75			
	932.80	611.66		37.93	36.09			101.31
	261.38	184.60		17.83	36.09			101.06
	671.41	427.06		20.10				0.25
251.00	**465.23**	**33.23**	**7.65**	**8.50**	**0.51**		**7.53**	**-2.57**
54802.33	**16334.45**	**1913.92**	**3382.04**	**44805.23**	**798.32**	**6103.73**	**403.71**	**142.07**

5-13 续表 1

项　目	Item	其他焦化产品(万吨) Other Coking Products (10^4 tons)	油品合计(万吨) Petroleum Products Total (10^4 tons)
一.可供本地区消费的能源量	**Total Primary Energy Supply**		**47864.68**
1.一次能源生产量	Indigenous Production		20747.80
水电	Hydro Power		
核电	Nuclear Power		
风电	Wind Power		
2.进口量	Import		32404.20
3.境内轮船和飞机在境外的加油量	Domestic Airplanes&Ships Refueling in Abroad		684.61
4.出口量(-)	Export (-)		3083.38
5.境外轮船和飞机在境内的加油量(-)	Oversea Airplanes&Ships Refueling in China		800.91
6.库存增(-)、减(+)量	Stock Change		-2087.64
二.加工转换投入(-)产出(+)量	**Input(-) & Output(+) of Transformation**	**875.27**	**-2534.57**
1.火力发电	Thermal Power		-292.39
2.供热	Heating Supply		-493.52
3.洗选煤	Coal Washing		
4.炼焦	Coking	897.88	
5.炼油及煤制油	Petroleum Refineries	-49.06	3752.33
#油品再投入量(-)	Petroleum Products Input (-)		-5500.99
6.制气	Gas Works	40.50	
#焦炭再投入量(-)	Coke Input (-)	-14.05	
7.天然气液化	Natural Gas Liquefaction		
8.煤制品加工	Briquettes		
9.回收能	Recovery of Energy		
三.损失量	**Loss**		**182.04**
四.终端消费量	**Total Final Consumption**	**876.72**	**45080.65**
1.农、林、牧、渔、水利业	Agriculture, Forestry, Animal Husbandry, Fishery and Water Conservancy		1537.91
2.工业	Industry	876.72	15160.37
#用作原料、材料	Non-Energy Use	353.93	7317.97
3.建筑业	Construction		2740.73
4.交通运输、仓储和邮政业	Transport, Storage and Post		17739.90
5.批发、零售业和住宿、餐饮业	Wholesale, Retail Trade and Hotel, Restaurants		542.39
6.其他	Others		3067.79
7.生活消费	Residential Consumption		4291.57
城镇	Urban		3063.29
乡村	Rural		1228.28
五.平衡差额	**Statistical Difference**	**-1.45**	**67.41**
六.消费量合计	**Total Energy Consumption**	**939.83**	**47797.26**

Continued 1

原油 (万吨)	汽油 (万吨)	煤油 (万吨)	柴油 (万吨)	燃料油 (万吨)	石脑油 (万吨)	润滑油 (万吨)	石蜡 (万吨)	溶剂油 (万吨)
Crude Oil (10^4 tons)	Gasoline (10^4 tons)	Kerosene (10^4 tons)	Diesel Oil (10^4 tons)	Fuel Oil (10^4 tons)	Naphtha (10^4 tons)	Lubricants (10^4 tons)	Paraffin Waxes (10^4 tons)	White Spirit (10^4 tons)
46684.74	**-811.55**	**-204.90**	**-96.88**	**1437.75**	**227.19**	**19.52**	**-42.01**	**1.96**
20747.80								
27102.71	0.45	620.84	90.93	2683.18	308.94	30.32	4.94	2.32
		256.49	8.94	419.18				
243.21	291.68	745.06	185.42	1161.69	21.55	10.80	46.95	0.51
		340.82	20.27	439.82				
-922.56	-520.32	3.65	8.94	-63.10	-60.20			0.15
-45945.73	**8975.97**	**2163.95**	**16998.43**	**642.78**	**3345.88**	**222.44**	**146.75**	**161.38**
-10.86	-0.04		-35.63	-43.09				
-1.36	-0.04		-2.38	-187.34				
-45933.51	8976.07	2163.95	17063.81	2253.23	3566.08	222.44	146.75	161.38
	-0.02		-27.37	-1380.02	-220.20			
177.70								
555.49	**8165.80**	**1956.60**	**16900.67**	**2072.84**	**3568.90**	**241.00**	**101.00**	**158.00**
	192.86	1.19	1335.49	1.97				
555.49	580.96	32.04	1682.32	631.24	3568.90	241.00	101.00	158.00
36.38	7.35	2.66	21.45	52.95	3285.33	224.62	98.89	152.18
	286.87	7.89	518.01	27.05				
	3778.03	1787.09	10727.03	1383.94				
	200.06	28.64	229.00	8.69				
	1460.51	74.17	1444.72	19.94				
	1666.52	25.58	964.09					
	1141.00	3.14	678.91					
	525.52	22.44	285.18					
5.82	**-1.38**	**2.45**	**0.88**	**7.69**	**4.17**	**0.96**	**3.74**	**5.34**
46678.92	**8165.90**	**1956.60**	**16966.05**	**3683.29**	**3789.10**	**241.00**	**101.00**	**158.00**

5-13 续表 2

项目	Item	石油沥青 (万吨) Bitumen Asphalt (10^4 tons)	石油焦 (万吨) Petroleum Coke (10^4 tons)
一.可供本地区消费的能源量	**Total Primary Energy Supply**	**263.56**	**444.19**
1.一次能源生产量	Indigenous Production		
水电	Hydro Power		
核电	Nuclear Power		
风电	Wind Power		
2.进口量	Import	273.13	703.38
3.境内轮船和飞机在境外的加油量	Domestic Airplanes&Ships Refueling in Abroad		
4.出口量(-)	Export (-)	9.57	229.19
5.境外轮船和飞机在境内的加油量(-)	Oversea Airplanes&Ships Refueling in China		
6.库存增(-)、减(+)量	Stock Change		-30.00
二.加工转换投入(-)产出(+)量	**Input(-) & Output(+) of Transformation**	**1618.70**	**1493.58**
1.火力发电	Thermal Power		-130.63
2.供热	Heating Supply		-143.25
3.洗选煤	Coal Washing		
4.炼焦	Coking		
5.炼油及煤制油	Petroleum Refineries	1618.70	1767.46
#油品再投入量(-)	Petroleum Products Input (-)		
6.制气	Gas Works		
#焦炭再投入量(-)	Coke Input (-)		
7.天然气液化	Natural Gas Liquefaction		
8.煤制品加工	Briquettes		
9.回收能	Recovery of Energy		
三.损失量	**Loss**		
四.终端消费量	**Total Final Consumption**	**1877.20**	**1935.50**
1.农、林、牧、渔、水利业	Agriculture, Forestry, Animal Husbandry, Fishery and Water Conservancy		
2.工业	Industry	45.10	1935.50
#用作原料、材料	Non-Energy Use		1480.76
3.建筑业	Construction	1832.10	
4.交通运输、仓储和邮政业	Transport, Storage and Post		
5.批发、零售业和住宿、餐饮业	Wholesale, Retail Trade and Hotel, Restaurants		
6.其他	Others		
7.生活消费	Residential Consumption		
城镇	Urban		
乡村	Rural		
五.平衡差额	**Statistical Difference**	**5.06**	**2.27**
六.消费量合计	**Total Energy Consumption**	**1877.20**	**2209.38**

Continued 2

液化石油气 (万吨) LPG (10^4 tons)	炼厂干气 (万吨) Refinery Gas (10^4 tons)	其他石油制品 (万吨) Other Petroleum Products (10^4 tons)	天然气 (亿立方米) Natural Gas (10^8 cu.m)	液化天然气 (万吨) LNG (10^4 tons)	热力 (万百万千焦) Heat (10^{10} kJ)	电力 (亿千瓦小时) Electricity (10^8 kW•h)	其他能源 (万吨标煤) Other Energy (10^4 tce)
227.28		**-286.17**	**1295.23**	**1467.63**		**10839.60**	**5080.50**
			1106.08			10947.39	5080.50
						8721.07	
						973.94	
						959.78	
358.51		224.55	218.05	1467.63		68.74	
128.23		9.52	28.90			176.53	
-3.00		-501.20					
2110.90	**1295.08**	**4235.32**	**-261.35**	**-68.70**	**346338.52**	**38928.14**	**-0.18**
	-67.47	-4.67	-204.41	-178.95	-37392.50	38928.14	-522.81
-0.07	-139.33	-19.75	-33.12	-8.67	339684.73		-247.72
2268.69	1567.39	7909.89	-2.17				-1.65
-157.72	-65.51	-3650.15					
			-2.75				
			-18.90	118.92			
					44046.29		772.00
4.34			**16.83**	**28.14**	**3642.08**	**2896.16**	
2320.07	**1284.89**	**3942.69**	**1016.67**	**1368.00**	**342687.26**	**46866.48**	**5080.73**
6.40			0.64		113.44	1012.57	451.00
463.24	1284.89	3880.69	535.41	1202.00	248391.34	33336.05	1508.46
187.33	20.29	1747.78	122.61	106.98			
6.80		62.00	1.26		687.75	608.40	31.00
63.81			119.52	166.00	2265.44	915.37	932.00
75.99			38.69		4759.13	1691.49	82.00
68.45			32.88		8862.66	3083.64	260.00
1635.38			288.27		77607.50	6218.96	1816.27
1240.24			287.49		77607.50	3559.34	192.00
395.14			0.78			2659.62	1624.27
13.77	**10.19**	**6.46**	**0.38**	**2.79**	**9.18**	**5.10**	**-0.41**
2482.20	**1557.20**	**7617.26**	**1278.44**	**1583.76**	**383721.84**	**49762.64**	**5852.91**

5-14 中国能源平衡表(实物量) -2013

项目	Item	煤合计 (万吨) Coal Total (10[4] tons)	原煤 (万吨) Raw Coal (10[4] tons)
一.可供本地区消费的能源量	**Total Primary Energy Supply**	**425014.79**	**426766.61**
1.一次能源生产量	Indigenous Production	397432.20	397432.20
水电	Hydro Power		
核电	Nuclear Power		
风电	Wind Power		
2.进口量	Import	32701.77	32696.31
3.境内轮船和飞机在境外的加油量	Domestic Airplanes&Ships Refueling in Abroad		
4.出口量(-)	Export (-)	750.78	735.40
5.境外轮船和飞机在境内的加油量(-)	Oversea Airplanes&Ships Refueling in China		
6.库存增(-)、减(+)量	Stock Change	-4368.40	-2626.50
二.加工转换投入(-)产出(+)量	**Input(-) & Output(+) of Transformation**	**-304934.55**	**-323252.41**
1.火力发电	Thermal Power	-195177.38	-192534.01
2.供热	Heating Supply	-22709.53	-21974.95
3.洗选煤	Coal Washing	-22579.20	-99026.78
4.炼焦	Coking	-62535.55	-8635.81
5.炼油及煤制油	Petroleum Refineries	-459.27	-267.51
#油品再投入量(-)	Petroleum Products Input (-)		
6.制气	Gas Works	-845.58	-627.11
#焦炭再投入量(-)	Coke Input (-)		
7.天然气液化	Natural Gas Liquefaction		
8.煤制品加工	Briquettes	-628.04	-186.24
9.回收能	Recovery of Energy		
三.损失量	**Loss**		
四.终端消费量	**Total Final Consumption**	**119491.39**	**102942.17**
1.农、林、牧、渔、水利业	Agriculture, Forestry, Animal Husbandry, Fishery and Water Conservancy	2450.57	2405.43
2.工业	Industry	98222.46	83442.72
#用作原料、材料	Non-Energy Use	9164.94	8258.94
3.建筑业	Construction	811.38	784.74
4.交通运输、仓储和邮政业	Transport, Storage and Post	615.41	574.38
5.批发、零售业和住宿、餐饮业	Wholesale, Retail Trade and Hotel, Restaurants	3966.18	3873.83
6.其他	Others	4135.56	4034.61
7.生活消费	Residential Consumption	9289.83	7826.46
城镇	Urban	1458.14	1042.61
乡村	Rural	7831.69	6783.85
五.平衡差额	**Statistical Difference**	**588.85**	**572.03**
六.消费量合计	**Total Energy Consumption**	**424425.94**	**426194.58**

Energy Banlance of China (Physical Quantity) -2013

洗精煤 (万吨) Cleaned Coal (10^4 tons)	其他洗煤 (万吨) Other Washed Coal (10^4 tons)	型煤 (万吨) Briquettes (10^4 tons)	煤矸石 (万吨) Gangue (10^4 tons)	焦炭 (万吨) Coke (10^4 tons)	焦炉煤气 (亿立方米) Coke Oven Gas (10^8 cu.m)	高炉煤气 (亿立方米) Blast Furnace Gas (10^8 cu.m)	转炉煤气 (亿立方米) Converter Gas (10^8 cu.m)	其他煤气 (亿立方米) Other Gas (10^8 cu.m)
-710.89	**-1033.01**	**-7.92**		**-2497.74**				
		5.46		3.48				
		15.38		467.25				
-710.89	-1033.01	2.00		-2033.97				
5749.52	**10664.14**	**1904.20**	**-0.19**	**48313.41**	**625.90**	**5495.47**	**315.03**	**143.11**
-55.56	-2587.81		-3022.37		-152.80	-1243.40	-102.52	-1.24
-34.37	-700.21		-744.52		-75.13	-553.01	-60.94	-0.12
60069.41	16378.17		3766.70					
-53833.52	-66.22			48169.08	840.92			
-177.97	-13.79							
-218.47				178.74	12.91			144.47
				-34.41				
	-2346.00	1904.20						
						7291.88	478.49	
5027.44	**9632.97**	**1888.81**		**45817.48**	**624.36**	**5495.47**	**313.87**	**141.88**
	45.14			69.17				
5005.41	8466.44	1307.89		45659.56	589.65	5495.47	313.87	58.00
494.53	411.47			1826.69	15.33			
6.65	19.99			7.69				
15.38	25.65			2.21				
	57.25	35.09		35.83	0.64			7.89
	87.96	12.99		4.97	2.80			
	930.54	532.84		38.04	31.27			75.99
	245.70	169.83		16.94	31.27			75.80
	684.84	363.00		21.10				0.19
11.19	**-1.84**	**7.48**	**-0.19**	**-1.81**	**1.54**		**1.16**	**1.23**
59347.33	**15347.00**	**1888.81**	**3766.89**	**45851.89**	**852.29**	**7291.88**	**477.33**	**143.24**

5-14 续表 1

项 目	Item	其他焦化产品 (万吨) Other Coking Products (10^4 tons)	油品合计 (万吨) Petroleum Products Total (10^4 tons)
一.可供本地区消费的能源量	**Total Primary Energy Supply**		**49993.90**
1.一次能源生产量	Indigenous Production		20991.85
水电	Hydro Power		
核电	Nuclear Power		
风电	Wind Power		
2.进口量	Import		33592.89
3.境内轮船和飞机在境外的加油量	Domestic Airplanes&Ships Refueling in Abroad		671.92
4.出口量(−)	Export (-)		3438.42
5.境外轮船和飞机在境内的加油量(−)	Oversea Airplanes&Ships Refueling in China		738.24
6.库存增(−)、减(+)量	Stock Change		-1086.10
二.加工转换投入(−)产出(+)量	**Input(-) & Output(+) of Transformation**	**1087.53**	**-2295.69**
1.火力发电	Thermal Power		-265.08
2.供热	Heating Supply		-448.22
3.洗选煤	Coal Washing		
4.炼焦	Coking	1140.72	
5.炼油及煤制油	Petroleum Refineries	-76.19	4872.11
#油品再投入量(−)	Petroleum Products Input (-)		-6454.50
6.制气	Gas Works	36.15	
#焦炭再投入量(−)	Coke Input (-)	-13.15	
7.天然气液化	Natural Gas Liquefaction		
8.煤制品加工	Briquettes		
9.回收能	Recovery of Energy		
三.损失量	**Loss**		**216.12**
四.终端消费量	**Total Final Consumption**	**1095.40**	**47458.82**
1.农、林、牧、渔、水利业	Agriculture, Forestry, Animal Husbandry, Fishery and Water Conservancy		1650.27
2.工业	Industry	1095.40	15235.44
#用作原料、材料	Non-Energy Use	439.99	7479.99
3.建筑业	Construction		3090.63
4.交通运输、仓储和邮政业	Transport, Storage and Post		18814.97
5.批发、零售业和住宿、餐饮业	Wholesale, Retail Trade and Hotel, Restaurants		565.38
6.其他	Others		3349.72
7.生活消费	Residential Consumption		4752.42
城镇	Urban		3288.81
乡村	Rural		1463.60
五.平衡差额	**Statistical Difference**	**-7.87**	**23.27**
六.消费量合计	**Total Energy Consumption**	**1184.74**	**49970.63**

Continued 1

原油 (万吨) Crude Oil (10^4 tons)	汽油 (万吨) Gasoline (10^4 tons)	煤油 (万吨) Kerosene (10^4 tons)	柴油 (万吨) Diesel Oil (10^4 tons)	燃料油 (万吨) Fuel Oil (10^4 tons)	石脑油 (万吨) Naphtha (10^4 tons)	润滑油 (万吨) Lubricants (10^4 tons)	石蜡 (万吨) Paraffin Waxes (10^4 tons)	溶剂油 (万吨) White Spirit (10^4 tons)
48670.89	**-464.50**	**-334.77**	**-169.81**	**1150.25**	**187.97**	**18.20**	**-44.63**	**3.58**
20991.85								
28174.21	0.04	668.97	26.87	2347.02	354.18	29.72	5.51	2.12
		276.23	8.39	387.30				
161.73	468.73	917.49	278.16	1134.79	35.41	11.52	50.14	0.74
		363.08	16.28	358.88				
-333.44	4.19	0.60	89.37	-90.40	-130.80			2.20
-47810.53	**9833.89**	**2523.83**	**17231.82**	**923.75**	**3557.58**	**113.65**	**141.02**	**122.07**
-10.43	-0.06		-35.59	-47.28				
-3.39	-0.05	-0.02	-2.61	-167.15				
-47796.71	9834.04	2523.85	17275.71	2775.89	4049.24	113.65	141.02	122.83
	-0.04		-5.69	-1637.71	-491.66			-0.76
212.24								
629.38	**9366.20**	**2164.05**	**17106.75**	**2101.84**	**3748.65**	**132.00**	**97.00**	**126.00**
	198.72	1.19	1441.53	2.05				
629.38	523.23	27.39	1631.99	568.91	3748.65	132.00	97.00	126.00
88.78	11.04	2.53	23.97	49.04	3427.20	118.70	94.05	120.24
	326.46	11.42	556.97	59.46				
	4381.80	1998.18	10920.53	1428.99				
	220.86	13.39	233.51	19.07				
	1818.68	84.56	1339.76	23.36				
	1896.45	27.92	982.47					
	1292.10	3.10	591.58					
	604.35	24.82	390.88					
18.74	**3.19**	**25.01**	**-44.74**	**-27.84**	**-3.10**	**-0.15**	**-0.61**	**-0.35**
48652.15	**9366.35**	**2164.07**	**17150.64**	**3953.98**	**4240.31**	**132.00**	**97.00**	**126.76**

5-14 续表 2

项目	Item	石油沥青(万吨) Bitumen Asphalt (10^4 tons)	石油焦(万吨) Petroleum Coke (10^4 tons)
一.可供本地区消费的能源量	**Total Primary Energy Supply**	**315.62**	**686.85**
1.一次能源生产量	Indigenous Production		
水电	Hydro Power		
核电	Nuclear Power		
风电	Wind Power		
2.进口量	Import	332.49	934.90
3.境内轮船和飞机在境外的加油量	Domestic Airplanes&Ships Refueling in Abroad		
4.出口量(-)	Export (-)	16.87	232.05
5.境外轮船和飞机在境内的加油量(-)	Oversea Airplanes&Ships Refueling in China		
6.库存增(-)、减(+)量	Stock Change		-16.00
二.加工转换投入(-)产出(+)量	**Input(-) & Output(+) of Transformation**	**1793.79**	**1512.93**
1.火力发电	Thermal Power		-107.64
2.供热	Heating Supply		-118.66
3.洗选煤	Coal Washing		
4.炼焦	Coking		
5.炼油及煤制油	Petroleum Refineries	1796.13	1739.25
#油品再投入量(-)	Petroleum Products Input (-)	-2.34	-0.02
6.制气	Gas Works		
#焦炭再投入量(-)	Coke Input (-)		
7.天然气液化	Natural Gas Liquefaction		
8.煤制品加工	Briquettes		
9.回收能	Recovery of Energy		
三.损失量	**Loss**		
四.终端消费量	**Total Final Consumption**	**2106.27**	**2191.30**
1.农、林、牧、渔、水利业	Agriculture, Forestry, Animal Husbandry, Fishery and Water Conservancy		
2.工业	Industry	59.67	2191.30
#用作原料、材料	Non-Energy Use	38.27	1620.24
3.建筑业	Construction	2046.60	
4.交通运输、仓储和邮政业	Transport, Storage and Post		
5.批发、零售业和住宿、餐饮业	Wholesale, Retail Trade and Hotel, Restaurants		
6.其他	Others		
7.生活消费	Residential Consumption		
城镇	Urban		
乡村	Rural		
五.平衡差额	**Statistical Difference**	**3.14**	**8.48**
六.消费量合计	**Total Energy Consumption**	**2108.61**	**2417.62**

Continued 2

液化石油气 (万吨) LPG (10^4 tons)	炼厂干气 (万吨) Refinery Gas (10^4 tons)	其他石油制品 (万吨) Other Petroleum Products (10^4 tons)	天然气 (亿立方米) Natural Gas (10^8 cu.m)	液化天然气 (万吨) LNG (10^4 tons)	热力 (万百万千焦) Heat (10^{10} kJ)	电力 (亿千瓦小时) Electricity (10^8 kW•h)	其他能源 (万吨标煤) Other Energy (10^4 tce)
322.81		**-348.56**	**1458.17**	**1800.12**		**11733.97**	**5536.00**
			1208.60			11846.28	5536.00
						9202.91	
						1116.13	
						1411.97	
451.73		265.13	277.02	1800.12		74.38	
126.92		3.87	27.45			186.69	
-2.00		-609.82					
2323.83	**1361.02**	**4075.66**	**-312.86**	**109.19**	**364615.71**	**42470.09**	**0.00**
-0.02	-59.81	-4.25	-218.65	-168.73	-48504.95	42470.09	-648.28
-0.47	-128.14	-27.73	-41.66	-8.39	362112.66		-269.52
2513.28	1625.27	8158.66	-5.92				
-188.96	-76.30	-4051.02					
			-2.35				
			-44.28	286.31			
					51008.00		917.80
3.88			**12.16**	**27.15**	**4188.39**	**3140.71**	
2630.11	**1360.46**	**3698.82**	**1132.09**	**1881.00**	**360409.21**	**51062.70**	**5536.00**
6.78			0.69		118.56	1026.87	469.00
515.64	1360.46	3623.82	593.25	1690.00	261608.62	36096.17	1660.67
217.86	19.18	1648.89	114.08	156.33			
14.72		75.00	1.98		779.36	675.07	34.00
85.47			138.32	191.00	2289.81	1000.92	1063.00
78.55			39.31		5065.00	1876.89	89.00
83.37			35.61		9075.92	3397.62	286.00
1845.58			322.93		81471.95	6989.16	1934.33
1402.03			321.99		81471.95	3859.81	211.00
443.55			0.94			3129.35	1723.33
12.65	**0.56**	**28.28**	**1.06**	**1.16**	**18.10**	**0.65**	**0.00**
2823.44	**1624.71**	**7781.82**	**1417.60**	**2085.27**	**413102.56**	**54203.41**	**6453.80**

5-15 中国能源平衡表(标准量) -2000

单位:万吨标准煤

项　目	Item	能源合计 Energy Total (发电煤耗计算法) (coal equivalent calculation)	能源合计 Energy Total (电热当量计算法) (calorific value calculation)
一.可供本地区消费的能源量	**Total Primary Energy Supply**	**144233.90**	**138261.91**
1.一次能源生产量	Indigenous Production	138569.70	132384.23
水电	Hydro Power	8432.12	2733.47
核电	Nuclear Power	634.53	205.70
2.回收能	Recovery of Energy	3087.17	3087.17
3.进口量	Import	13870.59	13830.98
4.我轮、机在外国加油量	China Airplanes&ships Refueling in Abroad	456.78	456.78
5.出口量(-)	Export (-)	9156.49	8903.39
6.外轮、机在我国加油量(-)	Foreign Airplanes&ships Refueling in China	170.10	170.10
7.库存增(-)、减(+)量	Stock Change	-2423.74	-2423.74
二.加工转换投入(-)产出(+)量	**Input(-) & Output(+) of Transformation**	**-2472.22**	**-33231.00**
1.火力发电	Thermal Power	0.00	-28547.49
2.供热	Heating Supply	0.00	-2211.29
3.洗选煤	Coal Washing	-861.49	-861.49
4.炼焦	Coking	-526.36	-526.36
5.炼油	Petroleum Refineries	-780.54	-780.54
6.制气	Gas Works	-129.23	-129.23
#焦炭再投入量(-)	Coke Input (-)	-138.78	-138.78
7.煤制品加工	Briquettes	-35.82	-35.82
三.损失量	**Loss**	**4015.91**	**1589.25**
四.终端消费量	**Total Final Consumption**	**140475.87**	**106172.55**
1.农、林、牧、渔、水利业	Farming, Forestry, Animal Husbandry, Fishery & Water Conservancy	4233.18	2867.05
2.工业	Industry	96871.34	71873.52
#用作原料、材料	Non-Energy Use	6882.59	6882.59
3.建筑业	Construction	2206.98	1795.57
4.交通运输.仓储及邮电通迅业	Transport, Storage, Postal & Telecommunications Services	11100.89	10369.15
5.批发和零售贸易业.餐饮业	Wholesale, Retail Trade and Catering Service	3250.85	2161.71
6.生活消费	Residential Consumption	16695.05	12623.31
城镇	Urban	9529.68	6803.04
乡村	Rural	7165.36	5820.27
7.其他	Other	6117.58	4482.23
五.平衡差额	**Statistical Difference**	**-2730.10**	**-2730.89**
六.能源消费总量	**Total Energy Consumption**	**146964.00**	**140992.80**

Energy Balance of China (Standard Quantity) -2000

(10 000 tce)

煤合计 Coal Total	原煤 Raw Coal	洗精煤 Cleaned Coal	其他洗煤 Other Washed Coal	型煤 Briquettes	焦炭 Coke	焦炉煤气 Coke Oven Gas	其他煤气 Other Gas	其他焦化产品 Other Coking Products	油品合计 Petroleum Products Total
96417.78	**96339.24**	**104.16**	**-28.28**	**2.67**	**-1254.76**		**2800.17**	**31.17**	**32447.86**
101045.47	101045.47								23286.18
							2800.17		
155.63	155.63							52.53	13603.81
									456.78
3933.27	3933.27				1476.24			21.36	2933.64
									170.10
-850.05	-928.59	104.16	-28.28	2.67	221.48				-1795.18
-61607.36	**-65084.08**	**980.22**	**2000.19**	**496.31**	**11696.77**	**1350.09**	**168.23**	**220.22**	**-3056.09**
-39969.61	-39240.07	-96.46	-633.08			-65.67	-196.76		-1691.00
-6128.05	-6034.82	-5.70	-87.52			-59.10	-98.15		-622.23
-861.49	-14702.94	11088.09	2753.36						
-13851.32	-4167.99	-9664.42	-18.91		11618.47	1458.14	42.94	205.41	
									-705.90
-761.07	-414.01	-341.28	-5.79		217.09	16.71	420.21	14.81	-36.97
					-138.78				
-35.82	-524.25		-7.88	496.31					
						13.29			**276.13**
37699.80	**34165.91**	**1057.76**	**1979.32**	**496.81**	**10391.93**	**1363.87**	**2974.41**	**249.49**	**28919.13**
797.88	788.58		9.30		68.90				1150.31
27440.93	24857.20	1050.02	1489.59	44.13	10113.91	1107.81	2711.90	249.49	12558.14
2658.17	2436.01	159.60	62.56		404.56	12.63		63.50	2980.76
407.15	396.07	3.99	7.10		18.44				1157.09
669.75	656.74	3.65	9.15	0.21	10.92		0.59		9103.29
1111.66	1102.40	0.09	5.38	3.79	34.69	11.58	7.42		375.08
6145.45	5269.97		428.87	446.61	133.28	225.33	251.38		2172.39
2067.77	1578.15		200.16	289.46	65.63	225.33	249.16		1787.47
4077.68	3691.83		228.70	157.15	67.65		2.22		384.92
1126.98	1094.95	0.01	29.94	2.08	11.80	19.14	3.12		2402.83
-2889.37	**-2910.76**	**26.62**	**-7.41**	**2.17**	**50.09**	**-27.07**	**-6.01**	**1.89**	**196.51**

5-15 续表

单位:万吨标准煤

项目	Item	原油 Crude Oil	汽油 Gasoline
一.可供本地区消费的能源量	**Total Primary Energy Supply**	**30547.74**	**-927.25**
1.一次能源生产量	Indigenous Production	23286.18	
水电	Hydro Power		
核电	Nuclear Power		
2.回收能	Recovery of Energy		
3.进口量	Import	10038.10	0.04
4.我轮、机在外国加油量	China Airplanes&Ships Refueling in Abroad		
5.出口量(-)	Export (-)	1472.32	669.78
6.外轮、机在我国加油量(-)	Foreign Airplanes&ships Refueling in China		18.39
7.库存增(-)、减(+)量	Stock Change	-1304.23	-239.12
二.加工转换投入(-)产出(+)量	**Input(-) & Output(+) of Transformation**	**-29149.58**	**6081.99**
1.火力发电	Thermal Power	-121.43	-1.47
2.供热	Heating Supply	-20.00	-0.29
3.洗选煤	Coal Washing		
4.炼焦	Coking		
5.炼油	Petroleum Refineries	-29008.15	6083.75
6.制气	Gas Works		
#焦炭再投入量(-)	Coke Input (-)		
7.煤制品加工	Briquettes		
三.损失量	**Loss**	**272.73**	
四.终端消费量	**Total Final Consumption**	**909.73**	**5154.84**
1.农、林、牧、渔、水利业	Farming, Forestry, Animal Husbandry, Fishery & Water Conservancy		131.19
2.工业	Industry	874.79	1001.70
#用作原料、材料	Non-Energy Use	116.35	25.24
3.建筑业	Construction	4.71	170.02
4.交通运输、仓储及邮电通迅业	Transport, Storage, Postal & Telecommunications Services	27.97	2247.98
5.批发和零售贸易业、餐饮业	Wholesale, Retail Trade and Catering Service	0.26	102.76
6.生活消费	Residential Consumption		334.86
城镇	Urban		272.46
乡村	Rural		62.40
7.其他	Other	2.00	1166.33
五.平衡差额	**Statistical Difference**	**215.69**	**-0.10**
六.消费量合计	**Total Final Consumption**		

Continued

(10 000 tce)

煤油 Kerosene	柴油 Diesel Oil	燃料油 Fuel Oil	液化石油气 LPG	炼厂干气 Refinery Gas	其他石油制品 Other Petroleum Products	天然气 Natural Gas	热力 Heat	电力 Electricity	其他能源 Other Energy
12.65	**-397.99**	**2547.17**	**822.08**		**-156.54**	**3200.11**		**2864.58**	**1755.00**
						3617.60		2966.98	1468.00
								2733.47	
								205.70	
									287.00
375.90	37.78	2114.50	825.85		211.64			19.00	
98.61	37.88	320.28							
292.63	80.84	47.67	2.74		367.65	417.49		121.40	
84.55	32.11	35.04							
-84.68	-360.71	195.10	-1.03		-0.52				
1283.49	**9983.99**	**1317.65**	**1568.10**	**890.23**	**4968.04**	**-391.82**	**4983.24**	**13693.35**	**-287.64**
	-331.72	-1163.19	-3.26	-39.29	-30.63	-202.29		13693.35	-115.51
		-416.05		-160.19	-25.69	-189.53	4983.24		-97.49
1283.49	10315.71	2933.87	1571.36	1089.70	5024.36				-74.64
		-36.97							
			3.39			**88.58**	**60.04**	**1151.22**	
1282.49	**9585.63**	**3916.39**	**2375.66**	**882.36**	**4812.03**	**2778.50**	**4923.16**	**15406.34**	**1465.92**
2.21	1015.74	0.57	0.60				1.31	655.01	193.65
123.52	2140.19	2633.94	726.98	882.36	4174.66	2230.28	3975.64	11144.46	340.96
12.72	33.60	206.38	81.28	0.39	2504.80	762.98			
5.89	299.96	23.87	15.27		637.36	10.91	4.63	196.36	1.00
788.52	4799.41	1214.31	25.10			53.20	25.36	345.59	160.45
20.60	139.79	16.56	95.11			45.75	36.97	514.56	24.00
106.19	259.89		1471.45			429.86	792.28	1784.45	688.90
9.56	187.72		1317.73			429.86	792.28	1139.25	46.30
96.63	72.17		153.72					645.20	642.60
235.56	930.65	27.14	41.14			8.51	86.97	765.91	56.96
13.65	**0.37**	**-51.57**	**11.13**	**7.87**	**-0.52**	**-58.79**	**0.05**	**0.37**	**1.44**

5-16 中国能源平衡表(标准量) -2001

单位:万吨标准煤

项 目	Item	能源合计 Energy Total (发电煤耗计算法) (coal equivalent calculation)	能源合计 Energy Total (电热当量计算法) (calorific value calculation)
一.可供本地区消费的能源量	**Total Primary Energy Supply**	**152596.82**	**145311.63**
1.一次能源生产量	Indigenous Production	147424.99	139928.21
水电	Hydro Power	10403.61	3409.64
核电	Nuclear Power	655.19	214.73
2.回收能	Recovery of Energy	3851.67	3851.67
3.进口量	Import	12965.24	12919.92
4.我轮、机在外国加油量	China Airplanes&Ships Refueling in Abroad	503.50	503.50
5.出口量(-)	Export (-)	11354.48	11097.57
6.外轮、机在我国加油量(-)	Foreign Airplanes&ships Refueling in China	203.53	203.53
7.库存增(-)、减(+)量	Stock Change	-590.56	-590.56
二.加工转换投入(-)产出(+)量	**Input(-) & Output(+) of Transformation**	**-2481.64**	**-34539.84**
1.火力发电	Thermal Power	0.00	-29833.76
2.供热	Heating Supply	0.00	-2224.44
3.洗选煤	Coal Washing	-902.39	-902.39
4.炼焦	Coking	-543.98	-543.98
5.炼油	Petroleum Refineries	-704.26	-704.26
6.制气	Gas Works	-131.00	-131.00
#焦炭再投入量(-)	Coke Input (-)	-149.26	-149.26
7.煤制品加工	Briquettes	-50.75	-50.75
三.损失量	**Loss**	**4332.93**	**1701.52**
四.终端消费量	**Total Final Consumption**	**148732.62**	**112022.25**
1.农、林、牧、渔、水利业	Farming, Forestry, Animal Husbandry, Fishery & Water Conservancy	4553.36	3084.62
2.工业	Industry	103252.53	76475.24
#用作原料、材料	Non-Energy Use	7055.00	7055.00
3.建筑业	Construction	2282.79	1889.98
4.交通运输、仓储及邮电通迅业	Transport, Storage, Postal & Telecommunications Services	11491.37	10699.43
5.批发和零售贸易业、餐饮业	Wholesale, Retail Trade and Catering Service	3500.01	2324.47
6.生活消费	Residential Consumption	17301.02	12904.89
城镇	Urban	9859.52	7008.92
乡村	Rural	7441.50	5895.97
7.其他	Other	6351.54	4643.61
五.平衡差额	**Statistical Difference**	**-2950.36**	**-2951.97**
六.消费量合计	**Total Final Consumption**	**155547.19**	**148263.60**

Energy Balance of China (Standard Quantity) -2001

(10 000 tce)

煤合计 Coal Total	原煤 Raw Coal	洗精煤 Cleaned Coal	其他洗煤 Other Washed Coal	型煤 Briquettes	焦炭 Coke	焦炉煤气 Coke Oven Gas	其他煤气 Other Gas	其他焦化产品 Other Coking Products	油品合计 Petroleum Products Total
100818.13	**100907.88**	**-42.91**	**-46.59**	**-0.25**	**-1620.13**		**3541.48**	**40.52**	**33277.26**
107053.55	107053.55								23423.14
							3541.48		
190.02	190.02							54.82	12652.99
									503.50
6489.27	6489.27				1345.00			14.30	2719.57
									203.53
63.83	153.57	-42.91	-46.59	-0.25	-275.13				-379.26
-65546.66	**-69370.92**	**1129.34**	**2174.55**	**520.37**	**13188.81**	**1435.01**	**133.48**	**235.35**	**-3052.56**
-42021.13	-41279.82	-103.45	-637.86			-65.24	-238.62	-0.76	-1740.80
-6325.25	-6229.54	-5.87	-89.84			-43.19	-113.94	-1.03	-637.82
-902.39	-15847.45	12010.24	2934.82						
-15427.18	-5002.69	-10404.04	-20.45		13105.41	1525.00	32.38	220.41	
									-641.43
-819.96	-445.56	-367.53	-6.87		232.66	18.43	453.66	16.72	-32.51
					-149.26				
-50.75	-565.87		-5.25	520.37					
						16.52			**270.90**
38680.92	**34914.48**	**1084.22**	**2160.58**	**521.64**	**11440.97**	**1442.32**	**3676.21**	**266.37**	**29590.23**
857.90	848.47		9.43		65.53				1223.36
28464.23	25670.42	1076.93	1657.98	58.90	11160.17	1195.75	3426.06	266.37	12627.50
2749.03	2515.70	163.69	69.64		446.41	13.63		67.79	2941.22
376.10	367.22	3.63	5.25		23.23				1282.15
626.67	615.52	3.56	7.32	0.27	11.35		0.71		9386.46
1184.34	1174.27	0.09	5.18	4.80	38.59	12.19	8.52		384.13
5994.03	5089.44		449.06	455.53	130.36	215.66	237.45		2227.98
2033.87	1533.94		210.10	289.83	66.30	215.66	235.15		1826.13
3960.16	3555.50		238.97	165.70	64.06		2.30		401.85
1177.65	1149.14	0.01	26.37	2.14	11.73	18.72	3.46		2458.65
-3409.45	**-3377.52**	**2.21**	**-32.61**	**-1.52**	**127.72**	**-23.84**	**-1.25**	**9.50**	**363.56**

5-16 续表

单位:万吨标准煤

项目	Item	原油 Crude Oil	汽油 Gasoline
一.可供本地区消费的能源量	**Total Primary Energy Supply**	**30767.99**	**-806.03**
1.一次能源生产量	Indigenous Production	23423.14	
水电	Hydro Power		
核电	Nuclear Power		
2.回收能	Recovery of Energy		
3.进口量	Import	8608.74	0.03
4.我轮、机在外国加油量	China Airplanes&Ships Refueling in Abroad		
5.出口量(-)	Export (-)	1078.59	842.32
6.外轮、机在我国加油量(-)	Foreign Airplanes&ships Refueling in China		19.86
7.库存增(-)、减(+)量	Stock Change	-185.30	56.12
二.加工转换投入(-)产出(+)量	**Input(-) & Output(+) of Transformation**	**-29384.47**	**6112.11**
1.火力发电	Thermal Power	-116.57	-0.88
2.供热	Heating Supply	-17.60	-0.18
3.洗选煤	Coal Washing		
4.炼焦	Coking		
5.炼油	Petroleum Refineries	-29250.30	6113.17
6.制气	Gas Works		
#焦炭再投入量(-)	Coke Input (-)		
7.煤制品加工	Briquettes		
三.损失量	**Loss**	**268.43**	
四.终端消费量	**Total Final Consumption**	**934.48**	**5292.41**
1.农、林、牧、渔、水利业	Farming, Forestry, Animal Husbandry, Fishery & Water Conservancy		137.46
2.工业	Industry	901.19	1036.48
#用作原料、材料	Non-Energy Use	119.86	26.12
3.建筑业	Construction	4.81	171.71
4.交通运输、仓储及邮电通迅业	Transport, Storage, Postal & Telecommunications Services	26.54	2301.81
5.批发和零售贸易业、餐饮业	Wholesale, Retail Trade and Catering Service	0.21	101.59
6.生活消费	Residential Consumption		359.90
城镇	Urban		294.16
乡村	Rural		65.74
7.其他	Other	1.71	1183.45
五.平衡差额	**Statistical Difference**	**180.60**	**13.67**
六.消费量合计	**Total Final Consumption**		

Continued

(10 000 tce)

煤油 Kerosene	柴油 Diesel Oil	燃料油 Fuel Oil	液化石油气 LPG	炼厂干气 Refinery Gas	其他石油制品 Other Petroleum Products	天然气 Natural Gas	热力 Heat	电力 Electricity	其他能源 Other Energy
154.32	**-311.19**	**2817.87**	**815.49**		**-161.19**	**3629.57**		**3551.61**	**2073.19**
						4033.76		3654.76	1763.00
								3409.64	
								214.73	
									310.19
297.06	40.03	2605.19	838.05		263.88			22.10	
142.28	39.66	321.55							
268.12	37.33	62.99	3.58		426.64	404.19		125.25	
94.46	30.95	58.26							
77.56	-322.60	12.37	-18.98		1.57				
1161.45	**10557.00**	**1004.98**	**1630.78**	**864.27**	**5001.33**	**-391.15**	**5224.24**	**14544.29**	**-310.64**
	-350.27	-1197.94	-1.80	-36.14	-37.19	-172.90		14544.29	-138.61
		-428.04		-157.14	-34.87	-218.25	5224.24		-109.20
1161.45	10907.27	2663.47	1632.58	1057.55	5073.39				-62.83
		-32.51							
			2.47			**82.73**	**61.23**	**1270.13**	
1309.94	**10079.60**	**3841.93**	**2414.88**	**878.41**	**4838.57**	**3174.31**	**5162.97**	**16825.00**	**1762.96**
2.24	1082.55	0.60	0.51				1.30	715.76	220.77
126.54	2272.23	2554.91	755.17	878.41	4102.57	2446.40	4207.45	12180.85	500.46
13.03	35.67	200.19	84.43	0.38	2461.54	836.91			
5.15	325.05	23.11	16.30		736.00	9.58	5.35	190.38	3.20
825.00	4984.74	1221.45	26.91			82.46	28.54	380.15	183.09
18.35	142.90	17.54	103.54			66.50	37.98	565.20	27.00
110.36	290.21		1467.51			560.06	796.90	1977.74	764.70
10.33	205.63		1316.02			560.06	796.90	1224.28	50.57
100.03	84.58		151.49					753.46	714.13
222.31	981.93	24.31	44.93			9.31	85.45	814.90	63.74
5.83	**166.20**	**-19.09**	**28.92**	**-14.14**	**1.57**	**-18.62**	**0.04**	**0.77**	**-0.41**

5-17 中国能源平衡表(标准量) -2002

单位:万吨标准煤

项　目	Item	能源合计 Energy Total (发电煤耗计算法) (coal equivalent calculation)	能源合计 Energy Total (电热当量计算法) (calorific value calculation)
一.可供本地区消费的能源量	**Total Primary Energy Supply**	**165817.54**	**158174.01**
1.一次能源生产量	Indigenous Production	156277.01	148450.02
水电	Hydro Power	10675.09	3539.20
核电	Nuclear Power	931.45	308.81
2.回收能	Recovery of Energy	4275.36	4275.36
3.进口量	Import	15195.48	15138.49
4.我轮、机在外国加油量	China Airplanes&Ships Refueling in Abroad	571.75	571.75
5.出口量(-)	Export (-)	10999.39	10758.93
6.外轮、机在我国加油量(-)	Foreign Airplanes&ships Refueling in China	220.88	220.88
7.库存增(-)、减(+)量	Stock Change	718.20	718.20
二.加工转换投入(-)产出(+)量	**Input(-) & Output(+) of Transformation**	**-2756.81**	**-37724.05**
1.火力发电	Thermal Power	0.00	-33158.50
2.供热	Heating Supply	0.00	-1808.74
3.洗选煤	Coal Washing	-888.50	-888.50
4.炼焦	Coking	-540.59	-540.59
5.炼油	Petroleum Refineries	-1017.66	-1017.66
6.制气	Gas Works	-124.65	-124.65
#焦炭再投入量(-)	Coke Input (-)	-133.42	-133.42
7.煤制品加工	Briquettes	-51.98	-51.98
三.损失量	**Loss**	**4779.14**	**1861.15**
四.终端消费量	**Total Final Consumption**	**162040.90**	**122349.46**
1.农、林、牧、渔、水利业	Farming, Forestry, Animal Husbandry, Fishery & Water Conservancy	4929.38	3426.66
2.工业	Industry	112725.03	83453.42
#用作原料、材料	Non-Energy Use	7821.02	7821.02
3.建筑业	Construction	2456.88	2072.92
4.交通运输、仓储及邮电通迅业	Transport, Storage, Postal & Telecommunications Services	12509.26	11749.51
5.批发和零售贸易业、餐饮业	Wholesale, Retail Trade and Catering Service	3916.97	2661.84
6.生活消费	Residential Consumption	18642.05	13959.37
城镇	Urban	10552.28	7535.97
乡村	Rural	8089.77	6423.39
7.其他	Other	6861.33	5025.74
五.平衡差额	**Statistical Difference**	**-3759.32**	**-3760.64**
六.消费量合计	**Total Final Consumption**	**169576.86**	**161934.66**

Energy Balance of China (Standard Quantity) -2002

(10 000 tce)

煤合计 Coal Total	原煤 Raw Coal	洗精煤 Cleaned Coal	其他洗煤 Other Washed Coal	型煤 Briquettes	焦炭 Coke	焦炉煤气 Coke Oven Gas	其他煤气 Other Gas	其他焦化产品 Other Coking Products	油品合计 Petroleum Products Total
109738.17	**109681.34**	**68.59**	**-12.16**	**0.41**	**-1382.12**		**3941.86**	**43.16**	**35750.55**
114326.52	114326.52								23857.62
							3941.86		
804.12	804.12							57.33	14248.77
									571.75
6032.09	6032.09				1318.21			14.17	2849.20
									220.88
639.63	582.80	68.59	-12.16	0.41	-63.91				142.48
-71301.77	**-74813.48**	**786.62**	**2172.54**	**552.55**	**13712.27**	**1486.69**	**126.19**	**246.63**	**-3331.88**
-47121.71	-46361.98	-107.05	-652.68			-84.04	-256.49		-1827.83
-6426.78	-6324.41	-6.30	-96.07			-29.67	-99.16		-535.07
-888.50	-15939.27	12092.94	2957.82						
-16027.94	-5138.06	-10866.24	-23.64		13631.47	1583.50	43.05	229.32	
									-941.97
-784.85	-450.49	-326.74	-7.63		214.22	16.89	438.79	17.31	-27.01
					-133.42				
-51.98	-599.28		-5.25	552.55					
									272.28
42357.07	**38762.36**	**850.86**	**2187.83**	**556.01**	**12303.53**	**1496.14**	**4118.34**	**288.50**	**31991.62**
1005.58	997.16		8.42		74.01				1345.46
31083.13	28453.32	844.16	1721.08	64.58	12030.50	1248.65	3849.53	288.50	13571.07
2989.02	2788.43	128.31	72.29		481.22	14.23		73.42	3385.26
406.82	398.44	2.97	5.41		22.71				1433.22
675.88	665.36	3.65	6.57	0.30	11.11		0.60		10295.74
1406.54	1395.74	0.09	5.26	5.45	41.38	10.37	11.11		414.81
6339.29	5443.05		412.90	483.34	111.83	220.84	257.09		2435.70
2040.99	1569.91		171.11	299.97	57.56	220.84	254.02		2033.53
4298.30	3873.14		241.79	183.37	54.27		3.07		402.17
1439.83	1409.28		28.20	2.34	11.99	16.28			2495.62
-3920.66	**-3894.51**	**4.35**	**-27.45**	**-3.05**	**26.63**	**-9.45**	**-50.28**	**1.29**	**154.77**

5-17 续表

单位:万吨标准煤

项目	Item	原油 Crude Oil	汽油 Gasoline
一.可供本地区消费的能源量	**Total Primary Energy Supply**	**32527.78**	**-840.29**
1.一次能源生产量	Indigenous Production	23857.62	
水电	Hydro Power		
核电	Nuclear Power		
2.回收能	Recovery of Energy		
3.进口量	Import	9915.40	
4.我轮、机在外国加油量	China Airplanes&Ships Refueling in Abroad		
5.出口量(-)	Export (-)	1094.96	900.79
6.外轮、机在我国加油量(-)	Foreign Airplanes&ships Refueling in China		26.79
7.库存增(-)、减(+)量	Stock Change	-150.27	87.30
二.加工转换投入(-)产出(+)量	**Input(-) & Output(+) of Transformation**	**-31173.92**	**6437.40**
1.火力发电	Thermal Power	-111.90	-0.91
2.供热	Heating Supply	-18.23	-0.18
3.洗选煤	Coal Washing		
4.炼焦	Coking		
5.炼油	Petroleum Refineries	-31043.79	6438.49
6.制气	Gas Works		
#焦炭再投入量(-)	Coke Input (-)		
7.煤制品加工	Briquettes		
三.损失量	**Loss**	**269.26**	
四.终端消费量	**Total Final Consumption**	**977.53**	**5596.59**
1.农、林、牧、渔、水利业	Farming, Forestry, Animal Husbandry, Fishery & Water Conservancy		149.42
2.工业	Industry	947.16	1054.85
#用作原料、材料	Non-Energy Use	125.97	26.58
3.建筑业	Construction	6.00	165.27
4.交通运输、仓储及邮电通讯业	Transport, Storage, Postal & Telecommunications Services	22.36	2440.32
5.批发和零售贸易业、餐饮业	Wholesale, Retail Trade and Catering Service	0.17	109.21
6.生活消费	Residential Consumption		402.87
城镇	Urban		323.56
乡村	Rural		79.31
7.其他	Other	1.84	1274.66
五.平衡差额	**Statistical Difference**	**107.06**	**0.53**
六.消费量合计	**Total Final Consumption**		

Continued

(10 000 tce)

煤油 Kerosene	柴油 Diesel Oil	燃料油 Fuel Oil	液化石油气 LPG	炼厂干气 Refinery Gas	其他石油制品 Other Petroleum Products	天然气 Natural Gas	热力 Heat	电力 Electricity	其他能源 Other Energy
130.47	**23.65**	**2653.34**	**1074.56**		**181.05**	**3917.91**		**3790.97**	**2373.50**
						4343.91		3881.97	2040.00
								3539.20	
								308.81	
									333.50
315.66	69.53	2370.99	1073.43		503.77			28.27	
161.56	45.17	365.02							
249.61	180.23	91.30	9.63		322.67	426.00		119.26	
104.91	30.60	58.57							
7.77	119.77	67.20	10.77		-0.05				
1215.54	**11025.92**	**1010.41**	**1772.31**	**883.80**	**5496.66**	**-373.33**	**5598.91**	**16445.69**	**-333.45**
	-329.29	-1303.83	-2.64	-31.90	-47.36	-146.97		16445.69	-167.16
	-4.49	-295.23	-2.42	-177.82	-36.70	-226.37	5598.91		-90.60
1215.54	11359.70	2636.48	1777.37	1093.52	5580.72				-75.69
		-27.01							
			3.02			**84.19**	**68.40**	**1436.28**	
1352.51	**11016.94**	**3693.85**	**2780.75**	**895.70**	**5677.76**	**3423.95**	**5530.33**	**18799.75**	**2040.23**
2.06	1193.39	0.59					1.57	745.06	254.99
157.95	2404.71	2403.81	889.33	895.70	4817.57	2566.10	4443.31	13805.97	566.65
16.27	37.75	188.35	99.43	0.36	2890.54	877.86			
	352.60	27.29	21.87		860.19	9.04	6.19	189.44	5.50
1054.63	5514.85	1217.31	46.29			153.75	27.65	372.39	212.39
19.13	161.43	17.57	107.30			81.13	50.00	614.50	32.00
59.89	311.70		1661.24			613.93	907.51	2177.08	896.10
9.30	232.39		1468.28			613.93	907.51	1350.60	57.00
50.59	79.31		192.96					826.48	839.10
58.86	1078.25	27.29	54.72				94.10	895.33	72.60
-6.50	**32.63**	**-30.10**	**63.10**	**-11.90**	**-0.05**	**36.44**	**0.17**	**0.63**	**-0.18**

5-18 中国能源平衡表(标准量)-2003

单位:万吨标准煤

项 目	Item	能源合计 Energy Total (发电煤耗计算法) (coal equivalent calculation)	能源合计 Energy Total (电热当量计算法) (calorific value calculation)
一.可供本地区消费的能源量	**Total Primary Energy Supply**	**191896.33**	**184081.08**
1.一次能源生产量	Indigenous Production	178298.78	170305.40
水电	Hydro Power	10353.41	3486.44
核电	Nuclear Power	1581.84	532.67
2.回收能	Recovery of Energy	4332.05	4332.05
3.进口量	Import	19528.24	19456.11
4.我轮、机在外国加油量	China Airplanes&Ships Refueling in Abroad	474.14	474.14
5.出口量(-)	Export (-)	11822.94	11572.67
6.外轮、机在我国加油量(-)	Foreign Airplanes&ships Refueling in China	299.76	299.76
7.库存增(-)、减(+)量	Stock Change	1385.82	1385.82
二.加工转换投入(-)产出(+)量	**Input(-) & Output(+) of Transformation**	**-3077.96**	**-43850.74**
1.火力发电	Thermal Power	0.00	-38255.29
2.供热	Heating Supply	0.00	-2517.50
3.洗选煤	Coal Washing	-735.20	-735.20
4.炼焦	Coking	-768.61	-768.61
5.炼油	Petroleum Refineries	-1249.33	-1249.33
6.制气	Gas Works	-134.42	-134.42
#焦炭再投入量(-)	Coke Input (-)	-172.76	-172.76
7.煤制品加工	Briquettes	-17.63	-17.63
三.损失量	**Loss**	**5018.98**	**1938.52**
四.终端消费量	**Total Final Consumption**	**188985.98**	**143479.69**
1.农、林、牧、渔、水利业	Farming, Forestry, Animal Husbandry, Fishery & Water Conservancy	5683.21	4004.62
2.工业	Industry	131565.12	98386.86
#用作原料、材料	Non-Energy Use	9291.28	9291.28
3.建筑业	Construction	2770.36	2332.10
4.交通运输、仓储及邮电通迅业	Transport, Storage, Postal & Telecommunications Services	14642.88	13645.70
5.批发和零售贸易业、餐饮业	Wholesale, Retail Trade and Catering Service	4723.40	3217.68
6.生活消费	Residential Consumption	21447.99	15988.13
城镇	Urban	12214.72	8644.60
乡村	Rural	9233.27	7343.53
7.其他	Other	8153.01	5904.59
五.平衡差额	**Statistical Difference**	**-5186.58**	**-5187.87**
六.消费量合计	**Total Final Consumption**	**197082.91**	**189268.95**

Energy Balance of China (Standard Quantity) -2003

(10 000 tce)

煤合计 Coal Total	原煤 Raw Coal	洗精煤 Cleaned Coal	其他洗煤 Other Washed Coal	型煤 Briquettes	焦炭 Coke	焦炉煤气 Coke Oven Gas	其他煤气 Other Gas	其他焦化产品 Other Coking Products	油品合计 Petroleum Products Total
131233.94	**131390.96**	**-90.26**	**-66.75**	**-0.01**	**-1792.07**		**3979.05**	**88.75**	**39530.13**
135048.54	135048.54								24229.03
							3979.05		
792.71	792.71				0.17			110.30	18516.31
									474.14
6393.97	6393.97				1430.01			21.55	3350.98
									299.76
1786.65	1943.67	-90.26	-66.75	-0.01	-362.23				-38.61
-83975.06	**-88428.40**	**1558.44**	**2239.76**	**655.13**	**17094.56**	**1680.73**	**150.45**	**263.59**	**-3818.55**
-54960.95	-54043.33	-103.28	-814.35			-69.72	-288.36		-1991.07
-7533.61	-7401.14	-7.30	-125.17			-29.06	-105.31		-624.25
-735.20	-20801.90	16261.62	3805.07						
-19861.34	-5567.10	-14264.98	-29.26		17039.14	1759.85	48.62	245.12	
									-1173.33
-866.33	-530.40	-327.62	-8.30		228.18	19.66	495.51	18.46	-29.90
					-172.76				
-17.63	-84.54		-588.22	655.13					
									231.61
52305.00	**47863.78**	**1491.41**	**2284.38**	**665.44**	**15298.21**	**1694.05**	**4161.68**	**350.82**	**35480.48**
1236.50	1227.92		8.58		71.58				1542.60
39132.66	35741.21	1485.03	1788.23	118.19	15029.50	1427.02	3883.48	350.82	14504.07
3803.47	3502.64	225.72	75.11		601.18	16.27		89.28	3768.26
440.89	431.97	2.76	6.16		20.20				1625.40
806.30	799.60	3.50	2.89	0.31	10.48		0.89		11863.39
1757.14	1745.32	0.12	5.84	5.86	46.10	12.20	12.77		456.39
7111.44	6134.63		437.54	539.27	109.28	238.55	264.54		2864.43
2246.36	1758.02		173.65	314.70	55.58	238.55	261.69		2369.46
4865.08	4376.61		263.90	224.57	53.70		2.85		494.98
1820.07	1783.12		35.14	1.81	11.06	16.28			2624.20
-5046.12	**-4901.21**	**-23.23**	**-111.37**	**-10.31**	**4.29**	**-13.32**	**-32.18**	**1.52**	**-0.51**

5-18 续表

单位:万吨标准煤

项　目	Item	原油 Crude Oil	汽油 Gasoline
一.可供本地区消费的能源量	**Total Primary Energy Supply**	**35982.28**	**-1057.30**
1.一次能源生产量	Indigenous Production	24229.03	
水电	Hydro Power		
核电	Nuclear Power		
2.回收能	Recovery of Energy		
3.进口量	Import	13003.13	
4.我轮、机在外国加油量	China Airplanes&Ships Refueling in Abroad		
5.出口量(-)	Export (-)	1161.92	1109.79
6.外轮、机在我国加油量(-)	Foreign Airplanes&ships Refueling in China		
7.库存增(-)、减(+)量	Stock Change	-87.96	52.48
二.加工转换投入(-)产出(+)量	**Input(-) & Output(+) of Transformation**	**-34583.15**	**7114.78**
1.火力发电	Thermal Power	-134.27	-0.59
2.供热	Heating Supply	-15.73	-0.12
3.洗选煤	Coal Washing		
4.炼焦	Coking		
5.炼油	Petroleum Refineries	-34433.15	7115.48
6.制气	Gas Works		
#焦炭再投入量(-)	Coke Input (-)		
7.煤制品加工	Briquettes		
三.损失量	**Loss**	**229.69**	
四.终端消费量	**Total Final Consumption**	**1160.34**	**6059.28**
1.农、林、牧、渔、水利业	Farming, Forestry, Animal Husbandry, Fishery & Water Conservancy		171.42
2.工业	Industry	1132.88	930.51
#用作原料、材料	Non-Energy Use	150.67	23.45
3.建筑业	Construction	5.71	167.24
4.交通运输、仓储及邮电通迅业	Transport, Storage, Postal & Telecommunications Services	19.90	2886.36
5.批发和零售贸易业、餐饮业	Wholesale, Retail Trade and Catering Service	0.13	114.90
6.生活消费	Residential Consumption		498.44
城镇	Urban		388.27
乡村	Rural		110.16
7.其他	Other	1.71	1290.42
五.平衡差额	**Statistical Difference**	**9.10**	**-1.81**
六.消费量合计	**Total Final Consumption**		

Continued

(10 000 tce)

煤油 Kerosene	柴油 Diesel Oil	燃料油 Fuel Oil	液化石油气 LPG	炼厂干气 Refinery Gas	其他石油制品 Other Petroleum Products	天然气 Natural Gas	热力 Heat	电力 Electricity	其他能源 Other Energy
87.12	**-95.09**	**3323.34**	**1070.49**		**219.30**	**4407.89**		**3967.89**	**2665.50**
						4657.00		4058.33	2312.50
								3486.44	
								532.67	
									353.00
309.39	123.63	3422.14	1091.56		566.45			36.62	
157.59	39.04	277.52							
296.77	326.39	108.77	4.11		343.22	249.11		127.07	
109.18	29.72	160.86							
26.09	98.35	-106.69	-16.95		-3.93				
1258.49	**12466.69**	**809.14**	**2065.70**	**903.79**	**6146.01**	**-362.29**	**6045.93**	**19422.64**	**-352.73**
	-107.99	-1652.49	-2.67	-26.64	-66.42	-176.09		19422.64	-191.73
	-4.15	-372.58	-8.90	-188.69	-34.08	-186.20	6045.93		-85.00
1258.49	12578.82	2864.11	2077.27	1119.12	6246.51				-76.00
		-29.90							
			1.92			**88.45**	**69.09**	**1549.38**	
1356.06	**12382.67**	**4131.34**	**3103.40**	**920.84**	**6366.56**	**4059.03**	**5976.99**	**21840.46**	**2312.98**
1.99	1368.33	0.86					1.69	851.88	300.38
129.14	2395.81	2711.93	925.72	920.84	5357.24	2960.58	4634.70	15865.16	598.86
13.30	37.61	212.49	103.50	12.89	3214.34	1012.81			
	402.49	25.43	15.21		1009.32	9.31	7.36	220.95	8.00
1091.31	6462.53	1343.30	60.00			182.88	29.10	500.13	252.53
16.54	153.77	32.57	138.48			91.11	52.64	753.34	36.00
53.53	404.91		1907.55			690.14	1148.01	2529.33	1032.41
8.83	310.87		1661.48			690.14	1148.01	1569.89	64.92
44.70	94.04		246.07					959.44	967.49
63.55	1194.82	17.26	56.43			125.02	103.49	1119.67	84.80
-10.45	**-11.07**	**1.14**	**30.87**	**-17.05**	**-1.25**	**-101.88**	**-0.15**	**0.69**	**-0.21**

5-19 中国能源平衡表(标准量) -2004

单位:万吨标准煤

项　目	Item	能源合计 Energy Total (发电煤耗计算法) (coal equivalent calculation)	能源合计 Energy Total (电热当量计算法) (calorific value calculation)
一.可供本地区消费的能源量	**Total Primary Energy Supply**	**224850.77**	**215305.27**
1.一次能源生产量	Indigenous Production	206107.73	196417.83
水电	Hydro Power	12747.37	4345.06
核电	Nuclear Power	1819.71	620.26
2.回收能	Recovery of Energy	5263.05	5263.05
3.进口量	Import	25933.46	25852.65
4.我轮、机在外国加油量	China Airplanes&Ships Refueling in Abroad	546.74	546.74
5.出口量(-)	Export (-)	11060.44	10835.23
6.外轮、机在我国加油量(-)	Foreign Airplanes&ships Refueling in China	486.79	486.79
7.库存增(-)、减(+)量	Stock Change	-1452.99	-1452.99
二.加工转换投入(-)产出(+)量	**Input(-) & Output(+) of Transformation**	**-3364.38**	**-48871.66**
1.火力发电	Thermal Power	0.00	-42673.86
2.供热	Heating Supply	0.00	-2833.42
3.洗选煤	Coal Washing	-876.65	-876.65
4.炼焦	Coking	-661.34	-661.34
5.炼油	Petroleum Refineries	-1408.19	-1408.19
6.制气	Gas Works	-162.31	-162.31
#焦炭再投入量(-)	Coke Input (-)	-196.36	-196.36
7.煤制品加工	Briquettes	-59.52	-59.52
三.损失量	**Loss**	**5549.79**	**2140.34**
四.终端消费量	**Total Final Consumption**	**221367.14**	**169726.16**
1.农、林、牧、渔、水利业	Farming, Forestry, Animal Husbandry, Fishery & Water Conservancy	6391.86	4563.81
2.工业	Industry	154802.29	117062.20
#用作原料、材料	Non-Energy Use	11428.29	11428.29
3.建筑业	Construction	3183.30	2696.75
4.交通运输、仓储及邮电通迅业	Transport, Storage, Postal & Telecommunications Services	17452.20	16365.58
5.批发和零售贸易业、餐饮业	Wholesale, Retail Trade and Catering Service	5498.79	3789.98
6.生活消费	Residential Consumption	24744.53	18468.55
城镇	Urban	14069.64	9982.87
乡村	Rural	10674.89	8485.68
7.其他	Other	9294.18	6779.30
五.平衡差额	**Statistical Difference**	**-5430.54**	**-5432.88**
六.消费量合计	**Total Final Consumption**	**230281.31**	**220738.15**

Energy Balance of China (Standard Quantity) -2004

(10 000 tce)

煤合计 Coal Total	原煤 Raw Coal	洗精煤 Cleaned Coal	其他洗煤 Other Washed Coal	型煤 Briquettes	焦炭 Coke	焦炉煤气 Coke Oven Gas	其他煤气 Other Gas	其他焦化产品 Other Coking Products	油品合计 Petroleum Products Total
153129.84	**153260.43**	**-132.80**	**2.21**		**-2015.08**		**4880.55**	**127.27**	**46041.30**
158134.50	158134.50								25125.25
							4880.55		
1329.60	1329.60				0.52			160.56	24320.19
									546.74
6190.38	6190.38				1458.27			33.28	2712.32
									486.79
-143.88	-13.29	-132.80	2.21		-557.34				-751.76
-94258.44	**-100111.90**	**2358.95**	**2810.85**	**683.66**	**19761.46**	**1930.93**	**16.13**	**328.50**	**-4378.55**
-61369.81	-60211.66	-140.92	-1017.22			-154.07	-333.01		-2364.90
-8106.43	-7990.15	-10.58	-105.71			-87.35	-229.58		-639.99
-876.65	-27180.83	21662.69	4641.49						
-22831.43	-4020.94	-18776.40	-34.09		19651.21	2146.36	58.29	314.23	
									-1358.65
-1014.60	-629.66	-375.84	-9.10		299.00	25.98	520.43	21.89	-15.01
					-188.74			-7.62	
-59.52	-78.66		-664.52	683.66					
									214.13
64724.54	**58771.18**	**2360.47**	**2904.75**	**688.15**	**17361.55**	**1919.83**	**4910.36**	**455.22**	**41325.41**
1417.41	1408.29		9.12		66.72				1797.15
50047.64	45221.73	2357.68	2382.19	86.05	17112.99	1642.15	4612.55	455.22	16085.21
4890.15	4431.73	358.37	100.05		684.52	21.32		115.85	4635.30
490.24	485.06	2.79	2.38		16.31				1897.55
711.87	711.29		0.58		1.74		0.60		14501.77
2065.52	2051.55		6.13	7.84	51.83	11.24	18.52		532.65
7854.59	6790.00		472.10	592.50	102.15	252.93	278.68		3571.61
2385.67	1878.00		180.19	327.48	53.08	252.93	275.44		2839.43
5468.92	4912.00		291.91	265.01	49.07		3.25		732.18
2137.28	2103.26		32.25	1.77	9.80	13.51			2939.47
-5853.14	**-5622.65**	**-134.32**	**-91.69**	**-4.49**	**384.83**	**11.10**	**-13.68**	**0.56**	**123.21**

5-19 续表

单位:万吨标准煤

项　目	Item	原油 Crude Oil	汽油 Gasoline
一.可供本地区消费的能源量	**Total Primary Energy Supply**	**41446.99**	**-835.87**
1.一次能源生产量	Indigenous Production	25125.25	
水电	Hydro Power		
核电	Nuclear Power		
2.回收能	Recovery of Energy		
3.进口量	Import	17531.78	
4.我轮、机在外国加油量	China Airplanes&Ships Refueling in Abroad		
5.出口量(-)	Export (-)	784.53	795.60
6.外轮、机在我国加油量(-)	Foreign Airplanes&ships Refueling in China		
7.库存增(-)、减(+)量	Stock Change	-425.51	-40.27
二.加工转换投入(-)产出(+)量	**Input(-) & Output(+) of Transformation**	**-40023.03**	**7746.63**
1.火力发电	Thermal Power	-25.77	-0.44
2.供热	Heating Supply	-0.36	-0.22
3.洗选煤	Coal Washing		
4.炼焦	Coking		
5.炼油	Petroleum Refineries	-39996.90	7747.29
6.制气	Gas Works		
#焦炭再投入量(-)	Coke Input (-)		
7.煤制品加工	Briquettes		
三.损失量	**Loss**	**212.59**	
四.终端消费量	**Total Final Consumption**	**1207.08**	**6908.62**
1.农、林、牧、渔、水利业	Farming, Forestry, Animal Husbandry, Fishery & Water Conservancy		197.30
2.工业	Industry	1207.08	745.93
#用作原料、材料	Non-Energy Use	160.54	18.82
3.建筑业	Construction		230.26
4.交通运输、仓储及邮电通迅业	Transport, Storage, Postal & Telecommunications Services		3434.92
5.批发和零售贸易业、餐饮业	Wholesale, Retail Trade and Catering Service		176.28
6.生活消费	Residential Consumption		671.75
城镇	Urban		506.05
乡村	Rural		165.71
7.其他	Other		1452.18
五.平衡差额	**Statistical Difference**	**4.29**	**2.13**
六.消费量合计	**Total Final Consumption**		

Continued

(10 000 tce)

煤油 Kerosene	柴油 Diesel Oil	燃料油 Fuel Oil	液化石油气 LPG	炼厂干气 Refinery Gas	其他石油制品 Other Petroleum Products	天然气 Natural Gas	热力 Heat	电力 Electricity	其他能源 Other Energy
135.68	**152.75**	**4024.81**	**1087.03**		**29.93**	**5189.66**		**4936.23**	**3015.50**
						5514.18		5010.90	2633.00
								4345.06	
								620.26	
									382.50
414.93	400.59	4370.40	1098.87		503.62			41.79	
204.52	42.20	300.02							
301.64	92.74	259.56	5.47		472.78	324.52		116.46	
186.13	33.51	267.15							
3.99	-163.78	-118.90	-6.37		-0.92				
1415.84	**14526.75**	**521.38**	**2413.01**	**1060.13**	**7960.74**	**-524.02**	**6567.20**	**22067.78**	**-382.64**
	-181.18	-2041.74	-3.77	-47.58	-64.41	-253.10		22067.78	-266.75
	-14.03	-320.89	-12.34	-200.23	-91.91	-270.92	6567.20		-66.35
1415.84	14721.96	2899.03	2429.13	1307.94	8117.06				-49.54
		-15.01							
			1.54			**103.21**	**77.08**	**1745.92**	
1560.95	**14677.28**	**4543.58**	**3438.43**	**1050.72**	**7938.74**	**4649.13**	**6489.99**	**25256.91**	**2633.21**
1.59	1591.17	0.94	6.14				1.76	944.94	335.83
89.59	2549.78	2810.58	829.22	1050.72	6802.31	3160.08	4826.50	18439.54	680.33
9.24	39.92	220.70	92.71	11.97	4081.38	1081.16			
	485.40	30.51	14.93		1136.44	18.49	14.24	248.43	11.50
1353.26	8010.03	1643.53	60.03			266.40	41.67	552.62	288.90
5.34	158.81	35.69	156.53			122.08	75.25	866.88	46.00
40.26	544.47		2315.13			894.03	1411.56	2930.54	1172.45
3.03	398.83		1931.52			890.04	1411.56	1798.44	76.28
37.22	145.64		383.61			3.99		1132.10	1096.17
70.91	1337.62	22.33	56.43			188.06	119.01	1273.96	98.20
-9.43	**2.21**	**2.61**	**60.07**	**9.41**	**51.92**	**-86.70**	**0.12**	**1.18**	**-0.35**

5-20 中国能源平衡表(标准量) -2005

单位:万吨标准煤

项　目	Item	能源合计 Energy Total (发电煤耗计算法) (coal equivalent calculation)	能源合计 Energy Total (电热当量计算法) (calorific value calculation)
一.可供本地区消费的能源量	**Total Primary Energy Supply**	**254618.72**	**244082.84**
1.一次能源生产量	Indigenous Production	229036.72	218355.02
水电	Hydro Power	14242.53	4879.34
核电	Nuclear Power	1904.47	652.45
2.回收能	Recovery of Energy	7452.21	7452.21
3.进口量	Import	26201.11	26082.93
4.我轮、机在外国加油量	China Airplanes&Ships Refueling in Abroad	622.05	622.05
5.出口量(-)	Export (-)	10677.52	10413.52
6.外轮、机在我国加油量(-)	Foreign Airplanes&ships Refueling in China	579.48	579.48
7.库存增(-)、减(+)量	Stock Change	2563.63	2563.63
二.加工转换投入(-)产出(+)量	**Input(-) & Output(+) of Transformation**	**-3882.07**	**-55520.40**
1.火力发电	Thermal Power	0.00	-48284.10
2.供热	Heating Supply	0.00	-3354.22
3.洗选煤	Coal Washing	-1257.04	-1257.04
4.炼焦	Coking	-854.83	-854.83
5.炼油	Petroleum Refineries	-1272.54	-1272.54
6.制气	Gas Works	-185.69	-185.69
#焦炭再投入量(-)	Coke Input (-)	-226.95	-226.95
7.煤制品加工	Briquettes	-85.03	-85.03
三.损失量	**Loss**	**6609.95**	**2546.87**
四.终端消费量	**Total Final Consumption**	**250877.37**	**192767.37**
1.农、林、牧、渔、水利业	Farming, Forestry, Animal Husbandry, Fishery & Water Conservancy	6860.46	5028.79
2.工业	Industry	177775.24	135681.62
#用作原料、材料	Non-Energy Use	12239.70	12239.70
3.建筑业	Construction	3485.73	2927.21
4.交通运输、仓储及邮电通迅业	Transport, Storage, Postal & Telecommunications Services	18782.83	17752.36
5.批发和零售贸易业、餐饮业	Wholesale, Retail Trade and Catering Service	5916.63	4110.05
6.生活消费	Residential Consumption	27572.90	20006.76
城镇	Urban	15891.42	10896.81
乡村	Rural	11681.48	9109.95
7.其他	Other	10483.60	7260.59
五.平衡差额	**Statistical Difference**	**-6750.67**	**-6751.80**
六.消费量合计	**Total Final Consumption**	**261369.39**	**250834.64**

Energy Balance of China (Standard Quantity) -2005

(10 000 tce)

煤合计 Coal Total	原煤 Raw Coal	洗精煤 Cleaned Coal	其他洗煤 Other Washed Coal	型煤 Briquettes	焦炭 Coke	焦炉煤气 Coke Oven Gas	其他煤气 Other Gas	其他焦化产品 Other Coking Products	油品合计 Petroleum Products Total
176753.58	**176771.47**	**-19.58**	**0.54**	**1.15**	**-1386.44**		**7118.21**	**35.53**	**46637.83**
177385.95	177385.95								25908.08
							7118.21		
1861.36	1861.36				0.52			116.06	24043.40
									622.05
5021.18	5021.18				1239.90			80.53	3539.46
									579.48
2527.45	2575.34	-19.58	0.54	1.15	-147.06				183.24
-111516.71	**-117655.89**	**2439.58**	**3008.97**	**690.63**	**25532.07**	**2790.24**	**-876.49**	**414.90**	**-3734.48**
-69711.95	-68653.71	-77.18	-981.07			-229.87	-992.84		-1866.58
-9576.84	-9459.27	-6.03	-111.54			-103.82	-506.23		-610.32
-1257.04	-33885.04	27778.35	4849.64						
-29875.94	-4973.94	-24826.82	-75.18		25451.31	3096.07	67.75	405.98	
									-1237.02
-1009.90	-572.79	-428.75	-8.37		302.15	27.86	554.82	14.47	-20.56
					-221.40			-5.55	
-85.03	-111.14		-664.52	690.63					
									222.51
71932.08	**65552.09**	**2580.67**	**3085.18**	**714.14**	**24166.42**	**2789.50**	**6234.88**	**449.78**	**42690.86**
1536.10	1522.76		13.34		61.65				2118.45
56579.50	51363.67	2577.60	2530.20	108.04	23928.51	2480.24	5927.69	449.78	15602.26
5531.70	5033.64	391.80	106.27		957.14	23.40		114.47	4446.84
515.67	509.63	3.07	2.97		17.85				2057.50
695.11	694.67		0.43		1.04		0.65		15762.85
2245.26	2232.62		5.79	6.85	62.25	17.99	17.25		573.93
8043.71	6946.14		500.03	597.54	87.75	271.50	289.30		3678.25
2333.74	1834.04		189.94	309.76	48.49	271.50	285.77		2841.30
5709.96	5112.10		310.09	287.78	39.25		3.52		836.95
2316.74	2282.60		32.42	1.71	7.37	19.78			2897.62
-6695.22	**-6436.51**	**-160.67**	**-75.68**	**-22.36**	**-20.80**	**0.74**	**6.84**	**0.65**	**-10.02**

5-20 续表

单位:万吨标准煤

项　目	Item	原油 Crude Oil	汽油 Gasoline
一.可供本地区消费的能源量	**Total Primary Energy Supply**	**42985.39**	**-850.89**
1.一次能源生产量	Indigenous Production	25908.08	
水电	Hydro Power		
核电	Nuclear Power		
2.回收能	Recovery of Energy		
3.进口量	Import	18117.13	0.01
4.我轮、机在外国加油量	China Airplanes&Ships Refueling in Abroad		
5.出口量(-)	Export (-)	1152.42	823.48
6.外轮、机在我国加油量(-)	Foreign Airplanes&ships Refueling in China		
7.库存增(-)、减(+)量	Stock Change	112.60	-27.41
二.加工转换投入(-)产出(+)量	**Input(-) & Output(+) of Transformation**	**-41550.57**	**7993.75**
1.火力发电	Thermal Power	-58.97	-1.18
2.供热	Heating Supply	-4.33	
3.洗选煤	Coal Washing		
4.炼焦	Coking		
5.炼油	Petroleum Refineries	-41487.27	7994.93
6.制气	Gas Works		
#焦炭再投入量(-)	Coke Input (-)		
7.煤制品加工	Briquettes		
三.损失量	**Loss**	**219.66**	
四.终端消费量	**Total Final Consumption**	**1214.82**	**7142.34**
1.农、林、牧、渔、水利业	Farming, Forestry, Animal Husbandry, Fishery & Water Conservancy		234.82
2.工业	Industry	1214.82	648.75
#用作原料、材料	Non-Energy Use	161.57	12.18
3.建筑业	Construction		253.29
4.交通运输、仓储及邮电通迅业	Transport, Storage, Postal & Telecommunications Services		3575.58
5.批发和零售贸易业、餐饮业	Wholesale, Retail Trade and Catering Service		190.38
6.生活消费	Residential Consumption		770.76
城镇	Urban		573.25
乡村	Rural		197.51
7.其他	Other		1468.75
五.平衡差额	**Statistical Difference**	**0.33**	**0.52**
六.消费量合计	**Total Final Consumption**		

Continued

(10 000 tce)

煤油 Kerosene	柴油 Diesel Oil	燃料油 Fuel Oil	液化石油气 LPG	炼厂干气 Refinery Gas	其他石油制品 Other Petroleum Products	天然气 Natural Gas	热力 Heat	电力 Electricity	其他能源 Other Energy
93.49	**-171.37**	**3528.42**	**1062.01**		**-9.23**	**6164.68**		**5490.45**	**3269.00**
						6559.56		5566.44	2935.00
								4879.34	
								652.45	
									334.00
483.12	77.58	3726.69	1057.72		581.16			61.59	
217.47	11.32	393.25							
395.31	215.13	328.55	4.58		620.00	394.88		137.57	
263.23	33.95	282.29							
51.44	-11.19	19.33	8.87		29.61				
1480.93	**16034.92**	**733.07**	**2450.45**	**1244.72**	**7878.24**	**-763.29**	**7805.31**	**25161.76**	**-333.70**
	-119.34	-1526.80	-0.21	-67.52	-92.56	-400.60		25161.76	-244.02
	-5.26	-244.49	-5.42	-154.39	-196.44	-308.16	7805.31		-54.16
1480.93	16159.52	2524.92	2456.08	1466.63	8167.24				-35.52
		-20.56				-54.53			
			2.85			**137.39**	**89.72**	**2097.25**	
1584.46	**15866.98**	**4271.34**	**3499.84**	**1243.53**	**7867.55**	**5298.25**	**7715.44**	**28554.40**	**2935.74**
2.35	1874.34	0.94	5.99				1.83	954.11	356.65
84.61	2367.10	2475.18	910.46	1243.53	6657.80	3547.91	5670.52	20665.91	829.31
4.12	20.82	157.32	101.28	4.18	3985.36	1166.14			
	563.37	20.26	10.83		1209.75	19.82	15.87	287.50	13.00
1401.39	8989.44	1715.78	80.66			409.24	36.21	528.89	318.37
5.40	169.06	39.32	169.78			143.53	75.25	924.59	50.00
37.46	592.17		2277.86			1056.42	1774.69	3545.43	1259.72
2.74	437.81		1827.51			1052.43	1774.69	2205.35	83.53
34.73	154.37		450.35			3.99		1340.08	1176.19
53.25	1311.48	19.87	44.26			121.33	141.08	1647.98	108.69
-10.04	**-3.43**	**-9.85**	**9.78**	**1.19**	**1.46**	**-34.24**	**0.14**	**0.55**	**-0.44**

5-21 中国能源平衡表(标准量) -2006

单位:万吨标准煤

项　目	Item	能源合计 Energy Total (发电煤耗计算法) (coal equivalent calculation)	能源合计 Energy Total (电热当量计算法) (calorific value calculation)
一.可供本地区消费的能源量	**Total Primary Energy Supply**	**278769.57**	**267434.82**
1.一次能源生产量	Indigenous Production	244762.87	233268.68
水电	Hydro Power	15452.11	5355.81
核电	Nuclear Power	1944.62	674.02
2.回收能	Recovery of Energy	9226.05	9226.05
3.进口量	Import	30347.61	30222.75
4.我轮、机在外国加油量	China Airplanes&Ships Refueling in Abroad	750.09	750.09
5.出口量(−)	Export (-)	9850.99	9566.69
6.外轮、机在我国加油量(−)	Foreign Airplanes&ships Refueling in China	648.57	648.57
7.库存增(−)、减(+)量	Stock Change	4182.50	4182.50
二.加工转换投入(−)产出(+)量	**Input(-) & Output(+) of Transformation**	**-4255.29**	**-62789.18**
1.火力发电	Thermal Power	0.00	-54899.04
2.供热	Heating Supply	0.00	-3634.85
3.洗选煤	Coal Washing	-1278.76	-1278.76
4.炼焦	Coking	-1006.83	-1006.83
5.炼油	Petroleum Refineries	-1374.39	-1374.39
6.制气	Gas Works	-216.30	-216.30
#焦炭再投入量(−)	Coke Input (-)	-227.63	-227.63
7.煤制品加工	Briquettes	-151.39	-151.39
三.损失量	**Loss**	**7154.00**	**2803.67**
四.终端消费量	**Total Final Consumption**	**275057.84**	**209540.66**
1.农、林、牧、渔、水利业	Farming, Forestry, Animal Husbandry, Fishery & Water Conservancy	7153.52	5236.52
2.工业	Industry	195582.32	148012.23
#用作原料、材料	Non-Energy Use	13890.71	13890.71
3.建筑业	Construction	3836.46	3201.22
4.交通运输、仓储及邮电通迅业	Transport, Storage, Postal & Telecommunications Services	20524.57	19417.69
5.批发和零售贸易业、餐饮业	Wholesale, Retail Trade and Catering Service	6358.18	4355.62
6.生活消费	Residential Consumption	30102.48	21498.84
城镇	Urban	17633.46	12101.87
乡村	Rural	12469.02	9396.96
7.其他	Other	11500.31	7818.54
五.平衡差额	**Statistical Difference**	**-7697.56**	**-7698.69**
六.消费量合计	**Total Final Consumption**	**286467.13**	**275133.51**

Energy Balance of China (Standard Quantity) -2006

(10 000 tce)

煤合计 Coal Total	原煤 Raw Coal	洗精煤 Cleaned Coal	其他洗煤 Other Washed Coal	型煤 Briquettes	焦炭 Coke	焦炉煤气 Coke Oven Gas	其他煤气 Other Gas	其他焦化产品 Other Coking Products	油品合计 Petroleum Products Total
193085.37	**193067.58**	**30.10**	**-11.60**	**-0.71**	**-1726.95**		**8834.05**	**23.82**	**50071.78**
189774.65	189774.65								26395.63
							8834.05		
2730.18	2730.18				0.03			124.90	27175.07
									750.09
4429.26	4429.26				1405.37			101.08	3094.74
									648.57
5009.81	4992.01	30.10	-11.60	-0.71	-321.60				-505.70
-126454.68	**-133178.85**	**2583.67**	**3253.90**	**886.60**	**28844.00**	**2742.30**	**-1208.57**	**540.82**	**-3343.71**
-80013.32	-78557.96	-57.37	-1397.99			-346.22	-1239.05		-1336.87
-10244.80	-10050.14	-17.28	-177.38			-315.69	-589.88		-619.91
-1278.76	-38775.21	31677.44	5819.01						
-33743.83	-5218.54	-28508.31	-16.97		28768.09	3371.65	69.02	528.24	
									-1367.81
-1022.57	-499.21	-510.81	-12.55		297.30	32.56	551.35	18.81	-19.13
					-221.40			-6.23	
-151.39	-77.79		-960.21	886.60					
									286.11
74229.35	**67249.08**	**2846.48**	**3249.71**	**884.09**	**27118.21**	**2709.43**	**7660.12**	**563.76**	**46443.38**
1541.47	1531.67		9.80		53.84				2247.84
59033.29	53203.39	2811.64	2692.14	326.13	26887.11	2390.06	7294.06	563.76	16801.57
5767.83	5213.93	427.37	126.53		1478.79	23.22		143.48	5427.36
537.72	531.97	3.07	2.68		17.87				2257.57
634.81	595.57	31.77	7.47		0.82		0.75		17287.02
2292.60	2256.44		29.33	6.83	63.17	17.64	18.56		601.99
7831.35	6816.47		465.58	549.30	87.38	281.34	346.74		4197.14
2320.42	1876.99		164.64	278.79	49.12	281.34	343.10		3223.61
5510.93	4939.48		300.94	270.51	38.26		3.63		973.53
2358.10	2313.57		42.70	1.83	8.02	20.39			3050.25
-7598.65	**-7360.34**	**-232.70**	**-7.41**	**1.79**	**-1.16**	**32.86**	**-34.63**	**0.88**	**-1.42**

5-21 续表

单位:万吨标准煤

项目	Item	原油 Crude Oil	汽油 Gasoline
一.可供本地区消费的能源量	**Total Primary Energy Supply**	**46071.19**	**-517.83**
1.一次能源生产量	Indigenous Production	26395.63	
水电	Hydro Power		
核电	Nuclear Power		
2.回收能	Recovery of Energy		
3.进口量	Import	20739.67	8.96
4.我轮、机在外国加油量	China Airplanes&Ships Refueling in Abroad		
5.出口量(-)	Export (-)	905.33	515.78
6.外轮、机在我国加油量(-)	Foreign Airplanes&ships Refueling in China		
7.库存增(-)、减(+)量	Stock Change	-158.77	-11.01
二.加工转换投入(-)产出(+)量	**Input(-) & Output(+) of Transformation**	**-44386.24**	**8232.29**
1.火力发电	Thermal Power	-32.73	-0.13
2.供热	Heating Supply	-1.20	
3.洗选煤	Coal Washing		
4.炼焦	Coking		
5.炼油	Petroleum Refineries	-44352.32	8232.42
6.制气	Gas Works		
#焦炭再投入量(-)	Coke Input (-)		
7.煤制品加工	Briquettes		
三.损失量	**Loss**	**283.36**	
四.终端消费量	**Total Final Consumption**	**1395.89**	**7713.73**
1.农、林、牧、渔、水利业	Farming, Forestry, Animal Husbandry, Fishery & Water Conservancy		246.82
2.工业	Industry	1395.89	733.35
#用作原料、材料	Non-Energy Use	279.18	14.95
3.建筑业	Construction		265.95
4.交通运输、仓储及邮电通迅业	Transport, Storage, Postal & Telecommunications Services		3814.39
5.批发和零售贸易业、餐饮业	Wholesale, Retail Trade and Catering Service		181.48
6.生活消费	Residential Consumption		906.00
城镇	Urban		648.19
乡村	Rural		257.81
7.其他	Other		1565.73
五.平衡差额	**Statistical Difference**	**5.70**	**0.73**
六.消费量合计	**Total Final Consumption**		

Continued

(10 000 tce)

煤油 Kerosene	柴油 Diesel Oil	燃料油 Fuel Oil	液化石油气 LPG	炼厂干气 Refinery Gas	其他石油制品 Other Petroleum Products	天然气 Natural Gas	热力 Heat	电力 Electricity	其他能源 Other Energy
209.53	**107.36**	**3695.99**	**869.45**		**-363.92**	**7528.47**		**6012.77**	**3605.50**
						7787.55		6097.35	3213.50
								5355.81	
								674.02	
									392.00
825.29	102.75	3999.12	918.11		581.16	126.35		66.23	
251.32	14.79	483.98							
546.02	113.04	368.68	25.89		620.00	385.43		150.81	
313.85	36.43	298.29							
-7.21	139.28	-120.15	-22.77		-325.08				
1435.32	**16868.88**	**1308.77**	**2982.92**	**1288.49**	**8925.87**	**-1056.02**	**8416.29**	**29122.42**	**-392.03**
	-106.60	-1137.22	-0.02	-54.21	-5.95	-765.55		29122.42	-320.46
	-4.69	-227.29	-9.03	-203.04	-174.65	-215.86	8416.29		-64.99
1435.32	16980.17	2692.41	2991.97	1545.74	9106.47				-6.58
		-19.13				-74.61			
			2.74			**131.67**	**101.39**	**2284.50**	
1654.94	**16979.16**	**5003.86**	**3849.79**	**1285.86**	**8560.15**	**6437.57**	**8314.79**	**32850.12**	**3213.93**
2.27	1989.71	0.99	8.04				2.10	1016.43	374.84
70.91	2402.55	2764.93	918.67	1285.86	7229.42	4200.14	6028.17	23853.55	960.51
6.28	27.20	176.30	188.95	35.37	4699.13	1050.04			
	624.61	23.34	12.94		1330.73	22.08	16.85	333.12	16.00
1486.91	9729.53	2165.19	91.01			505.67	55.73	574.40	358.49
5.55	189.09	30.63	195.23			175.08	91.80	1041.27	53.50
33.44	684.25		2573.45			1364.79	1941.94	4119.09	1329.07
2.19	511.53		2061.69			1360.00	1941.94	2489.45	92.89
31.25	172.72		511.76			4.79		1629.64	1236.18
55.87	1359.42	18.78	50.45			169.81	178.20	1912.25	121.52
-10.09	**-2.92**	**0.89**	**-0.17**	**2.62**	**1.80**	**-96.79**	**0.11**	**0.58**	**-0.46**

5-22 中国能源平衡表(标准量) -2007

单位:万吨标准煤

项目	Item	能源合计 Energy Total (发电煤耗计算法) (coal equivalent calculation)	能源合计 Energy Total (电热当量计算法) (calorific value calculation)
一.可供本地区消费的能源量	**Total Primary Energy Supply**	**304502.61**	**292330.72**
1.一次能源生产量	Indigenous Production	264172.55	251771.68
水电	Hydro Power	16736.33	5963.89
核电	Nuclear Power	2142.81	763.58
2.回收能	Recovery of Energy	11817.33	11817.33
3.进口量	Import	34156.52	34062.15
4.我轮、机在外国加油量	China Airplanes&Ships Refueling in Abroad	870.02	870.02
5.出口量(-)	Export (-)	9267.53	8944.18
6.外轮、机在我国加油量(-)	Foreign Airplanes&ships Refueling in China	677.22	677.22
7.库存增(-)、减(+)量	Stock Change	3430.94	3430.94
二.加工转换投入(-)产出(+)量	**Input(-) & Output(+) of Transformation**	**-4070.79**	**-68039.30**
1.火力发电	Thermal Power	0.00	-60446.73
2.供热	Heating Supply	0.00	-3521.79
3.洗选煤	Coal Washing	-1221.24	-1221.24
4.炼焦	Coking	-907.42	-907.42
5.炼油	Petroleum Refineries	-1325.48	-1325.48
6.制气	Gas Works	-248.04	-248.04
#焦炭再投入量(-)	Coke Input (-)	-269.93	-269.93
7.煤制品加工	Briquettes	-98.67	-98.67
三.损失量	**Loss**	**7695.73**	**3075.76**
四.终端消费量	**Total Final Consumption**	**299675.47**	**228156.41**
1.农、林、牧、渔、水利业	Farming, Forestry, Animal Husbandry, Fishery & Water Conservancy	7068.45	5116.13
2.工业	Industry	214472.59	162606.13
#用作原料、材料	Non-Energy Use	14408.06	14408.06
3.建筑业	Construction	4203.23	3509.20
4.交通运输、仓储及邮电通迅业	Transport, Storage, Postal & Telecommunications Services	22015.21	20812.14
5.批发和零售贸易业、餐饮业	Wholesale, Retail Trade and Catering Service	6731.96	4625.66
6.生活消费	Residential Consumption	32891.11	23086.62
城镇	Urban	19452.32	13356.96
乡村	Rural	13438.79	9729.65
7.其他	Other	12292.91	8400.54
五.平衡差额	**Statistical Difference**	**-6939.38**	**-6940.75**
六.消费量合计	**Total Final Consumption**	**311441.99**	**299271.47**

Energy Balance of China (Standard Quantity) -2007

(10 000 tce)

煤合计 Coal Total	原煤 Raw Coal	洗精煤 Cleaned Coal	其他洗煤 Other Washed Coal	型煤 Briquettes	焦炭 Coke	焦炉煤气 Coke Oven Gas	其他煤气 Other Gas	其他焦化产品 Other Coking Products	油品合计 Petroleum Products Total
210552.65	**210871.86**	**-149.57**	**-167.46**	**-2.19**	**-2151.83**		**11233.83**	**80.27**	**52427.84**
205611.90	205611.90								26617.42
							11233.83		
3870.13	3870.13				0.04			203.80	29401.29
									870.02
3670.28	3670.28				1486.17			123.52	3139.38
									677.22
4740.90	5060.12	-149.57	-167.46	-2.19	-665.69				-644.28
-139603.33	**-147634.78**	**3220.62**	**3759.27**	**1051.56**	**31898.11**	**2948.70**	**-1222.72**	**613.45**	**-2980.05**
-89581.19	-87862.14	-23.19	-1695.86			-488.55	-1322.35		-1029.84
-10731.24	-10469.86	-17.28	-244.10			-78.82	-481.69		-623.14
-1221.24	-43652.53	35652.15	6779.14						
-36818.01	-4927.43	-31856.55	-34.04		31835.69	3435.35	46.28	593.27	
									-1319.98
-1152.99	-618.48	-534.51			322.78	80.72	535.04	29.76	-7.09
					-260.36			-9.58	
-98.67	-104.35		-1045.87	1051.56					
									286.11
77256.98	**69258.38**	**3207.13**	**3704.57**	**1086.89**	**30016.36**	**2955.94**	**10021.71**	**693.43**	**49526.35**
1546.05	1535.13		10.93		55.60				2043.88
62573.63	55779.34	3184.24	3110.74	499.32	29787.21	2667.17	9598.96	693.43	17661.82
5516.51	4964.36	471.27	80.88		1221.28	26.67		166.42	6246.00
498.85	480.26	2.70	15.90		16.98				2546.06
550.00	521.60	20.20	8.20		0.53		0.69		18587.13
2326.20	2274.53		41.22	10.45	68.97	17.20	25.23		657.14
7346.29	6315.45		456.89	573.95	79.07	253.21	396.84		4776.46
2137.87	1696.34		185.33	256.20	47.46	253.21	393.27		3610.82
5208.42	4619.12		271.55	317.75	31.61		3.57		1165.64
2415.95	2352.08		60.69	3.17	7.99	18.36			3253.85
-6307.66	**-6021.30**	**-136.08**	**-112.76**	**-37.52**	**-270.07**	**-7.24**	**-10.60**	**0.30**	**-364.67**

5-22 续表

单位:万吨标准煤

项　目	Item	原油 Crude Oil	汽油 Gasoline
一.可供本地区消费的能源量	**Total Primary Energy Supply**	**48622.49**	**-586.57**
1.一次能源生产量	Indigenous Production	26617.42	
水电	Hydro Power		
核电	Nuclear Power		
2.回收能	Recovery of Energy		
3.进口量	Import	23309.05	33.40
4.我轮、机在外国加油量	China Airplanes&Ships Refueling in Abroad		
5.出口量(-)	Export (-)	554.83	683.13
6.外轮、机在我国加油量(-)	Foreign Airplanes&ships Refueling in China		
7.库存增(-)、减(+)量	Stock Change	-749.16	63.15
二.加工转换投入(-)产出(+)量	**Input(-) & Output(+) of Transformation**	**-46928.26**	**8707.41**
1.火力发电	Thermal Power	-22.74	-0.18
2.供热	Heating Supply	-0.84	-0.01
3.洗选煤	Coal Washing		
4.炼焦	Coking		
5.炼油	Petroleum Refineries	-46904.68	8707.60
6.制气	Gas Works		
#焦炭再投入量(-)	Coke Input (-)		
7.煤制品加工	Briquettes		
三.损失量	**Loss**	**283.36**	
四.终端消费量	**Total Final Consumption**	**1405.91**	**8120.60**
1.农、林、牧、渔、水利业	Farming, Forestry, Animal Husbandry, Fishery & Water Conservancy		254.23
2.工业	Industry	1405.91	771.56
#用作原料、材料	Non-Energy Use	245.36	17.29
3.建筑业	Construction		263.12
4.交通运输、仓储及邮电通迅业	Transport, Storage, Postal & Telecommunications Services		3845.04
5.批发和零售贸易业、餐饮业	Wholesale, Retail Trade and Catering Service		193.83
6.生活消费	Residential Consumption		1145.34
城镇	Urban		810.20
乡村	Rural		335.13
7.其他	Other		1647.48
五.平衡差额	**Statistical Difference**	**4.95**	**0.24**
六.消费量合计	**Total Final Consumption**		

Continued

(10 000 tce)

煤油 Kerosene	柴油 Diesel Oil	燃料油 Fuel Oil	液化石油气 LPG	炼厂干气 Refinery Gas	其他石油制品 Other Petroleum Products	天然气 Natural Gas	热力 Heat	电力 Electricity	其他能源 Other Energy
126.46	**196.87**	**3130.28**	**643.66**		**294.67**	**9397.78**		**6738.67**	**4051.50**
						9208.92		6865.44	3468.00
								5963.89	
								763.58	
									583.50
771.51	236.25	3453.03	695.03		903.01	534.66		52.24	
295.31	16.79	557.93							
659.29	96.24	542.47	57.94		545.49	345.80		179.02	
278.09	39.63	359.49							
-2.98	79.70	21.29	6.57		-62.85				
1696.94	**17903.37**	**1807.48**	**3325.07**	**1360.05**	**9147.90**	**-1393.04**	**8818.35**	**33464.85**	**-583.62**
	-96.10	-808.00		-59.08	-43.74	-1073.04		33464.85	-416.60
	-8.99	-187.83	-8.79	-197.43	-219.23	-263.74	8818.35		-161.52
1696.94	18008.46	2810.40	3333.87	1616.56	9410.87				-5.50
		-7.09				-56.26			
			2.74			**147.76**	**108.06**	**2533.84**	
1830.00	**18097.55**	**4936.46**	**3979.10**	**1359.73**	**9796.99**	**7838.78**	**8710.05**	**37668.97**	**3467.85**
1.38	1776.16	1.43	10.68				2.78	1080.24	387.58
66.57	2537.35	2545.99	772.29	1359.73	8202.42	4924.72	6309.46	27319.56	1070.16
7.81	39.34	179.80	221.81	38.96	5495.62	1231.18			
	632.11	43.92	12.34		1594.57	27.82	20.22	379.76	19.50
1662.65	10694.19	2292.83	92.42			537.67	55.80	653.72	426.60
7.21	195.16	35.40	225.54			227.54	105.64	1142.75	55.00
28.66	794.58		2807.88			1907.04	1967.19	4993.07	1367.44
2.41	585.87		2212.33			1901.00	1967.19	2939.60	106.54
26.25	208.71		595.55			6.03		2053.47	1260.90
63.52	1468.00	16.89	57.94			214.00	248.96	2099.87	141.57
-6.61	**2.69**	**1.29**	**-13.11**	**0.31**	**-354.42**	**18.20**	**0.25**	**0.71**	**0.03**

5-23 中国能源平衡表(标准量)-2008

单位:万吨标准煤

项 目	Item	能源合计 Energy Total (发电煤耗计算法) (coal equivalent calculation)	能源合计 Energy Total (电热当量计算法) (calorific value calculation)
一.可供本地区消费的能源量	**Total Primary Energy Supply**	**315893.96**	**301739.44**
1.一次能源生产量	Indigenous Production	277419.41	262991.99
水电	Hydro Power	19666.37	7191.95
核电	Nuclear Power	2298.52	840.56
2.回收能	Recovery of Energy	9595.31	9595.31
3.进口量	Import	36148.63	36066.73
4.我轮、机在外国加油量	China Airplanes&Ships Refueling in Abroad	786.51	786.51
5.出口量(-)	Export (-)	8900.66	8545.86
6.外轮、机在我国加油量(-)	Foreign Airplanes&ships Refueling in China	723.62	723.62
7.库存增(-)、减(+)量	Stock Change	1568.37	1568.37
二.加工转换投入(-)产出(+)量	**Input(-) & Output(+) of Transformation**	**-5184.60**	**-68572.72**
1.火力发电	Thermal Power	0.00	-59476.05
2.供热	Heating Supply	0.00	-3912.07
3.洗选煤	Coal Washing	-2186.04	-2186.04
4.炼焦	Coking	-563.10	-563.10
5.炼油	Petroleum Refineries	-1864.63	-1864.63
6.制气	Gas Works	-324.33	-324.33
#焦炭再投入量(-)	Coke Input (-)	-187.65	-187.65
7.煤制品加工	Briquettes	-58.85	-58.85
三.损失量	**Loss**	**7814.51**	**3209.10**
四.终端消费量	**Total Final Consumption**	**307611.97**	**234673.65**
1.农、林、牧、渔、水利业	Farming, Forestry, Animal Husbandry, Fishery & Water Conservancy	6872.63	4980.47
2.工业	Industry	219515.96	167230.05
#用作原料、材料	Non-Energy Use	14731.07	14731.07
3.建筑业	Construction	3873.86	3083.30
4.交通运输、仓储及邮电通迅业	Transport, Storage, Postal & Telecommunications Services	23560.48	22313.96
5.批发和零售贸易业、餐饮业	Wholesale, Retail Trade and Catering Service	6884.91	4664.31
6.生活消费	Residential Consumption	33689.15	23365.40
城镇	Urban	19905.93	13502.00
乡村	Rural	13783.22	9863.41
7.其他	Other	13214.99	9036.16
五.平衡差额	**Statistical Difference**	**-4717.13**	**-4716.04**
六.消费量合计	**Total Final Consumption**	**320611.08**	**306455.48**

Energy Balance of China (Standard Quantity) -2008

(10 000 tce)

煤合计 Coal Total	原煤 Raw Coal	洗精煤 Cleaned Coal	其他洗煤 Other Washed Coal	型煤 Briquettes	焦炭 Coke	焦炉煤气 Coke Oven Gas	其他煤气 Other Gas	其他焦化产品 Other Coking Products	油品合计 Petroleum Products Total
216356.67	**216075.75**	**104.96**	**176.08**	**-0.12**	**-310.78**		**9075.31**	**33.34**	**53365.67**
213109.97	213109.97								27206.20
							9075.31		
3116.18	3116.18							139.67	32151.34
									786.51
3120.90	3120.90				1186.40			106.33	3496.08
									723.62
3251.42	2970.50	104.96	176.08	-0.12	875.62				-2558.67
-140537.36	**-148869.42**	**3524.32**	**3727.99**	**1079.75**	**31207.51**	**3184.41**	**-1109.47**	**771.96**	**-3194.37**
-89931.00	-88165.13	-28.03	-1737.85			-639.06	-1071.83		-721.57
-10890.44	-10613.96	-5.86	-270.63			-332.15	-381.24		-612.21
-2186.04	-45316.21	36311.61	6818.57						
-36466.38	-4240.18	-32177.47	-48.73		31115.40	4034.85	11.90	741.14	
									-1858.24
-1004.65	-428.72	-575.93			274.36	120.77	331.70	36.22	-2.34
					-182.25			-5.40	
-58.85	-105.23		-1033.37	1079.75					
									289.65
80427.69	**71589.68**	**3765.26**	**3971.29**	**1101.47**	**31019.34**	**3213.99**	**7949.97**	**803.13**	**49903.08**
1594.51	1579.38		15.13		51.62				1847.59
65978.95	58182.16	3750.32	3344.22	702.25	30879.91	2940.41	7625.85	803.13	17673.60
5719.95	5178.21	401.28	140.46		1451.36	29.40		184.72	5959.94
487.08	469.82	1.80	15.46		10.39				2083.35
524.60	503.62	13.14	7.84		0.28		0.61		19654.73
2423.15	2367.39		43.49	12.28	7.32	6.82	19.13		549.17
6885.70	6025.15		477.74	382.81	63.07	255.75	304.39		4637.31
1803.33	1507.09		170.78	125.45	41.14	255.75	301.33		3437.83
5082.37	4518.06		306.96	257.35	21.94		3.06		1199.48
2533.71	2462.16		67.40	4.14	6.73	11.01			3457.33
-4608.39	**-4383.35**	**-135.98**	**-67.22**	**-21.85**	**-122.61**	**-29.58**	**15.87**	**2.18**	**-21.43**

5-23 续表

单位:万吨标准煤

项 目	Item	原油 Crude Oil	汽油 Gasoline
一.可供本地区消费的能源量	**Total Primary Energy Supply**	**50713.31**	**-293.61**
1.一次能源生产量	Indigenous Production	27206.20	
水电	Hydro Power		
核电	Nuclear Power		
2.回收能	Recovery of Energy		
3.进口量	Import	25555.54	292.35
4.我轮、机在外国加油量	China Airplanes&Ships Refueling in Abroad		
5.出口量(-)	Export (-)	605.37	299.21
6.外轮、机在我国加油量(-)	Foreign Airplanes&ships Refueling in China		
7.库存增(-)、减(+)量	Stock Change	-1443.06	-286.75
二.加工转换投入(-)产出(+)量	**Input(-) & Output(+) of Transformation**	**-49318.47**	**9339.05**
1.火力发电	Thermal Power	-12.67	-0.18
2.供热	Heating Supply	-1.36	-0.01
3.洗选煤	Coal Washing		
4.炼焦	Coking		
5.炼油	Petroleum Refineries	-49304.44	9339.24
6.制气	Gas Works		
#焦炭再投入量(-)	Coke Input (-)		
7.煤制品加工	Briquettes		
三.损失量	**Loss**	**286.22**	
四.终端消费量	**Total Final Consumption**	**1125.38**	**9042.33**
1.农、林、牧、渔、水利业	Farming, Forestry, Animal Husbandry, Fishery & Water Conservancy		236.07
2.工业	Industry	1125.38	862.21
#用作原料、材料	Non-Energy Use	206.12	18.05
3.建筑业	Construction		288.67
4.交通运输、仓储及邮电通迅业	Transport, Storage, Postal & Telecommunications Services		4547.26
5.批发和零售贸易业、餐饮业	Wholesale, Retail Trade and Catering Service		199.05
6.生活消费	Residential Consumption		1258.26
城镇	Urban		895.54
乡村	Rural		362.72
7.其他	Other		1650.81
五.平衡差额	**Statistical Difference**	**-16.76**	**3.11**
六.消费量合计	**Total Final Consumption**		

Continued

(10 000 tce)

煤油 Kerosene	柴油 Diesel Oil	燃料油 Fuel Oil	液化石油气 LPG	炼厂干气 Refinery Gas	其他石油制品 Other Petroleum Products	天然气 Natural Gas	热力 Heat	电力 Electricity	其他能源 Other Energy
193.52	**195.25**	**2150.07**	**341.97**		**65.16**	**10860.65**		**8160.58**	**4198.00**
						10679.90		8317.92	3678.00
								7191.95	
								840.56	
									520.00
953.16	909.89	3123.03	444.42		872.95	612.33		47.22	
278.09	12.55	495.87							
789.32	91.87	1045.25	116.32		548.75	431.59		204.55	
250.29	37.96	435.38							
1.87	-597.36	11.80	13.87		-259.04				
1705.21	**19437.22**	**1797.81**	**3271.90**	**1391.76**	**9181.17**	**-1455.22**	**8789.72**	**34290.06**	**-519.96**
	-94.84	-496.48		-56.08	-61.32	-1090.20		34290.06	-312.45
	-6.41	-185.42	-10.61	-274.46	-133.94	-284.62	8789.72		-201.12
1705.21	19538.47	2482.05	3282.51	1722.30	9376.42				-6.39
		-2.34				-80.39			
			3.43			**183.94**	**108.06**	**2627.45**	
1904.00	**19635.10**	**3939.78**	**3618.42**	**1390.63**	**9247.45**	**9172.87**	**8681.47**	**39823.86**	**3678.25**
1.85	1601.17	2.14	6.35				2.78	1090.18	393.78
72.22	3077.23	2228.77	845.46	1390.63	8071.70	5542.78	6116.57	28575.17	1093.69
9.53	42.20	145.07	171.10	40.54	5327.32	1385.69			
14.23	540.28	53.86	10.56		1175.75	13.17	16.85	451.46	21.00
1728.29	11652.88	1632.56	93.74			840.03	61.94	702.77	529.02
30.63	222.53	8.93	88.03			236.08	116.20	1250.43	56.00
18.66	862.71		2497.68			2262.63	2140.29	5402.81	1413.46
2.53	640.15		1899.61			2254.60	2140.29	3142.90	124.83
16.13	222.57		598.07			8.02		2259.91	1288.63
38.11	1678.29	13.52	76.59			278.20	226.84	2351.04	171.30
-5.27	**-2.64**	**8.10**	**-7.98**	**1.13**	**-1.12**	**48.62**	**0.19**	**-0.68**	**-0.21**

5-24 中国能源平衡表(标准量) -2009

单位:万吨标准煤

项 目	Item	能源合计 Energy Total (发电煤耗计算法) (coal equivalent calculation)	能源合计 Energy Total (电热当量计算法) (calorific value calculation)
一.可供本地区消费的能源量	**Total Primary Energy Supply**	**333455.77**	**318664.35**
1.一次能源生产量	Indigenous Production	286092.22	271067.18
水电	Hydro Power	20205.10	7566.22
核电	Nuclear Power	2301.77	861.95
2.回收能	Recovery of Energy	11265.66	11265.66
3.进口量	Import	46783.04	46659.73
4.我轮、机在外国加油量	China Airplanes&Ships Refueling in Abroad	734.86	734.86
5.出口量(-)	Export (-)	7539.83	7182.90
6.外轮、机在我国加油量(-)	Foreign Airplanes&Ships Refueling in China	896.30	896.30
7.库存增(-)、减(+)量	Stock Change	-2983.90	-2983.90
二.加工转换投入(-)产出(+)量	**Input(-) & Output(+) of Transformation**	**-5879.30**	**-71115.40**
1.火力发电	Thermal Power	0.00	-61235.46
2.供热	Heating Supply	0.00	-4000.63
3.洗选煤	Coal Washing	-2802.14	-2802.14
4.炼焦	Coking	-800.48	-800.48
5.炼油	Petroleum Refineries	-1726.14	-1726.14
6.制气	Gas Works	-290.65	-290.65
#焦炭再投入量(-)	Coke Input (-)	-165.93	-165.93
7.煤制品加工	Briquettes	-93.97	-93.97
三.损失量	**Loss**	**8126.49**	**3442.92**
四.终端消费量	**Total Final Consumption**	**322120.14**	**246777.43**
1.农、林、牧、渔、水利业	Farming, Forestry, Animal Husbandry, Fishery & Water Conservancy	6978.21	5047.38
2.工业	Industry	230041.80	176788.79
#用作原料.材料	Non-Energy Use	15521.84	15521.84
3.建筑业	Construction	4712.13	3836.36
4.交通运输、仓储及邮电通迅业	Transport, Storage, Postal & Telecommunications Services	23979.58	22690.55
5.批发和零售贸易业.餐饮业	Wholesale, Retail Trade and Catering Service	7303.22	4918.45
6.生活消费	Residential Consumption	35172.56	24165.33
城镇	Urban	20832.28	14013.42
乡村	Rural	14340.29	10151.91
7.其他	Other	13932.63	9330.57
五.平衡差额	**Statistical Difference**	**-2670.18**	**-2671.39**
六.消费量合计	**Total Final Consumption**	**336125.94**	**321335.74**

Energy Balance of China (Standard Quantity) -2009

(10 000 tce)

煤合计 Coal Total	原煤 Raw Coal	洗精煤 Cleaned Coal	其他洗煤 Other Washed Coal	型煤 Briquettes	焦炭 Coke	焦炉煤气 Coke Oven Gas	其他煤气 Other Gas	其他焦化产品 Other Coking Products	油品合计 Petroleum Products Total
226859.49	**226694.47**	**279.38**	**-113.53**	**-0.83**	**372.62**		**10660.56**	**164.51**	**55251.54**
219694.78	219694.78								27070.54
							10660.56		
9420.21	9420.21				15.46			216.64	35918.28
									734.86
1679.99	1679.99				52.97			52.13	4757.34
									896.30
-575.51	-740.53	279.38	-113.53	-0.83	410.13				-2818.51
-148414.98	**-158117.73**	**3803.85**	**4786.01**	**1112.89**	**34566.06**	**3134.47**	**-1293.42**	**775.53**	**-2865.10**
-93447.69	-91679.81	-15.17	-1752.72			-543.16	-1180.84		-558.27
-11086.75	-10759.69	-2.90	-324.16			-427.43	-434.59		-583.67
-2802.14	-51123.56	40361.26	7960.17						
-40043.33	-3993.43	-36003.94	-45.96		34494.51	3989.51	14.77	744.05	
									-1722.69
-941.11	-405.70	-535.40			227.26	115.55	307.24	41.69	-0.46
					-155.71			-10.21	
-93.97	-155.53		-1051.32	1112.89					
									270.10
81021.31	**71140.94**	**4091.44**	**4591.38**	**1197.55**	**35154.65**	**3129.97**	**9385.69**	**932.22**	**52013.47**
1531.05	1512.90		18.15		43.31				1909.46
67244.74	58406.20	4082.24	3931.47	824.83	35051.04	2870.26	9088.21	932.22	18582.31
5585.54	5022.93	436.80	125.81		1647.40	22.96		214.41	6712.52
480.56	462.72	1.01	16.83		5.52				2772.80
472.13	456.04	8.19	7.90		0.14		0.66		19700.60
2343.46	2278.78		48.71	15.96	3.83	5.45	28.30		644.62
6468.45	5626.69		490.80	350.96	47.44	239.95	268.51		5015.17
1501.45	1220.65		167.88	112.91	28.80	239.95	265.33		3715.39
4967.01	4406.03		322.92	238.05	18.65		3.19		1299.79
2480.92	2397.60		77.51	5.80	3.37	14.32			3388.51
-2576.80	**-2564.20**	**-8.20**	**81.10**	**-85.49**	**-215.97**	**4.49**	**-18.55**	**7.82**	**102.88**

5-24 续表

单位:万吨标准煤

项　目	Item	原油 Crude Oil	汽油 Gasoline
一.可供本地区消费的能源量	**Total Primary Energy Supply**	**54473.23**	**-1675.69**
1.一次能源生产量	Indigenous Production	27070.54	
水电	Hydro Power		
核电	Nuclear Power		
2.回收能	Recovery of Energy		
3.进 口 量	Import	29093.85	6.53
4.我轮、机在外国加油量	China Airplanes&Ships Refueling in Abroad		
5.出 口 量(-)	Export (-)	724.66	723.78
6.外轮、机在我国加油量(-)	Foreign Airplanes&Ships Refueling in China		
7.库存增(-)、减(+)量	Stock Change	-966.51	-958.44
二.加工转换投入(-)产出(+)量	**Input(-) & Output(+) of Transformation**	**-53023.59**	**10771.49**
1.火力发电	Thermal Power	-6.26	-0.13
2.供　热	Heating Supply	-2.84	
3.洗 选 煤	Coal Washing		
4.炼　焦	Coking		
5.炼　油	Petroleum Refineries	-53014.49	10771.62
6.制　气	Gas Works		
#焦炭再投入量(-)	Coke Input (-)		
7.煤制品加工	Briquettes		
三.损 失 量	**Loss**	**266.67**	
四.终端消费量	**Total Final Consumption**	**1180.25**	**9082.35**
1.农、林、牧、渔、水利业	Farming, Forestry, Animal Husbandry, Fishery & Water Conservancy		247.28
2.工　业	Industry	1180.25	987.28
#用作原料.材料	Non-Energy Use	233.00	15.63
3.建 筑 业	Construction		346.41
4.交通运输、仓储及邮电通迅业	Transport, Storage, Postal & Telecommunications Services		4239.98
5.批发和零售贸易业.餐饮业	Wholesale, Retail Trade and Catering Service		217.07
6.生活消费	Residential Consumption		1470.04
城 镇	Urban		1035.69
乡 村	Rural		434.36
7.其他	Other		1574.30
五.平衡差额	**Statistical Difference**	**2.71**	**13.44**
六.消费量合计	**Total Final Consumption**		

Continued

(10 000 tce)

煤油 Kerosene	柴油 Diesel Oil	燃料油 Fuel Oil	液化石油气 LPG	炼厂干气 Refinery Gas	其他石油制品 Other Petroleum Products	天然气 Natural Gas	热力 Heat	电力 Electricity	其他能源 Other Energy
-47.21	**-758.44**	**2108.58**	**558.93**		**592.15**	**11929.30**		**8854.82**	**4571.50**
						11340.78		8994.68	3966.40
								7566.22	
								861.95	
									605.10
900.28	267.58	3438.93	699.49		1511.63	1015.32		73.81	
269.58	12.85	452.44							
874.25	656.73	1232.04	145.53		400.36	426.80		213.67	
341.20	40.80	514.30							
-1.62	-341.35	-36.45	4.97		-519.12				
2178.11	**20431.43**	**1513.32**	**3138.20**	**1608.36**	**10517.59**	**-2168.03**	**9096.10**	**36658.37**	**-604.40**
	-63.73	-275.75		-79.81	-132.59	-1785.39		36658.37	-378.47
	-18.72	-143.87	-1.87	-301.32	-115.05	-341.81	9096.10		-222.48
2178.11	20513.88	1933.40	3140.07	1989.49	10765.22				-3.45
		-0.46				-40.83			
			3.43			**289.41**	**108.06**	**2775.35**	
2134.25	**19663.32**	**3621.14**	**3685.79**	**1607.06**	**11039.31**	**9448.70**	**8987.84**	**42737.16**	**3966.42**
1.12	1652.57	1.50	6.99				2.82	1155.14	405.60
47.14	2895.24	1753.58	818.42	1607.06	9293.33	5356.04	6270.11	30228.82	1165.04
3.65	29.19	142.93	204.58	42.87	6040.66	1339.01			
15.28	605.11	48.82	11.19		1745.98	12.88	21.88	518.52	24.20
1933.79	11645.08	1788.09	93.67			1083.70	50.78	758.31	624.24
42.89	264.81	11.58	108.28			318.70	116.00	1397.09	61.00
29.77	951.35		2564.01			2363.01	2284.71	5987.88	1490.20
4.02	715.72		1959.96			2354.98	2284.71	3480.53	142.30
25.75	235.63		604.05			8.03		2507.36	1347.90
64.26	1649.15	17.57	83.23			314.37	241.54	2691.41	196.14
-3.35	**9.67**	**0.77**	**7.91**	**1.30**	**70.43**	**23.16**	**0.20**	**0.68**	**0.68**

5-25 中国能源平衡表(标准量) -2010

单位：万吨标准煤

项　目	Item	能源合计 Energy Total (发电煤耗计算法) (coal equivalent calculation)	(电热当量计算法) (calorific value calculation)
一.可供本地区消费的能源量	**Total Primary Energy Supply**	**365588.17**	**348537.86**
1.一次能源生产量	Indigenous Production	312124.75	294807.05
水电	Hydro Power	23164.69	8875.49
核电	Nuclear Power	2369.81	907.99
风电	Wind Power	1431.31	548.40
2.回收能	Recovery of Energy	8957.99	8957.99
3.进口量	Import	56738.05	56628.34
4.境内轮船和飞机在境外的加油量	Domestic Airplanes&Ships Refueling in Abroad	932.61	932.61
5.出口量(−)	Export (-)	7759.88	7382.78
6.境外轮船和飞机在境内的加油量(−)	Oversea Airplanes&Ships Refueling in China	1042.79	1042.79
7.库存增(−)、减(+)量	Stock Change	-4362.57	-4362.57
二.加工转换投入(−)产出(+)量	**Input(-) & Output(+) of Transformation**	**-14294.38**	**-80221.30**
1.火力发电	Thermal Power	0.00	-65926.91
2.供热	Heating Supply	-4679.77	-4679.77
3.洗选煤	Coal Washing	-5652.78	-5652.78
4.炼焦	Coking	-1595.16	-1595.16
5.炼油及煤制油	Petroleum Refineries	3332.23	3332.23
#油品再投入量(−)	Petroleum Products Input (-)	-5291.78	-5291.78
6.制气	Gas Works	-135.76	-135.76
#焦炭再投入量(−)	Coke Input (-)	-137.53	-137.53
7.天然气液化	Natural Gas Liquefaction	-16.75	-16.75
8.煤制品加工	Briquettes	-117.09	-117.09
三.损失量	**Loss**	**8884.75**	**3803.12**
四.终端消费量	**Total Final Consumption**	**337468.73**	**259577.03**
1.农、林、牧、渔业	Farming, Forestry, Animal Husbandry, Fishery Conservancy	7266.50	5334.38
2.工业	Industry	238652.04	182649.50
#用作原料、材料	Non-Energy Use	17348.51	17348.51
3.建筑业	Construction	5533.19	4577.04
4.交通运输、仓储和邮政业	Transport, Storage and Post	26648.31	25194.93
5.批发、零售业和住宿、餐饮业	Wholesale, Retail Trade and Hotel, Restaurants	7847.10	5290.69
6.其他	Others	15051.96	10200.67
7.生活消费	Residential Consumption	36469.63	26329.83
城镇	Urban	21055.38	15143.08
乡村	Rural	15414.25	11186.74
五.平衡差额	**Statistical Difference**	**4940.31**	**4936.41**
六.消费量合计	**Total Final Consumption**	**360647.86**	**343601.45**

Energy Balance of China (Standard Quantity) -2010

(10 000 tce)

煤合计 Coal Total	原煤 Raw Coal	洗精煤 Cleaned Coal	其他洗煤 Other Washed Coal	型煤 Briquettes	煤矸石 Gangue	焦炭 Coke	焦炉煤气 Coke Oven Gas	高炉煤气 Blast Furnace Gas
247254.26	**247480.72**	**-304.70**	**81.51**	**-3.27**		**47.85**		**6734.91**
237897.67	237897.67							
								6734.91
13523.02	13521.18			1.83		10.64		
1482.28	1477.81			4.48		325.42		
-2684.14	-2460.32	-304.70	81.51	-0.63		362.63		
-164291.88	**-174891.75**	**4547.08**	**4824.73**	**1228.07**	**-0.02**	**37427.64**	**3221.78**	**-1481.90**
-100521.26	-98820.28	-4.22	-1696.76		-445.31		-602.71	-1018.51
-12392.06	-11974.46	-9.48	-408.12		-94.19		-416.15	-463.38
-6192.26	-58310.08	43964.29	8153.53		539.48			
-44076.57	-5120.31	-38926.60	-29.67			37311.09	4104.82	
-168.64	-81.64	-83.91	-3.09					
-823.99	-430.97	-393.01				241.13	135.82	
						-124.57		
-117.09	-154.00		-1191.15	1228.07				
78236.15	**67873.11**	**4232.48**	**4900.79**	**1229.77**		**37471.33**	**3155.44**	**5253.01**
1641.19	1620.32		20.88			45.48		
63653.87	54377.84	4221.32	4206.70	848.02		37370.20	2825.86	5253.01
5270.55	4694.51	527.66	48.38			1285.73	28.26	
534.98	522.15	1.22	11.60			5.64		
452.84	434.92	9.95	7.98			0.12		
2405.72	2327.31		58.45	19.95		4.95	4.57	
2556.35	2456.37		93.02	6.96		2.69	20.68	
6991.20	6134.19		502.17	354.84		42.24	304.33	
1372.50	1095.68		169.56	107.26		23.04	304.33	
5618.70	5038.52		332.61	247.57		19.21		
4726.23	**4715.86**	**9.90**	**5.44**	**-4.97**	**-0.02**	**4.16**	**66.34**	

5-25 续表 1

单位：万吨标准煤

项目	Item	转炉煤气 Converter Gas	其他煤气 Gasoline
一.可供本地区消费的能源量	**Total Primary Energy Supply**	**694.40**	
1.一次能源生产量	Indigenous Production		
水电	Hydro Power		
核电	Nuclear Power		
风电	Wind Power		
2.回收能	Recovery of Energy	694.40	
3.进口量	Import		
4.境内轮船和飞机在境外的加油量	Domestic Airplanes&Ships Refueling in Abroad		
5.出口量(−)	Export (-)		
6.境外轮船和飞机在境内的加油量(−)	Oversea Airplanes&Ships Refueling in China		
7.库存增(−)、减(+)量	Stock Change		
二.加工转换投入(−)产出(+)量	**Input(-) & Output(+) of Transformation**	**-212.91**	**311.66**
1.火力发电	Thermal Power	-125.25	
2.供热	Heating Supply	-87.66	
3.洗选煤	Coal Washing		
4.炼焦	Coking		
5.炼油及煤制油	Petroleum Refineries		
#油品再投入量(−)	Petroleum Products Input (-)		
6.制气	Gas Works		311.66
#焦炭再投入量(−)	Coke Input (-)		
7.天然气液化	Natural Gas Liquefaction		
8.煤制品加工	Briquettes		
三.损失量	**Loss**		
四.终端消费量	**Total Final Consumption**	**485.86**	**301.14**
1.农、林、牧、渔业	Farming, Forestry, Animal Husbandry, Fishery Conservancy		
2.工业	Industry	485.86	98.23
#用作原料、材料	Non-Energy Use		
3.建筑业	Construction		
4.交通运输、仓储和邮政业	Transport, Storage and Post		
5.批发、零售业和住宿、餐饮业	Wholesale, Retail Trade and Hotel, Restaurants		
6.其他	Others		
7.生活消费	Residential Consumption		202.91
城镇	Urban		202.13
乡村	Rural		0.79
五.平衡差额	**Statistical Difference**	**-4.37**	**10.51**
六.消费量合计	**Total Final Consumption**		

Continued 1

(10 000 tce)

其他焦化产品 Other Coking Products	油品合计 Petroleum Products Total	原油 Crude Oil	汽油 Gasoline	煤油 Kerosene	柴油 Diesel Oil	燃料油 Fuel Oil	石脑油 Naphtha	润滑油 Lubricants	石蜡 Petroleum Waxes
	62955.13	**61253.55**	**-656.49**	**-230.67**	**-324.23**	**1826.42**	**5.55**	**32.46**	**-69.74**
	29002.58	29002.58							
	40908.64	33955.22	0.01	716.57	262.28	3284.35	436.05	48.37	1.23
	932.61			351.75	14.85	566.01			
	4804.85	432.87	760.71	890.20	676.09	1414.31	130.50	15.91	70.97
	1042.79			390.66	38.23	613.90			
	-2041.07	-1271.38	104.20	-18.14	112.97	4.27	-300.00		
1053.23	**-3073.38**	**-59824.67**	**10903.63**	**2827.63**	**21682.45**	**1617.36**	**4787.36**	**309.65**	**218.52**
	-517.39	-5.30	-0.13		-58.36	-176.99			
	-819.91	-4.69			-5.51	-287.63			
1065.50									
-51.06	3555.70	-59814.68	10903.77	2831.55	21746.31	3552.89	4800.98	309.65	218.52
	-5291.78			-3.91		-1470.90	-13.62		
51.76									
-12.96									
	278.41	**274.29**							
1059.23	**59494.44**	**1151.62**	**10235.23**	**2593.36**	**21354.04**	**3433.18**	**4786.53**	**318.22**	**140.57**
	2018.04		248.77	1.32	1758.33	1.63			
1059.23	22229.16	1151.62	1014.34	55.24	2981.46	1460.71	4786.53	318.22	140.57
340.68	9278.25	221.82	18.85	8.59	36.05	99.43	4662.00	309.25	137.95
	3378.49		404.19	12.90	714.27	43.94			
	21785.26		4818.73	2355.83	12614.93	1895.26			
	722.22		247.45	51.47	286.47	12.31			
	3787.40		1715.98	86.41	1875.56	19.33			
	5573.88		1785.77	30.19	1123.02				
	4101.26		1242.83	4.12	835.55				
	1472.62		542.94	26.07	287.47				
-6.00	**108.90**	**2.97**	**11.91**	**3.60**	**4.17**	**10.61**	**6.38**	**23.89**	**8.20**

5-25 续表 2

单位：万吨标准煤

项　目	Item	溶剂油 White spirit	石油沥青 Bitumen Asphalt
一.可供本地区消费的能源量	**Total Primary Energy Supply**	**-0.25**	**514.44**
1.一次能源生产量	Indigenous Production		
水电	Hydro Power		
核电	Nuclear Power		
风电	Wind Power		
2.回收能	Recovery of Energy		
3.进口量	Import	4.93	534.09
4.境内轮船和飞机在境外的加油量	Domestic Airplanes&Ships Refueling in Abroad		
5.出口量(-)	Export (-)	0.78	19.65
6.境外轮船和飞机在境内的加油量(-)	Oversea Airplanes&Ships Refueling in China		
7.库存增(-)、减(+)量	Stock Change	-4.40	
二.加工转换投入(-)产出(+)量	**Input(-) & Output(+) of Transformation**	**109.06**	**1655.71**
1.火力发电	Thermal Power		
2.供热	Heating Supply		
3.洗选煤	Coal Washing		
4.炼焦	Coking		
5.炼油及煤制油	Petroleum Refineries	109.06	1655.71
#油品再投入量(-)	Petroleum Products Input (-)		
6.制气	Gas Works		
#焦炭再投入量(-)	Coke Input (-)		
7.天然气液化	Natural Gas Liquefaction		
8.煤制品加工	Briquettes		
三.损失量	**Loss**		
四.终端消费量	**Total Final Consumption**	**102.70**	**2169.84**
1.农、林、牧、渔业	Farming, Forestry, Animal Husbandry, Fishery Conservancy		
2.工业	Industry	102.70	58.78
#用作原料、材料	Non-Energy Use	98.64	
3.建筑业	Construction		2111.07
4.交通运输、仓储和邮政业	Transport, Storage and Post		
5.批发、零售业和住宿、餐饮业	Wholesale, Retail Trade and Hotel, Restaurants		
6.其他	Others		
7.生活消费	Residential Consumption		
城镇	Urban		
乡村	Rural		
五.平衡差额	**Statistical Difference**	**6.10**	**0.30**
六.消费量合计	**Total Final Consumption**		

Continued 2

(10 000 tce)

石油焦 Petroleum Coke	液化石油气 LPG	炼厂干气 Refinery Gas	其他石油制品 Other Petroleum Products	天然气 Natural Gas	液化天然气 LNG	热力 Heat	电力 Electricity	其他能源 Other Energy
465.84	**396.95**		**-258.69**	**12680.35**	**1641.75**	**970.68**	**10590.51**	**4968.00**
				12740.20			10756.60	4410.00
						970.68		558.00
812.55	560.58		292.41	476.14	1641.75		68.15	
220.71	159.43		12.71	535.99			234.24	
-126.00	-4.20		-538.38					
1217.43	**3487.86**	**1734.76**	**6199.86**	**-2673.17**	**-229.35**	**9334.49**	**40949.40**	**-556.89**
-114.94		-116.30	-45.37	-2151.67	-294.66	-820.69	40949.40	-378.85
-121.36	-1.51	-276.22	-123.00	-371.87	-15.43	10155.18		-174.28
1453.74	3586.78	2263.93	9937.52					-3.76
	-97.41	-136.65	-3569.29					
				-52.14				
				-97.49	80.74			
	4.11			**227.56**	**24.85**	**115.94**	**3156.37**	
1680.00	**3877.36**	**1732.37**	**5919.40**	**9756.53**	**1382.92**	**10189.70**	**48381.12**	**4410.14**
	7.99			6.65		3.10	1200.11	419.80
1680.00	907.00	1732.37	5839.60	4948.53	1161.51	7419.78	34785.04	1359.21
1451.85	295.31	38.85	1899.67	1041.67	103.37			
	12.31		79.80	15.46		22.57	593.90	26.00
	100.53			1060.08	221.41	55.85	902.74	716.64
	124.52			362.30		133.06	1587.87	70.00
	90.12			345.80		256.64	3013.30	217.80
	2634.89			3017.71		2298.69	6298.17	1600.69
	2018.76			3008.72		2298.69	3672.33	160.09
	616.13			8.99			2625.84	1440.60
3.28	**3.34**	**2.39**	**21.77**	**23.09**	**4.64**	**-0.48**	**2.42**	**0.97**

5-26 中国能源平衡表(标准量) -2011

单位：万吨标准煤

项目	Item	能源合计 (发电煤耗计算法) (coal equivalent calculation)	Energy Total (电热当量计算法) (calorific value calculation)
一.可供本地区消费的能源量	**Total Primary Energy Supply**	**390393.51**	**373509.80**
1.一次能源生产量	Indigenous Production	340177.51	323045.49
水电	Hydro Power	22207.81	8590.03
核电	Nuclear Power	2743.63	1061.24
风电	Wind Power	2234.65	864.37
2.进口量	Import	64452.16	64324.31
3.境内轮船和飞机在境外的加油量	Domestic Airplanes&Ships Refueling in Abroad	984.59	984.59
4.出口量(−)	Export (-)	7296.47	6920.30
5.境外轮船和飞机在境内的加油量(−)	Oversea Airplanes&Ships Refueling in China	1152.07	1152.07
6.库存增(−)、减(+)量	Stock Change	-6772.21	-6772.21
二.加工转换投入(−)产出(+)量	**Input(-) & Output(+) of Transformation**	**-4547.80**	**-79241.05**
1.火力发电	Thermal Power	0.00	-74693.25
2.供热	Heating Supply	-4910.91	-4910.91
3.洗选煤	Coal Washing	-6507.41	-6507.41
4.炼焦	Coking	-1833.19	-1833.19
5.炼油及煤制油	Petroleum Refineries	5175.43	5175.43
#油品再投入量(−)	Petroleum Products Input (-)	-6967.01	-6967.01
6.制气	Gas Works	-82.78	-82.78
#焦炭再投入量(−)	Coke Input (-)	-122.47	-122.47
7.天然气液化	Natural Gas Liquefaction	-17.92	-17.92
8.煤制品加工	Briquettes	-145.67	-145.67
9.回收能	Recovery of Energy	10864.13	10864.13
三.损失量	**Loss**	**9199.35**	**3937.49**
四.终端消费量	**Total Final Consumption**	**373296.07**	**286984.60**
1.农、林、牧、渔、水利业	Agriculture, Forestry, Animal Husbandry, Fishery and Water Conservancy	7675.23	5701.76
2.工业	Industry	264697.52	202368.71
#用作原料、材料	Non-Energy Use	18508.39	18508.39
3.建筑业	Construction	6051.66	4937.57
4.交通运输、仓储和邮政业	Transport, Storage and Post	29297.42	27644.42
5.批发、零售业和住宿、餐饮业	Wholesale, Retail Trade and Hotel, Restaurants	9147.50	6219.00
6.其他	Others	16843.07	11479.22
7.生活消费	Residential Consumption	39583.66	28633.92
城镇	Urban	22522.34	16283.78
乡村	Rural	17061.32	12350.14
五.平衡差额	**Statistical Difference**	**3350.29**	**3346.66**
六.消费量合计	**Total Energy Consumption**	**387043.22**	**370163.14**

Energy Balance of China (Standard Quantity) -2011

(10 000 tce)

煤合计 Coal Total	原煤 Raw Coal	洗精煤 Cleaned Coal	其他洗煤 Other Washed Coal	型煤 Briquettes	煤矸石 Gangue	焦炭 Coke	焦炉煤气 Coke Oven Gas	高炉煤气 Blast Furnace Gas	转炉煤气 Converter Gas
276718.96	**277735.16**	**-846.51**	**-164.45**	**-5.23**		**-1308.62**			
264526.07	264526.07								
16240.89	16233.45			7.44		11.24			
1231.68	1222.34			9.33		320.29			
-2816.32	-1802.02	-846.51	-164.45	-3.34		-999.57			
-185344.57	**-197195.80**	**5465.89**	**5186.42**	**1198.92**	**4.26**	**42084.93**	**3646.56**	**6225.60**	**661.29**
-114242.02	-112797.99	-47.36	-1396.66		-529.13		-677.68	-1196.29	-248.85
-13277.69	-12830.60	-20.08	-427.00		-110.12		-392.32	-543.91	-120.18
-7150.93	-65533.94	50174.37	8208.64		643.51				
-49565.16	-5337.54	-44191.92	-35.71			41990.68	4621.48		
-277.02	-121.16	-151.61	-4.25						
-686.08	-388.56	-297.52				200.14	95.08		
						-105.89			
-145.67	-186.00		-1158.59	1198.92					
								7965.81	1030.32
88221.55	**77511.79**	**4589.48**	**4985.17**	**1135.10**		**40754.39**	**3580.34**	**6225.60**	**640.50**
1817.54	1800.83		16.70			52.50			
71958.46	62296.98	4575.51	4337.96	748.00		40646.36	3330.46	6225.60	640.50
5765.81	5160.60	494.16	111.05			1276.44	33.30		
649.74	633.78	4.94	11.02			4.67			
513.47	496.61	9.03	7.84			0.09			
2925.58	2866.77		43.84	14.96		8.98	4.46		
2960.62	2882.85		72.55	5.22		1.88	27.03		
7396.14	6533.97		495.26	366.92		39.90	218.39		
1334.67	1066.75		156.00	111.92		21.65	218.39		
6061.48	5467.22		339.26	255.00		18.25			
3152.85	**3027.57**	**29.90**	**36.79**	**58.58**	**4.26**	**21.92**	**66.23**		**20.79**

5-26 续表 1

单位：万吨标准煤

项　目	Item	其他煤气 Gasoline	其他焦化产品 Other Coking Products
一.可供本地区消费的能源量	**Total Primary Energy Supply**		
1.一次能源生产量	Indigenous Production		
水电	Hydro Power		
核电	Nuclear Power		
风电	Wind Power		
2.进口量	Import		
3.境内轮船和飞机在境外的加油量	Domestic Airplanes&Ships Refueling in Abroad		
4.出口量(-)	Export (-)		
5.境外轮船和飞机在境内的加油量(-)	Oversea Airplanes&Ships Refueling in China		
6.库存增(-)、减(+)量	Stock Change		
二.加工转换投入(-)产出(+)量	**Input(-) & Output(+) of Transformation**	**297.74**	**1106.08**
1.火力发电	Thermal Power		
2.供热	Heating Supply		
3.洗选煤	Coal Washing		
4.炼焦	Coking		1119.81
5.炼油及煤制油	Petroleum Refineries		-48.86
#油品再投入量(-)	Petroleum Products Input (-)		
6.制气	Gas Works	297.74	51.71
#焦炭再投入量(-)	Coke Input (-)		-16.58
7.天然气液化	Natural Gas Liquefaction		
8.煤制品加工	Briquettes		
9.回收能	Recovery of Energy		
三.损失量	**Loss**		
四.终端消费量	**Total Final Consumption**	**296.40**	**1097.78**
1.农、林、牧、渔、水利业	Agriculture, Forestry, Animal Husbandry, Fishery and Water Conservancy		
2.工业	Industry	89.30	1097.78
#用作原料、材料	Non-Energy Use		372.75
3.建筑业	Construction		
4.交通运输、仓储和邮政业	Transport, Storage and Post		
5.批发、零售业和住宿、餐饮业	Wholesale, Retail Trade and Hotel, Restaurants	14.48	
6.其他	Others		
7.生活消费	Residential Consumption	192.61	
城镇	Urban	192.02	
乡村	Rural	0.59	
五.平衡差额	**Statistical Difference**	**1.35**	**8.30**
六.消费量合计	**Total Energy Consumption**		

Continued 1

(10 000 tce)

油品合计 Petroleum Products Total	原油 Crude Oil	汽油 Gasoline	煤油 Kerosene	柴油 Diesel Oil	燃料油 Fuel Oil	石脑油 Naphtha	润滑油 Lubricants	石蜡 Paraffin Waxes
65095.68	**62802.68**	**-765.25**	**-148.17**	**-92.50**	**1979.77**	**225.44**	**32.61**	**-54.69**
28982.79	28982.79							
43943.73	36254.84	4.31	909.75	339.02	3833.69	367.53	48.47	7.37
984.59			377.86	15.50	591.23			
4707.05	359.19	597.40	965.72	293.11	1753.01	74.60	15.85	62.06
1152.07			456.81	40.26	655.00			
-2956.32	-2075.76	-172.15	-13.24	-113.65	-37.14	-67.50		
-2598.88	**-61809.95**	**11944.47**	**2828.66**	**22800.92**	**1213.17**	**4786.37**	**350.66**	**181.93**
-420.66	-16.14	-0.04		-57.15	-86.93			
-714.00	-6.56			-3.42	-262.51			
5502.80	-61787.25	11944.74	2828.66	22861.49	3259.78	5139.89	350.66	181.93
-6967.01		-0.22			-1697.18	-353.52		
260.99	**252.86**							
62176.72	**746.79**	**11176.41**	**2673.12**	**22721.34**	**3186.06**	**4988.87**	**380.45**	**124.20**
2140.58		273.64	2.16	1853.28	1.87			
21776.27	746.79	889.65	50.34	2597.54	1182.24	4988.87	380.45	124.20
9603.26	115.83	11.27	6.47	31.95	75.80	4555.62	363.81	122.90
3513.65		416.07	15.88	755.70	43.72			
23527.18		5258.07	2422.44	13820.89	1921.69			
748.99		260.64	47.35	309.36	13.35			
4230.51		1932.20	100.40	2080.85	23.19			
6239.54		2146.13	34.55	1303.72				
4507.40		1456.59	4.38	944.38				
1732.14		689.54	30.16	359.34				
59.10	**-6.91**	**2.82**	**7.37**	**-12.92**	**6.88**	**22.94**	**2.83**	**3.04**

5-26 续表 2

单位：万吨标准煤

项 目	Item	溶剂油 White spirit	石油沥青 Bitumen Asphalt
一.可供本地区消费的能源量	**Total Primary Energy Supply**	**-1.45**	**386.67**
1.一次能源生产量	Indigenous Production		
水电	Hydro Power		
核电	Nuclear Power		
风电	Wind Power		
2.进口量	Import	3.76	417.92
3.境内轮船和飞机在境外的加油量	Domestic Airplanes&Ships Refueling in Abroad		
4.出口量(−)	Export (-)	0.81	31.24
5.境外轮船和飞机在境内的加油量(−)	Oversea Airplanes&Ships Refueling in China		
6.库存增(−)、减(+)量	Stock Change	-4.40	
二.加工转换投入(−)产出(+)量	**Input(-) & Output(+) of Transformation**	**253.85**	**1848.99**
1.火力发电	Thermal Power		
2.供热	Heating Supply		
3.洗选煤	Coal Washing		
4.炼焦	Coking		
5.炼油及煤制油	Petroleum Refineries	253.85	1848.99
#油品再投入量(−)	Petroleum Products Input (-)		
6.制气	Gas Works		
#焦炭再投入量(−)	Coke Input (-)		
7.天然气液化	Natural Gas Liquefaction		
8.煤制品加工	Briquettes		
9.回收能	Recovery of Energy		
三.损失量	**Loss**		
四.终端消费量	**Total Final Consumption**	**242.09**	**2234.52**
1.农、林、牧、渔、水利业	Agriculture, Forestry, Animal Husbandry, Fishery and Water Conservancy		
2.工业	Industry	242.09	51.01
#用作原料、材料	Non-Energy Use	235.15	
3.建筑业	Construction		2183.51
4.交通运输、仓储和邮政业	Transport, Storage and Post		
5.批发、零售业和住宿、餐饮业	Wholesale, Retail Trade and Hotel, Restaurants		
6.其他	Others		
7.生活消费	Residential Consumption		
城镇	Urban		
乡村	Rural		
五.平衡差额	**Statistical Difference**	**10.31**	**1.14**
六.消费量合计	**Total Energy Consumption**		

Continued 2

(10 000 tce)

石油焦 Petroleum Coke	液化石油气 LPG	炼厂干气 Refinery Gas	其他石油制品 Other Petroleum Products	天然气 Natural Gas	液化天然气 LNG	热力 Heat	电力 Electricity	其他能源 Other Energy
435.82	**400.24**		**-105.51**	**15488.52**	**2145.10**		**10650.17**	**4720.00**
				14009.82			10806.81	4720.00
							8590.03	
							1061.24	
							864.37	
851.60	599.25		306.22	1902.70	2145.10		80.65	
326.53	204.16		23.37	424.00			237.28	
-89.25	5.14		-388.36					
1504.94	**3627.10**	**1981.77**	**5888.24**	**-3179.50**	**-245.45**	**10984.13**	**47116.20**	**0.54**
-127.74		-112.91	-19.75	-2631.14	-345.73	-1082.28	47116.20	-435.67
-139.76	-0.94	-215.14	-85.68	-377.32	-11.47	10835.58		-199.48
1772.44	3841.35	2432.83	10573.45					-1.49
	-213.31	-123.01	-4579.78					
				-41.36				
				-129.68	111.76			
						1230.83		637.18
	8.13			**193.78**	**42.98**	**120.58**	**3319.16**	
1940.19	**4012.31**	**1973.44**	**5776.93**	**12112.41**	**1850.33**	**10863.39**	**54444.92**	**4720.28**
	9.62			7.45		3.09	1244.85	435.75
1940.19	918.98	1973.44	5690.48	6331.86	1592.02	7958.71	39316.75	1404.63
1573.53	308.04	31.85	2171.03	1315.13	141.69			
	12.31		86.45	17.01		21.23	702.77	28.50
	104.09			1431.35	258.31	67.82	1042.71	803.50
	118.29			447.44		146.79	1847.29	75.00
	93.88			361.02		277.26	3383.50	237.40
	2755.14			3516.28		2388.50	6907.05	1735.50
	2102.04			3506.39		2388.50	3935.26	179.50
	653.10			9.89			2971.80	1556.00
0.58	**6.90**	**8.33**	**5.80**	**2.83**	**6.34**	**0.17**	**2.29**	**0.26**

5-27 中国能源平衡表(标准量) -2012

单位：万吨标准煤

项　目	Item	能源合计 (发电煤耗计算法) (coal equivalent calculation)	Energy Total (电热当量计算法) (calorific value calculation)
一.可供本地区消费的能源量	**Total Primary Energy Supply**	**407594.31**	**386961.89**
1.一次能源生产量	Indigenous Production	351040.75	330203.16
水电	Hydro Power	27318.14	10718.20
核电	Nuclear Power	3050.80	1196.97
风电	Wind Power	3006.44	1179.57
2.进口量	Import	67711.35	67580.51
3.境内轮船和飞机在境外的加油量	Domestic Airplanes&Ships Refueling in Abroad	989.27	989.27
4.出口量(-)	Export (-)	6215.05	5879.04
5.境外轮船和飞机在境内的加油量(-)	Oversea Airplanes&Ships Refueling in China	1159.35	1159.35
6.库存增(-)、减(+)量	Stock Change	-4772.65	-4772.65
二.加工转换投入(-)产出(+)量	**Input(-) & Output(+) of Transformation**	**-5523.62**	**-79620.61**
1.火力发电	Thermal Power		-74096.99
2.供热	Heating Supply	-5283.62	-5283.62
3.洗选煤	Coal Washing	-6684.05	-6684.05
4.炼焦	Coking	-2179.24	-2179.24
5.炼油及煤制油	Petroleum Refineries	5416.27	5416.27
#油品再投入量(-)	Petroleum Products Input (-)	-7569.73	-7569.73
6.制气	Gas Works	-100.65	-100.65
#焦炭再投入量(-)	Coke Input (-)	-81.01	-81.01
7.天然气液化	Natural Gas Liquefaction	-36.73	-36.73
8.煤制品加工	Briquettes	-244.34	-244.34
9.回收能	Recovery of Energy	11239.48	11239.48
三.损失量	**Loss**	**9725.75**	**4213.12**
四.终端消费量	**Total Final Consumption**	**386888.50**	**297681.44**
1.农、林、牧、渔、水利业	Agriculture, Forestry, Animal Husbandry, Fishery and Water Conservancy	7803.57	5876.21
2.工业	Industry	269900.31	206447.47
#用作原料、材料	Non-Energy Use	19829.92	19829.92
3.建筑业	Construction	6337.41	5179.36
4.交通运输、仓储和邮政业	Transport, Storage and Post	32122.41	30380.07
5.批发、零售业和住宿、餐饮业	Wholesale, Retail Trade and Hotel, Restaurants	10012.33	6792.69
6.其他	Others	18406.63	12537.14
7.生活消费	Residential Consumption	42305.84	30468.48
城镇	Urban	24113.34	17338.38
乡村	Rural	18192.50	13130.10
五.平衡差额	**Statistical Difference**	**5456.44**	**5446.74**
六.消费量合计	**Total Energy Consumption**	**402137.87**	**381515.16**

Energy Balance of China (Standard Quantity) -2012

(10 000 tce)

煤合计 Coal Total	原煤 Raw Coal	洗精煤 Cleaned Coal	其他洗煤 Other Washed Coal	型煤 Briquettes	煤矸石 Gangue	焦炭 Coke	焦炉煤气 Coke Oven Gas	高炉煤气 Blast Furnace Gas	转炉煤气 Converter Gas
279942.79	**280612.43**	**-464.51**	**-199.11**	**-6.02**		**954.20**			
267648.97	267648.97								
15950.26	15946.12			4.14		7.38			
786.53	778.19			8.34		99.08			
-2869.91	-2204.47	-464.51	-199.11	-1.82		1045.90			
-186987.38	**-200349.62**	**5476.92**	**6697.00**	**1188.33**	**171.01**	**42513.07**	**3387.54**	**6002.50**	**713.16**
-113997.34	-112566.12	-52.51	-1378.71		-538.84		-758.82	-1236.14	-260.41
-14195.50	-13774.45	-38.44	-382.61		-137.56		-418.15	-610.76	-142.54
-7531.47	-67613.74	50290.35	9791.91		847.42				
-50074.39	-5690.67	-44356.29	-27.43			42395.74	4463.26		
-300.18	-138.99	-156.47	-4.72						
-644.16	-434.42	-209.74				182.12	101.25		
						-64.79			
-244.34	-131.22		-1301.45	1188.33					
								7849.40	1116.11
87820.90	**75664.81**	**4773.25**	**6220.71**	**1162.13**		**43459.01**	**3384.65**	**6002.50**	**692.72**
1867.44	1845.93		21.51			55.84			
70971.20	59937.23	4754.64	5515.35	763.97		43351.76	3159.16	6002.50	692.72
6080.59	5517.09	480.22	83.28			1517.53	31.59		
633.31	616.29	5.76	11.25			6.13			
494.99	473.75	12.84	8.39			0.09			
3129.84	3076.77		33.62	19.45		6.47	3.57		
3231.07	3148.91		74.86	7.30		1.88	15.71		
7493.05	6565.92		555.72	371.40		36.85	206.22		
1185.21	917.39		155.72	112.09		17.32	206.22		
6307.84	5648.53		400.00	259.31		19.52			
5134.50	**4598.00**	**239.16**	**277.17**	**20.18**	**171.01**	**8.26**	**2.89**		**20.44**

5-27 续表 1

单位: 万吨标准煤

项 目	Item	其他煤气 Gasoline	其他焦化产品 Other Coking Products
一.可供本地区消费的能源量	**Total Primary Energy Supply**		
1.一次能源生产量	Indigenous Production		
水电	Hydro Power		
核电	Nuclear Power		
风电	Wind Power		
2.进口量	Import		
3.境内轮船和飞机在境外的加油量	Domestic Airplanes&Ships Refueling in Abroad		
4.出口量(–)	Export (-)		
5.境外轮船和飞机在境内的加油量(–)	Oversea Airplanes&Ships Refueling in China		
6.库存增(–)、减(+)量	Stock Change		
二.加工转换投入(–)产出(+)量	**Input(-) & Output(+) of Transformation**	**249.15**	**1010.06**
1.火力发电	Thermal Power		
2.供热	Heating Supply		
3.洗选煤	Coal Washing		
4.炼焦	Coking		1036.15
5.炼油及煤制油	Petroleum Refineries		-56.62
#油品再投入量(–)	Petroleum Products Input (-)		
6.制气	Gas Works	249.15	46.74
#焦炭再投入量(–)	Coke Input (-)		-16.21
7.天然气液化	Natural Gas Liquefaction		
8.煤制品加工	Briquettes		
9.回收能	Recovery of Energy		
三.损失量	**Loss**		
四.终端消费量	**Total Final Consumption**	**253.74**	**1011.73**
1.农、林、牧、渔、水利业	Agriculture, Forestry, Animal Husbandry, Fishery and Water Conservancy		
2.工业	Industry	58.94	1011.73
#用作原料、材料	Non-Energy Use		408.44
3.建筑业	Construction		
4.交通运输、仓储和邮政业	Transport, Storage and Post		
5.批发、零售业和住宿、餐饮业	Wholesale, Retail Trade and Hotel, Restaurants	13.86	
6.其他	Others		
7.生活消费	Residential Consumption	180.95	
城镇	Urban	180.50	
乡村	Rural	0.45	
五.平衡差额	**Statistical Difference**	**-4.60**	**-1.68**
六.消费量合计	**Total Energy Consumption**		

Continued 1

(10 000 tce)

油品合计 Petroleum Products Total	原油 Crude Oil	汽油 Gasoline	煤油 Kerosene	柴油 Diesel Oil	燃料油 Fuel Oil	石脑油 Naphtha	润滑油 Lubricants	石蜡 Paraffin Waxes
68245.63	**66693.82**	**-1194.11**	**-301.49**	**-141.16**	**2053.96**	**340.79**	**27.61**	**-57.34**
29640.31	29640.31							
46124.81	38718.93	0.66	913.50	132.49	3833.19	463.41	42.88	6.74
989.27			377.40	13.03	598.84			
4400.77	347.45	429.18	1096.28	270.18	1659.59	32.33	15.27	64.08
1159.35			501.48	29.54	628.33			
-2948.63	-1317.97	-765.60	5.37	13.03	-90.14	-90.30		
-2814.09	**-65638.07**	**13207.24**	**3184.04**	**24768.41**	**918.28**	**5018.82**	**314.60**	**200.28**
-378.44	-15.51	-0.06		-51.92	-61.56			
-668.85	-1.94	-0.06		-3.47	-267.63			
5802.93	-65620.61	13207.39	3184.04	24863.68	3218.96	5349.12	314.60	200.28
-7569.73		-0.03		-39.88	-1971.50	-330.3		
261.30	**253.86**							
65070.32	**793.57**	**12015.16**	**2878.95**	**24625.96**	**2961.25**	**5353.35**	**340.85**	**137.84**
2245.25		283.77	1.75	1945.95	2.81			
21178.38	793.57	854.82	47.14	2451.31	901.79	5353.35	340.85	137.84
10009.89	51.97	10.81	3.91	31.25	75.64	4928.00	317.68	134.97
3721.32		422.11	11.61	754.79	38.65			
25905.36		5558.99	2629.52	15630.36	1977.10			
812.88		294.37	42.14	333.67	12.42			
4509.06		2148.99	109.14	2105.10	28.49			
6698.07		2452.12	37.64	1404.78				
4798.87		1678.87	4.62	989.24				
1899.20		773.25	33.02	415.54				
99.92	**8.31**	**-2.04**	**3.60**	**1.29**	**10.98**	**6.26**	**1.36**	**5.10**

5-27 续表 2

单位：万吨标准煤

项目	Item	溶剂油 White spirit	石油沥青 Bitumen Asphalt
一.可供本地区消费的能源量	**Total Primary Energy Supply**	**2.88**	**345.26**
1.一次能源生产量	Indigenous Production		
水电	Hydro Power		
核电	Nuclear Power		
风电	Wind Power		
2.进口量	Import	3.40	357.80
3.境内轮船和飞机在境外的加油量	Domestic Airplanes&Ships Refueling in Abroad		
4.出口量(−)	Export (-)	0.75	12.54
5.境外轮船和飞机在境内的加油量(−)	Oversea Airplanes&Ships Refueling in China		
6.库存增(−)、减(+)量	Stock Change	0.22	
二.加工转换投入(−)产出(+)量	**Input(-) & Output(+) of Transformation**	**236.78**	**2120.50**
1.火力发电	Thermal Power		
2.供热	Heating Supply		
3.洗选煤	Coal Washing		
4.炼焦	Coking		
5.炼油及煤制油	Petroleum Refineries	236.78	2120.50
#油品再投入量(−)	Petroleum Products Input (-)		
6.制气	Gas Works		
#焦炭再投入量(−)	Coke Input (-)		
7.天然气液化	Natural Gas Liquefaction		
8.煤制品加工	Briquettes		
9.回收能	Recovery of Energy		
三.损失量	**Loss**		
四.终端消费量	**Total Final Consumption**	**231.82**	**2459.13**
1.农、林、牧、渔、水利业	Agriculture, Forestry, Animal Husbandry, Fishery and Water Conservancy		
2.工业	Industry	231.82	59.08
#用作原料、材料	Non-Energy Use	223.28	
3.建筑业	Construction		2400.05
4.交通运输、仓储和邮政业	Transport, Storage and Post		
5.批发、零售业和住宿、餐饮业	Wholesale, Retail Trade and Hotel, Restaurants		
6.其他	Others		
7.生活消费	Residential Consumption		
城镇	Urban		
乡村	Rural		
五.平衡差额	**Statistical Difference**	**7.83**	**6.63**
六.消费量合计	**Total Energy Consumption**		

Continued 2

(10 000 tce)

石油焦 Petroleum Coke	液化石油气 LPG	炼厂干气 Refinery Gas	其他石油制品 Other Petroleum Products	天然气 Natural Gas	液化天然气 LNG	热力 Heat	电力 Electricity	其他能源 Other Energy
466.40	**389.63**		**-380.61**	**16837.99**	**2578.92**		**13321.87**	**5080.50**
				14379.04			13454.34	5080.50
							10718.20	
							1196.97	
							1179.57	
738.55	614.59		298.65	2834.65	2578.92		84.48	
240.65	219.82		12.66	375.70			216.96	
-31.50	-5.14		-666.60					
1568.26	**3618.72**	**2035.09**	**5632.98**	**-3397.55**	**-120.72**	**11810.14**	**47842.68**	**-0.18**
-137.16		-106.02	-6.21	-2657.33	-314.45	-1275.08	47842.68	-522.81
-150.41	-0.12	-218.94	-26.27	-430.56	-15.23	11583.25		-247.72
1855.83	3889.22	2463.00	10520.15	-28.21				-1.65
	-270.38	-102.94	-4854.70					
				-35.75				
				-245.70	208.97			
						1501.98		772.00
	7.44			**218.79**	**49.45**	**124.19**	**3559.38**	
2032.28	**3977.30**	**2019.08**	**5243.78**	**13216.74**	**2403.85**	**11685.64**	**57598.90**	**5080.73**
	10.97			8.37		3.87	1244.45	451.00
2032.28	794.13	2019.08	5161.32	6960.33	2112.15	8470.14	40970.01	1508.46
1554.80	321.14	31.88	2324.55	1593.92	187.98			
	11.65		82.46	16.42		23.45	747.72	31.00
	109.39			1553.70	291.70	77.25	1124.99	932.00
	130.27			502.95		162.29	2078.84	82.00
	117.34			427.40		302.22	3789.79	260.00
	2803.54			3747.57		2646.42	7643.10	1816.27
	2126.14			3737.42		2646.42	4374.43	192.00
	677.39			10.15			3268.67	1624.27
2.38	**23.60**	**16.01**	**8.59**	**4.91**	**4.90**	**0.31**	**6.27**	**-0.41**

5-28 中国能源平衡表(标准量)-2013

单位：万吨标准煤

项　目	Item	能源合计 (发电煤耗计算法) (coal equivalent calculation)	Energy Total (电热当量计算法) (calorific value calculation)
一.可供本地区消费的能源量	**Total Primary Energy Supply**	**417415.31**	**395295.48**
1.一次能源生产量	Indigenous Production	358783.76	336452.21
水电	Hydro Power	28658.88	11310.38
核电	Nuclear Power	3475.75	1371.72
风电	Wind Power	4397.03	1735.31
2.进口量	Import	72448.43	72308.22
3.境内轮船和飞机在境外的加油量	Domestic Airplanes&Ships Refueling in Abroad	971.97	971.97
4.出口量(-)	Export (-)	6934.11	6582.18
5.境外轮船和飞机在境内的加油量(-)	Oversea Airplanes&Ships Refueling in China	1070.65	1070.65
6.库存增(-)、减(+)量	Stock Change	-6784.08	-6784.08
二.加工转换投入(-)产出(+)量	**Input(-) & Output(+) of Transformation**	**-2660.36**	**-82721.18**
1.火力发电	Thermal Power	0.00	-80060.82
2.供热	Heating Supply	-5081.20	-5081.20
3.洗选煤	Coal Washing	-6139.49	-6139.49
4.炼焦	Coking	-2433.33	-2433.33
5.炼油及煤制油	Petroleum Refineries	7022.47	7022.47
#油品再投入量(-)	Petroleum Products Input (-)	-8921.36	-8921.36
6.制气	Gas Works	-113.63	-113.63
#焦炭再投入量(-)	Coke Input (-)	-48.60	-48.60
7.天然气液化	Natural Gas Liquefaction	-72.54	-72.54
8.煤制品加工	Briquettes	-205.82	-205.82
9.回收能	Recovery of Energy	13333.15	13333.15
三.损失量	**Loss**	**10438.99**	**4518.40**
四.终端消费量	**Total Final Consumption**	**403813.72**	**307554.87**
1.农、林、牧、渔、水利业	Agriculture, Forestry, Animal Husbandry, Fishery and Water Conservancy	8054.80	6119.03
2.工业	Industry	278513.51	210468.23
#用作原料、材料	Non-Energy Use	20782.50	20782.50
3.建筑业	Construction	7016.98	5744.40
4.交通运输、仓储和邮政业	Transport, Storage and Post	34336.84	32450.00
5.批发、零售业和住宿、餐饮业	Wholesale, Retail Trade and Hotel, Restaurants	10598.16	7060.01
6.其他	Others	19762.59	13357.70
7.生活消费	Residential Consumption	45530.84	32355.50
城镇	Urban	25725.57	18449.40
乡村	Rural	19805.27	13906.10
五.平衡差额	**Statistical Difference**	**502.25**	**501.02**
六.消费量合计	**Total Energy Consumption**	**416913.07**	**394794.46**

Energy Balance of China (Standard Quantity) -2013

(10 000 tce)

煤合计 Coal Total	原煤 Raw Coal	洗精煤 Cleaned Coal	其他洗煤 Other Washed Coal	型煤 Briquettes	煤矸石 Gangue	焦炭 Coke	焦炉煤气 Coke Oven Gas	高炉煤气 Blast Furnace Gas	转炉煤气 Converter Gas
284417.85	**285605.00**	**-639.80**	**-542.54**	**-4.81**		**-2426.30**			
270656.38	270656.38								
17694.66	17691.35			3.32		3.38			
617.40	608.06			9.34		453.89			
-3315.79	-2134.67	-639.80	-542.54	1.21		-1975.80			
-201150.47	**-213082.07**	**5174.57**	**5600.81**	**1156.23**	**75.30**	**46931.64**	**3576.39**	**7067.17**	**854.99**
-123111.20	-121702.07	-50.00	-1359.12		-604.47		-873.10	-1599.01	-278.24
-14537.24	-14138.56	-30.93	-367.75		-148.90		-429.29	-711.17	-165.39
-6968.17	-69632.45	54062.47	8601.81		828.67				
-55346.18	-6861.24	-48450.17	-34.78			46791.44	4805.02		
-351.64	-184.23	-160.17	-7.24						
-630.21	-433.59	-196.62				173.62	73.77		
						-33.43			
-205.82	-129.94		-1232.12	1156.23					
								9377.36	1298.62
82892.45	**72161.64**	**4524.70**	**5059.24**	**1146.88**		**44507.10**	**3567.58**	**7067.17**	**851.84**
1898.61	1874.91		23.71			67.19			
66585.49	56839.89	4504.87	4446.57	794.15		44353.70	3369.26	7067.17	851.84
6441.68	5780.50	445.08	216.10			1774.45	87.60		
621.26	604.78	5.99	10.50			7.47			
455.10	427.78	13.84	13.47			2.15			
3081.19	3029.82		30.07	21.31		34.81	3.64		
3173.88	3119.80		46.20	7.89		4.83	16.00		
7076.92	6264.66		488.72	323.54		36.96	178.68		
1028.83	796.66		129.04	103.12		16.46	178.68		
6048.09	5468.00		359.68	220.41		20.50			
374.93	**361.29**	**10.07**	**-0.97**	**4.54**	**75.30**	**-1.76**	**8.82**		**3.15**

5-28 续表 1

单位：万吨标准煤

项　目	Item	其他煤气 Gasoline	其他焦化产品 Other Coking Products
一.可供本地区消费的能源量	**Total Primary Energy Supply**		
1.一次能源生产量	Indigenous Production		
水电	Hydro Power		
核电	Nuclear Power		
风电	Wind Power		
2.进口量	Import		
3.境内轮船和飞机在境外的加油量	Domestic Airplanes&Ships Refueling in Abroad		
4.出口量(-)	Export (-)		
5.境外轮船和飞机在境内的加油量(-)	Oversea Airplanes&Ships Refueling in China		
6.库存增(-)、减(+)量	Stock Change		
二.加工转换投入(-)产出(+)量	**Input(-) & Output(+) of Transformation**	**255.59**	**1255.01**
1.火力发电	Thermal Power	-2.21	
2.供热	Heating Supply	-0.21	
3.洗选煤	Coal Washing		
4.炼焦	Coking		1316.39
5.炼油及煤制油	Petroleum Refineries		-87.92
#油品再投入量(-)	Petroleum Products Input (-)		
6.制气	Gas Works	258.02	41.72
#焦炭再投入量(-)	Coke Input (-)		-15.18
7.天然气液化	Natural Gas Liquefaction		
8.煤制品加工	Briquettes		
9.回收能	Recovery of Energy		
三.损失量	**Loss**		
四.终端消费量	**Total Final Consumption**	**253.39**	**1264.09**
1.农、林、牧、渔、水利业	Agriculture, Forestry, Animal Husbandry, Fishery and Water Conservancy		
2.工业	Industry	103.59	1264.09
#用作原料、材料	Non-Energy Use		507.75
3.建筑业	Construction		
4.交通运输、仓储和邮政业	Transport, Storage and Post		
5.批发、零售业和住宿、餐饮业	Wholesale, Retail Trade and Hotel, Restaurants	14.09	
6.其他	Others		
7.生活消费	Residential Consumption	135.71	
城镇	Urban	135.38	
乡村	Rural	0.34	
五.平衡差额	**Statistical Difference**	**2.20**	**-9.09**
六.消费量合计	**Total Energy Consumption**		

Continued 1

(10 000 tce)

油品合计 Petroleum Products Total	原油 Crude Oil	汽油 Gasoline	煤油 Kerosene	柴油 Diesel Oil	燃料油 Fuel Oil	石脑油 Naphtha	润滑油 Lubricants	石蜡 Paraffin Waxes
71227.50	**69531.23**	**-683.47**	**-492.58**	**-247.43**	**1643.25**	**281.96**	**25.74**	**-60.91**
29988.96	29988.96							
47754.33	40249.68	0.06	984.32	39.15	3352.95	531.27	42.03	7.52
971.97			406.44	12.23	553.30			
4924.60	231.05	689.69	1349.99	405.31	1621.16	53.12	16.29	68.43
1070.65			534.24	23.72	512.70			
-1492.49	-476.35	6.17	0.88	130.22	-129.15	-196.20		
-2340.63	**-68302.12**	**14469.59**	**3713.56**	**25108.48**	**1319.67**	**5336.37**	**160.74**	**192.46**
-347.09	-14.90	-0.09		-51.86	-67.54			
-611.18	-4.84	-0.07	-0.03	-3.80	-238.79			
7538.99	-68282.38	14469.81	3713.59	25172.44	3965.64	6073.86	160.74	192.46
-8921.36		-0.06		-8.29	-2339.63	-737.49		
309.86	**303.21**							
68546.72	**899.13**	**13781.42**	**3184.18**	**24926.25**	**3002.68**	**5622.98**	**186.69**	**132.39**
2409.15		292.40	1.75	2100.45	2.92			
21247.45	899.13	769.88	40.30	2377.97	812.74	5622.98	186.69	132.39
10213.26	126.83	16.24	3.72	34.93	70.06	5140.80	167.88	128.36
4199.69		480.36	16.80	811.56	84.94			
27487.79		6447.38	2940.12	15912.31	2041.46			
846.82		324.97	19.70	340.25	27.24			
4928.87		2676.00	124.42	1952.16	33.37			
7426.95		2790.44	41.08	1431.55				
5171.26		1901.20	4.56	862.00				
2255.69		889.24	36.52	569.56				
30.30	**26.77**	**4.70**	**36.81**	**-65.20**	**-39.77**	**-4.65**	**-0.21**	**-0.83**

5-28 续表 2

单位：万吨标准煤

项　目	Item	溶剂油 White spirit	石油沥青 Bitumen Asphalt
一.可供本地区消费的能源量	**Total Primary Energy Supply**	**5.25**	**413.46**
1.一次能源生产量	Indigenous Production		
水电	Hydro Power		
核电	Nuclear Power		
风电	Wind Power		
2.进口量	Import	3.11	435.56
3.境内轮船和飞机在境外的加油量	Domestic Airplanes&Ships Refueling in Abroad		
4.出口量(-)	Export (-)	1.09	22.10
5.境外轮船和飞机在境内的加油量(-)	Oversea Airplanes&Ships Refueling in China		
6.库存增(-)、减(+)量	Stock Change	3.23	
二.加工转换投入(-)产出(+)量	**Input(-) & Output(+) of Transformation**	**179.10**	**2349.86**
1.火力发电	Thermal Power		
2.供热	Heating Supply		
3.洗选煤	Coal Washing		
4.炼焦	Coking		
5.炼油及煤制油	Petroleum Refineries	180.22	2352.93
#油品再投入量(-)	Petroleum Products Input (-)	-1.115072	-3.0654
6.制气	Gas Works		
#焦炭再投入量(-)	Coke Input (-)		
7.天然气液化	Natural Gas Liquefaction		
8.煤制品加工	Briquettes		
9.回收能	Recovery of Energy		
三.损失量	**Loss**		
四.终端消费量	**Total Final Consumption**	**184.87**	**2759.21**
1.农、林、牧、渔、水利业	Agriculture, Forestry, Animal Husbandry, Fishery and Water Conservancy		
2.工业	Industry	184.87	78.17
#用作原料、材料	Non-Energy Use	176.42	50.13
3.建筑业	Construction		2681.05
4.交通运输、仓储和邮政业	Transport, Storage and Post		
5.批发、零售业和住宿、餐饮业	Wholesale, Retail Trade and Hotel, Restaurants		
6.其他	Others		
7.生活消费	Residential Consumption		
城镇	Urban		
乡村	Rural		
五.平衡差额	**Statistical Difference**	**-0.51**	**4.11**
六.消费量合计	**Total Energy Consumption**		

Continued 2

(10 000 tce)

石油焦 Petroleum Coke	液化石油气 LPG	炼厂干气 Refinery Gas	其他石油制品 Other Petroleum Products	天然气 Natural Gas	液化天然气 LNG	热力 Heat	电力 Electricity	其他能源 Other Energy
721.19	**553.39**		**-463.58**	**18956.21**	**3163.17**		**14421.05**	**5536.00**
				15711.80			14559.08	5536.00
							11310.38	
							1371.72	
							1735.31	
981.65	774.40		352.62	3601.26	3163.17		91.41	
243.65	217.58		5.15	356.85			229.44	
-16.80	-3.43		-811.06					
1588.58	**3983.74**	**2138.71**	**5420.63**	**-4067.18**	**191.87**	**12433.40**	**52195.74**	**0.00**
-113.02	-0.03	-93.99	-5.65	-2842.45	-296.49	-1654.02	52195.74	-648.28
-124.59	-0.81	-201.36	-36.88	-541.58	-14.74	12348.04		-269.52
1826.21	4308.52	2553.95	10851.02	-76.96				
-0.02	-323.93	-119.90	-5387.86					
				-30.55				
				-575.64	503.10			
						1739.37		917.80
	6.65			**158.08**	**47.71**	**142.82**	**3859.93**	
2300.87	**4508.80**	**2137.83**	**4919.43**	**14717.22**	**3305.29**	**12289.95**	**62756.06**	**5536.00**
	11.63			9.01		4.04	1262.02	469.00
2300.87	883.96	2137.83	4819.68	7712.25	2969.67	8920.85	44362.19	1660.67
1701.25	373.48	30.14	2193.02	1483.07	274.69			
	25.23		99.75	25.74		26.58	829.66	34.00
	146.52			1798.13	335.63	78.08	1230.13	1063.00
	134.65			511.05		172.72	2306.70	89.00
	142.92			462.96		309.49	4175.67	286.00
	3163.87			4198.09		2778.19	8589.68	1934.33
	2403.50			4185.91		2778.19	4743.71	211.00
	760.37			12.18			3845.97	1723.33
8.90	**21.69**	**0.88**	**37.61**	**13.73**	**2.04**	**0.62**	**0.80**	**0.00**

5-29 综合能源平衡表

单位：万吨标准煤

项 目	Item	1980	1985	1990
可供消费的能源总量	**Total Energy Available for Consumption**	**61557**	**77603**	**96138**
一次能源生产量	Primary Energy Output	63735	85546	103922
回收能	Recovery of Energy			
进口量	Imports	261	340	1310
出口量(-)	Exports (-)	3058	5774	5875
年初年末库存差额	Stock Changes in the Year	619	-2509	-3219
能源消费总量	**Total Energy Consumption**	**60275**	**76682**	**98703**
在总量中:	Consumption by Sector			
1.农、林、牧、渔、水利业	Agriculture, Forestry, Animal Husbandry, Fishery and Water Conservancy	4692	4045	4852
2.工业	Industry	38986	51068	67578
3.建筑业	Construction	957	1302	1213
4.交通运输、仓储和邮政业	Transport, Storage and Post	2902	3713	4541
5.批发、零售业和住宿、餐饮业	Wholesale, Retail Trade and Hotel, Restaurants	518	766	1247
6.其他	Others	1205	2470	3473
7.生活消费	Residential Consumption	11015	13318	15799
在总量中:	Consumption by Usage			
(一) 终端消费	(I)Final Consumption	57508	73586	94289
#工业	Industry	38293	48021	63239
(二) 加工转换损失量	(II)Losses in Processing and	1358	1491	2264
#炼焦	Coking	644	572	905
炼油	Petroleum Refining	113	110	326
(三) 回收能(-)	(III)Recovery of Energy(-)			
(四) 损失量	(IV)Other Losses	1409	1605	2150
平衡差额	**Balance**	**1282**	**921**	**-2565**

注：1.村办工业包括在工业中(下同)。
2.电力按等价热值折算，因此加工转换损失量中不包括发电损失量。
3.进口量包括境内轮船和飞机在境外的加油量；出口量包括境外轮船和飞机在境内的加油量。

Overall Energy Balance Sheet

(10 000 tce)

1995	2000	2001	2002	2003	2004	2005	2006	2007	2008	2009	2010	2011	2012	2013
129535	**144234**	**152597**	**165818**	**191896**	**224851**	**254619**	**278770**	**304503**	**315894**	**333456**	**365588**	**390394**	**407594**	**417415**
129034	138570	147425	156277	178299	206108	229037	244763	264173	277419	286092	312125	340178	351041	358784
2312	3087	3852	4275	4332	5263	7452	9226	11817	9595	11266	8958			
5456	14327	13469	15767	20002	26480	26823	31098	35027	36935	47518	57671	65437	68701	73420
6776	9327	11558	11220	12123	11547	11257	10500	9945	9624	8436	8803	8449	7374	8005
-491	-2424	-591	718	1386	-1453	2564	4183	3431	1568	-2984	-4363	-6772	-4773	-6784
131176	**146964**	**155547**	**169577**	**197083**	**230281**	**261369**	**286467**	**311442**	**320611**	**336126**	**360648**	**387043**	**402138**	**416913**
5505	4233	4553	4929	5683	6392	6860	7154	7068	6873	6978	7266	7675	7804	8055
96191	103014	109725	119918	139350	163394	187914	206590	225835	232079	243567	261377	278048	284712	291131
1335	2207	2283	2457	2770	3183	3486	3836	4203	3874	4712	5533	6052	6337	7017
5863	11447	11834	12852	14955	17775	19136	20926	22419	23997	24460	27102	29694	32561	34819
2018	3251	3500	3917	4723	5499	5917	6358	6732	6885	7303	7847	9147	10012	10598
4519	6118	6352	6861	8153	9294	10484	11500	12293	13215	13933	15052	16843	18407	19763
15745	16695	17301	18642	21448	24745	27573	30102	32891	33689	35173	36470	39584	42306	45531
124252	140476	148733	162041	188986	221367	250877	275058	299675	307612	322120	337469	373296	386888	403814
89473	96871	103253	112725	131565	154802	177775	195582	214473	219516	230042	238652	264698	269900	278514
3634	2472	2482	2757	3078	3364	3882	4255	4071	5185	5879	14294	15412	16763	15994
	526	544	541	769	661	855	1007	907	563	800	1595	1833	2179	2433
	781	704	1018	1249	1408	1273	1374	1325	1865	1726	1960	1792	2153	1899
												10864	11239	13333
3289	4016	4333	4779	5019	5550	6610	7154	7696	7815	8126	8885	9199	9726	10439
-1641	**-2730**	**-2950**	**-3759**	**-5187**	**-5431**	**-6751**	**-7698**	**-6939**	**-4717**	**-2670**	**4940**	**3350**	**5456**	**502**

a) Data on industry include the data of village-run industry.(The same as in the following tables).

b) Electric power is converted on the basic of equal caloric value. Therefore, losses in processing and transformation exclude losses in power generation.

c) Data on imports include the petroleum consumed by the domestic airplanes and ships in refueling abroad. Data on exports include the petroleum consumed by the oversea airplanes and ships in refueling in China.

5-30 煤炭平衡表

单位：万吨

项　目	Item	1980	1985	1990
可供量	**Total Energy Available for Consumption**	**62601**	**82777**	**102221**
生产量	Output	62015	87228	107988
进口量	Imports	199	231	200
出口量(-)	Exports (-)	632	777	1729
年初年末库存差额	Stock Changes in the Year	1019	-3906	-4239
消费量	**Total Energy Consumption**	**61010**	**81603**	**105523**
在消费量中:	Consumption by Sector			
1.农、林、牧、渔、水利业	Agriculture, Forestry, Animal Husbandry, Fishery and Water Conservancy	1550	2209	2095
2.工业	Industry	43848	58613	81091
3.建筑业	Construction	556	532	438
4.交通运输、仓储和邮政业	Transport, Storage and Post	1934	2307	2161
5.批发、零售业和住宿、餐饮业	Wholesale, Retail Trade and Hotel, Restaurants	455	738	1058
6.其他	Others	1091	1580	1980
7.生活消费	Residential Consumption	11574	15624	16700
在消费量中:	Consumption by Usage			
(一) 终端消费	(I)Final Consumption	38804	52704	60206
#工业	Industry	21643	29715	35774
(二) 中间消费	(2)Intermediate Consumption			
(用于加工转换)	(Consumed in Transformation)	22205	28899	45317
#发电	Power Generation	12648	16441	27204
供热	Heating		1462	2996
炼焦	Coking	6682	7304	10698
炼油及煤制油	Petroleum Refineries			
制气	Gas Production	131	191	360
(三)洗选损耗	Losses in Coal Washing and Dressing	2744	3501	4059
平衡差额	**Balance**	**1592**	**1174**	**-3302**

注：生产量为原煤产量。

Coal Balance Sheet

(10 000 tons)

1995	2000	2001	2002	2003	2004	2005	2006	2007	2008	2009	2010	2011	2012	2013
133462	**131895**	**138485**	**148645**	**177692**	**205294**	**235508**	**261467**	**282425**	**294755**	**321540**	**355578**	**393058**	**418654**	**425015**
136073	138418	147153	155040	183490	212261	236515	256973	275989	290341	311535	342845	376444	394513	397432
164	218	266	1126	1110	1861	2622	3822	5160	4363	13188	18307	22236	28841	32702
2862	5506	9013	8390	9403	8666	7173	6328	5319	4558	2240	1911	1467	927	751
87	-1235	79	869	2495	-162	3545	6999	6595	4610	-944	-3663	-4155	-3772	-4368
137677	**135690**	**143063**	**153585**	**183760**	**212162**	**243375**	**270639**	**290410**	**300605**	**325003**	**349008**	**388961**	**411727**	**424426**
1857	1051	1152	1267	1473	1655	1802	1871	1957	2023	2081	2147	2207	2266	2451
117571	121807	128976	138942	167521	194421	224766	251630	271307	281808	305900	329728	368916	391191	403157
440	537	505	514	527	572	604	652	639	625	659	731	797	767	811
1315	882	841	852	958	828	811	770	696	665	641	639	646	614	615
977	1461	1588	1771	2091	2410	2627	2796	2964	3092	3201	3192	3572	3752	3966
1987	1495	1590	1826	2185	2509	2727	2883	3087	3244	3400	3412	3612	3883	4136
13530	8457	8410	8413	9005	9768	10039	10036	9761	9148	9122	9159	9212	9253	9290
66156	50511	52845	54656	63864	77610	86386	92151	99718	103950	111470	114826	120647	118957	119491
46050	36628	38757	40014	47624	59868	67776	73142	80614	85154	92367	95546	100602	98421	98222
71520	81987	87638	97111	117697	131218	152208	173509	186888	190747	206267	222948	252691	266016	282355
44440	55811	59798	68600	81966	91962	103663	118764	127917	132652	143967	153742	175579	183531	195177
5887	8794	8951	8974	10895	11547	13542	14612	15441	15061	15360	17553	19334	23780	22710
18396	16496	17936	18625	23640	26150	33446	38399	41659	41462	45392	49950	56060	56768	62536
											213	346	378	459
764	960	1002	973	1055	1316	1277	1257	1460	1227	1151	1040	870	849	846
2033	3191	2581	1817	2199	3334	4782	4979	3805	5908	7266	11235	15623	26754	22579
-4215	**-3795**	**-4578**	**-4940**	**-6068**	**-6868**	**-7868**	**-9173**	**-7985**	**-5850**	**-3463**	**6569**	**4097**	**6928**	**589**

a) Data on output refer to the output of raw coal.

5-31 焦炭平衡表

单位: 万吨

项　　目	Item	1980	1985	1990
可供量	**Total Energy Available for Consumption**	**4315.3**	**4689.7**	**7085.8**
生产量	Output	4343.0	4802.1	7328.3
进口量	Imports		2.1	
出口量(−)	Exports (-)	27.1	36.9	129.0
年初年末库存差额	Stock Changes in the Year	-0.6	-77.6	-113.5
消费量	**Total Energy Consumption**	**4303.0**	**4689.7**	**6914.7**
在消费量中:	Consumption by Sector			
1.农、林、牧、渔、水利业	Agriculture, Forestry, Animal Husbandry, Fishery and Water Conservancy	10.6	20.8	60.1
2.工业	Industry	4266.7	4627.7	6808.8
3.建筑业	Construction	11.9	7.8	5.2
4.交通运输、仓储和邮政业	Transport, Storage and Post	8.2	5.7	4.1
5.批发、零售业和住宿、餐饮业	Wholesale, Retail Trade and Hotel, Restaurants	0.9	2.7	7.7
6.其他	Others	4.7	2.0	1.9
7.生活消费	Residential Consumption		23.0	26.9
在消费量中:	Consumption by Usage			
(一) 终端消费	(1)Final Consumption	4294.7	4677.9	6846.3
#工业	Industry	4258.4	4615.9	6740.4
(二) 中间消费	(2)Intermediate Consumption			
(用于加工转换)	(Consumed in Transformation)	8.3	11.8	68.4
制气	Gas Production	8.3	11.8	68.4
(三) 损失量	(3) Losses in Coal Washing and Dressing			
平衡差额	**Balance**	**12.3**		**171.1**

Coke Balance Sheet

(10 000 tons)

1995	2000	2001	2002	2003	2004	2005	2006	2007	2008	2009	2010	2011	2012	2013
12207.1	**10892.3**	**12062.9**	**12830.5**	**15930.9**	**18463.2**	**25084.4**	**28296.6**	**30890.1**	**31994.0**	**36127.6**	**38707.1**	**42085.8**	**44813.7**	**45850.1**
13424.5	12184.0	13730.8	14253.3	17775.7	20537.6	26511.7	30074.4	33105.3	32313.9	35744.1	38657.8	43433.0	43831.4	48347.8
0.1				0.2	0.5	0.5	0.0	0.0		15.9	11.0	11.6	7.6	3.5
886.1	1519.7	1384.6	1357.0	1472.1	1501.2	1276.4	1446.8	1529.9	1221.3	54.5	335.0	329.7	102.0	467.3
-331.4	228.0	-283.2	-65.8	-372.9	-573.8	-151.4	-331.1	-685.3	901.4	422.2	373.3	-1029.0	1076.7	-2034.0
10725.3	**10840.8**	**11931.5**	**12803.1**	**15926.5**	**18067.0**	**25105.8**	**28297.8**	**31168.1**	**32120.2**	**36350.0**	**38702.8**	**42063.3**	**44805.2**	**45851.9**
128.6	70.9	67.5	76.2	73.7	68.7	63.5	55.7	57.2	53.1	44.6	46.8	54.1	57.5	69.2
10412.0	10554.6	11642.4	12522.1	15649.9	17811.1	24860.9	28058.5	30932.2	31976.7	36243.3	38598.7	41952.1	44694.8	45694.0
10.8	19.0	23.9	23.4	20.8	16.8	18.4	18.5	17.5	10.7	5.7	5.8	4.8	6.3	7.7
10.1	11.2	11.7	11.4	10.8	1.8	1.1	0.9	0.5	0.3	0.1	0.1	0.1	0.1	2.2
25.7	35.7	39.7	42.6	47.5	53.4	64.1	65.4	71.0	7.5	3.9	5.1	9.2	6.7	35.8
6.4	12.2	12.1	12.3	11.4	10.1	7.6	8.3	8.2	6.9	3.5	2.8	1.9	1.9	5.0
131.6	137.2	134.2	115.1	112.5	105.2	90.3	90.4	81.4	64.9	48.8	43.5	41.1	37.9	38.0
10648.0	10697.9	11777.8	12665.8	15748.6	17872.7	24877.9	28069.9	30900.1	31932.6	36189.7	38574.6	41954.3	44738.5	45817.5
10334.7	10411.7	11488.8	12384.7	15472.0	17616.8	24633.0	27830.6	30664.2	31789.1	36083.0	38470.5	41843.1	44628.1	45659.6
77.3	142.9	153.7	137.4	177.9	194.3	227.9	227.9	268.0	187.6	160.3	128.2	109.0	66.7	34.4
77.3	142.9	153.7	137.4	177.9	194.3	227.9	227.9	268.0	187.6	160.3	128.2	109.0	66.7	34.4
1481.8	**51.6**	**131.5**	**27.4**	**4.4**	**396.2**	**-21.4**	**-1.2**	**-278.0**	**-126.2**	**-222.3**	**4.3**	**22.6**	**8.5**	**-1.8**

5-32 石油平衡表

单位: 万吨

项　目	Item	1980	1985	1990
可供量	**Total Energy Available for Consumption**	**8794.5**	**9193.7**	**11435.0**
生产量	Output	10594.6	12489.5	13830.6
进口量	Imports	82.7	90.0	755.6
出口量(−)	Exports (-)	1806.2	3630.4	3110.4
年初年末库存差额	Stock Changes in the Year	-76.6	244.6	-40.8
消费量	**Total Energy Consumption**	**8757.4**	**9168.8**	**11485.6**
在消费量中:	Consumption by Sector			
1.农、林、牧、渔、水利业	Agriculture, Forestry, Animal Husbandry, Fishery and Water Conservancy	814..9	758.7	1033.6
2.工业	Industry	6203.2	6171.4	7321.6
3.建筑业	Construction	175.2	292.2	327.3
4.交通运输、仓储和邮政业	Transport, Storage and Post	911.5	1176.4	1683.2
5.批发、零售业和住宿、餐饮业	Wholesale, Retail Trade and Hotel, Restaurants	29.0	38.1	77.6
6.其他	Others	481.7	506.1	757.8
7.生活消费	Residential Consumption	141.9	225.9	284.5
在消费量中:	Consumption by Usage			
(一) 终端消费	(I)Final Consumption	6311.0	7063.3	9304.7
#工业	Industry	3780.3	4462.0	5180.4
(二) 中间消费	(II)Intermediate Consumption			
(用于加工转换)	(Consumed in Transformation)	2183.6	1858.5	1630.4
发电	Power Generation	2065.4	1425.5	1234.4
供热	Heating		285.6	356.3
制气	Gas Production	36.7	34.5	39.7
炼油损失量	Losses in Petroleum Refining	81.5	112.9	295.8
(三) 损失量	(III) Other Losses	262.8	247.0	254.7
平衡差额	**Balance**	**37.1**	**24.9**	**-50.6**

注：1.生产量为原油产量。
2.进口量包括境内轮船和飞机在境外的加油量；出口量包括境外轮船和飞机在境内的加油量。

Petroleum Balance Sheet

(10 000 tons)

1995	2000	2001	2002	2003	2004	2005	2006	2007	2008	2009	2010	2011	2012	2013
16072.7	**22631.4**	**23205.9**	**24925.1**	**27580.5**	**32115.5**	**32539.1**	**34930.0**	**36648.9**	**37318.8**	**38692.8**	**44178.4**	**45659.2**	**47864.7**	**49993.9**
15005.0	16300.0	16395.9	16700.0	16960.0	17587.3	18135.3	18476.6	18631.8	19044.0	18949.0	20301.4	20287.6	20747.8	20991.9
3673.2	9748.5	9118.2	10269.3	13189.6	17291.3	17163.2	19453.0	21139.4	23015.5	25642.4	29437.2	31593.7	33088.8	34264.8
2454.5	2172.1	2046.7	2139.2	2540.8	2240.6	2888.1	2626.2	2664.3	2945.7	3916.6	4079.0	4117.0	3884.3	4176.7
-151.0	-1245.0	-261.5	94.9	-28.2	-522.6	128.8	-373.3	-458.0	-1795.0	-1981.9	-1481.2	-2105.0	-2087.6	-1086.1
16064.9	**22495.9**	**22956.4**	**24823.6**	**27583.1**	**32072.9**	**32547.0**	**34930.8**	**36654.5**	**37332.9**	**38671.4**	**44101.0**	**45619.5**	**47797.3**	**49970.6**
1203.2	788.5	838.6	922.4	1057.5	1231.4	1451.7	1540.2	1399.9	1265.8	1308.1	1382.5	1466.3	1537.9	1650.3
9349.3	11248.5	11295.2	12168.9	13221.1	14829.1	14030.4	14648.9	14900.8	15285.2	15767.7	18555.0	17986.0	17753.2	17594.6
242.8	840.6	933.8	1046.6	1190.6	1392.3	1502.2	1648.5	1823.1	1517.5	2042.3	2483.1	2581.8	2740.7	3090.6
2863.6	6399.0	6587.9	7216.7	8263.2	10061.6	10928.5	12014.2	12906.7	13627.4	13649.5	15079.3	16221.1	17863.6	18967.6
333.9	247.0	252.4	273.0	298.5	348.7	375.6	392.2	426.9	366.4	429.7	481.0	500.0	542.4	565.4
1390.3	1635.9	1673.7	1698.6	1786.4	2001.7	1974.2	2077.6	2215.9	2353.8	2306.3	2578.2	2880.5	3067.8	3349.7
682.0	1336.5	1374.8	1497.5	1765.8	2208.0	2284.4	2609.2	2981.1	2916.9	3167.9	3541.9	3983.9	4291.6	4752.4
13676.3	19950.1	20407.1	22077.2	24495.2	28624.7	29495.6	32094.1	34012.6	34510.9	36127.0	41243.4	43103.3	45080.7	47458.8
7095.5	8860.0	8898.4	9584.3	10268.7	11505.6	11107.5	11977.4	12424.2	12630.8	13378.7	15857.8	15579.9	15160.4	15235.4
2230.0	2352.9	2360.0	2556.3	2926.0	3298.5	2896.0	2636.8	2441.9	2619.7	2355.7	2663.3	2334.5	2534.6	2295.7
1358.5	1178.2	1213.6	1275.6	1394.4	1653.5	1306.4	931.3	718.6	504.1	393.2	385.3	319.8	292.4	265.1
399.9	427.0	438.7	365.2	426.0	439.4	429.1	430.9	436.3	418.2	396.2	593.1	525.7	493.5	448.2
51.6	25.9	22.8	18.9	20.9	10.5	14.4	13.4	5.0	1.6	0.3				
420.1	721.9	685.0	896.6	1084.6	1195.1	1146.1	1261.3	1282.1	1695.8	1566.1	1684.8	1489.1	1748.7	1582.4
158.6	192.9	189.3	190.2	161.9	149.7	155.4	200.0	200.0	202.4	188.7	194.4	181.7	182.0	216.1
7.8	**135.4**	**249.4**	**101.4**	**-2.6**	**42.6**	**-7.9**	**-0.8**	**-5.6**	**-14.1**	**21.4**	**77.4**	**39.7**	**67.4**	**23.3**

a) Data on output refer to the output of crude oil.

b) Data on imports include the petroleum consumed by the domestic airplanes and ships in refueling abroad.
Data on exports include the petroleum consumed by the oversea airplanes and ships in refueling in China.

5-33 原油平衡表

单位：万吨

项 目	Item	1980	1985	1990
可供量	**Total Energy Available for Consumption**	**9222.9**	**9516.5**	**11770.6**
生产量	Output	10594.6	12489.5	13830.6
进口量	Imports	36.6		292.3
出口量(-)	Exports (-)	1330.9	3003.0	2399.0
年初年末库存差额	Stock Changes in the Year	-77.4	30.0	46.7
消费量	**Total Energy Consumption**	**9205.0**	**9509.5**	**11762.2**
在消费量中:	Consumption by Sector			
1.农、林、牧、渔、水利业	Agriculture, Forestry, Animal Husbandry, Fishery and Water Conservancy	8.0	0.8	0.2
2.工业	Industry	9112.0	9389.9	11653.8
3.建筑业	Construction	28.8	74.0	55.2
4.交通运输、仓储和邮政业	Transport, Storage and Post	50.1	44.3	52.1
5.批发、零售业和住宿、餐饮业	Wholesale, Retail Trade and Hotel, Restaurants		0.1	0.3
6.其他	Others	6.1	0.4	0.6
7.生活消费	Residential Consumption			
在消费量中:	Consumption by Usage			
(一) 终端消费	(I)Final Consumption	499.6	350.4	402.1
#工 业	Industry	429.7	254.9	333.4
(二) 中间消费	(II)Intermediate Consumption			
(用于加工转换)	(Consumed in Transformation)	8443.0	8929.7	11106.9
发 电	Power Generation	574.0	279.5	124.6
供 热	Heating		61.3	21.1
炼油	Petroleum Refineries	7869.0	8588.9	10961.2
(三) 油田原油损失量	(III)Losses in Oil Field for Crude Oil	262.4	229.4	253.2
平衡差额	**Balance**	**17.9**	**7.0**	**8.4**

Crude Oil Balanc Sheet

(10 000 tons)

1995	2000	2001	2002	2003	2004	2005	2006	2007	2008	2009	2010	2011	2012	2013
14794.9	**21383.0**	**21537.2**	**22769.0**	**25187.1**	**29012.3**	**30089.2**	**32249.2**	**34035.1**	**35498.6**	**38130.5**	**42876.6**	**43961.0**	**46684.7**	**48670.9**
15004.4	16300.0	16395.9	16700.0	16960.0	17587.3	18135.3	18476.6	18631.8	19044.0	18949.0	20301.4	20287.6	20747.8	20991.9
1709.0	7026.5	6026.0	6940.6	9102.0	12272.0	12681.7	14517.5	16316.0	17888.5	20365.3	23768.2	25377.9	27102.7	28174.2
1822.7	1030.6	755.0	766.5	813.3	549.2	806.7	633.7	388.4	423.8	507.3	303.0	251.4	243.2	161.7
-95.8	-912.9	-129.7	-105.2	-61.6	-297.9	78.8	-111.1	-524.4	-1010.1	-676.5	-890.0	-1453.0	-922.6	-333.4
14886.4	**21232.0**	**21410.7**	**22694.1**	**25180.7**	**29009.3**	**30088.9**	**32245.2**	**34031.6**	**35510.3**	**38128.6**	**42874.6**	**43965.8**	**46678.9**	**48652.2**
10.1														
14716.3	21052.1	21236.2	22512.5	25027.1	28885.5	29962.1	32081.5	33867.9	35344.7	37975.2	42716.6	43860.4	46559.5	48503.4
2.7	3.3	3.4	4.2	4.0										
156.8	175.1	169.8	175.9	148.3	123.8	126.9	163.7	163.7	165.7	153.4	158.0	105.4	119.4	148.7
0.5	0.2	0.2	0.1	0.1										
1390.3	1.4	1.2	1.3	1.2										
309.9	636.8	654.1	684.3	812.2	844.9	850.4	977.1	984.1	787.8	826.2	806.1	522.7	555.5	629.4
274.7	612.3	630.8	663.0	793.0	844.9	850.4	977.1	984.1	787.8	826.2	806.1	522.7	555.5	629.4
14419.4	20404.3	20568.7	21821.3	24207.7	28015.6	29084.8	31069.8	32849.1	34522.2	37115.8	41876.4	43266.1	45945.7	47810.5
61.6	85.0	81.6	78.3	94.0	18.0	41.3	22.9	15.9	8.9	4.4	3.7	11.3	10.9	10.4
4.4	14.0	12.3	12.8	11.0	0.3	3.0	0.8	0.6	1.0	2.0	3.3	4.6	1.4	3.4
14353.4	20305.3	20474.8	21730.2	24102.7	27997.3	29040.5	31046.0	32832.6	34512.4	37109.4	41869.4	43250.2	45933.5	47796.7
157.1	190.9	187.9	188.5	160.8	148.8	153.8	198.4	198.4	200.4	186.7	192.0	177.0	177.7	212.2
-91.5	**151.0**	**126.4**	**74.9**	**6.4**	**3.0**	**0.2**	**4.0**	**3.5**	**-11.7**	**1.9**	**2.1**	**-4.8**	**5.8**	**18.7**

5-34 燃料油平衡表

单位：万吨

项　目	Item	1980	1985	1990	1995
可供量	**Total Energy Available for Consumption**	**3096.1**	**2848.0**	**3320.7**	**3717.3**
生产量	Output	3142.0	2835.8	3267.9	2960.8
进口量	Imports	39.0	70.0	167.3	859.1
出口量(−)	Exports (-)	45.4	64.9	97.2	68.6
年初年末库存差额	Stock Changes in the Year	-39.5	7.1	-17.3	-34.0
消费量	**Total Energy Consumption**	**3073.7**	**2837.4**	**3367.8**	**3693.7**
在消费量中:	Consumption by Sector				
1.农、林、牧、渔、水利业	Agriculture, Forestry, Animal Husbandry, Fishery and Water Conservancy	2.3	3.1	2.9	8.4
2.工业	Industry	2937.4	2662.2	3091.7	3406.2
3.建筑业	Construction	15.0	18.9	47.3	14.2
4.交通运输、仓储和邮政业	Transport, Storage and Post	109.0	144.1	208.2	227.5
5.批发、零售业和住宿、餐饮业	Wholesale, Retail Trade and Hotel, Restaurants	2.9	3.1	1.6	6.6
6.其他	Others	7.1	6.0	16.1	30.8
7.生活消费	Residential Consumption				
在消费量中:	Consumption by Usage				
(一) 终端消费	(I)Final Consumption	1617.9	1538.8	2042.6	2262.8
#工　业	Industry	1481.6	1363.5	1766.5	1975.3
(二) 中间消费	(II)Intermediate Consumption				
(用于加工转换)	(Consumed in Transformation)	1455.8	1296.1	1325.2	1430.9
发　电	Power Generation	1419.1	1042.3	977.3	1071.5
供　热	Heating		219.3	308.3	307.8
炼油再投入量	Petroleum Production				
制　气	Gas Production	36.7	34.5	39.6	51.6
(三)损失量	(III)Other Losses		2.5		
平衡差额	**Balance**	**22.4**	**10.6**	**-47.1**	**23.6**

Fuel Oil Balance Sheet

(10 000 ton)

2000	2001	2002	2003	2004	2005	2006	2007	2008	2009	2010	2011	2012	2013
3836.7	**3836.9**	**3702.8**	**4331.1**	**4846.6**	**4237.3**	**4471.8**	**4158.4**	**3242.4**	**2829.3**	**3765.4**	**3667.6**	**3691.0**	**3926.1**
2053.7	1864.4	1845.5	2004.8	2029.3	1767.4	1884.7	1967.2	1737.4	1353.4	2487.0	2281.8	2253.2	2775.9
1704.3	2048.7	1915.2	2589.7	3269.2	2883.9	3138.1	2807.6	2533.2	2723.9	2695.2	3097.4	3102.4	2734.3
57.9	84.9	104.9	188.7	368.7	427.6	466.9	631.4	1036.4	1222.4	1419.7	1685.6	1601.5	1493.7
136.6	8.7	47.0	-74.7	-83.2	13.5	-84.1	14.9	8.3	-25.5	3.0	-26.0	-63.1	-90.4
3872.8	**3850.2**	**3723.9**	**4330.3**	**4844.8**	**4244.2**	**4471.2**	**4157.5**	**3236.8**	**2828.8**	**3758.0**	**3662.8**	**3683.3**	**3954.0**
0.4	0.4	0.4	0.6	0.7	0.7	0.7	1.0	1.5	1.1	1.1	1.3	2.0	2.0
2975.1	2949.3	2820.9	3336.8	3631.7	2986.9	2903.9	2484.2	2039.1	1521.5	2377.3	2260.2	2241.7	2421.1
16.7	16.2	19.1	17.8	21.4	14.2	16.3	30.7	37.7	34.2	30.8	30.6	27.1	59.5
850.0	855.0	852.1	940.3	1150.4	1201.0	1515.6	1605.0	1142.8	1251.6	1326.7	1345.2	1383.9	1429.0
11.6	12.3	12.3	22.8	25.0	27.5	21.4	24.8	6.3	8.1	8.6	9.3	8.7	19.1
19.0	17.0	19.1	12.1	15.6	13.9	13.1	11.8	9.5	12.3	13.5	16.2	19.9	23.4
2741.4	2689.3	2585.6	2891.9	3180.4	2989.9	3502.6	3455.5	2757.8	2534.7	2403.2	2230.2	2072.8	2101.8
1843.7	1788.4	1682.6	1898.3	1967.4	1732.6	1935.4	1782.2	1560.1	1227.5	1022.5	827.6	631.2	568.9
1131.3	1160.9	1138.2	1438.5	1664.3	1254.3	968.5	702.0	479.0	294.1	1354.8	1432.6	1610.5	1852.1
814.2	838.5	912.7	1156.7	1429.2	1068.7	796.0	565.6	347.5	193.0	123.9	60.9	43.1	47.3
291.2	299.6	206.7	260.8	224.6	171.1	159.1	131.5	129.8	100.7	201.3	183.8	187.3	167.2
										1029.6	1188.0	1380.0	1637.7
25.9	22.8	18.9	20.9	10.5	14.4	13.4	5.0	1.6	0.3				
-36.1	**-13.4**	**-21.1**	**0.8**	**1.8**	**-6.9**	**0.6**	**0.9**	**5.7**	**0.5**	**7.4**	**4.8**	**7.7**	**-27.8**

5-35 汽油平衡表

单位: 万吨

项　　目	Item	1980	1985	1990	1995
可供量	**Total Energy Available for Consumption**	**999.4**	**1399.6**	**1884.1**	**2902.0**
生产量	Output	1079.0	1471.9	2173.4	3051.6
进口量	Imports		0.3	16.9	15.9
出口量(−)	Exports (-)	117.8	129.9	233.8	193.1
年初年末库存差额	Stock Changes in the Year	38.2	57.3	-72.4	27.6
消费量	**Total Energy Consumption**	**998.6**	**1396.3**	**1899.5**	**2909.6**
在消费量中:	Consumption by Sector				
1.农、林、牧、渔、水利业	Agriculture, Forestry, Animal Husbandry, Fishery and Water Conservancy	53.3	122.3	145.9	179.7
2.工业	Industry	273.2	451.3	589.3	812.4
3.建筑业	Construction	54.1	73.0	89.5	103.6
4.交通运输、仓储和邮政业	Transport, Storage and Post	404.9	477.4	620.1	982.3
5.批发、零售业和住宿、餐饮业	Wholesale, Retail Trade and Hotel, Restaurants	19.4	23.4	46.0	197.2
6.其他	Others	193.7	238.3	390.7	570.7
7.生活消费	Residential Consumption		10.6	18.0	63.7
平衡差额	**Balance**	**0.8**	**3.3**	**-15.4**	**-7.6**

5-36 煤油平衡表

单位: 万吨

项　　目	Item	1980	1985	1990	1995
可供量	**Total Energy Available for Consumption**	**359.0**	**383.2**	**350.9**	**486.4**
生产量	Output	398.5	405.3	392.5	445.8
进口量	Imports		15.2	26.1	115.7
出口量(−)	Exports (-)	46.8	46.0	55.5	62.4
年初年末库存差额	Stock Changes in the Year	2.3	8.7	-12.2	-12.7
消费量	**Total Energy Consumption**	**365.9**	**385.5**	**350.9**	**512.1**
在消费量中:	Consumption by Sector				
1.农、林、牧、渔、水利业	Agriculture, Forestry, Animal Husbandry, Fishery and Water Conservancy	2.3	3.3	3.1	3.6
2.工业	Industry	15.7	20.1	20.6	44.9
3.建筑业	Construction	0.8	1.3	1.3	3.5
4.交通运输、仓储和邮政业	Transport, Storage and Post	31.4	56.2	93.4	250.0
5.批发、零售业和住宿、餐饮业	Wholesale, Retail Trade and Hotel, Restaurants	0.2	0.1	0.6	8.5
6.其他	Others	216.7	182.9	127.3	137.3
7.生活消费	Residential Consumption	98.8	121.6	104.6	64.3
平衡差额	**Balance**	**-6.9**	**-2.3**		**-25.7**

Gasoline Balance Sheet

(10 000 tons)

2000	2001	2002	2003	2004	2005	2006	2007	2008	2009	2010	2011	2012	2013
3504.5	**3606.9**	**3804.7**	**4117.3**	**4697.2**	**4855.3**	**5243.0**	**5519.3**	**6147.6**	**6181.8**	**6964.3**	**7597.9**	**8164.5**	**9369.5**
4134.7	4154.7	4375.8	4835.9	5265.3	5433.6	5595.0	5917.9	6347.2	7320.7	7410.5	8117.9	8976.1	9834.0
0.0	0.0				0.0	6.1	22.7	198.7	4.4	0.0	2.9	0.5	0.0
467.7	586.0	630.4	754.2	540.7	559.7	350.5	464.3	203.4	491.9	517.0	406.0	291.7	468.7
-162.5	38.1	59.3	35.7	-27.4	-18.6	-7.5	42.9	-194.9	-651.4	70.8	-117.0	-520.3	4.2
3504.6	**3597.6**	**3804.3**	**4118.5**	**4695.7**	**4854.9**	**5242.5**	**5519.1**	**6145.5**	**6172.7**	**6956.2**	**7595.9**	**8165.9**	**9366.4**
89.2	93.4	101.6	116.5	134.1	159.6	167.7	172.8	160.4	168.1	169.1	186.0	192.9	198.7
682.0	705.1	717.6	632.9	507.4	441.7	498.5	524.5	586.1	671.1	689.5	604.8	581.1	523.4
115.6	116.7	112.3	113.7	156.5	172.1	180.7	178.8	196.2	235.4	274.7	282.8	286.9	326.5
1527.8	1564.4	1658.5	1961.6	2334.5	2430.1	2592.4	2613.2	3090.4	2881.6	3274.9	3573.5	3778.0	4381.8
69.8	69.0	74.2	78.1	119.8	129.4	123.3	131.7	135.3	147.5	168.2	177.1	200.1	220.9
792.7	804.3	866.3	877.0	986.9	998.2	1064.1	1119.7	1121.9	1069.9	1166.2	1313.2	1460.5	1818.7
227.6	244.6	273.8	338.8	456.5	523.8	615.7	778.4	855.1	999.1	1213.7	1458.6	1666.5	1896.4
-0.1	**9.3**	**0.4**	**-1.2**	**1.4**	**0.4**	**0.5**	**0.2**	**2.1**	**9.1**	**8.1**	**1.9**	**-1.4**	**3.2**

Kerosene Balance Sheet

(10 000 ton)

2000	2001	2002	2003	2004	2005	2006	2007	2008	2009	2010	2011	2012	2013
880.9	**894.2**	**914.8**	**914.5**	**1054.5**	**1070.0**	**1117.9**	**1239.2**	**1290.4**	**1448.2**	**1767.6**	**1821.7**	**1959.1**	**2189.1**
872.3	789.4	826.1	855.3	962.2	1006.5	975.5	1153.3	1158.9	1480.3	1924.4	1922.4	2164.0	2523.9
322.5	298.6	324.3	317.4	421.0	476.1	731.7	725.0	836.8	795.1	726.1	875.1	877.3	945.2
256.3	246.4	240.9	275.9	331.5	447.6	584.4	637.1	706.5	826.1	870.5	966.8	1085.9	1280.6
-57.6	52.7	5.3	17.7	2.7	35.0	-4.9	-2.0	1.3	-1.1	-12.3	-9.0	3.7	0.6
871.6	**890.3**	**919.2**	**921.6**	**1060.9**	**1076.8**	**1124.7**	**1243.7**	**1294.0**	**1450.5**	**1765.2**	**1816.7**	**1956.6**	**2164.1**
1.5	1.5	1.4	1.4	1.1	1.6	1.5	0.9	1.3	0.8	0.9	1.5	1.2	1.2
84.0	86.0	107.4	87.8	60.9	57.5	48.2	45.2	49.1	32.0	40.2	34.2	32.0	27.4
4.0	3.5							9.7	10.4	8.8	10.8	7.9	11.4
535.9	560.7	716.8	741.7	919.7	952.4	1010.5	1130.0	1174.6	1314.3	1601.1	1646.4	1787.1	1998.2
14.0	12.5	13.0	11.2	3.6	3.7	3.8	4.9	20.8	29.1	35.0	32.2	28.6	13.4
160.1	151.1	40.0	43.2	48.2	36.2	38.0	43.2	25.9	43.7	58.7	68.2	74.2	84.6
72.2	75.0	40.7	36.4	27.4	25.5	22.7	19.5	12.7	20.2	20.5	23.5	25.6	27.9
9.3	**4.0**	**-4.4**	**-7.1**	**-6.4**	**-6.8**	**-6.9**	**-4.5**	**-3.6**	**-2.3**	**2.4**	**5.0**	**2.4**	**25.0**

5-37 柴油平衡表

单位：万吨

项目	Item	1980	1985	1990	1995
可供量	**Total Energy Available for Consumption**	**1663.2**	**1944.1**	**2689.4**	**4404.2**
生产量	Output	1827.8	2023.2	2609.0	3972.6
进口量	Imports	2.1	4.5	233.8	645.3
出口量(-)	Exports (-)	166.5	225.6	169.8	169.5
年初年末库存差额	Stock Changes in the Year	-0.2	142.0	16.4	-44.2
消费量	**Total Energy Consumption**	**1663.2**	**1939.4**	**2691.7**	**4321.4**
在消费量中:	Consumption by Sector				
1.农、林、牧、渔、水利业	Agriculture, Forestry, Animal Husbandry, Fishery and Water Conservancy	749.0	629.2	881.5	1001.4
2.工业	Industry	457.4	644.1	728.1	1189.9
3.建筑业	Construction	76.5	125.0	133.0	118.2
4.交通运输、仓储和邮政业	Transport, Storage and Post	316.1	454.4	709.4	1246.6
5.批发、零售业和住宿、餐饮业	Wholesale, Retail Trade and Hotel, Restaurants	6.5	10.9	22.5	103.6
6.其他	Others	57.7	74.0	217.0	645.7
7.生活消费	Residential Consumption				16.1
在消费量中:	Consumption by Usage				
(一) 终端消费	(I)Final Consumption	1590.9	1827.4	2564.8	4070.0
#工　业	Industry	385.1	532.1	601.2	938.5
(二) 中间消费	(II)Intermediate Consumption				
(用于加工转换)	(Consumed in Transformation)	72.3	108.6	126.9	251.4
发　电	Power Generation	72.3	103.6	124.5	204.9
供　热	Heating		5.0	2.4	46.6
(三) 损失量	(III)Other Losses		3.4		
平衡差额	**Balance**		**4.7**	**-2.3**	**82.7**

5-38 液化石油气平衡表

单位：万吨

项目	Item	1980	1985	1990	1995
可供量	**Total Energy Available for Consumption**	**122.5**	**157.3**	**258.5**	**774.3**
生产量	Output	122.5	159.7	261.6	540.8
进口量	Imports				232.6
出口量(-)	Exports (-)		1.9	1.1	7.1
年初年末库存差额	Stock Changes in the Year		-0.5	-2.0	8.0
消费量	**Total Energy Consumption**	**119.6**	**155.7**	**254.2**	**750.6**
在消费量中:	Consumption by Sector				
1.农、林、牧、渔、水利业	Agriculture, Forestry, Animal Husbandry, Fishery and Water Conservancy				0.1
2.工业	Industry	76.1	59.9	82.0	192.5
3.建筑业	Construction			1.0	0.5
4.交通运输、仓储和邮政业	Transport, Storage and Post				0.5
5.批发、零售业和住宿、餐饮业	Wholesale, Retail Trade and Hotel, Restaurants		0.5	6.6	17.4
6.其他	Others	0.4	4.5	6.1	5.7
7.生活消费	Residential Consumption	43.1	90.8	158.5	534.0
平衡差额	**Balance**	**2.9**	**1.6**	**4.3**	**23.7**

Diesel Oil Balance Sheet

(10 000 ton)

2000	2001	2002	2003	2004	2005	2006	2007	2008	2009	2010	2011	2012	2013
6806.5	**7272.0**	**7812.3**	**8567.5**	**10208.4**	**10972.6**	**11727.1**	**12494.2**	**13543.1**	**13558.1**	**14701.9**	**15626.2**	**16966.9**	**17105.9**
7079.6	7485.6	7796.1	8632.8	10103.6	11090.2	11653.4	12359.1	13409.2	14078.6	14924.4	15689.7	17063.8	17275.7
51.9	54.7	78.7	111.6	303.9	61.0	80.7	173.7	633.1	192.5	190.2	243.3	99.9	35.3
77.5	46.9	144.7	244.4	86.7	170.9	102.6	93.3	89.1	478.7	490.2	228.8	205.7	294.4
-247.6	-221.4	82.2	67.5	-112.4	-7.7	95.6	54.7	-410.0	-234.3	77.5	-78.0	8.9	89.4
6806.2	**7158.0**	**7789.9**	**8575.1**	**10206.9**	**10974.9**	**11729.1**	**12492.4**	**13545.0**	**13551.4**	**14699.0**	**15635.1**	**16966.0**	**17150.6**
697.1	742.9	819.0	939.1	1092.0	1286.3	1365.5	1219.0	1098.9	1134.1	1206.7	1271.9	1335.5	1441.5
1696.5	1799.8	1879.4	1721.2	1883.9	1710.0	1725.2	1813.5	2181.4	2043.6	2090.0	1824.3	1747.7	1675.9
205.9	223.1	242.0	276.2	333.1	386.6	428.7	433.8	370.8	415.3	490.2	518.6	518.0	557.0
3293.8	3421.0	3784.8	4435.2	5497.2	6169.4	6677.3	7339.4	7997.3	7992.0	8657.6	9485.2	10727.0	10920.5
95.9	98.1	110.8	105.5	109.0	116.0	129.8	133.9	152.7	181.7	196.6	212.3	229.0	233.5
638.7	673.9	740.0	820.0	918.0	900.1	933.0	1007.5	1151.8	1131.8	1287.2	1428.1	1444.7	1339.8
178.4	199.2	213.9	277.9	373.7	406.4	469.6	545.3	592.1	652.9	770.7	894.7	964.1	982.5
6578.6	6917.6	7560.9	8498.2	10072.9	10889.4	11652.7	12420.3	13475.5	13494.8	14655.2	15593.5	16900.7	17106.8
1468.8	1559.4	1650.3	1644.2	1749.9	1624.5	1648.9	1741.4	2111.9	1987.0	2046.2	1782.7	1682.3	1632.0
227.7	240.4	229.1	77.0	134.0	85.5	76.4	72.1	69.5	56.6	43.8	41.6	65.4	43.9
227.7	240.4	226.0	74.1	124.3	81.9	73.2	66.0	65.1	43.7	40.1	39.2	35.6	35.6
		3.1	2.9	9.6	3.6	3.2	6.2	4.4	12.9	3.8	2.4	2.4	2.6
0.3	**114.1**	**22.4**	**-7.6**	**1.5**	**-2.4**	**-2.0**	**1.8**	**-1.8**	**6.6**	**2.9**	**-8.9**	**0.9**	**-44.7**

LPG Balance Sheet

(10 000 tons)

2000	2001	2002	2003	2004	2005	2006	2007	2008	2009	2010	2011	2012	2013
1396.2	**1428.0**	**1663.6**	**1836.2**	**2051.1**	**2052.2**	**2252.5**	**2320.2**	**2114.3**	**2157.7**	**2323.8**	**2474.2**	**2496.0**	**2836.1**
916.6	952.3	1036.8	1211.7	1417.0	1432.7	1745.3	1944.7	1914.8	1831.7	2092.3	2240.8	2268.7	2513.3
481.7	488.9	626.2	636.7	641.0	617.0	535.6	405.4	259.2	408.0	327.0	349.6	358.5	451.7
1.6	2.1	5.6	2.4	3.2	2.7	15.1	33.8	67.9	84.9	93.0	119.1	128.2	126.9
-0.6	-11.1	6.3	-9.9	-3.7	5.2	-13.3	3.8	8.1	2.9	-2.5	3.0	-3.0	-2.0
1389.7	**1411.2**	**1626.8**	**1818.2**	**2016.0**	**2046.5**	**2252.6**	**2327.9**	**2118.9**	**2153.1**	**2321.9**	**2470.2**	**2482.2**	**2823.4**
0.4	0.3			3.6	3.5	4.7	6.2	3.7	4.1	4.7	5.6	6.4	6.8
426.1	441.7	521.9	546.8	493.1	534.4	541.2	455.6	499.4	478.5	586.8	661.1	621.0	705.1
8.9	9.5	12.8	8.9	8.7	6.3	7.5	7.2	6.2	6.5	7.2	7.2	6.8	14.7
16.5	17.0	28.6	36.1	35.9	48.7	54.7	55.5	56.7	56.6	61.0	65.5	68.1	89.4
55.5	60.4	62.6	80.8	91.3	99.0	113.9	131.6	51.4	63.2	72.6	69.0	76.0	78.5
24.0	26.2	31.9	32.9	32.9	25.8	29.4	33.8	44.7	48.6	52.6	54.8	68.5	83.4
858.3	856.0	969.1	1112.7	1350.5	1328.7	1501.2	1637.9	1457.0	1495.7	1537.0	1607.2	1635.4	1845.6
6.5	**16.9**	**36.8**	**18.0**	**35.0**	**5.7**	**-0.1**	**-7.6**	**-4.7**	**4.6**	**1.9**	**4.0**	**13.8**	**12.7**

5-39 天然气平衡表

单位：亿立方米

项　　目	Item	1980	1985	1990	1995
可供量	**Total Energy Available for Consumption**	**142.7**	**129.3**	**153.0**	**179.5**
生产量	Output	142.7	129.3	153.0	179.5
进口量	Imports				
出口量(−)	Exports (-)				
年初年末库存差额	Stock Changes in the Year				
消费量	**Total Energy Consumption**	**140.6**	**129.3**	**152.5**	**177.4**
在消费量中:	Consumption by Sector				
1.农、林、牧、渔、水利业	Agriculture, Forestry, Animal Husbandry, Fishery and Water Conservancy				
2.工业	Industry	131.4	109.6	120.2	154.4
3.建筑业	Construction	6.0	14.1	10.6	0.3
4.交通运输、仓储和邮政业	Transport, Storage and Post	0.7	0.8	1.9	1.6
5.批发、零售业和住宿、餐饮业	Wholesale, Retail Trade and Hotel, Restaurants				0.6
6.其他	Others	0.5	0.5	1.2	1.2
7.生活消费	Residential Consumption	2.0	4.3	18.6	19.4
平衡差额	**Balance**	**2.1**		**0.5**	**2.1**

注：从2010年起包括液化天然气数据。

5-40 电力平衡表

单位：亿千瓦小时

项　　目	Item	1980	1985	1990	1995
可供量	**Total Energy Available for Consumption**	**3006.3**	**4117.6**	**6230.4**	**10023.4**
生产量	Output	3006.3	4106.9	6212.0	10077.3
水电	Hydropower	582.1	923.7	1267.2	1905.8
火电	Thermal Power	2424.2	3183.2	4944.8	8043.2
核电	Nuclear Power				128.3
风电	Wind Power				
进口量	Imports		11.1	19.3	6.4
出口量(−)	Exports (-)		0.4	0.9	60.3
消费量	**Total Energy Consumption**	**3006.3**	**4117.6**	**6230.4**	**10023.4**
在消费量中:	Consumption by Sector				
1.农、林、牧、渔、水利业	Agriculture, Forestry, Animal Husbandry, Fishery and Water Conservancy	270	317.4	426.8	582.4
2.工业	Industry	2471.9	3283.4	4873.3	7659.8
3.建筑业	Construction	47.1	71.2	65.0	159.6
4.交通运输、仓储和邮政业	Transport, Storage and Post	26.5	63.4	105.9	182.3
5.批发、零售业和住宿、餐饮业	Wholesale, Retail Trade and Hotel, Restaurants	16.8	38.0	76.2	199.5
6.其他	Others	68.8	121.7	202.4	234.2
7.生活消费	Residential Consumption	105.2	222.5	480.8	1005.6
在消费量中:	Consumption by Usage				
(一) 终端消费	(I)Final Consumption	2763.4	3813.3	5795.8	9278.9
#工业	Industry	2229.0	2979.1	4438.7	6915.3
(二) 输配电损失量	(II)Losses in Transmission	242.9	304.3	434.6	744.5

Natural Gas Balance Sheet

(100 million cu.m)

2000	2001	2002	2003	2004	2005	2006	2007	2008	2009	2010	2011	2012	2013
240.6	**272.9**	**294.6**	**331.4**	**390.2**	**463.5**	**566.1**	**706.6**	**816.6**	**896.9**	**1082.3**	**1333.0**	**1497.8**	**1706.6**
272.0	303.3	326.6	350.2	414.6	493.2	585.5	692.4	803.0	852.7	957.9	1053.4	1106.1	1208.6
						9.5	40.2	46.0	76.3	164.7	311.5	420.6	525.4
31.4	30.4	32.0	18.7	24.4	29.7	29.0	26.0	32.5	32.1	40.3	31.9	28.9	27.5
245.0	**274.3**	**291.8**	**339.1**	**396.7**	**466.1**	**573.3**	**705.2**	**812.9**	**895.2**	**1080.2**	**1341.1**	**1497.0**	**1705.4**
										0.5	0.6	0.6	0.7
199.0	214.8	222.5	251.4	278.6	327.2	398.9	479.7	531.6	577.9	691.8	875.7	980.7	1129.1
0.8	0.7	0.7	0.7	1.4	1.5	1.7	2.1	1.0	1.0	1.2	1.3	1.3	2.0
8.8	11.0	16.4	18.8	26.2	38.0	44.2	46.9	71.6	91.1	106.7	138.3	154.5	175.8
3.4	5.0	6.1	6.9	9.2	10.8	13.2	17.1	17.8	24.0	27.2	33.6	38.7	39.3
0.6	0.7		9.4	14.1	9.1	12.8	16.1	20.9	23.6	26.0	27.1	32.9	35.6
32.3	42.1	46.2	51.9	67.2	79.4	102.6	143.4	170.1	177.7	226.9	264.4	288.3	322.9
-4.4	**-1.4**	**2.7**	**-7.7**	**-6.5**	**-2.6**	**-7.3**	**1.4**	**3.7**	**1.7**	**2.1**	**0.7**	**0.8**	**1.2**

a) Include the data of LNG since 2010.

Electricity Balance Sheet

(100 million kW•h)

2000	2001	2002	2003	2004	2005	2006	2007	2008	2009	2010	2011	2012	2013
13472.7	**14724.1**	**16466.0**	**19032.2**	**21972.3**	**24940.8**	**28588.4**	**32712.4**	**34540.8**	**37032.7**	**41936.5**	**47002.7**	**49767.7**	**54204.1**
13556.0	14808.0	16540.0	19105.8	22033.1	25002.6	28657.3	32815.5	34668.8	37146.5	42071.6	47130.2	49875.5	54316.4
2224.1	2774.3	2879.7	2836.8	3535.4	3970.2	4357.9	4852.6	5851.9	6156.4	7221.7	6989.5	8721.1	9202.9
11141.9	11834.3	13381.4	15803.6	17955.9	20473.4	23696.0	27229.3	27900.8	29827.8	33319.3	38337.0	38928.1	42470.1
167.4	174.7	251.3	433.4	504.7	530.9	548.4	621.3	683.9	701.3	738.8	863.5	973.9	1116.1
										446.2	703.3	959.8	1412.0
15.5	18.0	23.0	29.8	34.0	50.1	53.9	42.5	38.4	60.1	55.5	65.6	68.7	74.4
98.8	101.9	97.0	103.4	94.8	111.9	122.7	145.7	166.4	173.9	190.6	193.1	176.5	186.7
13472.4	**14723.5**	**16465.5**	**19031.6**	**21971.4**	**24940.3**	**28588.0**	**32711.8**	**34541.4**	**37032.2**	**41934.5**	**47000.9**	**49762.6**	**54203.4**
533.0	582.4	606.2	693.2	768.9	776.3	827.0	879.0	887.1	939.9	976.5	1012.9	1012.6	1026.9
10004.6	10944.7	12402.2	14169.7	16424.3	18521.7	21267.7	24290.8	25388.6	26854.5	30871.8	34691.6	36232.2	39236.9
159.8	154.9	154.1	179.8	202.1	233.9	271.0	309.0	367.3	421.9	483.2	571.8	608.4	675.1
281.2	309.3	303.0	406.9	449.6	430.3	467.4	531.9	571.8	617.0	734.5	848.4	915.4	1000.9
418.7	459.9	500.0	613.0	705.4	752.3	847.3	929.8	1017.4	1136.8	1292.0	1503.1	1691.5	1876.9
623.2	663.1	728.5	911.0	1036.6	1340.9	1555.9	1708.6	1913.0	2189.9	2451.8	2753.1	3083.6	3397.6
1452.0	1609.2	1771.4	2058.0	2384.5	2884.8	3351.6	4062.7	4396.1	4872.2	5124.6	5620.1	6219.0	6989.2
12535.7	13690.0	15296.8	17770.9	20550.8	23233.8	26729.1	30650.1	32403.5	34773.9	39366.3	44300.2	46866.5	51062.7
9067.9	9911.2	11233.5	12909.0	15003.7	16815.2	19408.9	22229.1	23250.8	24596.3	28303.5	31990.9	33336.1	36096.2
936.7	1033.5	1168.7	1260.7	1420.6	1706.5	1858.8	2061.7	2137.9	2258.2	2568.2	2700.7	2896.2	3140.7

六、地区能源平衡表

Chapter 6　Energy Balance Table by Region

6-1 北京能源平衡表(实物量)-2013

项　　目	Item	煤合计 (万吨) Coal Total (10^4 tons)	原煤 (万吨) Raw Coal (10^4 tons)
一.可供本地区消费的能源量	**Total Primary Energy Supply**	**2018.57**	**2011.06**
1.一次能源生产量	Indigenous Production	500.07	500.07
2.外省(区、市)调入量	Moving In from Other Provinces	2076.93	2069.70
3.进口量	Import		
4.境内轮船和飞机在境外的加油量	Domestic Airplanes&Ships Refueling in Abroad		
5.本省(区、市)调出量(-)	Sending Out to Other Provinces(-)	-357.29	-356.55
6.出口量(-)	Export(-)	-180.60	-180.60
7.境外轮船和飞机在境内的加油量(-)	Oversea Airplanes&Ships Refueling in China(-)		
8.库存增(-)、减(+)量	Stock Change	-20.54	-21.56
二.加工转换投入(-)产出(+)量	**Input(-) & Output(+) of Transformation**	**-1162.22**	**-1158.55**
1.火力发电	Thermal Power	-632.90	-631.97
2.供热	Heating Supply	-529.57	-512.10
3.洗选煤	Coal Washing	-5.97	-14.47
4.炼焦	Coking		
5.炼油及煤制油	Petroleum Refineries		
#油品再投入量(-)	Petroleum Products Input (-)		
6.制气	Gas Works		
#焦炭再投入量(-)	Coke Input (-)		
7.天然气液化	Natural Gas Liquefaction		
8.煤制品加工	Briquettes	6.22	
9.回收能	Recovery of Energy		
三.损失量	**Loss**		
四.终端消费量	**Total Final Consumption**	**857.00**	**853.16**
1.农、林、牧、渔、水利业	Agriculture, Forestry, Animal Husbandry, Fishery and Water Conservancy	41.41	41.41
2.工业	Industry	283.79	283.37
#用作原料、材料	Non-Energy Use	0.08	0.08
3.建筑业	Construction	7.20	6.86
4.交通运输、仓储和邮政业	Transport, Storage and Post	15.94	15.86
5.批发、零售业和住宿、餐饮业	Wholesale, Retail Trade and Hotel, Restaurants	38.86	38.76
6.其他	Others	160.83	157.92
7.生活消费	Residential Consumption	308.98	308.98
城镇	Urban	119.06	119.06
乡村	Rural	189.92	189.92
五.平衡差额	**Statistical Difference**	**-0.66**	**-0.65**
六.消费量合计	**Total Energy Consumption**	**2019.23**	**2011.71**

Energy Balance of Beijing (Physical Quantity) -2013

洗精煤 (万吨) Cleaned Coal (10^4 tons)	其他洗煤 (万吨) Other Washed Coal (10^4 tons)	型煤 (万吨) Briquettes (10^4 tons)	煤矸石 (万吨) Gangue (10^4 tons)	焦炭 (万吨) Coke (10^4 tons)	焦炉煤气 (亿立方米) Coke Oven Gas (10^8 cu.m)	高炉煤气 (亿立方米) Blast Furnace Gas (10^8 cu.m)	转炉煤气 (亿立方米) Converter Gas (10^8 cu.m)	其他煤气 (亿立方米) Other Gas (10^8 cu.m)
3.84	**0.00**	**3.67**		**0.79**	**0.00**			
3.75		3.48		2.76	0.00			
	-0.74							
0.09	0.74	0.19		-1.97				
-3.84		**0.16**						
		-0.93						
		-17.47						
8.50								
-12.34		18.55						
0.00	**0.00**	**3.83**		**0.79**	**0.00**			
0.00	0.00	0.41		0.78				
		0.34		0.00	0.00			
		0.08						
		0.09		0.01	0.00			
		2.91		0.00	0.00			
0.00	**0.00**	**0.00**		**0.00**				
12.34	**0.00**	**22.23**		**0.79**	**0.00**			

6-1 续表 1

项　　目	Item	其他焦化产品 (万吨) Other Coking Products (10^4 tons)	油品合计 (万吨) Petroleum Products Total (10^4 tons)
一.可供本地区消费的能源量	**Total Primary Energy Supply**		**1483.11**
1.一次能源生产量	Indigenous Production		
2.外省(区、市)调入量	Moving In from Other Provinces		1263.24
3.进口量	Import		715.50
4.境内轮船和飞机在境外的加油量	Domestic Airplanes&Ships Refueling in Abroad		84.96
5.本省(区、市)调出量(−)	Sending Out to Other Provinces(-)		-469.19
6.出口量(−)	Export(-)		
7.境外轮船和飞机在境内的加油量(−)	Oversea Airplanes&Ships Refueling in China(-)		-108.56
8.库存增(−)、减(+)量	Stock Change		-2.84
二.加工转换投入(−)产出(+)量	**Input(-) & Output(+) of Transformation**		**-31.22**
1.火力发电	Thermal Power		-4.82
2.供热	Heating Supply		-33.23
3.洗选煤	Coal Washing		
4.炼焦	Coking		
5.炼油及煤制油	Petroleum Refineries		212.63
#油品再投入量(−)	Petroleum Products Input (-)		-205.80
6.制气	Gas Works		
#焦炭再投入量(−)	Coke Input (-)		
7.天然气液化	Natural Gas Liquefaction		
8.煤制品加工	Briquettes		
9.回收能	Recovery of Energy		
三.损失量	**Loss**		**4.76**
四.终端消费量	**Total Final Consumption**		**1444.92**
1.农、林、牧、渔、水利业	Agriculture, Forestry, Animal Husbandry, Fishery and Water Conservancy		9.09
2.工业	Industry		345.11
#用作原料、材料	Non-Energy Use		243.82
3.建筑业	Construction		30.35
4.交通运输、仓储和邮政业	Transport, Storage and Post		648.13
5.批发、零售业和住宿、餐饮业	Wholesale, Retail Trade and Hotel, Restaurants		45.23
6.其他	Others		70.19
7.生活消费	Residential Consumption		296.82
城镇	Urban		288.24
乡村	Rural		8.59
五.平衡差额	**Statistical Difference**		**2.21**
六.消费量合计	**Total Energy Consumption**		**1480.90**

Continued 1

原油 (万吨) Crude Oil (10^4 tons)	汽油 (万吨) Gasoline (10^4 tons)	煤油 (万吨) Kerosene (10^4 tons)	柴油 (万吨) Diesel Oil (10^4 tons)	燃料油 (万吨) Fuel Oil (10^4 tons)	石脑油 (万吨) Naphtha (10^4 tons)	润滑油 (万吨) Lubricants (10^4 tons)	石蜡 (万吨) Paraffin Waxes (10^4 tons)	溶剂油 (万吨) White Spirit (10^4 tons)
870.92	**199.60**	**377.69**	**-0.90**	**-8.67**	**27.16**	**1.37**	**-5.71**	**0.35**
325.95	322.28	350.71	64.95	36.68	26.82	1.37	0.82	0.34
532.98		182.52						
		84.96						
	-120.04	-133.32	-55.02	-43.50			-6.49	
		-108.56						
11.99	-2.64	1.38	-10.83	-1.85	0.34	0.00	-0.04	0.01
-870.03	**223.87**	**99.38**	**193.99**	**16.64**	**1.85**		**6.51**	
			-0.20	0.00				
			-0.51	-0.28				
-870.03	223.87	99.38	194.70	16.93	101.04		6.51	
					-99.19			
0.88								
	423.61	**477.06**	**193.19**	**8.01**	**28.76**	**1.37**	**0.77**	**0.35**
	5.28		3.66			0.10		
	15.57	0.08	20.29	5.77	28.76	1.27	0.77	0.35
	0.13	0.03	0.23	3.69	28.76	1.27	0.77	0.35
	7.06	0.00	22.51					
	45.40	476.51	124.28	1.59				
	24.40	0.01	5.20	0.04				
	49.90	0.46	17.11	0.62				
	275.99		0.14					
	275.99							
			0.14					
0.00	**-0.14**	**0.01**	**-0.10**	**-0.04**	**0.25**	**0.00**	**0.02**	**0.00**
870.92	**423.61**	**477.06**	**193.90**	**8.30**	**127.95**	**1.37**	**0.77**	**0.35**

6-1 续表 2

项目	Item	石油沥青(万吨) Bitumen Asphalt (10^4 tons)	石油焦(万吨) Petroleum Coke (10^4 tons)
一.可供本地区消费的能源量	**Total Primary Energy Supply**	**10.37**	**-2.18**
1.一次能源生产量	Indigenous Production		
2.外省(区、市)调入量	Moving In from Other Provinces	25.16	
3.进口量	Import		
4.境内轮船和飞机在境外的加油量	Domestic Airplanes&Ships Refueling in Abroad		
5.本省(区、市)调出量(-)	Sending Out to Other Provinces(-)	-15.31	-1.95
6.出口量(-)	Export(-)		
7.境外轮船和飞机在境内的加油量(-)	Oversea Airplanes&Ships Refueling in China(-)		
8.库存增(-)、减(+)量	Stock Change	0.52	-0.23
二.加工转换投入(-)产出(+)量	**Input(-) & Output(+) of Transformation**	**15.30**	**2.19**
1.火力发电	Thermal Power		-3.69
2.供热	Heating Supply		-19.51
3.洗选煤	Coal Washing		
4.炼焦	Coking		
5.炼油及煤制油	Petroleum Refineries	15.30	25.39
#油品再投入量(-)	Petroleum Products Input (-)		
6.制气	Gas Works		
#焦炭再投入量(-)	Coke Input (-)		
7.天然气液化	Natural Gas Liquefaction		
8.煤制品加工	Briquettes		
9.回收能	Recovery of Energy		
三.损失量	**Loss**		
四.终端消费量	**Total Final Consumption**	**25.37**	
1.农、林、牧、渔、水利业	Agriculture, Forestry, Animal Husbandry, Fishery and Water Conservancy		
2.工业	Industry	25.37	
#用作原料、材料	Non-Energy Use	25.37	
3.建筑业	Construction		
4.交通运输、仓储和邮政业	Transport, Storage and Post		
5.批发、零售业和住宿、餐饮业	Wholesale, Retail Trade and Hotel, Restaurants		
6.其他	Others		
7.生活消费	Residential Consumption		
城镇	Urban		
乡村	Rural		
五.平衡差额	**Statistical Difference**	**0.30**	**0.00**
六.消费量合计	**Total Energy Consumption**	**25.37**	**23.20**

Continued 2

液化石油气 (万吨) LPG (10^4 tons)	炼厂干气 (万吨) Refinery Gas (10^4 tons)	其他石油制品 (万吨) Other Petroleum Products (10^4 tons)	天然气 (亿立方米) Natural Gas (10^8 cu.m)	液化天然气 (万吨) LNG (10^4 tons)	热力 (万百万千焦) Heat (10^{10} kJ)	电力 (亿千瓦小时) Electricity (10^8 kW•h)	其他能源 (万吨标煤) Other Energy (10^4 tce)
17.17		**-4.04**	**98.81**	**0.01**	**514.65**	**584.90**	**46.53**
						8.10	46.53
24.51		83.64	98.81	0.01	514.65	579.82	
-7.59		-85.96				-3.02	
0.25		-1.72					
28.06	**64.67**	**186.36**	**-44.17**		**14893.57**	**326.69**	**2.30**
0.00	-0.19	-0.73	-29.46			326.69	-16.47
-0.01	-2.47	-10.45	-14.71		14893.57		
28.07	67.33	304.16					
		-106.62					
							18.77
3.88			**3.83**			**59.86**	
41.34	**62.67**	**182.43**	**50.82**	**0.01**	**15408.22**	**848.84**	**48.84**
0.06			0.01			18.57	
1.77	62.67	182.43	10.11	0.01	3913.07	238.15	6.89
0.23	1.91	181.09					
0.78			0.43		112.34	23.52	0.37
0.35			2.35		603.86	44.64	3.04
15.58			6.23		1248.48	86.80	3.90
2.10			19.75		5788.47	280.12	20.65
20.70			11.94		3742.00	157.04	14.00
12.25			11.60		3742.00	134.74	
8.45			0.34			22.30	14.00
0.02	**2.00**	**-0.11**		**0.00**	**0.00**	**2.89**	**0.00**
45.23	**65.33**	**300.23**	**98.81**	**0.01**	**15408.22**	**908.70**	**65.31**

6-2 天津能源平衡表(实物量)-2013

项　目	Item	煤合计(万吨) Coal Total (10^4 tons)	原煤(万吨) Raw Coal (10^4 tons)
一.可供本地区消费的能源量	**Total Primary Energy Supply**	**5278.67**	**4832.50**
1.一次能源生产量	Indigenous Production		
2.外省(区、市)调入量	Moving In from Other Provinces	5312.48	4871.23
3.进口量	Import	2383.07	2383.07
4.境内轮船和飞机在境外的加油量	Domestic Airplanes&Ships Refueling in Abroad		
5.本省(区、市)调出量(-)	Sending Out to Other Provinces(-)	-2266.12	-2266.12
6.出口量(-)	Export(-)	-116.90	-116.90
7.境外轮船和飞机在境内的加油量(-)	Oversea Airplanes&Ships Refueling in China(-)		
8.库存增(-)、减(+)量	Stock Change	-33.86	-38.78
二.加工转换投入(-)产出(+)量	**Input(-) & Output(+) of Transformation**	**-4058.22**	**-3707.67**
1.火力发电	Thermal Power	-2702.33	-2702.33
2.供热	Heating Supply	-1005.34	-1005.34
3.洗选煤	Coal Washing		
4.炼焦	Coking	-350.55	
5.炼油及煤制油	Petroleum Refineries		
#油品再投入量(-)	Petroleum Products Input (-)		
6.制气	Gas Works		
#焦炭再投入量(-)	Coke Input (-)		
7.天然气液化	Natural Gas Liquefaction		
8.煤制品加工	Briquettes		
9.回收能	Recovery of Energy		
三.损失量	**Loss**	**17.23**	**17.23**
四.终端消费量	**Total Final Consumption**	**1203.22**	**1107.60**
1.农、林、牧、渔、水利业	Agriculture, Forestry, Animal Husbandry, Fishery and Water Conservancy	19.60	19.60
2.工业	Industry	991.47	895.85
#用作原料、材料	Non-Energy Use	121.05	120.95
3.建筑业	Construction	16.21	16.21
4.交通运输、仓储和邮政业	Transport, Storage and Post	28.58	28.58
5.批发、零售业和住宿、餐饮业	Wholesale, Retail Trade and Hotel, Restaurants	12.63	12.63
6.其他	Others	70.43	70.43
7.生活消费	Residential Consumption	64.30	64.30
城镇	Urban	4.01	4.01
乡村	Rural	60.29	60.29
五.平衡差额	**Statistical Difference**		
六.消费量合计	**Total Energy Consumption**	**5278.67**	**4832.50**

Energy Balance of Tianjin (Physical Quantity) -2013

洗精煤 (万吨) Cleaned Coal (10^4 tons)	其他洗煤 (万吨) Other Washed Coal (10^4 tons)	型煤 (万吨) Briquettes (10^4 tons)	煤矸石 (万吨) Gangue (10^4 tons)	焦炭 (万吨) Coke (10^4 tons)	焦炉煤气 (亿立方米) Coke Oven Gas (10^8 cu.m)	高炉煤气 (亿立方米) Blast Furnace Gas (10^8 cu.m)	转炉煤气 (亿立方米) Converter Gas (10^8 cu.m)	其他煤气 (亿立方米) Other Gas (10^8 cu.m)
427.18	**17.62**	**1.37**	**16.36**	**695.29**	**1.93**	**0.01**		
423.40	16.55	1.30	16.34	690.84	4.20	10.56	0.64	
				-7.71	-2.27	-10.55	-0.64	
3.78	1.07	0.07	0.02	12.16				
-350.55				**260.19**	**3.44**	**184.46**	**9.82**	
					-1.40	-14.89	-2.40	
-350.55				260.19	4.84			
						199.35	12.22	
76.63	**17.62**	**1.37**	**16.36**	**955.48**	**5.37**	**184.47**	**9.82**	
76.63	17.62	1.37	16.36	955.48	5.37	184.47	9.82	
		0.10	7.72	0.84				
427.18	**17.62**	**1.37**	**16.36**	**955.48**	**6.77**	**199.36**	**12.22**	

6-2 续表 1

项　　目	Item	其他焦化产品(万吨) Other Coking Products (10^4 tons)	油品合计(万吨) Petroleum Products Total (10^4 tons)
一.可供本地区消费的能源量	**Total Primary Energy Supply**	**51.69**	**1542.18**
1.一次能源生产量	Indigenous Production		3044.53
2.外省(区、市)调入量	Moving In from Other Provinces	68.28	3653.08
3.进口量	Import		1343.63
4.境内轮船和飞机在境外的加油量	Domestic Airplanes&Ships Refueling in Abroad		17.70
5.本省(区、市)调出量(-)	Sending Out to Other Provinces(-)	-16.92	-6462.02
6.出口量(-)	Export(-)		
7.境外轮船和飞机在境内的加油量(-)	Oversea Airplanes&Ships Refueling in China(-)		-67.08
8.库存增(-)、减(+)量	Stock Change	0.33	12.34
二.加工转换投入(-)产出(+)量	**Input(-) & Output(+) of Transformation**	**17.18**	**-133.05**
1.火力发电	Thermal Power		-24.43
2.供热	Heating Supply		-37.31
3.洗选煤	Coal Washing		
4.炼焦	Coking	17.18	
5.炼油及煤制油	Petroleum Refineries		272.42
#油品再投入量(-)	Petroleum Products Input (-)		-343.73
6.制气	Gas Works		
#焦炭再投入量(-)	Coke Input (-)		
7.天然气液化	Natural Gas Liquefaction		
8.煤制品加工	Briquettes		
9.回收能	Recovery of Energy		
三.损失量	**Loss**		**0.81**
四.终端消费量	**Total Final Consumption**	**68.87**	**1408.42**
1.农、林、牧、渔、水利业	Agriculture, Forestry, Animal Husbandry, Fishery and Water Conservancy		27.04
2.工业	Industry	68.87	818.79
#用作原料、材料	Non-Energy Use	44.99	214.52
3.建筑业	Construction		104.74
4.交通运输、仓储和邮政业	Transport, Storage and Post		234.99
5.批发、零售业和住宿、餐饮业	Wholesale, Retail Trade and Hotel, Restaurants		20.27
6.其他	Others		59.84
7.生活消费	Residential Consumption		142.75
城镇	Urban		127.94
乡村	Rural		14.81
五.平衡差额	**Statistical Difference**		**-0.10**
六.消费量合计	**Total Energy Consumption**	**68.87**	**1542.28**

Continued 1

原油 (万吨) Crude Oil (10^4 tons)	汽油 (万吨) Gasoline (10^4 tons)	煤油 (万吨) Kerosene (10^4 tons)	柴油 (万吨) Diesel Oil (10^4 tons)	燃料油 (万吨) Fuel Oil (10^4 tons)	石脑油 (万吨) Naphtha (10^4 tons)	润滑油 (万吨) Lubricants (10^4 tons)	石蜡 (万吨) Paraffin Waxes (10^4 tons)	溶剂油 (万吨) White Spirit (10^4 tons)
1759.15	**0.93**	**-74.64**	**-334.88**	**68.82**	**72.84**	**29.74**	**0.17**	**0.93**
3044.53								
4.77	1292.08	15.11	2027.52	101.02	75.04	29.74	0.13	
1285.04		4.45	0.86	53.28				
		0.60		17.10				
-2598.82	-1289.38	-92.70	-2356.91	-32.63				
		-2.99	-0.90	-63.19				
23.63	-1.77	0.89	-5.45	-6.76	-2.20		0.04	0.93
-1746.57	**211.31**	**130.76**	**659.53**	**-19.88**	**173.20**			**3.52**
-7.90								
-1738.67	211.31	130.76	659.53	18.11	283.57			3.52
				-37.99	-110.37			
0.81								
11.77	**212.24**	**56.12**	**324.65**	**48.94**	**246.14**	**29.74**	**0.17**	**4.45**
	5.86		20.63			0.55		
11.77	11.96	0.75	48.45	1.44	246.14	29.19	0.17	4.45
0.12		0.24	1.10		184.78			
	13.90	0.07	86.75	3.62				
	30.94	54.11	107.24	42.61				
	7.50	0.91	10.88	0.21				
	17.15	0.28	40.84	1.06				
	124.93		9.86					
	118.06		8.83					
	6.87		1.03					
0.00					**-0.10**			
1759.15	**212.24**	**56.12**	**324.65**	**86.93**	**356.51**	**29.74**	**0.17**	**4.45**

6-2 续表 2

项　目	Item	石油沥青(万吨) Bitumen Asphalt (10^4 tons)	石油焦(万吨) Petroleum Coke (10^4 tons)
一.可供本地区消费的能源量	**Total Primary Energy Supply**	**0.19**	**-20.32**
1.一次能源生产量	Indigenous Production		
2.外省(区、市)调入量	Moving In from Other Provinces	0.19	3.95
3.进口量	Import		
4.境内轮船和飞机在境外的加油量	Domestic Airplanes&Ships Refueling in Abroad		
5.本省(区、市)调出量(-)	Sending Out to Other Provinces(-)		-22.76
6.出口量(-)	Export(-)		
7.境外轮船和飞机在境内的加油量(-)	Oversea Airplanes&Ships Refueling in China(-)		
8.库存增(-)、减(+)量	Stock Change		-1.51
二.加工转换投入(-)产出(+)量	**Input(-) & Output(+) of Transformation**		**95.19**
1.火力发电	Thermal Power		-16.51
2.供热	Heating Supply		-37.30
3.洗选煤	Coal Washing		
4.炼焦	Coking		
5.炼油及煤制油	Petroleum Refineries		149.00
#油品再投入量(-)	Petroleum Products Input (-)		
6.制气	Gas Works		
#焦炭再投入量(-)	Coke Input (-)		
7.天然气液化	Natural Gas Liquefaction		
8.煤制品加工	Briquettes		
9.回收能	Recovery of Energy		
三.损失量	**Loss**		
四.终端消费量	**Total Final Consumption**	**0.19**	**74.87**
1.农、林、牧、渔、水利业	Agriculture, Forestry, Animal Husbandry, Fishery and Water Conservancy		
2.工业	Industry	0.19	74.87
#用作原料、材料	Non-Energy Use		
3.建筑业	Construction		
4.交通运输、仓储和邮政业	Transport, Storage and Post		
5.批发、零售业和住宿、餐饮业	Wholesale, Retail Trade and Hotel, Restaurants		
6.其他	Others		
7.生活消费	Residential Consumption		
城镇	Urban		
乡村	Rural		
五.平衡差额	**Statistical Difference**		
六.消费量合计	**Total Energy Consumption**	**0.19**	**128.68**

Continued 2

液化石油气（万吨） LPG (10^4 tons)	炼厂干气（万吨） Refinery Gas (10^4 tons)	其他石油制品（万吨） Other Petroleum Products (10^4 tons)	天然气（亿立方米） Natural Gas (10^8 cu.m)	液化天然气（万吨） LNG (10^4 tons)	热力（万百万千焦） Heat (10^{10} kJ)	电力（亿千瓦小时） Electricity (10^8 kW•h)	其他能源（万吨标煤） Other Energy (10^4 tce)
-34.99		**74.24**	**37.52**	**1.97**		**175.43**	**77.56**
			18.73			5.77	17.72
0.53		103.00	31.07	1.97		170.39	60.00
-39.70		-29.12	-12.28			-0.73	
4.18		0.36					-0.16
81.77	**60.51**	**217.61**	**-3.79**	**1.83**	**19407.75**	**619.05**	**-21.01**
-0.02			-0.51		-193.06	619.05	-10.96
	-0.01		-0.64		19059.00		-10.05
83.36	60.52	411.41	-2.35				
-1.57		-193.80					
			-0.29	1.83			
					541.81		
			1.37		**47.00**	**47.33**	
46.78	**60.51**	**291.85**	**32.36**	**3.80**	**19360.75**	**747.15**	**56.55**
						14.58	
37.05	60.51	291.85	18.86	1.97	9322.85	519.03	56.55
27.34		0.94	1.18	0.05			
0.40			0.03		76.97	14.43	
0.09			1.15	1.83	132.62	22.77	
0.77			6.18		347.14	35.27	
0.51			1.25		1119.36	65.90	
7.96			4.89		8361.81	75.17	
1.05			4.89		8361.81	55.40	
6.91						19.77	
48.37	**60.52**	**485.65**	**37.27**	**3.80**	**19600.81**	**794.48**	**77.56**

6-3 河北能源平衡表(实物量)-2013

项目	Item	煤合计(万吨) Coal Total (10^4 tons)	原煤(万吨) Raw Coal (10^4 tons)
一.可供本地区消费的能源量	**Total Primary Energy Supply**	**31663.27**	**31346.68**
1.一次能源生产量	Indigenous Production	7739.00	7739.00
2.外省(区、市)调入量	Moving In from Other Provinces	22664.66	22664.66
3.进口量	Import	3348.59	831.22
4.境内轮船和飞机在境外的加油量	Domestic Airplanes&Ships Refueling in Abroad		
5.本省(区、市)调出量(-)	Sending Out to Other Provinces(-)	-1927.39	
6.出口量(-)	Export(-)	-357.27	-20.67
7.境外轮船和飞机在境内的加油量(-)	Oversea Airplanes&Ships Refueling in China(-)		
8.库存增(-)、减(+)量	Stock Change	195.68	132.47
二.加工转换投入(-)产出(+)量	**Input(-) & Output(+) of Transformation**	**-22121.80**	**-22819.68**
1.火力发电	Thermal Power	-9615.66	-9515.31
2.供热	Heating Supply	-1598.19	-1544.93
3.洗选煤	Coal Washing	-2229.69	-11414.75
4.炼焦	Coking	-8674.25	-74.78
5.炼油及煤制油	Petroleum Refineries	-1.91	-1.91
#油品再投入量(-)	Petroleum Products Input (-)		
6.制气	Gas Works		
#焦炭再投入量(-)	Coke Input (-)		
7.天然气液化	Natural Gas Liquefaction		
8.煤制品加工	Briquettes	-2.10	-268.00
9.回收能	Recovery of Energy		
三.损失量	**Loss**		
四.终端消费量	**Total Final Consumption**	**9541.47**	**8527.00**
1.农、林、牧、渔、水利业	Agriculture, Forestry, Animal Husbandry, Fishery and Water Conservancy	155.60	155.60
2.工业	Industry	7289.51	6340.69
#用作原料、材料	Non-Energy Use	290.54	290.16
3.建筑业	Construction	17.83	17.83
4.交通运输、仓储和邮政业	Transport, Storage and Post	35.69	35.69
5.批发、零售业和住宿、餐饮业	Wholesale, Retail Trade and Hotel, Restaurants	118.69	115.28
6.其他	Others	236.42	233.91
7.生活消费	Residential Consumption	1687.73	1628.00
城镇	Urban	356.62	335.00
乡村	Rural	1331.11	1293.00
五.平衡差额	**Statistical Difference**		
六.消费量合计	**Total Energy Consumption**	**31663.27**	**31346.68**

Energy Balance of Hebei (Physical Quantity) -2013

洗精煤 (万吨) Cleaned Coal (10^4 tons)	其他洗煤 (万吨) Other Washed Coal (10^4 tons)	型煤 (万吨) Briquettes (10^4 tons)	煤矸石 (万吨) Gangue (10^4 tons)	焦炭 (万吨) Coke (10^4 tons)	焦炉煤气 (亿立方米) Coke Oven Gas (10^8 cu.m)	高炉煤气 (亿立方米) Blast Furnace Gas (10^8 cu.m)	转炉煤气 (亿立方米) Converter Gas (10^8 cu.m)	其他煤气 (亿立方米) Other Gas (10^8 cu.m)
2242.43	**-1924.35**	**-1.49**		**1961.06**				
				1949.91				
2517.37								
	-1927.39							
-336.60				-20.35				
61.66	3.04	-1.49		31.50				
-1566.00	**1997.98**	**265.90**		**6359.50**	**111.05**	**1246.44**	**76.85**	**5.64**
	-100.35		-168.19		-19.72	-500.17	-22.47	
	-53.26		-65.62		-12.71	-310.29	-17.11	
7033.47	2151.59		233.81					
-8599.47				6378.79	143.48			
								5.64
				-19.29				
		265.90						
						2056.90	116.43	
676.43	**73.63**	**264.41**		**8320.56**	**111.05**	**1246.44**	**76.85**	**5.64**
676.43	73.63	198.76		8320.44	101.57	1246.44	76.85	5.64
0.14	0.10	0.14		31.33	4.91			
				0.12				
		3.41			0.64			
		2.51			1.81			
		59.73			7.03			
		21.62			7.03			
		38.11						
	0.00							
9275.90	**227.24**	**264.41**	**233.81**	**8339.85**	**143.48**	**2056.90**	**116.43**	**5.64**

6-3 续表 1

项　　目	Item	其他焦化产品(万吨) Other Coking Products (10^4 tons)	油品合计(万吨) Petroleum Products Total (10^4 tons)
一.可供本地区消费的能源量	**Total Primary Energy Supply**	**-302.77**	**1488.90**
1.一次能源生产量	Indigenous Production		591.01
2.外省(区、市)调入量	Moving In from Other Provinces		479.93
3.进口量	Import	0.34	1380.80
4.境内轮船和飞机在境外的加油量	Domestic Airplanes&Ships Refueling in Abroad		
5.本省(区、市)调出量(-)	Sending Out to Other Provinces(-)	-250.92	-849.90
6.出口量(-)	Export(-)	-52.11	-168.48
7.境外轮船和飞机在境内的加油量(-)	Oversea Airplanes&Ships Refueling in China(-)		
8.库存增(-)、减(+)量	Stock Change	-0.08	55.54
二.加工转换投入(-)产出(+)量	**Input(-) & Output(+) of Transformation**	**417.64**	**-73.53**
1.火力发电	Thermal Power		-5.35
2.供热	Heating Supply		-6.76
3.洗选煤	Coal Washing		
4.炼焦	Coking	417.64	
5.炼油及煤制油	Petroleum Refineries		-61.42
#油品再投入量(-)	Petroleum Products Input (-)		
6.制气	Gas Works		
#焦炭再投入量(-)	Coke Input (-)		
7.天然气液化	Natural Gas Liquefaction		
8.煤制品加工	Briquettes		
9.回收能	Recovery of Energy		
三.损失量	**Loss**		**13.47**
四.终端消费量	**Total Final Consumption**	**114.87**	**1401.90**
1.农、林、牧、渔、水利业	Agriculture, Forestry, Animal Husbandry, Fishery and Water Conservancy		153.28
2.工业	Industry	114.87	225.68
#用作原料、材料	Non-Energy Use	60.75	24.08
3.建筑业	Construction		101.16
4.交通运输、仓储和邮政业	Transport, Storage and Post		543.40
5.批发、零售业和住宿、餐饮业	Wholesale, Retail Trade and Hotel, Restaurants		30.84
6.其他	Others		118.22
7.生活消费	Residential Consumption		229.32
城镇	Urban		116.44
乡村	Rural		112.88
五.平衡差额	**Statistical Difference**		**0.00**
六.消费量合计	**Total Energy Consumption**	**114.87**	**1488.90**

Continued 1

原油（万吨） Crude Oil (10^4 tons)	汽油（万吨） Gasoline (10^4 tons)	煤油（万吨） Kerosene (10^4 tons)	柴油（万吨） Diesel Oil (10^4 tons)	燃料油（万吨） Fuel Oil (10^4 tons)	石脑油（万吨） Naphtha (10^4 tons)	润滑油（万吨） Lubricants (10^4 tons)	石蜡（万吨） Paraffin Waxes (10^4 tons)	溶剂油（万吨） White Spirit (10^4 tons)
1385.89	**43.21**	**3.87**	**362.07**	**-74.31**	**-68.96**	**0.17**	**0.08**	**-0.70**
591.01								
	155.64	5.44	318.30			0.47	0.08	
1344.82		1.45	0.61	21.31				
-411.58	-126.06			-72.00	-68.96			-0.70
-143.06		-2.98	-0.60	-20.96				
4.70	13.63	-0.04	43.76	-2.66		-0.30		
-1357.48	**304.34**	**13.72**	**436.68**	**108.85**	**68.96**			**1.08**
			-1.49	-0.03				
			-0.33	-0.61				
-1357.48	304.34	13.72	438.50	109.49	68.96			1.08
13.47								
14.94	**347.55**	**17.59**	**798.75**	**34.54**		**0.17**	**0.08**	**0.38**
	44.55	0.52	106.05	0.87				
14.94	41.82	1.01	92.21	10.57		0.17	0.08	0.38
	4.27	0.05	0.48				0.05	
	7.99	0.94	22.71	1.98				
	98.94	13.17	408.86	20.05				
	9.47	0.34	15.50	0.53				
	49.58	0.57	66.91	0.54				
	95.20	1.04	86.51					
	58.20		34.33					
	37.00	1.04	52.18					
0.00								
1385.89	**347.55**	**17.59**	**800.57**	**35.18**		**0.17**	**0.08**	**0.38**

6-3 续表 2

项　　目	Item	石油沥青(万吨) Bitumen Asphalt (10^4 tons)	石油焦(万吨) Petroleum Coke (10^4 tons)
一.可供本地区消费的能源量	**Total Primary Energy Supply**	**-25.91**	**-30.21**
1.一次能源生产量	Indigenous Production		
2.外省(区、市)调入量	Moving In from Other Provinces		
3.进口量	Import		
4.境内轮船和飞机在境外的加油量	Domestic Airplanes&Ships Refueling in Abroad		
5.本省(区、市)调出量(-)	Sending Out to Other Provinces(-)	-25.91	-30.29
6.出口量(-)	Export(-)		
7.境外轮船和飞机在境内的加油量(-)	Oversea Airplanes&Ships Refueling in China(-)		
8.库存增(-)、减(+)量	Stock Change		0.08
二.加工转换投入(-)产出(+)量	**Input(-) & Output(+) of Transformation**	**70.42**	**37.59**
1.火力发电	Thermal Power		-1.29
2.供热	Heating Supply		-3.87
3.洗选煤	Coal Washing		
4.炼焦	Coking		
5.炼油及煤制油	Petroleum Refineries	70.42	42.75
#油品再投入量(-)	Petroleum Products Input (-)		
6.制气	Gas Works		
#焦炭再投入量(-)	Coke Input (-)		
7.天然气液化	Natural Gas Liquefaction		
8.煤制品加工	Briquettes		
9.回收能	Recovery of Energy		
三.损失量	**Loss**		
四.终端消费量	**Total Final Consumption**	**44.51**	**7.38**
1.农、林、牧、渔、水利业	Agriculture, Forestry, Animal Husbandry, Fishery and Water Conservancy		
2.工业	Industry	0.40	7.38
#用作原料、材料	Non-Energy Use	0.04	
3.建筑业	Construction	44.11	
4.交通运输、仓储和邮政业	Transport, Storage and Post		
5.批发、零售业和住宿、餐饮业	Wholesale, Retail Trade and Hotel, Restaurants		
6.其他	Others		
7.生活消费	Residential Consumption		
城镇	Urban		
乡村	Rural		
五.平衡差额	**Statistical Difference**		
六.消费量合计	**Total Energy Consumption**	**44.51**	**12.54**

Continued 2

液化石油气（万吨） LPG (10^4 tons)	炼厂干气（万吨） Refinery Gas (10^4 tons)	其他石油制品（万吨） Other Petroleum Products (10^4 tons)	天然气（亿立方米） Natural Gas (10^8 cu.m)	液化天然气（万吨） LNG (10^4 tons)	热力（万百万千焦） Heat (10^{10} kJ)	电力（亿千瓦小时） Electricity (10^8 kW•h)	其他能源（万吨标煤） Other Energy (10^4 tce)
-29.79		**-76.51**	**49.30**	**4.06**		**917.09**	
			15.60			173.21	
			33.71	4.05		743.88	
		12.61					
-29.38		-85.02		-0.01			
		-0.88					
-0.41		-3.22	-0.01	0.02			
87.25	**25.51**	**129.55**	**-3.01**		**38925.11**	**2334.10**	**29.84**
	-0.84	-1.70	-0.65		-1366.80	2334.10	-83.72
	-1.95		-2.36		32536.45		-5.48
87.25	28.30	131.25					
					7755.46		119.04
						204.61	
57.46	**25.51**	**53.04**	**46.29**	**4.06**	**38925.11**	**3046.58**	**29.84**
1.29						77.09	
1.40	25.51	29.81	26.27	1.06	30009.69	2284.14	29.84
0.03		19.16	3.07	0.15			
0.20		23.23	0.10		69.40	34.16	
2.38			4.50	3.00	72.04	81.09	
5.00			5.32		1263.38	101.64	
0.62			2.30		1685.30	126.32	
46.57			7.80		5825.30	342.14	
23.91			7.80		5825.30	131.16	
22.66						210.98	
57.46	**28.30**	**54.74**	**49.30**	**4.06**	**40291.91**	**3251.19**	**119.04**

6-4 山西能源平衡表(实物量)-2013

项 目	Item	煤合计 (万吨) Coal Total (10^4 tons)	原煤 (万吨) Raw Coal (10^4 tons)
一.可供本地区消费的能源量	**Total Primary Energy Supply**	**36636.51**	**81185.00**
1.一次能源生产量	Indigenous Production	92166.80	92166.80
2.外省(区、市)调入量	Moving In from Other Provinces	4799.10	4799.10
3.进口量	Import		
4.境内轮船和飞机在境外的加油量	Domestic Airplanes&Ships Refueling in Abroad		
5.本省(区、市)调出量(-)	Sending Out to Other Provinces(-)	-61592.76	-17324.11
6.出口量(-)	Export(-)	-120.00	-120.00
7.境外轮船和飞机在境内的加油量(-)	Oversea Airplanes&Ships Refueling in China(-)		
8.库存增(-)、减(+)量	Stock Change	1383.37	1663.21
二.加工转换投入(-)产出(+)量	**Input(-) & Output(+) of Transformation**	**-29578.38**	**-75421.26**
1.火力发电	Thermal Power	-12271.66	-11554.80
2.供热	Heating Supply	-1101.81	-1011.68
3.洗选煤	Coal Washing	-3733.72	-62776.72
4.炼焦	Coking	-12334.43	-25.27
5.炼油及煤制油	Petroleum Refineries		
#油品再投入量(-)	Petroleum Products Input (-)		
6.制气	Gas Works	-57.95	-52.79
#焦炭再投入量(-)	Coke Input (-)		
7.天然气液化	Natural Gas Liquefaction		
8.煤制品加工	Briquettes	-78.81	
9.回收能	Recovery of Energy		
三.损失量	**Loss**		
四.终端消费量	**Total Final Consumption**	**7058.13**	**5763.74**
1.农、林、牧、渔、水利业	Agriculture, Forestry, Animal Husbandry, Fishery and Water Conservancy	188.60	188.60
2.工业	Industry	5293.84	4546.46
#用作原料、材料	Non-Energy Use	650.49	597.01
3.建筑业	Construction	69.50	69.50
4.交通运输、仓储和邮政业	Transport, Storage and Post	46.56	46.56
5.批发、零售业和住宿、餐饮业	Wholesale, Retail Trade and Hotel, Restaurants	211.46	207.65
6.其他	Others	229.07	229.07
7.生活消费	Residential Consumption	1019.10	475.90
城镇	Urban	336.50	138.85
乡村	Rural	682.60	337.05
五.平衡差额	**Statistical Difference**	**0.00**	**0.00**
六.消费量合计	**Total Energy Consumption**	**36636.51**	**81185.00**

Energy Balance of Shanxi (Physical Quantity) -2013

洗精煤 (万吨) Cleaned Coal (10^4 tons)	其他洗煤 (万吨) Other Washed Coal (10^4 tons)	型煤 (万吨) Briquettes (10^4 tons)	煤矸石 (万吨) Gangue (10^4 tons)	焦炭 (万吨) Coke (10^4 tons)	焦炉煤气 (亿立方米) Coke Oven Gas (10^8 cu.m)	高炉煤气 (亿立方米) Blast Furnace Gas (10^8 cu.m)	转炉煤气 (亿立方米) Converter Gas (10^8 cu.m)	其他煤气 (亿立方米) Other Gas (10^8 cu.m)
-21910.13	**-22637.59**	**-0.77**		**-6876.81**				
-21677.38	-22591.27			-6593.96				
-232.75	-46.32	-0.77		-282.85				
22275.77	**23408.97**	**158.14**	**42.55**	**9022.40**	**158.31**	**300.00**	**13.48**	**11.79**
-13.96	-702.90		-1020.91		-18.49	-48.20	-1.34	
	-90.13		-69.72		-1.23	-26.69		
34615.00	24428.00		1133.18					
-12309.16				9022.40	178.03			
-4.01		-1.15						11.79
-12.10	-226.00	159.29						
						374.89	14.82	
365.64	**771.38**	**157.37**	**42.55**	**2145.59**	**158.31**	**300.00**	**13.48**	**11.79**
365.64	290.28	91.46	42.55	2143.55	142.61	300.00	13.48	11.79
4.90	4.92	43.66		45.67	6.51			
				0.03				
				0.04				
		3.81		1.97				
	481.10	62.10			15.70			
	174.15	23.50			13.80			
	306.95	38.60			1.90			
0.00	**0.00**		**0.00**					
12704.87	**1790.41**	**158.52**	**1133.18**	**2145.59**	**178.03**	**374.89**	**14.82**	**11.79**

6-4 续表 1

项　　目	Item	其他焦化产品(万吨) Other Coking Products (10^4 tons)	油品合计(万吨) Petroleum Products Total (10^4 tons)
一.可供本地区消费的能源量	**Total Primary Energy Supply**	**-205.28**	**827.31**
1.一次能源生产量	Indigenous Production		
2.外省(区、市)调入量	Moving In from Other Provinces		825.60
3.进口量	Import		
4.境内轮船和飞机在境外的加油量	Domestic Airplanes&Ships Refueling in Abroad		
5.本省(区、市)调出量(-)	Sending Out to Other Provinces(-)	-204.56	
6.出口量(-)	Export(-)		
7.境外轮船和飞机在境内的加油量(-)	Oversea Airplanes&Ships Refueling in China(-)		
8.库存增(-)、减(+)量	Stock Change	-0.72	1.71
二.加工转换投入(-)产出(+)量	**Input(-) & Output(+) of Transformation**	**364.00**	
1.火力发电	Thermal Power		
2.供热	Heating Supply		
3.洗选煤	Coal Washing		
4.炼焦	Coking	364.00	
5.炼油及煤制油	Petroleum Refineries		
#油品再投入量(-)	Petroleum Products Input (-)		
6.制气	Gas Works		
#焦炭再投入量(-)	Coke Input (-)		
7.天然气液化	Natural Gas Liquefaction		
8.煤制品加工	Briquettes		
9.回收能	Recovery of Energy		
三.损失量	**Loss**		**1.18**
四.终端消费量	**Total Final Consumption**	**158.72**	**782.13**
1.农、林、牧、渔、水利业	Agriculture, Forestry, Animal Husbandry, Fishery and Water Conservancy		40.84
2.工业	Industry	158.72	105.41
#用作原料、材料	Non-Energy Use		
3.建筑业	Construction		38.21
4.交通运输、仓储和邮政业	Transport, Storage and Post		502.58
5.批发、零售业和住宿、餐饮业	Wholesale, Retail Trade and Hotel, Restaurants		13.76
6.其他	Others		19.05
7.生活消费	Residential Consumption		62.28
城镇	Urban		31.21
乡村	Rural		31.07
五.平衡差额	**Statistical Difference**		**44.00**
六.消费量合计	**Total Energy Consumption**	**158.72**	**783.31**

Continued 1

原油 (万吨) Crude Oil (10^4 tons)	汽油 (万吨) Gasoline (10^4 tons)	煤油 (万吨) Kerosene (10^4 tons)	柴油 (万吨) Diesel Oil (10^4 tons)	燃料油 (万吨) Fuel Oil (10^4 tons)	石脑油 (万吨) Naphtha (10^4 tons)	润滑油 (万吨) Lubricants (10^4 tons)	石蜡 (万吨) Paraffin Waxes (10^4 tons)	溶剂油 (万吨) White Spirit (10^4 tons)
	233.87	**20.49**	**542.02**	**0.99**				
	234.92	19.48	540.12	1.46				
	-1.05	1.01	1.90	-0.47				
	0.55		**0.63**					
	215.32	**20.49**	**515.39**	**0.99**				
	17.24		23.60					
	16.03	0.95	79.20	0.99				
	12.18	0.30	25.69					
	114.58	18.83	369.03					
	5.47	0.41	5.61					
	13.92		4.81					
	35.90		7.45					
	16.80		1.55					
	19.10		5.90					
	18.00		**26.00**					
	215.87	**20.49**	**516.02**	**0.99**				

6-4 续表 2

项目	Item	石油沥青(万吨) Bitumen Asphalt (10^4 tons)	石油焦(万吨) Petroleum Coke (10^4 tons)
一.可供本地区消费的能源量	**Total Primary Energy Supply**	**0.90**	
1.一次能源生产量	Indigenous Production		
2.外省(区、市)调入量	Moving In from Other Provinces	0.90	
3.进口量	Import		
4.境内轮船和飞机在境外的加油量	Domestic Airplanes&Ships Refueling in Abroad		
5.本省(区、市)调出量(-)	Sending Out to Other Provinces(-)		
6.出口量(-)	Export(-)		
7.境外轮船和飞机在境内的加油量(-)	Oversea Airplanes&Ships Refueling in China(-)		
8.库存增(-)、减(+)量	Stock Change		
二.加工转换投入(-)产出(+)量	**Input(-) & Output(+) of Transformation**		
1.火力发电	Thermal Power		
2.供热	Heating Supply		
3.洗选煤	Coal Washing		
4.炼焦	Coking		
5.炼油及煤制油	Petroleum Refineries		
#油品再投入量(-)	Petroleum Products Input (-)		
6.制气	Gas Works		
#焦炭再投入量(-)	Coke Input (-)		
7.天然气液化	Natural Gas Liquefaction		
8.煤制品加工	Briquettes		
9.回收能	Recovery of Energy		
三.损失量	**Loss**		
四.终端消费量	**Total Final Consumption**	**0.90**	
1.农、林、牧、渔、水利业	Agriculture, Forestry, Animal Husbandry, Fishery and Water Conservancy		
2.工业	Industry	0.90	
#用作原料、材料	Non-Energy Use		
3.建筑业	Construction		
4.交通运输、仓储和邮政业	Transport, Storage and Post		
5.批发、零售业和住宿、餐饮业	Wholesale, Retail Trade and Hotel, Restaurants		
6.其他	Others		
7.生活消费	Residential Consumption		
城镇	Urban		
乡村	Rural		
五.平衡差额	**Statistical Difference**		
六.消费量合计	**Total Energy Consumption**	**0.90**	

Continued 2

液化石油气 （万吨） LPG (10^4 tons)	炼厂干气 （万吨） Refinery Gas (10^4 tons)	其他石油制品 （万吨） Other Petroleum Products (10^4 tons)	天然气 （亿立方米） Natural Gas (10^8 cu.m)	液化天然气 （万吨） LNG (10^4 tons)	热力 （万百万千焦） Heat (10^{10} kJ)	电力 （亿千瓦小时） Electricity (10^8 kW•h)	其他能源 （万吨标煤） Other Energy (10^4 tce)
22.12		**6.92**	**45.07**	**0.06**		**-718.96**	**99.31**
			25.10			89.80	
22.10		6.62	22.97	0.06		13.75	99.31
			-3.00			-822.51	
0.02		0.30					
			-6.35		**20872.93**	**2551.30**	**-93.62**
			-6.24		-2697.87	2551.30	-85.23
			-0.11		17916.84		-8.39
					5653.96		
						100.86	
22.12		**6.92**	**38.72**	**0.06**	**20872.93**	**1731.48**	**5.69**
			0.02			37.82	
0.42		6.92	19.60	0.06	11619.86	1374.66	5.69
0.04			0.19		17.68	21.44	
0.14			6.37			55.78	
2.27			3.89		1725.00	30.95	
0.32			1.15		986.71	67.89	
18.93			7.50		6523.68	142.94	
12.86			7.16		6523.68	89.02	
6.07			0.34			53.92	
22.12		**6.92**	**45.07**	**0.06**	**23570.80**	**1832.34**	**99.31**

6-5 内蒙古能源平衡表(实物量)-2013

项　　目	Item	煤合计 (万吨) Coal Total (10^4 tons)	原煤 (万吨) Raw Coal (10^4 tons)
一.可供本地区消费的能源量	**Total Primary Energy Supply**	**34915.72**	**41475.15**
1.一次能源生产量	Indigenous Production	99054.54	99054.54
2.外省(区、市)调入量	Moving In from Other Provinces	857.99	817.73
3.进口量	Import	1808.04	1808.04
4.境内轮船和飞机在境外的加油量	Domestic Airplanes&Ships Refueling in Abroad		
5.本省(区、市)调出量(-)	Sending Out to Other Provinces(-)	-65143.97	-58899.93
6.出口量(-)	Export(-)	-244.40	-244.40
7.境外轮船和飞机在境内的加油量(-)	Oversea Airplanes&Ships Refueling in China(-)		
8.库存增(-)、减(+)量	Stock Change	-1416.48	-1060.83
二.加工转换投入(-)产出(+)量	**Input(-) & Output(+) of Transformation**	**-27961.63**	**-34919.58**
1.火力发电	Thermal Power	-18439.59	-18419.87
2.供热	Heating Supply	-2252.99	-2221.72
3.洗选煤	Coal Washing	-2474.77	-13512.49
4.炼焦	Coking	-4395.82	-558.80
5.炼油及煤制油	Petroleum Refineries	-391.22	-199.46
#油品再投入量(-)	Petroleum Products Input (-)		
6.制气	Gas Works	-7.24	-7.24
#焦炭再投入量(-)	Coke Input (-)		
7.天然气液化	Natural Gas Liquefaction		
8.煤制品加工	Briquettes		
9.回收能	Recovery of Energy		
三.损失量	**Loss**		
四.终端消费量	**Total Final Consumption**	**6954.09**	**6555.57**
1.农、林、牧、渔、水利业	Agriculture, Forestry, Animal Husbandry, Fishery and Water Conservancy	462.60	398.06
2.工业	Industry	3684.39	3598.02
#用作原料、材料	Non-Energy Use	888.56	861.57
3.建筑业	Construction	185.74	166.27
4.交通运输、仓储和邮政业	Transport, Storage and Post	588.94	506.70
5.批发、零售业和住宿、餐饮业	Wholesale, Retail Trade and Hotel, Restaurants	964.03	880.40
6.其他	Others	760.74	730.84
7.生活消费	Residential Consumption	307.65	275.28
城镇	Urban	58.07	48.39
乡村	Rural	249.58	226.89
五.平衡差额	**Statistical Difference**		**0.00**
六.消费量合计	**Total Energy Consumption**	**34915.72**	**41475.15**

Energy Balance of Inner Mongolia (Physical Quantity) -2013

洗精煤 (万吨) Cleaned Coal (10^4 tons)	其他洗煤 (万吨) Other Washed Coal (10^4 tons)	型煤 (万吨) Briquettes (10^4 tons)	煤矸石 (万吨) Gangue (10^4 tons)	焦炭 (万吨) Coke (10^4 tons)	焦炉煤气 (亿立方米) Coke Oven Gas (10^8 cu.m)	高炉煤气 (亿立方米) Blast Furnace Gas (10^8 cu.m)	转炉煤气 (亿立方米) Converter Gas (10^8 cu.m)	其他煤气 (亿立方米) Other Gas (10^8 cu.m)
-2251.02	**-4347.79**	**39.38**		**-1379.02**				
		40.26						
-2039.86	-4204.18			-1344.42				
-211.16	-143.61	-0.88		-34.60				
2272.60	**4686.00**	**-0.65**	**0.00**	**3179.67**	**38.52**	**98.29**	**3.56**	**1.58**
-1.24	-17.83	-0.65	-642.69		-6.24	-49.85		
	-31.27		-51.59		-2.20	-12.95	-7.09	
6288.67	4749.05		694.28					
-3836.86	-0.16			3179.67	46.96			
-177.97	-13.79							
								1.58
						161.09	10.65	
21.58	**338.21**	**38.73**		**1800.65**	**38.52**	**98.29**	**3.56**	**1.58**
	64.54							
21.32	26.32	38.73		1800.65	38.21	98.29	3.56	1.58
4.69		22.30		337.83	0.15			
	19.47							
0.26	81.98							
	83.63							
	29.90							
	32.37				0.31			
	9.68				0.31			
	22.69							
0.00			**0.00**					
4037.65	**401.26**	**39.38**	**694.28**	**1800.65**	**46.96**	**161.09**	**10.65**	**1.58**

6-5 续表 1

项　　目	Item	其他焦化产品(万吨) Other Coking Products (10^4 tons)	油品合计(万吨) Petroleum Products Total (10^4 tons)
一.可供本地区消费的能源量	**Total Primary Energy Supply**	**118.58**	**1020.51**
1.一次能源生产量	Indigenous Production		192.68
2.外省(区、市)调入量	Moving In from Other Provinces	118.17	897.08
3.进口量	Import		32.13
4.境内轮船和飞机在境外的加油量	Domestic Airplanes&Ships Refueling in Abroad		
5.本省(区、市)调出量(-)	Sending Out to Other Provinces(-)		-105.59
6.出口量(-)	Export(-)		-6.47
7.境外轮船和飞机在境内的加油量(-)	Oversea Airplanes&Ships Refueling in China(-)		
8.库存增(-)、减(+)量	Stock Change	0.41	10.68
二.加工转换投入(-)产出(+)量	**Input(-) & Output(+) of Transformation**	**163.51**	**112.93**
1.火力发电	Thermal Power		-0.79
2.供热	Heating Supply		-0.04
3.洗选煤	Coal Washing		
4.炼焦	Coking	183.68	
5.炼油及煤制油	Petroleum Refineries	-20.17	152.50
#油品再投入量(-)	Petroleum Products Input (-)		-38.74
6.制气	Gas Works		
#焦炭再投入量(-)	Coke Input (-)		
7.天然气液化	Natural Gas Liquefaction		
8.煤制品加工	Briquettes		
9.回收能	Recovery of Energy		
三.损失量	**Loss**		
四.终端消费量	**Total Final Consumption**	**282.09**	**1133.44**
1.农、林、牧、渔、水利业	Agriculture, Forestry, Animal Husbandry, Fishery and Water Conservancy		70.64
2.工业	Industry	282.09	218.24
#用作原料、材料	Non-Energy Use	5.71	1.43
3.建筑业	Construction		146.40
4.交通运输、仓储和邮政业	Transport, Storage and Post		446.62
5.批发、零售业和住宿、餐饮业	Wholesale, Retail Trade and Hotel, Restaurants		18.41
6.其他	Others		117.05
7.生活消费	Residential Consumption		116.08
城镇	Urban		79.34
乡村	Rural		36.74
五.平衡差额	**Statistical Difference**		**0.00**
六.消费量合计	**Total Energy Consumption**	**302.26**	**1020.51**

Continued 1

原油 (万吨) Crude Oil (10^4 tons)	汽油 (万吨) Gasoline (10^4 tons)	煤油 (万吨) Kerosene (10^4 tons)	柴油 (万吨) Diesel Oil (10^4 tons)	燃料油 (万吨) Fuel Oil (10^4 tons)	石脑油 (万吨) Naphtha (10^4 tons)	润滑油 (万吨) Lubricants (10^4 tons)	石蜡 (万吨) Paraffin Waxes (10^4 tons)	溶剂油 (万吨) White Spirit (10^4 tons)
411.07	**107.73**	**24.72**	**451.06**	**-4.50**	**-32.95**	**-1.32**	**-12.17**	**-1.58**
192.68								
204.78	107.86	25.17	448.10					
11.05				17.04		4.04		
				-21.93	-33.07	-5.36	-12.17	-1.61
	-3.91		-2.00					
2.56	3.78	-0.45	4.96	0.39	0.12			0.03
-402.68	**147.50**	**2.17**	**207.10**	**9.21**	**32.95**	**1.36**	**12.21**	**1.58**
-0.01			-0.73	-0.05				
			-0.04					
-402.67	147.50	2.17	207.87	9.26	32.95	1.36	12.21	1.58
8.39	**255.23**	**26.89**	**658.16**	**4.71**		**0.04**	**0.04**	
	6.13		64.50					
8.39	14.80	0.26	141.47	4.64		0.04	0.04	
	0.01	0.09	1.33					
	9.12		25.02					
	119.36	26.63	299.76	0.07				
	6.36		11.06					
	46.45		69.78					
	53.00		46.57					
	36.29		32.79					
	16.71		13.77					
0.00						**0.00**	**0.00**	
411.07	**255.23**	**26.89**	**658.93**	**4.76**		**0.04**	**0.04**	

6-5 续表 2

项 目	Item	石油沥青(万吨) Bitumen Asphalt (10^4 tons)	石油焦(万吨) Petroleum Coke (10^4 tons)
一.可供本地区消费的能源量	**Total Primary Energy Supply**	**66.04**	**43.93**
1.一次能源生产量	Indigenous Production		
2.外省(区、市)调入量	Moving In from Other Provinces	67.24	43.93
3.进口量	Import		
4.境内轮船和飞机在境外的加油量	Domestic Airplanes&Ships Refueling in Abroad		
5.本省(区、市)调出量(-)	Sending Out to Other Provinces(-)		
6.出口量(-)	Export(-)	-0.56	
7.境外轮船和飞机在境内的加油量(-)	Oversea Airplanes&Ships Refueling in China(-)		
8.库存增(-)、减(+)量	Stock Change	-0.64	
二.加工转换投入(-)产出(+)量	**Input(-) & Output(+) of Transformation**	**31.50**	
1.火力发电	Thermal Power		
2.供热	Heating Supply		
3.洗选煤	Coal Washing		
4.炼焦	Coking		
5.炼油及煤制油	Petroleum Refineries	31.50	
#油品再投入量(-)	Petroleum Products Input (-)		
6.制气	Gas Works		
#焦炭再投入量(-)	Coke Input (-)		
7.天然气液化	Natural Gas Liquefaction		
8.煤制品加工	Briquettes		
9.回收能	Recovery of Energy		
三.损失量	**Loss**		
四.终端消费量	**Total Final Consumption**	**97.54**	**43.93**
1.农、林、牧、渔、水利业	Agriculture, Forestry, Animal Husbandry, Fishery and Water Conservancy		
2.工业	Industry	3.54	43.93
#用作原料、材料	Non-Energy Use		
3.建筑业	Construction	94.00	
4.交通运输、仓储和邮政业	Transport, Storage and Post		
5.批发、零售业和住宿、餐饮业	Wholesale, Retail Trade and Hotel, Restaurants		
6.其他	Others		
7.生活消费	Residential Consumption		
城镇	Urban		
乡村	Rural		
五.平衡差额	**Statistical Difference**		
六.消费量合计	**Total Energy Consumption**	**97.54**	**43.93**

Continued 2

液化石油气（万吨） LPG (10⁴ tons)	炼厂干气（万吨） Refinery Gas (10⁴ tons)	其他石油制品（万吨） Other Petroleum Products (10⁴ tons)	天然气（亿立方米） Natural Gas (10⁸ cu.m)	液化天然气（万吨） LNG (10⁴ tons)	热力（万百万千焦） Heat (10¹⁰ kJ)	电力（亿千瓦小时） Electricity (10⁸ kW•h)	其他能源（万吨标煤） Other Energy (10⁴ tce)
-21.34		**-10.18**	**53.17**	**-69.99**		**-985.73**	**36.16**
			270.63			399.50	
						11.78	36.16
-21.13		-10.32	-217.46	-69.56		-1389.31	
						-7.70	
-0.21		0.14		-0.43			
40.90		**29.13**	**-10.37**	**70.28**	**27589.25**	**3167.64**	**-14.70**
			-0.25		-1290.02	3167.64	-8.89
			-0.09		27629.94		-5.81
40.90		67.87					
		-38.74					
			-10.03	70.28			
					1249.33		
19.56		**18.95**	**42.80**	**0.29**	**27589.25**	**2181.91**	**21.46**
					26.74	34.10	
0.44		0.69	32.46	0.29	5358.93	1927.48	21.46
			12.88				0.03
		18.26			162.14	11.02	
0.80			3.25		534.08	22.23	
0.99			2.77		1121.97	37.55	
0.82			2.30		2089.38	37.77	
16.51			2.02		18296.01	111.76	
10.26			2.02		18296.01	79.96	
6.25						31.80	
				0.00			
19.56		**57.69**	**43.47**	**0.29**	**28879.27**	**2181.91**	**36.16**

6-6 辽宁能源平衡表(实物量)-2013

项目	Item	煤合计 (万吨) Coal Total (10^4 tons)	原煤 (万吨) Raw Coal (10^4 tons)
一.可供本地区消费的能源量	**Total Primary Energy Supply**	**18132.77**	**16694.00**
1.一次能源生产量	Indigenous Production	5658.20	5658.20
2.外省(区、市)调入量	Moving In from Other Provinces	12830.82	10047.79
3.进口量	Import	1750.92	1316.30
4.境内轮船和飞机在境外的加油量	Domestic Airplanes&Ships Refueling in Abroad		
5.本省(区、市)调出量(−)	Sending Out to Other Provinces(-)	-1932.52	-386.07
6.出口量(−)	Export(-)	-29.48	-24.22
7.境外轮船和飞机在境内的加油量(−)	Oversea Airplanes&Ships Refueling in China(-)		
8.库存增(−)、减(+)量	Stock Change	-145.17	82.00
二.加工转换投入(−)产出(+)量	**Input(-) & Output(+) of Transformation**	**-13724.07**	**-13192.22**
1.火力发电	Thermal Power	-7002.38	-6942.74
2.供热	Heating Supply	-2845.73	-2796.19
3.洗选煤	Coal Washing	-871.74	-3411.44
4.炼焦	Coking	-2962.45	
5.炼油及煤制油	Petroleum Refineries		
#油品再投入量(−)	Petroleum Products Input (-)		
6.制气	Gas Works	-41.76	-41.76
#焦炭再投入量(−)	Coke Input (-)		
7.天然气液化	Natural Gas Liquefaction		
8.煤制品加工	Briquettes	-0.01	-0.09
9.回收能	Recovery of Energy		
三.损失量	**Loss**		
四.终端消费量	**Total Final Consumption**	**4408.70**	**3501.78**
1.农、林、牧、渔、水利业	Agriculture, Forestry, Animal Husbandry, Fishery and Water Conservancy	20.23	20.23
2.工业	Industry	3825.74	3127.13
#用作原料、材料	Non-Energy Use	65.70	60.27
3.建筑业	Construction	23.48	23.48
4.交通运输、仓储和邮政业	Transport, Storage and Post	80.96	66.16
5.批发、零售业和住宿、餐饮业	Wholesale, Retail Trade and Hotel, Restaurants	55.00	55.00
6.其他	Others	59.00	59.00
7.生活消费	Residential Consumption	344.29	150.78
城镇	Urban	202.78	90.78
乡村	Rural	141.51	60.00
五.平衡差额	**Statistical Difference**		
六.消费量合计	**Total Energy Consumption**	**18132.77**	**16694.00**

Energy Balance of Liaoning (Physical Quantity) -2013

洗精煤 (万吨) Cleaned Coal (10^4 tons)	其他洗煤 (万吨) Other Washed Coal (10^4 tons)	型煤 (万吨) Briquettes (10^4 tons)	煤矸石 (万吨) Gangue (10^4 tons)	焦炭 (万吨) Coke (10^4 tons)	焦炉煤气 (亿立方米) Coke Oven Gas (10^8 cu.m)	高炉煤气 (亿立方米) Blast Furnace Gas (10^8 cu.m)	转炉煤气 (亿立方米) Converter Gas (10^8 cu.m)	其他煤气 (亿立方米) Other Gas (10^8 cu.m)
2898.92	**-1481.97**	**21.82**	**464.84**	**1054.31**				
2756.43	8.22	18.38	464.84	1156.34				
429.03		5.59						
-79.04	-1467.41			-85.09				
		-5.26		-1.77				
-207.50	-22.78	3.11		-15.17				
-2387.90	**1855.97**	**0.08**	**-441.39**	**2140.17**	**62.38**	**555.14**	**31.79**	**11.38**
	-59.64		-354.38	-4.03	-10.32	-113.47	-6.22	
-9.10	-40.44		-151.52	-0.90	-8.50	-92.61	-8.18	
583.65	1956.05		64.51					
-2962.45				2147.00	81.20			
								11.38
				-1.90				
		0.08						
						761.22	46.19	
511.02	**374.00**	**21.90**	**23.45**	**3194.48**	**62.38**	**555.14**	**31.79**	**11.38**
496.22	192.00	10.39	23.45	3194.45	62.38	555.14	31.79	8.73
1.30	0.22	3.91		10.11				
14.80				0.03				0.25
								0.85
	182.00	11.51						1.55
	102.00	10.00						1.54
	80.00	1.51						0.01
3482.57	**474.08**	**21.90**	**529.35**	**3201.31**	**81.20**	**761.22**	**46.19**	**11.38**

6-6 续表 1

项　　目	Item	其他焦化产品(万吨) Other Coking Products (10^4 tons)	油品合计(万吨) Petroleum Products Total (10^4 tons)
一.可供本地区消费的能源量	**Total Primary Energy Supply**	**-35.46**	**4074.39**
1.一次能源生产量	Indigenous Production		1001.01
2.外省(区、市)调入量	Moving In from Other Provinces	26.13	3192.67
3.进口量	Import		3225.00
4.境内轮船和飞机在境外的加油量	Domestic Airplanes&Ships Refueling in Abroad		41.54
5.本省(区、市)调出量(-)	Sending Out to Other Provinces(-)	-19.38	-2927.05
6.出口量(-)	Export(-)		-523.31
7.境外轮船和飞机在境内的加油量(-)	Oversea Airplanes&Ships Refueling in China(-)		-50.47
8.库存增(-)、减(+)量	Stock Change	-42.21	115.00
二.加工转换投入(-)产出(+)量	**Input(-) & Output(+) of Transformation**	**88.02**	**-508.61**
1.火力发电	Thermal Power		-10.15
2.供热	Heating Supply	-0.49	-53.58
3.洗选煤	Coal Washing		
4.炼焦	Coking	88.51	
5.炼油及煤制油	Petroleum Refineries		38.73
#油品再投入量(-)	Petroleum Products Input (-)		-473.69
6.制气	Gas Works		-9.92
#焦炭再投入量(-)	Coke Input (-)		
7.天然气液化	Natural Gas Liquefaction		
8.煤制品加工	Briquettes		
9.回收能	Recovery of Energy		
三.损失量	**Loss**		**52.30**
四.终端消费量	**Total Final Consumption**	**52.56**	**3513.48**
1.农、林、牧、渔、水利业	Agriculture, Forestry, Animal Husbandry, Fishery and Water Conservancy		159.98
2.工业	Industry	52.56	1519.21
#用作原料、材料	Non-Energy Use	30.84	400.39
3.建筑业	Construction		162.65
4.交通运输、仓储和邮政业	Transport, Storage and Post		1010.47
5.批发、零售业和住宿、餐饮业	Wholesale, Retail Trade and Hotel, Restaurants		50.03
6.其他	Others		384.09
7.生活消费	Residential Consumption		227.05
城镇	Urban		166.22
乡村	Rural		60.83
五.平衡差额	**Statistical Difference**		**0.00**
六.消费量合计	**Total Energy Consumption**	**53.05**	**4074.39**

Continued 1

原油 (万吨) Crude Oil (10^4 tons)	汽油 (万吨) Gasoline (10^4 tons)	煤油 (万吨) Kerosene (10^4 tons)	柴油 (万吨) Diesel Oil (10^4 tons)	燃料油 (万吨) Fuel Oil (10^4 tons)	石脑油 (万吨) Naphtha (10^4 tons)	润滑油 (万吨) Lubricants (10^4 tons)	石蜡 (万吨) Paraffin Waxes (10^4 tons)	溶剂油 (万吨) White Spirit (10^4 tons)
6480.07	**-401.10**	**-326.85**	**-1369.59**	**-17.21**	**-27.22**	**-125.98**	**-30.81**	**-0.21**
1001.01								
2615.65	68.40	0.28	4.41	182.00				
2899.47		6.38	0.91	19.51	126.28	8.48		
		4.44		37.10				
-13.00	-227.04	-236.63	-1424.90	-178.74	-140.21	-134.58		
-2.09	-298.78	-83.85	-21.29	-49.43	-35.41	-1.25	-30.79	
		-20.19	-1.93	-28.35				
-20.97	56.32	2.72	73.21	0.70	22.12	1.37	-0.02	-0.21
-6443.70	**1059.97**	**355.90**	**2390.63**	**297.53**	**485.08**	**144.70**	**52.15**	**1.00**
-0.40			-0.54	-7.30				
-1.80			-0.13	-37.06				
-6441.50	1060.00	355.90	2391.30	377.60	485.08	144.70	52.15	1.00
	-0.03			-35.71				
32.00	**20.30**							
4.37	**638.57**	**29.05**	**1021.04**	**280.32**	**457.86**	**18.72**	**21.34**	**0.79**
	60.02		99.57					
4.37	81.43	5.10	186.35	120.49	457.86	18.72	21.34	0.79
	0.13	0.46	0.51	0.51	326.04	1.51		0.31
	15.98	0.69	39.60	1.92				
	292.52	22.56	537.60	156.68				
	20.50	0.10	4.86	0.42				
	89.86	0.60	94.09	0.81				
	78.26		58.97					
	55.49		41.91					
	22.77		17.06					
0.00								
6480.07	**658.90**	**29.05**	**1021.71**	**360.39**	**457.86**	**18.72**	**21.34**	**0.79**

6-6 续表 2

项　　目	Item	石油沥青(万吨) Bitumen Asphalt (10^4 tons)	石油焦(万吨) Petroleum Coke (10^4 tons)
一.可供本地区消费的能源量	**Total Primary Energy Supply**	**-179.41**	**-20.41**
1.一次能源生产量	Indigenous Production		
2.外省(区、市)调入量	Moving In from Other Provinces		
3.进口量	Import	6.42	0.48
4.境内轮船和飞机在境外的加油量	Domestic Airplanes&Ships Refueling in Abroad		
5.本省(区、市)调出量(-)	Sending Out to Other Provinces(-)	-170.74	-16.31
6.出口量(-)	Export(-)	-0.42	
7.境外轮船和飞机在境内的加油量(-)	Oversea Airplanes&Ships Refueling in China(-)		
8.库存增(-)、减(+)量	Stock Change	-14.67	-4.58
二.加工转换投入(-)产出(+)量	**Input(-) & Output(+) of Transformation**	**479.90**	**206.70**
1.火力发电	Thermal Power		
2.供热	Heating Supply		
3.洗选煤	Coal Washing		
4.炼焦	Coking		
5.炼油及煤制油	Petroleum Refineries	479.90	206.70
#油品再投入量(-)	Petroleum Products Input (-)		
6.制气	Gas Works		
#焦炭再投入量(-)	Coke Input (-)		
7.天然气液化	Natural Gas Liquefaction		
8.煤制品加工	Briquettes		
9.回收能	Recovery of Energy		
三.损失量	**Loss**		
四.终端消费量	**Total Final Consumption**	**300.49**	**186.29**
1.农、林、牧、渔、水利业	Agriculture, Forestry, Animal Husbandry, Fishery and Water Conservancy	0.38	
2.工业	Industry	4.43	186.29
#用作原料、材料	Non-Energy Use	0.60	9.71
3.建筑业	Construction	104.00	
4.交通运输、仓储和邮政业	Transport, Storage and Post		
5.批发、零售业和住宿、餐饮业	Wholesale, Retail Trade and Hotel, Restaurants		
6.其他	Others	191.68	
7.生活消费	Residential Consumption		
城镇	Urban		
乡村	Rural		
五.平衡差额	**Statistical Difference**		
六.消费量合计	**Total Energy Consumption**	**300.49**	**186.29**

Continued 2

液化石油气 (万吨) LPG (10^4 tons)	炼厂干气 (万吨) Refinery Gas (10^4 tons)	其他石油制品 (万吨) Other Petroleum Products (10^4 tons)	天然气 (亿立方米) Natural Gas (10^8 cu.m)	液化天然气 (万吨) LNG (10^4 tons)	热力 (万百万千焦) Heat (10^{10} kJ)	电力 (亿千瓦小时) Electricity (10^8 kW•h)	其他能源 (万吨标煤) Other Energy (10^4 tce)
-17.65		**110.76**	**49.52**	**211.33**		**678.99**	**55.62**
			7.20			243.14	56.85
		321.93	42.32			615.61	0.50
		157.07		211.33			
-14.77		-370.13				-179.76	
-2.88		1.89					-1.73
212.54	**183.68**	**65.31**	**-0.15**		**45213.34**	**1329.47**	**-7.71**
	-1.91				-1691.39	1329.47	-7.71
	-14.59		-0.15		44718.40		
218.90	220.47	486.53					
	-16.73	-421.22					
-6.36	-3.56						
					2186.33		
					45.00	**107.60**	
194.89	**183.68**	**176.07**	**49.37**	**211.33**	**45168.34**	**1900.86**	**47.91**
0.01						27.99	
72.29	183.68	176.07	40.86	105.48	22489.58	1388.51	17.82
		60.61	5.90	0.32			0.02
0.46					41.15	30.20	
1.11				105.85	139.23	43.09	
24.15			1.06		120.00	81.34	
7.05			0.35		937.37	117.27	
89.82			7.10		21441.01	212.46	30.09
68.82			6.91		21275.01	139.74	25.03
21.00			0.19		166.00	72.72	5.06
201.25	**220.47**	**597.29**	**49.52**	**211.33**	**46904.73**	**2008.46**	**55.62**

6-7 吉林能源平衡表(实物量)-2013

项目	Item	煤合计(万吨) Coal Total (10^4 tons)	原煤(万吨) Raw Coal (10^4 tons)
一.可供本地区消费的能源量	**Total Primary Energy Supply**	**10595.55**	**10579.26**
1.一次能源生产量	Indigenous Production	3059.70	3059.70
2.外省(区、市)调入量	Moving In from Other Provinces	7731.96	7585.46
3.进口量	Import	51.31	51.31
4.境内轮船和飞机在境外的加油量	Domestic Airplanes&Ships Refueling in Abroad		
5.本省(区、市)调出量(-)	Sending Out to Other Provinces(-)	-374.04	-266.01
6.出口量(-)	Export(-)	-3.00	-3.00
7.境外轮船和飞机在境内的加油量(-)	Oversea Airplanes&Ships Refueling in China(-)		
8.库存增(-)、减(+)量	Stock Change	129.62	151.80
二.加工转换投入(-)产出(+)量	**Input(-) & Output(+) of Transformation**	**-6173.84**	**-6786.65**
1.火力发电	Thermal Power	-3654.44	-3644.06
2.供热	Heating Supply	-1743.77	-1718.55
3.洗选煤	Coal Washing	-110.19	-1410.99
4.炼焦	Coking	-602.37	
5.炼油及煤制油	Petroleum Refineries		
#油品再投入量(-)	Petroleum Products Input (-)		
6.制气	Gas Works	-65.28	-3.53
#焦炭再投入量(-)	Coke Input (-)		
7.天然气液化	Natural Gas Liquefaction		
8.煤制品加工	Briquettes	2.21	-9.52
9.回收能	Recovery of Energy		
三.损失量	**Loss**		
四.终端消费量	**Total Final Consumption**	**4239.90**	**3715.80**
1.农、林、牧、渔、水利业	Agriculture, Forestry, Animal Husbandry, Fishery and Water Conservancy	40.26	38.16
2.工业	Industry	2867.16	2813.55
#用作原料、材料	Non-Energy Use	122.67	111.31
3.建筑业	Construction	14.89	14.35
4.交通运输、仓储和邮政业	Transport, Storage and Post	510.14	213.47
5.批发、零售业和住宿、餐饮业	Wholesale, Retail Trade and Hotel, Restaurants	210.13	138.63
6.其他	Others	311.71	291.26
7.生活消费	Residential Consumption	285.61	206.38
城镇	Urban	95.67	47.69
乡村	Rural	189.94	158.69
五.平衡差额	**Statistical Difference**	**181.81**	**76.81**
六.消费量合计	**Total Energy Consumption**	**10413.74**	**10502.45**

Energy Balance of Jilin (Physical Quantity) -2013

洗精煤 (万吨) Cleaned Coal (10^4 tons)	其他洗煤 (万吨) Other Washed Coal (10^4 tons)	型煤 (万吨) Briquettes (10^4 tons)	煤矸石 (万吨) Gangue (10^4 tons)	焦炭 (万吨) Coke (10^4 tons)	焦炉煤气 (亿立方米) Coke Oven Gas (10^8 cu.m)	高炉煤气 (亿立方米) Blast Furnace Gas (10^8 cu.m)	转炉煤气 (亿立方米) Converter Gas (10^8 cu.m)	其他煤气 (亿立方米) Other Gas (10^8 cu.m)
52.74	**-36.45**			**231.17**				
146.50				241.55				
-71.62	-36.41							
				-0.34				
-22.14	-0.04			-10.04				
-14.81	**615.89**	**11.73**	**0.30**	**488.60**	**10.58**	**111.22**	**8.76**	
-10.38			-32.18		-1.00	-10.87	-0.47	
-25.22			-3.37					
676.20	624.60		35.85					
-593.66	-8.71			446.16	9.81			
-61.75				42.44	1.77			
		11.73						
						122.09	9.23	
37.93	**474.44**	**11.73**	**0.30**	**719.77**	**10.58**	**111.22**	**8.76**	
	2.10			6.52				
37.42	9.52	6.67	0.30	712.71	9.62	111.22	8.68	
11.26		0.10		0.10				
0.16	0.38			0.07				
0.35	296.32						0.01	
	71.50			0.36			0.07	
	20.45			0.11				
	74.17	5.06			0.96			
	45.93	2.05			0.96			
	28.24	3.01						
	105.00		**0.00**					
728.94	**483.15**	**11.73**	**35.85**	**719.77**	**11.58**	**122.09**	**9.23**	

6-7 续表 1

项　　目	Item	其他焦化产品(万吨) Other Coking Products (10^4 tons)	油品合计(万吨) Petroleum Products Total (10^4 tons)
一.可供本地区消费的能源量	**Total Primary Energy Supply**	**0.08**	**1032.85**
1.一次能源生产量	Indigenous Production		703.70
2.外省(区、市)调入量	Moving In from Other Provinces		369.10
3.进口量	Import		0.16
4.境内轮船和飞机在境外的加油量	Domestic Airplanes&Ships Refueling in Abroad		
5.本省(区、市)调出量(−)	Sending Out to Other Provinces(-)		-45.35
6.出口量(−)	Export(-)		-0.01
7.境外轮船和飞机在境内的加油量(−)	Oversea Airplanes&Ships Refueling in China(-)		
8.库存增(−)、减(+)量	Stock Change	0.08	5.25
二.加工转换投入(−)产出(+)量	**Input(-) & Output(+) of Transformation**	**20.14**	**-55.30**
1.火力发电	Thermal Power		-0.81
2.供热	Heating Supply		-1.10
3.洗选煤	Coal Washing		
4.炼焦	Coking	19.33	
5.炼油及煤制油	Petroleum Refineries		-53.39
#油品再投入量(−)	Petroleum Products Input (-)		
6.制气	Gas Works	0.81	
#焦炭再投入量(−)	Coke Input (-)		
7.天然气液化	Natural Gas Liquefaction		
8.煤制品加工	Briquettes		
9.回收能	Recovery of Energy		
三.损失量	**Loss**		
四.终端消费量	**Total Final Consumption**	**20.22**	**964.55**
1.农、林、牧、渔、水利业	Agriculture, Forestry, Animal Husbandry, Fishery and Water Conservancy		70.21
2.工业	Industry	20.22	486.98
#用作原料、材料	Non-Energy Use		276.32
3.建筑业	Construction		64.29
4.交通运输、仓储和邮政业	Transport, Storage and Post		243.91
5.批发、零售业和住宿、餐饮业	Wholesale, Retail Trade and Hotel, Restaurants		16.38
6.其他	Others		37.43
7.生活消费	Residential Consumption		45.35
城镇	Urban		27.11
乡村	Rural		18.24
五.平衡差额	**Statistical Difference**		**13.00**
六.消费量合计	**Total Energy Consumption**	**20.22**	**1019.85**

Continued 1

原油 (万吨) Crude Oil (10^4 tons)	汽油 (万吨) Gasoline (10^4 tons)	煤油 (万吨) Kerosene (10^4 tons)	柴油 (万吨) Diesel Oil (10^4 tons)	燃料油 (万吨) Fuel Oil (10^4 tons)	石脑油 (万吨) Naphtha (10^4 tons)	润滑油 (万吨) Lubricants (10^4 tons)	石蜡 (万吨) Paraffin Waxes (10^4 tons)	溶剂油 (万吨) White Spirit (10^4 tons)
1002.13	**-9.79**	**1.71**	**-6.40**	**5.62**	**55.31**			**0.01**
703.70								
301.93		1.55		5.14	54.43			
		0.16						
	-9.48		-14.02					
			-0.01					
-3.50	-0.31		7.63	0.48	0.88			0.01
-986.20	**201.69**		**387.52**	**26.10**	**71.33**	**0.03**	**0.02**	**0.02**
	-0.01		-0.36	-0.39				
	-0.03		-0.12	-0.71				
-986.20	201.73		388.00	27.20	71.33	0.03	0.02	0.02
15.93	**178.90**	**1.71**	**381.12**	**31.72**	**126.64**	**0.03**	**0.02**	**0.03**
	20.96	0.03	48.97	0.05				
15.93	46.49	0.37	64.41	23.91	126.64	0.03	0.02	0.03
	0.14	0.03	0.16	21.72	126.64			0.03
	18.10	0.40	44.12	1.24				
	27.85	0.25	209.82	5.16				
	11.38	0.51	1.05	1.09				
	33.64	0.15	2.26	0.27				
	20.48		10.49					
	14.38		1.31					
	6.10		9.18					
0.00	**13.00**							
1002.13	**178.94**	**1.71**	**381.60**	**32.82**	**126.64**	**0.03**	**0.02**	**0.03**

6-7 续表 2

项　　目	Item	石油沥青(万吨) Bitumen Asphalt (10^4 tons)	石油焦(万吨) Petroleum Coke (10^4 tons)
一.可供本地区消费的能源量	**Total Primary Energy Supply**		**-22.00**
1.一次能源生产量	Indigenous Production		
2.外省(区、市)调入量	Moving In from Other Provinces		
3.进口量	Import		
4.境内轮船和飞机在境外的加油量	Domestic Airplanes&Ships Refueling in Abroad		
5.本省(区、市)调出量(-)	Sending Out to Other Provinces(-)		-21.85
6.出口量(-)	Export(-)		
7.境外轮船和飞机在境内的加油量(-)	Oversea Airplanes&Ships Refueling in China(-)		
8.库存增(-)、减(+)量	Stock Change		-0.15
二.加工转换投入(-)产出(+)量	**Input(-) & Output(+) of Transformation**		**22.00**
1.火力发电	Thermal Power		
2.供热	Heating Supply		
3.洗选煤	Coal Washing		
4.炼焦	Coking		
5.炼油及煤制油	Petroleum Refineries		22.00
#油品再投入量(-)	Petroleum Products Input (-)		
6.制气	Gas Works		
#焦炭再投入量(-)	Coke Input (-)		
7.天然气液化	Natural Gas Liquefaction		
8.煤制品加工	Briquettes		
9.回收能	Recovery of Energy		
三.损失量	**Loss**		
四.终端消费量	**Total Final Consumption**		
1.农、林、牧、渔、水利业	Agriculture, Forestry, Animal Husbandry, Fishery and Water Conservancy		
2.工业	Industry		
#用作原料、材料	Non-Energy Use		
3.建筑业	Construction		
4.交通运输、仓储和邮政业	Transport, Storage and Post		
5.批发、零售业和住宿、餐饮业	Wholesale, Retail Trade and Hotel, Restaurants		
6.其他	Others		
7.生活消费	Residential Consumption		
城镇	Urban		
乡村	Rural		
五.平衡差额	**Statistical Difference**		
六.消费量合计	**Total Energy Consumption**		

Continued 2

液化石油气 (万吨) LPG (10^4 tons)	炼厂干气 (万吨) Refinery Gas (10^4 tons)	其他石油制品 (万吨) Other Petroleum Products (10^4 tons)	天然气 (亿立方米) Natural Gas (10^8 cu.m)	液化天然气 (万吨) LNG (10^4 tons)	热力 (万百万千焦) Heat (10^{10} kJ)	电力 (亿千瓦小时) Electricity (10^8 kW•h)	其他能源 (万吨标煤) Other Energy (10^4 tce)
0.21	**6.05**		**23.90**	**1.09**		**53.42**	**443.27**
			23.90			172.60	110.80
	6.05			1.09		135.71	341.46
						-254.89	-8.21
0.21							-0.78
44.22	**25.74**	**152.23**	**-4.38**		**24273.22**	**606.10**	**-22.51**
		-0.05	-1.79		-147.98	606.10	-64.17
		-0.24	-2.59		23804.91		-2.68
44.22	25.74	152.52					
					616.29		44.34
					2845.60		
44.43	**31.79**	**152.23**	**19.52**	**1.09**	**22827.62**	**659.52**	**420.76**
0.20			0.02			9.34	
25.13	31.79	152.23	17.16	1.09	16407.20	443.94	397.20
		127.60	0.34				2.34
0.43					130.46	10.91	
0.83			0.03		181.72	17.43	
2.35			0.12		366.18	29.83	
1.11			0.04		721.01	49.72	
14.38			2.15		5021.05	98.35	23.56
11.42			2.15		5021.05	62.77	13.12
2.96						35.58	10.44
					-1400.00		
44.43	**31.79**	**152.52**	**23.90**	**1.09**	**25821.20**	**659.52**	**487.61**

6-8 黑龙江能源平衡表(实物量)-2013

项　目	Item	煤合计 (万吨) Coal Total (10^4 tons)	原煤 (万吨) Raw Coal (10^4 tons)
一.可供本地区消费的能源量	**Total Primary Energy Supply**	**13266.81**	**15324.12**
1.一次能源生产量	Indigenous Production	7987.90	7987.90
2.外省(区、市)调入量	Moving In from Other Provinces	7984.93	7961.74
3.进口量	Import	434.19	434.19
4.境内轮船和飞机在境外的加油量	Domestic Airplanes&Ships Refueling in Abroad		
5.本省(区、市)调出量(-)	Sending Out to Other Provinces(-)	-2901.17	-854.36
6.出口量(-)	Export(-)		
7.境外轮船和飞机在境内的加油量(-)	Oversea Airplanes&Ships Refueling in China(-)		
8.库存增(-)、减(+)量	Stock Change	-239.04	-205.35
二.加工转换投入(-)产出(+)量	**Input(-) & Output(+) of Transformation**	**-8678.88**	**-11969.24**
1.火力发电	Thermal Power	-3437.86	-3324.52
2.供热	Heating Supply	-2171.83	-2064.06
3.洗选煤	Coal Washing	-1750.09	-6428.37
4.炼焦	Coking	-1148.68	-2.30
5.炼油及煤制油	Petroleum Refineries	-1.44	-1.44
#油品再投入量(-)	Petroleum Products Input (-)		
6.制气	Gas Works	-168.98	-148.55
#焦炭再投入量(-)	Coke Input (-)		
7.天然气液化	Natural Gas Liquefaction		
8.煤制品加工	Briquettes		
9.回收能	Recovery of Energy		
三.损失量	**Loss**		
四.终端消费量	**Total Final Consumption**	**4587.93**	**3354.88**
1.农、林、牧、渔、水利业	Agriculture, Forestry, Animal Husbandry, Fishery and Water Conservancy	259.87	259.87
2.工业	Industry	2296.87	1063.82
#用作原料、材料	Non-Energy Use	25.50	
3.建筑业	Construction		
4.交通运输、仓储和邮政业	Transport, Storage and Post	370.83	370.83
5.批发、零售业和住宿、餐饮业	Wholesale, Retail Trade and Hotel, Restaurants	580.00	580.00
6.其他	Others	560.43	560.43
7.生活消费	Residential Consumption	519.93	519.93
城镇	Urban	381.10	381.10
乡村	Rural	138.83	138.83
五.平衡差额	**Statistical Difference**		
六.消费量合计	**Total Energy Consumption**	**13266.81**	**15324.12**

Energy Balance of Heilongjiang (Physical Quantity) -2013

洗精煤 (万吨) Cleaned Coal (10^4 tons)	其他洗煤 (万吨) Other Washed Coal (10^4 tons)	型煤 (万吨) Briquettes (10^4 tons)	煤矸石 (万吨) Gangue (10^4 tons)	焦炭 (万吨) Coke (10^4 tons)	焦炉煤气 (亿立方米) Coke Oven Gas (10^8 cu.m)	高炉煤气 (亿立方米) Blast Furnace Gas (10^8 cu.m)	转炉煤气 (亿立方米) Converter Gas (10^8 cu.m)	其他煤气 (亿立方米) Other Gas (10^8 cu.m)
-1250.21	**-830.29**	**23.19**		**-477.55**				
		23.19						
-1225.35	-821.46			-476.43				
-24.86	-8.83			-1.12				
1763.89	**1536.62**	**-10.15**	**556.96**	**815.20**	**17.99**	**43.93**	**3.66**	**12.10**
	-113.34		-459.23		-2.91	-4.74		
	-97.62	-10.15	-175.84		-0.19			
2925.59	1752.69		1192.03					
-1146.38				815.20	21.09			
-15.32	-5.11							12.10
						48.67	3.66	
513.68	**706.33**	**13.04**	**556.96**	**337.65**	**17.99**	**43.93**	**3.66**	**12.10**
513.68	706.33	13.04	556.96	337.65	17.99	43.93	3.66	12.10
25.50								
1675.38	**922.40**	**23.19**	**1192.03**	**337.65**	**21.09**	**48.67**	**3.66**	**12.10**

6-8 续表 1

项　　目	Item	其他焦化产品(万吨) Other Coking Products (10^4 tons)	油品合计(万吨) Petroleum Products Total (10^4 tons)
一.可供本地区消费的能源量	**Total Primary Energy Supply**		**1847.77**
1.一次能源生产量	Indigenous Production		4000.98
2.外省(区、市)调入量	Moving In from Other Provinces		40.00
3.进口量	Import		1966.07
4.境内轮船和飞机在境外的加油量	Domestic Airplanes&Ships Refueling in Abroad		
5.本省(区、市)调出量(−)	Sending Out to Other Provinces(-)		-4159.10
6.出口量(−)	Export(-)		-0.18
7.境外轮船和飞机在境内的加油量(−)	Oversea Airplanes&Ships Refueling in China(-)		
8.库存增(−)、减(+)量	Stock Change		0.00
二.加工转换投入(−)产出(+)量	**Input(-) & Output(+) of Transformation**	**43.27**	**-223.20**
1.火力发电	Thermal Power		-11.21
2.供热	Heating Supply		-67.38
3.洗选煤	Coal Washing		
4.炼焦	Coking	43.27	
5.炼油及煤制油	Petroleum Refineries		-33.34
#油品再投入量(−)	Petroleum Products Input (-)		-111.27
6.制气	Gas Works		
#焦炭再投入量(−)	Coke Input (-)		
7.天然气液化	Natural Gas Liquefaction		
8.煤制品加工	Briquettes		
9.回收能	Recovery of Energy		
三.损失量	**Loss**		**48.00**
四.终端消费量	**Total Final Consumption**	**43.27**	**1576.57**
1.农、林、牧、渔、水利业	Agriculture, Forestry, Animal Husbandry, Fishery and Water Conservancy		145.76
2.工业	Industry	43.27	742.17
#用作原料、材料	Non-Energy Use		
3.建筑业	Construction		8.00
4.交通运输、仓储和邮政业	Transport, Storage and Post		471.11
5.批发、零售业和住宿、餐饮业	Wholesale, Retail Trade and Hotel, Restaurants		118.54
6.其他	Others		
7.生活消费	Residential Consumption		90.99
城镇	Urban		90.99
乡村	Rural		
五.平衡差额	**Statistical Difference**		
六.消费量合计	**Total Energy Consumption**	**43.27**	**1847.77**

Continued 1

原油 (万吨) Crude Oil (10^4 tons)	汽油 (万吨) Gasoline (10^4 tons)	煤油 (万吨) Kerosene (10^4 tons)	柴油 (万吨) Diesel Oil (10^4 tons)	燃料油 (万吨) Fuel Oil (10^4 tons)	石脑油 (万吨) Naphtha (10^4 tons)	润滑油 (万吨) Lubricants (10^4 tons)	石蜡 (万吨) Paraffin Waxes (10^4 tons)	溶剂油 (万吨) White Spirit (10^4 tons)
2127.02	**-203.10**		**-127.53**	**51.42**				
4000.98								
				40.00				
1933.75			20.84	11.48				
-3807.70	-203.10		-148.30					
			-0.05	-0.09				
-0.01			-0.02	0.03				
-1645.32	**480.69**	**63.97**	**584.47**	**-17.20**	**0.38**	**14.01**	**29.63**	
				-1.04				
				-14.02				
-1645.32	480.69	63.97	584.47	42.73	0.38	14.01	29.63	
				-44.87				
48.00								
433.70	**277.59**	**63.97**	**456.94**	**34.22**	**0.38**	**14.01**	**29.63**	
	10.00		135.76					
433.70	13.09	0.97	40.11	34.22	0.38	14.01	29.63	
			8.00					
	200.06	63.00	199.92					
	54.44		64.10					
			9.05					
			9.05					
2127.02	**277.59**	**63.97**	**456.94**	**94.15**	**0.38**	**14.01**	**29.63**	

6-8 续表 2

项　　目	Item	石油沥青(万吨) Bitumen Asphalt (10^4 tons)	石油焦(万吨) Petroleum Coke (10^4 tons)
一.可供本地区消费的能源量	**Total Primary Energy Supply**		
1.一次能源生产量	Indigenous Production		
2.外省(区、市)调入量	Moving In from Other Provinces		
3.进口量	Import		
4.境内轮船和飞机在境外的加油量	Domestic Airplanes&Ships Refueling in Abroad		
5.本省(区、市)调出量(−)	Sending Out to Other Provinces(-)		
6.出口量(−)	Export(-)		
7.境外轮船和飞机在境内的加油量(−)	Oversea Airplanes&Ships Refueling in China(-)		
8.库存增(−)、减(+)量	Stock Change		
二.加工转换投入(−)产出(+)量	**Input(-) & Output(+) of Transformation**	**8.31**	**19.48**
1.火力发电	Thermal Power		
2.供热	Heating Supply		
3.洗选煤	Coal Washing		
4.炼焦	Coking		
5.炼油及煤制油	Petroleum Refineries	8.31	19.48
#油品再投入量(−)	Petroleum Products Input (-)		
6.制气	Gas Works		
#焦炭再投入量(−)	Coke Input (-)		
7.天然气液化	Natural Gas Liquefaction		
8.煤制品加工	Briquettes		
9.回收能	Recovery of Energy		
三.损失量	**Loss**		
四.终端消费量	**Total Final Consumption**	**8.31**	**19.48**
1.农、林、牧、渔、水利业	Agriculture, Forestry, Animal Husbandry, Fishery and Water Conservancy		
2.工业	Industry	0.23	19.48
#用作原料、材料	Non-Energy Use		
3.建筑业	Construction		
4.交通运输、仓储和邮政业	Transport, Storage and Post	8.08	
5.批发、零售业和住宿、餐饮业	Wholesale, Retail Trade and Hotel, Restaurants		
6.其他	Others		
7.生活消费	Residential Consumption		
城镇	Urban		
乡村	Rural		
五.平衡差额	**Statistical Difference**		
六.消费量合计	**Total Energy Consumption**	**8.31**	**19.48**

Continued 2

液化石油气 (万吨) LPG (10^4 tons)	炼厂干气 (万吨) Refinery Gas (10^4 tons)	其他石油制品 (万吨) Other Petroleum Products (10^4 tons)	天然气 (亿立方米) Natural Gas (10^8 cu.m)	液化天然气 (万吨) LNG (10^4 tons)	热力 (万百万千焦) Heat (10^{10} kJ)	电力 (亿千瓦小时) Electricity (10^8 kW•h)	其他能源 (万吨标煤) Other Energy (10^4 tce)
-0.04			**34.77**			**107.49**	**37.62**
			34.77			106.60	
						1.40	37.62
						134.00	
						-129.39	
-0.04						-5.12	
146.71	**33.93**	**57.74**	**-5.59**		**34270.25**	**732.70**	**-18.66**
	-10.17		-1.65			732.70	-10.07
	-53.36		-3.94		34270.25		-8.59
151.29	97.46	119.56					
-4.58		-61.82					
			1.27			**50.18**	
146.67	**33.93**	**57.74**	**27.91**		**34270.25**	**790.01**	**18.96**
						36.92	
64.68	33.93	57.74	22.05		8382.88	523.53	18.96
					90.81	11.54	
0.05					890.00	13.43	
					2056.00	28.45	
					2165.90	16.84	
81.94			5.86		20684.66	159.30	
81.94			5.86		20684.66	97.88	
						61.42	
151.25	**97.46**	**119.56**	**34.77**		**34270.25**	**840.19**	**37.62**

6-9 上海能源平衡表(实物量)-2013

项　目	Item	煤合计 (万吨) Coal Total (10^4 tons)	原煤 (万吨) Raw Coal (10^4 tons)
一.可供本地区消费的能源量	**Total Primary Energy Supply**	**5686.12**	**4836.09**
1.一次能源生产量	Indigenous Production		
2.外省(区、市)调入量	Moving In from Other Provinces	6969.30	6118.40
3.进口量	Import	1484.68	1484.68
4.境内轮船和飞机在境外的加油量	Domestic Airplanes&Ships Refueling in Abroad		
5.本省(区、市)调出量(-)	Sending Out to Other Provinces(-)	-2845.75	-2845.75
6.出口量(-)	Export(-)		
7.境外轮船和飞机在境内的加油量(-)	Oversea Airplanes&Ships Refueling in China(-)		
8.库存增(-)、减(+)量	Stock Change	77.89	78.76
二.加工转换投入(-)产出(+)量	**Input(-) & Output(+) of Transformation**	**-4710.84**	**-3900.33**
1.火力发电	Thermal Power	-3558.94	-3558.94
2.供热	Heating Supply	-310.23	-310.23
3.洗选煤	Coal Washing		
4.炼焦	Coking	-837.79	-28.45
5.炼油及煤制油	Petroleum Refineries		
#油品再投入量(-)	Petroleum Products Input (-)		
6.制气	Gas Works	-3.88	-2.71
#焦炭再投入量(-)	Coke Input (-)		
7.天然气液化	Natural Gas Liquefaction		
8.煤制品加工	Briquettes		
9.回收能	Recovery of Energy		
三.损失量	**Loss**	**12.68**	**12.68**
四.终端消费量	**Total Final Consumption**	**957.67**	**917.92**
1.农、林、牧、渔、水利业	Agriculture, Forestry, Animal Husbandry, Fishery and Water Conservancy	2.65	2.65
2.工业	Industry	839.90	800.15
#用作原料、材料	Non-Energy Use	172.18	172.18
3.建筑业	Construction	9.90	9.90
4.交通运输、仓储和邮政业	Transport, Storage and Post	1.73	1.73
5.批发、零售业和住宿、餐饮业	Wholesale, Retail Trade and Hotel, Restaurants	31.84	31.84
6.其他	Others	37.58	37.58
7.生活消费	Residential Consumption	34.07	34.07
城镇	Urban	27.97	27.97
乡村	Rural	6.10	6.10
五.平衡差额	**Statistical Difference**	**4.93**	**5.16**
六.消费量合计	**Total Energy Consumption**	**5681.19**	**4830.93**

Energy Balance of Shanghai (Physical Quantity) -2013

洗精煤 (万吨) Cleaned Coal (10^4 tons)	其他洗煤 (万吨) Other Washed Coal (10^4 tons)	型煤 (万吨) Briquettes (10^4 tons)	煤矸石 (万吨) Gangue (10^4 tons)	焦炭 (万吨) Coke (10^4 tons)	焦炉煤气 (亿立方米) Coke Oven Gas (10^8 cu.m)	高炉煤气 (亿立方米) Blast Furnace Gas (10^8 cu.m)	转炉煤气 (亿立方米) Converter Gas (10^8 cu.m)	其他煤气 (亿立方米) Other Gas (10^8 cu.m)
821.43	**4.15**	**24.45**		**101.20**				
822.30	4.10	24.50		101.19				
				4.98				
				-6.91				
-0.87	0.05	-0.05		1.94				
-810.51				**539.48**	**22.66**	**142.09**	**11.71**	**5.66**
					-0.72	-90.09	-0.98	
-809.34				539.48	23.38			
-1.17								5.66
						232.18	12.69	
								0.52
11.30	**4.12**	**24.33**		**640.30**	**23.00**	**142.09**	**11.71**	**5.56**
11.30	4.12	24.33		640.30	22.65	142.09	11.71	0.43
								0.12
								1.50
					0.35			0.85
								2.67
								2.53
								0.14
-0.38	**0.03**	**0.12**		**0.38**	**-0.34**			**-0.42**
821.81	**4.12**	**24.33**		**640.30**	**23.72**	**232.18**	**12.69**	**6.08**

6-9 续表 1

项　　目	Item	其他焦化产品 (万吨) Other Coking Products (10^4 tons)	油品合计 (万吨) Petroleum Products Total (10^4 tons)
一.可供本地区消费的能源量	**Total Primary Energy Supply**	**60.18**	**3396.86**
1.一次能源生产量	Indigenous Production		7.94
2.外省(区、市)调入量	Moving In from Other Provinces	61.86	4031.21
3.进口量	Import		2798.78
4.境内轮船和飞机在境外的加油量	Domestic Airplanes&Ships Refueling in Abroad		448.11
5.本省(区、市)调出量(-)	Sending Out to Other Provinces(-)		-3665.52
6.出口量(-)	Export(-)		-74.69
7.境外轮船和飞机在境内的加油量(-)	Oversea Airplanes&Ships Refueling in China(-)		-156.58
8.库存增(-)、减(+)量	Stock Change	-1.68	7.61
二.加工转换投入(-)产出(+)量	**Input(-) & Output(+) of Transformation**	**30.30**	**-39.57**
1.火力发电	Thermal Power		-33.04
2.供热	Heating Supply		-18.60
3.洗选煤	Coal Washing		
4.炼焦	Coking	30.30	
5.炼油及煤制油	Petroleum Refineries		45.83
#油品再投入量(-)	Petroleum Products Input (-)		-33.76
6.制气	Gas Works		
#焦炭再投入量(-)	Coke Input (-)		
7.天然气液化	Natural Gas Liquefaction		
8.煤制品加工	Briquettes		
9.回收能	Recovery of Energy		
三.损失量	**Loss**		
四.终端消费量	**Total Final Consumption**	**90.54**	**3356.77**
1.农、林、牧、渔、水利业	Agriculture, Forestry, Animal Husbandry, Fishery and Water Conservancy		33.78
2.工业	Industry	90.54	1187.93
#用作原料、材料	Non-Energy Use	24.04	683.25
3.建筑业	Construction		76.02
4.交通运输、仓储和邮政业	Transport, Storage and Post		1320.94
5.批发、零售业和住宿、餐饮业	Wholesale, Retail Trade and Hotel, Restaurants		168.47
6.其他	Others		269.06
7.生活消费	Residential Consumption		300.56
城镇	Urban		222.48
乡村	Rural		78.09
五.平衡差额	**Statistical Difference**	**-0.06**	**0.52**
六.消费量合计	**Total Energy Consumption**	**90.54**	**3396.34**

Continued 1

原油（万吨）Crude Oil (10^4 tons)	汽油（万吨）Gasoline (10^4 tons)	煤油（万吨）Kerosene (10^4 tons)	柴油（万吨）Diesel Oil (10^4 tons)	燃料油（万吨）Fuel Oil (10^4 tons)	石脑油（万吨）Naphtha (10^4 tons)	润滑油（万吨）Lubricants (10^4 tons)	石蜡（万吨）Paraffin Waxes (10^4 tons)	溶剂油（万吨）White Spirit (10^4 tons)
2611.77	**33.79**	**215.26**	**-303.23**	**562.68**	**259.58**	**109.23**	**-7.77**	**-0.86**
7.94								
113.16	939.85	574.31	1723.72	231.96	262.16	111.91		
2481.51		245.91	8.72			0.01		
		89.93		345.95		12.23		
-3.56	-907.61	-471.23	-2024.80	-25.01		-15.53		-0.91
		-65.03		-0.98			-8.68	
		-156.58						
12.72	1.55	-2.05	-10.87	10.76	-2.58	0.61	0.91	0.05
-2609.17	**499.24**	**222.69**	**858.12**	**26.50**	**203.73**	**6.53**	**14.32**	**3.14**
			-1.08	-13.45				
			-0.05	-0.84				
-2609.17	499.24	222.69	859.25	40.79	203.73	6.53	14.32	3.14
2.59	**532.55**	**437.48**	**554.71**	**588.85**	**463.29**	**116.38**	**5.67**	**2.24**
	19.36		14.37					
2.59	29.73	3.67	59.85	35.36	463.29	11.81	5.67	2.24
	0.06	0.25	0.09		463.29	0.57	0.01	1.11
	26.69	0.01	26.38	6.71		0.24		
	117.07	433.73	194.93	541.93		27.06		
	60.40	0.01	76.64	3.08		18.43		
	91.09	0.06	135.08	1.77		32.99		
	188.21		47.47			25.85		
	162.61		26.62			21.14		
	25.60		20.85			4.71		
0.01	**0.48**	**0.47**	**0.18**	**0.33**	**0.02**	**-0.63**	**0.88**	**0.04**
2611.76	**532.55**	**437.48**	**555.84**	**603.14**	**463.29**	**116.38**	**5.67**	**2.24**

6-9 续表 2

项　　目	Item	石油沥青(万吨) Bitumen Asphalt (10^4 tons)	石油焦(万吨) Petroleum Coke (10^4 tons)
一.可供本地区消费的能源量	**Total Primary Energy Supply**	**-57.98**	**-0.39**
1.一次能源生产量	Indigenous Production		
2.外省(区、市)调入量	Moving In from Other Provinces	1.00	11.51
3.进口量	Import		
4.境内轮船和飞机在境外的加油量	Domestic Airplanes&Ships Refueling in Abroad		
5.本省(区、市)调出量(-)	Sending Out to Other Provinces(-)	-59.30	-13.55
6.出口量(-)	Export(-)		
7.境外轮船和飞机在境内的加油量(-)	Oversea Airplanes&Ships Refueling in China(-)		
8.库存增(-)、减(+)量	Stock Change	0.33	1.65
二.加工转换投入(-)产出(+)量	**Input(-) & Output(+) of Transformation**	**78.04**	**79.79**
1.火力发电	Thermal Power		-17.61
2.供热	Heating Supply		-16.28
3.洗选煤	Coal Washing		
4.炼焦	Coking		
5.炼油及煤制油	Petroleum Refineries	78.04	113.68
#油品再投入量(-)	Petroleum Products Input (-)		
6.制气	Gas Works		
#焦炭再投入量(-)	Coke Input (-)		
7.天然气液化	Natural Gas Liquefaction		
8.煤制品加工	Briquettes		
9.回收能	Recovery of Energy		
三.损失量	**Loss**		
四.终端消费量	**Total Final Consumption**	**20.04**	**79.40**
1.农、林、牧、渔、水利业	Agriculture, Forestry, Animal Husbandry, Fishery and Water Conservancy		
2.工业	Industry	6.24	79.40
#用作原料、材料	Non-Energy Use	0.24	
3.建筑业	Construction	13.80	
4.交通运输、仓储和邮政业	Transport, Storage and Post		
5.批发、零售业和住宿、餐饮业	Wholesale, Retail Trade and Hotel, Restaurants		
6.其他	Others		
7.生活消费	Residential Consumption		
城镇	Urban		
乡村	Rural		
五.平衡差额	**Statistical Difference**	**0.03**	
六.消费量合计	**Total Energy Consumption**	**20.04**	**113.29**

Continued 2

液化石油气（万吨） LPG (10^4 tons)	炼厂干气（万吨） Refinery Gas (10^4 tons)	其他石油制品（万吨） Other Petroleum Products (10^4 tons)	天然气（亿立方米） Natural Gas (10^8 cu.m)	液化天然气（万吨） LNG (10^4 tons)	热力（万百万千焦） Heat (10^{10} kJ)	电力（亿千瓦小时） Electricity (10^8 kW•h)	其他能源（万吨标煤） Other Energy (10^4 tce)
22.82	**-0.35**	**-47.70**	**72.81**	**0.58**		**446.75**	
			2.35			7.75	
40.71	4.34	16.58	34.74			578.58	
16.79		45.84	35.72	0.58			
-33.12	-4.69	-106.21				-139.58	
-1.56		-3.91					
108.25	**145.72**	**323.53**	**-20.37**		**11244.98**	**963.86**	**3.12**
	-0.86	-0.04	-15.94		-7.52	963.86	-21.30
-0.03	-1.35	-0.05	-2.08		6980.93		-5.93
108.28	159.72	345.59					
	-11.79	-21.97					
			-2.35				
					4271.57		30.35
			3.26			**76.38**	
131.87	**146.61**	**275.08**	**49.18**	**0.58**	**11244.98**	**1334.23**	**3.13**
0.05						7.45	
66.38	146.61	275.08	29.79	0.58	11078.56	723.07	3.13
36.90	14.55	166.18	5.95				
2.20			0.08		19.55	32.95	
6.22			0.51		59.74	40.34	
9.92			2.26		38.24	77.82	
8.07			5.49		48.75	247.56	
39.03			11.05		0.14	205.04	
12.11			9.20		0.14	201.87	
26.92			1.85			3.17	
-0.80	**-1.24**	**0.75**	**0.00**		**0.00**		**-0.01**
131.90	**160.61**	**297.14**	**72.81**	**0.58**	**11252.50**	**1410.61**	**30.36**

6-10 江苏能源平衡表(实物量)-2013

项　　目	Item	煤合计 (万吨) Coal Total (10^4 tons)	原煤 (万吨) Raw Coal (10^4 tons)
一.可供本地区消费的能源量	**Total Primary Energy Supply**	**27946.07**	**25333.91**
1.一次能源生产量	Indigenous Production	2011.18	2011.18
2.外省(区、市)调入量	Moving In from Other Provinces	25267.71	22387.11
3.进口量	Import	1201.55	1201.55
4.境内轮船和飞机在境外的加油量	Domestic Airplanes&Ships Refueling in Abroad		
5.本省(区、市)调出量(-)	Sending Out to Other Provinces(-)	-572.70	-336.91
6.出口量(-)	Export(-)	-2.00	-2.00
7.境外轮船和飞机在境内的加油量(-)	Oversea Airplanes&Ships Refueling in China(-)		
8.库存增(-)、减(+)量	Stock Change	40.33	72.98
二.加工转换投入(-)产出(+)量	**Input(-) & Output(+) of Transformation**	**-22789.55**	**-20727.92**
1.火力发电	Thermal Power	-16340.90	-16120.99
2.供热	Heating Supply	-3025.06	-2916.80
3.洗选煤	Coal Washing	-285.64	-1465.98
4.炼焦	Coking	-3137.18	-223.40
5.炼油及煤制油	Petroleum Refineries		
#油品再投入量(-)	Petroleum Products Input (-)		
6.制气	Gas Works	-0.75	-0.75
#焦炭再投入量(-)	Coke Input (-)		
7.天然气液化	Natural Gas Liquefaction		
8.煤制品加工	Briquettes	-0.02	
9.回收能	Recovery of Energy		
三.损失量	**Loss**		
四.终端消费量	**Total Final Consumption**	**5156.52**	**4605.99**
1.农、林、牧、渔、水利业	Agriculture, Forestry, Animal Husbandry, Fishery and Water Conservancy	51.31	51.31
2.工业	Industry	5065.00	4514.47
#用作原料、材料	Non-Energy Use	451.51	451.51
3.建筑业	Construction	2.84	2.84
4.交通运输、仓储和邮政业	Transport, Storage and Post	3.91	3.91
5.批发、零售业和住宿、餐饮业	Wholesale, Retail Trade and Hotel, Restaurants	10.32	10.32
6.其他	Others	10.88	10.88
7.生活消费	Residential Consumption	12.26	12.26
城镇	Urban	2.04	2.04
乡村	Rural	10.22	10.22
五.平衡差额	**Statistical Difference**		
六.消费量合计	**Total Energy Consumption**	**27946.07**	**25333.91**

Energy Balance of Jiangsu (Physical Quantity) -2013

洗精煤 (万吨) Cleaned Coal (10^4 tons)	其他洗煤 (万吨) Other Washed Coal (10^4 tons)	型煤 (万吨) Briquettes (10^4 tons)	煤矸石 (万吨) Gangue (10^4 tons)	焦炭 (万吨) Coke (10^4 tons)	焦炉煤气 (亿立方米) Coke Oven Gas (10^8 cu.m)	高炉煤气 (亿立方米) Blast Furnace Gas (10^8 cu.m)	转炉煤气 (亿立方米) Converter Gas (10^8 cu.m)	其他煤气 (亿立方米) Other Gas (10^8 cu.m)
2558.91	**30.06**	**23.19**	**11.59**	**938.10**				
2816.31	40.66	23.63	11.59	953.95				
-235.79								
				-10.00				
-21.61	-10.60	-0.44		-5.85				
-2057.37	**-7.90**	**3.64**	**-11.59**	**2252.51**	**36.96**	**618.51**	**39.44**	**0.31**
	-219.91		-7.72		-10.13	-188.66	-6.31	
	-108.22	-0.04	-3.87		-1.39	-6.31	-2.07	
860.11	320.23							
-2913.78				2252.51	48.48			
								0.31
-3.70		3.68						
						813.48	47.82	
501.54	**22.16**	**26.83**		**3190.61**	**36.96**	**618.51**	**39.44**	**0.31**
501.54	22.16	26.83		3190.61	36.96	618.51	39.44	
				30.41				
								0.01
								0.07
								0.23
								0.23
3419.02	**350.29**	**26.87**	**11.59**	**3190.61**	**48.48**	**813.48**	**47.82**	**0.31**

6-10 续表 1

项　　目	Item	其他焦化产品(万吨) Other Coking Products (10^4 tons)	油品合计(万吨) Petroleum Products Total (10^4 tons)
一.可供本地区消费的能源量	**Total Primary Energy Supply**	**-90.70**	**2814.20**
1.一次能源生产量	Indigenous Production		201.46
2.外省(区、市)调入量	Moving In from Other Provinces		2644.79
3.进口量	Import		2139.74
4.境内轮船和飞机在境外的加油量	Domestic Airplanes&Ships Refueling in Abroad		52.13
5.本省(区、市)调出量(-)	Sending Out to Other Provinces(-)	-91.88	-2069.98
6.出口量(-)	Export(-)		-155.95
7.境外轮船和飞机在境内的加油量(-)	Oversea Airplanes&Ships Refueling in China(-)		-1.21
8.库存增(-)、减(+)量	Stock Change	1.18	3.22
二.加工转换投入(-)产出(+)量	**Input(-) & Output(+) of Transformation**	**121.15**	**-134.45**
1.火力发电	Thermal Power		-2.82
2.供热	Heating Supply		-3.23
3.洗选煤	Coal Washing		
4.炼焦	Coking	121.15	
5.炼油及煤制油	Petroleum Refineries		660.87
#油品再投入量(-)	Petroleum Products Input (-)		-789.27
6.制气	Gas Works		
#焦炭再投入量(-)	Coke Input (-)		
7.天然气液化	Natural Gas Liquefaction		
8.煤制品加工	Briquettes		
9.回收能	Recovery of Energy		
三.损失量	**Loss**		**13.94**
四.终端消费量	**Total Final Consumption**	**30.45**	**2665.81**
1.农、林、牧、渔、水利业	Agriculture, Forestry, Animal Husbandry, Fishery and Water Conservancy		186.84
2.工业	Industry	30.45	744.93
#用作原料、材料	Non-Energy Use	27.48	337.93
3.建筑业	Construction		177.11
4.交通运输、仓储和邮政业	Transport, Storage and Post		1102.80
5.批发、零售业和住宿、餐饮业	Wholesale, Retail Trade and Hotel, Restaurants		29.07
6.其他	Others		47.72
7.生活消费	Residential Consumption		377.34
城镇	Urban		287.76
乡村	Rural		89.58
五.平衡差额	**Statistical Difference**		**0.00**
六.消费量合计	**Total Energy Consumption**	**30.45**	**2814.20**

Continued 1

原油（万吨） Crude Oil (10^4 tons)	汽油（万吨） Gasoline (10^4 tons)	煤油（万吨） Kerosene (10^4 tons)	柴油（万吨） Diesel Oil (10^4 tons)	燃料油（万吨） Fuel Oil (10^4 tons)	石脑油（万吨） Naphtha (10^4 tons)	润滑油（万吨） Lubricants (10^4 tons)	石蜡（万吨） Paraffin Waxes (10^4 tons)	溶剂油（万吨） White Spirit (10^4 tons)
3394.78	**439.52**	**-181.05**	**-6.80**	**-98.47**	**-143.31**	**-8.75**	**-6.55**	**-6.94**
201.46								
1112.82	729.31	54.03	612.58	11.20	92.50	0.45		
2083.77			1.00					
		0.63	15.86	35.64				
-2.37	-291.00	-166.34	-614.11	-97.14	-237.22	-9.11	-6.55	-6.91
		-69.95	-26.00	-48.00				
		-0.10	-0.06	-1.05				
-0.90	1.21	0.68	3.93	0.88	1.41	-0.09		-0.03
-3371.38	**451.94**	**244.84**	**757.68**	**278.77**	**386.52**	**9.40**	**6.66**	**8.03**
			-1.23	-0.14				
			-0.17	-0.06				
-3371.38	451.94	244.84	759.08	281.17	386.52	9.40	6.66	8.03
				-2.20				
13.26	**0.68**							
10.14	**890.78**	**63.79**	**750.88**	**180.30**	**243.21**	**0.65**	**0.11**	**1.09**
	22.28		151.36	13.20				
10.14	36.52	1.51	72.93	74.00	243.21	0.65	0.11	1.09
		0.06	0.52	0.54	224.82	0.11		0.11
	11.01	0.56	25.89	6.68				
	512.95	61.69	450.62	76.64				
	11.45	0.03	14.24	1.05				
	20.52		17.97	8.73				
	276.05		17.87					
	225.66		5.21					
	50.39		12.66					
0.00							**0.00**	
3394.78	**891.46**	**63.79**	**752.28**	**182.70**	**243.21**	**0.65**	**0.11**	**1.09**

6-10 续表 2

项目	Item	石油沥青(万吨) Bitumen Asphalt (10^4 tons)	石油焦(万吨) Petroleum Coke (10^4 tons)
一.可供本地区消费的能源量	**Total Primary Energy Supply**	**-218.39**	**-189.19**
1.一次能源生产量	Indigenous Production		
2.外省(区、市)调入量	Moving In from Other Provinces		
3.进口量	Import		
4.境内轮船和飞机在境外的加油量	Domestic Airplanes&Ships Refueling in Abroad		
5.本省(区、市)调出量(-)	Sending Out to Other Provinces(-)	-216.44	-185.90
6.出口量(-)	Export(-)		
7.境外轮船和飞机在境内的加油量(-)	Oversea Airplanes&Ships Refueling in China(-)		
8.库存增(-)、减(+)量	Stock Change	-1.95	-3.29
二.加工转换投入(-)产出(+)量	**Input(-) & Output(+) of Transformation**	**354.86**	**222.03**
1.火力发电	Thermal Power		-0.04
2.供热	Heating Supply		-0.04
3.洗选煤	Coal Washing		
4.炼焦	Coking		
5.炼油及煤制油	Petroleum Refineries	354.86	222.11
#油品再投入量(-)	Petroleum Products Input (-)		
6.制气	Gas Works		
#焦炭再投入量(-)	Coke Input (-)		
7.天然气液化	Natural Gas Liquefaction		
8.煤制品加工	Briquettes		
9.回收能	Recovery of Energy		
三.损失量	**Loss**		
四.终端消费量	**Total Final Consumption**	**136.47**	**32.84**
1.农、林、牧、渔、水利业	Agriculture, Forestry, Animal Husbandry, Fishery and Water Conservancy		
2.工业	Industry	6.19	32.84
#用作原料、材料	Non-Energy Use		2.77
3.建筑业	Construction	130.28	
4.交通运输、仓储和邮政业	Transport, Storage and Post		
5.批发、零售业和住宿、餐饮业	Wholesale, Retail Trade and Hotel, Restaurants		
6.其他	Others		
7.生活消费	Residential Consumption		
城镇	Urban		
乡村	Rural		
五.平衡差额	**Statistical Difference**		
六.消费量合计	**Total Energy Consumption**	**136.47**	**32.92**

Continued 2

液化石油气 (万吨) LPG (10^4 tons)	炼厂干气 (万吨) Refinery Gas (10^4 tons)	其他石油制品 (万吨) Other Petroleum Products (10^4 tons)	天然气 (亿立方米) Natural Gas (10^8 cu.m)	液化天然气 (万吨) LNG (10^4 tons)	热力 (万百万千焦) Heat (10^{10} kJ)	电力 (亿千瓦小时) Electricity (10^8 kW•h)	其他能源 (万吨标煤) Other Energy (10^4 tce)
-53.46		**-107.19**	**124.17**	**2.18**		**772.92**	**280.24**
			0.51			221.25	280.14
2.79		29.11	123.66	2.18		722.98	
54.97							
-98.57		-138.32				-171.31	
-12.00							
-0.65		2.02					0.10
185.07	**93.14**	**237.99**	**-43.93**	**2.80**	**58015.46**	**4098.85**	**-257.97**
	-0.44	-0.97	-42.24		-3494.82	4098.85	-235.90
	-2.00	-0.96	-1.29		54704.85		-22.07
185.07	95.58	1026.99					
		-787.07					
			-0.40	2.80			
					6805.43		
			1.72		**2798.78**	**175.19**	
131.61	**93.14**	**130.80**	**78.52**	**4.98**	**55216.68**	**4696.58**	**22.27**
						43.40	
41.80	93.14	130.80	56.97	4.98	54445.17	3534.14	22.27
		109.00					
2.69			0.20		10.66	50.29	
0.90			4.65		48.42	52.26	
2.30			1.99		108.26	150.74	
0.50					90.68	318.67	
83.42			14.71		513.49	547.08	
56.89			14.71		513.49	264.52	
26.53						282.56	
131.61	**95.58**	**919.80**	**123.78**	**4.98**	**61510.28**	**4871.77**	**280.24**

6-11 浙江能源平衡表(实物量)-2013

项 目	Item	煤合计(万吨) Coal Total (10^4 tons)	原煤(万吨) Raw Coal (10^4 tons)
一.可供本地区消费的能源量	**Total Primary Energy Supply**	**14161.26**	**13730.13**
1.一次能源生产量	Indigenous Production	8.75	8.75
2.外省(区、市)调入量	Moving In from Other Provinces	12874.42	12447.65
3.进口量	Import	1180.50	1180.50
4.境内轮船和飞机在境外的加油量	Domestic Airplanes&Ships Refueling in Abroad		
5.本省(区、市)调出量(-)	Sending Out to Other Provinces(-)		
6.出口量(-)	Export(-)		
7.境外轮船和飞机在境内的加油量(-)	Oversea Airplanes&Ships Refueling in China(-)		
8.库存增(-)、减(+)量	Stock Change	97.59	93.24
二.加工转换投入(-)产出(+)量	**Input(-) & Output(+) of Transformation**	**-10966.72**	**-10731.36**
1.火力发电	Thermal Power	-8642.20	-8642.20
2.供热	Heating Supply	-1958.72	-1958.72
3.洗选煤	Coal Washing		
4.炼焦	Coking	-396.69	-5.18
5.炼油及煤制油	Petroleum Refineries		
#油品再投入量(-)	Petroleum Products Input (-)		
6.制气	Gas Works	-1.36	-1.36
#焦炭再投入量(-)	Coke Input (-)		
7.天然气液化	Natural Gas Liquefaction		
8.煤制品加工	Briquettes	32.25	-123.90
9.回收能	Recovery of Energy		
三.损失量	**Loss**		
四.终端消费量	**Total Final Consumption**	**3194.54**	**2998.77**
1.农、林、牧、渔、水利业	Agriculture, Forestry, Animal Husbandry, Fishery and Water Conservancy	3.75	3.75
2.工业	Industry	3091.39	2940.62
#用作原料、材料	Non-Energy Use		
3.建筑业	Construction	9.00	9.00
4.交通运输、仓储和邮政业	Transport, Storage and Post	0.40	0.40
5.批发、零售业和住宿、餐饮业	Wholesale, Retail Trade and Hotel, Restaurants	55.00	45.00
6.其他	Others		
7.生活消费	Residential Consumption	35.00	
城镇	Urban	14.00	
乡村	Rural	21.00	
五.平衡差额	**Statistical Difference**	**0.00**	**0.00**
六.消费量合计	**Total Energy Consumption**	**14161.26**	**13730.13**

Energy Balance of Zhejiang (Physical Quantity) -2013

洗精煤 (万吨) Cleaned Coal (10^4 tons)	其他洗煤 (万吨) Other Washed Coal (10^4 tons)	型煤 (万吨) Briquettes (10^4 tons)	煤矸石 (万吨) Gangue (10^4 tons)	焦炭 (万吨) Coke (10^4 tons)	焦炉煤气 (亿立方米) Coke Oven Gas (10^8 cu.m)	高炉煤气 (亿立方米) Blast Furnace Gas (10^8 cu.m)	转炉煤气 (亿立方米) Converter Gas (10^8 cu.m)	其他煤气 (亿立方米) Other Gas (10^8 cu.m)
423.98	**1.16**	**5.99**	**17.66**	**150.00**				
425.61	1.16		17.66	149.35				
-1.63	0.00	5.99		0.65				
-391.51		**156.15**	**-1.47**	**296.18**	**6.21**	**120.75**	**7.83**	**0.23**
			-0.83		-0.70	-32.97	-1.22	
			-0.64		-0.04	-1.16	-0.19	
-391.51				296.18	6.95			
								0.23
		156.15						
						154.89	9.24	
32.46	**1.16**	**162.14**	**16.19**	**446.18**	**6.20**	**120.75**	**7.82**	**0.23**
32.46	1.16	117.14	16.19	446.18	6.20	120.75	7.82	0.23
		10.00						
		35.00						
		14.00						
		21.00						
0.00	**0.00**	**0.00**	**0.00**	**0.00**	**0.01**	**0.00**	**0.00**	**0.00**
423.98	**1.16**	**162.14**	**17.66**	**446.18**	**6.94**	**154.89**	**9.24**	**0.23**

6-11 续表 1

项　　目	Item	其他焦化产品(万吨) Other Coking Products (10^4 tons)	油品合计(万吨) Petroleum Products Total (10^4 tons)
一.可供本地区消费的能源量	**Total Primary Energy Supply**	**-4.51**	**2813.93**
1.一次能源生产量	Indigenous Production		
2.外省(区、市)调入量	Moving In from Other Provinces		2686.40
3.进口量	Import		2753.69
4.境内轮船和飞机在境外的加油量	Domestic Airplanes&Ships Refueling in Abroad		
5.本省(区、市)调出量(-)	Sending Out to Other Provinces(-)	-4.48	-2012.91
6.出口量(-)	Export(-)		-571.96
7.境外轮船和飞机在境内的加油量(-)	Oversea Airplanes&Ships Refueling in China(-)		
8.库存增(-)、减(+)量	Stock Change	-0.03	-41.29
二.加工转换投入(-)产出(+)量	**Input(-) & Output(+) of Transformation**	**7.96**	**-161.52**
1.火力发电	Thermal Power		-37.12
2.供热	Heating Supply		-10.05
3.洗选煤	Coal Washing		
4.炼焦	Coking	7.96	
5.炼油及煤制油	Petroleum Refineries		373.61
#油品再投入量(-)	Petroleum Products Input (-)		-487.96
6.制气	Gas Works		
#焦炭再投入量(-)	Coke Input (-)		
7.天然气液化	Natural Gas Liquefaction		
8.煤制品加工	Briquettes		
9.回收能	Recovery of Energy		
三.损失量	**Loss**		
四.终端消费量	**Total Final Consumption**	**3.45**	**2652.40**
1.农、林、牧、渔、水利业	Agriculture, Forestry, Animal Husbandry, Fishery and Water Conservancy		230.00
2.工业	Industry	3.45	698.39
#用作原料、材料	Non-Energy Use		
3.建筑业	Construction		173.00
4.交通运输、仓储和邮政业	Transport, Storage and Post		884.81
5.批发、零售业和住宿、餐饮业	Wholesale, Retail Trade and Hotel, Restaurants		114.00
6.其他	Others		110.20
7.生活消费	Residential Consumption		442.00
城镇	Urban		236.00
乡村	Rural		206.00
五.平衡差额	**Statistical Difference**	**0.00**	**0.01**
六.消费量合计	**Total Energy Consumption**	**3.45**	**2813.92**

Continued 1

原油（万吨） Crude Oil (10^4 tons)	汽油（万吨） Gasoline (10^4 tons)	煤油（万吨） Kerosene (10^4 tons)	柴油（万吨） Diesel Oil (10^4 tons)	燃料油（万吨） Fuel Oil (10^4 tons)	石脑油（万吨） Naphtha (10^4 tons)	润滑油（万吨） Lubricants (10^4 tons)	石蜡（万吨） Paraffin Waxes (10^4 tons)	溶剂油（万吨） White Spirit (10^4 tons)
2853.66	**421.04**	**-116.83**	**177.56**	**224.47**	**-116.92**	**1.44**	**0.40**	**-1.73**
711.37	559.06	42.88	528.31	650.66		4.83	0.43	
2149.38		8.04	5.66	553.55				
	-140.53	-72.74	-319.41	-504.25	-116.92	-4.12		-1.74
		-96.63	-38.21	-435.26				
-7.09	2.51	1.61	1.21	-40.23		0.73	-0.03	0.01
-2853.53	**285.09**	**208.97**	**768.28**	**-41.81**	**116.92**			**2.18**
-2.04	0.00		-0.75	-1.29				
			-0.04	0.00				
-2851.49	285.10	208.97	769.07	104.02	330.04			2.18
				-144.53	-213.12			
0.13	**706.14**	**92.15**	**945.84**	**182.66**		**1.44**	**0.40**	**0.45**
	25.00		205.00					
0.13	60.41	1.95	150.48	61.96		1.44	0.40	0.45
	38.00		135.00					
	328.73	90.20	368.86	97.00				
	28.00		30.00	18.00				
	61.00		24.50	5.70				
	165.00		32.00					
	91.00		15.00					
	74.00		17.00					
0.00	**0.00**	**0.00**	**0.00**	**0.00**	**0.00**	**0.00**	**0.00**	**0.00**
2853.65	**706.14**	**92.15**	**946.63**	**328.49**	**213.12**	**1.44**	**0.40**	**0.45**

6-11 续表 2

项目	Item	石油沥青(万吨) Bitumen Asphalt (10^4 tons)	石油焦(万吨) Petroleum Coke (10^4 tons)
一.可供本地区消费的能源量	**Total Primary Energy Supply**	**-362.89**	**-83.77**
1.一次能源生产量	Indigenous Production		
2.外省(区、市)调入量	Moving In from Other Provinces		
3.进口量	Import		
4.境内轮船和飞机在境外的加油量	Domestic Airplanes&Ships Refueling in Abroad		
5.本省(区、市)调出量(-)	Sending Out to Other Provinces(-)	-362.89	-83.27
6.出口量(-)	Export(-)		
7.境外轮船和飞机在境内的加油量(-)	Oversea Airplanes&Ships Refueling in China(-)		
8.库存增(-)、减(+)量	Stock Change		-0.50
二.加工转换投入(-)产出(+)量	**Input(-) & Output(+) of Transformation**	**362.93**	**116.27**
1.火力发电	Thermal Power		-33.04
2.供热	Heating Supply		-9.74
3.洗选煤	Coal Washing		
4.炼焦	Coking		
5.炼油及煤制油	Petroleum Refineries	362.93	159.05
#油品再投入量(-)	Petroleum Products Input (-)		
6.制气	Gas Works		
#焦炭再投入量(-)	Coke Input (-)		
7.天然气液化	Natural Gas Liquefaction		
8.煤制品加工	Briquettes		
9.回收能	Recovery of Energy		
三.损失量	**Loss**		
四.终端消费量	**Total Final Consumption**	**0.03**	**32.50**
1.农、林、牧、渔、水利业	Agriculture, Forestry, Animal Husbandry, Fishery and Water Conservancy		
2.工业	Industry	0.03	32.50
#用作原料、材料	Non-Energy Use		
3.建筑业	Construction		
4.交通运输、仓储和邮政业	Transport, Storage and Post		
5.批发、零售业和住宿、餐饮业	Wholesale, Retail Trade and Hotel, Restaurants		
6.其他	Others		
7.生活消费	Residential Consumption		
城镇	Urban		
乡村	Rural		
五.平衡差额	**Statistical Difference**	**0.00**	**0.00**
六.消费量合计	**Total Energy Consumption**	**0.03**	**75.28**

Continued 2

液化石油气 (万吨) LPG (10^4 tons)	炼厂干气 (万吨) Refinery Gas (10^4 tons)	其他石油制品 (万吨) Other Petroleum Products (10^4 tons)	天然气 (亿立方米) Natural Gas (10^8 cu.m)	液化天然气 (万吨) LNG (10^4 tons)	热力 (万百万千焦) Heat (10^{10} kJ)	电力 (亿千瓦小时) Electricity (10^8 kW•h)	其他能源 (万吨标煤) Other Energy (10^4 tce)
224.15		**-406.66**	**55.50**	**8.81**		**1060.13**	**179.74**
						529.95	179.26
188.86			55.50	8.81		545.21	
37.06							
		-407.05				-15.03	
-1.86							
0.09		0.39					0.48
88.45	**102.38**	**682.34**	**-29.44**	**-0.02**	**39919.77**	**2392.92**	**-121.67**
		0.00	-29.18	-0.01	-2998.97	2392.92	-93.58
	-0.27		-0.26	0.00	38851.97		-28.08
120.46	122.61	760.67					
-32.01	-19.97	-78.33					
					4066.77		
					1628.00	**151.19**	
312.60	**102.38**	**275.69**	**26.06**	**8.80**	**38291.77**	**3301.86**	**58.07**
						24.09	
10.58	102.38	275.69	16.78	8.80	33808.28	2394.17	58.07
						52.84	
0.02			0.02		4.49	40.52	
38.00			1.78		3395.00	134.67	
19.00					1084.00	215.51	
245.00			7.48			440.05	
130.00			7.48			233.25	
115.00						206.80	
0.00	**0.00**	**0.00**	**0.00**	**0.00**	**0.00**	**0.00**	**0.00**
344.61	**122.61**	**354.02**	**55.50**	**8.81**	**42918.74**	**3453.05**	**179.73**

6-12 安徽能源平衡表(实物量)-2013

项目	Item	煤合计(万吨) Coal Total (10^4 tons)	原煤(万吨) Raw Coal (10^4 tons)
一.可供本地区消费的能源量	**Total Primary Energy Supply**	**15658.38**	**18305.32**
1.一次能源生产量	Indigenous Production	13884.80	13884.80
2.外省(区、市)调入量	Moving In from Other Provinces	6035.90	6035.90
3.进口量	Import		
4.境内轮船和飞机在境外的加油量	Domestic Airplanes&Ships Refueling in Abroad		
5.本省(区、市)调出量(-)	Sending Out to Other Provinces(-)	-3892.67	-1486.97
6.出口量(-)	Export(-)	-2.16	
7.境外轮船和飞机在境内的加油量(-)	Oversea Airplanes&Ships Refueling in China(-)		
8.库存增(-)、减(+)量	Stock Change	-367.49	-128.41
二.加工转换投入(-)产出(+)量	**Input(-) & Output(+) of Transformation**	**-10949.64**	**-13798.27**
1.火力发电	Thermal Power	-8368.48	-8099.62
2.供热	Heating Supply	-391.84	-385.63
3.洗选煤	Coal Washing	-852.76	-5202.19
4.炼焦	Coking	-1245.13	
5.炼油及煤制油	Petroleum Refineries		
#油品再投入量(-)	Petroleum Products Input (-)		
6.制气	Gas Works	-94.34	-94.34
#焦炭再投入量(-)	Coke Input (-)		
7.天然气液化	Natural Gas Liquefaction		
8.煤制品加工	Briquettes	2.91	-16.49
9.回收能	Recovery of Energy		
三.损失量	**Loss**		
四.终端消费量	**Total Final Consumption**	**4715.44**	**4512.27**
1.农、林、牧、渔、水利业	Agriculture, Forestry, Animal Husbandry, Fishery and Water Conservancy	62.40	62.40
2.工业	Industry	4203.27	4001.72
#用作原料、材料	Non-Energy Use	381.37	340.16
3.建筑业	Construction	23.62	22.00
4.交通运输、仓储和邮政业	Transport, Storage and Post	18.40	18.40
5.批发、零售业和住宿、餐饮业	Wholesale, Retail Trade and Hotel, Restaurants	64.79	64.79
6.其他	Others	61.70	61.70
7.生活消费	Residential Consumption	281.26	281.26
城镇	Urban	66.18	66.18
乡村	Rural	215.08	215.08
五.平衡差额	**Statistical Difference**	**-6.70**	**-5.22**
六.消费量合计	**Total Energy Consumption**	**15665.08**	**18310.54**

Energy Balance of Anhui (Physical Quantity) -2013

洗精煤 (万吨) Cleaned Coal (10^4 tons)	其他洗煤 (万吨) Other Washed Coal (10^4 tons)	型煤 (万吨) Briquettes (10^4 tons)	煤矸石 (万吨) Gangue (10^4 tons)	焦炭 (万吨) Coke (10^4 tons)	焦炉煤气 (亿立方米) Coke Oven Gas (10^8 cu.m)	高炉煤气 (亿立方米) Blast Furnace Gas (10^8 cu.m)	转炉煤气 (亿立方米) Converter Gas (10^8 cu.m)	其他煤气 (亿立方米) Other Gas (10^8 cu.m)
-735.81	**-1910.91**	**-0.21**		**144.98**				
				172.80				
-716.70	-1689.00							
-2.16								
-16.95	-221.91	-0.21		-27.82				
870.94	**1958.29**	**19.40**	**-15.08**	**904.44**	**20.97**	**167.59**	**6.23**	**12.27**
	-268.86		-322.90		-4.04	-80.99	-8.55	
	-6.21		-6.59		-1.23	-53.78	-3.86	
2116.07	2233.36		314.41					
-1245.13				904.44	26.24			
								12.27
		19.40						
						302.36	18.64	
136.74	**47.02**	**19.41**	**7.41**	**1049.41**	**20.33**	**167.59**	**6.23**	**12.27**
135.12	47.02	19.41	7.41	1049.41	20.33	167.59	6.23	12.27
40.61		0.60	1.12	7.07				
1.62								
-1.61	**0.36**	**-0.22**	**-22.49**	**0.01**	**0.64**			
1381.87	**322.09**	**19.41**	**336.90**	**1049.41**	**25.60**	**302.36**	**18.64**	**12.27**

6-12 续表 1

项目	Item	其他焦化产品(万吨) Other Coking Products (10^4 tons)	油品合计(万吨) Petroleum Products Total (10^4 tons)
一.可供本地区消费的能源量	**Total Primary Energy Supply**	**-48.25**	**1175.37**
1.一次能源生产量	Indigenous Production		
2.外省(区、市)调入量	Moving In from Other Provinces		997.57
3.进口量	Import		372.95
4.境内轮船和飞机在境外的加油量	Domestic Airplanes&Ships Refueling in Abroad		
5.本省(区、市)调出量(-)	Sending Out to Other Provinces(-)	-48.45	-182.62
6.出口量(-)	Export(-)		
7.境外轮船和飞机在境内的加油量(-)	Oversea Airplanes&Ships Refueling in China(-)		
8.库存增(-)、减(+)量	Stock Change	0.20	-12.53
二.加工转换投入(-)产出(+)量	**Input(-) & Output(+) of Transformation**	**57.93**	**18.23**
1.火力发电	Thermal Power		-1.61
2.供热	Heating Supply		-2.53
3.洗选煤	Coal Washing		
4.炼焦	Coking	57.93	
5.炼油及煤制油	Petroleum Refineries		38.27
#油品再投入量(-)	Petroleum Products Input (-)		-15.90
6.制气	Gas Works		
#焦炭再投入量(-)	Coke Input (-)		
7.天然气液化	Natural Gas Liquefaction		
8.煤制品加工	Briquettes		
9.回收能	Recovery of Energy		
三.损失量	**Loss**		
四.终端消费量	**Total Final Consumption**	**11.86**	**1195.69**
1.农、林、牧、渔、水利业	Agriculture, Forestry, Animal Husbandry, Fishery and Water Conservancy		94.01
2.工业	Industry	11.86	227.77
#用作原料、材料	Non-Energy Use	9.68	29.71
3.建筑业	Construction		67.73
4.交通运输、仓储和邮政业	Transport, Storage and Post		548.31
5.批发、零售业和住宿、餐饮业	Wholesale, Retail Trade and Hotel, Restaurants		20.96
6.其他	Others		65.56
7.生活消费	Residential Consumption		171.36
城镇	Urban		121.93
乡村	Rural		49.43
五.平衡差额	**Statistical Difference**	**-2.18**	**-2.09**
六.消费量合计	**Total Energy Consumption**	**11.86**	**1177.46**

Continued 1

原油(万吨) Crude Oil (10^4 tons)	汽油(万吨) Gasoline (10^4 tons)	煤油(万吨) Kerosene (10^4 tons)	柴油(万吨) Diesel Oil (10^4 tons)	燃料油(万吨) Fuel Oil (10^4 tons)	石脑油(万吨) Naphtha (10^4 tons)	润滑油(万吨) Lubricants (10^4 tons)	石蜡(万吨) Paraffin Waxes (10^4 tons)	溶剂油(万吨) White Spirit (10^4 tons)
551.55	**192.68**	**9.43**	**402.01**	**4.17**	**-8.95**	**0.21**	**0.08**	**0.29**
183.02	219.00	9.42	518.00	6.91			0.08	0.29
372.95								
	-19.09		-116.02	-3.30	-8.95			
-4.42	-7.23	0.01	0.03	0.55		0.21		
-550.78	**126.88**		**223.69**	**4.41**	**8.95**			
			-0.40					
			-0.06					
-550.78	126.88		224.15	4.41	8.95			
0.89	**319.33**	**9.46**	**625.86**	**9.80**		**0.95**	**0.24**	**0.41**
	18.41		75.60					
0.89	9.48	0.34	61.69	5.69		0.95	0.24	0.41
	0.11	0.03	1.82	0.05		0.04	0.14	0.12
	22.10		44.41	1.22				
	112.39	9.12	423.91	2.89				
	13.30		6.87					
	56.04		8.71					
	87.62		4.66					
	72.59		2.42					
	15.03		2.24					
-0.12	**0.23**	**-0.03**	**-0.16**	**-1.22**		**-0.74**	**-0.16**	**-0.12**
551.67	**319.33**	**9.46**	**626.32**	**9.80**		**0.95**	**0.24**	**0.41**

6-12 续表 2

项　　目	Item	石油沥青(万吨) Bitumen Asphalt (10^4 tons)	石油焦(万吨) Petroleum Coke (10^4 tons)
一.可供本地区消费的能源量	**Total Primary Energy Supply**	**1.15**	**-30.32**
1.一次能源生产量	Indigenous Production		
2.外省(区、市)调入量	Moving In from Other Provinces	1.15	9.00
3.进口量	Import		
4.境内轮船和飞机在境外的加油量	Domestic Airplanes&Ships Refueling in Abroad		
5.本省(区、市)调出量(−)	Sending Out to Other Provinces(-)		-38.30
6.出口量(−)	Export(-)		
7.境外轮船和飞机在境内的加油量(−)	Oversea Airplanes&Ships Refueling in China(-)		
8.库存增(−)、减(+)量	Stock Change		-1.02
二.加工转换投入(−)产出(+)量	**Input(-) & Output(+) of Transformation**		**38.63**
1.火力发电	Thermal Power		
2.供热	Heating Supply		
3.洗选煤	Coal Washing		
4.炼焦	Coking		
5.炼油及煤制油	Petroleum Refineries		38.65
#油品再投入量(−)	Petroleum Products Input (-)		-0.02
6.制气	Gas Works		
#焦炭再投入量(−)	Coke Input (-)		
7.天然气液化	Natural Gas Liquefaction		
8.煤制品加工	Briquettes		
9.回收能	Recovery of Energy		
三.损失量	**Loss**		
四.终端消费量	**Total Final Consumption**	**1.15**	**8.57**
1.农、林、牧、渔、水利业	Agriculture, Forestry, Animal Husbandry, Fishery and Water Conservancy		
2.工业	Industry	1.15	8.57
#用作原料、材料	Non-Energy Use		0.08
3.建筑业	Construction		
4.交通运输、仓储和邮政业	Transport, Storage and Post		
5.批发、零售业和住宿、餐饮业	Wholesale, Retail Trade and Hotel, Restaurants		
6.其他	Others		
7.生活消费	Residential Consumption		
城镇	Urban		
乡村	Rural		
五.平衡差额	**Statistical Difference**		**-0.26**
六.消费量合计	**Total Energy Consumption**	**1.15**	**8.59**

Continued 2

液化石油气（万吨）LPG (10^4 tons)	炼厂干气（万吨）Refinery Gas (10^4 tons)	其他石油制品（万吨）Other Petroleum Products (10^4 tons)	天然气（亿立方米）Natural Gas (10^8 cu.m)	液化天然气（万吨）LNG (10^4 tons)	热力（万百万千焦）Heat (10^{10} kJ)	电力（亿千瓦小时）Electricity (10^8 kW•h)	其他能源（万吨标煤）Other Energy (10^4 tce)
37.88		**15.18**	**28.20**	**-3.36**		**-404.80**	**119.78**
						44.86	119.78
35.34		15.36	28.20			10.72	
3.03				-3.36		-460.38	
-0.49		-0.18					
43.83	**11.32**	**111.30**	**-0.71**	**3.90**	**9002.19**	**1932.87**	**-91.21**
	-1.21		-0.10		-4574.15	1932.87	-78.04
	-2.47				8589.87		-13.17
43.83	21.69	120.49					
	-6.69	-9.19					
			-0.61	3.90			
					4986.47		
						102.12	
81.72	**10.84**	**126.48**	**27.56**	**0.54**	**9002.19**	**1425.95**	**28.57**
						16.83	
1.04	10.84	126.48	10.16	0.54	7857.84	955.00	28.57
0.02		27.30					
						24.71	
			4.10		5.40	21.09	
0.79			3.00			62.17	
0.81						92.07	
79.08			10.30		1138.95	254.07	
46.92			10.30		1138.95	119.35	
32.16						134.72	
0.00	**0.48**	**0.00**	**-0.07**		**0.00**	**0.00**	
81.72	**21.21**	**135.67**	**27.73**	**0.54**	**13576.34**	**1528.07**	**119.78**

6-13 福建能源平衡表(实物量)-2013

项目	Item	煤合计(万吨) Coal Total (104 tn)	原煤(万吨) Raw Coal (104 tn)
一.可供本地区消费的能源量	**Total Primary Energy Supply**	**8078.64**	**7905.19**
1.一次能源生产量	Indigenous Production	1680.63	1680.63
2.外省(区、市)调入量	Moving In from Other Provinces	2981.54	2744.67
3.进口量	Import	3924.22	3924.22
4.境内轮船和飞机在境外的加油量	Domestic Airplanes&Ships Refueling in Abroad		
5.本省(区、市)调出量(-)	Sending Out to Other Provinces(-)	-553.01	-490.64
6.出口量(-)	Export(-)		
7.境外轮船和飞机在境内的加油量(-)	Oversea Airplanes&Ships Refueling in China(-)		
8.库存增(-)、减(+)量	Stock Change	45.26	46.31
二.加工转换投入(-)产出(+)量	**Input(-) & Output(+) of Transformation**	**-5342.02**	**-5200.86**
1.火力发电	Thermal Power	-4836.56	-4836.56
2.供热	Heating Supply	-273.53	-273.53
3.洗选煤	Coal Washing	-10.33	-73.85
4.炼焦	Coking	-220.42	-7.72
5.炼油及煤制油	Petroleum Refineries		
#油品再投入量(-)	Petroleum Products Input (-)		
6.制气	Gas Works	-3.18	-3.18
#焦炭再投入量(-)	Coke Input (-)		
7.天然气液化	Natural Gas Liquefaction		
8.煤制品加工	Briquettes	2.00	-6.02
9.回收能	Recovery of Energy		
三.损失量	**Loss**		
四.终端消费量	**Total Final Consumption**	**2736.62**	**2704.33**
1.农、林、牧、渔、水利业	Agriculture, Forestry, Animal Husbandry, Fishery and Water Conservancy	39.38	39.38
2.工业	Industry	2618.51	2586.22
#用作原料、材料	Non-Energy Use	281.30	280.00
3.建筑业	Construction	1.81	1.81
4.交通运输、仓储和邮政业	Transport, Storage and Post	3.20	3.20
5.批发、零售业和住宿、餐饮业	Wholesale, Retail Trade and Hotel, Restaurants	6.00	6.00
6.其他	Others	12.77	12.77
7.生活消费	Residential Consumption	54.95	54.95
城镇	Urban	9.45	9.45
乡村	Rural	45.50	45.50
五.平衡差额	**Statistical Difference**	**0.00**	**0.00**
六.消费量合计	**Total Energy Consumption**	**8078.64**	**7905.19**

Energy Balance of Fujian (Physical Quantity) -2013

洗精煤(万吨) Cleaned Coal (10^4 tn)	其他洗煤(万吨) Other Washed Coal (10^4 tn)	型煤(万吨) Briquettes (10^4 tn)	煤矸石(万吨) Gangue (10^4 tn)	焦炭(万吨) Coke (10^4 tn)	焦炉煤气(亿立方米) Coke Oven Gas (10^8 cu.m)	高炉煤气(亿立方米) Blast Furnace Gas (10^8 cu.m)	转炉煤气(亿立方米) Converter Gas (10^8 cu.m)	其他煤气(亿立方米) Other Gas (10^8 cu.m)
155.20		**18.25**		**488.66**		**0.00**	**0.00**	
219.40		17.47		512.28		0.00	0.00	
-62.37				-18.57				
-1.83		0.78		-5.05				
-150.33	**1.15**	**8.02**		**166.72**	**5.06**		**6.57**	**0.72**
					-0.38	-98.63	-1.16	
					-0.36	-13.34	-0.33	
62.37	1.15							
-212.70				166.72	5.80			
								0.72
		8.02						
						111.97	8.06	
4.87	**1.15**	**26.27**		**655.38**	**5.06**		**6.57**	**0.72**
4.87	1.15	26.27		655.38	5.06		6.57	0.72
1.30				0.76				
						0.00	**0.00**	
217.57	**1.15**	**26.27**		**655.38**	**5.80**	**111.97**	**8.06**	**0.72**

6-13 续表 1

项　　目	Item	其他焦化产品(万吨) Other Coking Products (104 tn)	油品合计(万吨) Petroleum Products Total (104 tn)
一.可供本地区消费的能源量	**Total Primary Energy Supply**	**0.02**	**1809.01**
1.一次能源生产量	Indigenous Production		
2.外省(区、市)调入量	Moving In from Other Provinces		750.84
3.进口量	Import		1042.11
4.境内轮船和飞机在境外的加油量	Domestic Airplanes&Ships Refueling in Abroad		
5.本省(区、市)调出量(−)	Sending Out to Other Provinces(-)		52.08
6.出口量(−)	Export(-)		
7.境外轮船和飞机在境内的加油量(−)	Oversea Airplanes&Ships Refueling in China(-)		
8.库存增(−)、减(+)量	Stock Change	0.02	-36.02
二.加工转换投入(−)产出(+)量	**Input(-) & Output(+) of Transformation**	**8.60**	**-133.16**
1.火力发电	Thermal Power		-36.86
2.供热	Heating Supply		-2.76
3.洗选煤	Coal Washing		
4.炼焦	Coking	8.60	
5.炼油及煤制油	Petroleum Refineries		-79.64
#油品再投入量(−)	Petroleum Products Input (-)		-13.90
6.制气	Gas Works		
#焦炭再投入量(−)	Coke Input (-)		
7.天然气液化	Natural Gas Liquefaction		
8.煤制品加工	Briquettes		
9.回收能	Recovery of Energy		
三.损失量	**Loss**		
四.终端消费量	**Total Final Consumption**	**8.62**	**1675.85**
1.农、林、牧、渔、水利业	Agriculture, Forestry, Animal Husbandry, Fishery and Water Conservancy		31.03
2.工业	Industry	8.62	767.08
#用作原料、材料	Non-Energy Use		260.00
3.建筑业	Construction		100.68
4.交通运输、仓储和邮政业	Transport, Storage and Post		571.06
5.批发、零售业和住宿、餐饮业	Wholesale, Retail Trade and Hotel, Restaurants		20.52
6.其他	Others		38.07
7.生活消费	Residential Consumption		147.41
城镇	Urban		81.29
乡村	Rural		66.11
五.平衡差额	**Statistical Difference**		**0.00**
六.消费量合计	**Total Energy Consumption**	**8.62**	**1809.01**

Continued 1

原油(万吨) Crude Oil (104 tn)	汽油(万吨) Gasoline (104 tn)	煤油(万吨) Kerosene (104 tn)	柴油(万吨) Diesel Oil (104 tn)	燃料油(万吨) Fuel Oil (104 tn)	石脑油(万吨) Naphtha (104 tn)	润滑油(万吨) Lubricants (104 tn)	石蜡(万吨) Paraffin Waxes (104 tn)	溶剂油(万吨) White Spirit (104 tn)
1007.11	**260.18**	**6.07**	**246.09**	**161.19**		**5.71**	**0.24**	**0.23**
1042.11	260.17		246.05	161.19		5.71	0.24	0.23
		6.08						
-35.00	0.01	-0.01	0.04					
-944.93	**149.38**	**79.34**	**274.75**	**6.61**				
			-0.72	-0.35				
			-0.04	-0.89				
-944.93	149.38	79.34	275.51	21.75				
				-13.90				
62.18	**409.56**	**85.41**	**520.84**	**167.80**		**5.71**	**0.23**	**0.23**
	8.00		19.00	3.00		0.03		
62.18	112.96	0.82	165.96	86.74		0.68	0.23	0.23
60.00								
	27.00	0.80	42.00					
	137.50	83.79	264.71	78.06		5.00		
	11.60		8.28					
	28.00		10.00					
	84.50		10.89					
	53.22		3.05					
	31.28		7.83					
			0.00					
1007.11	**409.56**	**85.41**	**521.60**	**182.94**		**5.71**	**0.24**	**0.23**

6-13 续表 2

项目	Item	石油沥青 (万吨) Bitumen Asphalt (104 tn)	石油焦 (万吨) Petroleum Coke (104 tn)
一.可供本地区消费的能源量	**Total Primary Energy Supply**	**2.43**	**-0.23**
1.一次能源生产量	Indigenous Production		
2.外省(区、市)调入量	Moving In from Other Provinces	3.00	
3.进口量	Import		
4.境内轮船和飞机在境外的加油量	Domestic Airplanes&Ships Refueling in Abroad		
5.本省(区、市)调出量(−)	Sending Out to Other Provinces(-)		
6.出口量(−)	Export(-)		
7.境外轮船和飞机在境内的加油量(−)	Oversea Airplanes&Ships Refueling in China(-)		
8.库存增(−)、减(+)量	Stock Change	-0.57	-0.23
二.加工转换投入(−)产出(+)量	**Input(-) & Output(+) of Transformation**	**30.62**	**12.84**
1.火力发电	Thermal Power		
2.供热	Heating Supply		
3.洗选煤	Coal Washing		
4.炼焦	Coking		
5.炼油及煤制油	Petroleum Refineries	30.62	12.84
#油品再投入量(−)	Petroleum Products Input (-)		
6.制气	Gas Works		
#焦炭再投入量(−)	Coke Input (-)		
7.天然气液化	Natural Gas Liquefaction		
8.煤制品加工	Briquettes		
9.回收能	Recovery of Energy		
三.损失量	**Loss**		
四.终端消费量	**Total Final Consumption**	**33.05**	**12.61**
1.农、林、牧、渔、水利业	Agriculture, Forestry, Animal Husbandry, Fishery and Water Conservancy		
2.工业	Industry	2.50	12.61
#用作原料、材料	Non-Energy Use		
3.建筑业	Construction	30.55	
4.交通运输、仓储和邮政业	Transport, Storage and Post		
5.批发、零售业和住宿、餐饮业	Wholesale, Retail Trade and Hotel, Restaurants		
6.其他	Others		
7.生活消费	Residential Consumption		
城镇	Urban		
乡村	Rural		
五.平衡差额	**Statistical Difference**		
六.消费量合计	**Total Energy Consumption**	**33.05**	**12.61**

Continued 2

液化石油气 (万吨) LPG (104 tn)	炼厂干气 (万吨) Refinery Gas (104 tn)	其他石油制品 (万吨) Other Petroleum Products (104 tn)	天然气 (亿立方米) Natural Gas (108 cu.m)	液化天然气 (万吨) LNG (104 tn)	热力 (万百万千焦) Heat (1010 kJ)	电力 (亿千瓦小时) Electricity (108 kW•h)	其他能源 (万吨标煤) Other Energy (104 tce)
61.99		**58.00**	**49.39**		**0.00**	**492.24**	**126.06**
						509.63	
61.99		12.26	49.39		0.00		126.06
		46.00				-17.39	
		-0.26					
20.01	**66.22**	**172.00**	**-25.02**		**5736.92**	**1280.31**	**-85.00**
	-35.79		-25.02		-1269.81	1280.31	-85.00
	-1.83				5177.02		
20.01	103.84	172.00					
					1829.71		
						103.34	
82.00	**66.22**	**230.00**	**24.37**		**5736.92**	**1669.21**	**41.06**
1.00						21.08	
25.94	66.22	230.00	20.15		5736.92	1113.49	41.06
		200.00					
0.33			0.50			24.94	
2.00			1.50			21.40	
0.64			0.66			70.54	
0.07			0.38			106.57	
52.02			1.18			311.19	
25.02			1.13			154.89	
27.00			0.05			156.30	
			0.00		**0.00**		**0.00**
82.00	**103.84**	**230.00**	**49.39**		**7006.73**	**1772.55**	**126.06**

6-14 江西能源平衡表(实物量)-2013

项目	Item	煤合计(万吨) Coal Total (10^4 tons)	原煤(万吨) Raw Coal (10^4 tons)
一.可供本地区消费的能源量	**Total Primary Energy Supply**	**7254.69**	**6573.06**
1.一次能源生产量	Indigenous Production	2985.72	2985.72
2.外省(区、市)调入量	Moving In from Other Provinces	3785.56	3110.13
3.进口量	Import	830.74	821.36
4.境内轮船和飞机在境外的加油量	Domestic Airplanes&Ships Refueling in Abroad		
5.本省(区、市)调出量(-)	Sending Out to Other Provinces(-)	-370.21	-370.21
6.出口量(-)	Export(-)		
7.境外轮船和飞机在境内的加油量(-)	Oversea Airplanes&Ships Refueling in China(-)		
8.库存增(-)、减(+)量	Stock Change	22.88	26.06
二.加工转换投入(-)产出(+)量	**Input(-) & Output(+) of Transformation**	**-4547.18**	**-4094.62**
1.火力发电	Thermal Power	-3032.32	-3032.32
2.供热	Heating Supply	-79.58	-79.58
3.洗选煤	Coal Washing	-278.23	-899.23
4.炼焦	Coking	-1126.27	
5.炼油及煤制油	Petroleum Refineries		
#油品再投入量(-)	Petroleum Products Input (-)		
6.制气	Gas Works		
#焦炭再投入量(-)	Coke Input (-)		
7.天然气液化	Natural Gas Liquefaction		
8.煤制品加工	Briquettes	-30.78	-83.49
9.回收能	Recovery of Energy		
三.损失量	**Loss**		
四.终端消费量	**Total Final Consumption**	**2707.51**	**2478.44**
1.农、林、牧、渔、水利业	Agriculture, Forestry, Animal Husbandry, Fishery and Water Conservancy	16.00	16.00
2.工业	Industry	2492.01	2439.94
#用作原料、材料	Non-Energy Use	205.28	204.41
3.建筑业	Construction	1.00	1.00
4.交通运输、仓储和邮政业	Transport, Storage and Post	3.50	1.50
5.批发、零售业和住宿、餐饮业	Wholesale, Retail Trade and Hotel, Restaurants	17.00	
6.其他	Others	23.00	
7.生活消费	Residential Consumption	155.00	20.00
城镇	Urban	30.00	5.00
乡村	Rural	125.00	15.00
五.平衡差额	**Statistical Difference**		
六.消费量合计	**Total Energy Consumption**	**7254.69**	**6573.06**

Energy Balance of Jiangxi (Physical Quantity) -2013

洗精煤 (万吨) Cleaned Coal (10^4 tons)	其他洗煤 (万吨) Other Washed Coal (10^4 tons)	型煤 (万吨) Briquettes (10^4 tons)	煤矸石 (万吨) Gangue (10^4 tons)	焦炭 (万吨) Coke (10^4 tons)	焦炉煤气 (亿立方米) Coke Oven Gas (10^8 cu.m)	高炉煤气 (亿立方米) Blast Furnace Gas (10^8 cu.m)	转炉煤气 (亿立方米) Converter Gas (10^8 cu.m)	其他煤气 (亿立方米) Other Gas (10^8 cu.m)
620.12	**61.62**	**-0.11**	**45.16**	**28.89**				
613.40	62.03		45.16	421.23				
9.38								
				-391.83				
-2.66	-0.41	-0.11		-0.51				
-608.38	**-22.12**	**177.94**	**-42.70**	**826.04**	**20.47**	**279.66**	**20.30**	
			-70.79		-0.39	-62.66	-3.66	
517.89	103.11		28.09					
-1126.27				826.04	20.86			
	-125.23	177.94						
						342.32	23.96	
11.74	**39.50**	**177.83**	**2.46**	**854.93**	**20.47**	**279.66**	**20.30**	
11.74	39.50	0.83	2.46	854.93	16.47	279.66	20.30	
0.43	0.40	0.04	0.04	2.77				
		2.00						
		17.00			2.00			
		23.00						
		135.00			2.00			
		25.00			2.00			
		110.00						
			0.00			**0.00**	**0.00**	
1138.01	**164.73**	**177.83**	**73.25**	**854.93**	**20.86**	**342.32**	**23.96**	

6-14 续表 1

项目	Item	其他焦化产品 (万吨) Other Coking Products (10^4 tons)	油品合计 (万吨) Petroleum Products Total (10^4 tons)
一.可供本地区消费的能源量	**Total Primary Energy Supply**	**-21.68**	**919.12**
1.一次能源生产量	Indigenous Production		
2.外省(区、市)调入量	Moving In from Other Provinces	0.29	1017.13
3.进口量	Import		365.67
4.境内轮船和飞机在境外的加油量	Domestic Airplanes&Ships Refueling in Abroad		
5.本省(区、市)调出量(-)	Sending Out to Other Provinces(-)	-21.97	-466.20
6.出口量(-)	Export(-)		
7.境外轮船和飞机在境内的加油量(-)	Oversea Airplanes&Ships Refueling in China(-)		
8.库存增(-)、减(+)量	Stock Change		2.52
二.加工转换投入(-)产出(+)量	**Input(-) & Output(+) of Transformation**	**26.27**	**-8.68**
1.火力发电	Thermal Power		-1.46
2.供热	Heating Supply		-3.00
3.洗选煤	Coal Washing		
4.炼焦	Coking	26.27	
5.炼油及煤制油	Petroleum Refineries		47.75
#油品再投入量(-)	Petroleum Products Input (-)		-51.97
6.制气	Gas Works		
#焦炭再投入量(-)	Coke Input (-)		
7.天然气液化	Natural Gas Liquefaction		
8.煤制品加工	Briquettes		
9.回收能	Recovery of Energy		
三.损失量	**Loss**		**0.48**
四.终端消费量	**Total Final Consumption**	**4.59**	**909.96**
1.农、林、牧、渔、水利业	Agriculture, Forestry, Animal Husbandry, Fishery and Water Conservancy		56.00
2.工业	Industry	4.59	246.33
#用作原料、材料	Non-Energy Use		17.89
3.建筑业	Construction		31.48
4.交通运输、仓储和邮政业	Transport, Storage and Post		404.82
5.批发、零售业和住宿、餐饮业	Wholesale, Retail Trade and Hotel, Restaurants		30.53
6.其他	Others		32.50
7.生活消费	Residential Consumption		108.30
城镇	Urban		73.30
乡村	Rural		35.00
五.平衡差额	**Statistical Difference**		**0.00**
六.消费量合计	**Total Energy Consumption**	**4.59**	**919.12**

Continued 1

原油 (万吨) Crude Oil (10^4 tons)	汽油 (万吨) Gasoline (10^4 tons)	煤油 (万吨) Kerosene (10^4 tons)	柴油 (万吨) Diesel Oil (10^4 tons)	燃料油 (万吨) Fuel Oil (10^4 tons)	石脑油 (万吨) Naphtha (10^4 tons)	润滑油 (万吨) Lubricants (10^4 tons)	石蜡 (万吨) Paraffin Waxes (10^4 tons)	溶剂油 (万吨) White Spirit (10^4 tons)
520.28	**58.72**	**-20.23**	**321.68**	**26.09**	**-0.43**	**0.13**		**0.02**
149.22	218.81	1.70	528.19	31.12		0.13		0.02
365.67								
	-158.89	-21.93	-204.73	-5.38	-0.43			
5.39	-1.20		-1.78	0.35				
-519.80	**159.33**	**21.93**	**204.57**	**5.30**	**0.43**			
			-0.23					
				-0.08				
-519.80	178.20	21.93	204.80	5.38	0.43			
	-18.87							
0.48								
	218.05	**1.70**	**526.25**	**31.39**		**0.13**		**0.02**
	6.00		50.00					
	47.41	0.30	96.28	28.39		0.13		0.02
	0.06		0.06	1.45				
	0.85		16.35					
	84.29	1.20	316.32	3.00				
	10.00	0.20	16.00					
	17.50		12.00					
	52.00		19.30					
	40.00		3.30					
	12.00		16.00					
0.00								
520.28	**236.92**	**1.70**	**526.48**	**31.47**		**0.13**		**0.02**

6-14 续表 2

项目	Item	石油沥青(万吨) Bitumen Asphalt (10^4 tons)	石油焦(万吨) Petroleum Coke (10^4 tons)
一.可供本地区消费的能源量	**Total Primary Energy Supply**		**-29.73**
1.一次能源生产量	Indigenous Production		
2.外省(区、市)调入量	Moving In from Other Provinces		1.70
3.进口量	Import		
4.境内轮船和飞机在境外的加油量	Domestic Airplanes&Ships Refueling in Abroad		
5.本省(区、市)调出量(-)	Sending Out to Other Provinces(-)		-31.14
6.出口量(-)	Export(-)		
7.境外轮船和飞机在境内的加油量(-)	Oversea Airplanes&Ships Refueling in China(-)		
8.库存增(-)、减(+)量	Stock Change		-0.29
二.加工转换投入(-)产出(+)量	**Input(-) & Output(+) of Transformation**	**14.28**	**31.32**
1.火力发电	Thermal Power		-0.11
2.供热	Heating Supply		
3.洗选煤	Coal Washing		
4.炼焦	Coking		
5.炼油及煤制油	Petroleum Refineries	21.00	35.00
#油品再投入量(-)	Petroleum Products Input (-)	-6.72	-3.57
6.制气	Gas Works		
#焦炭再投入量(-)	Coke Input (-)		
7.天然气液化	Natural Gas Liquefaction		
8.煤制品加工	Briquettes		
9.回收能	Recovery of Energy		
三.损失量	**Loss**		
四.终端消费量	**Total Final Consumption**	**14.28**	**1.59**
1.农、林、牧、渔、水利业	Agriculture, Forestry, Animal Husbandry, Fishery and Water Conservancy		
2.工业	Industry		1.59
#用作原料、材料	Non-Energy Use		
3.建筑业	Construction	14.28	
4.交通运输、仓储和邮政业	Transport, Storage and Post		
5.批发、零售业和住宿、餐饮业	Wholesale, Retail Trade and Hotel, Restaurants		
6.其他	Others		
7.生活消费	Residential Consumption		
城镇	Urban		
乡村	Rural		
五.平衡差额	**Statistical Difference**		
六.消费量合计	**Total Energy Consumption**	**21.00**	**5.27**

Continued 2

液化石油气（万吨）LPG (10^4 tons)	炼厂干气（万吨）Refinery Gas (10^4 tons)	其他石油制品（万吨）Other Petroleum Products (10^4 tons)	天然气（亿立方米）Natural Gas (10^8 cu.m)	液化天然气（万吨）LNG (10^4 tons)	热力（万百万千焦）Heat (10^{10} kJ)	电力（亿千瓦小时）Electricity (10^8 kW•h)	其他能源（万吨标煤）Other Energy (10^4 tce)
17.06		**25.53**	**12.07**	**9.88**		**201.81**	**102.49**
			1.45			130.10	
48.47		37.77	10.62	9.88		71.71	104.12
-31.45		-12.25					-1.63
0.04		0.01					
31.45	**14.21**	**28.30**	**-0.29**		**3282.59**	**745.30**	**-36.12**
	-1.12		-0.09		-880.00	745.30	-31.03
	-2.92		-0.20		1210.49		-5.09
31.45	18.25	51.11					
		-22.81					
					2952.10		
						62.66	
48.51	**14.21**	**53.83**	**11.78**	**9.88**	**3282.59**	**884.45**	**66.37**
						10.75	
4.17	14.21	53.83	8.24	5.60	3276.79	579.25	65.47
0.10		16.22	0.03				2.90
						13.56	
0.01				1.28		20.65	
4.33			0.23		5.80	38.41	
3.00			0.30			57.04	0.90
37.00			3.01	3.00		164.79	
30.00			2.95	3.00		92.10	
7.00			0.06			72.69	
					0.00		
48.51	**18.25**	**76.64**	**12.07**	**9.88**	**4162.59**	**947.11**	**102.49**

6-15　山东能源平衡表(实物量)-2013

项　　目	Item	煤合计 (万吨) Coal Total (10^4 tons)	原煤 (万吨) Raw Coal (10^4 tons)
一.可供本地区消费的能源量	**Total Primary Energy Supply**	**37683.44**	**37751.95**
1.一次能源生产量	Indigenous Production	14961.52	14961.52
2.外省(区、市)调入量	Moving In from Other Provinces	26180.83	23922.34
3.进口量	Import	3801.00	3801.00
4.境内轮船和飞机在境外的加油量	Domestic Airplanes&Ships Refueling in Abroad		
5.本省(区、市)调出量(-)	Sending Out to Other Provinces(-)	-6856.15	-4676.21
6.出口量(-)	Export(-)	-71.00	-71.00
7.境外轮船和飞机在境内的加油量(-)	Oversea Airplanes&Ships Refueling in China(-)		
8.库存增(-)、减(+)量	Stock Change	-332.76	-185.70
二.加工转换投入(-)产出(+)量	**Input(-) & Output(+) of Transformation**	**-26114.96**	**-28417.10**
1.火力发电	Thermal Power	-14417.28	-13744.01
2.供热	Heating Supply	-4394.04	-4209.22
3.洗选煤	Coal Washing	-1302.52	-10460.84
4.炼焦	Coking	-5959.93	
5.炼油及煤制油	Petroleum Refineries	-3.02	-3.02
#油品再投入量(-)	Petroleum Products Input (-)		
6.制气	Gas Works	-38.17	
#焦炭再投入量(-)	Coke Input (-)		
7.天然气液化	Natural Gas Liquefaction		
8.煤制品加工	Briquettes		
9.回收能	Recovery of Energy		
三.损失量	**Loss**		
四.终端消费量	**Total Final Consumption**	**11568.48**	**9334.85**
1.农、林、牧、渔、水利业	Agriculture, Forestry, Animal Husbandry, Fishery and Water Conservancy	89.00	89.00
2.工业	Industry	9885.63	8743.71
#用作原料、材料	Non-Energy Use	1200.64	928.42
3.建筑业	Construction	23.09	23.09
4.交通运输、仓储和邮政业	Transport, Storage and Post	27.28	27.28
5.批发、零售业和住宿、餐饮业	Wholesale, Retail Trade and Hotel, Restaurants	502.92	113.44
6.其他	Others	431.45	75.00
7.生活消费	Residential Consumption	609.12	263.34
城镇	Urban	234.85	101.25
乡村	Rural	374.26	162.08
五.平衡差额	**Statistical Difference**		
六.消费量合计	**Total Energy Consumption**	**37683.44**	**37751.95**

Energy Balance of Shandong (Physical Quantity) -2013

洗精煤 (万吨) Cleaned Coal (10^4 tons)	其他洗煤 (万吨) Other Washed Coal (10^4 tons)	型煤 (万吨) Briquettes (10^4 tons)	煤矸石 (万吨) Gangue (10^4 tons)	焦炭 (万吨) Coke (10^4 tons)	焦炉煤气 (亿立方米) Coke Oven Gas (10^8 cu.m)	高炉煤气 (亿立方米) Blast Furnace Gas (10^8 cu.m)	转炉煤气 (亿立方米) Converter Gas (10^8 cu.m)	其他煤气 (亿立方米) Other Gas (10^8 cu.m)
531.75	**-1997.58**	**1397.33**	**597.95**	**-636.88**				**24.74**
659.54		1598.95	596.66					24.74
	-1983.01	-196.93		-628.40				
				-4.00				
-127.80	-14.57	-4.69	1.28	-4.48				
259.85	**2107.29**	**-65.01**	**-363.17**	**4317.17**	**41.41**	**111.15**	**10.81**	
-0.66	-639.52	-33.09	-519.62		-18.00	-242.78	-19.30	-1.02
-0.05	-152.86	-31.91	-137.72		-11.51	-116.97	-1.44	
6258.65	2899.67		294.17					
-5959.93				4289.47	70.34			
-38.17				27.70	0.58			
						470.89	31.56	1.02
791.60	**109.71**	**1332.32**	**234.77**	**3680.29**	**41.41**	**111.15**	**10.81**	**24.74**
791.60	109.71	240.61	234.77	3677.62	37.89	111.15	10.81	24.74
255.35	12.39	4.49	23.20	65.21	1.87			
				0.23	0.01			
				0.00				
		389.48		2.45	1.42			
		356.45			0.51			
		345.78			1.59			
		133.60			1.59			
		212.18						
	0.00							
6790.40	**902.09**	**1397.33**	**892.11**	**3680.29**	**70.92**	**470.89**	**31.56**	**25.75**

6-15 续表 1

项目	Item	其他焦化产品(万吨) Other Coking Products (10^4 tons)	油品合计(万吨) Petroleum Products Total (10^4 tons)
一.可供本地区消费的能源量	**Total Primary Energy Supply**	**-153.09**	**3901.17**
1.一次能源生产量	Indigenous Production		2726.40
2.外省(区、市)调入量	Moving In from Other Provinces		549.64
3.进口量	Import		7663.11
4.境内轮船和飞机在境外的加油量	Domestic Airplanes&Ships Refueling in Abroad		
5.本省(区、市)调出量(-)	Sending Out to Other Provinces(-)	-152.60	-6572.89
6.出口量(-)	Export(-)		-332.58
7.境外轮船和飞机在境内的加油量(-)	Oversea Airplanes&Ships Refueling in China(-)		
8.库存增(-)、减(+)量	Stock Change	-0.49	-132.51
二.加工转换投入(-)产出(+)量	**Input(-) & Output(+) of Transformation**	**264.42**	**-438.32**
1.火力发电	Thermal Power	-3.47	-12.64
2.供热	Heating Supply		-46.97
3.洗选煤	Coal Washing		
4.炼焦	Coking	266.19	
5.炼油及煤制油	Petroleum Refineries		3175.86
#油品再投入量(-)	Petroleum Products Input (-)		-3554.57
6.制气	Gas Works	1.71	
#焦炭再投入量(-)	Coke Input (-)		
7.天然气液化	Natural Gas Liquefaction		
8.煤制品加工	Briquettes		
9.回收能	Recovery of Energy		
三.损失量	**Loss**		
四.终端消费量	**Total Final Consumption**	**111.33**	**3462.85**
1.农、林、牧、渔、水利业	Agriculture, Forestry, Animal Husbandry, Fishery and Water Conservancy		178.52
2.工业	Industry	111.33	1303.71
#用作原料、材料	Non-Energy Use	65.21	404.72
3.建筑业	Construction		212.85
4.交通运输、仓储和邮政业	Transport, Storage and Post		1127.11
5.批发、零售业和住宿、餐饮业	Wholesale, Retail Trade and Hotel, Restaurants		61.54
6.其他	Others		85.06
7.生活消费	Residential Consumption		494.07
城镇	Urban		361.51
乡村	Rural		132.56
五.平衡差额	**Statistical Difference**		**0.00**
六.消费量合计	**Total Energy Consumption**	**114.80**	**3901.17**

Continued 1

原油 (万吨) Crude Oil (10^4 tons)	汽油 (万吨) Gasoline (10^4 tons)	煤油 (万吨) Kerosene (10^4 tons)	柴油 (万吨) Diesel Oil (10^4 tons)	燃料油 (万吨) Fuel Oil (10^4 tons)	石脑油 (万吨) Naphtha (10^4 tons)	润滑油 (万吨) Lubricants (10^4 tons)	石蜡 (万吨) Paraffin Waxes (10^4 tons)	溶剂油 (万吨) White Spirit (10^4 tons)
6766.01	**-915.23**	**-158.93**	**-1608.32**	**1443.88**	**-150.92**	**-8.79**	**0.27**	**-75.67**
2726.40								
				419.16			0.47	
5968.59				1247.49	131.67	15.18		
-1931.98	-855.09	-95.39	-1570.02		-281.67	-12.60		-71.33
-4.00	-33.01	-63.47		-170.51		-10.07	-0.20	
7.00	-27.13	-0.08	-38.30	-52.26	-0.92	-1.29	0.00	-4.34
-6647.05	**1620.61**	**163.43**	**2863.59**	**-1162.31**	**280.01**	**21.17**		**76.02**
	-0.01		-1.84	-1.42				
			-0.23	-10.97				
-6647.05	1620.65	163.43	2871.23	695.28	283.57	21.17		76.02
	-0.03		-5.58	-1845.20	-3.56			
118.96	**705.38**	**4.50**	**1255.27**	**281.56**	**129.09**	**12.38**	**0.27**	**0.35**
	3.28		174.64					
118.96	67.80	0.97	138.15	65.84	129.09	5.79	0.27	0.35
5.91	1.29	0.11	0.61	0.34	121.23	0.63	0.05	0.01
	15.79	0.25	62.38	3.78				
	111.29	3.28	802.30	208.37		1.86		
	25.60	0.00	32.35	0.42		0.53		
	51.28		27.70	3.16		0.20		
	430.34		17.75			4.00		
	321.94		6.00			2.50		
	108.40		11.75			1.50		
6766.01	**705.41**	**4.50**	**1262.92**	**2139.16**	**132.64**	**12.38**	**0.27**	**0.35**

6-15 续表 2

项　　目	Item	石油沥青(万吨) Bitumen Asphalt (10^4 tons)	石油焦(万吨) Petroleum Coke (10^4 tons)
一.可供本地区消费的能源量	**Total Primary Energy Supply**	**-531.37**	**-461.64**
1.一次能源生产量	Indigenous Production		
2.外省(区、市)调入量	Moving In from Other Provinces	130.00	
3.进口量	Import	38.89	257.52
4.境内轮船和飞机在境外的加油量	Domestic Airplanes&Ships Refueling in Abroad		
5.本省(区、市)调出量(-)	Sending Out to Other Provinces(-)	-697.92	-652.13
6.出口量(-)	Export(-)		-51.31
7.境外轮船和飞机在境内的加油量(-)	Oversea Airplanes&Ships Refueling in China(-)		
8.库存增(-)、减(+)量	Stock Change	-2.34	-15.71
二.加工转换投入(-)产出(+)量	**Input(-) & Output(+) of Transformation**	**664.94**	**523.33**
1.火力发电	Thermal Power		-7.30
2.供热	Heating Supply		-13.29
3.洗选煤	Coal Washing		
4.炼焦	Coking		
5.炼油及煤制油	Petroleum Refineries	664.94	543.92
#油品再投入量(-)	Petroleum Products Input (-)		
6.制气	Gas Works		
#焦炭再投入量(-)	Coke Input (-)		
7.天然气液化	Natural Gas Liquefaction		
8.煤制品加工	Briquettes		
9.回收能	Recovery of Energy		
三.损失量	**Loss**		
四.终端消费量	**Total Final Consumption**	**133.56**	**61.69**
1.农、林、牧、渔、水利业	Agriculture, Forestry, Animal Husbandry, Fishery and Water Conservancy		
2.工业	Industry	3.56	61.69
#用作原料、材料	Non-Energy Use	0.36	5.75
3.建筑业	Construction	130.00	
4.交通运输、仓储和邮政业	Transport, Storage and Post		
5.批发、零售业和住宿、餐饮业	Wholesale, Retail Trade and Hotel, Restaurants		
6.其他	Others		
7.生活消费	Residential Consumption		
城镇	Urban		
乡村	Rural		
五.平衡差额	**Statistical Difference**		**0.00**
六.消费量合计	**Total Energy Consumption**	**133.56**	**82.29**

Continued 2

液化石油气（万吨） LPG (10^4 tons)	炼厂干气（万吨） Refinery Gas (10^4 tons)	其他石油制品（万吨） Other Petroleum Products (10^4 tons)	天然气（亿立方米） Natural Gas (10^8 cu.m)	液化天然气（万吨） LNG (10^4 tons)	热力（万百万千焦） Heat (10^{10} kJ)	电力（亿千瓦小时） Electricity (10^8 kW•h)	其他能源（万吨标煤） Other Energy (10^4 tce)
-334.65	**-7.00**	**-56.46**	**68.39**	**2.96**		**580.20**	**366.24**
			5.11			94.54	366.29
			63.28	3.00		485.66	
3.78				0.01			
-327.45	-7.00	-70.30					
-10.99		13.85		-0.05			-0.05
401.34	**103.13**	**653.49**	**-1.44**	**3.11**	**84168.57**	**3502.92**	**-320.86**
	-1.95	-0.11	-0.11		-3465.90	3502.92	-248.04
-0.06	-7.56	-14.87	-0.86		81725.15		-72.82
486.17	112.65	2283.89					
-84.78		-1615.43					
			-0.47	3.11			
					5909.33		
66.69	**96.13**	**597.03**	**66.96**	**6.08**	**84168.57**	**4083.12**	**45.38**
0.60						78.31	
18.09	96.13	597.03	44.28	5.10	70706.93	3117.56	45.38
4.92		263.51	0.96	0.03			1.43
0.65			0.07		526.13	37.64	
0.01			3.29	0.98	476.00	66.54	
2.64			1.70		1390.76	121.40	
2.72			0.40		3604.00	204.72	
41.98			17.22		7464.75	456.96	
31.07			12.35		7042.50	202.05	
10.91			4.86		422.25	254.91	
							0.00
151.52	**105.65**	**2227.43**	**67.96**	**6.08**	**87634.48**	**4083.12**	**366.24**

6-16 河南能源平衡表(实物量)-2013

项目	Item	煤合计(万吨) Coal Total (10^4 tons)	原煤(万吨) Raw Coal (10^4 tons)
一.可供本地区消费的能源量	**Total Primary Energy Supply**	**25058.13**	**28113.00**
1.一次能源生产量	Indigenous Production	16042.00	16042.00
2.外省(区、市)调入量	Moving In from Other Provinces	12008.00	12008.00
3.进口量	Import		
4.境内轮船和飞机在境外的加油量	Domestic Airplanes&Ships Refueling in Abroad		
5.本省(区、市)调出量(-)	Sending Out to Other Provinces(-)	-3141.25	-60.00
6.出口量(-)	Export(-)		
7.境外轮船和飞机在境内的加油量(-)	Oversea Airplanes&Ships Refueling in China(-)		
8.库存增(-)、减(+)量	Stock Change	149.38	123.00
二.加工转换投入(-)产出(+)量	**Input(-) & Output(+) of Transformation**	**-18092.38**	**-23968.71**
1.火力发电	Thermal Power	-12112.64	-11618.93
2.供热	Heating Supply	-1180.04	-1162.74
3.洗选煤	Coal Washing	-1114.95	-10671.30
4.炼焦	Coking	-3237.58	-20.11
5.炼油及煤制油	Petroleum Refineries		
#油品再投入量(-)	Petroleum Products Input (-)		
6.制气	Gas Works	-458.19	-458.19
#焦炭再投入量(-)	Coke Input (-)		
7.天然气液化	Natural Gas Liquefaction		
8.煤制品加工	Briquettes	11.02	-37.44
9.回收能	Recovery of Energy		
三.损失量	**Loss**		
四.终端消费量	**Total Final Consumption**	**6965.76**	**4144.30**
1.农、林、牧、渔、水利业	Agriculture, Forestry, Animal Husbandry, Fishery and Water Conservancy	78.00	78.00
2.工业	Industry	6200.88	3379.42
#用作原料、材料	Non-Energy Use	836.15	836.15
3.建筑业	Construction	25.78	25.78
4.交通运输、仓储和邮政业	Transport, Storage and Post	8.66	8.66
5.批发、零售业和住宿、餐饮业	Wholesale, Retail Trade and Hotel, Restaurants		
6.其他	Others	102.44	102.44
7.生活消费	Residential Consumption	550.00	550.00
城镇	Urban	158.20	158.20
乡村	Rural	391.80	391.80
五.平衡差额	**Statistical Difference**	**-0.01**	**-0.01**
六.消费量合计	**Total Energy Consumption**	**25058.14**	**28113.01**

Energy Balance of Henan (Physical Quantity) -2013

洗精煤 (万吨) Cleaned Coal (10^4 tons)	其他洗煤 (万吨) Other Washed Coal (10^4 tons)	型煤 (万吨) Briquettes (10^4 tons)	煤矸石 (万吨) Gangue (10^4 tons)	焦炭 (万吨) Coke (10^4 tons)	焦炉煤气 (亿立方米) Coke Oven Gas (10^8 cu.m)	高炉煤气 (亿立方米) Blast Furnace Gas (10^8 cu.m)	转炉煤气 (亿立方米) Converter Gas (10^8 cu.m)	其他煤气 (亿立方米) Other Gas (10^8 cu.m)
-2417.55	**-621.32**	**-16.00**	**208.45**	**-879.12**	**-21.57**	**12.57**		
			207.45			12.57		
-2447.92	-617.33	-16.00		-877.92	-21.57			
30.37	-3.99		1.00	-1.20				
3442.84	**2385.03**	**48.46**	**-192.17**	**2696.59**	**39.31**	**167.77**	**6.95**	**31.93**
-378.28	-115.43		-257.59		-5.36	-83.92	-1.53	-0.58
	-17.30		-31.33		-0.03			
7038.59	2517.76		96.75					
-3217.47				2705.61				
				-9.02	44.70			32.51
		48.46						
						251.69	8.48	
1025.29	**1763.71**	**32.46**	**16.28**	**1817.47**	**17.74**	**180.34**	**6.95**	**31.93**
1025.29	1763.71	32.46	16.28	1817.47	17.74	180.34	6.95	31.93
			0.00					
4621.04	**1896.44**	**32.46**	**305.20**	**1817.47**	**23.13**	**264.26**	**8.48**	**32.51**

6-16 续表 1

项　　目	Item	其他焦化产品(万吨) Other Coking Products (10^4 tons)	油品合计(万吨) Petroleum Products Total (10^4 tons)
一.可供本地区消费的能源量	**Total Primary Energy Supply**	**-127.27**	**1951.12**
1.一次能源生产量	Indigenous Production		476.50
2.外省(区、市)调入量	Moving In from Other Provinces		1184.25
3.进口量	Import		483.00
4.境内轮船和飞机在境外的加油量	Domestic Airplanes&Ships Refueling in Abroad		
5.本省(区、市)调出量(-)	Sending Out to Other Provinces(-)	-127.27	-180.18
6.出口量(-)	Export(-)		
7.境外轮船和飞机在境内的加油量(-)	Oversea Airplanes&Ships Refueling in China(-)		
8.库存增(-)、减(+)量	Stock Change		-12.45
二.加工转换投入(-)产出(+)量	**Input(-) & Output(+) of Transformation**	**192.76**	**-82.67**
1.火力发电	Thermal Power		-9.63
2.供热	Heating Supply		-25.20
3.洗选煤	Coal Washing		
4.炼焦	Coking	192.76	
5.炼油及煤制油	Petroleum Refineries		-47.84
#油品再投入量(-)	Petroleum Products Input (-)		
6.制气	Gas Works		
#焦炭再投入量(-)	Coke Input (-)		
7.天然气液化	Natural Gas Liquefaction		
8.煤制品加工	Briquettes		
9.回收能	Recovery of Energy		
三.损失量	**Loss**		
四.终端消费量	**Total Final Consumption**	**65.49**	**1868.43**
1.农、林、牧、渔、水利业	Agriculture, Forestry, Animal Husbandry, Fishery and Water Conservancy		129.99
2.工业	Industry	65.49	478.11
#用作原料、材料	Non-Energy Use		
3.建筑业	Construction		56.56
4.交通运输、仓储和邮政业	Transport, Storage and Post		801.24
5.批发、零售业和住宿、餐饮业	Wholesale, Retail Trade and Hotel, Restaurants		88.16
6.其他	Others		93.10
7.生活消费	Residential Consumption		221.26
城镇	Urban		115.55
乡村	Rural		105.71
五.平衡差额	**Statistical Difference**		**0.02**
六.消费量合计	**Total Energy Consumption**	**65.49**	**1951.10**

Continued 1

原油 (万吨) Crude Oil (10⁴ tons)	汽油 (万吨) Gasoline (10⁴ tons)	煤油 (万吨) Kerosene (10⁴ tons)	柴油 (万吨) Diesel Oil (10⁴ tons)	燃料油 (万吨) Fuel Oil (10⁴ tons)	石脑油 (万吨) Naphtha (10⁴ tons)	润滑油 (万吨) Lubricants (10⁴ tons)	石蜡 (万吨) Paraffin Waxes (10⁴ tons)	溶剂油 (万吨) White Spirit (10⁴ tons)
963.57	**334.45**	**-32.21**	**527.40**	**-9.75**	**-2.00**	**12.13**	**0.09**	**-1.55**
476.50								
118.00	341.45		524.90			11.81	0.09	
483.00								
-105.86		-31.86		-9.90	-2.00			-1.55
-8.07	-7.00	-0.35	2.50	0.15		0.32		
-927.77	**222.47**	**78.28**	**248.76**	**34.43**	**29.95**		**0.02**	**1.86**
-0.06			-1.37	-0.74				
-1.59			-0.06	-8.48				
-926.12	222.47	78.28	250.19	43.65	29.95		0.02	1.86
35.80	**556.92**	**46.07**	**776.16**	**24.67**	**27.95**	**12.13**	**0.11**	**0.31**
	25.10		94.50					
35.80	93.12	0.97	112.72	2.87	27.95	0.62	0.11	0.31
	20.27		20.20			0.07		
	253.50	45.10	455.00			3.74		
	30.33		18.15			5.50		
	55.06		25.15			2.20		
	79.54		50.43	21.80				
	54.40		20.00					
	25.14		30.43	21.80				
			0.00	**0.01**		**0.00**		
963.57	**556.92**	**46.07**	**777.59**	**33.89**	**27.95**	**12.13**	**0.11**	**0.31**

6-16 续表 2

项目	Item	石油沥青(万吨) Bitumen Asphalt (10^4 tons)	石油焦(万吨) Petroleum Coke (10^4 tons)
一.可供本地区消费的能源量	**Total Primary Energy Supply**	**-29.01**	**54.83**
1.一次能源生产量	Indigenous Production		
2.外省(区、市)调入量	Moving In from Other Provinces		54.83
3.进口量	Import		
4.境内轮船和飞机在境外的加油量	Domestic Airplanes&Ships Refueling in Abroad		
5.本省(区、市)调出量(-)	Sending Out to Other Provinces(-)	-29.01	
6.出口量(-)	Export(-)		
7.境外轮船和飞机在境内的加油量(-)	Oversea Airplanes&Ships Refueling in China(-)		
8.库存增(-)、减(+)量	Stock Change		
二.加工转换投入(-)产出(+)量	**Input(-) & Output(+) of Transformation**	**39.54**	**25.89**
1.火力发电	Thermal Power		-6.73
2.供热	Heating Supply		-11.39
3.洗选煤	Coal Washing		
4.炼焦	Coking		
5.炼油及煤制油	Petroleum Refineries	39.54	44.01
#油品再投入量(-)	Petroleum Products Input (-)		
6.制气	Gas Works		
#焦炭再投入量(-)	Coke Input (-)		
7.天然气液化	Natural Gas Liquefaction		
8.煤制品加工	Briquettes		
9.回收能	Recovery of Energy		
三.损失量	**Loss**		
四.终端消费量	**Total Final Consumption**	**10.53**	**80.72**
1.农、林、牧、渔、水利业	Agriculture, Forestry, Animal Husbandry, Fishery and Water Conservancy		
2.工业	Industry	4.62	80.72
#用作原料、材料	Non-Energy Use		
3.建筑业	Construction	5.91	
4.交通运输、仓储和邮政业	Transport, Storage and Post		
5.批发、零售业和住宿、餐饮业	Wholesale, Retail Trade and Hotel, Restaurants		
6.其他	Others		
7.生活消费	Residential Consumption		
城镇	Urban		
乡村	Rural		
五.平衡差额	**Statistical Difference**	**0.00**	
六.消费量合计	**Total Energy Consumption**	**10.53**	**98.84**

Continued 2

液化石油气（万吨）LPG (10^4 tons)	炼厂干气（万吨）Refinery Gas (10^4 tons)	其他石油制品（万吨）Other Petroleum Products (10^4 tons)	天然气（亿立方米）Natural Gas (10^8 cu.m)	液化天然气（万吨）LNG (10^4 tons)	热力（万百万千焦）Heat (10^10 kJ)	电力（亿千瓦小时）Electricity (10^8 kW•h)	其他能源（万吨标煤）Other Energy (10^4 tce)
104.77	**1.84**	**26.56**	**78.42**	**9.78**		**344.58**	**509.70**
			4.93			122.70	99.00
104.77	1.84	26.56	73.49	9.78		281.00	410.70
						-59.12	
55.73	**21.77**	**86.40**	**-8.63**		**19643.40**	**2741.30**	**-176.70**
	-0.73		-8.31		-1761.65	2741.30	-158.25
	-3.68		-0.32		19020.87		-18.45
55.73	26.18	86.40					
					2384.18		
						196.75	
160.50	**23.61**	**112.96**	**69.79**	**9.78**	**19643.40**	**2889.13**	**333.00**
10.39			0.33		685.12	88.21	
36.21	23.15	58.94	52.84	4.44	14257.15	2108.02	234.00
		10.12	1.10		3.74	19.90	
		43.90		0.34	484.90	78.14	
34.18			4.42	5.00	224.47	83.42	
10.69					186.15	140.02	
69.02	0.46		11.10		3801.86	371.42	99.00
40.69	0.46		10.10		3801.86	180.01	
28.34			1.00			191.41	99.00
0.00	**0.00**				**0.00**	**0.00**	
160.50	**28.02**	**112.96**	**78.42**	**9.78**	**21405.05**	**3085.88**	**509.70**

6-17 湖北能源平衡表(实物量)-2013

项　　目	Item	煤合计(万吨) Coal Total (10^4 tons)	原煤(万吨) Raw Coal (10^4 tons)
一.可供本地区消费的能源量	**Total Primary Energy Supply**	**12166.72**	**10466.21**
1.一次能源生产量	Indigenous Production	1095.71	1095.71
2.外省(区、市)调入量	Moving In from Other Provinces	11089.43	9397.11
3.进口量	Import		
4.境内轮船和飞机在境外的加油量	Domestic Airplanes&Ships Refueling in Abroad		
5.本省(区、市)调出量(-)	Sending Out to Other Provinces(-)		
6.出口量(-)	Export(-)		
7.境外轮船和飞机在境内的加油量(-)	Oversea Airplanes&Ships Refueling in China(-)		
8.库存增(-)、减(+)量	Stock Change	-18.42	-26.61
二.加工转换投入(-)产出(+)量	**Input(-) & Output(+) of Transformation**	**-5721.86**	**-4404.03**
1.火力发电	Thermal Power	-3874.80	-3874.80
2.供热	Heating Supply	-474.70	-474.70
3.洗选煤	Coal Washing	-10.35	-40.56
4.炼焦	Coking	-1349.44	
5.炼油及煤制油	Petroleum Refineries		
#油品再投入量(-)	Petroleum Products Input (-)		
6.制气	Gas Works	-12.49	-12.49
#焦炭再投入量(-)	Coke Input (-)		
7.天然气液化	Natural Gas Liquefaction		
8.煤制品加工	Briquettes	-0.08	-1.49
9.回收能	Recovery of Energy		
三.损失量	**Loss**		
四.终端消费量	**Total Final Consumption**	**6444.86**	**6062.18**
1.农、林、牧、渔、水利业	Agriculture, Forestry, Animal Husbandry, Fishery and Water Conservancy	220.30	220.30
2.工业	Industry	4975.79	4636.72
#用作原料、材料	Non-Energy Use	755.76	751.21
3.建筑业	Construction	131.31	131.31
4.交通运输、仓储和邮政业	Transport, Storage and Post	69.76	69.76
5.批发、零售业和住宿、餐饮业	Wholesale, Retail Trade and Hotel, Restaurants	279.47	238.28
6.其他	Others	230.28	230.28
7.生活消费	Residential Consumption	537.95	535.52
城镇	Urban	219.94	217.51
乡村	Rural	318.01	318.01
五.平衡差额	**Statistical Difference**	**0.00**	**0.00**
六.消费量合计	**Total Energy Consumption**	**12166.72**	**10466.21**

Energy Balance of Hubei (Physical Quantity) -2013

洗精煤 (万吨) Cleaned Coal (10^4 tons)	其他洗煤 (万吨) Other Washed Coal (10^4 tons)	型煤 (万吨) Briquettes (10^4 tons)	煤矸石 (万吨) Gangue (10^4 tons)	焦炭 (万吨) Coke (10^4 tons)	焦炉煤气 (亿立方米) Coke Oven Gas (10^8 cu.m)	高炉煤气 (亿立方米) Blast Furnace Gas (10^8 cu.m)	转炉煤气 (亿立方米) Converter Gas (10^8 cu.m)	其他煤气 (亿立方米) Other Gas (10^8 cu.m)
1532.63	**56.00**	**111.87**	**56.54**	**170.97**				
1523.94	56.26	112.12	56.54	174.65				
8.69	-0.26	-0.25		-3.68				
-1319.23		**1.40**	**-56.54**	**943.22**	**9.30**	**198.09**	**2.23**	**3.78**
			-56.54	-0.10	-0.09	-140.49		
				-0.10	-29.08		-17.30	
30.21								
-1349.44				943.42	38.47			
								3.78
		1.40						
						338.58	19.53	
213.41	**56.00**	**113.27**		**1114.19**	**9.30**	**198.09**	**2.24**	**3.78**
213.41	56.00	69.65		1114.19	9.30	198.09	2.24	3.78
1.23	1.28	2.04		53.94				
		41.19						
		2.43						
		2.43						
0.00	**0.00**	**0.00**	**0.00**	**0.00**	**0.00**	**0.00**	**0.00**	**0.00**
1562.85	**56.00**	**113.27**	**56.54**	**1114.39**	**38.47**	**338.58**	**19.54**	**3.78**

6-17 续表 1

项　　目	Item	其他焦化产品 (万吨) Other Coking Products (10^4 tons)	油品合计 (万吨) Petroleum Products Total (10^4 tons)
一.可供本地区消费的能源量	**Total Primary Energy Supply**	**-44.10**	**2268.35**
1.一次能源生产量	Indigenous Production		80.08
2.外省(区、市)调入量	Moving In from Other Provinces		2200.40
3.进口量	Import		
4.境内轮船和飞机在境外的加油量	Domestic Airplanes&Ships Refueling in Abroad		
5.本省(区、市)调出量(-)	Sending Out to Other Provinces(-)	-44.71	-6.38
6.出口量(-)	Export(-)		
7.境外轮船和飞机在境内的加油量(-)	Oversea Airplanes&Ships Refueling in China(-)		
8.库存增(-)、减(+)量	Stock Change	0.61	-5.75
二.加工转换投入(-)产出(+)量	**Input(-) & Output(+) of Transformation**	**48.49**	**49.74**
1.火力发电	Thermal Power		-1.65
2.供热	Heating Supply		-4.62
3.洗选煤	Coal Washing		
4.炼焦	Coking	48.49	
5.炼油及煤制油	Petroleum Refineries		156.55
#油品再投入量(-)	Petroleum Products Input (-)		-100.54
6.制气	Gas Works		
#焦炭再投入量(-)	Coke Input (-)		
7.天然气液化	Natural Gas Liquefaction		
8.煤制品加工	Briquettes		
9.回收能	Recovery of Energy		
三.损失量	**Loss**		
四.终端消费量	**Total Final Consumption**	**4.39**	**2318.08**
1.农、林、牧、渔、水利业	Agriculture, Forestry, Animal Husbandry, Fishery and Water Conservancy		157.62
2.工业	Industry	4.39	540.06
#用作原料、材料	Non-Energy Use		18.20
3.建筑业	Construction		162.47
4.交通运输、仓储和邮政业	Transport, Storage and Post		888.53
5.批发、零售业和住宿、餐饮业	Wholesale, Retail Trade and Hotel, Restaurants		205.90
6.其他	Others		109.00
7.生活消费	Residential Consumption		254.49
城镇	Urban		144.34
乡村	Rural		110.15
五.平衡差额	**Statistical Difference**	**0.00**	**0.00**
六.消费量合计	**Total Energy Consumption**	**4.39**	**2268.35**

Continued 1

原油 (万吨) Crude Oil (10^4 tons)	汽油 (万吨) Gasoline (10^4 tons)	煤油 (万吨) Kerosene (10^4 tons)	柴油 (万吨) Diesel Oil (10^4 tons)	燃料油 (万吨) Fuel Oil (10^4 tons)	石脑油 (万吨) Naphtha (10^4 tons)	润滑油 (万吨) Lubricants (10^4 tons)	石蜡 (万吨) Paraffin Waxes (10^4 tons)	溶剂油 (万吨) White Spirit (10^4 tons)
1176.72	**334.72**	**-0.01**	**341.13**	**111.93**	**62.89**	**18.74**	**-6.40**	**8.16**
80.08								
1096.87	334.68		341.13	112.06	62.89	18.82		8.15
							-6.38	
-0.23	0.04	-0.01	0.00	-0.13		-0.08	-0.02	0.01
-1167.81	**281.34**	**63.78**	**463.50**	**6.69**	**63.21**		**9.87**	**0.22**
	0.00		-0.75	-0.16				
	0.00		-0.03	-0.06				
-1167.81	281.34	63.78	464.28	6.91	63.21		9.87	0.22
8.91	**616.05**	**63.77**	**804.62**	**118.62**	**126.10**	**18.74**	**3.47**	**8.37**
	38.13		111.45					
8.91	35.55	2.81	59.36	39.16	126.10	12.79	1.67	8.37
	0.54	1.05	0.63	0.44		0.01	0.58	0.01
	18.86		104.44			1.25		
	328.44	31.23	349.69	79.46		4.69	1.80	
	42.35		102.79					
	65.08	10.35						
	87.63	19.38	76.88					
	60.76		45.88					
	26.88	19.38	31.00					
0.00	**0.00**	**0.00**	**0.00**	**0.00**	**0.00**	**0.00**	**0.00**	**0.00**
1176.72	**616.05**	**63.77**	**805.41**	**118.84**	**126.10**	**18.74**	**3.47**	**8.37**

6-17 续表 2

项　　目	Item	石油沥青(万吨) Bitumen Asphalt (10^4 tons)	石油焦(万吨) Petroleum Coke (10^4 tons)
一.可供本地区消费的能源量	**Total Primary Energy Supply**	**32.04**	**17.36**
1.一次能源生产量	Indigenous Production		
2.外省(区、市)调入量	Moving In from Other Provinces	27.74	21.98
3.进口量	Import		
4.境内轮船和飞机在境外的加油量	Domestic Airplanes&Ships Refueling in Abroad		
5.本省(区、市)调出量(−)	Sending Out to Other Provinces(-)		
6.出口量(−)	Export(-)		
7.境外轮船和飞机在境内的加油量(−)	Oversea Airplanes&Ships Refueling in China(-)		
8.库存增(−)、减(+)量	Stock Change	4.30	-4.62
二.加工转换投入(−)产出(+)量	**Input(-) & Output(+) of Transformation**	**5.15**	**96.50**
1.火力发电	Thermal Power		
2.供热	Heating Supply		
3.洗选煤	Coal Washing		
4.炼焦	Coking		
5.炼油及煤制油	Petroleum Refineries	5.15	96.50
#油品再投入量(−)	Petroleum Products Input (-)		
6.制气	Gas Works		
#焦炭再投入量(−)	Coke Input (-)		
7.天然气液化	Natural Gas Liquefaction		
8.煤制品加工	Briquettes		
9.回收能	Recovery of Energy		
三.损失量	**Loss**		
四.终端消费量	**Total Final Consumption**	**37.19**	**113.86**
1.农、林、牧、渔、水利业	Agriculture, Forestry, Animal Husbandry, Fishery and Water Conservancy		
2.工业	Industry		98.39
#用作原料、材料	Non-Energy Use		14.91
3.建筑业	Construction	26.18	
4.交通运输、仓储和邮政业	Transport, Storage and Post	6.59	
5.批发、零售业和住宿、餐饮业	Wholesale, Retail Trade and Hotel, Restaurants		
6.其他	Others		15.47
7.生活消费	Residential Consumption	4.42	
城镇	Urban	2.00	
乡村	Rural	2.41	
五.平衡差额	**Statistical Difference**	**0.00**	**0.00**
六.消费量合计	**Total Energy Consumption**	**37.19**	**113.86**

Continued 2

液化石油气 (万吨) LPG (10^4 tons)	炼厂干气 (万吨) Refinery Gas (10^4 tons)	其他石油制品 (万吨) Other Petroleum Products (10^4 tons)	天然气 (亿立方米) Natural Gas (10^8 cu.m)	液化天然气 (万吨) LNG (10^4 tons)	热力 (万百万千焦) Heat (10^{10} kJ)	电力 (亿千瓦小时) Electricity (10^8 kW•h)	其他能源 (万吨标煤) Other Energy (10^4 tce)
65.39		**105.70**	**31.91**	**0.45**		**792.82**	**279.27**
			3.09			1215.71	287.06
65.38		110.70	28.82	0.45		330.52	
						-753.41	
0.01		-5.00		0.00			-7.79
54.36	**29.55**	**143.38**	**-5.61**		**8344.50**	**1021.60**	**-260.47**
	-0.75		-1.84		-603.15	1021.60	-256.35
	-4.52		-0.20		8390.32		-4.12
54.36	34.81	243.92	-3.57				
		-100.54					
					557.33		
						103.01	
119.75	**29.55**	**249.09**	**26.29**	**0.45**	**8344.50**	**1711.42**	**18.81**
		8.04				30.24	
9.74	29.55	107.65	12.48	0.45	7939.76	1178.67	18.81
		0.02					0.96
		11.73				21.60	
16.12		70.50	5.17		4.75	34.81	
34.78		25.98	2.68		399.99	79.39	
		18.10				95.25	
59.10		7.08	5.96			271.45	
30.86		4.84	5.96			183.28	
28.24		2.24				88.16	
0.00	**0.00**	**0.00**	**0.00**	**0.00**	**0.00**	**0.00**	**0.00**
119.75	**34.82**	**349.62**	**31.91**	**0.45**	**8947.65**	**1814.43**	**279.28**

6-18 湖南能源平衡表(实物量)-2013

项　　目	Item	煤合计 (万吨) Coal Total (10^4 tons)	原煤 (万吨) Raw Coal (10^4 tons)
一.可供本地区消费的能源量	**Total Primary Energy Supply**	**11223.84**	**10969.33**
1.一次能源生产量	Indigenous Production	7228.87	7228.87
2.外省(区、市)调入量	Moving In from Other Provinces	4543.94	3984.36
3.进口量	Import	54.19	54.19
4.境内轮船和飞机在境外的加油量	Domestic Airplanes&Ships Refueling in Abroad		
5.本省(区、市)调出量(-)	Sending Out to Other Provinces(-)	-681.64	-381.64
6.出口量(-)	Export(-)	-1.04	
7.境外轮船和飞机在境内的加油量(-)	Oversea Airplanes&Ships Refueling in China(-)		
8.库存增(-)、减(+)量	Stock Change	79.52	83.55
二.加工转换投入(-)产出(+)量	**Input(-) & Output(+) of Transformation**	**-5480.40**	**-6137.42**
1.火力发电	Thermal Power	-3526.21	-3526.21
2.供热	Heating Supply	-378.35	-284.35
3.洗选煤	Coal Washing	-680.34	-2326.86
4.炼焦	Coking	-895.50	
5.炼油及煤制油	Petroleum Refineries		
#油品再投入量(-)	Petroleum Products Input (-)		
6.制气	Gas Works		
#焦炭再投入量(-)	Coke Input (-)		
7.天然气液化	Natural Gas Liquefaction		
8.煤制品加工	Briquettes		
9.回收能	Recovery of Energy		
三.损失量	**Loss**	**38.23**	**33.74**
四.终端消费量	**Total Final Consumption**	**5705.21**	**4798.17**
1.农、林、牧、渔、水利业	Agriculture, Forestry, Animal Husbandry, Fishery and Water Conservancy	457.77	427.77
2.工业	Industry	3683.60	3207.67
#用作原料、材料	Non-Energy Use		
3.建筑业	Construction	173.74	153.79
4.交通运输、仓储和邮政业	Transport, Storage and Post	151.32	127.12
5.批发、零售业和住宿、餐饮业	Wholesale, Retail Trade and Hotel, Restaurants	368.67	195.75
6.其他	Others	421.99	267.26
7.生活消费	Residential Consumption	448.12	418.81
城镇	Urban	132.43	123.12
乡村	Rural	315.69	295.69
五.平衡差额	**Statistical Difference**		
六.消费量合计	**Total Energy Consumption**	**11223.84**	**10969.33**

Energy Balance of Hunan (Physical Quantity) -2013

洗精煤（万吨） Cleaned Coal (10^4 tons)	其他洗煤（万吨） Other Washed Coal (10^4 tons)	型煤（万吨） Briquettes (10^4 tons)	煤矸石（万吨） Gangue (10^4 tons)	焦炭（万吨） Coke (10^4 tons)	焦炉煤气（亿立方米） Coke Oven Gas (10^8 cu.m)	高炉煤气（亿立方米） Blast Furnace Gas (10^8 cu.m)	转炉煤气（亿立方米） Converter Gas (10^8 cu.m)	其他煤气（亿立方米） Other Gas (10^8 cu.m)
-304.89	**132.74**	**426.66**		**424.89**		**7.52**	**-0.18**	**0.01**
	131.86	427.72		429.28		7.52		0.01
-300.00							-0.18	
		-1.04						
-4.89	0.88	-0.02		-4.39				
678.16	**-21.14**		**46.69**	**413.95**	**13.72**	**34.26**	**11.07**	
			-119.76		-1.19	-69.05		
	-94.00			-236.98		-64.62		
1573.66	72.86		166.45					
-895.50				650.93	14.91			
						167.93	11.07	
4.42	**0.07**				**4.10**			
368.85	**111.53**	**426.66**	**46.69**	**838.84**	**9.62**	**41.78**	**10.89**	**0.01**
		30.00		25.92				
359.70	111.38	4.85	46.69	812.92	9.62	41.78	10.89	0.01
5.03	0.15	14.77						
1.20		23.00						
2.92		170.00						
		154.73						
		29.31						
		9.31						
		20.00						
1268.77	**205.60**	**426.66**	**166.45**	**1075.82**	**14.91**	**175.45**	**10.89**	**0.01**

6-18 续表 1

项　　目	Item	其他焦化产品(万吨) Other Coking Products (10^4 tons)	油品合计(万吨) Petroleum Products Total (10^4 tons)
一.可供本地区消费的能源量	**Total Primary Energy Supply**	**1.33**	**1520.20**
1.一次能源生产量	Indigenous Production		
2.外省(区、市)调入量	Moving In from Other Provinces	0.52	1508.47
3.进口量	Import		64.65
4.境内轮船和飞机在境外的加油量	Domestic Airplanes&Ships Refueling in Abroad		
5.本省(区、市)调出量(-)	Sending Out to Other Provinces(-)		-54.31
6.出口量(-)	Export(-)		-0.39
7.境外轮船和飞机在境内的加油量(-)	Oversea Airplanes&Ships Refueling in China(-)		
8.库存增(-)、减(+)量	Stock Change	0.81	1.78
二.加工转换投入(-)产出(+)量	**Input(-) & Output(+) of Transformation**	**23.86**	**-31.28**
1.火力发电	Thermal Power		-5.45
2.供热	Heating Supply		-5.40
3.洗选煤	Coal Washing		
4.炼焦	Coking	23.86	
5.炼油及煤制油	Petroleum Refineries		-19.19
#油品再投入量(-)	Petroleum Products Input (-)		-1.24
6.制气	Gas Works		
#焦炭再投入量(-)	Coke Input (-)		
7.天然气液化	Natural Gas Liquefaction		
8.煤制品加工	Briquettes		
9.回收能	Recovery of Energy		
三.损失量	**Loss**		
四.终端消费量	**Total Final Consumption**	**25.19**	**1488.92**
1.农、林、牧、渔、水利业	Agriculture, Forestry, Animal Husbandry, Fishery and Water Conservancy		19.85
2.工业	Industry	25.19	379.25
#用作原料、材料	Non-Energy Use		
3.建筑业	Construction		61.79
4.交通运输、仓储和邮政业	Transport, Storage and Post		651.73
5.批发、零售业和住宿、餐饮业	Wholesale, Retail Trade and Hotel, Restaurants		61.37
6.其他	Others		81.24
7.生活消费	Residential Consumption		233.69
城镇	Urban		151.21
乡村	Rural		82.48
五.平衡差额	**Statistical Difference**		**0.00**
六.消费量合计	**Total Energy Consumption**	**25.19**	**1520.20**

Continued 1

原油 (万吨) Crude Oil (10^4 tons)	汽油 (万吨) Gasoline (10^4 tons)	煤油 (万吨) Kerosene (10^4 tons)	柴油 (万吨) Diesel Oil (10^4 tons)	燃料油 (万吨) Fuel Oil (10^4 tons)	石脑油 (万吨) Naphtha (10^4 tons)	润滑油 (万吨) Lubricants (10^4 tons)	石蜡 (万吨) Paraffin Waxes (10^4 tons)	溶剂油 (万吨) White Spirit (10^4 tons)
946.54	**193.22**	**3.62**	**243.92**	**12.64**	**-25.32**	**6.61**	**0.06**	**-9.69**
879.36	192.43	3.61	243.88	14.30		6.61	0.06	
64.65								
					-25.72			-9.81
2.53	0.79	0.01	0.04	-1.66	0.40			0.12
-945.14	**241.34**	**35.22**	**321.84**	**54.57**	**25.34**	**0.12**		**10.68**
			-0.49	-0.70				
			-0.07	-0.40				
-945.14	241.34	35.22	322.40	55.67	25.34	0.12		10.68
1.40	**434.56**	**38.84**	**565.76**	**67.21**	**0.02**	**6.73**	**0.06**	**0.99**
	10.51		9.12	0.01		0.01		
1.40	23.37	0.72	49.44	19.33	0.02	0.82	0.06	0.99
	14.33	0.19	46.68	0.05		0.01		
	141.23	36.06	396.96	44.60		3.08		
	34.09	1.37	10.78	1.42		1.02		
	57.51	0.50	14.74	0.72		0.97		
	153.52		38.04	1.08		0.82		
	105.91		13.61	0.76		0.70		
	47.61		24.43	0.32		0.12		
0.00					**0.00**			**0.00**
946.54	**434.56**	**38.84**	**566.32**	**68.31**	**0.02**	**6.73**	**0.06**	**0.99**

6-18 续表 2

项目	Item	石油沥青(万吨) Bitumen Asphalt (10^4 tons)	石油焦(万吨) Petroleum Coke (10^4 tons)
一.可供本地区消费的能源量	**Total Primary Energy Supply**	**-0.94**	**-18.40**
1.一次能源生产量	Indigenous Production		
2.外省(区、市)调入量	Moving In from Other Provinces		
3.进口量	Import		
4.境内轮船和飞机在境外的加油量	Domestic Airplanes&Ships Refueling in Abroad		
5.本省(区、市)调出量(-)	Sending Out to Other Provinces(-)	-0.94	-17.84
6.出口量(-)	Export(-)		-0.39
7.境外轮船和飞机在境内的加油量(-)	Oversea Airplanes&Ships Refueling in China(-)		
8.库存增(-)、减(+)量	Stock Change		-0.17
二.加工转换投入(-)产出(+)量	**Input(-) & Output(+) of Transformation**	**1.06**	**25.22**
1.火力发电	Thermal Power		-4.05
2.供热	Heating Supply		-4.14
3.洗选煤	Coal Washing		
4.炼焦	Coking		
5.炼油及煤制油	Petroleum Refineries	1.06	33.41
#油品再投入量(-)	Petroleum Products Input (-)		
6.制气	Gas Works		
#焦炭再投入量(-)	Coke Input (-)		
7.天然气液化	Natural Gas Liquefaction		
8.煤制品加工	Briquettes		
9.回收能	Recovery of Energy		
三.损失量	**Loss**		
四.终端消费量	**Total Final Consumption**	**0.12**	**6.82**
1.农、林、牧、渔、水利业	Agriculture, Forestry, Animal Husbandry, Fishery and Water Conservancy		
2.工业	Industry	0.12	6.82
#用作原料、材料	Non-Energy Use		
3.建筑业	Construction		
4.交通运输、仓储和邮政业	Transport, Storage and Post		
5.批发、零售业和住宿、餐饮业	Wholesale, Retail Trade and Hotel, Restaurants		
6.其他	Others		
7.生活消费	Residential Consumption		
城镇	Urban		
乡村	Rural		
五.平衡差额	**Statistical Difference**	**0.00**	
六.消费量合计	**Total Energy Consumption**	**0.12**	**15.01**

Continued 2

液化石油气(万吨) LPG (10^4 tons)	炼厂干气(万吨) Refinery Gas (10^4 tons)	其他石油制品(万吨) Other Petroleum Products (10^4 tons)	天然气(亿立方米) Natural Gas (10^8 cu.m)	液化天然气(万吨) LNG (10^4 tons)	热力(万百万千焦) Heat (10^10 kJ)	电力(亿千瓦小时) Electricity (10^8 kW•h)	其他能源(万吨标煤) Other Energy (10^4 tce)
19.96		**147.98**	**19.70**	**5.53**		**658.59**	**1404.96**
						513.63	
19.59		148.63	19.71	5.59		263.72	1405.01
						-118.76	
0.37		-0.65	-0.01	-0.06			-0.05
69.40	**25.73**	**103.34**			**11930.65**	**841.89**	**-52.56**
	-0.21				-3212.25	841.89	-52.36
	-0.79				12330.37		-0.20
69.40	27.97	103.34					
	-1.24						
					2812.53		
					685.26	**120.01**	
89.36	**25.73**	**251.32**	**19.70**	**5.53**	**11245.39**	**1380.47**	**1352.40**
0.20			0.08			21.71	150.00
22.13	25.73	228.30	8.60	2.49	11242.27	885.46	802.40
0.53			0.07			16.35	
7.44		22.36	1.82	2.21		37.02	100.00
12.69			1.74	0.80		51.94	
6.14		0.66	2.53		3.12	86.65	
40.23			4.86	0.03		281.34	300.00
30.23			4.78	0.03		153.02	150.00
10.00			0.08			128.32	150.00
89.36	**27.97**	**251.32**	**19.70**	**5.53**	**15142.90**	**1500.48**	**1404.96**

6-19 广东能源平衡表(实物量)-2013

项　　目	Item	煤合计(万吨) Coal Total (10^4 tons)	原煤(万吨) Raw Coal (10^4 tons)
一.可供本地区消费的能源量	**Total Primary Energy Supply**	**17106.78**	**15967.26**
1.一次能源生产量	Indigenous Production		
2.外省(区、市)调入量	Moving In from Other Provinces	11015.16	9865.11
3.进口量	Import	5951.01	5951.01
4.境内轮船和飞机在境外的加油量	Domestic Airplanes&Ships Refueling in Abroad		
5.本省(区、市)调出量(-)	Sending Out to Other Provinces(-)		
6.出口量(-)	Export(-)	-0.16	-0.06
7.境外轮船和飞机在境内的加油量(-)	Oversea Airplanes&Ships Refueling in China(-)		
8.库存增(-)、减(+)量	Stock Change	140.77	151.20
二.加工转换投入(-)产出(+)量	**Input(-) & Output(+) of Transformation**	**-12628.75**	**-12262.20**
1.火力发电	Thermal Power	-11630.07	-11458.81
2.供热	Heating Supply	-763.93	-733.66
3.洗选煤	Coal Washing		
4.炼焦	Coking	-251.48	
5.炼油及煤制油	Petroleum Refineries		
#油品再投入量(-)	Petroleum Products Input (-)		
6.制气	Gas Works	-5.96	-5.96
#焦炭再投入量(-)	Coke Input (-)		
7.天然气液化	Natural Gas Liquefaction		
8.煤制品加工	Briquettes	22.69	-63.77
9.回收能	Recovery of Energy		
三.损失量	**Loss**	**9.80**	**9.80**
四.终端消费量	**Total Final Consumption**	**4468.23**	**3695.26**
1.农、林、牧、渔、水利业	Agriculture, Forestry, Animal Husbandry, Fishery and Water Conservancy	60.14	60.14
2.工业	Industry	4192.98	3440.73
#用作原料、材料	Non-Energy Use	196.05	194.11
3.建筑业	Construction	3.56	3.56
4.交通运输、仓储和邮政业	Transport, Storage and Post	2.64	2.64
5.批发、零售业和住宿、餐饮业	Wholesale, Retail Trade and Hotel, Restaurants	141.87	141.87
6.其他	Others	2.15	2.15
7.生活消费	Residential Consumption	64.89	44.17
城镇	Urban	33.66	20.76
乡村	Rural	31.23	23.41
五.平衡差额	**Statistical Difference**		**0.00**
六.消费量合计	**Total Energy Consumption**	**17106.78**	**15967.26**

Energy Balance of Guangdong (Physical Quantity) -2013

洗精煤 (万吨) Cleaned Coal (10^4 tons)	其他洗煤 (万吨) Other Washed Coal (10^4 tons)	型煤 (万吨) Briquettes (10^4 tons)	煤矸石 (万吨) Gangue (10^4 tons)	焦炭 (万吨) Coke (10^4 tons)	焦炉煤气 (亿立方米) Coke Oven Gas (10^8 cu.m)	高炉煤气 (亿立方米) Blast Furnace Gas (10^8 cu.m)	转炉煤气 (亿立方米) Converter Gas (10^8 cu.m)	其他煤气 (亿立方米) Other Gas (10^8 cu.m)
895.04	**22.15**	**222.33**	**459.44**	**407.04**				**18.88**
905.37	22.15	222.53	459.44	407.61				18.88
				0.41				
		-0.10		-8.64				
-10.33		-0.10		7.66				
-251.48		**-115.07**	**-433.90**	**177.15**	**5.90**	**147.68**	**6.09**	**2.46**
		-171.26	-433.90			-19.74	-2.13	
		-30.27				-22.60	-1.33	-0.12
-251.48				177.98	5.90			
								2.58
				-0.83				
		86.46						
						190.02	9.55	
643.56	**22.15**	**107.26**	**25.54**	**584.19**	**5.90**	**147.68**	**6.09**	**21.34**
643.56	22.15	86.54	25.54	550.68	5.90	147.68	6.09	3.54
0.45	0.69	0.80	20.52	2.21				
				0.20				
				32.25				5.54
				1.06				
		20.72						12.26
		12.90						12.26
		7.82						
895.04	**22.15**	**308.79**	**459.44**	**585.02**	**5.90**	**190.02**	**9.55**	**21.46**

6-19 续表 1

项　目	Item	其他焦化产品(万吨) Other Coking Products (10^4 tons)	油品合计(万吨) Petroleum Products Total (10^4 tons)
一.可供本地区消费的能源量	**Total Primary Energy Supply**	**0.12**	**5178.25**
1.一次能源生产量	Indigenous Production		1291.78
2.外省(区、市)调入量	Moving In from Other Provinces		2927.26
3.进口量	Import	120.18	2459.04
4.境内轮船和飞机在境外的加油量	Domestic Airplanes&Ships Refueling in Abroad		151.74
5.本省(区、市)调出量(-)	Sending Out to Other Provinces(-)	-119.88	-925.00
6.出口量(-)	Export(-)	-0.02	-494.77
7.境外轮船和飞机在境内的加油量(-)	Oversea Airplanes&Ships Refueling in China(-)		-231.88
8.库存增(-)、减(+)量	Stock Change	-0.16	0.08
二.加工转换投入(-)产出(+)量	**Input(-) & Output(+) of Transformation**	**9.72**	**-244.67**
1.火力发电	Thermal Power		-41.22
2.供热	Heating Supply		-99.74
3.洗选煤	Coal Washing		
4.炼焦	Coking	9.72	
5.炼油及煤制油	Petroleum Refineries		-103.71
#油品再投入量(-)	Petroleum Products Input (-)		
6.制气	Gas Works		
#焦炭再投入量(-)	Coke Input (-)		
7.天然气液化	Natural Gas Liquefaction		
8.煤制品加工	Briquettes		
9.回收能	Recovery of Energy		
三.损失量	**Loss**		**4.19**
四.终端消费量	**Total Final Consumption**	**9.84**	**4929.39**
1.农、林、牧、渔、水利业	Agriculture, Forestry, Animal Husbandry, Fishery and Water Conservancy		118.74
2.工业	Industry	9.84	1497.43
#用作原料、材料	Non-Energy Use	0.02	727.47
3.建筑业	Construction		392.08
4.交通运输、仓储和邮政业	Transport, Storage and Post		1778.48
5.批发、零售业和住宿、餐饮业	Wholesale, Retail Trade and Hotel, Restaurants		258.36
6.其他	Others		69.08
7.生活消费	Residential Consumption		815.22
城镇	Urban		535.26
乡村	Rural		279.96
五.平衡差额	**Statistical Difference**		**0.00**
六.消费量合计	**Total Energy Consumption**	**9.84**	**5178.25**

Continued 1

原油 (万吨) Crude Oil (10^4 tons)	汽油 (万吨) Gasoline (10^4 tons)	煤油 (万吨) Kerosene (10^4 tons)	柴油 (万吨) Diesel Oil (10^4 tons)	燃料油 (万吨) Fuel Oil (10^4 tons)	石脑油 (万吨) Naphtha (10^4 tons)	润滑油 (万吨) Lubricants (10^4 tons)	石蜡 (万吨) Paraffin Waxes (10^4 tons)	溶剂油 (万吨) White Spirit (10^4 tons)
4729.48	**310.92**	**-178.03**	**-42.16**	**243.80**	**90.49**	**1.04**	**-6.67**	**-2.43**
1291.78								
2030.94	301.29	2.00	2.34	164.72	114.48			
1417.76		127.29	29.32	335.34				
		24.59	3.55	123.60				
		-121.50	-63.60			-1.22	-6.69	-2.43
-15.04		-157.57	-25.00	-197.06				
		-39.61	-4.86	-187.41				
4.04	9.63	-13.23	16.09	4.61	-23.99	2.26	0.02	
-4707.39	**759.68**	**438.34**	**1578.59**	**80.34**	**385.06**	**13.55**	**6.96**	**4.04**
-0.02			-1.99	-19.72				
			-0.15	-91.20				
-4707.37	759.68	438.34	1580.73	191.26	385.06	13.55	6.96	4.04
1.34	**0.68**	**1.00**	**1.17**					
20.75	**1069.92**	**259.31**	**1535.26**	**324.14**	**475.55**	**14.59**	**0.29**	**1.61**
	15.87		95.15			7.72		
20.75	63.62	3.91	249.95	146.15	475.55	0.47	0.29	1.61
	0.28	0.36	2.61	11.60	475.54		0.03	0.88
	35.90	0.30	32.70	0.50		0.03		
	330.50	251.05	984.34	162.80		6.37		
	78.94		145.38	14.63				
	57.54	0.06	9.19	0.06				
	487.55	3.99	18.55					
	342.51	0.45	4.35					
	145.04	3.54	14.20					
0.00							**0.00**	
4729.48	**1070.60**	**260.31**	**1538.57**	**435.06**	**475.55**	**14.59**	**0.29**	**1.61**

6-19 续表 2

项目	Item	石油沥青(万吨) Bitumen Asphalt (10^4 tons)	石油焦(万吨) Petroleum Coke (10^4 tons)
一.可供本地区消费的能源量	**Total Primary Energy Supply**	**-3.01**	**-187.32**
1.一次能源生产量	Indigenous Production		
2.外省(区、市)调入量	Moving In from Other Provinces		
3.进口量	Import		
4.境内轮船和飞机在境外的加油量	Domestic Airplanes&Ships Refueling in Abroad		
5.本省(区、市)调出量(-)	Sending Out to Other Provinces(-)	-3.01	-182.37
6.出口量(-)	Export(-)		
7.境外轮船和飞机在境内的加油量(-)	Oversea Airplanes&Ships Refueling in China(-)		
8.库存增(-)、减(+)量	Stock Change		-4.95
二.加工转换投入(-)产出(+)量	**Input(-) & Output(+) of Transformation**	**324.99**	**227.87**
1.火力发电	Thermal Power		-17.27
2.供热	Heating Supply		-3.10
3.洗选煤	Coal Washing		
4.炼焦	Coking		
5.炼油及煤制油	Petroleum Refineries	324.99	248.24
#油品再投入量(-)	Petroleum Products Input (-)		
6.制气	Gas Works		
#焦炭再投入量(-)	Coke Input (-)		
7.天然气液化	Natural Gas Liquefaction		
8.煤制品加工	Briquettes		
9.回收能	Recovery of Energy		
三.损失量	**Loss**		
四.终端消费量	**Total Final Consumption**	**321.98**	**40.55**
1.农、林、牧、渔、水利业	Agriculture, Forestry, Animal Husbandry, Fishery and Water Conservancy		
2.工业	Industry	0.18	40.55
#用作原料、材料	Non-Energy Use	0.07	
3.建筑业	Construction	321.80	
4.交通运输、仓储和邮政业	Transport, Storage and Post		
5.批发、零售业和住宿、餐饮业	Wholesale, Retail Trade and Hotel, Restaurants		
6.其他	Others		
7.生活消费	Residential Consumption		
城镇	Urban		
乡村	Rural		
五.平衡差额	**Statistical Difference**		
六.消费量合计	**Total Energy Consumption**	**321.98**	**60.92**

Continued 2

液化石油气 (万吨) LPG (10[4] tons)	炼厂干气 (万吨) Refinery Gas (10[4] tons)	其他石油制品 (万吨) Other Petroleum Products (10[4] tons)	天然气 (亿立方米) Natural Gas (10^8 cu.m)	液化天然气 (万吨) LNG (10^4 tons)	热力 (万百万千焦) Heat (10^{10} kJ)	电力 (亿千瓦小时) Electricity (10^8 kW•h)	其他能源 (万吨标煤) Other Energy (10^4 tce)
330.23	**-2.60**	**-105.49**	**85.31**	**280.71**		**1856.73**	**462.77**
			75.26			812.88	
311.49			10.05	55.64		1175.08	465.24
114.86		434.47		362.45		16.40	
	-2.60	-541.58		-51.27		-0.40	
-96.54		-3.56		-86.02		-147.23	
0.42		5.18		-0.09			-2.47
206.24	**89.64**	**347.42**	**-32.34**	**-176.94**	**17114.55**	**2973.40**	
	-1.57	-0.65	-32.09	-168.56	-2771.58	2973.40	
	-4.12	-1.17	-0.25	-8.38	17137.10		
206.24	95.33	349.24					
					2749.03		
				27.15		**274.55**	
536.47	**87.04**	**241.93**	**52.97**	**76.62**	**17114.55**	**4555.58**	**462.77**
						82.13	
165.43	87.04	241.93	29.01	76.62	17093.64	2932.07	462.77
60.17	0.70	175.23	0.25	2.18			0.63
0.85			0.02		8.10	50.73	
43.42			2.68		2.54	72.06	
19.41			7.60			261.04	
2.23			0.33		10.27	446.18	
305.13			13.33			711.37	
187.95			13.33			434.80	
117.18						276.57	
536.47	**92.73**	**243.75**	**85.31**	**280.71**	**19886.13**	**4830.13**	**462.77**

6-20 广西能源平衡表(实物量)-2013

项目	Item	煤合计 (万吨) Coal Total (10^4 tons)	原煤 (万吨) Raw Coal (10^4 tons)
一.可供本地区消费的能源量	**Total Primary Energy Supply**	**7344.11**	**6641.83**
1.一次能源生产量	Indigenous Production	696.84	696.84
2.外省(区、市)调入量	Moving In from Other Provinces	5829.42	5148.58
3.进口量	Import	1434.88	1434.81
4.境内轮船和飞机在境外的加油量	Domestic Airplanes&Ships Refueling in Abroad		
5.本省(区、市)调出量(-)	Sending Out to Other Provinces(-)	-706.17	-706.17
6.出口量(-)	Export(-)		
7.境外轮船和飞机在境内的加油量(-)	Oversea Airplanes&Ships Refueling in China(-)		
8.库存增(-)、减(+)量	Stock Change	89.14	67.77
二.加工转换投入(-)产出(+)量	**Input(-) & Output(+) of Transformation**	**-4452.56**	**-3756.00**
1.火力发电	Thermal Power	-3105.02	-3105.02
2.供热	Heating Supply	-496.38	-496.38
3.洗选煤	Coal Washing		
4.炼焦	Coking	-752.39	-52.13
5.炼油及煤制油	Petroleum Refineries		
#油品再投入量(-)	Petroleum Products Input (-)		
6.制气	Gas Works	-98.20	-98.20
#焦炭再投入量(-)	Coke Input (-)		
7.天然气液化	Natural Gas Liquefaction		
8.煤制品加工	Briquettes	-0.57	-4.27
9.回收能	Recovery of Energy		
三.损失量	**Loss**		
四.终端消费量	**Total Final Consumption**	**2891.55**	**2885.83**
1.农、林、牧、渔、水利业	Agriculture, Forestry, Animal Husbandry, Fishery and Water Conservancy	6.63	6.63
2.工业	Industry	2851.16	2845.44
#用作原料、材料	Non-Energy Use	257.15	255.19
3.建筑业	Construction		
4.交通运输、仓储和邮政业	Transport, Storage and Post	0.17	0.17
5.批发、零售业和住宿、餐饮业	Wholesale, Retail Trade and Hotel, Restaurants	14.45	14.45
6.其他	Others	4.36	4.36
7.生活消费	Residential Consumption	14.78	14.78
城镇	Urban	8.12	8.12
乡村	Rural	6.66	6.66
五.平衡差额	**Statistical Difference**		
六.消费量合计	**Total Energy Consumption**	**7344.11**	**6641.83**

Energy Balance of Guangxi (Physical Quantity) -2013

洗精煤 (万吨) Cleaned Coal (10^4 tons)	其他洗煤 (万吨) Other Washed Coal (10^4 tons)	型煤 (万吨) Briquettes (10^4 tons)	煤矸石 (万吨) Gangue (10^4 tons)	焦炭 (万吨) Coke (10^4 tons)	焦炉煤气 (亿立方米) Coke Oven Gas (10^8 cu.m)	高炉煤气 (亿立方米) Blast Furnace Gas (10^8 cu.m)	转炉煤气 (亿立方米) Converter Gas (10^8 cu.m)	其他煤气 (亿立方米) Other Gas (10^8 cu.m)
702.16	**0.06**	**0.06**		**434.17**				
680.84								
	0.07			485.77				
21.32	-0.01	0.06		-51.60				
-700.26		**3.70**		**539.60**	**18.02**	**178.60**	**10.00**	**37.56**
					-4.65	-58.46	-3.31	
-700.26				539.60	22.67			
								37.56
		3.70						
						237.06	13.31	
1.90	**0.06**	**3.76**		**974.50**	**18.02**	**178.60**	**10.00**	**37.56**
1.90	0.06	3.76		974.50	18.02	178.60	10.00	37.56
1.90	0.06			19.66				
0.00				**-0.73**				
702.16	**0.06**	**3.76**		**974.50**	**22.67**	**237.06**	**13.31**	**37.56**

6-20 续表 1

项　　目	Item	其他焦化产品(万吨) Other Coking Products (10^4 tons)	油品合计(万吨) Petroleum Products Total (10^4 tons)
一.可供本地区消费的能源量	**Total Primary Energy Supply**	**-26.29**	**998.72**
1.一次能源生产量	Indigenous Production		43.75
2.外省(区、市)调入量	Moving In from Other Provinces		1286.47
3.进口量	Import		132.64
4.境内轮船和飞机在境外的加油量	Domestic Airplanes&Ships Refueling in Abroad		
5.本省(区、市)调出量(-)	Sending Out to Other Provinces(-)	-26.29	-534.63
6.出口量(-)	Export(-)		
7.境外轮船和飞机在境内的加油量(-)	Oversea Airplanes&Ships Refueling in China(-)		
8.库存增(-)、减(+)量	Stock Change		70.49
二.加工转换投入(-)产出(+)量	**Input(-) & Output(+) of Transformation**	**27.56**	**-55.85**
1.火力发电	Thermal Power		-0.58
2.供热	Heating Supply		-4.29
3.洗选煤	Coal Washing		
4.炼焦	Coking	27.56	
5.炼油及煤制油	Petroleum Refineries		-31.83
#油品再投入量(-)	Petroleum Products Input (-)		-19.15
6.制气	Gas Works		
#焦炭再投入量(-)	Coke Input (-)		
7.天然气液化	Natural Gas Liquefaction		
8.煤制品加工	Briquettes		
9.回收能	Recovery of Energy		
三.损失量	**Loss**		
四.终端消费量	**Total Final Consumption**	**1.27**	**942.85**
1.农、林、牧、渔、水利业	Agriculture, Forestry, Animal Husbandry, Fishery and Water Conservancy		50.36
2.工业	Industry	1.27	199.29
#用作原料、材料	Non-Energy Use		46.08
3.建筑业	Construction		1.56
4.交通运输、仓储和邮政业	Transport, Storage and Post		448.06
5.批发、零售业和住宿、餐饮业	Wholesale, Retail Trade and Hotel, Restaurants		32.48
6.其他	Others		28.29
7.生活消费	Residential Consumption		182.81
城镇	Urban		135.35
乡村	Rural		47.46
五.平衡差额	**Statistical Difference**		**0.02**
六.消费量合计	**Total Energy Consumption**	**1.27**	**998.70**

Continued 1

原油 (万吨) Crude Oil (10^4 tons)	汽油 (万吨) Gasoline (10^4 tons)	煤油 (万吨) Kerosene (10^4 tons)	柴油 (万吨) Diesel Oil (10^4 tons)	燃料油 (万吨) Fuel Oil (10^4 tons)	石脑油 (万吨) Naphtha (10^4 tons)	润滑油 (万吨) Lubricants (10^4 tons)	石蜡 (万吨) Paraffin Waxes (10^4 tons)	溶剂油 (万吨) White Spirit (10^4 tons)
1296.13	**-108.23**	**0.03**	**-164.57**	**0.05**	**-8.94**	**0.08**		
43.75								
1091.80	106.50		40.13			0.02		
132.64								
	-232.04		-229.80		-8.94			
27.94	17.31	0.03	25.10	0.05		0.06		
-1296.13	**332.46**	**23.80**	**594.91**	**25.33**	**8.94**			**1.43**
			-0.51	-0.07				
			-0.04	-0.23				
-1296.13	332.46	23.80	595.46	44.78	8.94			1.43
				-19.15				
	224.21	**23.83**	**430.34**	**25.38**		**0.08**		**1.43**
	10.23		40.13					
	4.80	0.19	34.90	16.77		0.08		1.43
	0.27		3.98					
			1.56					
	106.56	23.64	309.25	8.61				
	8.12		24.36					
	8.15		20.14					
	86.35							
	55.12							
	31.23							
	0.02							
1296.13	**224.21**	**23.83**	**430.89**	**44.83**		**0.08**		**1.43**

6-20 续表 2

项　　目	Item	石油沥青(万吨) Bitumen Asphalt (10^4 tons)	石油焦(万吨) Petroleum Coke (10^4 tons)
一.可供本地区消费的能源量	**Total Primary Energy Supply**	**-9.10**	**-27.65**
1.一次能源生产量	Indigenous Production		
2.外省(区、市)调入量	Moving In from Other Provinces		
3.进口量	Import		
4.境内轮船和飞机在境外的加油量	Domestic Airplanes&Ships Refueling in Abroad		
5.本省(区、市)调出量(-)	Sending Out to Other Provinces(-)	-9.10	-27.65
6.出口量(-)	Export(-)		
7.境外轮船和飞机在境内的加油量(-)	Oversea Airplanes&Ships Refueling in China(-)		
8.库存增(-)、减(+)量	Stock Change		
二.加工转换投入(-)产出(+)量	**Input(-) & Output(+) of Transformation**	**9.11**	**44.11**
1.火力发电	Thermal Power		
2.供热	Heating Supply		
3.洗选煤	Coal Washing		
4.炼焦	Coking		
5.炼油及煤制油	Petroleum Refineries	9.11	44.11
#油品再投入量(-)	Petroleum Products Input (-)		
6.制气	Gas Works		
#焦炭再投入量(-)	Coke Input (-)		
7.天然气液化	Natural Gas Liquefaction		
8.煤制品加工	Briquettes		
9.回收能	Recovery of Energy		
三.损失量	**Loss**		
四.终端消费量	**Total Final Consumption**	**0.01**	**16.46**
1.农、林、牧、渔、水利业	Agriculture, Forestry, Animal Husbandry, Fishery and Water Conservancy		
2.工业	Industry	0.01	16.46
#用作原料、材料	Non-Energy Use		8.52
3.建筑业	Construction		
4.交通运输、仓储和邮政业	Transport, Storage and Post		
5.批发、零售业和住宿、餐饮业	Wholesale, Retail Trade and Hotel, Restaurants		
6.其他	Others		
7.生活消费	Residential Consumption		
城镇	Urban		
乡村	Rural		
五.平衡差额	**Statistical Difference**	**0.00**	
六.消费量合计	**Total Energy Consumption**	**0.01**	**16.46**

Continued 2

液化石油气 (万吨) LPG (10^4 tons)	炼厂干气 (万吨) Refinery Gas (10^4 tons)	其他石油制品 (万吨) Other Petroleum Products (10^4 tons)	天然气 (亿立方米) Natural Gas (10^8 cu.m)	液化天然气 (万吨) LNG (10^4 tons)	热力 (万百万千焦) Heat (10^{10} kJ)	电力 (亿千瓦小时) Electricity (10^8 kW•h)	其他能源 (万吨标煤) Other Energy (10^4 tce)
48.02		**-27.10**	**4.26**	**2.07**		**509.91**	**538.83**
			0.10			491.62	538.83
48.02			9.06	2.07		107.78	
		-27.10				-89.49	
			-4.90				
77.86	**28.75**	**93.58**	**-0.10**	**-0.12**	**6964.62**	**774.20**	**-137.88**
			-0.10	-0.12	-3317.53	774.20	-100.38
	-4.02				7043.62		-37.50
77.86	32.77	93.58					
					3238.53		
						82.16	
125.88	**28.75**	**66.48**	**4.16**	**1.95**	**6964.62**	**1155.59**	**400.00**
						23.97	
29.42	28.75	66.48	1.58	1.45	6964.62	787.17	400.00
13.68		19.63		0.51			3.70
						14.06	
						15.74	
			0.22			36.50	
						66.59	
96.46			2.36	0.50		211.56	
80.23			2.33	0.50		116.88	
16.23			0.03			94.68	
						46.36	**0.95**
125.88	**32.77**	**66.48**	**4.26**	**2.07**	**10282.15**	**1237.75**	**537.88**

6-21 海南能源平衡表(实物量)-2013

项目	Item	煤合计 (万吨) Coal Total (10^4 tons)	原煤 (万吨) Raw Coal (10^4 tons)
一.可供本地区消费的能源量	**Total Primary Energy Supply**	**1008.78**	**1008.78**
1.一次能源生产量	Indigenous Production		
2.外省(区、市)调入量	Moving In from Other Provinces	358.73	358.73
3.进口量	Import	658.60	658.60
4.境内轮船和飞机在境外的加油量	Domestic Airplanes&Ships Refueling in Abroad		
5.本省(区、市)调出量(-)	Sending Out to Other Provinces(-)		
6.出口量(-)	Export(-)		
7.境外轮船和飞机在境内的加油量(-)	Oversea Airplanes&Ships Refueling in China(-)		
8.库存增(-)、减(+)量	Stock Change	-8.55	-8.55
二.加工转换投入(-)产出(+)量	**Input(-) & Output(+) of Transformation**	**-797.59**	**-797.59**
1.火力发电	Thermal Power	-794.95	-794.95
2.供热	Heating Supply	-2.64	-2.64
3.洗选煤	Coal Washing		
4.炼焦	Coking		
5.炼油及煤制油	Petroleum Refineries		
#油品再投入量(-)	Petroleum Products Input (-)		
6.制气	Gas Works		
#焦炭再投入量(-)	Coke Input (-)		
7.天然气液化	Natural Gas Liquefaction		
8.煤制品加工	Briquettes		
9.回收能	Recovery of Energy		
三.损失量	**Loss**		
四.终端消费量	**Total Final Consumption**	**211.19**	**211.19**
1.农、林、牧、渔、水利业	Agriculture, Forestry, Animal Husbandry, Fishery and Water Conservancy		
2.工业	Industry	211.19	211.19
#用作原料、材料	Non-Energy Use		
3.建筑业	Construction		
4.交通运输、仓储和邮政业	Transport, Storage and Post		
5.批发、零售业和住宿、餐饮业	Wholesale, Retail Trade and Hotel, Restaurants		
6.其他	Others		
7.生活消费	Residential Consumption		
城镇	Urban		
乡村	Rural		
五.平衡差额	**Statistical Difference**		
六.消费量合计	**Total Energy Consumption**	**1008.78**	**1008.78**

Energy Balance of Hainan (Physical Quantity) -2013

洗精煤 (万吨) Cleaned Coal (10^4 tons)	其他洗煤 (万吨) Other Washed Coal (10^4 tons)	型煤 (万吨) Briquettes (10^4 tons)	煤矸石 (万吨) Gangue (10^4 tons)	焦炭 (万吨) Coke (10^4 tons)	焦炉煤气 (亿立方米) Coke Oven Gas (10^8 cu.m)	高炉煤气 (亿立方米) Blast Furnace Gas (10^8 cu.m)	转炉煤气 (亿立方米) Converter Gas (10^8 cu.m)	其他煤气 (亿立方米) Other Gas (10^8 cu.m)
				0.04				
				0.04				
				0.04				
				0.04				
				0.04				

6-21 续表 1

项　　目	Item	其他焦化产品(万吨) Other Coking Products (10^4 tons)	油品合计(万吨) Petroleum Products Total (10^4 tons)
一.可供本地区消费的能源量	**Total Primary Energy Supply**		**387.49**
1.一次能源生产量	Indigenous Production		26.46
2.外省(区、市)调入量	Moving In from Other Provinces		57.24
3.进口量	Import		742.94
4.境内轮船和飞机在境外的加油量	Domestic Airplanes&Ships Refueling in Abroad		
5.本省(区、市)调出量(-)	Sending Out to Other Provinces(-)		-318.11
6.出口量(-)	Export(-)		-122.40
7.境外轮船和飞机在境内的加油量(-)	Oversea Airplanes&Ships Refueling in China(-)		
8.库存增(-)、减(+)量	Stock Change		1.36
二.加工转换投入(-)产出(+)量	**Input(-) & Output(+) of Transformation**		**-18.12**
1.火力发电	Thermal Power		-0.03
2.供热	Heating Supply		-2.49
3.洗选煤	Coal Washing		
4.炼焦	Coking		
5.炼油及煤制油	Petroleum Refineries		22.94
#油品再投入量(-)	Petroleum Products Input (-)		-38.54
6.制气	Gas Works		
#焦炭再投入量(-)	Coke Input (-)		
7.天然气液化	Natural Gas Liquefaction		
8.煤制品加工	Briquettes		
9.回收能	Recovery of Energy		
三.损失量	**Loss**		
四.终端消费量	**Total Final Consumption**		**369.37**
1.农、林、牧、渔、水利业	Agriculture, Forestry, Animal Husbandry, Fishery and Water Conservancy		58.91
2.工业	Industry		37.16
#用作原料、材料	Non-Energy Use		
3.建筑业	Construction		12.10
4.交通运输、仓储和邮政业	Transport, Storage and Post		187.22
5.批发、零售业和住宿、餐饮业	Wholesale, Retail Trade and Hotel, Restaurants		7.37
6.其他	Others		30.68
7.生活消费	Residential Consumption		35.93
城镇	Urban		29.75
乡村	Rural		6.18
五.平衡差额	**Statistical Difference**		**0.00**
六.消费量合计	**Total Energy Consumption**		**387.49**

Continued 1

原油 (万吨) Crude Oil (10^4 tons)	汽油 (万吨) Gasoline (10^4 tons)	煤油 (万吨) Kerosene (10^4 tons)	柴油 (万吨) Diesel Oil (10^4 tons)	燃料油 (万吨) Fuel Oil (10^4 tons)	石脑油 (万吨) Naphtha (10^4 tons)	润滑油 (万吨) Lubricants (10^4 tons)	石蜡 (万吨) Paraffin Waxes (10^4 tons)	溶剂油 (万吨) White Spirit (10^4 tons)
737.65	**-161.65**	**-4.83**	**-99.45**	**20.29**	**-13.84**			
26.46								
		55.31		1.93				
719.14				23.80				
	-135.07		-78.54		-13.84			
	-32.40	-59.60	-23.30	-7.10				
-7.95	5.82	-0.54	2.39	1.66				
-736.10	**233.78**	**90.57**	**229.67**	**16.48**	**13.84**			
			-0.03					
-736.10	233.78	90.57	229.70	16.48	13.84			
1.55	**72.13**	**85.74**	**130.22**	**36.77**				
	3.28		55.63					
1.55	0.66		4.84	3.62				
	4.17		7.93					
	10.90	85.74	57.43	33.15				
	2.85		1.54					
	27.35		2.85					
	22.92							
	18.28							
	4.64							
0.00			**0.00**					
737.65	**72.13**	**85.74**	**130.25**	**36.77**				

6-21 续表 2

项目	Item	石油沥青(万吨) Bitumen Asphalt (10^4 tons)	石油焦(万吨) Petroleum Coke (10^4 tons)
一.可供本地区消费的能源量	**Total Primary Energy Supply**		
1.一次能源生产量	Indigenous Production		
2.外省(区、市)调入量	Moving In from Other Provinces		
3.进口量	Import		
4.境内轮船和飞机在境外的加油量	Domestic Airplanes&Ships Refueling in Abroad		
5.本省(区、市)调出量(-)	Sending Out to Other Provinces(-)		
6.出口量(-)	Export(-)		
7.境外轮船和飞机在境内的加油量(-)	Oversea Airplanes&Ships Refueling in China(-)		
8.库存增(-)、减(+)量	Stock Change		
二.加工转换投入(-)产出(+)量	**Input(-) & Output(+) of Transformation**		
1.火力发电	Thermal Power		
2.供热	Heating Supply		
3.洗选煤	Coal Washing		
4.炼焦	Coking		
5.炼油及煤制油	Petroleum Refineries		
#油品再投入量(-)	Petroleum Products Input (-)		
6.制气	Gas Works		
#焦炭再投入量(-)	Coke Input (-)		
7.天然气液化	Natural Gas Liquefaction		
8.煤制品加工	Briquettes		
9.回收能	Recovery of Energy		
三.损失量	**Loss**		
四.终端消费量	**Total Final Consumption**		
1.农、林、牧、渔、水利业	Agriculture, Forestry, Animal Husbandry, Fishery and Water Conservancy		
2.工业	Industry		
#用作原料、材料	Non-Energy Use		
3.建筑业	Construction		
4.交通运输、仓储和邮政业	Transport, Storage and Post		
5.批发、零售业和住宿、餐饮业	Wholesale, Retail Trade and Hotel, Restaurants		
6.其他	Others		
7.生活消费	Residential Consumption		
城镇	Urban		
乡村	Rural		
五.平衡差额	**Statistical Difference**		
六.消费量合计	**Total Energy Consumption**		

Continued 2

液化石油气 (万吨) LPG (10^4 tons)	炼厂干气 (万吨) Refinery Gas (10^4 tons)	其他石油制品 (万吨) Other Petroleum Products (10^4 tons)	天然气 (亿立方米) Natural Gas (10^8 cu.m)	液化天然气 (万吨) LNG (10^4 tons)	热力 (万百万千焦) Heat (10^{10} kJ)	电力 (亿千瓦小时) Electricity (10^8 kW•h)	其他能源 (万吨标煤) Other Energy (10^4 tce)
-24.20		**-66.48**	**46.02**	**0.03**		**30.60**	**9.00**
			1.69			30.80	
			55.01	0.03		0.22	9.00
-24.18		-66.48				-0.42	
			-10.68				
-0.02							
40.71	**26.42**	**66.51**	**-4.94**	**-0.03**	**234.47**	**201.42**	
			-4.23	-0.03	-373.73	201.42	-11.54
-0.36	-2.13		-0.71		284.32		
41.07	28.55	105.05					
		-38.54					
					323.88		11.54
						14.93	
16.51	**26.42**	**0.03**	**41.08**		**234.47**	**217.09**	**9.00**
						10.24	
0.04	26.42	0.03	38.88		234.47	105.59	9.00
			23.61				
						6.23	
			1.12			3.59	
2.98			0.70			17.59	
0.48						37.29	
13.01			0.38			36.56	
11.47			0.38			18.10	
1.54						18.46	
		0.00					
16.87	**28.55**	**38.57**	**46.02**	**0.03**	**608.20**	**232.02**	**20.54**

6-22 重庆能源平衡表(实物量)-2013

项目	Item	煤合计(万吨) Coal Total (10^4 tons)	原煤(万吨) Raw Coal (10^4 tons)
一.可供本地区消费的能源量	**Total Primary Energy Supply**	**5794.47**	**5815.48**
1.一次能源生产量	Indigenous Production	3910.12	3910.12
2.外省(区、市)调入量	Moving In from Other Provinces	2964.81	2668.17
3.进口量	Import		
4.境内轮船和飞机在境外的加油量	Domestic Airplanes&Ships Refueling in Abroad		
5.本省(区、市)调出量(-)	Sending Out to Other Provinces(-)	-1064.45	-757.65
6.出口量(-)	Export(-)		
7.境外轮船和飞机在境内的加油量(-)	Oversea Airplanes&Ships Refueling in China(-)		
8.库存增(-)、减(+)量	Stock Change	-16.00	-5.16
二.加工转换投入(-)产出(+)量	**Input(-) & Output(+) of Transformation**	**-3133.62**	**-4028.76**
1.火力发电	Thermal Power	-1827.21	-1682.96
2.供热	Heating Supply	-242.31	-242.31
3.洗选煤	Coal Washing	-555.68	-2082.95
4.炼焦	Coking	-507.50	-20.54
5.炼油及煤制油	Petroleum Refineries		
#油品再投入量(-)	Petroleum Products Input (-)		
6.制气	Gas Works		
#焦炭再投入量(-)	Coke Input (-)		
7.天然气液化	Natural Gas Liquefaction		
8.煤制品加工	Briquettes	-0.92	
9.回收能	Recovery of Energy		
三.损失量	**Loss**		
四.终端消费量	**Total Final Consumption**	**2660.85**	**1786.72**
1.农、林、牧、渔、水利业	Agriculture, Forestry, Animal Husbandry, Fishery and Water Conservancy	60.71	36.98
2.工业	Industry	2320.88	1470.48
#用作原料、材料	Non-Energy Use		
3.建筑业	Construction	32.72	32.72
4.交通运输、仓储和邮政业	Transport, Storage and Post	42.52	42.52
5.批发、零售业和住宿、餐饮业	Wholesale, Retail Trade and Hotel, Restaurants	14.37	14.37
6.其他	Others	98.67	98.67
7.生活消费	Residential Consumption	90.98	90.98
城镇	Urban	1.64	1.64
乡村	Rural	89.34	89.34
五.平衡差额	**Statistical Difference**	**0.00**	**0.00**
六.消费量合计	**Total Energy Consumption**	**5794.47**	**5815.48**

Energy Balance of Chongqing (Physical Quantity) -2013

洗精煤 (万吨) Cleaned Coal (10^4 tons)	其他洗煤 (万吨) Other Washed Coal (10^4 tons)	型煤 (万吨) Briquettes (10^4 tons)	煤矸石 (万吨) Gangue (10^4 tons)	焦炭 (万吨) Coke (10^4 tons)	焦炉煤气 (亿立方米) Coke Oven Gas (10^8 cu.m)	高炉煤气 (亿立方米) Blast Furnace Gas (10^8 cu.m)	转炉煤气 (亿立方米) Converter Gas (10^8 cu.m)	其他煤气 (亿立方米) Other Gas (10^8 cu.m)
71.00	**-104.43**	**12.42**	**186.23**	**60.31**				
141.79	142.43	12.42	145.43	57.65				
-60.67	-246.13							
-10.12	-0.73		40.80	2.66				
716.51	**172.20**	**6.44**	**-186.23**	**148.51**	**9.60**	**7.89**	**2.47**	
	-144.25		-225.57		-2.16	-91.99	-0.61	
					-0.64			
1210.82	316.45		39.34					
-486.96				148.51	12.40			
-7.36		6.44						
						99.88	3.08	
787.51	**67.77**	**18.86**		**208.82**	**9.60**	**7.89**	**2.47**	
	23.73			34.52				
787.51	44.04	18.86		174.30	9.60	7.89	2.47	
	0.00		**0.00**			**0.00**		
1281.83	**212.02**	**18.86**	**225.57**	**208.82**	**12.40**	**99.88**	**3.08**	

6-22 续表 1

项　目	Item	其他焦化产品(万吨) Other Coking Products (10^4 tons)	油品合计(万吨) Petroleum Products Total (10^4 tons)
一.可供本地区消费的能源量	**Total Primary Energy Supply**	**-1.11**	**706.16**
1.一次能源生产量	Indigenous Production		
2.外省(区、市)调入量	Moving In from Other Provinces		705.41
3.进口量	Import		
4.境内轮船和飞机在境外的加油量	Domestic Airplanes&Ships Refueling in Abroad		
5.本省(区、市)调出量(-)	Sending Out to Other Provinces(-)		
6.出口量(-)	Export(-)		
7.境外轮船和飞机在境内的加油量(-)	Oversea Airplanes&Ships Refueling in China(-)		
8.库存增(-)、减(+)量	Stock Change	-1.11	0.75
二.加工转换投入(-)产出(+)量	**Input(-) & Output(+) of Transformation**	**15.88**	**-0.87**
1.火力发电	Thermal Power		-0.75
2.供热	Heating Supply		-0.12
3.洗选煤	Coal Washing		
4.炼焦	Coking	15.88	
5.炼油及煤制油	Petroleum Refineries		
#油品再投入量(-)	Petroleum Products Input (-)		
6.制气	Gas Works		
#焦炭再投入量(-)	Coke Input (-)		
7.天然气液化	Natural Gas Liquefaction		
8.煤制品加工	Briquettes		
9.回收能	Recovery of Energy		
三.损失量	**Loss**		
四.终端消费量	**Total Final Consumption**	**14.77**	**705.29**
1.农、林、牧、渔、水利业	Agriculture, Forestry, Animal Husbandry, Fishery and Water Conservancy		17.19
2.工业	Industry	14.77	81.95
#用作原料、材料	Non-Energy Use		
3.建筑业	Construction		39.50
4.交通运输、仓储和邮政业	Transport, Storage and Post		446.72
5.批发、零售业和住宿、餐饮业	Wholesale, Retail Trade and Hotel, Restaurants		35.51
6.其他	Others		13.02
7.生活消费	Residential Consumption		71.40
城镇	Urban		45.40
乡村	Rural		26.00
五.平衡差额	**Statistical Difference**	**0.00**	**0.00**
六.消费量合计	**Total Energy Consumption**	**14.77**	**706.16**

Continued 1

原油 (万吨) Crude Oil (10^4 tons)	汽油 (万吨) Gasoline (10^4 tons)	煤油 (万吨) Kerosene (10^4 tons)	柴油 (万吨) Diesel Oil (10^4 tons)	燃料油 (万吨) Fuel Oil (10^4 tons)	石脑油 (万吨) Naphtha (10^4 tons)	润滑油 (万吨) Lubricants (10^4 tons)	石蜡 (万吨) Paraffin Waxes (10^4 tons)	溶剂油 (万吨) White Spirit (10^4 tons)
	161.70	**58.99**	**455.95**	**11.98**		**0.91**		
	161.64	58.98	455.45	11.93		0.90		
	0.06	0.01	0.50	0.05		0.01		
			-0.82	**-0.05**				
			-0.70	-0.05				
			-0.12					
	161.70	**58.99**	**455.13**	**11.93**		**0.91**		
	7.78		9.41					
	22.26	6.79	49.12	2.31		0.91		
	7.49	0.28	29.98	0.71				
	36.72	49.35	351.74	8.91				
	21.25		6.48					
	12.04		0.98					
	54.16	2.57	7.42					
	37.84	2.57	0.78					
	16.32		6.64					
	0.00							
	161.70	**58.99**	**455.95**	**11.98**		**0.91**		

6-22 续表 2

项　　目	Item	石油沥青(万吨) Bitumen Asphalt (10^4 tons)	石油焦(万吨) Petroleum Coke (10^4 tons)
一.可供本地区消费的能源量	**Total Primary Energy Supply**		
1.一次能源生产量	Indigenous Production		
2.外省(区、市)调入量	Moving In from Other Provinces		
3.进口量	Import		
4.境内轮船和飞机在境外的加油量	Domestic Airplanes&Ships Refueling in Abroad		
5.本省(区、市)调出量(−)	Sending Out to Other Provinces(-)		
6.出口量(−)	Export(-)		
7.境外轮船和飞机在境内的加油量(−)	Oversea Airplanes&Ships Refueling in China(-)		
8.库存增(−)、减(+)量	Stock Change		
二.加工转换投入(−)产出(+)量	**Input(-) & Output(+) of Transformation**		
1.火力发电	Thermal Power		
2.供热	Heating Supply		
3.洗选煤	Coal Washing		
4.炼焦	Coking		
5.炼油及煤制油	Petroleum Refineries		
#油品再投入量(−)	Petroleum Products Input (-)		
6.制气	Gas Works		
#焦炭再投入量(−)	Coke Input (-)		
7.天然气液化	Natural Gas Liquefaction		
8.煤制品加工	Briquettes		
9.回收能	Recovery of Energy		
三.损失量	**Loss**		
四.终端消费量	**Total Final Consumption**		
1.农、林、牧、渔、水利业	Agriculture, Forestry, Animal Husbandry, Fishery and Water Conservancy		
2.工业	Industry		
#用作原料、材料	Non-Energy Use		
3.建筑业	Construction		
4.交通运输、仓储和邮政业	Transport, Storage and Post		
5.批发、零售业和住宿、餐饮业	Wholesale, Retail Trade and Hotel, Restaurants		
6.其他	Others		
7.生活消费	Residential Consumption		
城镇	Urban		
乡村	Rural		
五.平衡差额	**Statistical Difference**		
六.消费量合计	**Total Energy Consumption**		

Continued 2

液化石油气 (万吨) LPG (10^4 tons)	炼厂干气 (万吨) Refinery Gas (10^4 tons)	其他石油制品 (万吨) Other Petroleum Products (10^4 tons)	天然气 (亿立方米) Natural Gas (10^8 cu.m)	液化天然气 (万吨) LNG (10^4 tons)	热力 (万百万千焦) Heat (10^{10} kJ)	电力 (亿千瓦小时) Electricity (10^8 kW•h)	其他能源 (万吨标煤) Other Energy (10^4 tce)
16.63			**71.80**	**2.86**		**381.76**	**203.94**
			50.56			162.16	165.50
16.51			34.12	2.86		256.03	38.44
			-12.88			-36.43	
0.12							
			-0.60		**3601.83**	**431.51**	**-35.61**
			-0.38		-2571.28	431.51	-9.12
			-0.22		4225.95		-26.49
					1947.16		
			0.36			**54.75**	
16.63			**70.84**	**2.86**	**3601.83**	**758.52**	**168.33**
			0.92			2.41	
0.56			42.53	2.66	3601.83	460.38	32.83
			25.20				
1.04			0.18			20.78	
			7.15			15.06	
7.78			3.96			37.79	
			0.33			81.42	
7.25			15.77	0.20		140.68	135.50
4.21			15.77	0.20		87.66	
3.04						53.02	135.50
			0.00			**0.00**	
16.63			**71.80**	**2.86**	**6173.11**	**813.27**	**203.94**

6-23 四川能源平衡表(实物量)-2013

项　　目	Item	煤合计 (万吨) Coal Total (10^4 tons)	原煤 (万吨) Raw Coal (10^4 tons)
一.可供本地区消费的能源量	**Total Primary Energy Supply**	**11678.55**	**11710.36**
1.一次能源生产量	Indigenous Production	6587.50	6587.50
2.外省(区、市)调入量	Moving In from Other Provinces	4935.67	4935.67
3.进口量	Import		
4.境内轮船和飞机在境外的加油量	Domestic Airplanes&Ships Refueling in Abroad		
5.本省(区、市)调出量(-)	Sending Out to Other Provinces(-)	202.00	202.00
6.出口量(-)	Export(-)		
7.境外轮船和飞机在境内的加油量(-)	Oversea Airplanes&Ships Refueling in China(-)		
8.库存增(-)、减(+)量	Stock Change	-46.62	-14.81
二.加工转换投入(-)产出(+)量	**Input(-) & Output(+) of Transformation**	**-6155.28**	**-8083.54**
1.火力发电	Thermal Power	-2976.00	-2873.73
2.供热	Heating Supply	-168.95	-168.95
3.洗选煤	Coal Washing	-968.23	-4911.63
4.炼焦	Coking	-2035.37	-102.91
5.炼油及煤制油	Petroleum Refineries	-1.65	-1.65
#油品再投入量(-)	Petroleum Products Input (-)		
6.制气	Gas Works	-3.37	-2.86
#焦炭再投入量(-)	Coke Input (-)		
7.天然气液化	Natural Gas Liquefaction		
8.煤制品加工	Briquettes	-1.71	-21.81
9.回收能	Recovery of Energy		
三.损失量	**Loss**		
四.终端消费量	**Total Final Consumption**	**5523.27**	**3626.82**
1.农、林、牧、渔、水利业	Agriculture, Forestry, Animal Husbandry, Fishery and Water Conservancy	5.62	5.62
2.工业	Industry	5160.35	3263.90
#用作原料、材料	Non-Energy Use	173.97	165.79
3.建筑业	Construction	13.00	13.00
4.交通运输、仓储和邮政业	Transport, Storage and Post	5.00	5.00
5.批发、零售业和住宿、餐饮业	Wholesale, Retail Trade and Hotel, Restaurants	35.00	35.00
6.其他	Others	20.00	20.00
7.生活消费	Residential Consumption	284.30	284.30
城镇	Urban		
乡村	Rural	284.30	284.30
五.平衡差额	**Statistical Difference**	**0.00**	**0.00**
六.消费量合计	**Total Energy Consumption**	**11678.55**	**11710.36**

Energy Balance of Sichuan (Physical Quantity) -2013

洗精煤 (万吨) Cleaned Coal (10^4 tons)	其他洗煤 (万吨) Other Washed Coal (10^4 tons)	型煤 (万吨) Briquettes (10^4 tons)	煤矸石 (万吨) Gangue (10^4 tons)	焦炭 (万吨) Coke (10^4 tons)	焦炉煤气 (亿立方米) Coke Oven Gas (10^8 cu.m)	高炉煤气 (亿立方米) Blast Furnace Gas (10^8 cu.m)	转炉煤气 (亿立方米) Converter Gas (10^8 cu.m)	其他煤气 (亿立方米) Other Gas (10^8 cu.m)
-50.85	**20.83**	**-1.79**	**155.21**	**360.33**				
			162.89	365.86				
-50.85	20.83	-1.79	-7.68	-5.53				
837.96	**1064.52**	**25.78**	**-10.87**	**1399.80**	**38.41**	**225.89**	**2.47**	**0.91**
	-102.27		-171.59		-8.94	-76.21	-12.60	
			-6.68		-2.93	-13.62		
2776.61	1166.79		167.40					
-1932.46				1399.80	50.28			
		-0.51						0.91
-6.19		26.29						
						315.72	15.07	
787.11	**1085.35**	**23.99**	**144.34**	**1760.13**	**38.41**	**225.89**	**2.47**	**0.91**
787.11	1085.35	23.99	144.34	1752.63	38.41	225.89	2.47	0.91
1.63	6.35	0.20	1.95	58.00				
				4.00				
				3.50				
2725.76	**1187.62**	**24.50**	**322.61**	**1760.13**	**50.28**	**315.72**	**15.07**	**0.91**

6-23 续表 1

项　　目	Item	其他焦化产品 (万吨) Other Coking Products (10^4 tons)	油品合计 (万吨) Petroleum Products Total (10^4 tons)
一.可供本地区消费的能源量	**Total Primary Energy Supply**	**299.69**	**2394.99**
1.一次能源生产量	Indigenous Production		22.36
2.外省(区、市)调入量	Moving In from Other Provinces	300.00	2397.25
3.进口量	Import		
4.境内轮船和飞机在境外的加油量	Domestic Airplanes&Ships Refueling in Abroad		3.80
5.本省(区、市)调出量(-)	Sending Out to Other Provinces(-)		
6.出口量(-)	Export(-)		
7.境外轮船和飞机在境内的加油量(-)	Oversea Airplanes&Ships Refueling in China(-)		-6.05
8.库存增(-)、减(+)量	Stock Change	-0.31	-22.37
二.加工转换投入(-)产出(+)量	**Input(-) & Output(+) of Transformation**	**77.03**	**-59.80**
1.火力发电	Thermal Power		-0.92
2.供热	Heating Supply		-0.02
3.洗选煤	Coal Washing		
4.炼焦	Coking	77.03	
5.炼油及煤制油	Petroleum Refineries		16.66
#油品再投入量(-)	Petroleum Products Input (-)		-75.52
6.制气	Gas Works		
#焦炭再投入量(-)	Coke Input (-)		
7.天然气液化	Natural Gas Liquefaction		
8.煤制品加工	Briquettes		
9.回收能	Recovery of Energy		
三.损失量	**Loss**		
四.终端消费量	**Total Final Consumption**	**376.72**	**2335.20**
1.农、林、牧、渔、水利业	Agriculture, Forestry, Animal Husbandry, Fishery and Water Conservancy		172.03
2.工业	Industry	376.72	544.29
#用作原料、材料	Non-Energy Use		8.76
3.建筑业	Construction		159.43
4.交通运输、仓储和邮政业	Transport, Storage and Post		455.26
5.批发、零售业和住宿、餐饮业	Wholesale, Retail Trade and Hotel, Restaurants		212.53
6.其他	Others		496.69
7.生活消费	Residential Consumption		294.97
城镇	Urban		170.56
乡村	Rural		124.41
五.平衡差额	**Statistical Difference**		**-0.01**
六.消费量合计	**Total Energy Consumption**	**376.72**	**2395.00**

Continued 1

原油(万吨) Crude Oil (10^4 tons)	汽油(万吨) Gasoline (10^4 tons)	煤油(万吨) Kerosene (10^4 tons)	柴油(万吨) Diesel Oil (10^4 tons)	燃料油(万吨) Fuel Oil (10^4 tons)	石脑油(万吨) Naphtha (10^4 tons)	润滑油(万吨) Lubricants (10^4 tons)	石蜡(万吨) Paraffin Waxes (10^4 tons)	溶剂油(万吨) White Spirit (10^4 tons)
306.49	**744.40**	**237.90**	**694.93**	**60.00**		**16.01**	**0.11**	
22.36								
284.97	746.03	244.69	711.87	60.00		16.00	0.11	
		3.80						
		-6.05						
-0.84	-1.63	-4.54	-16.94			0.01		
-306.21	**74.07**	**1.86**	**58.17**	**-8.36**	**0.10**	**15.20**		**4.56**
			-0.92					
			-0.02					
-306.21	74.07	1.86	59.11	27.90	0.10	15.20		4.56
				-36.26				
0.28	**818.47**	**239.76**	**753.10**	**51.64**	**0.10**	**31.21**	**0.11**	**4.56**
	0.68	0.11	171.23					
0.28	127.48	3.26	82.64	51.64	0.10	1.54	0.11	4.56
	0.33							
	35.20	2.00	3.44					
	104.43	125.07	181.60			29.67		
	90.41	6.48	107.14					
	186.41	102.32	206.96					
	273.86	0.52	0.09					
	155.32	0.04						
	118.54	0.48	0.09					
0.00	**0.00**	**0.00**	**0.00**					
306.49	**818.47**	**239.76**	**754.04**	**87.90**	**0.10**	**31.21**	**0.11**	**4.56**

6-23 续表 2

项　　目	Item	石油沥青 (万吨) Bitumen Asphalt (10^4 tons)	石油焦 (万吨) Petroleum Coke (10^4 tons)
一.可供本地区消费的能源量	**Total Primary Energy Supply**	**54.97**	**16.36**
1.一次能源生产量	Indigenous Production		
2.外省(区、市)调入量	Moving In from Other Provinces	54.89	14.87
3.进口量	Import		
4.境内轮船和飞机在境外的加油量	Domestic Airplanes&Ships Refueling in Abroad		
5.本省(区、市)调出量(−)	Sending Out to Other Provinces(-)		
6.出口量(−)	Export(-)		
7.境外轮船和飞机在境内的加油量(−)	Oversea Airplanes&Ships Refueling in China(-)		
8.库存增(−)、减(+)量	Stock Change	0.08	1.49
二.加工转换投入(−)产出(+)量	**Input(-) & Output(+) of Transformation**	**61.99**	
1.火力发电	Thermal Power		
2.供热	Heating Supply		
3.洗选煤	Coal Washing		
4.炼焦	Coking		
5.炼油及煤制油	Petroleum Refineries	61.99	
#油品再投入量(−)	Petroleum Products Input (-)		
6.制气	Gas Works		
#焦炭再投入量(−)	Coke Input (-)		
7.天然气液化	Natural Gas Liquefaction		
8.煤制品加工	Briquettes		
9.回收能	Recovery of Energy		
三.损失量	**Loss**		
四.终端消费量	**Total Final Consumption**	**116.96**	**16.36**
1.农、林、牧、渔、水利业	Agriculture, Forestry, Animal Husbandry, Fishery and Water Conservancy		
2.工业	Industry	0.94	16.36
#用作原料、材料	Non-Energy Use	0.10	8.23
3.建筑业	Construction	116.02	
4.交通运输、仓储和邮政业	Transport, Storage and Post		
5.批发、零售业和住宿、餐饮业	Wholesale, Retail Trade and Hotel, Restaurants		
6.其他	Others		
7.生活消费	Residential Consumption		
城镇	Urban		
乡村	Rural		
五.平衡差额	**Statistical Difference**	**0.00**	
六.消费量合计	**Total Energy Consumption**	**116.96**	**16.36**

Continued 2

液化石油气（万吨） LPG (10^4 tons)	炼厂干气（万吨） Refinery Gas (10^4 tons)	其他石油制品（万吨） Other Petroleum Products (10^4 tons)	天然气（亿立方米） Natural Gas (10^8 cu.m)	液化天然气（万吨） LNG (10^4 tons)	热力（万百万千焦） Heat (10^{10} kJ)	电力（亿千瓦小时） Electricity (10^8 kW•h)	其他能源（万吨标煤） Other Energy (10^4 tce)
30.00		**233.82**	**148.30**			**1356.61**	**401.62**
			265.02			2023.41	
30.00		233.82	47.66			22.90	401.62
			-164.38			-689.70	
15.16	**1.20**	**22.46**	**-2.58**	**6.14**	**3530.64**	**628.00**	**46.62**
			-1.38			628.00	-38.19
			-0.26		3530.64		
30.90	1.20	45.98					
-15.74		-23.52					
			-0.94	6.14			
							84.81
			7.74		**2.80**	**172.26**	
45.16	**1.20**	**256.28**	**137.98**	**6.14**	**3527.84**	**1812.35**	**448.24**
			0.01			11.74	
0.58	1.20	253.60	114.74	2.27	3527.84	1217.90	448.24
		0.10	30.89				
0.09		2.68	0.02			42.65	
14.49			2.11	3.87		36.16	
8.50			1.50			80.46	
1.00						114.30	
20.50			19.60			309.14	
15.20			19.60			175.13	
5.30						134.01	
0.00		**0.00**					
60.90	**1.20**	**279.80**	**147.45**	**6.14**	**3530.64**	**1984.61**	**486.43**

6-24 贵州能源平衡表(实物量)-2013

项目	Item	煤合计 (万吨) Coal Total (10^4 tons)	原煤 (万吨) Raw Coal (10^4 tons)
一.可供本地区消费的能源量	**Total Primary Energy Supply**	**13717.84**	**16336.05**
1.一次能源生产量	Indigenous Production	18517.78	18517.78
2.外省(区、市)调入量	Moving In from Other Provinces	348.46	348.46
3.进口量	Import		
4.境内轮船和飞机在境外的加油量	Domestic Airplanes&Ships Refueling in Abroad		
5.本省(区、市)调出量(-)	Sending Out to Other Provinces(-)	-5137.04	-2487.04
6.出口量(-)	Export(-)		
7.境外轮船和飞机在境内的加油量(-)	Oversea Airplanes&Ships Refueling in China(-)		
8.库存增(-)、减(+)量	Stock Change	-11.36	-43.15
二.加工转换投入(-)产出(+)量	**Input(-) & Output(+) of Transformation**	**-8439.12**	**-11798.98**
1.火力发电	Thermal Power	-5714.04	-4372.74
2.供热	Heating Supply	-18.58	-18.58
3.洗选煤	Coal Washing	-1492.96	-7091.25
4.炼焦	Coking	-1198.30	-265.30
5.炼油及煤制油	Petroleum Refineries		
#油品再投入量(-)	Petroleum Products Input (-)		
6.制气	Gas Works	-0.31	-0.31
#焦炭再投入量(-)	Coke Input (-)		
7.天然气液化	Natural Gas Liquefaction		
8.煤制品加工	Briquettes	-14.93	-50.80
9.回收能	Recovery of Energy		
三.损失量	**Loss**		
四.终端消费量	**Total Final Consumption**	**5211.62**	**4537.07**
1.农、林、牧、渔、水利业	Agriculture, Forestry, Animal Husbandry, Fishery and Water Conservancy	152.84	152.84
2.工业	Industry	2363.51	1723.68
#用作原料、材料	Non-Energy Use	527.58	518.78
3.建筑业	Construction	27.69	27.69
4.交通运输、仓储和邮政业	Transport, Storage and Post	80.86	80.86
5.批发、零售业和住宿、餐饮业	Wholesale, Retail Trade and Hotel, Restaurants	976.06	964.94
6.其他	Others	928.36	924.76
7.生活消费	Residential Consumption	682.30	662.30
城镇	Urban	137.10	129.10
乡村	Rural	545.20	533.20
五.平衡差额	**Statistical Difference**	**67.10**	
六.消费量合计	**Total Energy Consumption**	**13650.74**	**16336.05**

Energy Balance of Guizhou (Physical Quantity) -2013

洗精煤（万吨） Cleaned Coal (10^4 tons)	其他洗煤（万吨） Other Washed Coal (10^4 tons)	型煤（万吨） Briquettes (10^4 tons)	煤矸石（万吨） Gangue (10^4 tons)	焦炭（万吨） Coke (10^4 tons)	焦炉煤气（亿立方米） Coke Oven Gas (10^8 cu.m)	高炉煤气（亿立方米） Blast Furnace Gas (10^8 cu.m)	转炉煤气（亿立方米） Converter Gas (10^8 cu.m)	其他煤气（亿立方米） Other Gas (10^8 cu.m)
-2519.51	**-98.70**			**-417.46**				
-2650.00				-417.46				
130.49	-98.70							
2923.06	**400.93**	**35.87**	**10.00**	**884.20**	**13.83**	**58.68**	**4.29**	**0.73**
	-1341.30		-79.03		-2.18	-18.54		-1.83
3856.06	1742.23		89.03					
-933.00				890.70	16.01			
								2.56
				-6.50				
		35.87						
						77.22	4.29	
336.45	**302.23**	**35.87**	**10.00**	**416.96**	**13.83**	**58.68**	**4.29**	**0.73**
336.45	302.23	1.15	10.00	413.96	10.08	58.68	4.29	0.73
7.65		1.15		47.50				
				3.00				
		11.12						
		3.60						
		20.00			3.75			
		8.00			3.75			
		12.00						
67.10				**49.78**				
1269.45	**1643.53**	**35.87**	**89.03**	**423.46**	**16.01**	**77.22**	**4.29**	**2.56**

6-24 续表 1

项　　目	Item	其他焦化产品（万吨） Other Coking Products (10^4 tons)	油品合计（万吨） Petroleum Products Total (10^4 tons)
一.可供本地区消费的能源量	**Total Primary Energy Supply**		**678.16**
1.一次能源生产量	Indigenous Production		
2.外省(区、市)调入量	Moving In from Other Provinces		688.86
3.进口量	Import		
4.境内轮船和飞机在境外的加油量	Domestic Airplanes&Ships Refueling in Abroad		
5.本省(区、市)调出量(−)	Sending Out to Other Provinces(-)		
6.出口量(−)	Export(-)		
7.境外轮船和飞机在境内的加油量(−)	Oversea Airplanes&Ships Refueling in China(-)		
8.库存增(−)、减(+)量	Stock Change		-10.70
二.加工转换投入(−)产出(+)量	**Input(-) & Output(+) of Transformation**	**21.20**	**-2.29**
1.火力发电	Thermal Power		-2.29
2.供热	Heating Supply		
3.洗选煤	Coal Washing		
4.炼焦	Coking	21.20	
5.炼油及煤制油	Petroleum Refineries		
#油品再投入量(−)	Petroleum Products Input (-)		
6.制气	Gas Works		
#焦炭再投入量(−)	Coke Input (-)		
7.天然气液化	Natural Gas Liquefaction		
8.煤制品加工	Briquettes		
9.回收能	Recovery of Energy		
三.损失量	**Loss**		
四.终端消费量	**Total Final Consumption**	**21.20**	**655.87**
1.农、林、牧、渔、水利业	Agriculture, Forestry, Animal Husbandry, Fishery and Water Conservancy		3.48
2.工业	Industry	21.20	132.18
#用作原料、材料	Non-Energy Use	3.36	25.95
3.建筑业	Construction		25.47
4.交通运输、仓储和邮政业	Transport, Storage and Post		358.41
5.批发、零售业和住宿、餐饮业	Wholesale, Retail Trade and Hotel, Restaurants		13.36
6.其他	Others		91.04
7.生活消费	Residential Consumption		31.93
城镇	Urban		17.80
乡村	Rural		14.13
五.平衡差额	**Statistical Difference**		**20.00**
六.消费量合计	**Total Energy Consumption**	**21.20**	**658.16**

Continued 1

原油 (万吨) Crude Oil (10^4 tons)	汽油 (万吨) Gasoline (10^4 tons)	煤油 (万吨) Kerosene (10^4 tons)	柴油 (万吨) Diesel Oil (10^4 tons)	燃料油 (万吨) Fuel Oil (10^4 tons)	石脑油 (万吨) Naphtha (10^4 tons)	润滑油 (万吨) Lubricants (10^4 tons)	石蜡 (万吨) Paraffin Waxes (10^4 tons)	溶剂油 (万吨) White Spirit (10^4 tons)
	215.40	**21.80**	**378.70**	**0.51**		**0.39**		**0.08**
	224.80	21.80	380.00	0.51		0.39		0.08
	-9.40		-1.30					
			-2.29					
			-2.29					
	195.40	**21.80**	**376.41**	**0.51**		**0.39**		**0.08**
	1.88		1.60					
	17.48	1.67	57.34	0.51		0.39		0.08
			0.67					
	8.80		16.67					
	99.90	20.01	238.50					
	11.00	0.06	2.30					
	39.54		51.50					
	16.80	0.06	8.50					
	12.00							
	4.80	0.06	8.50					
	20.00							
	195.40	**21.80**	**378.70**	**0.51**		**0.39**		**0.08**

6-24 续表 2

项目	Item	石油沥青(万吨) Bitumen Asphalt (10^4 tons)	石油焦(万吨) Petroleum Coke (10^4 tons)
一.可供本地区消费的能源量	**Total Primary Energy Supply**	**1.56**	**52.55**
1.一次能源生产量	Indigenous Production		
2.外省(区、市)调入量	Moving In from Other Provinces	1.56	52.55
3.进口量	Import		
4.境内轮船和飞机在境外的加油量	Domestic Airplanes&Ships Refueling in Abroad		
5.本省(区、市)调出量(-)	Sending Out to Other Provinces(-)		
6.出口量(-)	Export(-)		
7.境外轮船和飞机在境内的加油量(-)	Oversea Airplanes&Ships Refueling in China(-)		
8.库存增(-)、减(+)量	Stock Change		
二.加工转换投入(-)产出(+)量	**Input(-) & Output(+) of Transformation**		
1.火力发电	Thermal Power		
2.供热	Heating Supply		
3.洗选煤	Coal Washing		
4.炼焦	Coking		
5.炼油及煤制油	Petroleum Refineries		
#油品再投入量(-)	Petroleum Products Input (-)		
6.制气	Gas Works		
#焦炭再投入量(-)	Coke Input (-)		
7.天然气液化	Natural Gas Liquefaction		
8.煤制品加工	Briquettes		
9.回收能	Recovery of Energy		
三.损失量	**Loss**		
四.终端消费量	**Total Final Consumption**	**1.56**	**52.55**
1.农、林、牧、渔、水利业	Agriculture, Forestry, Animal Husbandry, Fishery and Water Conservancy		
2.工业	Industry	1.56	52.55
#用作原料、材料	Non-Energy Use		25.28
3.建筑业	Construction		
4.交通运输、仓储和邮政业	Transport, Storage and Post		
5.批发、零售业和住宿、餐饮业	Wholesale, Retail Trade and Hotel, Restaurants		
6.其他	Others		
7.生活消费	Residential Consumption		
城镇	Urban		
乡村	Rural		
五.平衡差额	**Statistical Difference**		
六.消费量合计	**Total Energy Consumption**	**1.56**	**52.55**

Continued 2

液化石油气（万吨）LPG (10^4 tons)	炼厂干气（万吨）Refinery Gas (10^4 tons)	其他石油制品（万吨）Other Petroleum Products (10^4 tons)	天然气（亿立方米）Natural Gas (10^8 cu.m)	液化天然气（万吨）LNG (10^4 tons)	热力（万百万千焦）Heat (10^{10} kJ)	电力（亿千瓦小时）Electricity (10^8 kW•h)	其他能源（万吨标煤）Other Energy (10^4 tce)
7.09		**0.08**	**8.27**	**1.10**		**-57.38**	
						492.70	
7.09		0.08	8.27	1.10			
						-550.08	
					700.38	**1185.40**	
					-2409.65	1185.40	
					259.97		
					2850.06		
						74.02	
7.09		**0.08**	**8.27**	**1.10**	**700.38**	**1054.00**	
						4.51	
0.52		0.08	5.48	1.10	700.38	777.88	
			3.44				
						16.87	
			0.89			21.89	
						21.48	
						36.65	
6.57			1.90			174.72	
5.80			1.90			110.94	
0.77						63.78	
7.09		**0.08**	**8.27**	**1.10**	**3110.03**	**1128.02**	

6-25 云南能源平衡表(实物量)-2013

项 目	Item	煤合计 (万吨) Coal Total (10^4 tons)	原煤 (万吨) Raw Coal (10^4 tons)
一.可供本地区消费的能源量	**Total Primary Energy Supply**	**9783.10**	**9680.53**
1.一次能源生产量	Indigenous Production	10686.13	10686.13
2.外省(区、市)调入量	Moving In from Other Provinces	1130.84	546.18
3.进口量	Import		
4.境内轮船和飞机在境外的加油量	Domestic Airplanes&Ships Refueling in Abroad		
5.本省(区、市)调出量(-)	Sending Out to Other Provinces(-)	-2434.00	-1845.02
6.出口量(-)	Export(-)		
7.境外轮船和飞机在境内的加油量(-)	Oversea Airplanes&Ships Refueling in China(-)		
8.库存增(-)、减(+)量	Stock Change	400.13	293.24
二.加工转换投入(-)产出(+)量	**Input(-) & Output(+) of Transformation**	**-6099.08**	**-6206.26**
1.火力发电	Thermal Power	-2727.36	-2706.19
2.供热	Heating Supply	-40.03	-40.03
3.洗选煤	Coal Washing	-172.08	-3016.73
4.炼焦	Coking	-2977.49	-407.48
5.炼油及煤制油	Petroleum Refineries		
#油品再投入量(-)	Petroleum Products Input (-)		
6.制气	Gas Works	-183.66	-16.79
#焦炭再投入量(-)	Coke Input (-)		
7.天然气液化	Natural Gas Liquefaction		
8.煤制品加工	Briquettes	1.53	-19.05
9.回收能	Recovery of Energy		
三.损失量	**Loss**		
四.终端消费量	**Total Final Consumption**	**3684.01**	**3474.25**
1.农、林、牧、渔、水利业	Agriculture, Forestry, Animal Husbandry, Fishery and Water Conservancy	197.28	196.54
2.工业	Industry	2919.70	2759.46
#用作原料、材料	Non-Energy Use	446.69	444.70
3.建筑业	Construction	27.49	27.12
4.交通运输、仓储和邮政业	Transport, Storage and Post	13.88	13.88
5.批发、零售业和住宿、餐饮业	Wholesale, Retail Trade and Hotel, Restaurants	109.87	108.53
6.其他	Others	56.76	56.60
7.生活消费	Residential Consumption	359.04	312.12
城镇	Urban	27.37	22.53
乡村	Rural	331.67	289.60
五.平衡差额	**Statistical Difference**	**0.01**	**0.02**
六.消费量合计	**Total Energy Consumption**	**9783.09**	**9680.51**

Energy Balance of Yunnan (Physical Quantity) -2013

洗精煤 (万吨) Cleaned Coal (10^4 tons)	其他洗煤 (万吨) Other Washed Coal (10^4 tons)	型煤 (万吨) Briquettes (10^4 tons)	煤矸石 (万吨) Gangue (10^4 tons)	焦炭 (万吨) Coke (10^4 tons)	焦炉煤气 (亿立方米) Coke Oven Gas (10^8 cu.m)	高炉煤气 (亿立方米) Blast Furnace Gas (10^8 cu.m)	转炉煤气 (亿立方米) Converter Gas (10^8 cu.m)	其他煤气 (亿立方米) Other Gas (10^8 cu.m)
573.17	**-480.75**	**10.15**	**0.91**	**-512.90**				
584.66				20.50				
-107.46	-481.52			-575.35				
95.97	0.77	10.15	0.91	41.96				
-493.75	**580.36**	**20.58**	**1.49**	**1860.47**	**18.68**	**119.68**	**4.33**	**0.95**
-1.04	-20.13		-26.88		-1.68	-77.26	-5.63	
			-0.01					
2032.50	812.15		28.38					
-2358.34	-211.66			1746.79	17.23			
-166.87				113.68	3.13			0.95
		20.58						
						196.94	9.96	
79.42	**99.61**	**30.74**	**2.40**	**1347.57**	**18.67**	**119.68**	**4.33**	**0.95**
		0.74		2.21				
79.42	60.97	19.85	2.40	1345.08	15.44	119.68	4.33	
1.99				61.67	0.41			
	0.37							
		1.34			1.36			
		0.16			0.12			
	38.27	8.65		0.28	1.75			0.95
	3.02	1.82		0.15	1.75			0.90
	35.24	6.83		0.13				0.05
0.00	**0.00**	**0.00**	**0.00**	**0.00**	**0.00**	**0.00**	**0.00**	**0.00**
2605.67	**331.40**	**30.74**	**29.29**	**1347.57**	**20.36**	**196.94**	**9.96**	**0.95**

6-25 续表 1

项　　目	Item	其他焦化产品 (万吨) Other Coking Products (10^4 tons)	油品合计 (万吨) Petroleum Products Total (10^4 tons)
一.可供本地区消费的能源量	**Total Primary Energy Supply**	**-57.92**	**996.32**
1.一次能源生产量	Indigenous Production		
2.外省(区、市)调入量	Moving In from Other Provinces		996.66
3.进口量	Import		6.00
4.境内轮船和飞机在境外的加油量	Domestic Airplanes&Ships Refueling in Abroad		5.77
5.本省(区、市)调出量(−)	Sending Out to Other Provinces(-)	-57.71	-13.09
6.出口量(−)	Export(-)		
7.境外轮船和飞机在境内的加油量(−)	Oversea Airplanes&Ships Refueling in China(-)		-5.77
8.库存增(−)、减(+)量	Stock Change	-0.21	6.74
二.加工转换投入(−)产出(+)量	**Input(-) & Output(+) of Transformation**	**107.22**	**0.75**
1.火力发电	Thermal Power		-0.79
2.供热	Heating Supply		0.00
3.洗选煤	Coal Washing		
4.炼焦	Coking	98.88	
5.炼油及煤制油	Petroleum Refineries		1.55
#油品再投入量(−)	Petroleum Products Input (-)		
6.制气	Gas Works	21.49	
#焦炭再投入量(−)	Coke Input (-)	-13.15	
7.天然气液化	Natural Gas Liquefaction		
8.煤制品加工	Briquettes		
9.回收能	Recovery of Energy		
三.损失量	**Loss**		
四.终端消费量	**Total Final Consumption**	**49.30**	**997.07**
1.农、林、牧、渔、水利业	Agriculture, Forestry, Animal Husbandry, Fishery and Water Conservancy		25.33
2.工业	Industry	48.54	96.83
#用作原料、材料	Non-Energy Use	0.84	23.25
3.建筑业	Construction	0.76	63.73
4.交通运输、仓储和邮政业	Transport, Storage and Post		605.40
5.批发、零售业和住宿、餐饮业	Wholesale, Retail Trade and Hotel, Restaurants		55.53
6.其他	Others		35.17
7.生活消费	Residential Consumption		115.08
城镇	Urban		65.89
乡村	Rural		49.19
五.平衡差额	**Statistical Difference**	**0.00**	**0.00**
六.消费量合计	**Total Energy Consumption**	**62.45**	**996.31**

Continued 1

原油 (万吨) Crude Oil (10^4 tons)	汽油 (万吨) Gasoline (10^4 tons)	煤油 (万吨) Kerosene (10^4 tons)	柴油 (万吨) Diesel Oil (10^4 tons)	燃料油 (万吨) Fuel Oil (10^4 tons)	石脑油 (万吨) Naphtha (10^4 tons)	润滑油 (万吨) Lubricants (10^4 tons)	石蜡 (万吨) Paraffin Waxes (10^4 tons)	溶剂油 (万吨) White Spirit (10^4 tons)
0.03	**280.00**	**63.73**	**559.81**	**3.24**		**-1.02**	**0.02**	**0.46**
0.02	285.92	61.86	557.11	2.79		1.55	0.02	0.46
		6.00						
		5.77						
	-10.50					-2.59		
		-5.77						
0.01	4.58	-4.13	2.70	0.45		0.02		
			-0.80			**1.55**		
			-0.79					
			0.00					
						1.55		
0.03	**280.01**	**63.73**	**559.01**	**3.24**		**0.53**	**0.02**	**0.46**
	9.16	0.09	16.07					
0.03	3.72	0.14	35.38	3.24		0.23	0.02	0.46
	0.00	0.01	0.12			0.02		0.15
	23.09	1.38	39.25					
	132.76	61.02	411.32			0.30		
	31.52	0.95	12.92					
	24.92	0.10	8.74					
	54.83	0.04	35.33					
	31.19	0.02	22.21					
	23.64	0.01	13.13					
0.00	**0.00**	**0.00**	**0.00**	**0.00**		**0.00**		
0.03	**280.01**	**63.73**	**559.81**	**3.24**		**0.53**	**0.02**	**0.46**

6-25 续表 2

项　　目	Item	石油沥青(万吨) Bitumen Asphalt (10^4 tons)	石油焦(万吨) Petroleum Coke (10^4 tons)
一.可供本地区消费的能源量	**Total Primary Energy Supply**	**4.39**	**48.44**
1.一次能源生产量	Indigenous Production		
2.外省(区、市)调入量	Moving In from Other Provinces	4.08	45.90
3.进口量	Import		
4.境内轮船和飞机在境外的加油量	Domestic Airplanes&Ships Refueling in Abroad		
5.本省(区、市)调出量(−)	Sending Out to Other Provinces(-)		
6.出口量(−)	Export(-)		
7.境外轮船和飞机在境内的加油量(−)	Oversea Airplanes&Ships Refueling in China(-)		
8.库存增(−)、减(+)量	Stock Change	0.31	2.54
二.加工转换投入(−)产出(+)量	**Input(-) & Output(+) of Transformation**		
1.火力发电	Thermal Power		
2.供热	Heating Supply		
3.洗选煤	Coal Washing		
4.炼焦	Coking		
5.炼油及煤制油	Petroleum Refineries		
#油品再投入量(−)	Petroleum Products Input (-)		
6.制气	Gas Works		
#焦炭再投入量(−)	Coke Input (-)		
7.天然气液化	Natural Gas Liquefaction		
8.煤制品加工	Briquettes		
9.回收能	Recovery of Energy		
三.损失量	**Loss**		
四.终端消费量	**Total Final Consumption**	**4.39**	**48.44**
1.农、林、牧、渔、水利业	Agriculture, Forestry, Animal Husbandry, Fishery and Water Conservancy		
2.工业	Industry	4.39	48.44
#用作原料、材料	Non-Energy Use	3.81	19.07
3.建筑业	Construction		
4.交通运输、仓储和邮政业	Transport, Storage and Post		
5.批发、零售业和住宿、餐饮业	Wholesale, Retail Trade and Hotel, Restaurants		
6.其他	Others		
7.生活消费	Residential Consumption		
城镇	Urban		
乡村	Rural		
五.平衡差额	**Statistical Difference**		
六.消费量合计	**Total Energy Consumption**	**4.39**	**48.44**

Continued 2

液化石油气 (万吨) LPG (10^4 tons)	炼厂干气 (万吨) Refinery Gas (10^4 tons)	其他石油制品 (万吨) Other Petroleum Products (10^4 tons)	天然气 (亿立方米) Natural Gas (10^8 cu.m)	液化天然气 (万吨) LNG (10^4 tons)	热力 (万百万千焦) Heat (10^{10} kJ)	电力 (亿千瓦小时) Electricity (10^8 kW•h)	其他能源 (万吨标煤) Other Energy (10^4 tce)
35.75		**1.46**	**4.26**	**0.04**		**825.73**	**143.82**
			0.02			1669.11	140.79
35.73		1.22	4.24	0.04		0.26	
						18.97	
						-823.98	
						-38.63	
0.02		0.24					3.02
			0.00	**0.01**	**614.07**	**479.30**	**-44.23**
					-1264.60	479.30	-44.23
					441.92		
			0.00	0.01			
					1436.75		
						120.40	
35.75		**1.46**	**4.26**	**0.05**	**614.07**	**1184.63**	**99.59**
			0.01			10.95	
0.73		0.05	3.45	0.05	611.97	886.89	99.30
0.06			2.93				0.22
						21.03	
			0.02			19.59	0.29
10.14			0.07		2.10	30.47	
		1.41	0.01			54.90	
24.88			0.70			160.80	
12.47			0.55			94.00	
12.41			0.15			66.80	
0.00		**0.00**	**0.00**		**0.00**	**0.00**	**0.00**
35.75		**1.46**	**4.26**	**0.05**	**1878.67**	**1305.03**	**143.82**

6-26 陕西能源平衡表(实物量)-2013

项目	Item	煤合计(万吨) Coal Total (10^4 tons)	原煤(万吨) Raw Coal (10^4 tons)
一.可供本地区消费的能源量	**Total Primary Energy Supply**	**17433.58**	**21147.98**
1.一次能源生产量	Indigenous Production	50323.38	50323.38
2.外省(区、市)调入量	Moving In from Other Provinces	1190.47	1190.47
3.进口量	Import		
4.境内轮船和飞机在境外的加油量	Domestic Airplanes&Ships Refueling in Abroad		
5.本省(区、市)调出量(-)	Sending Out to Other Provinces(-)	-33993.96	-30280.56
6.出口量(-)	Export(-)	-109.30	-109.30
7.境外轮船和飞机在境内的加油量(-)	Oversea Airplanes&Ships Refueling in China(-)		
8.库存增(-)、减(+)量	Stock Change	23.00	24.00
二.加工转换投入(-)产出(+)量	**Input(-) & Output(+) of Transformation**	**-13267.18**	**-17493.52**
1.火力发电	Thermal Power	-6113.65	-4671.64
2.供热	Heating Supply	-427.79	-427.79
3.洗选煤	Coal Washing	-1185.73	-8307.05
4.炼焦	Coking	-5540.37	-4085.64
5.炼油及煤制油	Petroleum Refineries		
#油品再投入量(-)	Petroleum Products Input (-)		
6.制气	Gas Works		
#焦炭再投入量(-)	Coke Input (-)		
7.天然气液化	Natural Gas Liquefaction		
8.煤制品加工	Briquettes	0.35	-1.41
9.回收能	Recovery of Energy		
三.损失量	**Loss**		
四.终端消费量	**Total Final Consumption**	**3980.78**	**3597.80**
1.农、林、牧、渔、水利业	Agriculture, Forestry, Animal Husbandry, Fishery and Water Conservancy	24.04	24.04
2.工业	Industry	3139.08	2756.10
#用作原料、材料	Non-Energy Use	814.89	814.89
3.建筑业	Construction	20.68	20.68
4.交通运输、仓储和邮政业	Transport, Storage and Post	31.58	31.58
5.批发、零售业和住宿、餐饮业	Wholesale, Retail Trade and Hotel, Restaurants	97.04	97.04
6.其他	Others	207.55	207.55
7.生活消费	Residential Consumption	460.81	460.81
城镇	Urban	205.77	205.77
乡村	Rural	255.04	255.04
五.平衡差额	**Statistical Difference**	**185.63**	**56.65**
六.消费量合计	**Total Energy Consumption**	**17247.95**	**21091.33**

Energy Balance of Shaanxi (Physical Quantity) -2013

洗精煤 (万吨) Cleaned Coal (10^4 tons)	其他洗煤 (万吨) Other Washed Coal (10^4 tons)	型煤 (万吨) Briquettes (10^4 tons)	煤矸石 (万吨) Gangue (10^4 tons)	焦炭 (万吨) Coke (10^4 tons)	焦炉煤气 (亿立方米) Coke Oven Gas (10^8 cu.m)	高炉煤气 (亿立方米) Blast Furnace Gas (10^8 cu.m)	转炉煤气 (亿立方米) Converter Gas (10^8 cu.m)	其他煤气 (亿立方米) Other Gas (10^8 cu.m)
-1657.00	**-2057.40**			**-2539.78**				
-1656.00	-2057.40			-2528.78				
-1.00				-11.00				
1783.47	**2441.12**	**1.76**	**26.87**	**3475.00**	**1.53**	**58.44**	**3.17**	
	-1442.01		-329.24		-26.90	-30.00		
						-19.45		
3210.32	3911.01		356.11					
-1426.85	-27.88			3475.00	28.43			
		1.76						
						107.89	3.17	
67.49	**313.72**	**1.76**	**26.87**	**935.22**	**1.53**	**58.44**	**3.17**	
67.49	313.72	1.76	26.87	935.22	1.53	58.44	3.17	
				285.31				
58.97	**70.00**			**0.00**				
1494.34	**1783.61**	**1.76**	**356.11**	**935.22**	**28.43**	**107.89**	**3.17**	

6-26 续表 1

项 目	Item	其他焦化产品（万吨）Other Coking Products (10^4 tons)	油品合计（万吨）Petroleum Products Total (10^4 tons)
一.可供本地区消费的能源量	**Total Primary Energy Supply**	**-140.17**	**1176.58**
1.一次能源生产量	Indigenous Production		3688.04
2.外省(区、市)调入量	Moving In from Other Provinces		543.68
3.进口量	Import		
4.境内轮船和飞机在境外的加油量	Domestic Airplanes&Ships Refueling in Abroad		
5.本省(区、市)调出量(−)	Sending Out to Other Provinces(-)	-140.17	-3094.96
6.出口量(−)	Export(-)		
7.境外轮船和飞机在境内的加油量(−)	Oversea Airplanes&Ships Refueling in China(-)		
8.库存增(−)、减(+)量	Stock Change		39.81
二.加工转换投入(−)产出(+)量	**Input(-) & Output(+) of Transformation**	**157.42**	**-182.60**
1.火力发电	Thermal Power		-0.62
2.供热	Heating Supply		-1.68
3.洗选煤	Coal Washing		
4.炼焦	Coking	213.44	
5.炼油及煤制油	Petroleum Refineries	-56.02	-142.40
#油品再投入量(−)	Petroleum Products Input (-)		-37.90
6.制气	Gas Works		
#焦炭再投入量(−)	Coke Input (-)		
7.天然气液化	Natural Gas Liquefaction		
8.煤制品加工	Briquettes		
9.回收能	Recovery of Energy		
三.损失量	**Loss**		
四.终端消费量	**Total Final Consumption**	**17.25**	**993.98**
1.农、林、牧、渔、水利业	Agriculture, Forestry, Animal Husbandry, Fishery and Water Conservancy		52.61
2.工业	Industry	17.25	249.50
#用作原料、材料	Non-Energy Use	9.34	1.07
3.建筑业	Construction		81.13
4.交通运输、仓储和邮政业	Transport, Storage and Post		449.24
5.批发、零售业和住宿、餐饮业	Wholesale, Retail Trade and Hotel, Restaurants		49.44
6.其他	Others		18.19
7.生活消费	Residential Consumption		93.86
城镇	Urban		70.64
乡村	Rural		23.22
五.平衡差额	**Statistical Difference**		**0.00**
六.消费量合计	**Total Energy Consumption**	**73.27**	**1176.58**

Continued 1

原油(万吨) Crude Oil (10^4 tons)	汽油(万吨) Gasoline (10^4 tons)	煤油(万吨) Kerosene (10^4 tons)	柴油(万吨) Diesel Oil (10^4 tons)	燃料油(万吨) Fuel Oil (10^4 tons)	石脑油(万吨) Naphtha (10^4 tons)	润滑油(万吨) Lubricants (10^4 tons)	石蜡(万吨) Paraffin Waxes (10^4 tons)	溶剂油(万吨) White Spirit (10^4 tons)
2230.64	**-524.23**	**2.43**	**-362.10**	**0.07**	**-3.10**	**0.13**		**-0.69**
3688.04								
98.63	58.84	31.79	352.14	2.18		0.11		
-1533.36	-610.97	-30.00	-748.34	-2.08	-2.94			-0.69
-22.67	27.90	0.64	34.10	-0.03	-0.16	0.03		0.00
-2078.59	**745.21**	**29.84**	**883.30**	**15.74**	**3.10**			**0.93**
	0.00		-0.62					
			-0.05					
-2078.59	745.21	29.84	883.97	21.64	5.10			0.93
				-5.90	-2.00			
152.05	**220.98**	**32.27**	**521.20**	**15.80**	**0.00**	**0.13**		**0.24**
	7.80		44.81					
152.05	22.79	2.90	69.81	0.20	0.00	0.13		0.24
	0.18		0.66					0.13
	10.71		51.75	2.12				
	86.91	29.37	311.80	10.35				
	15.96		25.44	3.13				
	6.23		11.96					
	70.58		5.64					
	58.02		0.59					
	12.56		5.05					
0.00					**0.00**			**0.00**
2230.64	**220.98**	**32.27**	**521.87**	**21.70**	**2.00**	**0.13**		**0.24**

6-26 续表 2

项　　目	Item	石油沥青(万吨) Bitumen Asphalt (10^4 tons)	石油焦(万吨) Petroleum Coke (10^4 tons)
一.可供本地区消费的能源量	**Total Primary Energy Supply**		**-73.40**
1.一次能源生产量	Indigenous Production		
2.外省(区、市)调入量	Moving In from Other Provinces		
3.进口量	Import		
4.境内轮船和飞机在境外的加油量	Domestic Airplanes&Ships Refueling in Abroad		
5.本省(区、市)调出量(-)	Sending Out to Other Provinces(-)		-73.40
6.出口量(-)	Export(-)		
7.境外轮船和飞机在境内的加油量(-)	Oversea Airplanes&Ships Refueling in China(-)		
8.库存增(-)、减(+)量	Stock Change		
二.加工转换投入(-)产出(+)量	**Input(-) & Output(+) of Transformation**	**21.55**	**73.51**
1.火力发电	Thermal Power		
2.供热	Heating Supply		
3.洗选煤	Coal Washing		
4.炼焦	Coking		
5.炼油及煤制油	Petroleum Refineries	21.55	73.51
#油品再投入量(-)	Petroleum Products Input (-)		
6.制气	Gas Works		
#焦炭再投入量(-)	Coke Input (-)		
7.天然气液化	Natural Gas Liquefaction		
8.煤制品加工	Briquettes		
9.回收能	Recovery of Energy		
三.损失量	**Loss**		
四.终端消费量	**Total Final Consumption**	**21.55**	**0.10**
1.农、林、牧、渔、水利业	Agriculture, Forestry, Animal Husbandry, Fishery and Water Conservancy		
2.工业	Industry		0.10
#用作原料、材料	Non-Energy Use		0.10
3.建筑业	Construction	16.55	
4.交通运输、仓储和邮政业	Transport, Storage and Post	5.00	
5.批发、零售业和住宿、餐饮业	Wholesale, Retail Trade and Hotel, Restaurants		
6.其他	Others		
7.生活消费	Residential Consumption		
城镇	Urban		
乡村	Rural		
五.平衡差额	**Statistical Difference**		**0.00**
六.消费量合计	**Total Energy Consumption**	**21.55**	**0.10**

Continued 2

液化石油气 (万吨) LPG (10^4 tons)	炼厂干气 (万吨) Refinery Gas (10^4 tons)	其他石油制品 (万吨) Other Petroleum Products (10^4 tons)	天然气 (亿立方米) Natural Gas (10^8 cu.m)	液化天然气 (万吨) LNG (10^4 tons)	热力 (万百万千焦) Heat (10^{10} kJ)	电力 (亿千瓦小时) Electricity (10^8 kW•h)	其他能源 (万吨标煤) Other Energy (10^4 tce)
-72.18		**-21.00**	**82.58**	**-89.01**		**-239.49**	**9.16**
			371.65			120.30	
							7.51
-72.18		-21.00	-289.07	-89.01		-359.79	
							1.65
94.89		**27.94**	**-15.69**	**94.33**	**8240.28**	**1391.71**	**-0.67**
			-0.75		-1081.75	1391.71	-0.67
	-1.63		-0.35		7380.87		
94.89	1.63	57.94					
		-30.00					
			-14.60	94.33			
					1941.16		
22.71		**6.95**	**66.88**	**5.32**	**8240.28**	**1152.22**	**8.49**
						45.29	
0.16		1.13	43.83	0.02	4206.36	750.97	8.49
			2.77				7.27
					40.22	22.57	
		5.82	2.52	5.30	40.18	49.47	
4.91			6.43		128.34	43.10	
			0.37		375.92	76.11	
17.64			13.73		3449.26	164.70	
12.03			13.24		3449.26	96.98	
5.61			0.49			67.72	
			0.00	**0.00**			
22.71	**1.63**	**36.95**	**69.56**	**5.32**	**9322.03**	**1152.22**	**9.16**

6-27 甘肃能源平衡表(实物量)-2013

项　目	Item	煤合计(万吨) Coal Total (10^4 tons)	原煤(万吨) Raw Coal (10^4 tons)
一.可供本地区消费的能源量	**Total Primary Energy Supply**	**6541.07**	**6502.68**
1.一次能源生产量	Indigenous Production	4520.90	4520.90
2.外省(区、市)调入量	Moving In from Other Provinces	3816.77	3736.55
3.进口量	Import		
4.境内轮船和飞机在境外的加油量	Domestic Airplanes&Ships Refueling in Abroad		
5.本省(区、市)调出量(-)	Sending Out to Other Provinces(-)	-1789.10	-1766.66
6.出口量(-)	Export(-)		
7.境外轮船和飞机在境内的加油量(-)	Oversea Airplanes&Ships Refueling in China(-)		
8.库存增(-)、减(+)量	Stock Change	-7.50	11.89
二.加工转换投入(-)产出(+)量	**Input(-) & Output(+) of Transformation**	**-4714.71**	**-4801.54**
1.火力发电	Thermal Power	-3426.30	-3426.30
2.供热	Heating Supply	-503.44	-503.44
3.洗选煤	Coal Washing	-150.73	-731.88
4.炼焦	Coking	-629.11	-134.79
5.炼油及煤制油	Petroleum Refineries		
#油品再投入量(-)	Petroleum Products Input (-)		
6.制气	Gas Works	-5.13	-5.13
#焦炭再投入量(-)	Coke Input (-)		
7.天然气液化	Natural Gas Liquefaction		
8.煤制品加工	Briquettes		
9.回收能	Recovery of Energy		
三.损失量	**Loss**		
四.终端消费量	**Total Final Consumption**	**1826.36**	**1701.14**
1.农、林、牧、渔、水利业	Agriculture, Forestry, Animal Husbandry, Fishery and Water Conservancy	48.50	40.50
2.工业	Industry	1349.26	1304.04
#用作原料、材料	Non-Energy Use	165.46	144.24
3.建筑业	Construction	16.00	16.00
4.交通运输、仓储和邮政业	Transport, Storage and Post	33.00	33.00
5.批发、零售业和住宿、餐饮业	Wholesale, Retail Trade and Hotel, Restaurants	18.00	18.00
6.其他	Others	20.00	20.00
7.生活消费	Residential Consumption	341.60	269.60
城镇	Urban	56.00	31.00
乡村	Rural	285.60	238.60
五.平衡差额	**Statistical Difference**		
六.消费量合计	**Total Energy Consumption**	**6541.07**	**6502.68**

Energy Balance of Gansu (Physical Quantity) -2013

洗精煤 (万吨) Cleaned Coal (10^4 tons)	其他洗煤 (万吨) Other Washed Coal (10^4 tons)	型煤 (万吨) Briquettes (10^4 tons)	煤矸石 (万吨) Gangue (10^4 tons)	焦炭 (万吨) Coke (10^4 tons)	焦炉煤气 (亿立方米) Coke Oven Gas (10^8 cu.m)	高炉煤气 (亿立方米) Blast Furnace Gas (10^8 cu.m)	转炉煤气 (亿立方米) Converter Gas (10^8 cu.m)	其他煤气 (亿立方米) Other Gas (10^8 cu.m)
-41.83	**0.16**	**80.06**	**51.41**	**208.48**				
	0.16	80.06	51.41	214.00				
-22.44								
-19.39				-5.52				
86.83			**-47.93**	**456.52**	**7.56**	**123.41**	**7.63**	**1.77**
			-46.53		-0.38	-1.54	-0.99	
			-3.92		-0.80	-6.92	-0.26	
581.15			2.52					
-494.32				458.24	8.74			
								1.77
				-1.72				
						131.87	8.88	
45.00	**0.16**	**80.06**	**3.48**	**665.00**	**7.56**	**123.41**	**7.63**	**1.77**
		8.00						
45.00	0.16	0.06	3.48	665.00	7.40	123.41	7.63	1.77
21.06	0.16		0.39	57.18				
		72.00			0.16			
		25.00			0.16			
		47.00						
539.32	**0.16**	**80.06**	**53.93**	**666.72**	**8.74**	**131.87**	**8.88**	**1.77**

6-27 续表 1

项目	Item	其他焦化产品(万吨) Other Coking Products (10^4 tons)	油品合计(万吨) Petroleum Products Total (10^4 tons)
一.可供本地区消费的能源量	**Total Primary Energy Supply**	**-25.47**	**872.34**
1.一次能源生产量	Indigenous Production		710.39
2.外省(区、市)调入量	Moving In from Other Provinces		4197.16
3.进口量	Import		
4.境内轮船和飞机在境外的加油量	Domestic Airplanes&Ships Refueling in Abroad		
5.本省(区、市)调出量(−)	Sending Out to Other Provinces(-)	-25.47	-4032.49
6.出口量(−)	Export(-)		
7.境外轮船和飞机在境内的加油量(−)	Oversea Airplanes&Ships Refueling in China(-)		
8.库存增(−)、减(+)量	Stock Change		-2.72
二.加工转换投入(−)产出(+)量	**Input(-) & Output(+) of Transformation**	**26.03**	**-154.91**
1.火力发电	Thermal Power		-2.32
2.供热	Heating Supply		-11.32
3.洗选煤	Coal Washing		
4.炼焦	Coking	26.03	
5.炼油及煤制油	Petroleum Refineries		-141.27
#油品再投入量(−)	Petroleum Products Input (-)		
6.制气	Gas Works		
#焦炭再投入量(−)	Coke Input (-)		
7.天然气液化	Natural Gas Liquefaction		
8.煤制品加工	Briquettes		
9.回收能	Recovery of Energy		
三.损失量	**Loss**		
四.终端消费量	**Total Final Consumption**	**0.56**	**717.43**
1.农、林、牧、渔、水利业	Agriculture, Forestry, Animal Husbandry, Fishery and Water Conservancy		36.30
2.工业	Industry	0.56	238.88
#用作原料、材料	Non-Energy Use	0.46	46.17
3.建筑业	Construction		30.40
4.交通运输、仓储和邮政业	Transport, Storage and Post		299.17
5.批发、零售业和住宿、餐饮业	Wholesale, Retail Trade and Hotel, Restaurants		11.85
6.其他	Others		49.00
7.生活消费	Residential Consumption		51.83
城镇	Urban		34.96
乡村	Rural		16.87
五.平衡差额	**Statistical Difference**	**0.00**	**0.00**
六.消费量合计	**Total Energy Consumption**	**0.56**	**872.34**

Continued 1

原油(万吨) Crude Oil (10^4 tons)	汽油(万吨) Gasoline (10^4 tons)	煤油(万吨) Kerosene (10^4 tons)	柴油(万吨) Diesel Oil (10^4 tons)	燃料油(万吨) Fuel Oil (10^4 tons)	石脑油(万吨) Naphtha (10^4 tons)	润滑油(万吨) Lubricants (10^4 tons)	石蜡(万吨) Paraffin Waxes (10^4 tons)	溶剂油(万吨) White Spirit (10^4 tons)
1575.63	**-267.29**	**-66.05**	**-285.19**	**-18.38**	**9.99**	**-18.31**	**-2.62**	**-2.69**
710.39								
856.71	1065.29	119.43	2122.37	1.93	10.08			
	-1336.39	-184.15	-2397.97	-20.53		-18.93	-2.62	-2.68
8.53	3.81	-1.33	-9.59	0.22	-0.09	0.62		-0.01
-1554.21	**390.18**	**71.15**	**660.26**	**21.59**	**2.41**	**18.36**	**2.68**	**2.70**
			-0.24	-0.04				
			-0.04	-1.04				
-1554.21	390.18	71.15	660.54	22.67	2.41	18.36	2.68	2.70
21.42	**122.89**	**5.10**	**375.07**	**3.21**	**12.40**	**0.05**	**0.06**	**0.01**
	4.30		32.00					
21.42	9.00	0.20	27.00	3.21	12.40	0.05	0.06	0.01
	0.01	0.09	0.27		12.40		0.04	
	10.60		14.80					
	29.69	4.90	264.57					
	6.50		5.00					
	24.00		25.00					
	38.80		6.70					
	26.00		4.20					
	12.80		2.50					
0.00	**0.00**	**0.00**				**0.00**	**0.00**	**0.00**
1575.63	**122.89**	**5.10**	**375.35**	**4.29**	**12.40**	**0.05**	**0.06**	**0.01**

6-27 续表 2

项　　目	Item	石油沥青（万吨） Bitumen Asphalt (10^4 tons)	石油焦（万吨） Petroleum Coke (10^4 tons)
一.可供本地区消费的能源量	**Total Primary Energy Supply**	**10.15**	**6.45**
1.一次能源生产量	Indigenous Production		
2.外省(区、市)调入量	Moving In from Other Provinces	10.33	11.02
3.进口量	Import		
4.境内轮船和飞机在境外的加油量	Domestic Airplanes&Ships Refueling in Abroad		
5.本省(区、市)调出量(-)	Sending Out to Other Provinces(-)		
6.出口量(-)	Export(-)		
7.境外轮船和飞机在境内的加油量(-)	Oversea Airplanes&Ships Refueling in China(-)		
8.库存增(-)、减(+)量	Stock Change	-0.18	-4.57
二.加工转换投入(-)产出(+)量	**Input(-) & Output(+) of Transformation**		**37.95**
1.火力发电	Thermal Power		
2.供热	Heating Supply		
3.洗选煤	Coal Washing		
4.炼焦	Coking		
5.炼油及煤制油	Petroleum Refineries		37.95
#油品再投入量(-)	Petroleum Products Input (-)		
6.制气	Gas Works		
#焦炭再投入量(-)	Coke Input (-)		
7.天然气液化	Natural Gas Liquefaction		
8.煤制品加工	Briquettes		
9.回收能	Recovery of Energy		
三.损失量	**Loss**		
四.终端消费量	**Total Final Consumption**	**10.15**	**44.40**
1.农、林、牧、渔、水利业	Agriculture, Forestry, Animal Husbandry, Fishery and Water Conservancy		
2.工业	Industry	5.15	44.40
#用作原料、材料	Non-Energy Use	0.32	2.52
3.建筑业	Construction	5.00	
4.交通运输、仓储和邮政业	Transport, Storage and Post		
5.批发、零售业和住宿、餐饮业	Wholesale, Retail Trade and Hotel, Restaurants		
6.其他	Others		
7.生活消费	Residential Consumption		
城镇	Urban		
乡村	Rural		
五.平衡差额	**Statistical Difference**		
六.消费量合计	**Total Energy Consumption**	**10.15**	**44.40**

Continued 2

液化石油气 (万吨) LPG (10^4 tons)	炼厂干气 (万吨) Refinery Gas (10^4 tons)	其他石油制品 (万吨) Other Petroleum Products (10^4 tons)	天然气 (亿立方米) Natural Gas (10^8 cu.m)	液化天然气 (万吨) LNG (10^4 tons)	热力 (万百万千焦) Heat (10^{10} kJ)	电力 (亿千瓦小时) Electricity (10^8 kW•h)	其他能源 (万吨标煤) Other Energy (10^4 tce)
-20.65		**-48.70**	**23.14**	**0.63**		**345.54**	
			1.12			467.30	
			22.02	0.63		167.60	
-20.52		-48.70				-289.36	
-0.13							
27.71	**73.90**	**90.41**	**-0.42**		**10964.24**	**734.64**	
	-2.04				-260.45	734.64	
	-10.24		-0.42		9424.69		
27.71	86.18	90.41					
					1800.00		
						49.09	
7.06	**73.90**	**41.71**	**22.72**	**0.63**	**10964.24**	**1024.16**	
						53.24	
0.37	73.90	41.71	15.16	0.63	8788.24	792.28	
0.32		30.20	5.34				
					35.00	14.90	
0.01			1.64		51.00	38.96	
0.35			1.10		72.00	18.32	
			1.27		38.00	37.39	
6.33			3.55		1980.00	69.07	
4.76			3.55		1980.00	39.12	
1.57						29.95	
						6.93	
7.06	**86.18**	**41.71**	**23.14**	**0.63**	**11224.69**	**1073.25**	

6-28 青海能源平衡表(实物量)-2013

项目	Item	煤合计(万吨) Coal Total (10^4 tons)	原煤(万吨) Raw Coal (10^4 tons)
一.可供本地区消费的能源量	**Total Primary Energy Supply**	**2073.22**	**2988.12**
1.一次能源生产量	Indigenous Production	3128.37	3128.37
2.外省(区、市)调入量	Moving In from Other Provinces	1246.89	1246.35
3.进口量	Import		
4.境内轮船和飞机在境外的加油量	Domestic Airplanes&Ships Refueling in Abroad		
5.本省(区、市)调出量(-)	Sending Out to Other Provinces(-)	-2201.20	-1326.96
6.出口量(-)	Export(-)		
7.境外轮船和飞机在境内的加油量(-)	Oversea Airplanes&Ships Refueling in China(-)		
8.库存增(-)、减(+)量	Stock Change	-100.84	-59.64
二.加工转换投入(-)产出(+)量	**Input(-) & Output(+) of Transformation**	**-1422.54**	**-2344.91**
1.火力发电	Thermal Power	-660.42	-660.42
2.供热	Heating Supply	-14.76	-14.76
3.洗选煤	Coal Washing	-396.99	-1462.42
4.炼焦	Coking	-350.38	-207.32
5.炼油及煤制油	Petroleum Refineries		
#油品再投入量(-)	Petroleum Products Input (-)		
6.制气	Gas Works		
#焦炭再投入量(-)	Coke Input (-)		
7.天然气液化	Natural Gas Liquefaction		
8.煤制品加工	Briquettes		
9.回收能	Recovery of Energy		
三.损失量	**Loss**	**2.00**	**2.00**
四.终端消费量	**Total Final Consumption**	**648.61**	**641.16**
1.农、林、牧、渔、水利业	Agriculture, Forestry, Animal Husbandry, Fishery and Water Conservancy	3.61	3.61
2.工业	Industry	469.55	462.10
#用作原料、材料	Non-Energy Use	10.89	8.31
3.建筑业	Construction	3.40	3.40
4.交通运输、仓储和邮政业	Transport, Storage and Post	9.82	9.82
5.批发、零售业和住宿、餐饮业	Wholesale, Retail Trade and Hotel, Restaurants	11.71	11.71
6.其他	Others	44.79	44.79
7.生活消费	Residential Consumption	105.73	105.73
城镇	Urban	16.50	16.50
乡村	Rural	89.23	89.23
五.平衡差额	**Statistical Difference**	**0.07**	**0.05**
六.消费量合计	**Total Energy Consumption**	**2073.15**	**2988.07**

Energy Balance of Qinghai (Physical Quantity) -2013

洗精煤 (万吨) Cleaned Coal (10^4 tons)	其他洗煤 (万吨) Other Washed Coal (10^4 tons)	型煤 (万吨) Briquettes (10^4 tons)	煤矸石 (万吨) Gangue (10^4 tons)	焦炭 (万吨) Coke (10^4 tons)	焦炉煤气 (亿立方米) Coke Oven Gas (10^8 cu.m)	高炉煤气 (亿立方米) Blast Furnace Gas (10^8 cu.m)	转炉煤气 (亿立方米) Converter Gas (10^8 cu.m)	其他煤气 (亿立方米) Other Gas (10^8 cu.m)
-915.40		**0.50**		**-22.24**				
		0.54						
-874.24								
-41.16		-0.04		-22.24				
922.37				**252.45**	**1.88**	**16.39**		
					-0.02	-3.62		
1065.43								
-143.06				252.45	1.90			
						20.01		
6.95		**0.50**		**230.22**	**1.88**	**16.39**		
6.95		0.50		230.22	1.88	16.39		
2.58				61.50				
0.02		**0.00**		**-0.01**	**0.00**			
150.01		**0.50**		**230.22**	**1.90**	**20.01**		

6-28 续表 1

项　　目	Item	其他焦化产品（万吨） Other Coking Products (10^4 tons)	油品合计（万吨） Petroleum Products Total (10^4 tons)
一.可供本地区消费的能源量	**Total Primary Energy Supply**	**-8.99**	**227.20**
1.一次能源生产量	Indigenous Production		214.50
2.外省(区、市)调入量	Moving In from Other Provinces		98.65
3.进口量	Import		
4.境内轮船和飞机在境外的加油量	Domestic Airplanes&Ships Refueling in Abroad		
5.本省(区、市)调出量(-)	Sending Out to Other Provinces(-)	-8.93	-86.14
6.出口量(-)	Export(-)		
7.境外轮船和飞机在境内的加油量(-)	Oversea Airplanes&Ships Refueling in China(-)		
8.库存增(-)、减(+)量	Stock Change	-0.06	0.19
二.加工转换投入(-)产出(+)量	**Input(-) & Output(+) of Transformation**	**9.32**	**-14.50**
1.火力发电	Thermal Power		-0.32
2.供热	Heating Supply		
3.洗选煤	Coal Washing		
4.炼焦	Coking	9.32	
5.炼油及煤制油	Petroleum Refineries		-14.18
#油品再投入量(-)	Petroleum Products Input (-)		
6.制气	Gas Works		
#焦炭再投入量(-)	Coke Input (-)		
7.天然气液化	Natural Gas Liquefaction		
8.煤制品加工	Briquettes		
9.回收能	Recovery of Energy		
三.损失量	**Loss**		
四.终端消费量	**Total Final Consumption**	**0.33**	**212.70**
1.农、林、牧、渔、水利业	Agriculture, Forestry, Animal Husbandry, Fishery and Water Conservancy		9.10
2.工业	Industry	0.33	88.59
#用作原料、材料	Non-Energy Use		26.73
3.建筑业	Construction		10.17
4.交通运输、仓储和邮政业	Transport, Storage and Post		69.03
5.批发、零售业和住宿、餐饮业	Wholesale, Retail Trade and Hotel, Restaurants		14.09
6.其他	Others		8.87
7.生活消费	Residential Consumption		12.85
城镇	Urban		6.33
乡村	Rural		6.52
五.平衡差额	**Statistical Difference**	**0.00**	**0.00**
六.消费量合计	**Total Energy Consumption**	**0.33**	**227.20**

Continued 1

原油(万吨) Crude Oil (10^4 tons)	汽油(万吨) Gasoline (10^4 tons)	煤油(万吨) Kerosene (10^4 tons)	柴油(万吨) Diesel Oil (10^4 tons)	燃料油(万吨) Fuel Oil (10^4 tons)	石脑油(万吨) Naphtha (10^4 tons)	润滑油(万吨) Lubricants (10^4 tons)	石蜡(万吨) Paraffin Waxes (10^4 tons)	溶剂油(万吨) White Spirit (10^4 tons)
146.20	**-12.06**		**45.27**	**-4.11**				
214.50								
			46.85					
-68.30	-13.01			-4.83				
	0.95		-1.58	0.72				
-143.78	**44.89**		**65.23**	**4.18**				
			-0.26	-0.06				
-143.78	44.89		65.49	4.25				
2.41	**32.85**		**110.52**	**0.06**				
	1.98		7.12					
2.41	2.25		26.27	0.06				
			1.25					
	2.66		7.51					
	6.12		62.90					
	3.26		4.25					
	7.43		1.44					
	9.14		1.03					
	4.87		0.08					
	4.27		0.95					
0.01	**-0.01**		**-0.02**	**0.01**				
146.19	**32.85**		**110.77**	**0.12**				

6-28 续表 2

项目	Item	石油沥青(万吨) Bitumen Asphalt (10^4 tons)	石油焦(万吨) Petroleum Coke (10^4 tons)
一.可供本地区消费的能源量	**Total Primary Energy Supply**	**2.20**	**46.95**
1.一次能源生产量	Indigenous Production		
2.外省(区、市)调入量	Moving In from Other Provinces	2.28	45.21
3.进口量	Import		
4.境内轮船和飞机在境外的加油量	Domestic Airplanes&Ships Refueling in Abroad		
5.本省(区、市)调出量(-)	Sending Out to Other Provinces(-)		
6.出口量(-)	Export(-)		
7.境外轮船和飞机在境内的加油量(-)	Oversea Airplanes&Ships Refueling in China(-)		
8.库存增(-)、减(+)量	Stock Change	-0.08	1.74
二.加工转换投入(-)产出(+)量	**Input(-) & Output(+) of Transformation**		
1.火力发电	Thermal Power		
2.供热	Heating Supply		
3.洗选煤	Coal Washing		
4.炼焦	Coking		
5.炼油及煤制油	Petroleum Refineries		
#油品再投入量(-)	Petroleum Products Input (-)		
6.制气	Gas Works		
#焦炭再投入量(-)	Coke Input (-)		
7.天然气液化	Natural Gas Liquefaction		
8.煤制品加工	Briquettes		
9.回收能	Recovery of Energy		
三.损失量	**Loss**		
四.终端消费量	**Total Final Consumption**	**2.21**	**46.94**
1.农、林、牧、渔、水利业	Agriculture, Forestry, Animal Husbandry, Fishery and Water Conservancy		
2.工业	Industry	2.21	46.94
#用作原料、材料	Non-Energy Use	2.21	20.74
3.建筑业	Construction		
4.交通运输、仓储和邮政业	Transport, Storage and Post		
5.批发、零售业和住宿、餐饮业	Wholesale, Retail Trade and Hotel, Restaurants		
6.其他	Others		
7.生活消费	Residential Consumption		
城镇	Urban		
乡村	Rural		
五.平衡差额	**Statistical Difference**	**-0.01**	**0.01**
六.消费量合计	**Total Energy Consumption**	**2.21**	**46.94**

Continued 2

液化石油气 (万吨) LPG (10^4 tons)	炼厂干气 (万吨) Refinery Gas (10^4 tons)	其他石油制品 (万吨) Other Petroleum Products (10^4 tons)	天然气 (亿立方米) Natural Gas (10^8 cu.m)	液化天然气 (万吨) LNG (10^4 tons)	热力 (万百万千焦) Heat (10^{10} kJ)	电力 (亿千瓦小时) Electricity (10^8 kW•h)	其他能源 (万吨标煤) Other Energy (10^4 tce)
3.26		**-0.51**	**41.58**			**541.86**	
			68.06			456.82	
3.26		1.05				128.69	
			-26.48			-43.65	
		-1.56					
6.00	**5.91**	**3.06**	**-4.95**		**472.80**	**134.43**	
			-4.35			134.43	
			-0.59		472.80		
6.00	5.91	3.06					
			0.40			**22.41**	
9.27	**5.91**	**2.54**	**36.21**		**472.80**	**653.88**	
						1.25	
0.00	5.91	2.54	25.13		172.80	605.32	
		2.53	11.05				
			0.12		0.33	6.55	
0.01			1.39		10.50	5.33	
6.58			0.80		31.50	4.99	
			3.99		65.60	11.11	
2.68			4.77		192.07	19.34	
1.38			4.64		192.07	13.62	
1.30			0.13			5.72	
-0.01		**0.01**	**0.02**			**0.00**	
9.27	**5.91**	**2.54**	**41.56**		**472.80**	**676.29**	

6-29 宁夏能源平衡表(实物量)-2013

项目	Item	煤合计(万吨) Coal Total (10^4 tons)	原煤(万吨) Raw Coal (10^4 tons)
一.可供本地区消费的能源量	**Total Primary Energy Supply**	**8533.65**	**9474.87**
1.一次能源生产量	Indigenous Production	8799.98	8799.98
2.外省(区、市)调入量	Moving In from Other Provinces	3206.88	2841.47
3.进口量	Import		
4.境内轮船和飞机在境外的加油量	Domestic Airplanes&Ships Refueling in Abroad		
5.本省(区、市)调出量(-)	Sending Out to Other Provinces(-)	-3448.64	-2158.89
6.出口量(-)	Export(-)		
7.境外轮船和飞机在境内的加油量(-)	Oversea Airplanes&Ships Refueling in China(-)		
8.库存增(-)、减(+)量	Stock Change	-24.57	-7.69
二.加工转换投入(-)产出(+)量	**Input(-) & Output(+) of Transformation**	**-7181.36**	**-8264.33**
1.火力发电	Thermal Power	-5186.79	-4963.27
2.供热	Heating Supply	-366.84	-357.94
3.洗选煤	Coal Washing	-534.67	-2682.03
4.炼焦	Coking	-1032.93	-200.16
5.炼油及煤制油	Petroleum Refineries	-60.03	-60.03
#油品再投入量(-)	Petroleum Products Input (-)		
6.制气	Gas Works		
#焦炭再投入量(-)	Coke Input (-)		
7.天然气液化	Natural Gas Liquefaction		
8.煤制品加工	Briquettes	-0.10	-0.90
9.回收能	Recovery of Energy		
三.损失量	**Loss**		
四.终端消费量	**Total Final Consumption**	**1352.15**	**1210.58**
1.农、林、牧、渔、水利业	Agriculture, Forestry, Animal Husbandry, Fishery and Water Conservancy	5.44	4.99
2.工业	Industry	1267.90	1126.98
#用作原料、材料	Non-Energy Use	590.09	526.23
3.建筑业	Construction	8.88	8.88
4.交通运输、仓储和邮政业	Transport, Storage and Post	5.23	5.23
5.批发、零售业和住宿、餐饮业	Wholesale, Retail Trade and Hotel, Restaurants	3.60	3.60
6.其他	Others	17.00	17.00
7.生活消费	Residential Consumption	44.10	43.90
城镇	Urban	2.70	2.70
乡村	Rural	41.40	41.20
五.平衡差额	**Statistical Difference**	**0.14**	**-0.05**
六.消费量合计	**Total Energy Consumption**	**8533.51**	**9474.91**

Energy Balance of Ningxia (Physical Quantity) -2013

洗精煤（万吨） Cleaned Coal (10^4 tons)	其他洗煤（万吨） Other Washed Coal (10^4 tons)	型煤（万吨） Briquettes (10^4 tons)	煤矸石（万吨） Gangue (10^4 tons)	焦炭（万吨） Coke (10^4 tons)	焦炉煤气（亿立方米） Coke Oven Gas (10^8 cu.m)	高炉煤气（亿立方米） Blast Furnace Gas (10^8 cu.m)	转炉煤气（亿立方米） Converter Gas (10^8 cu.m)	其他煤气（亿立方米） Other Gas (10^8 cu.m)
-965.68	**24.47**	**-0.01**	**4.24**	**-312.62**				
344.21	21.20			227.90				
-1260.60	-29.15			-550.46				
-49.29	32.42	-0.01	4.24	9.94				
1089.32	**-7.15**	**0.80**	**7.87**	**731.21**	**10.05**	**10.66**	**0.15**	
	-223.52		-78.17		-1.68	-1.29		
	-8.90		-12.87					
1906.43	240.93		98.91					
-817.10	-15.66			731.21	11.73			
		0.80						
						11.95	0.15	
123.63	**17.16**	**0.78**	**12.14**	**417.96**	**10.15**	**10.66**	**0.15**	
		0.45						
123.63	17.16	0.13	12.14	417.96	10.15	10.66	0.15	
61.12	2.73			127.00	0.58	3.32		
		0.20						
		0.20						
0.01	**0.17**	**0.01**	**-0.03**	**0.63**	**-0.11**			
940.74	**265.24**	**0.78**	**103.18**	**417.96**	**11.83**	**11.95**	**0.15**	

6-29 续表 1

项目	Item	其他焦化产品(万吨) Other Coking Products (10^4 tons)	油品合计(万吨) Petroleum Products Total (10^4 tons)
一.可供本地区消费的能源量	**Total Primary Energy Supply**	**-37.72**	**264.73**
1.一次能源生产量	Indigenous Production		7.39
2.外省(区、市)调入量	Moving In from Other Provinces	2.80	551.39
3.进口量	Import		
4.境内轮船和飞机在境外的加油量	Domestic Airplanes&Ships Refueling in Abroad		
5.本省(区、市)调出量(-)	Sending Out to Other Provinces(-)	-40.50	-293.96
6.出口量(-)	Export(-)		
7.境外轮船和飞机在境内的加油量(-)	Oversea Airplanes&Ships Refueling in China(-)		
8.库存增(-)、减(+)量	Stock Change	-0.02	-0.10
二.加工转换投入(-)产出(+)量	**Input(-) & Output(+) of Transformation**	**42.79**	**-59.60**
1.火力发电	Thermal Power		-0.39
2.供热	Heating Supply		0.00
3.洗选煤	Coal Washing		
4.炼焦	Coking	42.79	
5.炼油及煤制油	Petroleum Refineries		-11.72
#油品再投入量(-)	Petroleum Products Input (-)		-47.49
6.制气	Gas Works		
#焦炭再投入量(-)	Coke Input (-)		
7.天然气液化	Natural Gas Liquefaction		
8.煤制品加工	Briquettes		
9.回收能	Recovery of Energy		
三.损失量	**Loss**		
四.终端消费量	**Total Final Consumption**	**5.11**	**204.09**
1.农、林、牧、渔、水利业	Agriculture, Forestry, Animal Husbandry, Fishery and Water Conservancy		8.98
2.工业	Industry	5.11	69.84
#用作原料、材料	Non-Energy Use	3.22	4.41
3.建筑业	Construction		20.61
4.交通运输、仓储和邮政业	Transport, Storage and Post		90.64
5.批发、零售业和住宿、餐饮业	Wholesale, Retail Trade and Hotel, Restaurants		0.83
6.其他	Others		5.48
7.生活消费	Residential Consumption		7.72
城镇	Urban		5.47
乡村	Rural		2.25
五.平衡差额	**Statistical Difference**	**-0.04**	**1.03**
六.消费量合计	**Total Energy Consumption**	**5.11**	**263.69**

Continued 1

原油（万吨） Crude Oil (10^4 tons)	汽油（万吨） Gasoline (10^4 tons)	煤油（万吨） Kerosene (10^4 tons)	柴油（万吨） Diesel Oil (10^4 tons)	燃料油（万吨） Fuel Oil (10^4 tons)	石脑油（万吨） Naphtha (10^4 tons)	润滑油（万吨） Lubricants (10^4 tons)	石蜡（万吨） Paraffin Waxes (10^4 tons)	溶剂油（万吨） White Spirit (10^4 tons)
463.32	**-184.87**	**-6.92**	**-79.64**	**33.02**	**-3.16**	**0.50**		
7.39								
454.60	11.00		8.20	35.00		0.50		
	-195.58	-6.90	-87.28	-1.20	-3.00			
1.32	-0.29	-0.02	-0.56	-0.78	-0.16	0.00		
-463.31	**205.35**	**7.04**	**197.44**	**-32.26**	**3.37**			
			-0.22	-0.17				
			0.00					
-463.31	205.35	7.04	197.66	6.48	3.37			
				-38.57				
	20.04	**0.12**	**117.69**	**0.76**	**0.23**	**0.60**		
	0.85		8.13					
	0.70	0.12	8.19	0.54	0.23	0.10		
	0.00	0.00	0.29					
	2.07		15.22	0.23				
	5.48		84.66			0.50		
	0.28		0.35					
	4.40		1.08					
	6.26		0.07					
	5.29							
	0.97		0.07					
0.00	**0.44**	**0.00**	**0.10**	**0.00**	**-0.03**	**-0.10**		
463.31	**20.04**	**0.12**	**117.91**	**39.51**	**0.23**	**0.60**		

6-29 续表 2

项　目	Item	石油沥青(万吨) Bitumen Asphalt (10^4 tons)	石油焦(万吨) Petroleum Coke (10^4 tons)
一.可供本地区消费的能源量	**Total Primary Energy Supply**	**3.10**	**51.30**
1.一次能源生产量	Indigenous Production		
2.外省(区、市)调入量	Moving In from Other Provinces	3.10	51.00
3.进口量	Import		
4.境内轮船和飞机在境外的加油量	Domestic Airplanes&Ships Refueling in Abroad		
5.本省(区、市)调出量(-)	Sending Out to Other Provinces(-)		
6.出口量(-)	Export(-)		
7.境外轮船和飞机在境内的加油量(-)	Oversea Airplanes&Ships Refueling in China(-)		
8.库存增(-)、减(+)量	Stock Change		0.30
二.加工转换投入(-)产出(+)量	**Input(-) & Output(+) of Transformation**		
1.火力发电	Thermal Power		
2.供热	Heating Supply		
3.洗选煤	Coal Washing		
4.炼焦	Coking		
5.炼油及煤制油	Petroleum Refineries		
#油品再投入量(-)	Petroleum Products Input (-)		
6.制气	Gas Works		
#焦炭再投入量(-)	Coke Input (-)		
7.天然气液化	Natural Gas Liquefaction		
8.煤制品加工	Briquettes		
9.回收能	Recovery of Energy		
三.损失量	**Loss**		
四.终端消费量	**Total Final Consumption**	**3.10**	**51.31**
1.农、林、牧、渔、水利业	Agriculture, Forestry, Animal Husbandry, Fishery and Water Conservancy		
2.工业	Industry	0.01	51.31
#用作原料、材料	Non-Energy Use	0.01	0.01
3.建筑业	Construction	3.09	
4.交通运输、仓储和邮政业	Transport, Storage and Post		
5.批发、零售业和住宿、餐饮业	Wholesale, Retail Trade and Hotel, Restaurants		
6.其他	Others		
7.生活消费	Residential Consumption		
城镇	Urban		
乡村	Rural		
五.平衡差额	**Statistical Difference**	**0.00**	**0.00**
六.消费量合计	**Total Energy Consumption**	**3.10**	**51.31**

Continued 2

液化石油气（万吨） LPG (10^4 tons)	炼厂干气（万吨） Refinery Gas (10^4 tons)	其他石油制品（万吨） Other Petroleum Products (10^4 tons)	天然气（亿立方米） Natural Gas (10^8 cu.m)	液化天然气（万吨） LNG (10^4 tons)	热力（万百万千焦） Heat (10^{10} kJ)	电力（亿千瓦小时） Electricity (10^8 kW•h)	其他能源（万吨标煤） Other Energy (10^4 tce)
-24.30		**12.38**	**24.52**	**-35.93**		**-216.56**	
						93.16	
-24.31		12.30	24.52			45.20	
				-36.00		-354.92	
0.01		0.08		0.07			
31.20	**0.13**	**-8.55**	**-6.73**	**35.93**	**5231.61**	**1011.60**	
			-0.26		-234.39	1011.60	
			-0.77		5416.63		
31.20	0.13	0.37					
		-8.92					
			-5.70	35.93			
					49.36		
						26.53	
6.90	**0.13**	**3.21**	**17.80**		**5231.60**	**768.51**	
						13.80	
5.31	0.13	3.21	11.88		2743.00	698.48	
4.10			5.16				
			0.01		95.70	6.65	
			2.45		51.40	7.70	
0.20			0.85		343.50	9.24	
			0.71		585.00	12.71	
1.39			1.89		1413.00	19.92	
0.18			1.59		1413.00	11.94	
1.21			0.30			7.97	
0.00		**0.62**	**0.00**	**0.00**	**0.00**		
6.90	**0.13**	**12.13**	**19.57**		**5465.99**	**795.04**	

6-30 新疆能源平衡表(实物量)-2013

项　目	Item	煤合计 (万吨) Coal Total (10^4 tons)	原煤 (万吨) Raw Coal (10^4 tons)
一.可供本地区消费的能源量	**Total Primary Energy Supply**	**11815.31**	**11678.34**
1.一次能源生产量	Indigenous Production	14203.87	14203.87
2.外省(区、市)调入量	Moving In from Other Provinces	488.30	215.41
3.进口量	Import	25.45	25.45
4.境内轮船和飞机在境外的加油量	Domestic Airplanes&Ships Refueling in Abroad		
5.本省(区、市)调出量(-)	Sending Out to Other Provinces(-)	-2841.34	-2814.24
6.出口量(-)	Export(-)	-0.10	-0.10
7.境外轮船和飞机在境内的加油量(-)	Oversea Airplanes&Ships Refueling in China(-)		
8.库存增(-)、减(+)量	Stock Change	-60.87	47.95
二.加工转换投入(-)产出(+)量	**Input(-) & Output(+) of Transformation**	**-11728.56**	**-11637.50**
1.火力发电	Thermal Power	-6453.63	-6444.32
2.供热	Heating Supply	-1420.87	-1420.87
3.洗选煤	Coal Washing	-230.37	-1045.62
4.炼焦	Coking	-3622.25	-2725.25
5.炼油及煤制油	Petroleum Refineries		
#油品再投入量(-)	Petroleum Products Input (-)		
6.制气	Gas Works	-1.44	-1.44
#焦炭再投入量(-)	Coke Input (-)		
7.天然气液化	Natural Gas Liquefaction		
8.煤制品加工	Briquettes		
9.回收能	Recovery of Energy		
三.损失量	**Loss**		
四.终端消费量	**Total Final Consumption**	**2476.94**	**2431.03**
1.农、林、牧、渔、水利业	Agriculture, Forestry, Animal Husbandry, Fishery and Water Conservancy	104.99	104.99
2.工业	Industry	1943.45	1897.54
#用作原料、材料	Non-Energy Use		
3.建筑业	Construction	27.50	27.50
4.交通运输、仓储和邮政业	Transport, Storage and Post	51.00	51.00
5.批发、零售业和住宿、餐饮业	Wholesale, Retail Trade and Hotel, Restaurants	50.99	50.99
6.其他	Others	42.01	42.01
7.生活消费	Residential Consumption	257.00	257.00
城镇	Urban	59.91	59.91
乡村	Rural	197.09	197.09
五.平衡差额	**Statistical Difference**	**-2390.19**	**-2390.19**
六.消费量合计	**Total Energy Consumption**	**14205.50**	**14068.53**

Energy Balance of Xinjiang (Physical Quantity) -2013

洗精煤（万吨）Cleaned Coal (10^4 tons)	其他洗煤（万吨）Other Washed Coal (10^4 tons)	型煤（万吨）Briquettes (10^4 tons)	煤矸石（万吨）Gangue (10^4 tons)	焦炭（万吨）Coke (10^4 tons)	焦炉煤气（亿立方米）Coke Oven Gas (10^8 cu.m)	高炉煤气（亿立方米）Blast Furnace Gas (10^8 cu.m)	转炉煤气（亿立方米）Converter Gas (10^8 cu.m)	其他煤气（亿立方米）Other Gas (10^8 cu.m)
183.33	**-51.54**	**5.18**		**-1026.55**				
267.71		5.18						
	-27.10			-872.93				
				-9.59				
-84.38	-24.44			-144.03				
-171.93	**80.87**			**2136.60**	**17.14**	**93.77**	**1.45**	**0.40**
	-9.31				-3.47	-17.29	-1.65	
					-5.83	-41.59	-2.27	
724.88	90.37							
-896.81	-0.19			2136.60	26.44			
								0.40
						152.65	5.37	
11.40	**29.33**	**5.18**		**1110.05**	**17.14**	**93.77**	**1.45**	**0.40**
11.40	29.33	5.18		1110.05	16.74	93.77	1.45	0.40
					0.40			
					0.40			
0.00								
908.21	**38.83**	**5.18**		**1110.05**	**26.44**	**152.65**	**5.37**	**0.40**

6-30 续表 1

项　　目	Item	其他焦化产品(万吨) Other Coking Products (10^4 tons)	油品合计(万吨) Petroleum Products Total (10^4 tons)
一.可供本地区消费的能源量	**Total Primary Energy Supply**	**-32.07**	**1270.84**
1.一次能源生产量	Indigenous Production		2792.50
2.外省(区、市)调入量	Moving In from Other Provinces		26.09
3.进口量	Import		1218.52
4.境内轮船和飞机在境外的加油量	Domestic Airplanes&Ships Refueling in Abroad		2.89
5.本省(区、市)调出量(-)	Sending Out to Other Provinces(-)	-28.86	-2593.82
6.出口量(-)	Export(-)		-14.92
7.境外轮船和飞机在境内的加油量(-)	Oversea Airplanes&Ships Refueling in China(-)		-0.57
8.库存增(-)、减(+)量	Stock Change	-3.21	-159.85
二.加工转换投入(-)产出(+)量	**Input(-) & Output(+) of Transformation**	**101.13**	**-37.80**
1.火力发电	Thermal Power		-0.70
2.供热	Heating Supply		-6.28
3.洗选煤	Coal Washing		
4.炼焦	Coking	101.09	
5.炼油及煤制油	Petroleum Refineries		-6.06
#油品再投入量(-)	Petroleum Products Input (-)		-24.76
6.制气	Gas Works	0.04	
#焦炭再投入量(-)	Coke Input (-)		
7.天然气液化	Natural Gas Liquefaction		
8.煤制品加工	Briquettes		
9.回收能	Recovery of Energy		
三.损失量	**Loss**		
四.终端消费量	**Total Final Consumption**	**69.06**	**1233.04**
1.农、林、牧、渔、水利业	Agriculture, Forestry, Animal Husbandry, Fishery and Water Conservancy		90.45
2.工业	Industry	69.06	474.96
#用作原料、材料	Non-Energy Use		
3.建筑业	Construction		62.07
4.交通运输、仓储和邮政业	Transport, Storage and Post		414.88
5.批发、零售业和住宿、餐饮业	Wholesale, Retail Trade and Hotel, Restaurants		57.87
6.其他	Others		63.19
7.生活消费	Residential Consumption		69.62
城镇	Urban		58.39
乡村	Rural		11.23
五.平衡差额	**Statistical Difference**		**0.00**
六.消费量合计	**Total Energy Consumption**	**69.06**	**1270.84**

Continued 1

原油 (万吨) Crude Oil (10^4 tons)	汽油 (万吨) Gasoline (10^4 tons)	煤油 (万吨) Kerosene (10^4 tons)	柴油 (万吨) Diesel Oil (10^4 tons)	燃料油 (万吨) Fuel Oil (10^4 tons)	石脑油 (万吨) Naphtha (10^4 tons)	润滑油 (万吨) Lubricants (10^4 tons)	石蜡 (万吨) Paraffin Waxes (10^4 tons)	溶剂油 (万吨) White Spirit (10^4 tons)
2560.76	**-67.99**	**-39.73**	**-517.26**	**-33.95**	**-51.89**	**-45.63**		**-3.88**
2792.50								
		26.09						
1184.08			11.07	19.95		0.29		
		2.89						
-1258.09	-55.13	-70.07	-527.90	-54.30	-51.16	-45.90		-3.88
	-12.85	-1.90	-0.04			-0.12		-0.01
		-0.57						
-157.73	-0.01	3.83	-0.39	0.40	-0.73	0.10		0.01
-2509.40	**277.35**	**62.66**	**1062.46**	**34.59**	**55.50**	**46.49**		**4.33**
			-0.67	-0.03				
			-0.02	-0.03				
-2509.40	277.35	62.66	1063.15	47.14	55.50	46.49		4.33
				-12.49				
51.36	**209.36**	**22.93**	**545.20**	**0.64**	**3.61**	**0.86**		**0.45**
	13.90	0.45	75.00					
51.36	6.04	0.13	72.56	0.64	3.61	0.30		0.45
	5.32	0.17	20.50					
	90.00	21.50	299.00			0.07		
	15.00	0.05	36.00			0.01		
	34.80	0.30	26.90			0.02		
	44.30	0.33	15.24			0.46		
	40.50	0.02	10.23			0.31		
	3.80	0.31	5.01			0.15		
0.00					**0.00**	**0.00**		
2560.76	**209.36**	**22.93**	**545.89**	**13.19**	**3.61**	**0.86**		**0.45**

6-30 续表 2

项　　目	Item	石油沥青(万吨) Bitumen Asphalt (10^4 tons)	石油焦(万吨) Petroleum Coke (10^4 tons)
一.可供本地区消费的能源量	**Total Primary Energy Supply**	**-136.09**	**-107.13**
1.一次能源生产量	Indigenous Production		
2.外省(区、市)调入量	Moving In from Other Provinces		
3.进口量	Import		
4.境内轮船和飞机在境外的加油量	Domestic Airplanes&Ships Refueling in Abroad		
5.本省(区、市)调出量(-)	Sending Out to Other Provinces(-)	-135.65	-102.04
6.出口量(-)	Export(-)		
7.境外轮船和飞机在境内的加油量(-)	Oversea Airplanes&Ships Refueling in China(-)		
8.库存增(-)、减(+)量	Stock Change	-0.44	-5.09
二.加工转换投入(-)产出(+)量	**Input(-) & Output(+) of Transformation**	**169.82**	**174.33**
1.火力发电	Thermal Power		
2.供热	Heating Supply		
3.洗选煤	Coal Washing		
4.炼焦	Coking		
5.炼油及煤制油	Petroleum Refineries	169.82	174.33
#油品再投入量(-)	Petroleum Products Input (-)		
6.制气	Gas Works		
#焦炭再投入量(-)	Coke Input (-)		
7.天然气液化	Natural Gas Liquefaction		
8.煤制品加工	Briquettes		
9.回收能	Recovery of Energy		
三.损失量	**Loss**		
四.终端消费量	**Total Final Consumption**	**33.73**	**67.20**
1.农、林、牧、渔、水利业	Agriculture, Forestry, Animal Husbandry, Fishery and Water Conservancy		
2.工业	Industry	1.43	67.20
#用作原料、材料	Non-Energy Use		
3.建筑业	Construction	29.00	
4.交通运输、仓储和邮政业	Transport, Storage and Post	3.30	
5.批发、零售业和住宿、餐饮业	Wholesale, Retail Trade and Hotel, Restaurants		
6.其他	Others		
7.生活消费	Residential Consumption		
城镇	Urban		
乡村	Rural		
五.平衡差额	**Statistical Difference**		
六.消费量合计	**Total Energy Consumption**	**33.73**	**67.20**

Continued 2

液化石油气（万吨） LPG (10[4] tons)	炼厂干气（万吨） Refinery Gas (10[4] tons)	其他石油制品（万吨） Other Petroleum Products (10[4] tons)	天然气（亿立方米） Natural Gas (10[8] cu.m)	液化天然气（万吨） LNG (10[4] tons)	热力（万百万千焦） Heat (10[10] kJ)	电力（亿千瓦小时） Electricity (10[8] kW•h)	其他能源（万吨标煤） Other Energy (10[4] tce)
-15.73		**-270.64**	**133.53**	**-44.32**		**245.20**	**77.89**
			284.00			310.50	68.07
3.13			274.89				
-18.90		-270.80	-425.36	-44.32		-65.30	
0.04		0.16					9.82
65.03	**122.07**	**396.97**	**-27.90**	**45.80**	**27428.51**	**1357.30**	**-54.57**
			-9.07		-903.05	1357.30	-47.93
	-6.23		-11.87		28331.56		-6.64
65.03	128.30	409.24					
		-12.27					
			-6.96	45.80			
						117.82	
49.30	**122.07**	**126.33**	**105.63**	**1.48**	**27428.51**	**1484.68**	**23.32**
1.10			0.02			128.12	
29.97	122.07	119.20	85.36	1.48	11354.88	1192.35	23.32
0.16		6.92	0.03		28.00	14.93	
1.01			6.70		80.00	16.99	
6.67		0.14	2.90		320.00	22.78	
1.10		0.07	1.65		134.00	41.86	
9.29			8.97		15511.63	67.65	
7.33			8.80		15511.63	42.41	
1.96			0.17			25.24	
				0.00			
49.30	**128.30**	**138.60**	**127.21**	**1.48**	**28331.56**	**1602.50**	**77.89**

七、香港、澳门特别行政区能源数据

Chapter 7　Energy Data for Hong Kong and Macao Special Administrative Region

7-1 香港主要能源及相关指标
Major Energy and Related Indicators of Hong Kong

项 目 Item	1990	2000	2005	2008	2009	2010	2011	2012
一次能源供应总量（百万吨标准油） Total Primary Energy Supply (Mtoe)	10.7	15.5	18.1	14.1	14.9	14.1	15.2	14.6
净进口量（百万吨标准油） Net Imports (Mtoe)	11.9	18.9	23.5	25.7	29.9	31.9	30.1	28.4
油净进口量（百万吨标准油） Net Oil Imports (Mtoe)	6.6	12.4	14.1	15.5	19.1	21.7	19.1	17.7
油可供量（百万吨标准油） Oil Supply (Mtoe)	5.3	8.9	8.6	3.8	4.1	3.8	4.1	3.8
电消费量（十亿千瓦小时） Electricity Consumption (tW·h)	23.8	36.3	40.1	40.9	41.5	42.0	42.1	43.1
能源最终消费量（百万吨标准油） Total Final Consumption of Energy (Mtoe)	7.1	11.9	12.0	8.1	8.9	8.7	8.9	9.0
年中人口数（万人） Mid-year Population (10^4 persons)	570	667	680	695	700	705	710	720
国内生产总值（10亿美元,2005年价） GDP (109 US$,2005 prices)	98.9	145.2	177.8	207.1	201.6	220.1	230.8	234.3
人均国内生产总值（美元,2005年价） Per Capita GDP (US$,2005 prices)	17344	21782	26143	29796	28796	30582	32521	32535
人均能源供应量（吨标准油/人） TPES/Population (toe per capita)	1.52	2.01	1.86	2.03	2.13	2.01	2.14	2.05
人均电力消费量（千瓦小时/人） Per Capita Electricity Consumption (kW·h/capita)	4178	5446	5879	5866	5924	5974	5960	6026

资料来源：国际能源署，《非OECD成员国能源平衡表》
Source: ENERGY BALANCES OF NON-OECD COUNTRIES, IEA

7-2 香港电力和煤气消费量

Consumption of Electricity and Gas of Hong Kong

年 份 Year	电力（太焦耳） Electricity (terajoule)				煤气（太焦耳） Gas (terajoule)			
	住 宅 Residential	商 业 Commercial	工业 Industrial	总 计 Total	住 宅 Residential	商 业 Commercial	工业 Industrial	总 计 Total
1990	19037	41830	24934	85801	7596	6877	583	15056
1995	27063	60191	20222	107477	11408	9586	978	21972
2000	32234	80672	17769	130675	13866	11209	982	26057
2001	32799	84580	16759	134139	14493	11060	1011	26564
2002	33394	87606	16112	137112	14794	10860	987	26641
2003	34365	89218	14851	138435	15446	10542	1015	27002
2004	34134	91638	15430	141201	15237	10945	955	27137
2005	35811	93724	14636	144171	15444	10919	898	27261
2006	35428	95761	14015	145204	15082	11050	903	27034
2007	36422	97546	13104	147072	14842	11305	895	27041
2008	37100	98063	12182	147345	15583	11095	905	27583
2009	38972	98856	11143	149366	15303	11069	902	27274
2010	39344	99883	11080	150705	15272	11389	917	27578
2011	39872	100067	11104	151432	15500	11562	1086	28147
2012	41188	102440	11283	154911	15473	11556	1331	28360
2013	39941	102070	11190	153201	15266	11678	1612	28556
2014	43415	103271	11281	157967	15400	11762	1673	28835

资料来源：《香港能源统计》，下同。
Source: Hong Kong Energy Statistics, the same applies to tables following.

7-3 香港油产品进口留用量

Hong Kong Retained Imports of Oil Products

年 份 Year	航空汽油与煤油（千公升） Aviation Gasoline and Kerosene (kilolitre)	车用汽油（千公升） Motor Gasoline (kilolitre)		轻质柴油、重质柴油与石脑油(千公升) Gas Oil, Diesel Oil and Naphtha (kilolitre)	燃料油（千公升） Fuel Oil (kilolitre)	液化石油气和天然气(公吨) LPG, Natural Gas (tonne)
1990	2303262		390577	2690712	1347198	169224
		含铅 Leaded Petrol	不含铅 Unleaded Petrol			
1995	3318386	171456	323351	4691324	1561524	147544
2000	4011029		486087	7802247	2140655	2363434
2001	4198740		524588	6920460	2394450	2459050
2002	4315798		473441	6810838	2973785	2420756
2003	3986920		458985	7094270	3216278	1689413
2004	4937314		458802	6989635	4626483	2299778
2005	5424882		454254	4992498	4975866	2310535
2006	5543549		425146	5075975	5915645	2592142
2007	6261518		471418	4762939	7089613	2404774
2008	6003457		447546	3582774	6625377	2728962
2009	5807816		485331	7457229	6949268	2650259
2010	6510406		512091	6576001	9731120	3208070
2011	6990394		535880	5353688	7715460	2644854
2012	6674012		546563	4492756	7263198	2457899
2013	7050700		546062	4286927	7492322	2323320
2014	6959479		497730	4090929	6309426	2270428

7-4 香港煤产品进口留用量

Hong Kong Retained Imports of Coal Products

单位：公吨 (tonne)

年 份 Year	蒸馏煤与其他煤产品 Steam Coal and Other Coal	木炭 Wood Charcoal	无烟煤 Anthracite	焦煤与半焦煤 Coke and Semi-coke
1990	8928614	16252	2053	1404
1995	9108994	13920		1063
2000	6057802	6050	1310	
2001	8033097	-4764	540	
2002	8717699	8142	201	
2003	10675881	8313	677	
2004	10691194	8052	396	-59
2005	10823664	7307	1423	
2006	11403420	6491	139	
2007	12261438	3945		
2008	11344961	7374	162	
2009	12331385	5831	389	
2010	10324200	3932	99	
2011	12528714	6094	163	
2012	12350726	4954	9	
2013	12971504	2524	2	
2014	13788766	6935	131	

7-5 香港电力生产、消费和进出口

Hong Kong Electricity Production,Consumption,Imports and Exports

单位：太焦耳 (terajoule)

年 份 Year	本地发电厂产电 Electricity Generated at Local Plant	由大陆进口 Imports to Mainland of China	系统损耗 System Loss	出口往大陆 Exports of Mainland of China	由电表量度的本地电力耗用 Local Electricity Consumption as Measured at Meter Point
1990	104256		11985	6470	85801
1995	100496	27164	14843	5340	107477
2000	112783	36732	14587	4253	130675
2001	116745	37278	14192	5692	134139
2002	123522	36655	15235	7830	137112
2003	127822	37428	15988	10827	138435
2004	133663	35413	16763	11112	141201
2005	138414	39604	17654	16192	144172
2006	139005	39230	16731	16300	145204
2007	140212	39453	18066	14527	147072
2008	136765	40668	17299	12789	147345
2009	139420	41725	18347	13432	149366
2010	137850	39765	17518	9392	150705
2011	140495	40822	19240	10645	151432
2012	139506	42508	20487	6616	154911
2013	140628	35889	17376	5940	153201
2014	143291	37038	17948	4414	157967

7-6 澳门主要能源及相关指标

Major Energy Related Indicators of Macao

项 目 Item	1990	1995	2000	2005	2008	2009	2010	2011	2012	2013
净进口量（太焦耳） Net Imports (Terajoule)	13955	17487	22742	33605	26367	29462				
可供电量（百万千瓦小时） Electricity Supply (GWh)		1335	1657	2287	3463	3632	3815	3999	4372	4437
电力消费量（百万千瓦小时） Electricity Consumption (GWh)		1265	1570	2112	3264	3422	3615	3856	4205	4291
能源消费量（太焦耳） Energy Consumption (Terajoule)	8953	12120	12823	16748	22211	22427	23392	24796	26942	
年中人口数（万人） Mid-year Population (10^4 persons)	34	41	43	47	54	55	55	55	57	
国内生产总值（万澳门元，现价） GDP (104 MOP, Current Market Prices)	2617500	5227400	5141859	9412203	16601021	17009467	22374332	29374500	34341600	41347100
人均国内生产总值（澳门元，现价） Per Capita GDP (MOP,Current Prices)	78134	127716	119301	198989	305166	317557	421312	534734	603495	697507
人均能源消费量（百万焦耳） Per Capita Energy Consumption (106 joules)	26725	29612	29752	35408	40829	41075	42764	45084	47267	
人均电力消费量（千瓦小时/人） Per Capita Electricity Consumption (kW•h/capita)		3092	3643	4466	6088	6268	6609	6925	7277	

资料来源：《澳门统计年鉴》，下同。
Source: Macao Statistical Yearbook, the same applies to tables following.

7-7 澳门能源平衡表

Macao Energy Balance Table

单位：太焦耳 (terajoules)

项 目	Item	1990	1995	2000	2005	2006	2007	2008	2009	2010	2011	2012	2013
进口	Import												
总计	Total Energy	13975	17499	22742	33605	34833	37524	26367	29462	17941	20981	23835	
#轻柴油	#Gas Oil and Diesel	3564	3257	3467	7114	6191	7062	5504	5560	5303	5815	6471	7319
#重油	#Fuel Oil	8274	10325	11949	14108	12745	10711	5853	7993	2607	3773	3485	2119
#电力	#Electricity	327	650	701	1227	3472	6060	8319	8016	10031	11393	13879	14611
#汽油	#Gasoline	752	1128	1340	1758	1802	2003	2038	2220				
出口	Export												
总计	Total Energy	20	12										
#电力	#Electricity	9	11										
#液化石油气	#LPG		1										
库存变化	Change in Stocks	252	-43	-487	-68	372	341	-917	122	-399	-86	60	
内部总消费	Gross Internal Consumption	13704	17670	19795	26050	25700	27488	27284	29341	28823	28720	28762	
能源转化	Energy Transformation	-4461	-5124	-6458	-8558	-6517	-5662	-4298	-6084	-4705	-3230	-1089	
电厂自耗和输电损失	Distribution and Transmission Loss	149	240	304	462	482	550	545	826	749	699	761	652
最终能源耗用量	Total Final Consumption	8953	12120	12823	16748	18442	21054	22211	22427	23392	24796	26942	

附录 1　台湾省能源数据

Appendix Ⅰ　Energy Data for Taiwan Province

附录 1-1 台湾省主要能源及相关指标

Major Energy Related Indicators of Taiwan Province

项 目 Item	1990	2000	2005	2008	2009	2010	2011	2012
能源生产量（百万吨标准油）Energy Production (Mtoe)	10.81	11.49	12.27	12.68	12.84	12.96	13.59	13.31
净进口量（百万吨标准油）Net Imports (Mtoe)	41.75	79.31	95.14	97.49	90.88	100.42	97.20	94.88
一次能源需求总量（百万吨标准油）Total Primary Energy Supply (Mtoe)	48.24	85.10	102.59	105.50	102.40	109.61	107.73	104.68
油净进口量（百万吨标准油）Net Oil Imports (Mtoe)	28.76	45.15	48.20	46.07	43.28	46.14	42.03	42.23
油可供量（百万吨标准油）Oil Supply (Mtoe)	25.88	38.31	43.45	42.38	40.43	42.19	39.47	38.87
电消费量（十亿千瓦小时）Electricity Consumption (tW•h)	84.85	176.15	218.32	229.73	220.28	237.33	241.87	240.98
终端能源消费量（百万吨标准油）Total Final Consumption of Energy (Mtoe)	29.36	48.64	60.44	63.29	62.88	67.71	65.28	65.19
年中人口数（百万人）Mid-year Population (10^6 persons)	20.40	22.10	22.70	22.90	22.95	23.20	23.20	23.40
国内生产总值（10亿美元，2005年价）GDP (109 US$,2005 prices)	167.05	305.75	364.85	410.68	402.77	446.48	464.50	481.13
人均国内生产总值（美元，2005年价）Per Capita GDP (US$, 2005 prices)	8189	13835	16073	17934	17550	19323	20195	20561
人均能源消费量（吨标准油/人）Per Capita Energy Consumption (toe/capita)	2.38	3.85	4.50	4.61	4.46	4.71	4.64	4.47
人均电力消费量（千瓦小时/人）Per Capita Electricity Consumption (kW•h/capita)	4184	7941	9617	10023	9588	10247	10414	10283

资料来源：国际能源署，《非OECD成员国能源平衡表》
Source: ENERGY BALANCES OF NON-OECD COUNTRIES, IEA

附录 1-2 台湾省分行业电力消费量

Taiwan Province Electricity Consumption by Sector

单位: 百万千瓦小时 (GWh)

年 份 Year	总计 Total	农、林、牧、渔业 Farming,Forestry, Animal Husbandry, Fishery	采掘业 Mining and Quarrying	制造业 Manufacturing	建筑业 Construction	批发及零售业 Wholesale and Retail Trades	运输及仓储业 Transport and Storage	住宿及餐饮业 Hotels and Catering Services
1990	51841	1611	171	40698	265			
1995	68931	2042	209	50792	564			
2000	94768	2262	319	67378	490	4818	2893	1911
2001	94794	2229	293	66127	543	5011	3014	1997
2002	100435	2326	367	69696	530	5363	3240	2074
2003	106043	2416	431	73691	544	5628	3326	2140
2004	113293	2511	444	79267	556	5936	3440	2262
2005	117648	2490	443	82518	553	6216	3572	2405
2006	123598	2602	453	86869	539	6297	2373	2502
2007	128226	2620	462	91042	575	6302	2669	2574
2008	128644	2600	380	91207	566	6020	3005	2545
2009	121348	2582	338	85298	488	5701	3003	2547
2010	134135	2616	419	97113	472	5631	3143	2680
2011	138161	2726	435	101220	501	5461	3211	2744
2012	139134	2708	416	102170	542	5372	3277	2776
2013	142529	2751	469	105131	561	5320	3394	2584

资料来源：中国台湾省编辑的《统计年鉴》，下同。
Source: Statistical Yearbook, Taiwan Province of China, the same applies to tables following.

附录 1-3 台湾省能源供给总量及构成

Taiwan Province Energy Supply and Composition

年 份 Year	供给量总计 (千公升油当量) Total Supply (10^3 kl oil equivalent)	占供给总量的比重(%) As Percentage of Total Supply (%)				
		煤炭 Coal	石油 Petroleum	天然气 Natural Gas	水力发电 Hydro power	核能发电 Nuclear Power
1990	58521	24.0	55.2	3.5	1.0	16.3
1995	79770	26.8	54.5	5.2	0.6	12.8
2000	101788	29.7	51.6	6.4	0.4	11.0
2001	106382	30.5	51.7	6.5	0.5	9.7
2002	114909	32.8	48.9	6.8	0.2	10.0
2003	119583	30.4	51.9	6.7	0.2	9.4
2004	132608	30.2	52.4	7.3	0.2	8.6
2005	133679	29.7	52.7	7.4	0.3	8.7
2006	136530	30.1	52.1	7.7	0.3	8.5
2007	144192	30.0	52.2	7.8	0.3	8.1
2008	139162	30.2	50.6	8.7	0.3	8.5
2009	136258	28.1	52.5	8.7	0.3	8.8
2010	142501	29.3	50.1	10.4	0.3	8.5
2011	138237	31.4	46.2	11.8	0.3	8.8
2012	140768	29.7	48.0	12.2	0.4	8.3
2013	143136	30.2	47.6	11.9	0.4	8.4

附录 1-4 台湾省能源消费总量及分部门消费构成

Taiwan Province Energy Consumption and Composition by Sector

年 份 Year	消费总计 (千公升油当量) Total Energy Consumption (10^3 kl oil equivalent)	占消费总量比重(%) As Percentage of Total Energy Consumption(%)					
		农业部门 Agriculture	工业部门 Industry	能源部门 Residence	运输部门 Transportation	其他部门 Other	非能源消费 Non-energy Use
1990	50355	2.9	41.4	9.6	14.7	21.7	9.8
1995	62628	2.4	41.2	10.2	17.3	24.2	4.7
2000	101788	1.6	39.8	11.4	14.5	21.7	10.9
2001	106382	1.5	37.2	11.2	13.8	20.9	15.4
2002	100498	1.5	38.6	8.4	13.2	23.5	14.8
2003	119583	1.6	37.2	11.3	13.2	19.9	16.8
2004	132608	1.6	37.4	8.3	13.2	19.6	17.0
2005	133679	1.5	37.0	8.5	13.3	20.3	16.3
2006	136530	1.1	37.7	8.4	13.0	23.3	16.4
2007	144192	0.9	37.5	7.9	12.0	22.2	19.6
2008	139162	1.0	37.1	7.4	11.7	22.8	19.9
2009	136258	0.9	35.3	7.3	12.1	22.9	21.5
2010	142501	0.8	37.1	7.1	11.8	21.8	21.3
2011	138237	0.9	38.6	7.2	12.1	22.2	19.1
2012	140768	0.9	38.2	7.1	11.9	21.9	20.0
2013	143136	0.9	38.0	6.9	11.6	21.4	21.3

附录 1-5 台湾省电力生产量和消费量

Taiwan Province Electricity Production and Consumption

单位: 百万千瓦小时 (GWh)

年 份 Year	发电量 Electricity Generation				耗电量 Electricity Consumption			损失 Loss
	总计 Total	水力发电 Hydro power	火力发电 Thermal Power	核能发电 Nuclear Power	总计 Total	工业用电 Industry Consumption	住户及商业用电 Residence and Commerce	
1990	82350	8167	42629	31554	74345	51841	22504	5355
1995	117859	8858	75071	33931	105368	68931	36437	6848
2000	156511	8843	110672	36996	142413	94768	47645	8735
2001	158058	4070	114822	34094	143624	94807	48816	8610
2002	165901	3604	121526	38009	151193	100435	50758	9417
2003	173810	3852	129566	37371	159380	106043	53336	8751
2004	181245	3338	136770	37939	167478	113293	54185	8937
2005	189663	3830	143295	38404	175293	117648	57645	9036
2006	196567	3902	150014	38317	181593	123598	57996	9539
2007	201856	3924	154142	38961	187075	128226	58848	9590
2008	200241	3459	152636	39260	186931	128644	58288	8584
2009	193605	3290	145756	39981	179239	121348	57890	9418
2010	207385	3047	159112	40029	193313	134135	59179	9669
2011	213042	2889	164085	40522	198637	138161	60476	10149
2012	211708	2924	162621	38887	198391	139134	59256	9360
2013	213429	3174	162857	40079	201945	142529	59416	7251

Taiwan Province Energy Consumption and Composition by Sector

Taiwan Province Electricity Production and Consumption

附录 2　有关国家和地区能源数据

Appendix Ⅱ　Energy Data for Related Countries or Areas

附录2-1　年中人口数

Mid-Year Population

单位:百万人　　(millions)

国家和地区	Contury or Area	2002	2003	2004	2005	2006	2007	2008	2009	2010	比重% Percent of World	2011	比重% Percent of World
世界总计	**World**	**6202.2**	**6280.2**	**6356.3**	**6431.7**	**6534.5**	**6610.5**	**6687.9**	**6722.4**	**6787.1**	**100.00**	**6958.0**	**100.00**
OECD合计	**OECD Total**	**1148.0**	**1155.7**	**1164.1**	**1171.5**	**1173.8**	**1181.9**	**1189.8**	**1221.2**	**1228.7**	**18.10**	**1240.5**	**17.83**
美国	United States	288.2	291.1	293.9	296.7	298.4	301.7	304.5	306.2	311.6	4.59	312.0	4.48
日本	Japan	127.4	127.7	127.8	127.8	127.8	127.8	127.7	127.4	127.1	1.87	127.8	1.84
墨西哥	Mexico	101.4	102.7	104.0	105.3	104.3	105.7	106.6	107.0	116.1	1.71	109.2	1.57
德国	Germany	82.5	82.5	82.5	82.5	82.4	82.3	82.1	82.0	81.7	1.20	81.8	1.18
法国	France	61.4	61.9	62.3	62.7	63.0	63.8	64.1	64.3	64.9	0.96	65.1	0.94
英国	United Kingdom	59.3	59.6	59.8	60.2	60.4	61.0	61.4	61.6	62.3	0.92	62.7	0.90
意大利	Italy	58.1	57.6	58.2	58.5	58.7	59.4	59.9	60.0	60.4	0.89	60.7	0.87
韩国	Korea	47.6	47.9	48.1	48.3	48.2	48.5	48.6	48.7	48.9	0.72	49.8	0.72
西班牙	Spain	41.3	42.0	42.7	43.4	43.7	44.9	45.6	45.8	46.1	0.68	46.1	0.66
加拿大	Canada	31.4	31.7	32.0	32.3	32.5	32.9	33.3	33.5	34.3	0.51	34.5	0.50
澳大利亚	Australia	19.8	20.0	20.2	20.5	20.6	21.2	21.5	21.9	22.7	0.33	22.8	0.33
荷兰	Netherlands	16.2	16.2	16.3	16.3	16.3	16.4	16.4	16.5	16.7	0.25	16.7	0.24
比利时	Belgium	10.3	10.4	10.4	10.5	10.5	10.6	10.7	10.8	10.9	0.16	11.0	0.16
瑞典	Sweden	8.9	9.0	9.0	9.0	9.1	9.2	9.3	9.3	9.4	0.14	9.5	0.14
瑞士	Switzerland	7.3	7.4	7.5	7.5	7.5	7.6	7.7	7.8	7.8	0.11	7.9	0.11
以色列	Israel	6.6	6.7	6.8	6.9	7.1	7.2	7.3	7.4	7.7	0.11	7.8	0.11
非OECD合计	**NON-OECD Total**	**5054.3**	**5124.5**	**5192.2**	**5260.2**	**5360.7**	**5428.6**	**5498.1**	**5489.4**	**5558.4**	**81.90**	**5717.5**	**82.17**
中国	China	1280.4	1288.4	1296.2	1300.4	1311.0	1318.3	1325.6	1328.1	1334.9	19.67	1344.1	19.32
印度	India	1048.6	1064.4	1079.7	1087.2	1109.8	1124.8	1140.0	1147.7	1163.1	17.14	1241.5	17.84
印度尼西亚	Indonesia	211.8	214.7	217.6	219.1	223.0	225.6	228.2	236.2	238.7	3.52	242.3	3.48
巴西	Brazil	178.9	181.4	183.9	185.6	188.2	190.1	192.0	192.4	194.1	2.86	196.7	2.83
俄罗斯	Russia	145.3	144.6	143.9	143.6	142.5	142.1	141.8	142.0	141.9	2.09	141.9	2.04
埃及	Egypt	69.9	71.3	72.6	72.3	78.6	80.1	81.5	79.0	80.4	1.18	82.5	1.19
伊朗	Islamic Republic of Iran	65.5	66.4	67.3	68.6	70.1	71.0	72.0	72.7	73.6	1.08	74.8	1.08
泰国	Thailand	62.6	63.1	63.7	62.8	66.5	67.0	67.4	68.5	68.9	1.02	69.5	1.00
南非	South Africa	45.3	45.8	46.4	46.6	47.4	47.9	48.7	49.1	49.7	0.73	50.6	0.73
阿根廷	Argentina	37.6	38.0	38.4	38.6	39.1	39.5	39.9	39.9	40.3	0.59	40.8	0.59
委内瑞拉	Venezuela	25.2	25.7	26.1	26.4	27.0	27.5	27.9	28.2	28.6	0.42	29.3	0.42
沙特阿拉伯	Saudi Arabia	22.7	22.1	22.5	22.8	23.7	24.2	24.6	26.5	27.1	0.40	28.1	0.40
中国，台北	Chinese Taipei	22.5	22.6	22.8	22.7	22.8	22.9	22.9	23.0	23.0	0.34	23.4	0.34
中国，香港	Hong Kong, China	6.8	6.8	6.9	6.8	6.9	6.9	7.0	7.0	7.1	0.10	7.1	0.10

资料来源：国际能源署，《OECD成员国能源统计》，《非OECD成员国能源统计》，《OECD成员国能源平衡表》，《非OECD成员国能源平衡表》，下同。

Source: ENERGY STATISTICS OF OECD COUNTRIES, ENERGY STATISTICS OF NON-OECD COUNTRIES, ENERGY BALANCES OF OECD COUNTRIES, ENERGY BALANCES OF NON-OECD COUNTRIES, IEA, the same applies to tables following.

附录2-2 国内生产总值汇率算法(2005年价格)

Gross Domestic Products Using Exchange Rates(US$2005)

单位:10亿美元 (billion US$)

国家和地区	Contury or Area	1980	1990	2000	2005	2008	2009	2010	比重% Percent of World	2011	比重% Percent of World	2012	比重% Percent of World
世界总计	**World**	**22477.9**	**30140.5**	**39637.5**	**45617.2**	**50105.7**	**48949.1**	**51855.3**	**100.00**	**53327.4**	**100.00**	**52587.9**	**100.00**
OECD合计	**OECD Total**	**18205.9**	**24706.5**	**32225.9**	**35806.9**	**37887.0**	**36401.3**	**38262.9**	**73.79**	**38943.1**	**73.03**	**39490.0**	**75.09**
美国	United States	5796.4	7962.6	11158.1			12635.2	13595.6	**26.22**	14232	26.69	14499	**27.57**
日本	Japan	2411.7	3794.1	4266.9			4403.9	4648.5	**8.96**	4694.4	8.80	4766.7	**9.06**
德国	Germany	1760.6	2216.3	2685.2			2840.9	2954.4	**5.70**	3073.9	5.76	3087.1	**5.87**
英国	United Kingdom	1132.2	1485.1	1979.3			2289.7	2360.0	**4.55**	2393	4.49	2432.8	**4.63**
法国	France	1283.6	1623.8	1973.0			2176.4	2204.5	**4.25**	2249.4	4.22	2254.3	**4.29**
意大利	Italy	1144.3	1451.6	1701.0			1734.0	1763.9	**3.40**	1729.9	3.24	1697.8	**3.23**
加拿大	Canada	568.3	749.9	999.9			1166.4	1240.1	**2.39**	1293.2	2.42	1319.1	**2.51**
西班牙	Spain	547.3	730.9	963.1			1182.7	1179.2	**2.27**	1160.5	2.18	1146.3	**2.18**
韩国	Korea	142.5	360.3	678.3			958.5	1019.1	**1.97**	1078.2	2.02	1110.2	**2.11**
墨西哥	Mexico	458.0	547.8	770.7			871.6	652.0	**1.26**	1027.5	1.93	1038.4	**1.97**
荷兰	Netherlands	351.2	437.8	598.0			673.7	683.1	**1.32**	680.92	1.28	675.31	**1.28**
瑞士	Switzerland	252.0	313.9	349.1			400.8	427.6	**0.82**	439.8	0.82	448.41	**0.85**
瑞典	Sweden	212.4	263.9	324.5			376.9	401.6	**0.77**	417.24	0.78	423.62	**0.81**
比利时	Belgium	229.3	279.8	348.6			391.1	400.4	**0.77**	406.82	0.76	407.62	**0.78**
澳大利亚	Australia	333.9	451.4	644.7			853.3	870.1	**1.68**	924.97	1.73	947.62	**1.80**
以色列	Israel	47.1	68.1	120.9			156.6	175.8	**0.34**	190.02	0.36	196.43	**0.37**
非OECD合计	**NON-OECD Total**	**4272.0**	**5433.9**	**7411.5**	**9810.3**	**12218.6**	**12547.8**	**13592.4**	**26.21**	**14384.3**	**26.97**	**15098.0**	**28.71**
中国	China	216.3	525.7	1417.1	2256.9	3183.6	3476.5	3838.0	**7.40**	4194.9	7.87	4522.1	**8.60**
印度	India	203.9	350.0	595.5	834.0	1050.2	1145.8	1243.7	**2.40**	1326.2	2.49	1389.1	**2.64**
巴西	Brazil	513.3	598.5	769.0	882.2	1023.2	1016.6	1092.7	**2.11**	1126.7	2.11	1136.6	**2.16**
俄罗斯	Russian Federation		843.1	567.4	764.0	943.9	870.1	909.3	**1.75**	948.26	1.78	980.91	**1.87**
中国，台北	Chinese Taipei	80.1	167.1	305.8	364.9	410.7	402.8	446.4	**0.86**	464.5	0.87	481.13	**0.91**
印度尼西亚	Indonesia	80.9	150.1	226.9	285.9	340.0	355.6	377.9	**0.73**	402.43	0.75	427.48	**0.81**
沙特阿拉伯	Saudi Arabia	213.8	200.4	262.0	315.6	346.2	346.7	436.0	**0.84**	473.36	0.89	497.62	**0.95**
南非	South Africa	147.1	170.9	204.7	247.1	285.3	280.5	289.7	**0.56**	299.68	0.56	307.31	**0.58**
阿根廷	Argentina	123.9	106.4	166.0	183.2	230.5	232.5	253.7	**0.49**	276.25	0.52	287.91	**0.55**
伊朗	Islamic Republic of Iran	82.7	101.5	146.3	192.0	224.3	228.3	242.7	**0.47**	249.98	0.47	245.23	**0.47**
中国，香港	Hong Kong, China	51.6	98.9	145.2	177.8	207.1	201.6	220.1	**0.42**	230.79	0.43	234.25	**0.45**
泰国	Thailand	41.8	88.9	137.5	176.4	199.5	194.9	210.1	**0.41**	210.25	0.39	223.9	**0.43**
委内瑞拉	Venezuela	96.2	104.3	128.3	145.5	183.1	177.2	174.6	**0.34**	181.84	0.34	192.07	**0.37**
埃及	Egypt	29.1	49.5	75.4	89.7	110.0	115.1	121.0	**0.23**	123.17	0.23	125.90	**0.24**

附录2-3 能源生产总量

Total Energy Production

单位：百万吨标准油　　　　　　　　　　　　　　　　　　　　　　　　(Mtoe)

国家和地区	Contury or Area	2005	2006	2007	2008	2009	2010	比重% Percent of World	2011	比重% Percent of World	2012	比重% Percent of World
世界总计	**World**	**11573.31**	**11778.39**	**11985.38**	**12334.15**	**12232.12**	**12860.49**	**100.00**	**13216.16**	**100.00**	**13461.14**	**100.00**
OECD合计	**OECD Total**	**3838.09**	**3842.02**	**3843.28**	**3863.22**	**3793.93**	**3866.26**	**30.06**	**3845.47**	**29.10**	**3869.21**	**28.74**
美国	United States	1629.89	1654.23	1668.96	1706.06	1685.85	1723.41	**13.40**	1806.48	13.67	1859.34	**13.81**
加拿大	Canada	402.09	411.74	415.92	407.38	390.15	395.55	**3.08**	419.66	3.18	434.96	**3.23**
澳大利亚	Australia	268.19	267.79	298.60	302.13	297.08	308.57	**2.40**	317.39	2.40	344.83	**2.56**
墨西哥	Mexico	259.21	255.97	244.44	233.60	220.03	222.19	**1.73**	218.98	1.66	217.46	**1.62**
英国	United Kingdom	205.16	186.62	176.44	166.69	158.94	148.38	**1.15**	117.48	0.89	109.28	**0.81**
法国	France	137.12	137.02	134.79	136.63	128.86	135.34	**1.05**	134.47	1.02	135.96	**1.01**
德国	Germany	135.28	136.76	138.64	134.11	127.15	129.28	**1.01**	123.38	0.93	119.72	**0.89**
日本	Japan	99.89	101.07	90.60	88.66	93.96	99.26	**0.77**	28.32	0.21	27.20	**0.20**
荷兰	Netherlands	61.90	60.77	61.18	66.54	63.06	69.81	**0.54**	64.72	0.49	69.36	**0.52**
韩国	Korea	42.93	43.73	42.60	44.73	44.31	44.92	**0.35**	46.22	0.35	43.52	**0.32**
西班牙	Spain	30.13	31.36	30.26	30.42	29.97	34.30	**0.27**	33.34	0.25	33.85	**0.25**
瑞典	Sweden	34.67	32.79	33.58	33.24	30.35	33.09	**0.26**	36.18	0.27	33.88	**0.25**
意大利	Italy	27.85	27.43	26.38	26.94	26.99	29.49	**0.23**	31.86	0.24	34.73	**0.26**
比利时	Belgium	15.64	15.48	14.37	14.55	15.32	15.31	**0.12**	15.89	0.12	16.14	**0.12**
瑞士	Switzerland	10.88	12.15	12.62	12.73	12.79	12.63	**0.10**	12.73	0.10	12.94	**0.10**
以色列	Israel	2.12	2.65	2.73	3.27	3.27	3.86	**0.03**	3.26	0.02	6.54	**0.05**
非OECD合计	**NON-OECD Total**	**7735.22**	**7936.38**	**8142.09**	**8470.93**	**8438.19**	**8994.23**	**69.94**	**9370.69**	**70.90**	**9591.94**	**71.26**
中国	China	1664.62	1724.41	1820.65	1950.58	2044.83	2261.11	**17.58**	2431.56	18.40	2525.28	**18.76**
俄罗斯	Russia	1203.24	1227.00	1239.13	1253.92	1186.38	1293.05	**10.05**	1314.88	9.95	1331.61	**9.89**
沙特阿拉伯	Saudi Arabia	580.56	570.65	552.00	579.32	528.38	531.45	**4.13**	592.68	4.48	625.00	**4.64**
印度	India	423.75	437.87	452.73	470.92	505.41	529.96	**4.12**	539.22	4.08	544.55	**4.05**
印度尼西亚	Indonesia	279.94	313.88	333.35	323.63	351.83	379.83	**2.95**	422.56	3.20	440.25	**3.27**
伊朗	Islamic Republic of Iran	310.47	311.53	327.37	337.43	341.49	349.91	**2.72**	353.94	2.68	302.90	**2.25**
巴西	Brazil	194.61	206.48	216.36	227.94	230.41	246.61	**1.92**	249.20	1.89	251.90	**1.87**
委内瑞拉	Venezuela	233.73	195.73	183.83	205.47	198.62	202.51	**1.57**	203.57	1.54	199.29	**1.48**
南非	South Africa	157.89	157.97	159.67	161.39	159.53	163.79	**1.27**	163.13	1.23	166.08	**1.23**
埃及	Egypt	77.98	79.74	82.28	89.14	87.99	84.46	**0.66**	83.61	0.63	82.05	**0.61**
阿根廷	Argentina	84.69	86.19	82.87	82.87	80.82	79.51	**0.62**	77.25	0.58	75.17	**0.56**
泰国	Thailand	55.19	56.26	59.31	65.49	64.61	70.56	**0.55**	68.65	0.52	75.73	**0.56**
中国，台北	Chinese Taipei	12.48	12.41	12.71	12.71	12.84	12.96	**0.10**	13.59	0.10	13.31	**0.10**
中国，香港	Hong Kong, China	0.05	0.05	0.05	0.05	0.05	0.10	**0.00**	0.11	0.00	0.11	**0.00**

附录2-4 能源生产量/一次能源供应量(能源自给率)

Energy Production/Tpes (Self Sufficiency)

国家和地区	Contury or Area	2002	2003	2004	2005	2006	2007	2008	2009	2010	2011	2012
世界	**World**	**1.01**	**1.00**	**1.00**	**1.01**	**1.00**	**1.00**	**1.01**	**1.01**	**1.01**	**1.01**	**1.01**
OECD合计	**OECD Total**	**0.72**	**0.70**	**0.70**	**0.70**	**0.70**	**0.70**	**0.71**	**0.73**	**0.72**	**0.73**	**0.74**
澳大利亚	Australia	2.27	2.25	2.28	2.22	2.19	2.40	2.32	2.36	2.49	2.41	2.47
加拿大	Canada	1.54	1.47	1.48	1.47	1.53	1.53	1.53	1.56	1.58	1.62	1.67
墨西哥	Mexico	1.48	1.52	1.53	1.47	1.44	1.39	1.29	1.26	1.27	1.23	1.16
荷兰	Netherlands	0.77	0.72	0.82	0.75	0.76	0.76	0.84	0.81	0.84	0.83	0.82
美国	United States	0.73	0.72	0.71	0.70	0.71	0.71	0.75	0.78	0.78	0.81	0.84
英国	United Kingdom	1.13	1.06	0.97	0.87	0.81	0.84	0.80	0.81	0.73	0.69	0.61
瑞典	Sweden	0.61	0.61	0.65	0.66	0.64	0.67	0.67	0.67	0.65	0.66	0.72
法国	France	0.51	0.50	0.50	0.50	0.50	0.51	0.51	0.51	0.52	0.54	0.53
瑞士	Switzerland	0.43	0.44	0.44	0.40	0.43	0.49	0.48	0.47	0.48	0.49	0.50
德国	Germany	0.39	0.39	0.39	0.39	0.39	0.40	0.40	0.40	0.40	0.40	0.39
西班牙	Spain	0.24	0.24	0.23	0.21	0.22	0.21	0.22	0.24	0.27	0.25	0.27
比利时	Belgium	0.23	0.23	0.24	0.25	0.25	0.25	0.25	0.27	0.26	0.31	0.28
日本	Japan	0.19	0.16	0.18	0.19	0.19	0.18	0.18	0.20	0.19	0.11	0.06
韩国	Korea	0.17	0.18	0.18	0.20	0.20	0.19	0.20	0.19	0.18	0.18	0.18
意大利	Italy	0.16	0.15	0.15	0.15	0.15	0.15	0.15	0.16	0.18	0.19	0.20
以色列	Israel	0.04	0.04	0.09	0.10	0.13	0.13	0.15	0.15	0.17	0.20	0.13
非OECD合计	**NON-OECD Total**	**1.32**	**1.34**	**1.33**	**1.36**	**1.33**	**1.31**	**1.32**	**1.28**	**1.28**	**1.26**	**1.23**
沙特阿拉伯	Saudi Arabia	3.78	4.31	4.16	3.99	3.99	3.73	3.76	3.35	2.87	3.33	3.12
委内瑞拉	Venezuela	3.52	3.36	3.43	3.49	3.22	2.89	2.93	2.83	2.69	2.88	2.61
俄罗斯	Russia	1.67	1.73	1.80	1.85	1.83	1.84	1.82	1.83	1.84	1.78	1.76
印度尼西亚	Indonesia	1.52	1.53	1.53	1.55	1.73	1.75	1.73	1.77	1.81	2.06	2.06
伊朗	Islamic Republic of Iran	1.81	1.89	1.85	1.80	1.74	1.69	1.66	1.60	1.69	1.67	1.38
埃及	Egypt	1.16	1.17	1.14	1.24	1.25	1.22	1.24	1.23	1.16	1.10	1.05
南非	South Africa	1.26	1.30	1.22	1.23	1.23	1.19	1.09	1.11	1.15	1.15	1.19
阿根廷	Argentina	1.45	1.41	1.32	1.26	1.18	1.13	1.08	1.08	1.01	0.97	0.94
巴西	Brazil	0.85	0.89	0.87	0.90	0.93	0.92	0.92	0.96	0.93	0.92	0.89
中国	China	0.99	0.98	0.95	0.95	0.93	0.93	0.94	0.91	0.89	0.89	0.87
印度	India	0.82	0.80	0.78	0.79	0.78	0.76	0.75	0.75	0.73	0.72	0.69
泰国	Thailand	0.54	0.54	0.52	0.56	0.56	0.57	0.61	0.60	0.60	0.58	0.60
中国，台北	Chinese Taipei	0.12	0.13	0.12	0.12	0.12	0.12	0.12	0.13	0.12	0.13	0.13
中国，香港	Hong Kong, China									0.01	0.01	0.01

附录2-5　能源供应量/GDP(2005年价格)

TPES/GDP(2005 US$)

单位:吨标准油/千美元　　　(toe per thousand US$)

国家和地区	Contury or Area	1980	1990	2000	2005	2008	2009	2010	2011	2012
世界	**World**	**0.31**	**0.28**	**0.25**	**0.25**	**0.24**	**0.25**	**0.25**	**0.25**	**0.24**
OECD合计	**OECD Total**	**0.22**	**0.18**	**0.16**	**0.15**	**0.14**	**0.14**	**0.14**	**0.14**	**0.13**
澳大利亚	Australia	0.21	0.19	0.17				0.14	0.14	0.14
加拿大	Canada	0.34	0.28	0.25				0.21	0.20	0.19
墨西哥	Mexico	0.21	0.22	0.19				0.19	0.19	0.18
荷兰	Netherlands	0.18	0.15	0.12				0.12	0.11	0.12
美国	United States	0.31	0.24	0.20				0.17	0.17	0.15
英国	United Kingdom	0.17	0.14	0.11				0.09	0.08	0.08
瑞典	Sweden	0.19	0.18	0.15				0.13	0.12	0.12
法国	France	0.15	0.14	0.13				0.12	0.11	0.11
瑞士	Switzerland	0.08	0.08	0.07				0.06	0.06	0.58
德国	Germany	0.20	0.16	0.13				0.11	0.10	0.10
西班牙	Spain	0.12	0.12	0.13				0.11	0.11	0.11
比利时	Belgium	0.20	0.17	0.17				0.15	0.14	0.14
日本	Japan	0.14	0.11	0.12				0.11	0.10	0.10
韩国	Korea	0.29	0.26	0.28				0.25	0.25	0.24
意大利	Italy	0.11	0.10	0.10				0.10	0.09	0.09
以色列	Israel	0.17	0.17	0.15				0.14	0.13	0.13
非OECD合计	**NON-OECD Total**	**0.69**	**0.75**	**0.61**	**0.58**	**0.53**	**0.52**	**0.52**	**0.52**	**0.51**
伊朗	Islamic Republic of Iran	0.46	0.68	0.84	0.90	0.91	0.93	0.91	0.86	0.90
俄罗斯	Russian Federation		1.04	1.09	0.85	0.73	0.74	0.78	0.78	0.77
中国	China	2.77	1.66	0.83	0.78	0.66	0.65	0.63	0.65	0.64
埃及	Egypt	0.52	0.65	0.54	0.70	0.65	0.62	0.61	0.62	0.62
印度	India	1.01	0.90	0.77	0.65	0.60	0.59	0.56	0.57	0.57
泰国	Thailand	0.53	0.47	0.53	0.56	0.54	0.55	0.56	0.57	0.57
印度尼西亚	Indonesia	0.69	0.66	0.68	0.63	0.55	0.56	0.55	0.51	0.50
南非	South Africa	0.44	0.53	0.53	0.52	0.52	0.51	0.47	0.47	0.46
沙特阿拉伯	Saudi Arabia	0.15	0.30	0.39	0.46	0.45	0.46	0.43	0.38	0.40
委内瑞拉	Venezuela	0.37	0.42	0.44	0.46	0.38	0.40	0.44	0.39	0.40
阿根廷	Argentina	0.34	0.43	0.37	0.37	0.33	0.32	0.31	0.29	0.28
中国，台北	Chinese Taipei	0.35	0.29	0.28	0.28	0.26	0.25	0.25	0.23	0.22
巴西	Brazil	0.22	0.23	0.24	0.24	0.24	0.24	0.24	0.24	0.25
中国，香港	Hong Kong, China	0.09	0.09	0.09	0.07	0.07	0.07	0.06	0.07	0.06

附录2-6 人均能源供应量

TPES/Population

单位:吨标准油/人 (toe per capita)

国家和地区	Contury or Area	2002	2003	2004	2005	2006	2007	2008	2009	2010	2011	2012
世界	**World**	**1.65**	**1.69**	**1.75**	**1.79**	**1.80**	**1.82**	**1.83**	**1.80**	**1.87**	**1.89**	**1.90**
OECD合计	**OECD Total**	**4.66**	**4.67**	**4.73**	**4.62**	**4.64**	**4.65**	**4.49**	**4.27**	**4.36**	**4.25**	**4.19**
加拿大	Canada	7.97	8.28	8.40	8.47	8.27	8.26	8.00	7.44	7.38	7.36	7.20
美国	United States	7.94	7.84	7.92	7.89	7.74	7.74	7.50	7.04	7.03	7.02	6.81
比利时	Belgium	5.48	5.73	5.58	5.89	5.79	5.37	5.47	5.29	5.59	5.38	5.06
澳大利亚	Australia	5.66	5.66	5.62	5.90	5.90	5.88	6.05	5.68	5.53	5.40	5.55
瑞典	Sweden	5.91	5.70	5.91	5.78	5.65	5.47	5.36	4.88	5.47	5.19	5.27
韩国	Korea	4.24	4.34	4.44	4.42	4.48	4.58	4.67	4.70	5.12	5.23	5.27
荷兰	Netherlands	4.87	4.99	5.41	5.05	4.90	4.90	4.85	4.73	5.02	4.64	4.69
法国	France	4.33	4.38	4.41	4.40	4.31	4.14	4.16	3.93	4.04	3.88	3.86
德国	Germany	4.19	4.21	4.22	4.19	4.23	4.05	4.08	3.87	4.00	3.81	3.82
日本	Japan	4.09	4.04	4.17	4.14	4.13	4.03	3.88	3.70	3.90	3.61	3.55
瑞士	Switzerland	3.65	3.63	3.64	3.60	3.73	3.38	3.46	3.46	3.37	3.22	3.23
英国	United Kingdom	3.85	3.90	3.90	3.89	3.82	3.45	3.40	3.19	3.26	3.00	3.02
以色列	Israel	3.05	3.09	3.02	2.96	2.96	3.02	3.01	2.88	3.01	3.00	3.07
意大利	Italy	2.99	3.14	3.14	3.17	3.13	3.02	2.94	2.74	2.81	2.76	2.61
西班牙	Spain	3.19	3.24	3.33	3.34	3.28	3.21	3.04	2.78	2.77	2.72	2.71
墨西哥	Mexico	1.53	1.56	1.59	1.70	1.69	1.67	1.69	1.63	1.64	1.70	1.61
非OECD合计	**NON-OECD Total**	**0.97**	**0.99**	**1.05**	**1.08**	**1.11**	**1.15**	**1.18**	**1.19**	**1.27**	**1.31**	**1.34**
沙特阿拉伯	Saudi Arabia	5.54	5.59	5.86	6.05	6.04	6.13	5.89	5.89	6.80	6.41	7.08
俄罗斯	Russian Federation	4.25	4.42	4.47	4.55	4.71	4.73	4.85	4.56	4.94	5.17	5.27
中国，台北	Chinese Taipei	4.16	4.36	4.59	4.50	4.60	4.81	4.61	4.46	4.73	4.64	4.47
伊朗	Islamic Republic of Iran	1.99	2.10	2.22	2.47	2.56	2.73	2.82	2.91	2.79	2.82	2.87
南非	South Africa	2.51	2.58	2.79	2.72	2.72	2.81	3.03	2.93	2.80	2.75	2.68
委内瑞拉	Venezuela	2.29	2.07	2.18	2.52	2.25	2.31	2.51	2.47	2.59	2.39	2.55
中国，香港	Hong Kong, China	2.41	2.47	2.58	1.86	1.94	2.07	2.03	2.13	2.01	2.14	2.05
阿根廷	Argentina	1.49	1.57	1.65	1.73	1.87	1.86	1.93	1.86	1.95	1.96	1.95
中国	China	0.95	1.06	1.22	1.34	1.41	1.49	1.57	1.69	1.89	2.04	2.14
泰国	Thailand	1.33	1.41	1.56	1.49	1.50	1.55	1.58	1.56	1.77	1.79	1.89
巴西	Brazil	1.07	1.07	1.14	1.16	1.19	1.24	1.30	1.24	1.36	1.37	1.42
埃及	Egypt	0.75	0.78	0.79	0.85	0.81	0.84	0.92	0.90	0.93	0.96	0.97
印度尼西亚	Indonesia	0.76	0.78	0.79	0.79	0.81	0.84	0.80	0.84	0.87	0.84	0.87
印度	India	0.51	0.46	0.48	0.49	0.51	0.53	0.55	0.58	0.60	0.62	0.64

附录2-7 煤生产量

Coal Production

单位：百万吨标准油 (Mtoe)

国家和地区	Contury or Area	2002	2003	2004	2005	2006	2007	2008	2009	2010	比重% Percent of World	2011	比重% Percent of World	2012	比重% Percent of World
世界总计	**World**	**2375.3**	**2517.7**	**2743.5**	**2977.8**	**3081.7**	**3230.9**	**3415.7**	**3394.4**	**3596.0**	**100.00**	**3850.5**	**100.00**	**3966.6**	**100.00**
中国	China	752.6	876.9	1033.0	1186.0	1234.5	1312.2	1452.9	1496.2	1623.2	45.14	1823.4	47.35	1886.5	**47.56**
美国	United States	555.1	526.1	553.2	564.2	576.8	568.5	579.3	530.1	531.9	14.79	536.4	13.93	495.5	**12.49**
印度	India	156.8	166.3	176.4	187.8	197.9	210.2	225.1	244.9	247.3	6.80	252.2	6.55	260.5	**6.57**
澳大利亚	Australia	184.4	185.2	192.6	202.0	201.4	227.4	231.9	225.7	236.4	6.60	222.6	5.78	239.9	**6.05**
印度尼西亚	Indonesia	63.6	70.9	86.0	98.2	137.5	157.9	165.0	166.8	186.3	5.18	233.3	6.06	255.7	**6.45**
俄罗斯	Russian Federation	117.8	127.3	130.1	157.4	143.3	163.0	167.2	153.6	180.0	5.01	180.0	4.68	200.7	**5.06**
南非	South Atrica	124.3	134.8	137.1	138.4	138.3	139.9	142.5	140.9	143.8	4.00	142.7	3.71	146.0	**3.68**
波兰	Poland	71.2	70.8	69.8	68.9	67.6	62.5	60.9	56.4	55.4	1.54	55.8	1.45	57.8	**1.46**
哈萨克斯坦	Kazakhstan	35.6	37.3	38.2	38.3	42.3	43.0	48.8	44.3	48.6	1.35	50.9	1.32	52.8	**1.33**
哥伦比亚	Colombia	26.1	32.8	35.2	38.4	42.6	45.4	47.8	47.3	48.3	1.34	55.8	1.45	57.9	**1.46**
德国	Germany	58.4	57.7	58.3	56.5	53.4	54.6	50.1	45.7	45.9	1.25	46.5	1.21	47.6	**1.20**
加拿大	Canada	32.6	30.3	32.2	33.1	32.5	34.3	33.6	30.7	33.8	0.94	33.7	0.87	33.5	**0.85**
乌克兰	Ukraine	32.0	37.1	34.8	34.7	35.3	33.6	33.7	32.0	33.7	0.86	40.4	1.05	40.3	**1.01**
英国	United Kingdom	17.8	16.8	14.9	11.9	10.7	10.2	10.8	10.7	10.8	0.31	10.9	0.28	10.0	**0.25**

附录2-8 原油和天然气凝析液(NGL)生产量
Crude Oil and NGL Production

单位：千吨 (1000 tonnes)

国家和地区	Contury or Area	2003	2004	2005	2006	2007	2008	2009	2010	比重% Percent of World	2011	比重% Percent of World
世界总计	**World**	**3707983**	**3951180**	**3965041**	**4011420**	**3998630**	**4041340**	**3901215**	**3974009**	**100.00**	**4030254**	**100.00**
石油输出国家组织	**OPEC**	**1511598**	**1698790**	**1722991**	**1727900**	**1697710**	**1746660**	**1642594**	**1664310**	**41.88**	**1720289**	**42.68**
俄罗斯	Russian Federation	418582	458470	466448	478130	490040	488530	491247	504102	12.68	512388	12.71
沙特阿拉伯	Saudi Arabia	477792	502230	514016	517090	496200	518280	456926	461100	11.60	520168	12.91
美国	United States	338430	325916	322550	317810	317450	312910	321675	332428	8.37	343236	8.52
伊朗	Iran	191417	202540	220078	217090	219790	216420	219427	221883	5.58	220203	5.46
中国	China	169655	175940	181426	184850	186420	195170	189616	203154	5.11	203028	5.04
加拿大	Canada	140426	145419	147450	155300	161950	160420	152622	161220	4.06	169440	4.20
委内瑞拉	Venezuela	137829	161520	182556	159420	147840	145910	155502	149994	3.77	157179	3.90
墨西哥	Mexico	189289	191367	197280	190480	179600	168930	146007	144722	3.64	143395	3.56
尼日利亚	Nigeria	117666	131000	127976	127180	114850	110080	115054	133174	3.35	127283	3.16
阿联酋	United Arab Emirates	119291	126750	132943	137600	135440	138450	125621	130963	3.30	143699	3.57
科威特	Kuwait	111125	122730	134662	140910	137130	142970	118946	122246	3.08	141024	3.50
伊拉克	Iraq	65949	101230	93644	99550	103550	116100	117074	118691	2.99	133602	3.31
挪威	Norway	147011	144627	142030	131280	122010	116910	108295	99648	2.51	94235	2.34
安哥拉	Angola	43083	50480	62446	72600	87370	97990	91072	88487	2.23	81603	2.02
哈萨克斯坦	Kazakhstan	51452	59760	62238	65840	67410	70980	77522	80961	2.04	81278	2.02
阿尔及利亚	Algeria	79180	87390	86130	90490	90610	88190	77433	74403	1.87	72284	1.79
利比亚	Libya	70781	79520	86512	89970	87990	90590	78038	72695	1.83	23731	0.59
英国	United Kingdom	106193	95491	88470	80010	80160	74610	68198	52005	1.31	51972	1.29
印度尼西亚	Indonesia	59356	55950	52447	49140	47510	49230	47313	47535	1.20	45283	1.12
阿根廷	Argentina	40369	39430	37707	37670	36680	35710	35252	34893	0.88	33206	0.82

附录2-9 天然气生产量

Production of Natural Gas

单位：百万标准油 (Mtoe)

国家和地区	Contury or Area	2003	2004	2005	2006	2007	2008	2009	2010	比重% Percent of World	2011	比重% Percent of World	2012	比重% Percent of World
世界总计	**World**	**2246.1**	**2305.3**	**2373.3**	**2437.4**	**2507.7**	**2608.2**	**2528.8**	**2719.1**	**100.00**	**2805.4**	**100.00**	**2848.0**	**100.00**
俄罗斯	Russian Federation	499.7	509.2	515.7	525.7	521.9	534.6	474.4	540.0	19.86	552.7	19.70	540.6	**18.98**
美国	United States	447.9	435.8	421.4	430.9	449.8	472.6	479.6	495.0	18.21	530.9	18.92	558.8	**19.62**
加拿大	Canada	151.1	150.8	154.0	154.9	151.4	143.8	135.3	132.3	4.87	132.4	4.72	129.9	**4.56**
伊朗	Iran	66.2	73.6	83.4	87.4	104.0	108.0	116.2	121.3	4.46	127.2	4.53	132.2	**4.64**
卡塔尔	Qatar	27.6	33.5	40.0	44.4	55.1	69.7	79.5	107.3	3.95	134.5	4.80	141.2	**4.96**
中国	China	29.3	35.3	41.3	49.0	57.9	67.2	71.3	79.4	2.92	85.9	3.06	89.7	**3.15**
印度尼西亚	Indonesia	66.0	63.5	65.5	64.1	62.4	64.3	67.1	74.7	2.75	71.0	2.53	67.3	**2.36**
阿尔及利亚	Algeria	79.4	78.3	75.6	74.4	73.6	73.8	70.9	72.0	2.65	69.6	2.48	72.5	**2.55**
沙特阿拉伯	Saudi Arabia	42.8	46.5	55.6	53.6	55.1	60.8	61.4	59.9	2.45	61.0	2.17	66.2	**2.33**
荷兰	Netherland	52.2	61.6	56.3	55.4	54.4	59.9	56.4	63.4	2.33	57.7	2.06	57.5	**2.02**
英国	United Kingdom	92.6	86.4	79.5	72.0	64.9	62.7	53.7	51.5	1.89	40.8	1.45	35.0	**1.23**
埃及	Egypt	26.1	28.2	42.6	44.6	45.9	49.2	50.7	46.4	1.85	46.1	1.64	44.2	**1.55**
乌兹别克斯坦	Uzbekistan	47.2	48.1	49.0	51.0	52.9	54.9	49.9	48.8	1.80	51.2	1.82	51.1	**1.79**
马来西亚	Malaysia	44.7	46.5	49.8	54.6	50.0	52.5	46.8	51.0	1.69	52.7	1.88	51.5	**1.81**
阿联酋	United Arab Emirates	35.9	38.8	39.0	40.9	42.9	42.1	40.9	41.5	1.58	42.4	1.51	44.0	**1.54**
澳大利亚	Australia	31.3	32.0	35.4	36.8	39.0	39.4	39.3	42.5	1.56	44.7	1.59	47.3	**1.66**
印度	India	23.6	23.4	25.9	23.4	26.1	26.3	38.5	43.0	1.56	39.0	1.39	33.3	**1.17**
墨西哥	Mexico	33.9	35.5	36.9	40.5	39.0	38.8	38.4	41.9	1.54	41.8	1.49	40.4	**1.42**
特立尼达和多巴哥	Trinidad and Tobago	20.9	22.0	27.7	26.1	32.5	32.2	36.2	35.8	1.38	34.1	1.22	34.3	**1.20**
土库曼斯坦	Turkmenistan	48.2	48.0	51.3	51.5	56.1	57.4	31.1	36.9	1.36	53.9	1.92	56.2	**1.97**
阿根廷	Argentina	35.8	36.8	39.9	37.2	38.9	39.1	37.2	35.4	1.30	34.9	1.24	34.2	**1.20**
巴基斯坦	Pakistan	22.2	24.1	25.6	25.1	27.2	26.5	27.3	27.0	0.99	26.9	0.96	27.1	**0.95**
泰国	Thailand	16.9	17.5	18.5	19.0	20.3	22.5	21.4	24.7	0.91	22.0	0.78	26.2	**0.92**
委内瑞拉	Venezuela	22.6	22.3	28.7	23.4	22.7	22.3	22.0	23.8	0.85	24.0	0.85	25.2	**0.89**
德国	Germany	15.9	14.7	14.2	14.1	13.1	11.3	11.1	9.7	0.36	10.9	0.39	9.6	**0.34**

附录2-10 总发电量(2012年)
Total Electricity Generation(2012)

单位：百万千瓦小时 (GWh)

国家和地区	Contury or Area	总发电量 Total Production of Electricity	发电量占世界比重(%) Percent of (%)	煤电比重(%) Electricity Generation from Coal (% of total)	油电比重(%) Electricity Generation from Oil (% of total)	气电比重(%) Electricity Generation from Gas (% of total)	水电比重(%) Electricity Generation from Hydro (% of total)	核电比重(%) Electricity Generation from Nuclear (% of total)
世界总计	**World**	**22668076**	**100.00**	**40.40**	**5.00**	**22.50**	**16.20**	**10.90**
美国	United States	4270771	18.84	38.48	0.77	29.61	6.52	18.76
中国	China	4984772	21.99	75.90	0.10	1.70	17.20	2.00
日本	Japan	1026146	4.53	29.55	17.67	38.71	7.36	1.55
俄罗斯	Russian Federation	1069313	4.72	15.80	2.60	49.10	15.50	16.60
印度	India	1127574	4.97	71.10	2.00	8.30	11.20	2.90
德国	Germany	623157	2.75	46.06	1.22	12.45	3.40	15.96
加拿大	Canada	634338	2.80	10.04	1.10	10.65	59.99	14.95
法国	France	559397	2.47	3.87	0.78	3.90	10.50	76.05
巴西	Brazil	552469	2.44	2.60	3.50	8.50	75.20	2.90
韩国	Korea	530935	2.34	45.08	3.99	21.08	0.75	28.31
英国	United Kingdom	360871	1.59	39.96	0.85	27.73	1.46	19.51
西班牙	Spain	293942	1.30	19.05	5.21	24.94	6.99	20.91
墨西哥	Mexico	293862	1.30	11.68	18.95	51.36	10.84	2.98
南非	South Africa	255051	1.13	93.80	0.10		0.80	5.10
中国，台北	Chinese Taipei	247399	1.09	50.50	3.20	25.70	2.30	16.30
乌克兰	Ukraine	198363	0.88	40.50	0.30	8.10	5.30	45.40
瑞典	Sweden	166436	0.73	0.77	0.39	0.54	47.42	38.48
阿根廷	Argentina	134776	0.59	2.70	14.90	53.90	21.70	4.70
荷兰	Netherlands	102505	0.45	26.64	1.07	54.38	0.10	3.82
巴基斯坦	Pakistan	96125	0.42	0.10	35.90	28.20	31.10	4.70
比利时	Belgium	81769	0.36	6.68	0.39	28.80	0.44	49.28
捷克	Czech Republic	86842	0.38	54.23	0.10	1.39	2.45	34.92
芬兰	Finland	70399	0.31	16.01	0.44	9.55	23.95	32.65
瑞士	Switzerland	68161	0.30		0.08	1.35	56.63	37.32
罗马尼亚	Romania	58774	0.26	39.00	1.30	14.80	20.50	19.50
保加利亚	Bulgaria	46579	0.21	49.10	0.50	5.10	6.90	33.90

附录2-11 终端能源消费量
Total Final Consumption of Energy

单位：百万吨标准油 (Mtoe)

国家和地区	Contury or Area	2004	2005	2006	2007	2008	2009	2010	比重% Percent of World	2011	比重% Percent of World	2012	比重% Percent of World
世界	**World**	**7731.12**	**7938.51**	**8074.24**	**8287.07**	**8411.73**	**8316.56**	**8740.50**	**100.00**	**8885.74**	**100.00**	**8978.86**	**100.00**
OECD合计	**OECD Total**	**3702.41**	**3783.65**	**3824.38**	**3759.89**	**3732.30**	**3568.70**	**3696.25**	**42.29**	**3633.70**	**40.89**	**3582.49**	**39.90**
美国	United States	1599.74	1591.86	1572.16	1581.62	1542.25	1458.67	1500.77	**17.17**	1503.71	16.92	1432.73	**15.96**
日本	Japan	350.65	353.75	351.79	342.27	318.81	314.41	321.55	**3.68**	314.47	3.54	308.77	**3.44**
德国	Germany	252.56	249.26	253.57	228.32	235.67	222.73	229.60	**2.63**	221.02	2.49	220.98	**2.46**
加拿大	Canada	202.46	204.16	201.51	205.33	202.26	190.95	200.05	**2.29**	203.98	2.30	207.83	**2.31**
法国	France	176.81	175.23	173.95	165.18	165.55	157.90	162.71	**1.86**	152.20	1.71	154.95	**1.73**
韩国	Korea	145.34	143.64	145.08	147.10	147.54	147.82	157.66	**1.80**	161.04	1.81	166.38	**1.85**
英国	United Kingdom	162.53	161.30	158.73	142.21	142.85	131.46	136.51	**1.56**	126.30	1.42	127.57	**1.42**
意大利	Italy	146.31	145.22	144.57	138.52	133.40	125.58	130.06	**1.49**	126.75	1.43	122.64	**1.37**
墨西哥	Mexico	105.33	108.64	113.43	113.79	115.40	110.10	113.61	**1.30**	116.07	1.31	117.01	**1.30**
西班牙	Spain	103.50	105.19	103.93	102.79	99.07	92.04	92.19	**1.05**	88.60	1.00	84.64	**0.94**
澳大利亚	Australia	73.95	77.90	77.73	75.07	76.71	74.66	76.39	**0.87**	77.85	0.88	79.35	**0.88**
荷兰	Netherlands	63.25	63.92	61.25	61.63	61.04	60.10	64.77	**0.74**	59.63	0.67	61.05	**0.68**
比利时	Belgium	41.37	44.55	43.55	39.65	42.36	39.22	43.06	**0.49**	42.64	0.48	41.89	**0.47**
瑞典	Sweden	35.59	35.17	34.99	34.40	33.77	31.88	34.86	**0.40**	32.73	0.37	32.94	**0.37**
瑞士	Switzerland	22.04	22.27	22.24	20.30	20.97	20.17	21.04	**0.24**	19.45	0.22	20.12	**0.22**
以色列	Israel	13.00	11.97	12.29	12.92	13.15	13.92	14.83	**0.17**	14.08	0.16	14.73	**0.16**
非OECD合计	**NON-OECD Total**	**3745.29**	**3839.32**	**4006.26**	**4191.60**	**4333.54**	**4415.43**	**4684.61**	**53.60**	**4885.15**	**54.98**	**5046.22**	**56.20**
中国	China	1025.16	1162.38	1171.91	1252.97	1369.86	1431.92	1527.96	**17.48**	1635.13	18.40	1701.86	**18.95**
印度	India	349.78	360.23	375.39	394.20	415.24	441.33	473.40	**5.42**	494.65	5.57	511.54	**5.70**
俄罗斯	Russia	427.36	412.36	425.05	428.26	434.88	418.15	446.32	**5.11**	458.57	5.16	461.34	**5.14**
巴西	Brazil	170.54	171.68	178.23	188.33	194.54	190.77	210.61	**2.41**	217.89	2.45	224.35	**2.50**
伊朗	Islamic Republic of Iran	119.07	124.45	140.23	150.28	152.45	159.91	156.79	**1.79**	163.15	1.84	162.62	**1.81**
印度尼西亚	Indonesia	128.54	134.24	134.99	138.12	140.74	146.52	149.69	**1.71**	151.86	1.71	159.66	**1.78**
沙特阿拉伯	Saudi Arabia	80.70	74.80	85.75	90.29	94.04	99.56	120.56	**1.38**	123.35	1.39	133.16	**1.48**
泰国	Thailand	68.75	69.78	67.33	69.57	73.61	77.82	84.51	**0.97**	87.14	0.98	92.28	**1.03**
中国，台北	Chinese Taipei	63.38	60.44	60.36	64.74	63.29	62.88	60.49	**0.69**	67.71	0.76	65.19	**0.73**
南非	South Africa	63.96	63.38	63.26	64.10	71.78	71.02	69.78	**0.80**	69.86	0.79	71.07	**0.79**
阿根廷	Argentina	46.12	49.97	53.67	54.15	54.59	52.15	56.71	**0.65**	58.34	0.66	59.36	**0.66**
埃及	Egypt	39.34	42.89	44.52	47.55	49.94	48.28	53.26	**0.61**	55.51	0.62	55.88	**0.62**
委内瑞拉	Venezuela	37.96	43.52	42.40	43.20	38.60	38.93	52.90	**0.61**	48.02	0.54	51.92	**0.58**
中国，香港	Hong Kong, China	11.41	7.54	7.76	7.99	8.07	8.91	8.65	**0.10**	8.94	0.10	8.97	**0.10**

附录2-12 煤的一次供应量

Primary Supply of Coal

单位：百万吨标准油 (Mtoe)

国家和地区	Contury or Area	2004	2005	2006	2007	2008	2009	2010	比重% Percent of Word	2011	比重% Percent of Word	2012	比重% Percent of Word
世界	**World**	**2764.51**	**2951.39**	**3053.54**	**3190.30**	**3314.18**	**3289.99**	**3607.45**	**100.00**	**3789.32**	**100.00**	**3878.51**	**100.00**
OECD合计	**OECD Total**	**1131.74**	**1146.37**	**1138.65**	**1155.31**	**1128.09**	**1029.17**	**1087.31**	**31.26**	**1064.80**	**28.10**	**1019.87**	**26.30**
美国	United States	548.77	558.46	550.96	554.80	545.76	484.98	502.64	14.46	479.00	12.64	425.04	**10.96**
日本	Japan	116.48	111.04	112.41	116.24	113.50	101.15	115.12	3.31	107.42	2.83	112.18	**2.89**
德国	Germany	85.83	81.69	82.27	86.67	80.97	71.62	78.95	2.22	77.35	2.04	80.15	**2.07**
韩国	Korea	50.09	49.47	52.61	56.14	62.77	64.84	73.43	2.11	80.24	2.12	77.08	**1.99**
澳大利亚	Australia	49.47	53.18	53.75	55.47	57.96	52.33	50.03	1.48	48.18	1.27	46.89	**1.21**
英国	United Kingdom	37.35	37.94	41.29	38.77	35.89	29.83	30.75	0.88	30.66	0.81	38.87	**1.00**
加拿大	Canada	28.44	30.03	27.53	26.41	26.27	22.22	22.29	0.64	19.60	0.52	18.36	**0.47**
意大利	Italy	16.60	16.47	16.67	16.78	16.28	12.75	14.17	0.41	15.91	0.42	16.30	**0.42**
法国	France	13.90	14.30	13.20	13.64	12.88	11.20	12.04	0.35	10.28	0.27	11.42	**0.29**
墨西哥	Mexico	7.13	8.85	8.74	9.10	7.52	7.75	8.63	0.25	10.01	0.26	9.36	**0.24**
西班牙	Spain	21.02	20.49	17.87	20.01	13.48	10.15	7.68	0.22	12.44	0.33	15.18	**0.39**
荷兰	Netherlands	8.70	8.19	7.78	8.51	8.08	7.46	7.60	0.22	7.47	0.20	8.20	**0.21**
以色列	Israel	8.11	7.64	8.18	8.02	7.79	7.15	7.41	0.21	7.75	0.20	8.59	**0.22**
比利时	Belgium	5.79	5.02	4.78	4.24	4.35	2.98	3.19	0.09	2.91	0.08	2.96	**0.08**
瑞典	Sweden	2.94	2.62	2.69	2.65	2.43	1.93	2.49	0.07	2.49	0.07	2.19	**0.06**
瑞士	Switzerland	0.13	0.15	0.16	0.18	0.16	0.15	0.15		0.14		0.13	**0.00**
非OECD合计	**NON-OECD Total**	**1630.44**	**1805.02**	**1915.05**	**2034.98**	**2186.09**	**2260.82**	**2520.14**	**68.74**	**2724.53**	**71.90**	**2858.64**	**73.70**
中国	China	973.63	1138.53	1206.98	1285.07	1406.35	1509.57	1700.70	45.89	1878.79	49.58	1969.04	**50.77**
印度	India	197.25	208.04	222.77	242.49	261.37	282.78	310.07	8.30	325.78	8.60	354.25	**9.13**
俄罗斯	Russian Federation	104.19	112.64	106.74	110.96	117.07	95.27	114.83	3.30	118.81	3.14	133.42	**3.44**
南非	South Africa	94.40	91.94	93.60	97.10	95.83	102.85	100.97	2.90	98.46	2.60	97.06	**2.50**
中国，台北	Chinese Taipei	37.46	38.14	39.96	41.79	40.11	38.16	41.43	1.19	40.93	1.08	39.58	**1.02**
印度尼西亚	Indonesia	20.22	23.18	29.22	33.99	37.14	30.51	30.48	0.88	25.49	0.67	29.79	**0.77**
泰国	Thailand	10.71	11.50	12.50	14.23	15.40	14.93	16.36	0.47	18.25	0.48	17.44	**0.45**
巴西	Brazil	13.43	12.99	12.79	13.59	13.73	10.98	14.45	0.42	15.43	0.41	15.25	**0.39**
中国，香港	Hong Kong, China	6.59	6.67	7.03	7.56	6.99	7.60	6.36	0.18	7.72	0.20	7.61	**0.20**
伊朗	Islamic Republic of Iran	1.03	1.65	1.28	1.71	1.61	1.18	1.49	0.04	1.46	0.04	1.13	**0.03**
阿根廷	Argentina	0.57	0.89	1.02	1.08	1.25	1.17	1.05	0.03	1.24	0.03	1.14	**0.03**
埃及	Egypt	0.94	0.90	0.87	0.87	0.85	0.82	0.49	0.02	0.49	0.01	0.45	**0.01**
委内瑞拉	Venezuela	-	0.04	0.04	0.05	0.04	0.24	0.20	0.01	0.21	0.01	0.21	**0.01**
沙特阿拉伯	Saudi Arabia												

附录2-13 石油的一次供应量

Primary Supply of Oil

单位：百万吨标准油 (Mtoe)

国家和地区	Contury or Area	2004	2005	2006	2007	2008	2009	2010	比重% Percent of Word	2011	比重% Percent of Word	2012	比重% Percent of Word
世界	**World**	**3944.34**	**4025.69**	**4033.43**	**4078.04**	**4072.29**	**3989.63**	**4130.12**	**100.00**	**4132.18**	**100.00**	**4204.56**	**100.00**
OECD合计	**OECD Total**	**2237.22**	**2188.05**	**2128.17**	**2102.69**	**2057.70**	**1953.00**	**1956.86**	**47.38**	**1917.07**	**46.39**	**1901.17**	**46.01**
美国	United States	947.47	952.20	937.12	902.87	851.60	801.73	805.61	**19.51**	786.03	19.02	771.32	18.67
日本	Japan	253.60	250.53	240.57	229.83	214.29	200.50	202.32	**4.90**	206.30	4.99	210.19	5.09
德国	Germany	125.21	123.15	123.55	104.40	111.13	103.69	105.14	**2.55**	101.92	2.47	101.34	2.45
墨西哥	Mexico	96.12	103.82	100.74	100.37	103.71	99.03	94.65	**2.29**	100.09	2.42	102.01	2.47
韩国	Korea	101.43	94.94	93.61	94.45	89.62	90.60	95.11	**2.30**	93.71	2.27	97.22	2.35
加拿大	Canada	97.95	97.50	95.34	99.17	96.42	85.39	86.04	**2.08**	81.92	1.98	82.47	2.00
法国	France	92.13	91.56	90.71	83.96	83.20	79.02	75.59	**1.83**	75.56	1.83	73.32	1.77
意大利	Italy	83.77	82.11	81.19	75.96	72.46	67.61	65.30	**1.58**	62.70	1.52	55.55	1.34
英国	United Kingdom	83.20	84.60	83.80	67.44	67.73	64.18	62.40	**1.51**	60.50	1.46	58.49	1.42
西班牙	Spain	70.77	71.17	70.84	67.94	65.05	60.37	58.16	**1.41**	54.81	1.33	50.40	1.22
澳大利亚	Australia	34.56	37.88	38.76	36.25	39.40	39.35	40.22	**0.97**	41.35	1.00	44.42	1.07
荷兰	Netherlands	31.96	33.41	32.40	32.79	31.01	30.33	31.49	**0.76**	29.81	0.72	30.92	0.75
比利时	Belgium	23.02	25.55	24.45	22.50	24.08	23.95	23.96	**0.58**	22.60	0.55	21.35	0.52
瑞典	Sweden	15.45	14.90	14.62	12.93	13.52	11.85	13.92	**0.34**	13.73	0.33	12.60	0.30
瑞士	Switzerland	12.53	12.63	12.97	10.45	11.09	11.51	10.35	**0.25**	9.98	0.24	9.99	0.24
以色列	Israel	10.84	10.89	10.51	11.16	11.09	10.22	10.57	**0.26**	10.63	0.26	12.79	0.31
非OECD合计	**NON-OECD Total**	**1543.70**	**1522.10**	**1583.29**	**1639.77**	**1668.69**	**1704.20**	**1813.62**	**43.91**	**1848.22**	**44.73**	**1953.28**	**47.27**
中国	China	311.12	317.44	341.53	354.99	363.63	377.99	428.25	**10.37**	442.25	10.70	464.19	11.23
印度	India	127.21	126.45	131.76	138.79	150.80	159.57	161.06	**3.90**	166.20	4.02	177.18	4.29
俄罗斯	Russia	131.62	129.20	133.80	132.39	143.13	137.92	140.33	**3.40**	158.52	3.84	168.84	4.09
巴西	Brazil	86.58	87.11	88.72	92.64	95.74	95.42	104.76	**2.54**	109.03	2.64	116.63	2.82
沙特阿拉伯	Saudi Arabia	85.45	89.94	89.51	93.03	93.03	96.50	125.51	**3.04**	117.03	2.83	134.03	3.24
伊朗	Islamic Republic of Iran	72.61	84.89	84.22	85.55	91.64	95.73	82.77	**2.00**	80.56	1.95	88.72	2.15
印度尼西亚	Indonesia	63.80	65.45	59.24	61.09	63.88	64.15	70.39	**1.70**	73.22	1.77	77.18	1.87
泰国	Thailand	45.68	43.74	42.29	41.86	40.31	42.07	44.56	**1.08**	46.81	1.13	49.02	1.19
委内瑞拉	Venezuela	28.12	30.68	29.90	33.12	37.23	37.83	41.83	**1.01**	36.44	0.88	41.35	1.00
中国，台北	Chinese Taipei	45.93	43.45	43.31	45.84	42.38	40.43	42.19	**1.02**	39.47	0.96	38.87	0.94
埃及	Egypt	28.04	29.35	29.36	31.19	31.85	32.18	33.85	**0.82**	34.14	0.83	35.81	0.87
阿根廷	Argentina	24.14	22.95	27.07	26.62	28.31	26.79	31.45	**0.76**	29.96	0.73	29.25	0.71
南非	South Africa	15.55	17.07	15.25	16.94	20.73	20.74	20.01	**0.48**	21.26	0.51	20.66	0.50
中国，香港	Hong Kong, China	8.13	3.19	3.30	3.89	3.83	4.08	3.80	**0.09**	4.11	0.10	3.75	0.09

附录2-14 天然气供应量

Primary Supply of Gas

单位：百万吨标准油 (Mtoe)

国家和地区	Contury or Area	2003	2004	2005	2006	2007	2008	2009	2010	2011	比重% Percent of Word	2012	比重% Percent of Word
世界	**World**	**2240.82**	**2289.45**	**2368.26**	**2417.13**	**2527.91**	**2592.81**	**2538.80**	**2737.33**	**2790.09**	**100.00**	**2843.56**	**100.00**
OECD合计	**OECD Total**	**1189.26**	**1195.39**	**1208.82**	**1205.82**	**1262.34**	**1276.75**	**1248.64**	**1319.16**	**1316.77**	**47.19**	**1345.02**	**47.30**
美国	United States	519.80	512.12	507.07	501.27	542.69	542.77	535.23	555.92	568.73	**20.38**	595.53	**20.94**
日本	Japan	71.30	70.56	70.57	77.44	83.05	83.71	80.66	86.01	99.95	**3.58**	105.29	**3.70**
英国	United Kingdom	85.86	87.36	85.60	81.04	81.94	84.45	78.10	84.79	70.18	**2.52**	66.33	**2.33**
加拿大	Canada	79.71	78.00	80.60	79.47	80.59	77.05	78.37	78.68	83.57	**3.00**	83.48	**2.94**
德国	Germany	79.11	78.71	80.83	79.47	76.85	76.53	76.56	75.88	69.58	**2.49**	69.80	**2.45**
意大利	Italy	63.60	66.00	70.63	69.17	69.51	69.50	63.88	68.04	63.80	**2.29**	61.34	**2.16**
墨西哥	Mexico	41.97	43.70	44.19	48.56	47.11	49.08	48.51	53.26	56.22	**2.01**	58.47	**2.06**
法国	France	39.31	40.14	41.07	39.61	38.48	39.87	38.45	42.53	37.03	**1.33**	38.21	**1.34**
荷兰	Netherlands	35.99	36.73	35.31	34.25	33.26	34.65	34.96	39.20	34.19	**1.23**	32.78	**1.15**
韩国	Korea	22.00	25.28	27.37	28.70	31.15	31.81	31.70	38.63	41.58	**1.49**	44.97	**1.58**
西班牙	Spain	21.35	25.16	29.84	31.01	31.77	34.90	31.22	31.12	28.98	**1.04**	28.18	**0.99**
澳大利亚	Australia	22.15	22.74	23.04	23.43	25.79	25.72	26.86	26.21	27.02	**0.97**	29.77	**1.05**
比利时	Belgium	14.40	14.76	14.74	14.99	14.92	14.83	15.11	16.99	15.12	**0.54**	14.36	**0.51**
以色列	Israel	0.01	0.98	1.35	1.88	1.94	2.37	3.42	4.41	4.10	**0.15**	2.10	**0.07**
瑞士	Switzerland	2.63	2.71	2.78	2.71	2.63	2.81	2.69	3.01	2.67	**0.10**	2.93	**0.10**
瑞典	Sweden	0.89	0.88	0.84	0.88	0.91	0.83	1.09	1.47	1.16	**0.04**	1.01	**0.04**
非OECD合计	**NON-OECD Total**	**1051.56**	**1096.25**	**1159.44**	**1211.31**	**1265.57**	**1316.06**	**1290.17**	**1418.17**	**1473.32**	**52.81**	**1498.54**	**52.70**
俄罗斯	Russian Federation	342.50	346.56	349.57	358.61	365.96	366.17	350.29	383.43	395.88	**14.19**	387.01	**13.61**
伊朗	Islamic Republic of Iran	68.13	75.56	83.81	91.39	104.48	109.98	115.38	122.11	129.17	**4.63**	128.28	**4.51**
中国	China	27.73	33.25	38.78	47.36	59.12	68.32	75.04	88.57	107.75	**3.86**	120.54	**4.24**
沙特阿拉伯	Saudi Arabia	42.78	46.48	55.59	53.61	55.08	61.04	61.35	59.89	60.99	**2.19**	66.22	**2.33**
印度	India	23.57	26.34	31.75	33.48	35.70	35.58	48.93	54.39	54.99	**1.97**	48.93	**1.72**
印度尼西亚	Indonesia	32.54	30.31	29.25	28.25	30.08	29.79	34.37	38.79	35.63	**1.28**	34.98	**1.23**
埃及	Egypt	25.43	25.17	29.98	31.00	32.35	36.40	35.83	35.80	39.02	**1.40**	39.12	**1.38**
阿根廷	Argentina	30.17	31.31	35.81	36.64	38.08	39.37	38.72	37.97	40.45	**1.45**	41.67	**1.47**
泰国	Thailand	23.26	24.37	25.92	26.68	28.30	30.94	28.91	32.94	30.78	**1.10**	35.17	**1.24**
委内瑞拉	Venezuela	22.64	22.32	28.68	23.39	22.80	24.42	23.71	25.86	25.96	**0.93**	26.97	**0.95**
巴西	Brazil	12.76	15.77	16.72	17.50	17.72	21.21	16.99	23.02	22.89	**0.82**	27.23	**0.96**
中国，台北	Chinese Taipei	7.21	8.82	8.57	9.55	9.88	10.76	11.27	13.28	14.02	**0.50**	13.24	**0.47**
中国，香港	Hong Kong, China	1.51	2.18	2.19	2.40	2.24	2.59	2.52	3.13	2.49	**0.09**	2.30	**0.08**
南非	South Africa	1.08	2.78	2.76	3.75	3.77	3.49	2.58	3.87	3.84	**0.14**	4.03	**0.14**

附录2-15 国内生产总值电耗(2005年价)

Electricity Consumption/Gdp (2005 US$)

单位：千瓦小时/美元 (kW•h per US$)

国家和地区	Contury or Area	2000	2005	2008	2009	2010	2011	2012	2013
世界	**World**	**0.36**	**0.37**	**0.37**	**0.38**	**0.38**	**0.38**	**0.38**	
OECD合计	**OECD Total**	**0.28**	**0.28**	**0.27**	**0.27**	**0.27**	**0.26**	**0.26**	
非OECD合计	**NON-OECD Total**	**0.67**	**0.69**	**0.69**	**0.69**	**0.70**	**0.71**	**0.71**	
埃及	Egypt	0.89	1.06	1.06	1.07	1.08	1.16	1.16	
中国	China	0.89	1.03	1.02	1.01	1.03	1.06	1.04	
俄罗斯	Russia	1.34	1.08	0.97	1.00	1.01	0.98	0.97	
伊朗	Islamic Republic of Iran	0.69	0.76	0.78	0.80	0.81	0.80	0.86	
南非	South Africa	1.01	0.90	0.84	0.82	0.80	0.79	0.75	
泰国	Thailand	0.66	0.71	0.70	0.72	0.74	0.73	0.74	
印度	India	0.68	0.62	0.63	0.62	0.64	0.66	0.68	
沙特阿拉伯	Saudi Arabia	0.45	0.50	0.54	0.57	0.50	0.48	0.50	
委内瑞拉	Venezuela	0.50	0.53	0.47	0.49	0.55	0.54	0.53	
中国，台北	Chinese Taipei	0.58	0.60	0.56	0.55	0.53	0.52	0.50	
阿根廷	Argentina	0.46	0.51	0.48	0.48	0.46	0.44	0.43	
巴西	Brazil	0.43	0.43	0.42	0.42	0.42	0.43	0.44	
印度尼西亚	Indonesia	0.36	0.40	0.40	0.40	0.41	0.41	0.42	
中国，香港	Hong Kong, China	0.25	0.23	0.20	0.21	0.19	0.18	0.18	

附录2-16 人均电力消费量

Electricity Consumption/Population

单位：千瓦小时/人 (kW•h per capita)

国家和地区	Contury or Area	2002	2003	2004	2005	2006	2007	2008	2009	2010	2011	2012	2013
世界	**World**	**2365**	**2435**	**2507**	**2593**	**2668**	**2758**	**2787**	**2739**	**2881**	**2941**	**2972**	
OECD合计	**OECD Total**	**7991**	**8081**	**8205**	**8308**	**8418**	**8508**	**8377**	**7983**	**8283**	**8181**	**8089**	
非OECD合计	**NON-OECD Total**	**1087**	**1162**	**1236**	**1296**	**1409**	**1506**	**1539**	**1576**	**1693**	**1797**	**1862**	
中国，台北	Chinese Taipei	8441	8898	9293	9617	9917	10216	10023	9588	10247	10414	10283	
沙特阿拉伯	Saudi Arabia	5810	6620	6587	6553	7080	7247	7127	7427	8023	8161	8763	
俄罗斯	Russia	5305	5480	5642	5785	6123	6318	6435	6136	6431	6486	6602	
中国，香港	Hong Kong, China	5612	5653	5779	5879	5883	5899	5866	5924	5974	5960	6026	
南非	South Africa	4546	4756	4886	4704	4831	4980	4934	4666	4571	4604	4410	
委内瑞拉	Venezuela	2653	2664	2760	2875	3029	2979	3092	3053	3288	3328	3401	
中国	China	1184	1379	1586	1784	2041	2328	2458	2633	2944	3298	3475	
阿根廷	Argentina	2017	2186	2301	2422	2560	2658	2801	2759	2907	2967	3027	
伊朗	Islamic Republic of Iran	1782	1916	2006	2080	2334	2318	2417	2499	2635	2653	2752	
巴西	Brazil	1813	1885	1951	2017	2075	2171	2236	2205	2380	2438	2509	
泰国	Thailand	1656	1752	1898	1878	1984	2055	2052	2045	2335	2316	2479	
埃及	Egypt	1103	1173	1234	1284	1304	1384	1484	1549	1671	1795	1804	
印度	India	417	435	457	475	516	552	581	617	657	713	760	
印度尼西亚	Indonesia	428	440	487	498	530	564	572	597	639	684	733	

附录2-17 煤净进口量

Net Import of Coal

单位：百万吨标准油 (Mtoe)

国家和地区	Contury or Area	2002	2003	2004	2005	2006	2007	2008	2009	2010	2011	2012	2013
日本	Japan	102.58	106.48	116.48	111.42	112.03	116.16	114.19	100.87	115.02	107.51	112.12	120.19
中国	China	-57.40	-63.86	-54.72	-28.95	-30.46	-17.39	-15.92	60.80	84.28	102.71	145.08	169.54
韩国	Korea	43.95	46.51	50.25	46.90	50.38	54.50	61.51	62.92	72.95	79.48	76.08	77.45
印度	India	15.48	14.11	19.30	25.07	29.49	33.43	36.62	46.22	66.22	74.32	88.52	97.04
中国台北	Chinese Taipei	34.15	35.98	39.73	38.60	39.96	41.90	40.84	37.27	41.35	40.98	39.14	42.41
德国	Germany	24.45	25.14	27.70	25.72	29.08	32.04	31.01	25.89	31.64	31.69	32.12	33.03
英国	United Kingdom	17.45	20.01	22.59	27.23	31.21	26.92	26.89	22.96	15.81	19.66	27.01	30.56
意大利	Italy	13.12	14.53	16.78	16.37	16.62	16.65	16.57	12.42	14.30	15.29	15.77	13.47
土耳其	Turkey	8.34	10.90	11.20	11.72	13.58	14.64	12.86	13.34	13.85	15.53	19.46	18.45
法国	France	12.60	11.76	13.11	13.51	13.83	12.59	14.20	10.27	12.18	10.17	10.85	11.63
巴西	Brazil	11.01	11.36	11.02	10.61	10.18	11.30	11.81	9.08	12.11	13.64	12.25	12.04
荷兰	Netherlands	8.24	9.23	8.58	8.32	7.97	8.87	8.56	9.30	9.24	7.54	6.86	9.07
以色列	Israel	7.98	7.70	8.02	7.94	7.99	8.10	7.66	7.11	7.38	7.56	8.35	7.25
西班牙	Spain	14.36	12.72	14.14	14.40	13.51	13.32	11.04	8.97	6.73	8.58	11.57	7.60
比利时	Belgium	5.46	5.80	5.87	5.09	4.58	4.07	4.64	2.44	3.59	2.94	2.79	2.56
波兰	Poland	-15.60	-14.72	-14.97	-12.99	-12.28	-8.52	-3.58	-2.64	-2.74	-0.55	-3.24	-5.36
加拿大	Canada	-1.46	-2.00	-4.52	-5.09	-5.22	-7.91	-7.59	-9.63	-12.23	-14.12	-15.16	-16.42
美国	United States	-11.49	-8.96	-10.06	-8.78	-5.05	-12.48	-27.13	-22.11	-36.80	-55.15	-67.94	-63.16
南非	South Africa	-45.17	-46.69	-44.25	-46.43	-44.64	-42.77	-39.21	-33.33	-42.83	-44.27	-48.95	-45.83
哥伦比亚	Colombia	-23.20	-29.73	-33.21	-34.85	-40.29	-41.99	-44.06	-43.78	-45.11	-52.25	-55.00	-48.29
印度尼西亚	Indonesia	-45.62	-52.06	-65.50	-75.05	-107.81	-124.24	-128.57	-136.29	-155.85	-207.78	-225.94	-248.51
澳大利亚	Australia	-132.58	-135.50	-141.70	-150.34	-150.00	-164.78	-172.58	-169.04	-190.14	-184.04	-194.60	-217.35

注：负数表示净出口。
Negative numbers show net export.

附录2-18 石油净进口量

Net Import of Oil

单位：百万吨标准油 (Mtoe)

国家和地区	Contury or Area	2002	2003	2004	2005	2006	2007	2008	2009	2010	2011	2012
美国	United States	557.94	594.72	641.07	659.40	652.14	634.42	589.67	517.77	508.20	465.69	403.14
中国	China	79.80	106.16	148.29	143.43	168.56	183.83	200.54	218.06	253.49	275.30	292.55
日本	Japan	259.08	260.62	256.84	257.88	244.89	240.08	224.82	205.74	211.78	216.00	221.12
印度	India	80.35	85.19	88.09	91.79	97.02	104.90	115.92	124.63	122.99	127.32	138.70
德国	Germany	124.45	126.3	122.41	123.13	121.58	109.25	117.08	110.63	112.67	107.39	109.24
韩国	Korea	106.47	108.69	107.84	102.49	105.97	105.87	100.24	104.95	108.80	105.99	109.69
法国	France	93.39	93.78	93.87	93.93	92.36	91.08	89.93	85.25	81.78	82.44	79.87
新加坡	Singapore	41.03	34.81	41.79	44.63	44.38	44.38	56.21	61.84	62.00	64.57	63.40
西班牙	Spain	74.98	75.71	77.47	79.97	79.69	79.44	77.44	71.36	69.47	66.84	60.32
意大利	Italy	85.49	83.97	81.29	78.55	78.70	76.03	72.02	67.06	66.80	62.32	55.04
中国，台北	Chinese Taipei	43.79	45.35	48.36	48.20	49.34	50.01	46.07	43.28	46.14	42.03	42.23
荷兰	Netherlands	40.49	41.29	44.53	48.75	47.61	49.17	49.03	46.47	45.72	44.22	46.52
比利时	Belgium	29.43	31.93	30.72	33.43	32.96	31.91	35.57	31.81	33.54	30.67	28.56
泰国	Thailand	28.36	30.98	35.91	34.70	31.80	30.69	29.51	29.86	31.99	32.28	33.77
土耳其	Turkey	28.39	28.32	28.94	28.07	30.41	31.53	29.45	28.04	29.35	29.02	31.92
希腊	Greece	20.37	19.68	21.53	20.11	21.18	20.26	20.71	18.62	17.02	14.96	15.25
英国	United Kingdom	-39.85	-28.52	-14.15	-2.54	7.34	0.56	7.07	6.08	11.32	19.81	26.39
厄瓜多尔	Ecuador	-12.64	-13.41	-18.41	-17.96	-18.41	-16.31	-17.01	-14.91	-13.68	-13.78	-14.70
阿曼	Oman	-45.17	-41.27	-38.79	-38.56	-33.99	-30.99	-35.33	-39.26	-41.21	-41.58	-42.63
墨西哥	Mexico	-81.73	-94.4	-97.77	-92.24	-88.58	-74.24	-60.12	-55.42	-56.25	-55.13	-45.29
阿尔及利亚	Algeria	-64.54	-72.39	-75.61	-79.28	-77.51	-76.98	-73.01	-64.99	-61.10	-58.75	-52.99
利比亚	Libya	-51.25	-59.34	-66.74	-69.16	-77.49	-75.33	-73.45	-62.12	-72.59	-13.26	-63.79
卡塔尔	Qatar	-32.12	-34.16	-48.36	-52.14	-43.31	-43.05	-61.76	-58.83	-65.11	-72.47	-75.29
哈萨克斯坦	Kazakhstan	-38.05	-44.38	-50.1	-54.69	-54.38	-56.05	-60.52	-68.64	-70.07	-70.36	-69.14
加拿大	Canada	-49.08	-49.32	-51.81	-47.03	-58.96	-63.01	-62.71	-70.27	-74.89	-90.51	-102.30
安哥拉	Angola	-42.82	-41.24	-47.2	-61.28	-69.36	-84.14	-93.20	-88.46	-85.09	-78.02	-82.45
挪威	Norway	-152.59	-145.41	-144.89	-125.68	-121.34	-112.36	-103.82	-98.55	-85.45	-84.10	-74.28
伊拉克	Iraq	-73.73	-42.85	-74.1	-70.30	-65.84	-71.74	-90.40	-91.16	-86.62	-100.04	-110.37
科威特	Kuwait	-86.17	-97.27	-105.23	-118.43	-124.98	-119.77	-123.41	-99.31	-104.01	-123.33	-139.00
阿联酋	United Arab Emirates	-89.27	-99.54	-104.38	-112.18	-111.74	-107.83	-116.58	-100.65	-103.45	-115.03	-118.86
委内瑞拉	Venezuela	-139.82	-120.07	-133.02	-169.27	-131.42	-113.53	-129.07	-123.44	-127.42	-132.69	-121.90
尼日利亚	Nigeria	-90.67	-107.68	-118.68	-116.41	-111.52	-106.67	-100.98	-108.95	-119.88	-117.03	-118.73
伊朗	Iran	-109.43	-126.37	-129.32	-139.82	-135.01	-132.37	-134.00	-127.42	-136.26	-141.07	-78.56
俄罗斯	Russian Federation	-250.44	-290.38	-325.42	-334.92	-334.63	-351.44	-338.15	-348.68	-355.07	-346.91	-344.14
沙特阿拉伯	Saudi Arabia	-346.91	-405.12	-414.65	-430.98	-423.26	-398.97	-422.36	-353.98	-349.01	-403.63	-425.53

注：负数表示净出口。
Negative numbers show net export.

附录2-19 天然气净进口量

Net Import of Gas

单位：百万吨标准油 (Mtoe)

国家和地区	Contury or Area	2002	2003	2004	2005	2006	2007	2008	2009	2010	2011	2012	2013e
日本	Japan	64.46	68.65	68.04	67.78	74.19	80.07	79.88	77.76	82.79	97.60	102.03	103.06
意大利	Italy	48.50	51.10	55.28	59.82	63.07	60.49	62.76	56.60	61.58	57.51	55.34	50.55
美国	United States	81.23	76.08	79.52	84.16	80.48	88.33	69.24	62.38	60.75	45.95	35.61	30.67
德国	Germany	60.05	62.42	65.88	65.72	66.41	61.74	64.67	67.27	61.63	60.36	59.81	63.75
法国	France	36.73	37.52	38.66	40.71	39.46	37.12	38.99	38.78	39.54	38.26	36.91	38.00
韩国	Korea	20.85	22.73	25.91	26.10	29.54	29.91	33.34	30.20	39.28	41.89	42.84	47.65
英国	United Kingdom	-6.98	-7.02	1.46	5.97	9.55	16.62	22.00	24.66	31.96	31.00	31.20	32.80
西班牙	Spain	18.92	21.16	24.61	30.24	31.24	31.50	35.23	30.87	30.94	29.39	28.07	25.71
土耳其	Turkey	14.34	17.28	18.12	22.13	25.17	29.76	30.24	28.93	30.78	35.53	37.29	36.73
乌克兰	Ukraine	45.82	49.00	48.68	48.25	42.11	42.00	44.09	30.65	29.55	36.18	26.59	22.59
白俄罗斯	Belarus	14.59	15.03	16.30	16.70	17.25	17.12	17.48	14.62	17.90	16.60	16.81	16.82
比利时	Belgium	13.65	14.24	14.55	14.81	15.03	14.90	14.89	14.96	16.79	15.20	14.16	14.27
中国，台北	Chinese Taipei	6.24	6.50	8.01	8.35	9.05	9.66	10.58	10.32	12.94	14.24	13.52	13.60
波兰	Poland	6.68	7.50	8.12	8.53	8.90	8.25	9.12	8.12	8.87	9.64	10.04	10.18
泰国	Thailand	5.82	6.31	6.85	7.42	7.64	7.99	7.44	7.47	8.23	8.79	8.98	9.46
匈牙利	Hungary	8.70	9.94	9.28	9.80	9.41	8.55	9.30	7.83	7.72	6.13	6.05	5.57
阿联酋	United Arab Emirates	-5.73	-5.73	-6.27	-4.84	-4.79	-1.12	6.02	8.21	7.82	8.38	9.50	10.15
捷克	Czech Republic	7.92	7.70	7.09	7.53	7.90	6.71	7.02	7.02	6.84	7.50	6.10	6.97
阿根廷	Argentina	-4.81	-5.59	-5.51	-4.11	-4.95	-0.83	0.24	1.56	2.61	5.55	7.51	9.71
文莱	Brunei Darssalam	-7.99	-8.39	-8.31	-8.16	-8.54	-8.25	-8.47	-8.01	-7.59	-7.53	-7.35	-7.35
乌兹别克斯坦	Uzbekistan	-3.77	-4.89	-7.03	-9.18	-9.38	-10.87	-11.32	-11.66	-11.69	-9.75	-8.28	-8.28
阿曼	Oman	-6.85	-7.62	-8.45	-10.48	-10.48	-14.22	-11.33	-12.68	-8.86	-8.06	-8.00	-8.45
澳大利亚	Australia	-8.88	-9.15	-9.25	-12.38	-13.40	-13.17	-13.66	-12.46	-16.04	-17.72	-17.51	-22.39
马来西亚	Malaysia	-16.99	-20.36	-25.98	-21.14	-20.81	-18.77	-18.41	-17.74	-19.81	-21.02	-19.04	-17.92
土库曼斯坦	Turkmenistan	-32.00	-35.34	-36.56	-37.05	-39.19	-42.68	-43.69	-15.99	-19.55	-34.82	-36.54	-36.54
尼日利亚	Nigeria	-6.64	-9.99	-10.67	-10.29	-14.89	-17.74	-16.77	-13.06	-17.75	-19.08	-21.03	-17.79
印度尼西亚	Indonesia	-32.88	-33.47	-33.18	-36.27	-30.66	-32.31	-32.35	-32.68	-35.95	-35.40	-32.29	-30.35
阿尔及利亚	Algeria	-55.31	-57.60	-57.08	-55.08	-52.82	-51.28	-51.26	-46.92	-48.64	-44.81	-44.50	-38.36
加拿大	Canada	-82.78	-75.35	-77.52	-79.55	-76.01	-77.45	-71.86	-61.59	-60.40	-50.87	-47.43	-45.36
卡塔尔	Qatar	-15.03	-15.91	-20.36	-26.08	-30.10	-36.94	-51.51	-59.99	-83.94	-105.39	-105.56	-107.36
挪威	Norway	-55.04	-60.93	-65.32	-71.10	-73.65	-73.20	-82.24	-85.17	-87.31	-81.33	-93.00	-86.96
俄罗斯	Russian Federation	-144.00	-145.87	-156.26	-161.18	-158.03	-148.98	-151.39	-129.32	-150.63	-158.72	-152.17	-166.38

注：负数表示净出口。
Negative numbers show net export.

附录2-20 主要高耗能产品单位能耗中外比较
Energy Consumption for Main Energy Intensive Products by Comparing China with Selected Countries

1. 火电厂发电煤耗 Gross Coal Consumption Rate for Fossil-Fired Power Plant

单位：克标准煤/千瓦小时 (gce/kW·h)

国家	Country	1990	1995	2000	2005	2006	2007	2008	2009	2010	2011	2012	2013
中国①	China	392	379	363	343	342	332	322	320	312	308	305	302
日本②	Japan	317	315	303	301	299	300	297	294	294	295	294	

注(Note)：①6MW以上机组(>6MW Unit).
②九大电力公司平均(Average level of 9 key electricity companies).

资料来源(Source)：1.中国电力企业联合会(China Electricity Council).
2.The Institute of Energy Economics, Japan, Handbook of Energy and Economic Statistics in Japan, 2014 Edition.

2. 火电厂供电煤耗 Net Coal Consumption Rate for Fossil-fired Power Plant

单位：克标准煤/千瓦小时 (gce/kW·h)

国家	Country	1990	1995	2000	2005	2006	2007	2008	2009	2010	2011	2012	2013
中国	China	427	412	392	370	367	356	345	340	333	329	325	327
日本	Japan	332	331	316	314	312	312	310	307	306	306	305	
意大利	Italy	326	319	315	288	283	280	276	276	275	274		
韩国	Korea	332	323	311	302	300	301	301	300	303			

资料来源(Source)：1.中国电力企业联合会(China Electricity Council).
2.The Institute of Energy Economics, Japan, Handbook of Energy and Economic Statistics in Japan,2014 Edition.
3.International Energy Agency, Electricity Information.

2010年火电电源结构 2010 Fossil-Fired Power Generation by Source

单位：% (%)

国家	Country	煤 (Coal)	油 (Oil)	气 (Gas)
中国	China	94.1	0.5	2.3
日本	Japan	42.6	14.0	43.4
意大利	Italy	17.5	9.9	70.9
韩国	Korea	65.3	4.7	30.0

资料来源(Source)：1.国家统计局(National Bureau of Statistics).
2.中国电力企业联合会(China Electricity Council).
3.The Insititute of Energy Economics, Japan, Handbook of Energy and Economic Statistics in Japan, 2012 Edition.
4.International Energy Agency, Electricity Information.

3. 钢可比能耗 Comparable Energy Consumption for Steel

单位：千克标准煤/吨 (kgce/tn)

国家	Country	1990	1995	2000	2005	2006	2007	2008	2009	2010	2011	2012	2013
中国①	China	997	976	784	732	729	718	709	697	681	675	674	662
日本	Japan	629	656	646	640	627	610		612				

注(Note)：①大中型钢铁企业平均值(Average level of key enterprises).
②综合能耗中的电耗，均按发电煤耗折算标准得(In the full energy consumption, all of conversion from electric to coal equivalent according to gross coal consumption for fossil-fired power plant).
资料来源(Source):1.中国钢铁工业协会(China Iron and Steel Association).
2.日本能源学会志(Journal of Energy Society of Japan).
3.日本钢铁协会(Japan Steel Association).

4. 电解铝交流电耗 Alternating Current Power Consumption for Electrolytic Aluminium

单位：千瓦时/吨 (kW·h/t)

国家	Country	1990	1995	2000	2005	2008	2009	2010	2011	2012	2013
中国	China	17100	16620	15418	14575	14323	14171	13979	13913	13844	13740
国际先进水平	International Advanced Level	14400	14400	14400	14100	13800	13830	12900	12900	12900	12900

资料来源(Source)：中国有色金属工业协会(China Ferrous Metals Industry Association).

5. 水泥综合能耗 Fully Energy Consumption for Cement

单位：千克标准煤/吨 (kgce/tn)

国家	Country	1990	1995	2000	2005	2006	2007	2008	2009	2010	2011	2012	2013
中国	China	201	199	172	149	166	164	154	136	134	129	127	125
日本	Japan	123	124	126	127	126	118			119			

注(Note)：综合能耗中的电耗，均按发电煤耗折算标准煤(In the full energy consumption, all of conversion from electric to coal equivalant according to gross coal consumption for fossil-fired power plant).
资料来源(Source): 1.国家统计局(National Bureau of Statistics).
2.中国水泥协会(China Cement Association).
3.日本能源学会志(Journal of Energy Sociaty of Japan).
4.日本水泥协会(Japan Cement Association).

6. 乙烯综合能耗 Fully Energy Consumption for Ethylene

单位：千克标准煤/吨 (kgce/tn)

国家	Country	1990	2000	2005	2006	2007	2008	2009	2010	2011	2012	2013
中国①	China	1580	1125	1073	1013	1026	1010	976	950	895	893	879
国际先进水平	International Advanced Level	897	714	629②	629②	629②	629②	629②	629②	629②	629②	629②

注(Note)：①主要用石油脑油作原料(Feedstocks of ethylene production is used naphtha mainly).
②中东地区平均值，主要用乙烷作原料(Average level of Middle-East region,feedstocks of ethylene production is uesd ethane mainly).
③综合能耗中，电耗按发电煤耗折算标准煤(In the full energy consumption, all of conversion from electric to coal equivalant according to gross coal consumption for fossil-fired power plant).

资料来源(Source): 1.国家统计局(National Bureau of Statistics).
2.中国石油和化学工业联合会(China Petroleum and Chemical Industry Federation).

7. 合成氨综合能耗 Fully Energy Consumption for Sythetic Ammonia

单位：千克标准煤/吨 (kgce/tn)

国家	Country	1990	1995	2000	2005	2008	2009	2010	2011	2012	2013
中国①	China	2035	1849	1699	1650	1661	1591	1587	1568	1552	1532
美国②	United States	1000	1000	1000	990	990	990	990	990	990	990

注(Note)：①大、中、小型装置平均值. 2013年煤占合成氨原料76%(Average level of large. medium and small size installation. In 2013, the coal amount to 76% of the feedstocks for sythetic ammonia).
②以天然气为原料的大型装置的平均值. 2010年天然气占合成氨原料98% (Average level of large size installation by natural gas. In 2010, the natural gas amount to 98% of the feedstocks for sythetic ammonia).

资料来源(Source): 同表6(Same Table 6).

8. 纸和纸板综合能耗 Full Energy Consumption for Paper and Paperboard

单位：千克标准煤/吨 (kgce/tn)

国家	Country	1990	2000	2005	2006	2007	2010	2011	2012	2013
中国	China	1550	1540	1380	1290	1255	1200	1170	1120	1114
日本	Japan	744	678	640	627	610	581	583		

注(Note)：产品能耗为自制浆企业平均(Average level of enterprises which made pulp by oneself).

资料来源(Source): 1.国家统计局(National Bureau of Statistics).
2.中国造纸协会(China Paper Association).
3.日本能源学会志(Journal of Energy Society of Japan).
4.The Institute of Energy Economics, Japan, Handbook of Energy and Economic Statistics in Japan, 2014 Edition.

附录 3　主要统计指标解释

Appendix Ⅲ Explanatory Notes of Main Statistical Indicators

主要统计指标解释

国内生产总值 是按市场价格计算的国内生产总值的简称。国内生产总值及其产业构成的资料，是由国家统计局国民经济核算司根据不同产业部门的特点和资料来源情况而采用不同的方法计算的，有的部门以生产法计算增加值为准，有的部门以收入法计算的增加值为准，最后将各产业部门增加值求和得到国内生产总值的标准数据。按支出法计算的国内生产总值等于总消费、总投资、货物和服务净出口之和，它与按上述方法计算的国内生产总值不相等，两者的差率一般在±3%以内。

三次产业 根据社会生产活动历史发展的顺序对产业结构的划分，产品直接取自自然界的部门称为第一产业。对初级产品进行再加工的部门称为第二产业。为生产和消费提供各种服务的部门称为第三产业。它是世界上通用的产业结构分类，但各国的划分不尽一致。我国的三次产业划分是：

第一产业 是指农业、林业、畜牧业、渔业和农林牧渔服务业。

第二产业 是指采矿业，制造业，电力、煤气及水的生产和供应业，建筑业。

第三产业 是指除第一、二产业以外的其他行业。

能源生产总量 指一定时期内全国（地区）一次能源生产量的总和，是观察全国（地区）能源生产水平、规模、过程构成和发展速度的总量指标。一次能源生产量包括原煤、原油、天然气、水电、核电及其他动力能（如风能、地热能等）发电量。不包括低热值燃料生产量、太阳热能等的利用和由一次能源加工转换而成的二次能源产量。

能源消费总量 指一定地域内（国家或地区）国民经济各行业和居民家庭在一定时期消费的各种能源的总和。能源消费总量分为三部分，即终端能源消费量、能源加工转换损失量和损失量。

(1) 终端能源消费量指一定时期内全国（地区）各行业和居民生活消费的各种能源在扣除了用于加工转换二次能源消费量和损失量以后的数量。

(2) 能源加工转换损失量指一定时期内全国（地区）投入加工转换的各种能源数量之和与产出各种能源产品之和的差额。它是观察能源在加工转换过程中损失量变化的指标。

(3) 能源损失量指一定时期内能源在输送、分配、储存过程中发生的损失和由客观原因造成的各种损失量。不包括各种气体能源放空、放散量。

能源生产弹性系数 是能源生产量的增长与国民经济增长之间的比值。计算公式：

$$\text{能源生产弹性系数}=\frac{\text{能源生产总量年平均增长速度}}{\text{国民经济年平均增长速度}}$$

本资料采用国内生产总值指标计算国民经济年平均增长速度。

电力生产弹性系数 是电力生产量的增长与国民经济增长之间的比值。计算公式：

$$电力生产弹性系数=\frac{电力生产量年平均增长速度}{国民经济年平均增长速度}$$

能源消费弹性系数　是能源消费增长速度与国民经济增长速度之间的比值。计算公式：

$$能源消费弹性系数=\frac{能源消费总量年平均增长速度}{国民经济年平均增长速度}$$

电力消费弹性系数　是电力消费增长速度与国民经济增长速度之间的比值。计算公式：

$$电力消费弹性系数=\frac{电力消费量年平均增长速度}{国民经济年平均增长速度}$$

能源加工转换效率　指一定时期内能源经过加工转换后，产出的各种能源产品的数量与投入加工转换的各种能源数量的比率。它是观察能源加工转换装置和生产工艺先进与落后、管理水平高低等的重要指标。计算公式：

$$能源加工转换效率=\frac{加工转换产出量}{加工转换投入量}\times 100\ \%$$

Explanatory Notes on Main Statistical Indicators

Gross Domestic Product(GDP) : refers to gross domestic products calculated at market price. The data on GDP and its industrial composition are calculated by the Department of National Economic Accounting, State Statistical Bureau (SSB) with various approaches in the light of the features of various sectors and the data sources. The value added in some sectors is calculated with the production approach. The value added in other sectors is calculated with the income approach. Finally, the GDP is the result of the sum of the value added of various sectors. This is the standard data of GDP. The GDP calculated with the expenditure approach equals to the sum of total consumption, total investment and the net export of goods and services. However, it is not equal to the GDP calculated with the method mentioned above. The difference between the two figures is generally within ±3%.

Three Industries: Industry structure has been classified according to the sequence of historical development of social production activities. Primary industry refers to extraction of natural resources; secondary industry involves processing of primary products; and tertiary industry provides services of various kinds for production and consumption. The above classification is universal although it to some extent from country to country. Industry classification in China comprises:

Primary industry: refers to agriculture, forestry, animal husbandry and fishery and services in support of these industries.

Secondary industry: refers to mining and quarrying, manufacturing, production and supply of electricity, water and gas, and construction.

Tertiary industry: refers to all other economic activities not included in the primary or secondary industries.

Total Energy Production: refers to the total production of primary energy by all energy producing enterprises in the country (region) in a given period of time. It is a comprehensive indicator to show the capacity, scale, composition and development of energy production of the country (region). The production of primary energy includes that of coal, crude oil, natural gas, hydro power and electricity generated by other means such as wind power and geothermal power. However, it excludes the production of fuels of low calorific value, solar thermal and the secondary energy converted from the primary energy.

Total Energy Consumption: refers to the total consumption of energy of various kinds of national economy industries and residents in a certain area (country or region) in a given period of time. Total energy consumption can be divided into three parts:

(1) Final Energy Consumption: refers to the total energy consumption by industry and residential in the country (region) in a given period of time, but excludes the consumption in conversion of the primary energy into the secondary energy and the loss in the process of energy transformation.

(2) Loss During Energy Transformation: refers to the total input of various kinds of energy for transformation, minus the total output of various kinds of energy in the country in a given period of time. It is an indicator to show the loss that occurs during the process of energy transformation.

(3) Loss: refers to the total of the loss of energy during the course of energy transport, distribution and storage and the loss caused by any objective reason in a given period of time. The loss of various kinds of gas due to gas discharges and stocktaking is excluded.

Elasticity of Energy Production: is an indicator to show the relationship between the growth rate of energy production and the growth rate of the national economy. The formula is:

$$Elasticity\ of\ Energy\ Production = \frac{average\ annual\ growth\ rate\ of\ energy\ production}{average\ annual\ growth\ rate\ of\ national\ economy}$$

The gross domestic products (GDP) is used to calculate the growth rate of national economy in this book.

Elasticity of Electricity Production: is an indicator to show the relationship between the growth rate of electricity production and the growth rate of the national economy. The formula is:

$$Elasticity\ of\ Electricity\ Production = \frac{average\ annual\ growth\ rate\ of\ electricity\ production}{average\ annual\ growth\ rate\ of\ national\ economy}$$

Elasticity of Energy Consumption: is an indicator to show the relationship between the growth rate of energy consumption and the growth rate of the national economy. The formula is:

$$Elasticity\ of\ Energy\ Consumption = \frac{average\ annual\ growth\ rate\ of\ energy\ consumption}{average\ annual\ growth\ rate\ of\ national\ economy}$$

Elasticity of Electricity Consumption: is an indicator to show the relationship between the growth rate of electricity consumption and the growth rate of the national economy. The formula is:

$$Elasticity\ of\ Electricity\ Consumption = \frac{average\ annual\ growth\ rate\ of\ electricity\ consumption}{average\ annual\ growth\ rate\ of\ national\ economy}$$

Efficiency of Energy Transformation: refers to the ratio of the total output of energy products after transformation and the total input of energy for transformation in the same reference period. It is an indicator to show the current conditions of energy processing and conversion equipment, production technique and management. The formula is:

$$Efficiency\ of\ Energy\ Transformation = \frac{output\ of\ energy\ from\ transformation}{input\ of\ energy\ for\ transformation}$$

附录4　各种能源折标准煤参考系数

Appendix Ⅳ Conversion Factors from Physical Units to Coal Equivalent

各种能源折标准煤参考系数

能源名称	平均低位发热量	折标准煤系数
原煤	20 908 千焦 /(5 000 千卡)/ 千克	0.7143 千克标准煤 / 千克
洗精煤	26 344 千焦 /(6 300 千卡)/ 千克	0.9000 千克标准煤 / 千克
其它洗煤		
洗中煤	8 363 千焦 /(2 000 千卡)/ 千克	0.2857 千克标准煤 / 千克
煤泥	8 363～12 545 千焦 /(2 000～3 000 千卡)/ 千克	0.2857～0.4286 千克标准煤 / 千克
焦炭	28 435 千焦 /(6 800 千卡)/ 千克	0.9714 千克标准煤 / 千克
原油	41 816 千焦 /(10 000 千卡)/ 千克	1.4286 千克标准煤 / 千克
燃料油	41 816 千焦 /(10 000 千卡)/ 千克	1.4286 千克标准煤 / 千克
汽油	43 070 千焦 /(10 300 千卡)/ 千克	1.4714 千克标准煤 / 千克
煤油	43 070 千焦 /(10 300 千卡)/ 千克	1.4714 千克标准煤 / 千克
柴油	42 652 千焦 /(10 200 千卡)/ 千克	1.4571 千克标准煤 / 千克
液化石油气	50 179 千焦 /(12 000 千卡)/ 千克	1.7143 千克标准煤 / 千克
炼厂干气	45 998 千焦 /(11 000 千卡)/ 千克	1.5714 千克标准煤 / 千克
天然气	38 931 千焦 /(9 310 千卡)/ 立方米	1.3300 千克标准煤 / 立方米
焦炉煤气	16 726～17 981 千焦/(4 000～4 300 千卡)/ 立方米	0.5714～0.6143 千克标准煤 / 立方米
其它煤气		
发生炉煤气	5 227 千焦 /(1 250 千卡)/ 立方米	0.1786 千克标准煤 / 立方米
重油催化裂解煤气	19 235 千焦 /(4 600 千卡)/ 立方米	0.6571 千克标准煤 / 立方米
重油热裂解煤气	35 544 千焦 /(8 500 千卡)/ 立方米	1.2143 千克标准煤 / 立方米
焦炭制气	16 308 千焦 /(3 900 千卡)/ 立方米	0.5571 千克标准煤 / 立方米
压力气化煤气	15 054 千焦 /(3 600 千卡)/ 立方米	0.5143 千克标准煤 / 立方米
水煤气	10 454 千焦 /(2 500 千卡)/ 立方米	0.3571 千克标准煤 / 立方米
煤焦油	33 453 千焦 /(8 000 千卡)/ 千克	1.1429 千克标准煤 / 千克
粗苯	41 816 千焦 /(10 000 千卡)/ 千克	1.4286 千克标准煤 / 千克
热力(当量)		0.03412 千克标准煤 / 百万焦耳 (0.14286 千克标准煤 /1000 千卡)
电力(当量)	3 600 千焦 /(860 千卡)/ 千瓦小时	0.1229 千克标准煤 / 千瓦小时
(等价)	按当年火电发电标准煤耗计算	
生物质能		
人粪	18 817 千焦 /(4 500 千卡)/ 千克	0.643 千克标准煤 / 千克
牛粪	13 799 千焦 /(3 300 千卡)/ 千克	0.471 千克标准煤 / 千克
猪粪	12 545 千焦 /(3 000 千卡)/ 千克	0.429 千克标准煤 / 千克
羊、驴、马、骡粪	15 472 千焦 /(3 700 千卡)/ 千克	0.529 千克标准煤 / 千克
鸡粪	18 817 千焦 /(4 500 千卡)/ 千克	0.643 千克标准煤 / 千克
大豆秆、棉花秆	15 890 千焦 /(3 800 千卡)/ 千克	0.543 千克标准煤 / 千克
稻秆	12 545 千焦 /(3 000 千卡)/ 千克	0.429 千克标准煤 / 千克
麦秆	14 635 千焦 /(3 500 千卡)/ 千克	0.500 千克标准煤 / 千克
玉米秆	15 472 千焦 /(3 700 千卡)/ 千克	0.529 千克标准煤 / 千克
杂草	13 799 千焦 /(3 300 千卡)/ 千克	0.471 千克标准煤 / 千克
树叶	14 635 千焦 /(3 500 千卡)/ 千克	0.500 千克标准煤 / 千克
薪柴	16 726 千焦 /(4 000 千卡)/ 千克	0.571 千克标准煤 / 千克
沼气	20 908 千焦 /(5 000 千卡)/ 立方米	0.714 千克标准煤 / 立方米

Conversion Factors from Physical Unit to Coal Equivalent

Energy	Average Low Calorific Value	Conversion Factor
Raw Coal	20 908 kjoule / (5 000 kcal) / kg	0.7143 kgce / kg
Cleaned Coal	26 344 kjoule / (6 300 kcal) / kg	0.9000 kgce / kg
Other Washed Coal		
Middlings	8 363 kjoule / (2 000 kcal) / kg	0.2857 kgce / kg
Slimes	8 363～12 545 kjoule / (2 000～3 000kcal)/ kg	0.2857～0.4286 kgce / kg
Coke	28 435 kjoule / (6 800 kcal) / kg	0.9714 kgce / kg
Crude Oil	41 816 kjoule / (10 000 kcal) / kg	1.4286 kgce / kg
Fuel Oil	41 816 kjoule / (10 000 kcal) / kg	1.4286 kgce / kg
Gasoline	43 070 kjoule / (10 300 kcal) / kg	1.4714 kgce / kg
Kerosene	43 070 kjoule / (10 300 kcal) / kg	1.4714 kgce / kg
Diesel	42 652 kjoule / (10 200 kcal) / kg	1.4571 kgce / kg
Liquefied Petroleum Gas	50 179 kjoule / (12 000 kcal) / kg	1.7143 kgce / kg
Refinery Gas	45 998 kjoule / (11 000 kcal) / kg	1.5714 kgce / kg
Natural Gas	38 931kjoule / (9 310 kcal) / cu.m	1.3300 kgce / cu.m
Coke Oven Gas	16 726～17 981kKjoule/ (4 000～ 4 300kcal)/ cu.m	0.5714～0.6143 kgce / cu.m
Other Coal Gas		
By Gas Furnace	5 227 kjoule / (1 250 kcal) / cu.m	0.1786 kgce / cu.m
By Heavy Oil Catalytic Cracking	19 235 kjoule / (4 600 kcal) / cu.m	0.6571 kgce / cu.m
By Heavy Oil Thermal Cracking	35 544 kjoule / (8 500 kcal) / cu.m1.2143 kgce / cu.m	
Coke Gas	16 308 kjoule / (3 900 kcal) / cu.m	0.5571 kgce / cu.m
By Pressure Gasification	15 054 kjoule / (3 600 kcal) / cu.m	0.5143 kgce / cu.m
Water Coal Gas	10 454 kjoule / (2 500 kcal) / cu.m	0.3571 kgce / cu.m
Coal Tar	33 453 kjoule / (8 000 kcal) / kg	1.1429 kgce / kg
Benzene	41 816 kjoule / (10 000 kcal) / kg	1.4286 kgce / kg
Heat (in calorific value)	0.03412 kgce / Mjoule	(0.14286 kgce / 1000 kcal)
Electricity (in calorific value)	3 600 kjoule / (860 kcal) / kW • h	0.1229 kgce / kW • h
(in coal equivalent)	calculated by average coal input for thermal power generation in the year	
Biomass Energy		
Night Soil1	8 817 kjoule / (4 500 kcal) / kg	0.643 kgce / kg
Cow Dung	13 799 kjoule / (3 300 kcal) / kg	0.471 kgce / kg
Pig Dung	12 545 kjoule / (3 000 kcal) / kg	0.429 kgce / kg
Sheep/Donkey/Horse/Mule Dung	15 472 kjoule / (3 700 kcal) / kg	0.529 kgce / kg
Poultry Manure	18 817 kjoule / (4 500 kcal) / kg	0.643 kgce / kg
Soybean Stalk, Cotton Stalk	15 890 kjoule / (3 800 kcal) / kg	0.543 kgce / kg
Paddy Stalk	12 545 kjoule / (3 000 kcal) / kg	0.429 kgce / kg
Wheat stalk	14 635 kjoule / (3 500 kcal) / kg	0.500 kgce / kg
Maize Stalk	15 472 kjoule / (3 700 kcal) / kg	0.529 kgce / kg
Fireweed	13 799 kjoule / (3 300 kcal) / kg	0.471 kgce / kg
Leaves	14 635 kjoule / (3 500 kcal) / kg	0.500 kgce / kg
Firewood	16 726 kjoule / (4 000 kcal) / kg	0.571 kgce / kg
Biogas	20 908 kjoule / (5 000 kcal) / cu.m	0.714 kgce / cu.m